Beiträge zur Kenntniß

der

Motive

der

Preußischen Gesetzgebung.

Aus amtlichen Quellen bearbeitet und mit höherer Genehmigung herausgegeben

vom

Ober-Landesgerichts-Rath

Dr. Loewenberg.

Zweiter Band.

Berlin.

Verlag von Veit und Comp.

1843.

Materialien

des

Anhanges

zum

Allgemeinen Landrecht

und zur

Allgemeinen Gerichtsordnung.

Mit höherer Genehmigung herausgegeben

vom

Ober-Landesgerichts-Rath

Dr. Loewenberg.

Berlin.

Verlag von Veit und Comp.

1848.

Ad veram civilem sapientiam — id maxime necessarium, res quasque quam altissime posse repetere: et quum jura civilia non omnia simul et semel enata et absoluta fuerint, sed primo ortum, dein tempore et rerum usu ita volente frequenter incrementa, mutationes et nonnisi sensim perfectionem acceperint, eorum occasiones, causas, origines, progressus, vicissitudines comperta habere.

Anton. Schulting in praefat. jurisprudent. Antejustinian.

Inhalt
des zweiten Bandes.

Materialien

des

Anhanges

zum

Allgemeinen Landrecht.

Vorerinnerung.

Im Jahre 1802. beabsichtigte der Groß-Kanzler von Goldbeck, eine neue Auflage des Allgemeinen Landrechts zu veranstalten *). In einem, an den damaligen Kammergerichts-Präsidenten von Kircheisen gerichteten Schreiben vom 8. August 1802. äußerte er darüber Folgendes:

„Die in den neuen Provinzien **) bevorstehende Publication des Landrechts und der Mangel an den nöthigen Exemplarien, wie verlautet, macht eine neue Auflage und zugleich nothwendig, daß derselben alle bereits gesetzlich feste stehende Verordnungen, seit der Publication desselben eingerückt werden.

Ich wünsche sehr, daß Euer Hochwohlgeboren dieses letztere baldmöglichst einleiten möchten, damit wir, bey einer vom Höchsten Orte nächstens zu erwartenden Aufforderung, daß wir alle Veränderungen des Landrechts sammeln sollen, damit sie in den neuen Provinzien mit dem Landrechte publicirt werden könnten, sogleich zu antworten im Stande

---

*) Vgl. Simon und von Strampff Zeitschrift, Bd. 1. Heft 1. S. 220. und folg, die Juristische Wochenschrift, Jahrg. 3. S. 277. und folg., so wie die General-Akten des Justiz-Ministeriums „Landrecht Nr. 4."

**) Es wird hier ein für allemal bemerkt, daß auch in Beziehung auf Orthographie und Interpunktion der Abdruck treu nach dem Originale erfolgt.

wären, daß wir uns mit einer neuen vervollständigten Ausgabe beschäfftigten.

Mir scheint, daß zu dieser Vervollständigung wir uns zur Grundlegung des Herrn Paalzow bedienen könnten. Er wird gerne damit etwas verdienen, und ausnehmend geschwinde zu stande kommen. Wahrscheinlich werden Euer Hochwohlgeboren Sammlungen noch vollständiger seyn, und es wird daraus und vielleicht aus den Sammlungen des Herrn ꝛc. Klein die Supplirung sehr bequem und kurz geschehen können.

Die dazu erforderlichen Exemplarien, und deren Durchschießung mit Papier kann aus der Casse der Gesetz-Commission gleich besorgt werden.

Einige Aenderungen des Landrechts habe ich auch noch auf dem Herzen, deshalb man einmahl noch eine vollständige Anfrage thun müßte.

Den Erbschatz möchte ich auch gerne bey dieser Gelegenheit zu Grabe bringen."

Kircheisen beantwortete diese Zuschrift des folgenden Tages — am 9. August 1802. — also:

„Bei der beabsichtigten neuen Auflage des Land Rechts treten sehr reiflich zu erwägende Zweifel ein. Wenn ein neues, durch die schon vorhandene nachträgliche Gesetze und Declarationen supplirtes Land Recht gedruckt werden sollte: so müßte die §en Zahl entweder abgeändert, oder die alten §§en beibehalten und die eingeschaltete durch a. und b. bezeichnet werden. Es mögte nun das eine oder das andere gewählet werden: so würde der Uebelstand und für die arme Justiz Bedienten die kostbare Folge daraus entstehen, daß ein jeder practischer Jurist, dieser wenigen, gewiß kein halbes

Alphabet betragenden Bogen wegen, sich ein ganz neues Land Recht würde anschaffen müssen, kein Allegatum würde ohne den Zusatz neue Auflage passen, und die Provincial Rechte, welche bestimmt auf die jetzige §en des Land Rechtes Bezug nehmen, würden bei den veränderten §§. des Land Rechtes ganz unverständlich seyn.

Diese Bemerkung und die, nothwendig gegen die Besitzer der bisherigen Edition auszuübende Billigkeit, führen auf den Vorschlag,

die neue Auflage des Land Rechts wörtlich conform mit der alten zu besorgen.

Aus derselben den 20sten Titel des IIten Theils ganz wegzulassen, da derselbe durchaus umgearbeitet wird, und mit der neuen Kriminal Ordnung ein zweckmäßiges Gantzes, ausmachen wird. Dagegen aber

Alle bisher gesetzlich sanctionirte Abänderungen und Declarationen, mit Bezug auf jeden §en und Titel, in die Form des Styls des Land Rechtes zu bringen, und daraus einen

Anhang zum Land Rechte

zu machen, der für die alten und neuen Besitzer des Land Rechtes brauchbar seyn, und nichts alteriren würde.

Die alten Besitzer würden sich in ihrem Exemplare sehr leicht bei den treffenden §en das conf. Anhang §. — allegiren können, in der neuen Auflage würde aber bei dem erläuterten §. des Textes, das marginale zu drucken seyn s. Anhang §. —. ich habe eine Edition des codicis Friedericiani in 8o besessen, werche mit Bezug auf den Anhang in dieser Art mit Marginalien gedruckt war.

Ew. Excellenz unterwerfe ich diese Gedanken unterthänigst."

Kircheisen's Vorschlag fand Beifall. Unter'm 12. August 1802. vermerkte er darüber Nachstehendes:

„Da der Herr Kriminal Rath Paalzow in Autor Rücksichten gegen seinen Verleger Bedenken trägt, sich diesem Geschäffte zu unterziehen: so ist vorläufig von des Herrn Gros Kanzlers Excellenz beschlossen:

I. Ueber alle nach dem Land Rechte emanirte, die gesetzliche Sanction bereits erhaltene Abänderungen, Erläuterungen und Zusätze, nach der Ordnung der Titel des Land Rechtes, im Style des Land Rechtes und in fortlaufenden §§en einen

Anhang zum Land Rechte

für die gegenwärtigen Besitzer des Land Rechtes, entwerfen zu lassen.

II. Die neue Auflage des Land Rechtes, zwar mit der gegenwärtigen Edition wörtlich conform, jedoch bei einer jeden treffenden Stelle, als Noten zum Texte, den dahin gehörigen Theil des Anhanges, auf demselben Blatte unter dem Texte, drucken zu lassen, und dadurch den Zweck zu erreichen, daß die jetzigen Justiz Bedienten nur nöthig haben, den Anhang zu kauffen, die neueren aber, ein gantz vollständiges Land Recht erhalten, und dadurch alle Verwirrung vermieden werde, welche bei einer Auflage mit veränderter Seiten und Paragraphen Zahl entstehen würde, da so viel Entscheidungen, Special Reglements, Provincial Rechte und dgl. im umgekehrten Fall gantz unverständlich werden, Verwechselungen und Zweideutigkeiten unvermeidlich seyn würden.

III. Ueber diese Vorschläge soll zu seiner Zeit die Genehmigung des Königs Majestät eingehohlet werden.

IV. Soll diese Vorarbeitung gegen eine angemessene Remuneration, unter meiner Mitwirkung dem Herrn KG Rath

Müller dem zweiten *) übertragen werden, dem außerdem die Auslagen für Anschaffung eines Exemplars des Land Rechtes, in welches zu seiner Zeit die einzeln Scheden mit den Zusätzen einzukleben, die Schreib Gebühren des Kopiisten, erstattet werden sollen.

V. Die Arbeit selbst, welche bei den vorliegenden Materialien, vorzüglich nach dem, hinter den Edicten Sammlungen gemachten Vermerke dieser Zusätze zum Land Rechte, nach den gedruckten Sammlungen der Entscheidungen der Gesetz Commission, den Stengel'schen Beiträgen, dem Archive, und des anverkündigten, und schon zum Theil gedruckten Buches des KrR. Paalzow, welches diesen ganzen Anhang, nach der Ankündigung enthalten soll, weder weitläufig noch schwürig ist, muß ich

VI. im ersten Concepte in der Art zu bewirken bitten, daß auf der einen Seite mit zweien Worten, die Abänderung und die Quelle, historisch allegiret, auf der andern aber der neue §. entworfen werde. Z. E.

ad P. 1. pag. 449. §. 162.
Nach dem Berichte der Gesetz Commission vom . . .
cf. acta. . . .
fol. . .
ist festgesetzt, daß die, nach gemeinen Rechten, bekannte testamenti faction ad

---

*) Nachmals Geheimer Ober-Justiz-Rath und jetzt Geheimer Kabinets-Rath.

Schedas durch das Land Recht nicht abgeschafft sey; es ist also zwischen §. 162/3. zu suppliren.

§.

Behält sich der Erblasser in seinem gerichtlich übergebenen, aufgerichteten, oder sonst gültigen privilegirten Testamente, die Befugniß vor, dasselbe durch außergerichtliche schriftliche Aufsätze, zu ergäntzen oder abzuändern, und es finden sich dergleichen im Nachlasse vom Erblasser selbst geschrieben und unterschrieben: so haben sie mit dem Testamente selbst, gleiche Kraft.

§.

Hat jedoch der Erblasser ꝛc.

VII. Von dieser Ergäntzung durch den Anhang ist der XXste Titel des IIten Th. gantz auszuschließen, da derselbe gantz umgearbeitet, und mit der Criminal Ordnung ein Gantzes ausmachen wird.

VIII. Ueber alle etwanige Bedenklichkeiten bitte ich br. m. mit mir zu conferiren, so wie meine privat Sammlung und sämmtliche Archiv Acten in Bereitschaft stehen, um diese Arbeit zu erleichtern."

Vorstehender Instruktion gemäß ward nun von Müller der Entwurf zum Anhange ausgearbeitet und mit einer Anzeige begleitet über die, in der Ediktensammlung von 1791. bis 1798. befindlichen Verordnungen, wodurch das Allgemeine Landrecht eine Erklärung, Abänderung, Erläuterung, oder einen Zusatz erhalten hatte. Kircheisen unterzog sich der Revision des Entwurfes. Schon während derselben erging ein, von ihm am 29. Januar 1803. abgefaßtes Reskript des Groß-Kanzlers an die Gesetz-Kommission dahin:

„Friedrich W. K. U. ꝛc. Die bevorstehende Publication des Land Rechtes in den Entschädigungs Provinzien, macht, da es gantz vergriffen, eine neue Auflage desselben nothwendig. Es ist dabei die Absicht, die bisher als gesetzlich ergangene Verordnungen und Declarationen, die nicht etwa einzelne Provincial Verfassungen und Rechte zum Gegenstand haben, auf ihren wesentlichen Inhalt reduciret, bei dieser neuen Edition an dem treffenden Orte als Noten zum Texte drucken, außerdem aber diesen Anhang zum Besten der Besitzer der ersten Edition besonders abdrucken zu lassen, den XX. Titel des IIten Theils aber, da er umgearbeitet und mit der Criminal Ordnung zusammen erscheinen wird, dieser zweiten Edition nicht beizufügen. Das Manuscript ist in der Arbeit und wird Euch nächstens zum Gutachten über seine Vollständigkeit und Fassung zugefertiget werden. Damit solche möglichst erreicht werde, befehlen Wir dem Praesidio in Gnaden, das Distributions Buch durchzugehen und diejenigen Gutachten bei den Referenten, und deren Abgang, möglichst zu urgiren, welche auf diese allgemeine

Gesetze Bezug haben, und von welchen mehrere bei Euch vorliegen. Sind rc."

Nach Vollendung der Revision — am 28. Februar 1803. – erließ der Groß-Kanzler das nachstehende, ebenfalls von Kircheisen entworfene Reskript an die Justiz-Deputation der Gesetz-Kommission:

„Friedrich Wilhelm, König rc. Unsern rc. Es ist Euch schon durch das Rescript vom 29. Januar 1803. zureichend bekannt, daß der Mangel an Exemplarien des Landrechtes, besonders bei der so nahe bevorstehenden Einführung in die Entschädigungs Provinzien, eine neue Auflage desselben nothwendig macht, und daß zur Vermeidung aller Irrungen, und zum Besten der Besitzer der ersten Edition, überwiegende Gründe dafür sprechen, den Abdruck unverändert zu veranstalten, die bis hieher ergangene Erläuterungen, Abänderungen, Zusätze rc. an der treffenden Stelle, als Noten zum Texte einzurücken, diese sämmtliche Verordnungen aber wiederum zusammen, in einem ersten Anhange zum Landrechte — drucken zu lassen, womit alsdann zur Vereinfachung der Legislation von Zeit zu Zeit fortgefahren werden kann, und weshalb dieser Anhang als der erste rubriciret ist *).

Hiervon erhaltet Ihr das Original Concept, und erwarten Wir so schleunig als möglich Euer Gutachten, ein-

*) Amtlich ist kein fernerer Anhang zum Allgemeinen Landrechte erschienen. Als Privatarbeit hat der Geheime Ober-Justiz-Rath von Goßler im Jahre 1816. einen zweiten Anhang dazu herausgegeben, nachdem Kircheisen erklärt hatte, daß es nicht an der Zeit sey, einen solchen unter öffentlicher Autorität bekannt zu machen, weil die neuere Gesetzgebung in vieler Beziehung noch nicht mit sich selbst einig sey und einem kaum angefangenen, aber bald wieder zum Theil eingerissenen, überall noch nicht vollendeten Gebäude gleiche.

mal, über die Vollständigkeit, anderntheils über die Richtigkeit und Deutlichkeit der erfolgten Verkürzung des Gesetzes; hierbei aber auch vorzüglich Euer Gutachten, ob und in wie fern es nach denen bisher ergangenen Verordnungen, nothwendig oder rathsam sey, die Suspension der drei ersten Titel des zweiten Theils, gantz, zum Theil, oder in welcher Art überhaupt, oder für welche Königliche Provinzien bis zu Emanirung ihrer Provinzial Gesetz Bücher fortdauern zu lassen, oder ob es nicht zureichen dürfte, in denen Provinzien, wo solche nicht unmittelbar unbedingt bis zu diesem Zeitpunkte verheißen worden, die Suspension auf die bis jetzt nach den Provinzial Gesetzen und Statuten bestehende Erbfolge, einzuschränken, im Uebrigen aber dem Land Rechte nunmehr die völlige Gesetzes Kraft auch bei diesen Titeln zu geben?

Es wird Euch von selbst nicht entgehen, daß nur dasjenige in fortlaufenden §en zum Drucke bestimmt ist, was auf diesem gebrochenen Stande, rechter Seits geschrieben ist, wie das zweite anliegende Concept besaget, und Ihr erhaltet das integrale in den Akten befindliche nur, um Euch sehr wesentlich die Revision zu erleichtern, weil auf der gegenüberstehenden Seite, die Quelle des neuen §en verzeichnet ist.

Hiernächst haben Wir zu einem gleichen Zwecke, eine besondere Designation aller Verordnungen, welche das Landrecht erläutern, suppliren, abändern, seit seiner Emanirung, aus der Edicten Sammlung in chronologischer Ordnung anfertigen lassen, welche sich in den beiliegenden Geheimen Kanzlei Akten fol. 17. befindet.

Ihr werdet daraus sogleich ersehen, ob die Verordnung

zum Behuf dieses Anhangs aufgenommen, oder aus welchen Gründen sie ausgelassen ist?

Nur zu oft haben die Anfragen ihren Grund in dem Vorzuge, den die Kollegia der Bequemlichkeit einer Anfrage, der Anwendung eines eigenen Scharfsinnes geben — oft verrathen diese unnütze Anfragen, selbst die Unfähigkeit, eine gehörige Beurtheilungskraft anwenden zu können, und sind vielfältig von dieser Seite in den ergangenen Resolutionen sehr ernstlich reprobiret. Solche Declarationen aufzunehmen, würde das Landrecht verunstalten. Endlich sind mehrere Rescripte nur über Gegenstände des Provincial Rechtes ergangen, und gehören nicht zum Anhange des Allgemeinen Landrechtes.

Dies ist der Gesichtspunkt, den Ihr zu befolgen habt.

Es ist wünschenswerth, daß mit dem Abdruck sobald als möglich verfahren werden könne. Wir versehen Uns daher von Eurem Dienst-Eifer die möglichste Beförderung dieses Gutachtens, und bemerken nur noch, daß wenn es dem Referenten an irgend einem allegirten Hülfsmittel oder Akten fehlen sollte, darüber nur brevi manu, mit der Geheimen Registratur des Büreau Rücksprache zu halten ist, um diesen Mangel sogleich ersetzt zu erhalten.

Sind ꝛc. ꝛc."

Die Justiz-Deputation der Gesetz-Kommission erstattete ihr Gutachten schon unter'm 22. März 1803.

Nach Maaßgabe desselben änderte Kircheisen den Entwurf und redigirte am 11. April 1803. das Publikations-Patent, so wie den Immediat-Einreichungs-Bericht. Beides zeichnete der Groß-Kanzler. Das Patent kam vollzogen zurück mit einer besonderen Kabinetsorder vom 28. April

1803., auf Grund deren in den Anhang einige neue gesetzliche Vorschriften aufgenommen wurden, wonächst, mit Unterstützung der Kammergerichts-Räthe Müller II. und von Schmettau *), der Abdruck und dann die Publikation erfolgte.

So viel über den Gang der Sache. Es wird nunmehr mitgetheilt:

I. die Müller'sche Anzeige der, in der Ediktensammlung von 1791. bis 1798. enthaltenen, das Allgemeine Landrecht erklärenden, abändernden, oder modifizirenden Verordnungen;

II. der von Müller angefertigte, von Kircheisen revidirte Entwurf des Anhanges, wobei die Kircheisenschen Emendationen mit gesperrter, die, zufolge der Instruktion vom 12. August 1802. Nr. VI. (s. oben S. 5. bis 6.) links neben den Paragraphen stehenden Bemerkungen aber, der Raumersparniß halber, mit kleinerer Schrift gedruckt sind;

III. der Bericht der Justiz-Deputation der Gesetz-Kommission vom 22. März 1803.;

IV. der Immediat-Bericht nebst dem Publikations-Patente vom 11. April 1803.;

V. die Kabinetsorder vom 28. April 1803. sammt der darin in Bezug genommenen Order vom 17. August 1802.

Endlich ist

VI. eine Vergleichung des gedruckten Anhanges mit dem Entwurfe desselben beigefügt.

---

*) Vgl. die Jahrbücher, Bd. 47. S. 495—496.

I.

Anzeige

der

in den Ediktensammlungen von 1791. bis 1798. befindlichen Verordnungen, wodurch das Allgemeine Landrecht eine Erklärung, Abänderung, Erläuterung oder Zusatz erhalten hat, in Beziehung auf den neuen Anhang zum Landrecht, zur Prüfung der Vollständigkeit desselben.

Num. 1. nicht aufgenommen, weil die Anfrage für überflüßig erklärt ist.

2. aufgenommen.

3. nicht aufgenommen, weil von 1791.

4. aufgenommen.

5. nicht aufgenommen, weil es Magdeburg. Provinc. Recht ist.

6. aufgenommen.

7. aufgenommen, aber Tit. XV.

8. nicht aufgenommen, weil es Märkisch. Prov. Recht ist.

9. aufgenommen.

10. aufgenommen.

11. aufgenommen.

Num. 12. nicht aufgenommen, weil die Anfrage auf einem Mißverstande beruhte.

13. nicht aufgenommen, weil es schwer fiel, zu begreifen, was die Anfrage veranlaßt hatte.

14. nicht aufgenommen, weil die Anfrage für sehr überflüßig erklärt wird.

15. aufgenommen.

16. nicht aufgenommen, weil vom Jahre 1791. und 1792.

17. nicht aufgenommen, weil es Westpreuß. Provincial Recht ist.

18. aufgenommen.

19. nicht aufgenommen, weil es Südpreuß. Provincial Recht ist.

20. nicht aufgenommen, weil es Ostpreuß. Provincial Recht ist.

21. nicht aufgenommen, weil vom Jahre 1791.

22. aufgenommen.

23. aufgenommen.

24. aufgenommen.

25. aufgenommen.

26. aufgenommen.

27. aufgenommen.

28. nicht aufgenommen, weil vom Jahre 1793.

29. aufgenommen.

30. aufgenommen.

31. aufgenommen.

32. nicht aufgenommen, weil es Ostpreuß. Provincial Recht ist.

33. aufgenommen.

Num. 34. nicht aufgenommen, weil vom Jahre 1791.

35. nicht aufgenommen, weil in dem Rescript das wiederholt wird, was §. 204. im Landrecht steht.

36. aufgenommen.

37. aufgenommen.

38. vid. num. 35.

39. nicht aufgenommen, weil vom Jahre 1791.

40. aufgenommen.

41. aufgenommen, aber P. II. T. XVIII. §. 421.

42. aufgenommen.

43. nicht aufgenommen, weil von 1791.

44. aufgenommen.

45. nicht aufgenommen, weil vom Jahre 1793.

46. aufgenommen.

47. vid. num. 7.

48. nicht aufgenommen, weil Provinc. Recht und vom Jahre 1793.

49. aufgenommen.

50. aufgenommen.

51. aufgenommen.

52. aufgenommen.

53. nicht aufgenommen, weil das Rescript die Entscheidung eines speciellen Falles nach den Vorschriften des Landrechts zum Gegenstand hat.

54. geschieht Erwähnung im Allgemeinen.

55. aufgenommen.

56. aufgenommen.

57. aufgenommen.

58. aufgenommen.

59. aufgenommen.

Num. 60. im Allgemeinen allegirt.

61. aufgenommen, aber P. 1. Tit. XII. §. 623.

62. aufgenommen, aber P. 1. Tit. XI. §. 477.

63. aufgenommen.

64. nicht aufgenommen, weil das Rescript einen Fall nach dem deutlichen Inhalt des §. 738. entscheidet.

65. nicht aufgenommen, weil vom Jahre 1792.

66. aufgenommen.

67. im Allgemeinen allegirt. — Die Verordnung von 1794. erledigt sich durch den klaren Inhalt des Publications-Patents.

68. Rescript vom 24. November 1794. nicht aufgenommen, weil die klare Vorschrift des Allgemeinen Landrechts entscheidet.

Rescript vom 9. März 1795. nicht aufgenommen aus eben dem Grunde.

Num. 1. 3. 4. des Anhangs nicht aufgenommen, weil sie von 1789. sind.

Num. 13. ibidem aufgenommen.

Rescript vom 9. Oktober 1797. aufgenommen.

Num. 82. aufgenommen.

Rescript vom 28. November 1796. nicht aufgenommen, weil es nur enthält, daß die Römische Theorie im Landrecht aufgenommen sey.

Aus dem Rescript vom 6. December 1796. ist nur Num. 6. aufgenommen worden, und zwar P. II. Tit. XVIII. §. 556. und Num. 2. Tit. 16. §. 413.

69. aufgenommen.

70. aufgenommen.

Num. 71. nicht aufgenommen, weil von 1793.

72. aufgenommen.

73. nicht aufgenommen, weil die Entscheidung in den klaren Worten des Gesetzes liegt.

74. aufgenommen.

75. aufgenommen.

76. nicht aufgenommen, weil es Märkisch. Provinc. Recht ist.

77. aufgenommen.

78. nicht aufgenommen, weil von 1792.

79. nicht aufgenommen, weil es Prov. Recht ist.

80. nicht aufgenommen, weil die geglaubte Lücke im Allgem. Landrecht nicht vorhanden sey.

81. aufgenommen.

82. nicht aufgenommen, weil §. 107. ganz klar ist.

83. nicht aufgenommen, weil es nicht in's Landrecht gehört.

84. aufgenommen.

85. nicht aufgenommen, weil das Rescript nur das Forum zum Gegenstand hat.

86. aufgenommen.

87. das Landrecht enthält bereits die nöthigen Bestimmungen.

88. . . . .

89. nicht aufgenommen, weil von 1791. und 1792.

90. nicht aufgenommen, weil von 1790.

91. nicht aufgenommen, weil es sich allein auf die damaligen Zeit-Umstände bezog.

92. nicht aufgenommen, weil es Prov. Recht ist.

93. aufgenommen.

Num. 94. aufgenommen.

95. aufgenommen.

96. nicht aufgenommen, weil es nur eine Verweisung auf die Gerichtsordnung ist.

97. aufgenommen, das erste Tit. XI. §. 19., das zweite Tit. XI. §. 1070.

98. nicht aufgenommen, weil es Declaration des Canton-Reglements ist.

99. aufgenommen.

100. aufgenommen.

101. nicht aufgenommen, weil auf's Landrecht verwiesen wird.

102. nicht aufgenommen, weil es Prov. Recht ist.

103. nicht aufgenommen, weil auf die deutliche Vorschriften des Landrechts verwiesen wird.

104. nicht aufgenommen, weil es zur Postordnung gehört.

105. nicht aufgenommen, weil auf die deutliche Bestimmung des Landrechts verwiesen wird.

106. aufgenommen.

107. aufgenommen.

108. sind nur die Bestimmungen der Declaration vom 24. September 1798. aufgenommen worden, weil alles übrige zu speciell ist.

109. } vid. 108.
110. }

111. aufgenommen bei §. 685.

112. nicht aufgenommen, weil von 1789., und Provinc. Recht.

113. nicht aufgenommen, weil vom Jahre 1793.

Num. 114. die Vorschrift der Circular-Verordnung ist aufgenommen. Alles übrige gehört nicht hierher.

115. aufgenommen.

116. aufgenommen §. 421.

117. aufgenommen, aber P. II. Tit. 1. §.37.

118. nicht aufgenommen, weil von 1793.

119. aufgenommen.

120. aufgenommen von 1794., nicht aufgenommen von 1797., weil zu speciell.

121. aufgenommen.

122. Num. 19. aufgenommen, Num. 123. nicht, weil Provinc.

123. nicht aufgenommen, weil es zu speciell ist, und sich auf die Canton-Reglements bezieht.

124. nicht aufgenommen, weil es blos Commentar zu den §§. 707. und 708. ist.

125. nicht aufgenommen, weil auf die klare Vorschrift des Landrechts verwiesen wird.

126. aufgenommen.

127. nicht aufgenommen, weil es blos Commentar ist.

128. nicht aufgenommen, weil es Prov. Vors. betrifft.

129. . . . .

130. gehört nicht in's Landrecht. — Der 20ste Titel liegt außer den Grenzen dieser Arbeit.

Fortsetzung von 1799.

Num. 1. gehört nicht in's Landrecht.

2. ist Provinc. Recht.

Num. 3. blos für Berlin.
4. aufgenommen, aber Tit. XI. §. 827.
5. nicht aufgenommen, weil Provinc. Recht.
6. aufgenommen.
7. aufgenommen.
8. aufgenommen.
9. nicht aufgenommen, weil Prov. Recht.
10. . . . .
11. aufgenommen, aber Tit. X. §. 9.
12. allegiert.
13. gehört nicht in's Landrecht.
14. gehört zu dem Kanton-Reglement.
15. gehört nicht in's Landrecht.
16. . . . .
17. ist allegiert.
18. enthält keine neue Vorschrift.
19. gehört nicht in's Landrecht.
20. . . . .
21. aufgenommen.
22. nicht aufgenommen, weil Provinc. Recht.
23. nicht aufgenommen, weil Landes Poliz. ist.

Fortsetzung von 1800.

Num. 1. nicht aufgenommen, weil es Provinc. Recht ist.
2. . . . .
3. . . . .
4. aufgenommen.
5. allegiert.

Num. 6. aufgenommen.
7. nicht aufgenommen, weil es Prov. Recht ist.
8. aufgenommen.
9. aufgenommen.
10. gehört nicht in's Landrecht.
11. ist Provincial Recht.
12. vid. num. 1.
13. aufgenommen.
14. gehört in den 20sten Titel.
15. sind Declarat. des Kantonreglem.
16. aufgenommen, aber P. II. T. 1. §. 146.
17. aufgenommen.
18. }
19. } gehören nicht hierher.
20. }

II.

Erster Anhang

worinn die bisher ergangene Abänderungen und Ergänzungen des Allgemeinen Landrechts verkürtzt gesammlet sind.

Berlin den 1803.

Zum Publications-Patent.

§. 1.

Publications-Patent.

§. VII.

Die Suspension der drei ersten Titel des zweiten Theils soll bis zur Vollendung der Provincial-Gesetzbücher (1. Junius 1796.) dauern.

ad §. VII. Die Suspension der drei ersten Titel des zweiten Theils des Allgemeinen Landrechts dauert in einer jeden Provinz für welche sie nachgegeben, bis zur Publication der Provinzial-Gesetzbücher fort, in so fern nicht dieselbe durch besondere Verfügungen aufgehoben ist.

Dieser Termin ist längst verstrichen, und das Rescript vom 16. Januar 1799

Stengel's Beiträge VII. 258.

setzt fest, daß für die Kurmark die Suspension bis zur Publication des Kurmärkschen Provincial-Landrechts fortdauere. Ex paritate rationis muß dies bei allen übrigen Provinzen, in Ansehung welcher nicht die Aufhebung der Suspension besonders erfolgt ist, wie z. B. für Pommern,

Rescript vom 20. Juli 1795. Stengel's Beiträge II. 223.

der Fall seyn, und würde daher an diesem Orte zu bemerken seyn.

§. 2.

Zur Einleitung.

Einleitung.

§. 37.
Der Declaration vom 24. September 1798. gemäß würde dieser Paragraph so zu fassen seyn.

ad §. 38. In wie fern eingebohrne Vasallen und Unterthanen, welche mit Erlaubniß des Landesherrn von einem fremden Hofe beglaubigt werden, in ihren Privathandlungen den Landesgesetzen unterworfen bleiben, hängt hauptsächlich von den Bedingungen ab, unter welchen sie diesseits die Erlaubniß erhalten haben.

§. 3.

§. 47. 48.
die Cabinets-Ordre vom 8. März 1798. verordnet, daß nicht mehr im Laufe des Prozesses bei der Gesetz-Commission angefragt werden soll.
Es muß daher bei beiden Paragraphen bemerkt werden.

ad §. 47. 48. Findet der Richter den Sinn des Gesetzes zweifelhaft, so liegt es ihm zwar ob, den vorliegenden Fall nach den allgemeinen Regeln wegen Auslegung der Gesetze zu entscheiden, und findet die Anfrage an die Gesetz-Commission während des Laufs des Prozesses nicht mehr statt. Er muß aber die vermeinte Dunkelheit des Gesetzes dem Chef der Justiz zum Behuf der künftigen Legislation anzeigen.

Theil 1. Tit. 1.

Zum Theil 1. Tit. 1.

§. 4.

§. 35.
Publicandum vom 11. März 1797.

ad §. 35. Wenn ein Soldat im Kriege eine schwere Wunde erhalten hat und innerhalb eines Jahres nach geschloßenem Frieden von seinem Leben und Aufenthalt keine Nachricht eingegangen ist, so sollen die Kriegsgerichte einen solchen Menschen für keinen Deserteur annehmen, vielmehr denselben von der Anklage der Desertion freisprechen, und ohne Ertheilung eines besondern Todtenscheins die weitere Verfügung in Ansehung seines Vermögens den Civilgerichten überlassen.

§. 5.

Zum Theil 1. Tit. 5.

Tit. V.
§. 175—178.
Nach dem Landrechte bedarf es der Zuziehung eines Beistandes nicht, wenn Contrahens analphabetos seine Nahmensunterschrift oder Zeichen beifügen kann; auch benimmt die unterlaßene Beobachtung der Formalien allein nicht dem Vertrage die verbindliche Kraft Hiervon weicht die Cirkular-Verordnung vom 30. December 1798.
S. V. §. 3.
ab. Sie spricht von gerichtlichen Protocollen uberhaupt, folglich würden auch diese Gesetzstellen des Zusatzes bedürfen.

ad §. 175—178. Personen, die nicht schreiben und Geschriebenes lesen können, müssen jemand mit zur Stelle bringen, der, es sey ein Justizkommissarius oder ein sonst glaubhafter Mann, in ihrem Nahmen die Unterschrift verrichtet. Diese Vorschrift muß der Richter solchen Kontrahenten, deren Stand oder Ansehen es zweifelhaft machen, ob sie lesen oder schreiben können, gleich vor dem Anfang der Verhandlung bekannt machen, und auf deren Befolgung dringen. Ist diese Vorschrift nicht befolgt, so ist die Verhandlung für die Parthei, welche nicht schreiben und Geschriebenes lesen kann, unverbindlich.

§. 6.

§. 292.
Cabinets-Ordre vom 11. September 1802. Zeit. Num. 111.

ad §. 292. Die bei Kauf-Contracten über adliche Güter mit Personen, die zu deren Besitz ohne Konsens nicht qualificiret sind, für den einen oder andern Theil beigefügte Nebenverabredung einer Conventional-Strafe, auf den Fall daß der Consens nicht ertheilt werden sollte, ist nichtig und unverbindlich.

§. 7.

Zum Theil 1. Tit. 9.

Tit. IX.
§. 208—210.
Nach der Declaration vom 24. September 1798. sind diese §§. dahin näher zu bestimmen.

ad §. 208—210. Wenn ein preußisches Kaper- oder Kriegesschiff Güther oder Schiffe, die preußischen Unterthanen oder Unterthanen einer freundschaftlichen oder neutralen Macht von den Feinden genommen worden, diesen leztern wieder abgenommen hat; so kann der vorige Eigenthümer, wenn der Feind das genommene Schiff oder Gut vor der Wiedereroberung schon in einen feindlichen oder neutralen Hafen untergebracht hat, dasselbe gegen das preußische Kaper- oder Kriegsschiff nicht reclamiren, sondern es verbleibt dem Eroberer als eine gute Prise. Geschieht aber die Wiedereroberung, ehe das Schiff oder Guth in einem feindlichen oder neutralen Hafen aufgebracht wird; so soll der vorige Eigenthümer dasselbe zwar zurückerhalten; er soll aber dem Wiedereroberer, wenn er ein Kaper ist, den dritten Theil des Werths, und wenn es ein Kriegsschiff ist, eine von den Prisengerichten zu arbitrirende Belohnung geben.

§. 8.

§. 216.
Declaration vom 24. September 1798.

ad §. 216. Bei Bestimmung der Frage, was Contrebande sey, muß auf das Rücksicht genommen werden, was in den §§. 2034. und 2035. P. 2. T. 8. als solche bestimmt worden ist, jedoch soll die dem gedachten §. angehängte Klausel:

„und was sonst durch besondere Verträge
„zwischen den verschiedenen Nazionen ein-
„zunehmen verboten ist,

hier nicht Anwendung finden, indem solche blos auf Versicherungs-Geschäfte Beziehung hat.

§. 9.

§. 410. Rescript vom 20. October 1794.

ad §. 410. Es bedarf daher gar keiner Erklärung des Fisci über die Antretung oder Entsagung der Erbschaft.

§. 10.

§. 468. Durch das Rescript vom 9. Juli 1801. Stengel's Beiträge XIV. 139. wurde entschieden, daß die Verwaltung des Vermögens abwesender unbekannter Erben zur Direction des Pupillen-Collegii gehöre. Es würde daher nach diesem Paragraph zu bemerken seyn.

ad §. 468. Die Bestellung dieses Curators und die Direction der Verwaltung gehören zum Geschäftskreis der Vormundschaftlichen Behörde.

Theil II. Tit. 18. §. 954.

§. 11.

§. 477. Hier würde auf den Grund des Rescripts vom 12. Februar 1798. Stengel's Beiträge, 8. 313. zu bemerken seyn.

ad §. 477. Wenn von keinem Blutsverwandten eines Verstorbenen Nachr icht vor handen ist; so kann dem überlebenden Ehegatten, als dem in Ermangelung erbfähiger Verwandten gesetzlich zur Erbfolge Berechtigten, der Nachlaß des Verstorbenen blos gegen die Versicherung an Eidesstatt, daß ihm keine Verwandte des Erblaßers bekannt seyen, überlassen werden, ohne daß es dazu eines Aufgebots bedarf; nur muß der Richter die §. 479. zur Abwartung der Ansprüche eines Erben bewilligte Frist in dem Fall verlängern, wenn die Erbschaft von Belang und der Erblaßer nach den vorhandenen Nachrichten aus einem entfernten Lande gebürtig ist, oder sonst Umstände vorhanden sind, welche es wahrscheinlich machen, daß die Erkundigungen, welche der in solchen Fällen jedesmal zu bestellende Curator vornehmen muß, eine längere Zeit als gewöhnlich erfordern möchten.

§. 12.

Tit. XI. §. 19. Rescript vom 7. April 1795.

Zum Theil I. Tit. 11. §. 19.

Wenn jemand, der Kantonpflichtige Söhne hat, oder deren Einrangirung erwarten kann, alle seine Besitzungen verkauft, und dem Gerichte nicht eine anderweitige Anlegung des Kaufpreises zur bleibenden Fortsetzung des domicilii im Lande sicher bekannt ist, oder derselbe solche nicht glaubhaft nachweist, so soll das Gericht dergleichen Veräußerung der Kanton-Revisions-Commission anzeigen, und wenigstens einen beträchtlichen Theil des Preises so lange zurückhalten, oder sich deßen versichern, bis daßelbe zu einem andern Etablissement des Verkäufers (NB. in der Edikten-Sammlung steht Käufers) angelegt, oder auf die davon geschehene Anzeige Verfügung ergangen seyn wird.

§. 13.

§. 204. 205.
Gutachten der Gesetz-Kommission vom 27. März 1801.
Rescript vom 13. August ejusdem.

Zum Theil 1. Tit. 11. §. 204.

Wenn sich bei Schaafen die Pocken und beim Rindvieh die sogenannte französische Kranckheit innerhalb acht Tagen nach der Uebergabe äußert, so gilt die Vermuthung, daß solche schon vor derselben vorhanden gewesen.

§. 14.

ad §. 205. Eine gleiche Vermuthung gilt von Pferden, bei welchen sich wahre Stätigkeit innerhalb vier Tagen, Räude und Rotz innerhalb vierzehn Tagen, Dämpfigkeit, Herzschlägigkeit, schwarzer Staar, Mondblindheit und Dumkoller aber innerhalb vier Wochen nach der Uebergabe hervorthun.

§. 15.

§. 318. Num. 5.
Nach dem Gutachten der Gesetz-Commission vom 12. December 1800.
Archiv 1. 46.

ad §. 348. Es ist ein unwesentlicher, eine rechtsgültige Adjudication nicht verhin-

ist es uberhaupt kein wesentlicher Mangel der Formlichkeiten, wenn das Subhastations-Patent fruher abgenommen oder abgerissen ist, als es sollte, es mögen nun 14. Tage oder mehr an der ganzen Zeit fehlen.

Das Rescript vom 12. Januar 1801. ibidem.,
genehmigt die Grundsätze dieses Conclusi und daraus folgt, daß num. 5. des 348. §. uberhaupt nicht mehr zur Anwendung kommen soll. Es wird darin ausgeführt, daß §. 318. num. 5. den Patenten zu viel, der mangelhaften Einruckung in den öffentlichen Blättern aber zu wenig Wirkung beilege. In Ansehung der letzteren habe es lediglich bei §. 47 b. Tit. 7. P. 1. der Allg. Ger.-Ordnung sein Bewenden, es komme immer nur auf den vollen gesetzmaßigen Zwischenraum von der ersten Einrückung und dem letzten Termin an, das Fehlende müsse nachgeholt werden.

§. 17 a.

Diesen Grundsätzen widerspricht vollig das Rescript vom 27. April 1801.
Stengel's Beitrage, XIV. 239.
Es heißt in demselben, daß nicht allein bei Subhastationen, sondern auch bei allen ubri-

gen Ediktalcitationen es der durch die Gerichtsordnung am angeführten Orte vorgeschriebenen Wiederholung nicht bedarf, wenn nicht mehr als 14 Tage an der vorgeschriebenen Zeit fehlt. Letzteres Rescript muß als das spätere den Vorzug verdienen, und deshalb würde blos hierbei zu bemerken seyn.

dernder Mangel bei der Subhastation, wenn ein affigirt gewesenes Subhastations-Patent vor Ablauf des vorgeschriebenen Zeitraums, es sey nun 14 Tage oder früher abgenommen oder abgerissen worden, und verlohren gegangen ist.

§. 16.

§. 385. Rescript vom 5. September 1796.

ad §. 385. Auch actuarii dieses Gerichtes gehören in dieser Beziehung zu den richterlichen Personen.

§. 17.

§. 387. ibidem.

ad §. 387. Durch die Genehmigung des Vorgesezten kann nur die Strafe des cessionarii, nicht aber das Privat-Interesse des Schuldners aufgehoben werden.

§. 18.

§. 557. 558. Lotterie-Edict vom 20. Junius 1794. §. 7.

ad §. 557. 558. Wenn ein Einnehmer dem Spieler das Einsatzgeld stundet, so geschieht solches auf seine Gefahr, und ist er den kreditirten Einsatz gegen den Spieler einzuklagen befugt *).

§. 19.

§. 646. würde in Beziehung auf das Rescript

ad §. 646. Diese Vorschriften §. 641. bis 646. können auf den Fall, wo ein ganzer Vermögens-Inbegriff durch einen Vita-

*) Hier ist von Müller hinzugefügt: „Diese Verfügung soll durch eine Cabinets-Ordre vom 16. Juni 1799. aufgehoben seyn"; und dahinter steht: NB. von dieser Aufhebung ist in dem Büreau nichts bekannt. (Vgl. jedoch unten Nr. VI.)

vom 12. Januar 1796. Edictſ. 1798. Folgendes zu bemerken seyn.

lizien- oder Alimenten-Kontrakt übertragen wird, nicht ausgedehnt werden, vielmehr gilt für diesen Fall der Grundsatz, daß unter Vermögen nur dasjenige, was nach Abzug der Schulden übrig bleibt, verstanden werden kann.

§. 20.

§. 686. wurde in Gemäßheit des Circulars vom 1. Mai 1798. Stengel's Beiträge VI. 359. zu suppliren seyn.

ad §. 686. In das Mobiliarvermögen eines Offiziers in der Garnison findet die Executions-Vollstreckung nicht statt.

§. 21.

§. 692. Cabinets-Resolution vom 21. November 1796.

ad §. 692. Alle Inspections- und General-Adjudanten, welche bei den Generalen angestellt werden, bedürfen, so lange sie nicht zu Staabsoffizieren avancirt sind, oder wirkliche Compagnien oder Esquadrons erhalten haben, zur Gültigkeit ihrer Schulden, des Consenses ihres Chefs.

§. 22.

§. 703. Publikandum vom 11. März 1797. 1. 3.

ad §. 703. 1) Diese Vorschriften 702. 703. finden nur auf diejenigen unter ihnen, welche das Bürger- und Meisterrecht gewonnen haben, Anwendung. Dagegen ist zu den Schulden derjenigen, welche sonst als Freiwächter oder Beurlaubte irgend ein Gewerbe treiben, die gerichtliche Abschließung des Darlehns oder sonstigen Schuldvertrages zur Gültigkeit der Schuld erforderlich, und muß diese gerichtliche Abschließung in der Garnison bei der vorgesezten Militairbehörde, im Fall des Urlaubs aber bei den Gerichten des Wohn- oder Aufenthaltsorts erfolgen.

§. 23.

§. 703. Bei dieser Materie überhaupt Cabinets-Resolution vom 26. April 1798.

2) In Ansehung der Schulden der Werbeoffiziers soll von den Regimentern und Bataillons die Maasregel getroffen werden, daß die Werbeoffiziere wegen Aufnahme der für Werbung benöthigten Gelder an gewiße Handlungshäuser gewiesen, und leztere genau instruirt werden, wieviel sie im äußersten Fall den Werbeoffizieren zu kreditiren haben. Im übrigen soll es im Zukunft auch bei dem Grundsatze, daß die Gläubiger wegen solcher Schulden, deren Verwendung zur Werbung nicht erwiesen wird, ihren Regreß an ihre unbefugte Schuldner nehmen müßen, verbleiben.

§. 24.

§. 704. Rescript vom 7. August 1797.

ad §. 704. Dies gilt auch von denen, welche in solcher Qualität bei den Schauspielen oder der Kapelle der Königin angestellt sind.

§. 25.

§. 750. Rescript vom 17. Mai 1796.

ad §. 750. Einer vorhergegangenen Anerkennung der Unterschrift bedarf es zur Begründung des exekutivischen Prozesses nicht.

§. 827. sequent.
Stengel's Beitrage, 5. 261.
Das Rescript vom 20. Februar 1797. halt das Privilegium des Fiscus wegen der Zinsen für exorbitant, und nimmt an, daß, da es nicht im Landrecht wiederholt sey, es für abgeschafft zu halten. Nach dem Rescript vom 18. November 1799. ist Fiscus Zögerungszinsen zu bezahlen nicht schuldig. Es würde daher am Ende dieser Materie nach §. 831. so heißen.

§. 26.

ad §. 827. Der Fiscus ist nur vorbedungene Zinsen zu bezahlen schuldig. *)

§. 27.

§. 1070.
Declaration vom 30. August 1797.

ad §. 1070. Bei allen Schenkungen, Entsagungen, Verzichtleistungen, Anerkenntnißen, Erlaßen und andren Dispositionen, wodurch ein Kantonist sein Vermögen ganz oder zum Theil unmittelbar oder mittelbar andern zuwendet, wenn dieselben entweder nach der Auswanderung oder auch vorher, jedoch erst in dem lezten Jahre, ehe der Kantonist das Land verlassen hat, geschehen, soll angenommen werden, daß sie in der Absicht erfolgt sind, um dadurch die Rechte des Staats und der Invalidenkasse zu schmälern. Demgemäß soll Fiskus befugt seyn, auch wenn die Disposition außerdem rechtsgültig und in gehöriger Form abgefaßt wäre, auf die Annulirung solcher Schenkungen und andern Verfügungen anzutragen, und dasjenige, was etwa schon auf den Grund derselben an einen andern gelangt ist, jedoch ohne Zinsen zurückzufordern, es wäre

*) Vgl. Bd. I. S. 205., Anm.

denn, daß der Beschenkte, oder derjenige, zu deßen Gunsten die Entsagung, der Erlaß, die Verzichtleistung oder das Anerkenntniß erfolgt ist, nachzuweisen vermögte, oder sonst aus den Umständen klar erhellte, daß zur Zeit des gemachten Geschenks, oder der sonstigen Disposition, der Ausgewanderte die Absicht, sich dem Lande und dem Kanton zu entziehen, noch nicht gehabt habe.

§. 28.

§. 1113. Rescript vom 30. October 1797. Nachtrag, 1798.

ad §. 1113. Nur einfache Schenkungen können wegen einer Verletzung im Pflichttheile angefochten werden.

§. 29.

Tit. XII. §. 72. In dem Rescript an die Pommersche Regierung vom 9. März 1795. Edikten-Sammlung 1798. Num. 7. wird der Sinn des Wortes Gerichtssprengel erläutert. Es dürfte daher hier einzuschalten seyn.

Zum Theil I. Tit. 12. §. 72.

Unter Gerichtssprengel sind die physischen Grenzen der Stadt, des Orts oder Distrikts zu verstehen, innerhalb deren dem Richter, welcher das Testament aufnimmt, daselbst die Jurisdiktion, wenn auch nicht über alle darin befindlichen Personen oder Sachen, zusteht.

§. 30.

§. 91. Rescript vom 30. October 1797.

ad §. 91. Testamente, welche bei einem Patrimonialgericht unter Beobachtung der gesetzlichen Erforderniße niedergelegt werden, verlieren, ohne Unterschied der Person des Deponenten, an ihrer Gültigkeit nichts, wenn sie auf Verlangen deßelben an das Obergericht der Provinz zur Asservation eingesendet werden.

§. 31.

§. 126. 127. Rescript vom 12. November 1798. Stengel's Beiträge X. 405.

ad §. 126. 127. Die unterlaßene zwiefache Niederschreibung des Testaments sowohl in deutscher, als in der Muttersprache des Testators kann jedoch keine Nullität begründen.

§. 32.

§. 129.

ad §. 129. Die Versicherung der Gerichtspersonen, daß sie der Sprache des Testators völlig mächtig sind, ist hinreichend, um dies für gewiß zu halten.

§. 139. Der 139. §. verordnet, daß ein Verstoß der Vorschriften des §. 66—138. in Ansehung der Form das Testament selbst ungültig mache, wenn die Ausnahme dem Gesetz nicht sogleich beigefügt worden. Es muß daher bei §. 139. auf den Grund der Entscheidung der Gesetzkommißion vom 13. Februar 1798. und des Rescripts vom 26. Februar 1798. Stengel's Beiträge, VII. 252. bemerkt werden.

§. 33.

ad §. 139. Von der Vollständigkeit des Protokolls hängt die Aufrechthaltung des lezten Willens ab, und ist aus solchen Unterlaßungen, welche niemals zu irgend einem Zweifel über die Gewißheit des Willens auch nur scheinbaren Anlaß geben können, keine Nullität herzuleiten. *)

§. 34.

§. 161. 162. Rescript vom 16. Februar 1801. Stengel's Beiträge XIII. 315.

ad §. 161. 162. Auch vertritt es die Stelle der eigenhändigen Schrift, wenn das Codicill von einem Justizkommissarius unter

*) Bemerkung von Müller:
Dieses Rescript ist eigentlich nur bei der Anfrage, wegen Gültigkeit eines angenommenen Testaments erfolgt. Es ist aber auch für alle gleiche Fälle gegeben, und auch ratio legis tritt bei den aufzunehmenden eben so wie bei den anzunehmenden ein. Dadurch fällt aber der ganze §. 139. weg.

Zuziehung eines Zeugen aufgenommen worden ist.

§. 35.

§. 163. Durch das Gutachten der Gesetzkommission vom 23. Oktober 1800. und dem bestatigenden Rescript vom 3. November 1800. sind die testamentarischen Kodizille wieder eingeführt. Es würde daher §. 163. zu suppliren seyn.

ad §. 163. Behält sich der Erblaßer in seinem rechtsbeständigem Testamente die Befugniß vor, daßelbe durch außergerichtliche Aufsätze zu ergänzen oder abzuändern, und es finden sich dergleichen im Nachlaße, so haben sie mit dem Testamente selbst gleiche Kraft. *)

Ob dergleichen Codicille außer der eigenhändigen Unterschrift des Testators noch mit andern Erfordernissen versehen sein müssen, hängt von den Bestimmungen ab, welche das Testament des Erblaßers dieserhalb enthält.

§. 36.

§. 177. sequent. Publicandum vom 14. März 1797. wegen Einführung des Allgemeinen Landrechts bei den Militärgerichten. Hiernach sollen die §§. 177. bis 179. folgendergestalt modifizirt werden.

ad §. 177. sequent. Was §. 183. bis 187. von schriftlichen militärischen Testamenten verordnet ist, soll ohne Unterschied statt finden, ob der Aufsatz in einer gegenwärtigen Kriegsgefahr, oder ob derselbe in Kantonirungs- oder Winterquartieren errichtet worden. Die Vorschriften des §. 188. bis 191. bleiben mithin außer Anwendung.

§. 37.

§. 192. ibidem.

ad §. 192. Gleiche Gültigkeit hat die mündliche Verordnung, wenn sie vor einem Oberoffizier erklärt worden ist.

---

*) Vgl. oben S. 6.

§. 193.
Statt dieses §. muß es heißen.

§. 38.

ad §. 193. Bei dergleichen mündlichen Verordnungen soll es, wenn kein Wiederruf oder Abänderung erfolgt ist, so lange sein Bewenden haben, bis nach geendigtem Kriege die Regimenter in ihre Standquartiere wieder eingerückt sind.

§. 217.
Für den Fall, wenn 2. gerichtlich deponirte Testamente sich vorfanden, enthalt das Rescript vom 8. November 1798. die Bestimmung. Das Allgemeine Landrecht konnte daher hier folgendergestalt supplirt werden.
Stengel's Beitrage XIV. 292.

§. 39.

ad §. 217. Finden sich nach dem Tode des Erblassers zwei gerichtlich deponirte Testamente, und ist in dem letzten das erste gänzlich aufgehoben, so muß das ältere binnen der Frist uneröffnet liegen bleiben, binnen welcher das später deponirte noch als nichtig angefochten werden kann.

§. 238.
Ist der ordentliche Richter einer verstorbenen Militär-Person die Militär- oder die Civilbehörde?
Das Rescript vom 18. Juni 1798.
Stengel's Beiträge, VIII. 327.
entscheidet für die Militar-Behorde. Es muß daher nach §. 238. bemerkt werden.

§. 40.

ad §. 238. Unter dem Ausdruck der ordentliche Richter ist der persönliche Gerichtsstand des Erblaßers während seiner Lebenszeit zu verstehen. Das Original des bei der Behörde einer Militärperson deponirten Testaments kann daher von den Civilgerichten nicht verlangt werden.

§. 240.
Publicandum vom 14. März 1797.

§. 41.

ad §. 240. Militärische Testamente müssen diejenigen, denen sie anvertraut worden, oder denen sie nach dem Tode des Erblassers in die Hände kommen, den Kriegsgerichten sofort abliefern. Die Kriegsgerichte müßen dergleichen schriftliche militärische Testamente selbst publiciren, und so weit es den bei sich habenden militärischen Nachlaß des Testators betrifft, sogleich vollstrecken, alsdann aber die Abschrift des Testaments den Civilgerichten zur weitern Besorgung in Ansehung des übrigen Nachlasses in beglaubter Form zusenden. *)

§. 565. sequent.
Es wurde angefragt, ob der Verschwender durante prodigalitate das Testament mit Einwilligung des Curatoris zurückfordern könne, wenn es vor der Prodigalitats-Erklärung deponirt ist. Das Rescript vom 2. September 1793. entschied die Frage bejahend. Es würde daher zu bemerken seyn.

§. 42.

ad §. 565. Verlangt der Verschwender mit Zustimmung seines Curators die Zurückgabe seines vor der Prodigalitäts-Erklärung niedergelegten Testaments, so ist diesem Gesuche zu willfahren.

---

*) Bemerkung von Müller:

Diese Gesetzstelle scheint mir der unmittelbar vorhergehenden zu widersprechen. Die Militärbehörde erklärt zwar diese Gesetzstelle in der Art, daß sie nur von militärischen Testamenten in privilegirter Form zu verstehen sey, allein durch die Verschiedenheit der Form dieser Testamente scheint eine Verschiedenheit des Verfahrens nach der Publication nicht gerechtfertigt zu werden.

Nichts desto weniger scheint das Rescript vom 18ten Juni 1798. — Stengel's Beitr. 8. 327. — die Gründe der Weigerung des Generalauditoriats zu billigen, und es würde daher zur Vermeidung des Widerspruchs und der Dunkelheit in dem angeführten Paragraphen entweder aufgenommen werden müßen:

daß dies bei privilegirten militärischen Testamenten der Fall sey,

oder aber in fine zu bemerken seyn, daß die Zusendung des Testaments in beglaubter Abschrift erfolgen müße.

§. 43.

§. 623.
Auf den Grund des Rescripts vom 27. Dezember 1796. würde nach §. 623. zu suppliren seyn.

ad §. 623. Auch dadurch, daß der Erbvertrag unversiegelt den Gerichten übergeben wird, wird die Versiegelung und überhaupt die bei den Testamenten vorgeschriebene Form nicht ausgeschloßen. *)

Tit. XIII. §. 99.
Nach dem Gutachten der Gesetz-Commission vom 28. October 1800.
Archiv I. S. 420.
ist die Special-Vollmacht auch dann nöthig, wenn Zeugen-Eide erlaßen werden sollen. Beim § alleg. würde daher zu bemerken seyn.

§. 44.

Zum Theil I. Tit. 13.

ad §. 99. Es macht hierbei keinen Unterschied, ob der Eid der Parthei oder einem Zeugen erlaßen werden soll.

§. 45.

§. 115.
Das Rescript vom 28. September 1795. macht eine Ausnahme bei Collegiis und Instituten, deren Beamten fidem publicam haben.
Es würde daher hier §. 115. und 116. zu suppliren seyn.

ad §. 115. Einer attestirten Special-Vollmacht bedarf es nicht, wenn Collegia und Institute, deren Beamte öffentlichen Glauben haben, dieselbe in dieser Eigenschaft ausgestellt, und mit dem Amtssiegel bedruckt haben.

---

*) Bemerkung von Müller:

Diese Bestimmung ist den früheren Verordnungen durchaus entgegen. Das Rescript vom 20. Oktober 1794. verordnet, daß dergleichen Erbverträge nie zum Vortrag kommen sollen, wenn es die Partheien nicht ausdrücklich verordnen, und das Rescript vom 2. Januar 1796. — Stengel's Beiträge, X. 426. — daß, wenn die Partheien nicht besonders die Geheimhaltung verlangen, der offne Erbvertrag nur verlautbart, überhaupt aber, wie mit einem Pacto inter vivos verfahren werden soll.

Ich habe geglaubt die spätere Entscheidung aufnehmen zu müßen.

§. 46.

Nach §. 117. auf den Grund des Rescripts vom 17. November 1800. Stengel's Beiträge, XII. 278.

ad §. 117. Die von den preußischen Gesandten und Residenten an auswärtigen Höfen attestirte Vollmachten sind den gerichtlichen gleich zu achten.

§. 47.

Zum Theil I. Tit. 14.

Tit. XIV. §. 210. Publicandum vom 20. Februar 1802. Archiv, II. 311.

ad §. 210. Wer durch Errichtung simulirter Kauf-, Tausch-, Pacht-, Mieths-, Erbzins- oder anderer Verträge einem Grundstück den Schein eines höhern Werths beilegt, soll als ein Betrüger von Amtswegen zur Untersuchung gezogen, und nach dem Grade der dabei zum Grunde liegenden, mehr oder minder gefährlichen Absicht, auch nach dem Verhältniß des daher entstandenen größern oder geringern Gewinns oder Schadens mit den im Kriminalrecht bestimmten Strafen belegt werden. *)

§. 48.

§. 221. Rescript vom 29. September 1800. Stengel's Beiträge, XII. 279.

Ebendaselbst §. 221. Der Erklärung bedarf es in dem Fall nicht, wenn die Bürgin zum Protocoll erkläret hat, daß sie mit den rechtlichen Folgen einer übernommenen Bürgschaft bekannt sey.

---

*) Dabei ist bemerkt: Die weiteren Bestimmungen dieses Publicandi gehören

a) in die Hypotheken-Ordnung,

b) in den 20sten Titel.

§. 49.

Zum Theil I. Tit. 15.

Tit. XV. §. 19.
1) Rescript vom 27. November 1797.

ad §. 19. Diejenigen Verkäufer eines Pferdes sind für verdächtig zu halten, welche außer den öffentlichen Märkten, Pferde zum Verkauf feil bieten, ohne als Roßtäuscher oder angeseßene Leute bekannt zu seyn, oder sich als solche zu legitimiren und dem Käufer ihre Legitimation zuzustellen.

§. 50.

2) Rescript vom 4. Januar 1801.

Ebendaselbst. Niemand soll sich mit einem bekannten oder unbekannten Soldaten ohne Beisein des Feldwebels oder Wachtmeisters in Kaufgeschäfte einlaßen; es wäre denn, daß der Soldat die ausdrückliche Erlaubniß, gewiße Fabrikate öffentlich feil bieten zu können, schriftlich erhalten hätte, und sich deshalb gegen den Käufer legitimiren könnte, widrigenfalls ein solcher Käufer es sich selbst beizumeßen hat, wenn er nicht nur die gekaufte Sache zu jeder Zeit unentgeldlich herausgeben muß, sondern ihn auch noch überdies, falls sie etwa gestohlen seyn sollte, die in den Gesetzen auf den unvorsichtigen Ankauf gestohlener Sachen geordnete Strafe treffen wird.

§. 51.

Zu Theil I. Tit. 16.

Tit. XVI. §. 413.
Die Vormundschafts-Deputation des hiesigen Stadtgerichts war zwei-

ad §. 413. Ist der zu Verpflegende minderjährig, so erfolgt die Bestätigung des felhaft, ob sie Vergleiche über künftige Alimente bestätigen könne.

Das Rescript vom 6. December 1796.

Stengel's Beiträge, III. 193.

entschied, quod sic. Es würde daher hier zu bemerken seyn.

Vergleichs bei der vormundschaftlichen Behörde des zu Verpflegenden.

§. 52.

Ebendaselbst ad §. 484.

§. 483.
ist ein falsches Allegat.

Es muß heißen Tit. II. §. 123. 128.

Die Gesetz-Commission hat unterm 10. Juli 1802. concludirt:

daß Hypothekenrechte nicht durch die bloße Vereinigung ihres Eigenthums mit dem Eigenthume des verpfandeten Grundstücks in der Person Eines Besitzers aufgehoben werden, sondern nur durch eine auf Antrag des Besitzers erfolgende von seiner Willkühr abhängende Löschung im Hypothekenbuche wirklich aufhören, folglich der Besitzer auch befugt ist, ein solches noch ungelöschtes Hypothekenrecht einem andern gültig abzutreten.

Dies wäre also der Fall, wenn objectiv dingliche Rechte, die subjectiv persönlich sind, konsolidiren. Die Entscheidung dieses Falles findet sich im Titel von der Confusion nicht, in dem nur von den Fällen gehandelt wird:

1) wenn objectiv dingliche Rechte, die zugleich subjectiv dinglich sind, konsolidiren; §. 482. §. 485. oder

2) wenn subjectiv dingliche Rechte, die zugleich objectiv persönlich sind, konsolidiren. §. 483. 484.

Wollte man daher den Ausspruch der Gesetzkommission generalisiren, so würde nach §. 484. zu bemerken seyn.

Hypotequen-Rechte werden nicht durch die bloße Vereinigung ihres Eigenthums mit dem Eigenthümer des verpflichteten Grundstücks in einer Person aufgehoben, so lange nicht eine, von dem Antrag des Besitzers abhängende Löschung erfolgt ist, und kann der Besitzer bis dahin, ein solches ungelöschtes Hypothequen-Recht gültig an einen andern abtreten.

§. 53.

Tit. XX.
§. 511. sequent.

Bei dieser Materie wird auf die Lehre von Ces-

Zu Theil I. Tit. 20.

ad §. 511. Doch kann dem Cessionarius einer mit Konsens des Schuldners eingetragenen hypothekarischen Schuldverschreibung ein wider den Cedenten zustehender vor der Cession entstandener Einwand der Compensation nur alsdann mit rechtlichem Effekt entgegengesetzt werden, wenn dieser Einwand im Hypothekenbuch vermerkt, oder dem Cessionarius sonst bekannt gewesen ist, und ein gleiches findet statt, wenn jemanden ein sub reservato dominio eingetragenes rückständiges Kaufgeld cedirt worden, welches der Käufer deshalb zu agnosciren oder zu bezahlen verweigert, weil er Einwendungen hat, die aus einem im Kaufkontrakte enthaltenen Versprechen des Verkäufers entspringen. *)

sionen verwiesen. Dort heißt es

Tit. XI. §. 407.

Der Schuldner einer cedirten Post kann alle Einwendungen und Gegenforderungen, die er gegen den Cedenten rügen konnte, auch dem Cessionario entgegensetzen.

Das Gutachten der Gesetzkommission vom 29. April 1788.

Klein's Annalen, 3. 250. hat diesen Satz bei der Cession hypothekarischer Schuldverschreibungen eingeschränkt.

Es entsteht die Frage, ob §. 511. nicht zu bemerken wäre.

§. 54.

§. 532.

Rescript vom 27. November 1797.

ad §. 532. Auch müßen die Kosten einer über eine hypothekarische Forderung auszustellenden Quittung, auf deren Grund die Löschung erfolgen kann, von dem Schuldner getragen werden.

§. 55.

Zu Theil I. Tit. 21.

ad §. 200. War die Ausübung einer Gerechtigkeit mit dem Besitz des

Tit. XXI.

§. 195.

lies Erbverpächter statt Erbpächter.

§. 200.

Die Gesetzkommission hat unterm 27. März 1801.

---

*) Bemerkung von Müller:

Ich finde nicht, daß diese Bestimmungen im Landrechte mit aufgenommen sind, und muß anheim stellen, ob sie, wenngleich früher als das Landrecht, dennoch aufzunehmen.

konkludirt: daß nach allgemeinen Grundsätzen sowohl, wenn eine Erbpachtsmühle durch Zufall abbrennt, als auch, wenn andern zu Erbpachtsgütern gehörigen Gebäuden ein solcher Zufall betroffen hat, das Feuerkassengeld aber zum Wiederaufbau nicht genüget, und im Erbpachtskontrakt auf diesen Fall nichts bestimmt ist, nicht der Erbpächter, sondern der Erbverpächter Zuschuß leisten müße.

Dies Gutachten führt aus:

1) daß der Nießbrauch und mithin auch die Erbpacht als eine Species des Nießbrauchs durch den Untergang der Sache verlohren gehe,

2) daß jedoch hiervon eine Ausnahme statt finde

a) wenn einzelne Gebäude von denjenigen in Erbpacht gegebenen Gütern durch Zufall zu Grunde gehen;

b) wenn mit dem in Erbpacht gegebenen Gebaude eine Gerechtigkeit verbunden war, weil diese nicht durch den Untergang des Gebäudes erlöscht, sondern nur gehemmt wird;

ich schlage daher nach §. 200. folgende Zusatze vor.

in Erbpacht gegebenen Gebäudes verbunden, und wird erstere durch den zufälligen Untergang der Sache gehemmt, so muß der Verpächter auf seine Kosten das Gebäude wieder herstellen, in sofern die etwanige Versicherungs-Summe zur Wiederherstellung nicht hinreicht, und im Erbpachtskontrakt auf diesen Fall nichts bestimmt ist.

Diese Bestimmung tritt auch dann ein, wenn andern zu Erbpachtsgütern gehörigen Gebäuden, ein solcher Zufall betroffen hat.

§. 56.

§. 401.
E. G. K. vom 15. Dezember 1794.
Edikten-Samml. 1798. S. 1857.

ad §. 401. Ist die Eintragung nicht ausdrücklich bewilligt worden, so ist ein Gutspächter die Eintragung des Pachtkontrakts auf dem verpachteten Gute zu fordern nicht berechtigt.

§. 57.

§. 403. sequent.
Das Rescript vom 13. Februar 1797. macht eine Ausnahme, welche in der Art einzuschalten seyn würde.

ad §. 403. Ist jedoch der Pachtkontrakt vor einer Kredit-Direkzion oder vor andern dergleichen öffentlichen Anstalten mit Zuziehung eines rechtserfahrnen Syndici, Justitiarii oder sonstigen Konsulenten errichtet worden, so bedarf es der Verlautbarung vor

Gerichten, oder vor einem Justizkommissarius zur Vermeidung der §. 405. und 406. bestimmten Nachtheile nicht.

§. 58.

Zu Theil 1. Tit. 22.

Tit. XXII. §. 18. sequent. Circular-Verordnung vom 30. December 1798.

ad §. 18. Es soll künftighin dem Berechtigten sowohl als dem Verpflichteten freigestellt bleiben, ob sie dergleichen Eintragungen auf ihre Kosten nachsuchen wollen, und deren Unterlaßung soll in keinem Fall den Verlust des wirklich bestehenden Realrechts begründen können.

§. 59.

§. 80. Rescript vom 1. August 1800.

ad §. 80. Wenn wüste Feldmarken unter landesherrlicher Genehmigung wieder angebaut und mit Unterthanen besezt werden, so sollen wegen älterer Hüthungs- oder andrer Ansprüche benachbarter Dorfschaften keine prozeßualischen Einleitungen statt finden, in so fern nicht dazu auf vorhergegangene Anfrage die landesherrliche Zustimmung ertheilt worden.

§. 60.

§. 110. Zu allegiren ist die ...

ad §. 110. Siehe die gesetzliche Bestimmung, mittelst welcher die durch Verträge oder Gewohnheiten nach dem Julianischen Kalender angeordnete Hüthungs- und Hebungs-Termine auf die Jahrestage des verbeßerten neuen Gregorianischen Kalenders verlegt werden, vom 31. August 1800.

§. 61.

§. 197. K. Ord. vom 18. Julii 1799.

ad §. 197. Freiholz-Deputanten sind schuldig, da, wo ihnen Torf gegeben werden kann, wenigstens die Hälfte in Torf, oder wenn sie dies nicht wollen, in Gelde nach der Forsttaxe zu nehmen, welches jedoch auf würkliche Holtzungs-Berechtigte nicht auszudehnen ist. Cab. Ordre v. 1802.

§. 62.

Zu Theil II. Tit. 1.

Theil II. Tit. I. §. 9. Cabinets-Ordre vom 17. Januar 1803.

ad §. 9. Ehen zwischen dem einen Ehegatten und denen mit einem andern Vater oder Mutter, vor dieser Ehe erzeugten unehelichen Kindern des andern, gehören in der Regel zu den verbotenen. In außerordentlichen Fällen muß die Dispensation beim Oberhaupte des Staats nachgesucht werden.

§. 63.

§. 12. Rescript vom 13. Februar 1797.

ad §. 12. Es macht dabei keinen Unterschied, ob nur einer oder ob beide Theile der katholischen Religion zugethan sind.

§. 64.

§. 20. Rescript vom 21. November 1800.

ad §. 20. Sucht die nach dem Tode ihres Mannes geschwängerte Wittwe, welche ihren angeblichen Schwängerer vor Ablauf des neunmonathlichen Zeitraums nach dem Tode ihres Mannes heiraten will, die Dispensation nach, so muß ihr diese unbedenklich ertheilt werden, in so fern nur dem Kinde seine Gerechtsame auf den Fall vorbehalten bleiben, wenn die Zeit der Geburt die Vermuthung gesetzlich begründen sollte, daß solches in der durch den Tod getrennten Ehe erzeugt seyn könnte, welchenfalls es von dem Ermessen der vormundschaftlichen Behörde abhängig bleibt, die dem Kinde vortheilhafteste Wahl zu treffen.

§. 65.

§. 34. Das Allgemeine Landrecht verweist bei verschiedenen Materien auf einzelne Reglements. Hier würde daher blos zu citiren seyn.

ad §. 34. Siehe die Circular-Verordnung, das Heirathen der Officiere und die Legitimazion der unehelichen Kinder betreffend, vom 1. September 1798.

§. 66.

§. 37. Eine Ausnahme dieser Regel wird durch das Rescript vom 15. August 1796. nachgelassen. Es würde daher nach diesem §. zu bemerken seyn.

ad §. 37. Eine Ausnahme von dieser Regel findet dann statt, wenn das Vormundschaftliche Gericht die Verbindung der großen Jugend des männlichen Kuranden ungeachtet für zuträglich hält, und die Braut und deren Vater sich eine Verbindung gefallen lassen, welche nach dem LandRechte Th. II. Tit. 1. §. 1002. innerhalb sechs Monaten nach zurückgelegtem achtzehnten Jahre wiederrufen werden kann.

§. 67.

§. 92. Gutachten der Gesetzkommission vom 29. September 1795. Edikten-Samml. 1798. Nachtr. S. 1877.

ad §. 92. Wenn auch das Aufgebot nur ein oder zweimal erfolgt ist, so ist demselben doch die Verbindlichkeit eines förmlichen Ehegelöbnißes beizulegen.

§. 68.

§. 144. Rescript vom 27. November 1800.

ad §. 144. Dies ist jedoch nur von solchen Fremden zu verstehen, von welchen es ungewiß ist, ob sie sich in Königlichen Staaten etabliren wollen, indem es in Ansehung der Kolonisten Ehen lediglich bei den deshalb erlaßenen Circularen vom 21. Jan. 1765., 4. Juny 1766. sein Bewenden hat.

§. 69.

§. 145. Rescript vom 11. Juli 1796. Stengel's Beiträge. IV. 318.

ad §. 145. Wie viel Zeit seit dem Etablissement verlaufen ist, kömmt hierbei in keine Betrachtung.

§. 70.

§. 146. In Beziehung auf das Rescript vom 11. December 1800.

ad §. 146. Königliche Civiloffizianten müßen vor dem Aufgebot und der Trauung nachweisen, daß sie die zu ihrer Verheirathung erforderliche Erlaubniß des ihnen vorgesetzten Chefs erhalten haben.

§. 71.

§. 153. Rescript vom 19. Januar 1797.

ad §. 153. Wenn der Bräutigam von der lutherischen oder französischen Kirche die Dispensation vom dreimaligen Aufgebot erhalten hat, so bedarf es von Seiten der Braut keiner besondern Dispensation.

§. 72.

Publicandum vom 14. März 1797.

Ebendaselbst. Wegen Dispensation beim Aufgebot eines militärischen Brautpaars, hat es bei den Vorschriften des Militair-Konsistorialreglements sein Bewenden.

§. 73.

§. 163. §. 1049. §. 1068. Rescript vom 13. März 1799. Stengel's Beiträge, VIII. 358.

ad §. 163. Der Trauung unbeschadet bleiben der Geschwächten die wegen Führung des Namens zugesicherten Rechte dennoch vorbehalten.

§. 74.

Bemerkung.
§. 312.
Dieser §. scheint mir (Müller) mit dem §. 1133. Tit. XI. P. I. in Widerspruch zu stehen, und ich muß anheimstellen, in wie fern derselbe bei einer neuen Ausgabe des Allgemeinen Landrechts zu heben sey.

ad §. 312. Nota. Der Widerspruch scheinet auch mir (von Kircheisen) klar zu seyn; ich würde ihn durch eine Note ad verba ohne Unterschied der Zeit dahin rectificiren,

Soll heißen nach den näheren Bestimmungen Th. I. Tit. XI. §. 1129—1133.

§. 75.

§. 343. Rescript vom 17. November 1794.

ad §. 343. An Orten, wo keine rechtsverständige Assistenten zu haben sind, können auch andere vernünftige, erfahrene und in den Geschäften des bürgerlichen Lebens nicht ungeübte Männer als Beistände der Ehefrauen in solchen Fällen zugelaßen werden.

§. 76.

§. 356. Rescript vom 20. Julii 1795.

ad §. 356. Die Confirmation und Bekanntmachung des, über die Gütergemeinschaft geschloßenen Vertrags gehört vor den Richter desjenigen Bezirks, innerhalb welchem die Verlobten nach geschloßener Ehe ihren Wohnsitz nehmen.

§. 77.

Bei dem §. 436. würde ich allegiren.

ad §. 436. Trauerreglement vom 7. October 1797.

§. 78.

§. 648. Nach einem Rescript vom 1. April 1799. an's Breslausche Pupillen-Collegium. s. Akten des Archivs.

ad §. 648. Dem Vater, welcher sich nach dem Tode seiner Ehefrau mit seinen minorennen Kindern auseinandersetzt, kann das Eigenthum des auf seinen Namen eingetragenen Grundstücks gegen Einwerfung seines Erwerbungspreises in die zu theilende Masse unter dem auf das Grundstück einzutragenden Vorbehalte, daß bei einem höhern Verkauf dieses Grundstücks das Mehrere der gemeinschaftlichen Masse zuwachse, ohne gerichtliche Abschätzung oder Subhastation überlassen werden.

§. 79.

§. 690. Publicandum vom 14. März 1797.

ad §. 690. Die Ehefrau eines entwichenen Soldaten ist sofort ohne Abwartung irgend einer Frist auf Trennung der Ehe anzutragen berechtigt. Wenn aber die Frau sich entfernt hat, so soll nur in besonderen Fällen, und bei obwaltenden vorzüglich dringenden Umständen das Kriegs-Konsistorium von der Vorschrift des Allgemeinen Landrechts zu dispensiren, und den Scheidungsprozeß noch vor dem Ablaufe der bestimmten Frist zu veranlaßen berechtigt seyn.

§. 80.

§. 734. Das Rescript vom 29. März 1800. bestimmt die

ad §. 734. Wird nur auf Separation unter der aufschiebenden Bedingung einer

Wirkung der von dem Kath. Konsistor. erkannten Separation donec animi exacerbati, reconciliati non fuerint.

verhofften Wiederaussöhnung erkannt, so ist dies so zu betrachten, als wenn auf eine Separation auf bestimmte Zeit erkannt wäre, und kann daher vom Civilrichter, insofern die Handlungen der Eheleute nicht alle Wahrscheinlichkeit einer Wiederaussöhnung ausschließen *), nur ein Interimisticum regulirt werden.

§. 81.

§. 812. Gutachten der Gesetzkommission vom 26. Juni 1794. Ediktensamml. 1798. Nachtr. 3.

ad §. 812. Der gemeinschaftliche Erwerb wird nach den Grundsätzen des §. 822. getheilt.

§. 82.

Bei §. 1027. - würde zu allegiren seyn... weil dies die Alimente bestimmt, wenn ein Soldat der Schwangerer ist.

ad §. 1027. Das Publikandum vom 14. März 1797. **).

§. 83.

Nach §. 1030. nach dem Gutachten der Gesetzkommission vom 15. September 1801

ad §. 1030. Stirbt das uneheliche Kind zu einer Zeit, da ihm der Schwängerer Unterhalt zu geben verbunden gewesen ist, so muß derselbe die Begräbnißkosten tragen, und die ausgelegten der Mutter erstatten.

*) Daneben steht von Kircheisen's Hand: „andereweitige", darauf folgt ein, durch einen Tintenfleck unleserlich gewordenes Wort und dann „de 1802."

**) In einer Note bemerkte Kircheisen hierbei: statt der Allegation würde die No. 8. des circul. 1—5. wörtlich zu inseriren seyn.

Bei §. 1130. Nach dem Publicandum vom 14. März 1797.

§. 84.

ad §. 1130. Die Alimente, wozu ein Deserteur seinem zurückgelaßenen unehelichen Kinde rechtlich verpflichtet ist, müßen eben so, wie bei eheligen von dem der Invalidenkasse anheim fallenden Vermögen gleich andern rechtmäßigen Schulden abgezogen oder darin sicher gestellt werden.

§. 85.

Zu Theil II. Tit. 2.

Tit. II. §. 180. Durch das Rescript vom 22. September 1794. Edikten-Samml. 1795. Num. 13. wird der Ausdruck Amt erläutert.

ad §. 180. 181. a) Unter Amt ist eine solche Bedienung zu verstehen, vermöge deren der Beamte Gelder oder andere Vermögensstücke des Fisci oder einer andern privilegirten öffentlichen Anstalt zur Administrazion oder Aufbewahrung überkömmt.

§. 86.

§. 180. und 181. Rescript vom 9. October 1797.

Ebendaselbst. b) Diese gesetzliche Vorschriften sind keineswegs auf andere, die ohne Kassenbediente und Administratores zu seyn, Gelder des Fiscus oder einer andern privilegirten Anstalt in die Hände bekommen können, zu extendiren.

§. 87.

§. 180. Rescript vom 23. Juni 1800. Archiv, 1. S. 174.

Ebendaselbst. c) Es bedarf der gesetzlichen Sicherstellung nicht einmal, wenn die Mutter den Vater durch ein Testament von derselben befreit, anderntheils, wenn der Fiscus durch eine von dem Vater bestimmt geleistete Caution, aus dem vorher mit diesem Statt gefundenen Verhältniße heraus tritt.

§. 88.

§. 187. Rescript vom 9. October 1797.

ad §. 187. So lange der Vater nicht wieder heirathet, genügt es, wenn in der Bestätigung des Auseinandersetzungsrezeßes, oder in dem Attest darüber ausdrücklich notirt wird, daß der Vater für das Vermögen der Kinder noch keine Sicherheit bestellt hat. Der Geistliche, welcher eine solche Ehe durch Proclamation und Trauung vollziehen soll, ist schuldig, dem vormundschaftlichen Gerichte davon in Zeiten Anzeige zu machen.

§. 89.

§. 212. a. b. Publicandum vom 14. März 1797.

ad §. 212. Ein Offizier wird durch Erlangung der Majorennität von der väterlichen Gewalt nur alsdann befreit, wenn er zu einem solchen Posten avancirt, in welchem er der väterlichen Hülfe zu seinem Unterhalt nicht mehr bedarf; welches in dem Fall angenommen werden soll, wenn er entweder eine Compagnie oder Eskadron erhält, oder doch zum Rittmeister oder Capitän ernannt wird, und das mit dieser Charge verknüpfte Gehalt zu genießen hat.

§. 90.

§. 216. Rescript vom 14. März 1796.

ad §. 216. Diese gesetzliche Vorschrift findet bei der Entlaßung von Töchtern keine analogische Anwendung.

§. 91.

§. 457—460.
Circular-Verordnung vom 30. December 1798. Sect. III. §. 2.

ad §. 457—460. Auf einen, den Kindern aus dem Vermögen schuldig befundener Ehegatten auszusetzenden Pflichttheil soll nur alsdann erkannt werden, wenn der unschuldige Theil oder der den Kindern zu bestellende Vormund ausdrücklich darauf anträgt, und behauptet, auch im Leugnungsfall bescheinigt, daß der schuldige Ehegatte sich der Verschwendung des Vermögens verdächtig gemacht hat.

Dieser Antrag kann auch nach rechtskräftig getrennter Ehe nachgeholt werden, wenn ein für den schuldigen Theil erklärter Ehegatte überführt wird, daß er sein Vermögen zu verschwenden anfange. Wird dies erwiesen, so wird bei Berechnung des Pflichttheils sowohl in Ansehung des Betrags des Vermögens als in Ansehung der Zahl der Kinder auf den Zeitpunkt gesehen, wo die Verurtheilung des schuldigen Ehegatten zur Aussetzung des Pflichttheils der Kinder vom Richter durch ein deshalb abzufassendes Erkenntniß nachgeholt wird.

Nach §. 480. würde auf den Grund des Rescripts vom 4. Februar 1799. Stengel's Beiträge, VIII. 240. und Rescript vom 0. November 1800. Archiv, 1. 433. zu bemerken seyn.

§. 92.

ad §. 480. Der Sicherstellung bedarf es nicht mehr, wenn die geschiedenen Eheleute einander wieder heirathen.

§. 93.

§. 592. Hier würde zu allegiren seyn.

ad §. 592. Circular-Verordnung *) das Heirathen der Offiziere und die Legitimazion der unehelichen Kinder betreffend, vom 1. September 1798. und Kabinets-Order vom 4. ejusd. an.

§. 94.

§. 614. Rescript vom 16. December 1800. **) Stengel's Beiträge, XIV. 132.

ad §. 614. Steht die Mutter noch unter väterlicher Gewalt, so ist es hinlänglich, wenn der mütterliche Großvater aufgefordert wird, für das Beste seines unehelichen Enkels zu sorgen.

§. 95.

§. 639. und 640. Publicandum vom 14. März 1797.

ad §. 639—640. Unehliche Söhne der Kanton- und Dienstpflichtigen Soldaten, wenn die Mutter an einem Kantonfreien Ort gehört, sind als Soldatensöhne dem Regiment oder Bataillon, zu welchem der Vater gehört, obligat, und hängt die Wahl der Lebensart eines solchen unehlichen Sohnes, wenn er zum Dienst und zur Einstellung tüchtig ist, von dem Regiment oder Bataillon ab.

---

*) Kircheisen bemerkte hierbei: ich würde die Stelle pag. 1705. „alle außer der Ehe ꝛc. — zum Zwecke hat" wörtlich auf den Fall einrücken, wenn der natürliche Vater ein Officier ist.

**) Dies Rescript ist vom Kurmärkischen Pupillen-Collegio erlassen worden, — bemerkte Müller hierbei.

§. 652.
Das Gutachten der Gesetzkommission vom 14ten Marz 1794.
Stengel's Beitrage, I. 380.
setzt fest, daß uneheliche Kinder nicht zu gleicher Zeit Alimente und den Erbtheil erhalten können.
Per Rescriptum vom 31. Marz ist dies nur für diesen Fall bestatigt. In causa :/. Luft ist eben dieser Grundsatz in drei gleichlautenden Erkennissen angenommen worden.
Stengel's Beitrage XV. 249.
ich (Muller) muß anheimstellen, ob Folgendes aufzunehmen seyn dürfte.

§. 96.

ad §. 652. Doch gebühren dem unehlichen Kinde nicht zu gleicher Zeit gesetzliche oder versprochene Alimente, vielmehr steht ihm nur zu, die gedachten Alimente oder den sechsten Theil des Nachlasses zu wählen.

§. 654.
Gutachten der Gesetzkommission vom 11. November 1800.
Stengel's Beitrage XII. 292.

§. 97.

ad §. 654. Von dieser gesetzlichen Vorschrift findet selbst dann keine Ausnahme statt, wenn der Vater vor der Geburt des Kindes verstorben, und damals die Schwangerschaft der Mutter weder ihm noch der Mutter selbst bekannt gewesen ist, oder auch andre Umstände vorgewaltet haben, um deren Willen weder das Anerkenntniß des Vaters noch der Vorbehalt des Erbrechts der Kinder in einem rechtskräftigen Erkenntniß möglicherweise hat erfolgen können.

§. 98.

§. 656.
Gutachten der Gesetzkommission vom 5ten Februar 1802.
Archiv II. 324.

ad §. 656. Heirathet jemand eine Frauensperson, welche unehliche Kinder hat, ohne vor der Heirath auf Abfindung und Abgüterung des unehlichen Kindes zu bestehen, so erbt im Fall der Gütergemeinschaft das unehliche Kind die der Mutter zustehende Hälfte des gemeinschaftlichen Vermögens mit den ehlichen Kindern zu gleichen Theilen.

§. 99.

§. 667. Rescript vom 12. November 1801. Stengel's Beitrage XIV. 292.

ad §. 667. Einer Berichts-Erstattung an das Lehn-Departement zum Immediat-Vortrag bedarf es nur in den Fällen:

1) wenn der Adoptirende von Adel und der Adoptirte von bürgerlicher Herkunft ist,
2) wenn mit der Adopzion zugleich die Annahme und Führung eines adlichen Namens und Wappens verbunden seyn soll.

§. 100.

§. 694. Rescript vom 7. September 1801. Paalzow Handbuch, Th. II. S. 428.

ad §. 694. Es soll daher die Extradizion des Vermögens an den adoptirten Sohn auf den Grund der Entlaßung desselben aus der väterlichen Gewalt von Seiten des adoptirenden Vaters allein nicht erfolgen, vielmehr bedarf es der Ausfertigung der Majorennitätserklärung Behufs des Etablissements des Sohnes, nach Anleitung des L. R. Th. 2. Tit. 18. §. 807.

§. 101.

§. 703. Declaration vom 21sten September 1798.

ad §. 703. Der (die) Befugniß, die gesetzlichen Bestimmungen in dem Adopzions-Vertrage anders festzusetzen, kann auf die Vorschriften der §§. 684. und 689. nicht gebeutet werden, da diese landesherrliche Rechte bestimmen, worüber durch Privat-Verträge nicht disponirt werden darf.

§. 102.

§. 719.
Gutachten der Gesetz-kommission vom 1. September 1801.
Archiv II. 154.

ad §. 719. Die Einkindschaft ist auch in der dritten und folgenden Ehe zu verstatten mit der Einschränkung, daß in jeglichem Fall nur die Verletzung des Pflichttheils der Nachkinder sowohl als der Vorkinder bei Errichtung der Einkindschaft verhütet wird. *)

§. 103.

§. 754.
Circular - Verordnung vom 19. December 1799. und
Rescript vom 25. Februar 1799.
Stengel's Beiträge, VIII. 130.

ad §. 754. Den Pflegeeltern gebührt die Befugniß, die Religion zu bestimmen, in welcher die von ihnen angenommenen Kinder bis zum zurückgelegten 14ten Jahre ihres Alters erzogen werden sollen, wenn gleich die leiblichen Eltern des angenommenen Kindes einem andern Glaubensbekenntnisse zugethan gewesen.

§. 104.

Zu Thl. II. Tit. 7.

Tit. VII.
§. 229.
Rescript vom 18. Januar 1796.
Nachtrag 1798.

ad §. 229. Die Ertheilung der Stockschläge ist gesetzwidrig, dagegen aber der Gebrauch einer ledernen Peitsche erlaubt, mit welcher auf den Rücken, über die Klei-

*) Bemerkung von Müller: Alles übrige, was in diesem Gutachten von der Befugniß der Eltern gesagt wird, den Aussaz auf einen geringeren Betrag zu bestimmen, scheint mir lediglich auf das Tecklenburg-Lingensche Provinzialrecht sich zu beziehen.

der eine mäßige Anzahl von Hieben gegeben werden kann.

§. 105.

§. 280.
Gutachten der Gesetzkommission vom 30. Mai 1795.
Stengel's Beiträge, X. 119.

ad §. 280. Es ist jedoch auch die Subhastation bei unterthänigen, eigenthümlichen Bauergütern unter eben den Umständen wie bei andern Grundstücken für eine gesetzmäßige Art der Auseinandersetzung unter Miterben zu achten, jedoch die nach Vorschrift des §. 281. und 282. aufgenommene Taxe dabei zum Grunde zu legen.

Die Grundherrschaften können dem Meistbietenden den Consens zur Uebernehmung des Guts aus eben den Gründen versagen, aus welchen sie denselben bei Veräußerungen überhaupt nach der gesetzlichen Vorschrift §. 259. 260. zu verweigern berechtigt sind.

Ein die Taxe übersteigendes Gebot ist jedoch nur dann für eine solche rechtmäßige Verweigerungsursach zu achten, wenn der Licitant nicht nachweisen kann, daß er sein Gebot, so weit es die Hälfte der Taxe übersteigt, aus eigenen Mitteln zu erfüllen im Stande ist.

Sollte über die nach diesen Grundsätzen zu beurtheilende Besizfähigkeit des Licitanten ein Streit entstehen, welcher nicht sofort nach den Vorschriften der Allgemeinen Gerichtsordnung Tit 52. §. 42. 44. abgemacht werden kann, so findet darüber rechtliches

Gehör Statt, und der Zuschlag muß bis zur erfolgten rechtskräftigen Entscheidung ausgesetzt bleiben.

Kann aus einer und der andern Ursach der Zuschlag an den Meistbietenden nicht erfolgen, so hängt es alsdann von den theilenden Erben ab, in wie fern sie eine neue Licitation nachsuchen, und auf diesem Wege die Ausmittelung eines ihnen annehmlichen und zugleich besitzfähigen Käufers abwarten, oder eine andere gesetzliche Art der Theilung wählen wollen.

§. 106.

Zu Theil II. Tit. 8.

Tit. VIII. §. 16. Rescript vom 4. Januar 1796.

ad §. 16. Auch in Ansehung der Qualification zum Bürger- und Meisterrechte hat die, in Gemäßheit des §. 216. Tit. 2. P. 2. des Allgemeinen Landrechts gehörig verlautbarte Erklärung des Vaters gleiche Würkung mit der Majorennitäts-Erklärung.

§. 107.

§. 151. Circular-Verordnung vom 19. December 1799.

ad §. 151. Betrifft der Gegenstand eines Prozesses Kämmerei-Vermögen, so ist die Genehmigung der vorgesezten Krieges- und Domainen-Kammer zur Anstellung der Klage oder Erklärung darüber dergestalt wesentlich erforderlich, daß der Mangel derselben eine Nullität des ganzen Verfahrens bewirkt.

§. 108.

§. 456. Hier würde im Allgemeinen zu allegiren seyn.

ad §. 456. Siehe Apotheker-Ordnung vom 12. October 1801.

§. 109.

§. 718. Rescript vom 18. April 1797. Nachtrag 1798.

ad §. 718. Ordentlich recipirte Buchhändler sind wechselfähig.

§. 110.

§. 726. Rescript vom 12. October 1801. Stengel's Beiträge, XIV. 301.

ad §. 726. Dies ist auch der Fall bei den Besitzern derjenigen Erbzins- und Erbpachtsgütern, welche mit eigener Gerichtsbarkeit versehen, und als für sich bestehende Besitzungen unter einem besondern Nahmen im Hypothekenbuche eingetragen worden sind.

§. 111.

§. 731. Rescript vom 27. März 1797.

ad 731. Personen, denen das Gesetz selbst die Wechselfähigkeit in gewißen Fällen beigelegt hat, können zum Wechselausstellen auch in andern und mehreren Fällen authorisirt werden.

§. 112.

§. 833. Gutachten der Gesetzkommission vom 11. November 1796. Edicten-Sammlung 1798. Nachtrag.

ad §. 833. Ein wechselfähiger Indossant, welcher wissentlich einen von einem nicht Wechselfähigen ausgestellten Wechsel indossirt, bleibt dem Indossatario wechselmäßig verhaftet, wenn gleich dieser auch seine Ansprüche nicht gegen den ersten Aussteller zur Verfallzeit des Wechsels vorher geltend gemacht hat.

§. 113.

§. 903.
Gutachten der Gesetz-commission vom 3. April 1798.
Archiv II. 176.

ad §. 903. Auch dann wenn der Wechsel vor dem Verfalltage protestirt worden. Eine Ausnahme findet in dem Falle Statt, wenn wider einen schlechterdings und unbedingt nicht acceptirten Wechsel Protest eingelegt wird, weil dann die Jahresfrist von Zeit des aufgenommenen Protestes an zu rechnen ist. §. 1059. sequent.

§. 114.

§. 908.
Rescript vom 13. Dezember 1800.
Archiv II. 13.

ad §. 908. Dies ist nur von der angestellten Wechselklage zu verstehen; die Liquidation einer Wechselforderung im Concurse unterbricht daher die Verjährung der Wechselverbindlichkeit zum Behuf der persönlichen hiernächst etwa anzustellenden Wechselklage keinesweges *).

§. 115.

§. 909.
Gutachten der Gesetz-commission vom 28. October 1800.

ad §. 909. Es ist nicht nöthig, daß auch die Insinuation der Klage während des Laufes des privilegirten Jahres erfolge.

§. 116.

§. 936.
Gutachten der Gesetz-commission vom 18. October 1796.
Archiv III. 402.

ad §. 936. Diejenigen Gläubiger, welche nach der Gerichtsordnung die Classification in hiesigen Landen verlangen können, sind wegen eines nach hiesigen Landesgesetzen verjährten Wechsels zur 7ten Klasse zu ver-

*) Bemerkung von Kircheisen: Denn sonst wäre das Rescript nicht richtig. In die 6te Klasse kommt er allerdings.

weisen, wenngleich derselbe auswärts ausgestellt worden, und der Schuldner sich dem auswärtigen Wechselrecht unterworfen hat, nach welchem eine längere Verjährungsfrist statt findet.

§. 117.

Tit. IX.

§. 13.
Durch die Declaration vom 24. September 1798. ist dieser §. dahin modifizirt worden.

Zu Theil II. Tit. 9.

ad §. 13. Kein Unterthan des Staats soll ohne Erlaubniß des Landesherrn Standeserhöhungen bei fremden Staaten suchen, oder von ihnen annehmen, darf daher auch, wenn ihm solche etwa aus eigener Bewegung von selbigen verliehen werden, dieser Standeserhöhungen sich nicht bedienen.

§. 61. 62.
Das Rescript vom 13. Julii 1795. machte den Unterschied, ob die Concession zur Acquisition des adlichen Guts vor oder nach Publication des Allgemeinen Landrechts ertheilt sey.
Dieser Unterschied wurde wegfallen, da das Rescript vom 23. October 1797. folgenden Grundsatz aufstellt, der hier seine Stelle findet.

§. 118.

ad §. 61. 62. Ist die Concession unbedingt dahin ertheilt: daß der bürgerliche Impetrant das adliche Gut ankaufen und eigenthümlich besitzen könne, so steht ihm frei, ohne neuen Consens ein solches Gut durch ein Testament, oder ohne dasselbe auf seine Erben zu bringen.

§. 95.
Declaration vom 21sten September 1798.

§. 119.

ad §. 95. Den Landes-Collegiis steht nicht die Befugniß zu, die in dem angezeigten Fall wegen des Adels geführte Nachweisung, für hinreichend zu erklären, und auf deren Grund die nachsuchende Familie zu auctorisiren, daß sie sich des Adels wiederum bedienen könne; vielmehr bleibt dies der näheren Beurtheilung des Lehns-Departements vorbehalten.

§. 120.

Zu Theil II. Tit. 10.

Tit. X. §. 9. Circular-Verordnung vom 19. December 1799.

ad §. 9. Wenn beurlaubte Soldaten sich im Gesindedienst strafbare Vergehungen zu Schulden kommen laßen, so gebührt die Bestimmung der Strafe den Militairgerichten.

§. 121.

§. 65. Circulare vom 1. May 1798. Stengel's Beiträge, VI. 360.

ad §. 65. a) Verabschiedete Offiziere, welche Pension oder Wartegeld haben, sind der Militair-Jurisdikzion unterworfen.

§. 122.

§. 65. Kabinets-Resolution vom 26. April 1798.

Ebendaselbst. b) In Konsistorialsachen bleiben alle pensionirte und auf Wartegeld gesezte Offiziere ohne Unterschied oder Einschränkung dem Kriegs-Consistorio in erster Instanz unterworfen.

§. 123.

§. 93. Kabinets-Ordre vom 7. December 1799.

ad §. 93. Königliche Offizianten, welche ein fremdes Bad besuchen wollen, müßen durch einen Arzt bescheinigen laßen, daß das fremde Bad zur Wiederherstellung ihrer Gesundheit nothwendig, auch kein einheimisches eben so geschickt dazu sey.

§. 124.

Zu Theil II. Tit. 11.

Tit. XI.
§. 197.
Rescript vom 1. August 1796.

ad §. 197. Wenn einer Kirche oder anderer piae causae ein Vermächtniß zugewendet wird, so sind die Vorsteher in allen Fällen schuldig, der Geistlichen vorgesetzten Behörde Anzeige davon zu machen. Beträgt das Quantum nur 500 Thlr. oder weniger, so muß die Confirmation darüber ohne weitere Rückfrage ausgefertiget werden; außer diesen Fällen aber muß entweder die Confirmation nur auf Höhe von 500 Thlr. ertheilet, oder wenn erhebliche Gründe obwalten, eine höhere Zuwendung zu genehmigen, darüber an das Geistliche Departement berichtet werden.

§. 125.

§. 222.
Es ist eine Antinomie zwischen dieser Gesetzesstelle und §. 672. und 673. Das Rescript vom 23. October 1797. hebt sie und nach dieser Auslegung muß §. allegatos eigentlich so heißen.

ad §. 222. Zur Gültigkeit einer solchen Veräußerung bedarf es der Förmlichkeiten einer nothwendigen Subhastation niemals. In der Regel tritt eine freiwillige Subhastation ein, doch entsteht keine Nullität des Geschäfts, wenn auch diese in einem Fall aus Gründen, die den Beifall der geistlichen Obern erhalten hatten, unterblieben wäre.

§. 126.

§. 275.
Rescript vom 29. Februar 1796.
Stengel's Beitr. IX. 130.

ad §. 275. Auch beim unterthänigen Gesinde findet keine Ausnahme statt.

§. 127.

§. 288.
Rescript vom 4. Februar 1799.
Stengel's Beitr. VIII. 124.

ad §. 288. Sie können daher die geistlichen Handlungen auch von einem Geistlichen einer andern Religionsparthei verrichten laßen.

§. 128.

§. 356.
Gutachten der Gesetzkommission vom 5. Februar 1802.
Archiv, II. 331.

ad §. 356. Auch Wittwen und unverheirateten Frauenzimmern ist hierbei unter der gedachten Einschränkung die Concurrenz durch qualifizirte Stellvertreter nicht zu versagen.

§. 129.

§. 442. 443.
Rescript vom 15. März 1799.
Stengel's Beitr. IX. 146.

ad §. 442. 443. Es macht keinen Unterschied ob nur einer oder ob beide Theile der katholischen Religion zugethan sind.

§. 130.

§. 446.
Cabinets-Ordre vom 23. Februar 1802.

ad §. 446. Kinder christlicher Eltern sollen längstens sechs Wochen nach der Geburt getauft werden.

§. 131.

Titul. XII.
§. 67. sequent.
Allgemeine Gesetze für alle Königliche Preußische Universitaten vom 23. Februar 1796.
Die Zusätze, welche das Allgemeine Landrecht durch diese Gesetze erhalten hat, bestehen in Folgendem.
§. 76.

Zu Theil II. Tit. 12.

ad §. 76. Sobald jemand an dem Ort, wo die Universität ihren Sitz hat, Studierens wegen eintrifft, ist er verpflichtet, sich immatrikuliren zu laßen. Wer dies über acht Tage verschiebt, muß die Gebühren doppelt entrichten.

Auch sollen die Vergehungen derer, welche noch nicht eingeschrieben sind, eben so wie die der andern Studierenden von den akademischen Gerichten geahndet werden.

Auch die Führer und Begleiter der Studierenden, wie auch ihre Bedienten, müßen als Personen, welche unter akademischem Gerichtszwange stehen, immatrikulirt werden.

Wer von derselben oder von einer andern Universität relegiert worden, kann ohne vorgängige Genehmigung der den Universitäten vorgesezten Behörde nicht unter die Studierenden aufgenommen werden.

§. 132.

8. ad §. 78. Inländer müßen entweder ein durch ein vorgängiges Examen sich gründendes Zeugniß in Rücksicht auf ihre Reife zu den akademischen Studien, von der von ihnen besuchten öffentlichen Schule mitbringen, oder falls sie durch Privat-Unterricht zur Universität vorbereitet worden, oder auch auf der von ihnen besuchten Schule wegen besonderer Umstände nicht geprüft worden (worüber alsdann eine Bescheinigung beizubringen ist, ohne welche sie die Matrickel nicht erhalten können) auf der Universität selbst von der dazu verordneten Kommißion binnen der ersten Woche nach ihrer Ankunft noch vor der Immatrikulazion geprüft werden.

Wer mit dem Zeugniße der Unreife die Universität bezieht, kann auf keine Benefizien

Ansprüche machen. — Ausländer sind von dieser Prüfung ausgenommen.

§. 133.

§. 79. ad §. 79. Ob der Student bei der vorgeschriebenen Prüfung reif oder unreif zu den akademischen Studien befunden worden, muß in dem bei dem Abgange von der Universität einzuholenden Fakultäts-Zeugniß bemerckt werden. Doch steht es dem Abgehenden, der ehedem für unreif erklärt worden, frei, auf eine Prüfung der Fakultät, zu welcher er gehört, anzutragen; als in welchem Fall nur allein der Ausfall dieser lezten Prüfung in dem Fakultäts-Zeugniße bemerkt wird.

§. 134.

§. 83. ad §. 83. Wer unter dem Nahmen eines Studenten allein seinen Vergnügungen nachgeht, und weder die Collegia besucht, noch sonst gelehrte oder doch dem Zweck der Universität angemeßene Geschäfte treibt, soll auf der Universität nicht gelitten werden.

§. 135.

§. 84. ad §. 84. Soweit die akademischen Vorrechte und Gesetze keine Ausnahme machen, sind die Studenten auf den Königlichen Universitäten gleich andern Unterthanen alle Gesetze des Staats zu beobachten schuldig, doch werden sie in Absicht auf die aus allgemeinen gesellschaftlichen, oder aus Familien-Verhältnißen entspringenden persönlichen Rechte, besonders in Ansehung der Grosjährigkeit und wegen des Erbrechts auf ihren Nachlaß, nach den Gesetzen ihrer Heimath beurtheilt, wofern sie nicht den Vorsatz auf der Akademie ihren beständigen Wohnsitz zu nehmen, ausdrücklich oder stillschweigend erklärt haben.

Auch bei Kriminal-Fällen, besonders in Ansehung der Duelle sind die Studenten den Allgemeinen Landesgesetzen unterworfen, und es wird deshalb ausdrücklich auf das Allgemeine Landrecht verwiesen.

§. 136.

§. 85. ad §. 85. 1) Studierende müßen sich in jeder Hinsicht anständiger Sitten befleißigen. Sittenlosigkeit und Unanständigkeit, besonders auch in Ansehung der Kleidung, werden das erstemal mit ernstlichem Verweis, im Wiederholungsfalle mit Karzer und Verlust der bisher genoßenen Wohlthaten, und wenn auch dadurch die Beßerung nicht bewirckt wird, mit Entfernung von der Universität bestraft.

2) Das Baden und Schwimmen darf bei Vermeidung einer achttägigen Karzerstrafe nicht anders als an den dazu von der Polizei sicher befundenen Orten geschehn.

3) Wer das Hausrecht verlezt, oder sich in Oerter und Versammlungen, welche nur für gewiße Personen bestimmt sind, nament-

lich bei Hochzeiten eindrängt, hat dreitägige Karzerstrafe, und, im Fall dabei begangener Ausschweifungen, noch härtere Ahndung zu erwarten. Gleiche Strafe trift diejenigen, welche bei Schulprüfungen des Orts Lärm erregen, und durch Unfug stöhren.

4) Wer auf öffentlichen Plätzen und Straßen in Maske oder sonst verkleidet erscheint, hat eine dreitägige Karzerstrafe verwirckt, und werden hiermit alle Schlittenfahrten in Maske bei gleicher Strafe ernstlich verboten.

5) Noch härtere Strafe trift den, welcher liederliche Häuser besucht, oder sich eines verdächtigen Umgangs mit liederlichen Weibsbildern schuldig macht.

6) Außer dem Fall einer Reise, wohin bloße Spazierfahrten und Spazierritte nicht zu rechnen sind, sollen Studenten keine Waffen oder andre gefährliche Werckzeuge bei sich tragen.

7) Gefährliche Rappiere, besonders die nicht mit Leder überzogenen Hau-Rappiere, sollen nicht gelitten, sondern da, wo sie sich befinden, weggenommen, und diejenigen, welche sie bei sich haben und sonst davon Gebrauch machen, mit 8tägiger Karzerstrafe belegt werden.

8) Die Studierenden müßen die Accise- und Zoll- wie auch die Polizei-Gesetze des Orts, bei Vermeidung der darinn bestimm-

ten Strafe, genau beobachten; besonders müßen sie sich des schnellen Fahrens und Reitens in den Städten, auf den Brücken oder wo sonst ein Schade zu besorgen ist, enthalten.

Auch müßen sie zur Verhütung des Feuerschadens die vorgeschriebene Vorsicht gebrauchen. Besonders durch Vermeidung des Schießens, der Feuerwercke, und des Tabacksrauchens an Orten, wo leicht Schaden zu besorgen ist; z. B. in der Nähe von Gebäuden, und andern leicht entzündbaren Gegenständen, vornämlich auf den Straßen, es sey in Städten, oder Dörfer und Wäldern, wie auch innerhalb der Gebäude in der Nähe der Betten, auf Böden oder in Ställen.

9) Studenten, welche sich zur Zeit eines Tumults oder in größerer Zahl nach Mitternacht auf der Straße finden laßen, haben die Vermuthung böser Absicht oder eines liederlichen Lebenswandels wider sich. Auch muß Niemand nach 10 Uhr Abends sich in einem Wirthshause antreffen laßen.

10) Wer andre zum Tumultuiren oder zu anderm Unfug auffordert oder anreizt, oder sich bei einem Tumult als Anführer brauchen läßt, wird, wofern nicht durch den Tumult noch eine härtere Strafe verwirckt worden, wenigstens mit der Relegazion bestraft. Alle Theilnehmer an einem Tumult

haben nach dem Verhältniß, wie sie dabei mitgewirckt, entweder Relegazion oder das Consilium abeundi oder angemeßene Karzerstrafe zu erwarten.

11) Oeffentliche Aufzüge, mit oder ohne Musick zu Wagen, zu Pferde oder zu Fuß, dürfen von Studenten ohne besondere Erlaubniß der akademischen Obrigkeit, bei Vermeidung dreitägiger Karzerstrafe, nicht unternommen werden. Gleiche Bewandniß hat es mit den Versammlungen auf öffentlichen Plätzen und Straßen, wenn sie nicht nach vorgängiger Warnung der akademischen Obrigkeit und ihrer Diener, oder der Wache wieder auseinander gehen. Auch das Einholen neuer Ankömmlinge, und die Abnöthigung eines Schmauses, und anderer unnöthiger Ausgaben, wird aufs ernstlichste verboten, und jede Beschimpfung und Kränkung derselben verschuldet nachdrückliche Bestrafung.

12) Dauernde Gesellschaften und Verbindungen zu einem bestimmten Zwecke können nicht ohne Vorwißen der akademischen Obrigkeit errichtet werden, und haben ohne deren Erlaubniß die Vermuthung einer gesetzwidrigen Absicht wider sich. Sobald aber eine mit Vorwißen der Obrigkeit bestehende Gesellschaft, auf irgend eine Art andere zum Eintritt oder zum Beharren in ihr nöthigen wollte, soll die Gesellschaft nicht länger ge-

duldet werden. Auch sind alle diejenigen strafbar, welche andre zu Kollekten nöthigen, besonders werden alle Orden und Landsmannschaften bei Strafe einer immer währenden Relegazion von allen Universitäten in den Königlichen Landen hiermit ernstlich untersagt; wie denn auch durch neuerliche Reichstagsschlüße die Veranstaltung getroffen worden, daß diejenigen, welche deswegen relegiert worden, auf keiner Universität in Deutschland wieder aufgenommen werden.

13) Hohe und alle Hasardspiele sind unerlaubt. Welches Spiel für hoch zu achten, bleibt der Beurtheilung der Akademischen Gerichte vorbehalten. Wer das erstemal eines zu hohen Spiels schuldig befunden wird, muß ernstlich gewarnt, im Wiederholungsfall aber mit dreitägiger Karzerstrafe belegt werden. Gleiche Strafe hat der zu erwarten, welcher, ob schon das erstemal, sich auf Hasardspiele einläßt. Wer Banck macht, hat vierzehntägige Karzerstrafe verwirckt. Verdoppelung der Strafe tritt im Wiederholungsfall ein. Wer aus dem Spiele ein Gewerbe macht, erhält das Consilium abeundi, und hat, wenn er des Betrugs überführt wird, schimpfliche Relegazion zu erwarten. Aller Gewinn aus unerlaubtem Spiel fällt der Armenkasse zu. Auch aus erlaub-

tem Spiel und wegen deßen, was dazu geliehen worden, findet keine Klage Statt.

Hat ein Student den andern zu Hasardspielen Geld geliehen, so wird er wie ein Spieler bestraft.

14) Des lauten Gesanges, des Knallens mit Peitschen, und des die Ruhe und gute Ordnung störenden Getöses, müßen sich die Studenten zu jeder Zeit, besonders in der Nacht, und zur Zeit des Gottesdienstes enthalten, oder vier und zwanzigstündige bis dreitägige Karzerstrafe gewärtigen. Wer den öffentlichen Gottesdienst auf irgend eine Art stört, wird nach den Landesgesetzen bestraft.

15) Beleidigungen der zur Erhaltung der öffentlichen Ruhe und Ordnung bestimmten Personen, besonders der Pedelle, wie auch der militärischen Bürger- und Schaarwache und der Nachtwächter, ziehen langwierige Karzer- und nach Bewandniß der Umstände, selbst Festungsstrafe nach sich.

16) Wer die akademische Obrigkeit selbst oder einzelne öffentliche Lehrer gröblich beleidigt, wird nach ausgestandener Gefängnißstrafe relegirt, oder hat, nach Beschaffenheit der Umstände noch härtere Strafe, dem peinlichen Rechte gemäß, zu erwarten. Wer in einem Kollegium oder bei einer öffentlichen Rede, Disputazion der Promozion durch unanständiges Pochen, Scharren, Lachen, oder

auf andere Weise absichtlich Unruhe erregt, soll nach Beschaffenheit der Umstände, mit Karzer, oder wohl gar mit Relegazion bestraft werden.

17) Wenn Studierende etwas bei der akademischen Obrigkeit nachsuchen, so muß dies mit Bescheidenheit, und nicht Haufenweise geschehen. Verletzung dieses Gesetzes zieht verhältnißmäßige Karzerstrafe, und im Fall eines dabei gebrauchten Ungestüms, Relegazion nach sich.

18) Wer den ihm auferlegten weiten Arrest bricht, wird sofort in's Gefängniß gebracht; und wer dies ohne Erlaubniß der akademischen Obrigkeit verläßt, hat eine vierzehntägige Karzerstrafe verwirckt.

§. 137.

§. 87. ad §. 87. Hierinn findet eine Ausnahme dann statt:

1) wenn die Karzerstrafe bekanntlich unfleißige Studenten trift,

2) wenn der Student ohnedies schon während der Untersuchung im Gefängniß geseßen, oder aus Furcht vor der Verhaftnehmung sich während der Zeit, da die Vorlesungen gehalten werden, in oder außer dem Bezirk der Universität verborgen gehalten hat,

3) wenn auf eine längere als vierwöchentliche Karzerstrafe erkannt worden.

§. 138.

§. 90.

ad §. 90. Bei jedem Consilio abeundi muß ein gleiches geschehen; auch muß von jeder Relegazion jeder andern Königlichen Preußischen Universität Nachricht gegeben werden.

§. 139.

§. 94

ad §. 94. Grobe und wiederholte Ausschweifungen oder anhaltender Unfleiß eines Benefiziaten sollen den Kollatoren zur Entziehung der genoßenen Vortheile angezeigt werden.

§. 140.

§. 100—103. Verordnung in Ansehung der Schulden der Studierenden vom 8. Januar 1802.

ad §. 100—103. 1) Die Honoraria für die Kollegia müßen zur Hälfte von den Studierenden vorausbezahlt, die andere Hälfte aber in der Mitte des halben Jahres zu Johannis oder Neujahr entrichtet werden. In Fällen, wo Lehrer bei dem, durch ein gerichtliches Attest von der Obrigkeit des Geburtsorts bescheinigten Unvermögen eines Studierenden genöthigt sind, ihm die Honoraria für die Kollegia so lange zu stunden, bis er durch Beförderung zu einem öffentlichen Amt, oder durch sonstige Verbesserung seiner Vermögens-Umstände in den Stand gekommen, dieselben zu bezahlen, verbleibet ihnen bis dahin ihr Anspruch an solchen ungekränckt. Sie müßen aber dafür besorgt seyn, daß beim Abgang der Studierenden der Betrag der Schuld gleich andern, von dem akademischen Gericht registrirt, und zugleich in dem akademischen Zeugniß notirt wird.

2) Repetenten, welche die von andern gehaltenen Vorlesungen in dem Zeitraum, in welchem sie gehört worden, mit den Studierenden wiederholen, haben in Ansehung des Honorarii mit den akademischen Lehrern gleiche Rechte, wegen andrer Privatstunden aber, sind sie den Sprach- und Exerzizien-Meistern gleich zu achten.

3) Der bisher gestattete Credit von 25 Thlr. bei Kaufleuten, welche Materialien zur Kleidung liefern, wird wegen des Misbrauchs, daß diese Materialien häufig verkauft oder versezt werden, ganz aufgehoben; dagegen den Schneidern in dem Betracht, daß ein angemeßenes fertig gemachtes Kleid weniger Gelegenheit zum Misbrauch giebt, bis auf 25 Thlr. inclusive der Materialien zu creditiren nachgelaßen. Buchhändler, Schuhmacher, Aufwärter und Aufwärterinnen können nur auf 10 Thlr., Buchbinder nur auf 3 Thlr. Kredit geben, und zwar nicht über ein Vierteljahr.

4) Kostgeld, Waschgeld, Friseur- und Barbierlohn, Stubenmiethe, Bettzins, Aufwartung, Arzneien und Arztlohn, auch was für den Unterricht in Sprachen und Leibes-

übungen zu bezahlen ist, sollen ebenfalls nicht über ein Vierteljahr geborgt werden.

5) Alle diese von 1. bis 4. gültige Schulden behalten das Vorrecht gesetzlicher Schulden nur, wenn sie nach dem Ablauf des Vierteljahrs, in welchem sie kontrahirt sind, in dem unmittelbar darauf folgenden Vierteljahre eingeklagt werden.

6) Wenn also ein solcher privilegirter Gläubiger binnen dieser festgesezten Frist die Schuld bei dem akademischen Gericht nicht anhängig macht; so kann er damit nicht weiter gehört werden.

7) Sollten die während des letzten Vierteljahrs, welches der Studierende sich auf der Universität aufhält, in Gemäßheit der von 1—4 kontrahirten Schulden wegen Abgangs des Studierenden binnen der in Num. 5. bestimmten Frist nicht eingeklagt werden; so muß der Gläubiger dafür sorgen, daß selbige von dem akademischen Gericht registrirt werden.

8) Zu dem Ende steht es dem Gläubiger frei, die Person oder Sachen eines abgehenden Studierenden so lange mit Arrest zu belegen, bis die Schuld registrirt worden ist.

9) Wenn jedoch der Gläubiger mit dem Schuldner über die Richtigkeit oder die Summe der Schuldforderung sich nicht einigen können; so ist es genug, wenn der Gläu-

biger solche bestimmt angiebt, und der Schuldner sich darüber erklärt, und soll die Abreise durch ausführliche Instrukzion solcher Schuldsachen nicht aufgehalten werden.

§. 141.

§. 106. Gesetze vom 23. Februar 1796.

ad §. 106. Die Pfänder müßen auf jeden Fall zurückgegeben werden, sie mögen von den Studierenden selbst, oder von einem Dritten oder unter dem Schein eines Verkaufs dem Gläubiger eingehändigt worden seyn. Wegen Betten, Wäsche, Kleidungsstücke und Bücher soll die Entschuldigung des Pfandgläubigers oder Käufers, wie er nicht gewußt habe, daß sie einem Studierenden gehörten, niemals Statt finden.

§. 142.

§. 109. l. c.

ad §. 109. Wer auf Pfänder, Wechsel oder Handschriften den Studierenden Geld leiht, oder Kaufmannswaaren statt baaren Geldes auf Kredit giebt, und ihnen auf diese Weise das Verschwenden und Schuldenmachen erleichtert, hat zu gewärtigen, daß wenn auch solche Schulden von den Studierenden bezahlt würden, doch das Bezahlte auf Ansuchen der Eltern und Vormünder, oder, wenn diese sich nicht melden, von dem akademischen Fiscus wieder eingezogen werden wird.

§. 124.
Verordnung vom 8. Januar 1802.

§. 143.

ad §. 124. Hat der Schuldner die Universität ohne Befriedigung der nach 1 bis 4 (§. 100—103.) privilegirten oder von dem akademischen Gericht konsentirten Gläubiger verlaßen, so bleibt diesen zwar der Weg Rechtens gegen ihren Schuldner unverschränckt, falls sie aber aus seinem Vermögen ihre Befriedigung nicht erhalten könnten, kann gegen ihn zum Personal-Arrest nicht geschritten werden, sondern die Gläubiger müssen mit der Zahlung so lange in Gedult stehen, bis der Schuldner durch Vermögensanfälle oder Versorgung zu bessern Vermögen gekommen, und in zahlbaren Stand gesezt worden.

§. 126.
Zu den Rechten der Studierenden in ihren Privatangelegenheiten gehort sicher auch folgendes, welches am Schluß dieser Materie nach §. 126. um so mehr einen Platz verdiente, weil dann alles auf einem Fleck stünde, was über Studenten im Allgemeinen gesetzliches verordnet wäre.
Gesetze über Miethsverträge. vid. die Ges. vom 23. Februar 1796.

§. 144.

ad §. 126. 1) Wenn ein Studierender eine Wohnung, Stallung oder anderen Gelaß miethet, und kein schriftlicher Vertrag geschlossen worden, oder der schriftliche Vertrag die Mietszeit nicht näher bestimmt; so ist anzunehmen, daß der Miethsvertrag von Ostern bis Michaelis oder von Michaelis bis Ostern geschloßen worden.

2) Sollte der Miethsvertrag im Johannis- oder Weinachts-Termin seinen Anfang nehmen, so gilt derselbe bis zum nächst folgenden Michaelis- oder Oster-Termin.

3) Die Aufkündigung der Wohnung muß

spätestens in den drei ersten Tagen des lezten Vierteljahrs geschehen.

4) Die Wohnung muß beim Ablauf der Miethszeit innerhalb dreier Tage nach Ablauf des Termins wieder geräumt werden.

Titul. XVI.
§. 24.
Es bedarf keines Aufgebots bei den Depositalgeldern, welche in die Justizbedienten-Wittwenkasse fließen. Dagegen ist ein anderes Verfahren vorgeschrieben, ich (Müller) würde hier nur bemercken.

§. 145.

Zu Theil II. Tit. .16.

ad §. 24. Wie bei Einziehung der Depositalgelder für die Justizoffizianten-Wittwenkaße zu verfahren, ist in besondern Verordnungen festgesezt.

§. 146.

Titul. XVII.
§. 56. und 58.
Rescript vom 25 Februar 1799.
Stengel's Beitr. VIII. 377.

Zu Theil II. Tit. 17.

ad §. 56. 58. Bei Schenckungen, wenn sie die Kraft und Wirksamkeit der gerichtlichen haben sollen, ingleichen bei Errichtung von Einkindschaften ist den Partheien die Wahl zu laßen, an welches gehörig besezte Gericht sie sich deshalb wenden wollen.

§. 147.

§. 65.
Rescript vom 17. März 1800. *)
Stengel's Beitr. X. 337.

ad §. 65. Dies findet selbst auf den Fall Anwendung, wenn der Verbrecher der Militairgerichtsbarkeit unterworfen, und an dem Orte, wo das Verbrechen begangen worden, kein Militärgericht vorhanden ist.

---

*) Bemerkung von Kircheisen:
Dies ist zwar in der neuen Criminal-Ordnung aufgenommen, indeßen kann es auch hier seinen Platz finden.

§. 148.

§. 74. Rescript vom 8. Februar 1796.

ad §. 74. Ein Gutsbesitzer, welcher vormals eine Richterstelle verwaltet, und seine Dimission nachgesucht und ohne Einschränkung erhalten hat, ist berechtigt, die ihm zustehende Patrimonialgerichtsbarkeit selbst auszuüben.

§. 149.

§. 139. Declaration vom 24. September 1798.

ad §. 139. Wenn aus landesherrlicher Gnade in der Folge der Auswanderungs-Konsens supplirt worden, so soll die auf das ohne vorgeschriebene Anzeige und ohne die erforderliche Erlaubniß des Staats geschehene Auswandern geordnete Strafe nicht nachgeholt, sondern als erlaßen angesehen werden, daher in Zukunft in solchen Fällen von den Landes-Collegiis nicht auf Strafe anzutragen ist.

§. 150.

§. 172. l. c.

ad §. 172. Es soll in Zukunft in Abschoßsachen lediglich auf die hiesigen Gesetze, nicht aber auf die von andern Staaten beliebte Behandlung hiesiger Unterthanen geachtet werden.

§. 151.

§. 178. l c.

ad §. 178. Wenn jedoch der Staat mit auswärtigen Mächten über eine gegenseitige Abzugs- oder Abschoßfreiheit Verträge schließt: so soll dabei jederzeit auf die Befugniße der Privatberechtigten, insofern dies mit dem

Staats-Intereße vereinbar ist, Rücksicht genommen werden. Es werden daher Privatberechtigte durch schon vorhandene oder künftige Verträge des Staats über Abschoß- und Abfartsgelder verpflichtet, insofern der Staat sie nicht ausdrücklich ausgenommen hat, oder ausnimmt.

§. 152.

Zu Theil II. Tit. 18.

Titul. XVIII. §. 33. Circular-Verordnung vom 24. December 1798.

ad §. 33. In Ehescheidungs-Prozeßen soll es der Bevormundung der Kinder nur dann bedürfen, wenn es sich aus der erfolgenden Verhandlung ergiebt, oder dem Gericht bekannt ist, daß ein oder beide Ehegatten sich der Verschwendung des Vermögens oder der Vernachläßigung der Erziehung der Kinder verdächtig machen.

§. 153.

§. 78. Publicandum vom 14. März 1797.

ad §. 78. Wenn den Kindern eines noch in wirklichen Kriegsdiensten stehenden Vaters Grundstücke zufallen, von deren eigenen Verwaltung der Vater ausgeschloßen ist, so verbleibt die Administration derselben zwar den Civilgerichten der Sache; diese sind jedoch schuldig, in allen Vorfallenheiten, welche nicht den gewöhnlichen Wirthschaftsbetrieb angehen, den Militärgerichten Nachricht zu geben, und mit ihnen Rücksprache zu nehmen.

§. 154.

§. 80. l. c.

ad §. 80. Es werden die Militärgerichte wegen der Verfügung über das von einer im Felde verstorbenen Militärperson hinterlaßene und bei der Armee befindliche Mobiliarvermögen, auf die Vorschrift des Reglements vom 30. November 1772. §. 2. und 17. und die damit übereinstimmende Disposition der Allgemeinen Gerichtsordnung Theil II. Tit. 5. §. 17. und 18. nochmals verwiesen..

§. 155.

§ 1660. l. c.

ad §. 160. Wenn Generale und Staabs-Offiziere nicht für ihre eigene Kinder die natürliche Vormundschaft führen, sondern für fremde Kinder und Verwandte eine Kuratel übernehmen wollen, so müssen sie die unmittelbare Erlaubniß des Königs dazu nachsuchen.

§. 156.

§. 421.

Das Rescript vom 25. Januar 1796. schreibt vor, in wie fern das vormundschaftliche Gericht konkurrirt, wenn Testaments-Executoren ernannt sind. Ich (Müller) stelle anheim, ob aus diesem langen Rescript folgendes hier bei der Materie von Einleitung der Administrazion aufzunehmen seyn dürfte.

ad §. 421. Hat der Erblaßer in Erbschaftsfällen, wo Pflegebefohlene mit andern Miterben konkurriren, Testaments-Exekutoren ernannt, war er den pflegbefohlnen Miterben entweder keinen Pflichttheil schuldig, oder hinterläßt er ihnen mehr als denselben, so wird die Mitwürkung des vormundschaftlichen Gerichts bei Sicherstellung des ganzen Nachlaßes und bei dessen Verwaltung nach dem Inhalt der Disposition, wodurch der Exekutor bestellt wird, bestimmt. Giebt diese keine besondere Ausdehnungen oder Einschränkungen an die Hand, so bedarf es keiner gerichtlichen Inventur, und die Ausmittelung, Konstituirung und Verwaltung des Nachlaßes gehört zu dem Amte und der Kompetenz des Exekutors. Das vormundschaftliche Gericht konkurrirt bei Verlaßenschaften dieser Art nicht unmittelbar, sondern nur durch den von ihm zu dirigirenden Vormund.

§. 157.

§. 454. Rescript vom 4. März 1799. Stengel's Beitr. VIII. 246.

ad §. 454. Von den baaren in Deposito oder in den Händen der Vormünder sich befindenden Vermögen der Pflegbefohlnen können Pfandbriefe gegen das Kursmäßige Aufgeld für Rechnung der Pflegbefohlnen aquirirt werden.

§. 158.

§. 455. Rescript vom 29. März 1796.

ad §. 455. Wenn der Erblasser des Pflegbefohlnen Kapitalien auf Akzien solcher Institute belegt hat, welche durch ausdrückliche von dem Könige Selbst vollzogene Bekanntmachung Darlehne von Privatpersohnen aufzunehmen autorisirt sind, so können dergleichen Kapitalien, wenn sie auf Minorenne devolvirt sind, so lange stehen bleiben, bis sich Gelegenheit findet, das Geld zu höhern Zinsen gegen gewöhnliche gesetzmäßige Sicherheit unterzubringen.

§. 159.

§. 471. 472.
Rescript vom 5. May 1794
Stengel's Beitr. I. 59.

ad §. 471. 472. Findet der Vormund Gelegenheit zur Unterbringung der Bestände, so wird ein solches Activum nicht dem Generaldeposito, sondern dem Pflegbefohlnen aquirirt, es wird daher auch hierbei die strenge depositalmäßige Sicherheit der aus dem Generaldeposito zu leihenden Kapitalien nicht erfordert.

§. 160.

§. 556.
Rescript vom 11. Julii 1801.
Stengel's Beitr. XIV. 142.

ad §. 556. a) Dieser Genehmigung bedarf es auch dann, wenn ein Grundstück, woran einem Minderjährigen nur ein Lehn- oder Fideikommißfolgerecht zusteht, von dem gegenwärtigen Besitzer gegen ein anderes Grundstück vertauscht werden soll.

§. 161.

Rescript vom 6. December 1796.
Stengel's Beitr. III. 195.

Ebendaselbst. b) Wenn volljährige Miterben auf Theilung und daher auf Veräusserung des gemeinschaftlichen Grundstücks antragen, so ist dies ein Fall der nothwendigen Veräußerung (§. 566.), zu welcher es der Genehmigung der dem vormundschaftlichen Gerichte vorgesetzten höhern Instanz nicht bedarf.

§. 162.

§. 562.
Rescript vom 28. August 1797.
Stengel's Beitr. V. 242.

ad §. 562. Diese Gesetzstelle ist nur von Landgütern zu verstehen.

§. 163.

§. 574. sequent. Rescript vom 1. October 1794. Edikten-Samml. von 1795.

ad §. 574. Ob ein im Pflichttheil eingesezter Erbe im Fall der Theilung auf Subhastation des Grundstücks anzutragen befugt sey, oder ob er zufrieden seyn müße, daß der Pflichttheil nach der Taxe ausgemittelt werde, muß darnach beurtheilt werden: ob das Pflichttheil auf eine gewiße Summe festgesezt, oder daßelbe ohne Bestimmung einer gewißen Summe vorgeschrieben worden. Im erstern Falle bedarf es nur der Taxe, im leztern hingegen der Eintragung des Miteigenthums im Hypothekenbuche, und im Falle der Theilung der Subhastation nach den näheren Vorschriften des Allgemeinen Landrechts.

§. 164.

§. 644. Rescript vom 18. April 1797.

ad §. 644. Es werden daher auch Mütter, wenn sie ihren minorennen Kindern zu Vormünderinnen bestellt sind, die väterliche oder jede andre den Kindern zugefallene Erbschaft nur unter diesem Vorbehalt der Rechtswohlthat des Inventarii antreten können. Wird von ihr die Approbazion zur Annahme ohne Vorbehalt nachgesucht, so kommt es auf die angeführten Umstände und Gründe an, ob sie ertheilt werden könne, und ob zur Bedingung dieser Approbazion zu machen sey, daß eine solche Vormünderinn die eventuelle Vertretung einer sich findenden Insufficienz ex propriis übernehme, und diese Uebernahme unter Beobachtung der bei Bürgschaften vorgeschriebenen gesetzlichen Form leiste.

§. 165.

§. 681. Rescript vom 14. Marz 1796.

ad §. 681. Diese Befugniß des Vaters erstreckt sich auch auf das Vermögen, welches den Kindern von andern als von ihm, jedoch vor seinem Tode, zugefallen ist. Bei Anfällen, wo der Zuwender den Vater von der Administrazion ausgeschloßen hat, kann lezterer über die Art der Verwaltung auch nach seinem Tode nicht disponiren.

§. 166.

§. 685. 688. 689. Rescript vom 18. Januar 1796 Stengel's Beitr. II. 326.

ad §. 685. 688. 689. Die den überlebenden Ehegatten eingeräumte freie Disposition des Vermögens begreift das Recht, die Substanz zu vermindern oder zu verzehren, nicht in sich. Es muß daher die §. 688. verordnete Konkurrenz des Vormundschaftlichen Gerichts auch in einem solchen Fall eintreten. Der Mutter ist ein Ehrenvormund an die Seite zu setzen, dem Vater nur dann, wenn es der Richter aus besondern Gründen für nöthig hält.

§. 167.

§. 687. Rescript vom 7. Marz 1796. Stengel's Beitr. II. 343.

ad §. 687. Das Vormundschaftliche Gericht muß die Nothwendigkeit oder Nützlichkeit der Alienazion allerdings prüfen. Aber auch hier kann es nur nach den Angaben und Thatsachen, die der Vormund an die Hand giebt, urtheilen, und darf für die Richtigkeit dieser Angaben nicht haften.

§. 168.

§ 693. Rescript vom 18. Januar 1796. Stengel's Beitr. II. 327.

ad §. 693. Die Dispensation von der Einreichung eines offenen Inventarii involvirt die Befreiung von den übrigen Obliegenheiten eines Vormundes und deßen Verhältniß gegen das Vormundschaftliche Gericht.

§. 169.

§. 696. und 862. Circular = Verordnung vom 19. December 1799.

ad §. 696. 862. In denjenigen Provinzen, in welchen die Vorschrift des Allgemeinen Landrechts wegen der erst nach zurückgelegtem 24sten Jahre eintretenden Grosjährigkeit noch nicht eingeführt worden, soll den nächsten Verwandten und Vormündern solcher früher majorenn werdenden Personen verstattet seyn, auf Verlängerung der Vormundschaft bis zum zurückgelegten 24sten Jahre anzutragen, insofern die Aufführung des Pflegbefohlnen hierzu hinlängliche Veranlassung gegeben hat. Das Vormundschafts-Collegium muß auf befundene Zuläßigkeit eines hierauf gerichteten Gesuchs die erforderlichen Vorkehrungen treffen, daß der Pflegbefohlene nur die Disposition über die Revenüen seines Vermögens erhalte. Dagegen bleibt die Substanz des leztern bis nach zurückgelegtem 24sten Jahre unter obervormundschaftlicher Aufsicht und Gewahrsam, so daß dem Pflegbefohlenen nicht gestattet wird, Schulden zu machen oder eigenmächtig solche Verbindungen einzugehn, wozu bei Minderjährigen obervormundschaftlicher Konsens erfordert wird.

Einschränkungen dieser Art müßen durch dreimalige Einrückung in die Zeitungen und Intelligenzblätter der Provinz bekannt gemacht werden.

§. 170.

§. 854. Rescript vom 26. März 1798.

ad §. 854. Auch unterbleibt in diesem Fall die öffentliche Vorladung der etwanigen unbekannten Erben des Abwesenden.

III.

Bericht der Gesetz-Commission

zufolge

Rescripts vom 28. Februar 1803., betreffend den ersten Anhang zu dem Allgemeinen Landrechte.

Zufolge des bei uns unter dem 5. März 1803. eingelaufenen allergnädigsten Rescripts vom 28. Febr. a. c. sollen wir über die Vollständigkeit, Richtigkeit und Deutlichkeit des uns huldreichst mitgetheilten ersten Anhangs zum Allgemeinen Landrecht, welcher nebst den beigefügten Akten, betreffend die neue Auflage des Allgemeinen Landrechts, anbei zurückerfolgt, gutachtlich berichten. Wir entledigen uns dieses allergnädigsten Auftrages und bemerken folgendes:

Publikations-Patent. §. VII. — §. 1. Der 1ste §phus des Anhangs bezieht sich auf den §. VII. des Publikations-Patents vom 5. Febr. 1794., wobei zu bemerken ist, daß Ew. Königlichen Majestät ganz besonders unser Gutachten darüber erfordert haben: ob es nothwendig oder rathsam sey, die Suspension der 3. ersten Titel des IIten Theils des Allgemeinen Landrechts ganz, zum Theil oder in welcher Art, überhaupt, oder für welche Königliche Provinzen bis zu Emanirung der Provinzial=Gesetzbücher fortdauern zu laßen, oder ob es nicht zureichen dürfte, in den Provinzen, wo solche nicht unmittelbar, unbedingt bis zu diesem Zeitpunkte verheißen worden, die Suspension auf die bis jetzt nach den Provinzial=Gesetzen und Statuten bestehende Erbfolge einzuschränken, im übrigen aber dem Landrecht nunmehr die völlige Gesetzkraft auch bei diesen Titeln zu geben.

Bekanntlich haben die 3. ersten Titel des Allgemeinen Landrechts in Rücksicht auf das Wesen und die Form der Ehe, die Ehescheidungen, die Folgen des unehelichen Beischlafs, die Rechte der Eheleute während der Ehe, und die gegenseitigen Befugnisse zwischen Eltern und Kindern wärend des Lebens beider Theile um so mehr zu Hülfe genommen werden müssen, da diese Verhältnisse, besonders diejenigen, welche unter protestantischen Ehegatten Statt fanden, weder nach dem römischen noch nach dem canonischen Rechte beurtheilt werden konnten, und die gedachten 3. Titel entweder nur Wiederholungen dessen, was schon durch ältere Landes=Gesetze, z. B. durch das Ehescheidungs=Edikt vom 17. Novbr. 1782. festgesetzt war, oder doch solche Bestimmungen enthielten, welchen keine klare und unstreitige Verordnung des gemeinen Rechts entgegen stand. Hauptsächlich waren es nur die Successions=Fälle, auf welche die oft erwähnten 3. Titel nicht angewendet wurden, obgleich auch hierbei die in dem Allgemeinen Landrecht enthaltenen allgemeinen Grundsätze, z. B. bei der Lehre von der Collation öfters zur Anwendung gebracht wurden. Daher bezog sich die Suspension der Gesetzkraft des Allgemeinen Landrechts nur auf die Bestimmung der

Personen, welche zur Erbfolge gelangen und der Portionen, welche sie dabei erhalten sollen.

Dieses vorausgesetzt würde sich also die Suspension des Allgemeinen Landrechts hauptsächlich nur auf die §§. 621—633. Tit. 1. und auf den 6ten Abschnitt des 2ten Titels, wie auch auf §. 31—52. des 3ten Titels eingeschränkt haben.

Mit der Erbfolge-Ordnung steht die Lehre von der Gemeinschaft der Güter am meisten in Verbindung, und bei dieser Lehre ist es auch, wo die Provinzial-Gesetze und Statuten viele abweichende Verordnungen enthalten; wiewohl die Richter auch bei dieser Materie sehr oft genöthigt würden, die in den Provinzial-Gesetzen und Statuten mangelnden allgemeinen Grundsätze und nähern Bestimmungen aus dem Allgemeinen Landrecht zu entlehnen.

Eben dies geschah bei der Lehre vom Pflichttheil, besonders in Ansehung der §§. 393—398. und 414—429. 431. Tit. 2. Th. II. des Allgemeinen Landrechts, obgleich dasselbe viele von dem gemeinen Rechte abweichende Bestimmungen enthält, und es wäre sehr rathsam, diese Lehre in ihrem ganzen Umfange aus dem Allgemeinen Landrecht in die Gerichtshöfe einzuführen, weil sie mit der Lehre von Testamenten, welche jetzt schon volle Gesetzkraft hat, in großer Verbindung steht, und in Ansehung der Enterbungs-Gründe mit den heutigen Sitten mehr übereinstimmt.

Wird nun aber die Lehre vom Pflichttheil in ihrem ganzen Umfange aufgenommen, so erhält eben derjenige Theil der ersten 3. Titel des 2ten Theils des Allgemeinen Landrechts Gesetzkraft, welcher nicht nur am meisten von dem römischen Rechte abweicht, sondern auch durch die Dispositionen der Privat-Personen am wenigsten geändert werden kann. Denn was die Erbfolge-Ordnung selbst betrift, so weicht diese nur hauptsächlich bei der Concurrenz der Ascendenten mit den Geschwistern und Geschwisterkindern, und bei der Erbfolge der Eheleute von dem römischen Rechte ab; allein die Abweichungen der Erbfolge zwischen den Blutsverwandten von der römischen Succession ist nicht so beschaffen, daß sie auf das häusliche und bürgerliche Leben der Familienglieder einen beträchtlichen Einfluß haben könnte, und es bliebe dabei niemanden unbenommen, die ihm etwa besser gefallende alte Erbfolge-Ordnung durch Erbverträge und letztwillige Verordnungen festzusetzen, und die Eheleute könnten ebenfalls durch Verträge unter sich das Nöthige bestimmen.

In dieser Rücksicht halten wir es für das rathsamste, dem §. 1. des Anhanges folgende Sätze zu substituiren:

§. 1. Nach Verlauf eines Jahres von der Publikation dieser Verordnung an gerechnet, soll die Suspension der Gesetzkraft der 3. ersten Titel des 2ten Theils des Allgemeinen Landrechts in Ansehung des gemeinen Rechts gänzlich aufhören; in Rücksicht des gemeinen Sachsenrechts und der besondern Provinzial-Gesetze und Statuten aber bis zur Publikation der Provinzial-Gesetz-Bücher nur bei Bestimmung der Personen, welche zur Erbfolge gelangen, und der Portionen, welche sie erhalten sollen, wie auch wegen der Gemeinschaft der Güter unter den Eheleuten fortdauern.

§. 2. Auch bei der Erbfolge und Gemeinschaft der Güter dienen die Grundsätze des Allgemeinen Landrechts zur Vorschrift, so weit nicht die klare Bestimmung, oder die Natur der durch das gemeine Sachsen- oder das Lübische Recht, oder durch die besondern Provinzial-Gesetze und Statuten eingeführten Erbfolge-Ordnung und Güter-Gemeinschaft eine Aenderung macht.

§. 3. Innerhalb des im §. 1. gedachten Jahres bestimmen sich die Familien-Rechte, welche sich auf die Erbfolge beziehen, auch nach den römischen Gesetzen.

Sollten aber Ew. Königlichen Majestät denjenigen Provinzen, welche das römische Recht als ihr Provinzial-Gesetz angesehen, und um dessen Beibehaltung gebethen haben, diese noch bis zur Publikation der Provinzial-Gesetzbücher vergönnen wollen, so würden wir es für bedenklich halten, diese Vergünstigung auf diejenigen Provinzen einzuschränken, welche ausdrücklich darum angesucht haben. Denn der Hauptgrund, aus welchem sich die Beibehaltung des römischen Rechts in Ansehung der Succession bis zur Beendigung der Provinzial-Gesetze vertheidigen läßt, besteht eben in der stillschweigenden Beziehung der Provinzial-Gesetze und Statuten auf das subsidiarische Recht; und das gemeine Sachsenrecht selbst setzt verschiedentlich die Verordnungen des römischen Rechts voraus. Den Inconvenienzien, welche in diesen Provinzen aus der Aufhebung des römischen Rechts entstehen, wird zwar dadurch abgeholfen, daß man, wie wir im §. 3. vorgeschlagen haben, auf die besondere Natur der statutarischen Erbfolge-Ordnung, und nicht blos auf den Buchstaben der Provinzial-Gesetze und Statuten Rücksicht nimmt; aber auffallend würde es doch immer seyn, wenn das römische Recht eben in denjenigen Provinzen beibehalten würde, wo es dieser Beibehaltung am wenigsten bedürfte.

Auf den Fall also, daß Ew. Königlichen Majestät die Gesetzkraft der 3. ersten Titel Part. II. des Allgemeinen Landrechts auch in Ansehung des römischen Rechts suspendirt wissen wollten, bringen wir folgende Zusätze zu dem §. 1. des uns mitgetheilten Entwurfs in Vorschlag:

§. 1 b. Doch sollen die Vorschriften des römischen, gemeinen Sächsischen und Lübischen Rechts, wie auch der besondern Provinzial-Gesetze und Statuten nur in so fern zur Anwendung kommen, als sie die Personen bestimmen, welche zur Erbfolge gelangen, und die Portionen, welche sie dabei erhalten sollen.

§. 1 c. In so fern die Rechte der Eheleute bei ihrem Leben besonders in Rücksicht auf die Gemeinschaft der Güter mit der Erbfolge in Verbindung stehen, dauert auch in Ansehung ihrer die Suspension der Gesetzkraft des Allgemeinen Landrechts bis zur Bekanntmachung der Provinzial-Gesetze fort.

Pars I. — ad part. I. Tit. 1. §. 26. submittiren wir den Zusatz aus dem Rescript vom 13. Decbr. 1768. Tom. IV. der neuen Edikten-Sammlung pag. 5061.:

Die Großjährigkeit der Juden nimmt ohne Unterschied des Geschlechts mit der Vollendung des 20sten Jahres ihren Anfang.

ad Tit. 11. §. 348. Den §. 15. des Anhanges würden wir so fassen:

Wenn auch das Subhastations-Patent früher als 14. Tage vor dem Bietungs-Termin abgenommen, abgerissen, oder verlohren gegangen ist, so wird doch durch diesen Mangel allein die Adjudication nicht ungültig.

ad Part. II. Tit. I. §. 157. 158. Den §. 18. des Anhangs würden wir dahin faßen:

Giebt der Lotterie-Einnehmer dem Spieler zu Bezahlung des Einsatzgeldes Nachsicht, so geschieht dies lediglich auf seine Gefahr; er ist auch zur Einklagung des kreditirten Einsatzes keinesweges berechtiget.

ad Part. I. Tit. 11. §. 641 — 646. In dem §. 19. des Anhanges dürfte es wohl nöthig seyn, den Leibrenten- und den Vitalitien- oder Alimenten-Vertrag schärfer zu unterscheiden. In allen diesen Fällen wird zwar zuweilen das gantze Vermögen hingegeben; allein im erstern erhält der Leibrenten-Käufer einen erhöhten Zinß für das verlohrne Kapital, an welchen die Gläubiger sich halten können; bey dem Vitalitien-Vertrage aber erhält er gewöhnlich Natural-Verpflegung und bey dem Alimenten-Vertrage nur so viel, als er zur Lebens-Nothdurft bedarf. Da die Nahmen dieser Verträge ohnedies willkührlich sind, so würden wir die Faſſung dieses §phi nur auf das Wesentliche richten und den Satz so bestimmen:

Hat jedoch jemand, um Natural-Verpflegung oder um den Lebtags-Besitz eines Grundstücks zu erhalten, sein gantzes Vermögen hingegeben, so können seine Gläubiger auch nach Ablauf des ersten Jahres nach errichtetem Vertrage den dafür hingegebenen gantzen Inbegrif seines Vermögens in Anspruch nehmen.

ad **Part. I. Tit. 11. §. 686.** Den §. 20. des Anhangs finden wir deswegen zweideutig, weil es scheint, als könne er nur auf den Officier, der sich eben in der Garnison befindet, und nicht auf den, welcher auf Commando steht, angewendet werden.

Wir würden sagen:

Auf die Mobilien und Moventien, die der Officier an dem Orte, wo er sich des Dienstes wegen aufhält, bey sich hat, findet keine Execution statt.

ad **Part. I. Tit. 11. §. 1070.** Den Anfang des §. 27. würden wir deutlicher so fassen:

Hat ein Cantonist nach seiner Auswanderung oder innerhalb des letzten Jahres vor seinem Austritt, durch Schenkungen, Entsagungen, Verzichtsleistungen, Anerkenntnisse, Remissionen und andere Verfügungen, sein Vermögen ganz oder zum Theil, mittelbar oder unmittelbar verringert, so ist zu vermuthen, daß er dies in der Absicht gethan habe, um die Rechte des Staats und besonders der Invaliden-Kasse zu schmälern. Demgemäß ꝛc.

ad **Part. I. Tit. 11. §. 1113.** Im §. 28. ist simplex donatio nicht gut durch einfache Schenkung übersetzt worden. Wir schlagen folgende Fassung vor:

Was im §. 1113. von bloßen Schenkungen aus Freygebigkeit gesagt worden ist, soll auf belohnende und solche Schenkungen, bei welchen eine Bedingung zum Vortheil des Geschenkgebers gemacht worden ist, nicht angewendet werden.

ad **Tit. 12. §. 139.** Der §. 33. des Anhangs wird durch seine Allgemeinheit bedenklich. Auch hat das Rescript vom

26. Febr. 1798. den Satz nicht in dieser Allgemeinheit aufgestellt, sondern den Inhalt desselben nur als einen Entschädigungsgrund (Entscheidungsgrund) angeführt. Sollen nicht alle Formalitäten der Testamente hinwegfallen, und soll nicht alles auf die bloße Gewißheit des Willens zurückgebracht werden, als wogegen die ganze Theorie des Allgemeinen Landrechts, besonders aber §. 109. Tit. 12. P. I. streitet, so muß man diesen Satz wohl näher bestimmen; dagegen läßt sich aber auch mit einigem Scheine die Nothwendigkeit jeder Formalität behaupten, weil der Gesetzgeber sie sonst nicht als nothwendig vorgeschrieben haben würde.

Bey den Feierlichkeiten der Testamente kommen folgende 3. Stücke in Betrachtung:

1) die Gewißheit des Willens,
2) die Vollendung der Handlung,
3) die Identität des vorhandenen Aufsatzes mit demjenigen, welcher gerichtlich errichtet oder dem Gericht übergeben wurde.

In Beziehung auf die Gewißheit des Willens müssen die zu diesem Ende vorgeschriebenen Förmlichkeiten um so mehr als unerläßlich angesehen werden, da der Gesetzgeber auch für solche Intestat-Erben sorgen mußte, welche nicht einmal im Stande sind, die Handschrift des Testators zu recognosciren, oder sonst darüber, was er wahrscheinlich gewollt oder nicht gewollt habe, sich zu erklären. In Ansehung der Vollendung der Handlung hat es gleiche Bewandniß, in so fern von der Handlung des Testators selbst die Rede ist, und nicht von demjenigen, was der Richter hinzuthun muß, damit die von Seiten des Testators vollendete und von dem Richter schon beglaubigte Handlung zu seiner Zeit die gehörige Wirkung haben könne.

Was endlich die Identität der Handlung betrift, so ist diese zwar von der höchsten Wichtigkeit, sie wird aber oft mit Zuverläßigkeit erhellen, wenn auch die darauf abzweckende richterliche Handlungen unterlaßen worden sind, z. B. wenn der Richter unterlaßen hat, das Gerichts-Siegel hinzuzufügen, oder das praesentatum auf das Testament zu schreiben.

Wir würden daher den §. 33. bestimmter so faßen:

Wenn das über die Errichtung oder Uebergabe des letzten Willens aufgenommene Protokoll vorschriftsmäßig abgefaßt, geschloßen und unterschrieben, auch die Identität des Aufsatzes gar nicht zweifelhaft ist, so soll der letzte Wille allein deswegen, weil das Gerichtssiegel nicht beigefügt, oder die Zeit, wo er dem Richter übergeben wurde, darauf nicht vermerkt worden ist, oder weil der Richter sonst bei der darauf folgenden Aufbewahrung einen Fehler begangen hat, nicht für ungültig geachtet werden. *)

ad Part. I. Tit. 12. §. 365. Im §. 42. wird gesagt, daß der Verschwender mit Zustimmung seines Curators die Zurückgabe seines vor der Prodigalitäts-Erklärung niedergelegten Testaments fordern müsse. Hierzu ist kein Grund vorhanden. Nach P. I. Tit. 12. §. 27. können Personen, welche für Verschwender erklärt worden sind, wärend der Vormundschaft testiren, und die Hälfte ihres Nachlaßes

*) Vgl. oben S. 33, Anm. und Bd. I. S. 276.

den gesetzlichen Erben entziehen. Dazu ist nun also der Verschwender befugt, der Curator mag darin willigen oder nicht; er muß also auch um so eher berechtigt seyn, auch ohne Zuziehung des Vormundes ein schon errichtetes Testament zurückzunehmen, weil, wenn er nicht ein neues errichtet, dadurch die Intestat-Erbfolge herbeigeführt wird. Wir würden daher die Worte:

mit Zustimmung seines Curators

aus dem §. 42. wegstreichen, zumal da die Weigerung des Curators Weitläuftigkeiten verursachen und Veranlassung geben könnte, daß der Testator darüber hinweg stürbe.

ad **Part. II. Tit. 1.** §. 144. würden wir nicht, wie im §. 68. des Anhangs geschieht, auf die älteren Verordnungen vom 21. Januar 1765. und 4. Juny 1766. Bezug nehmen, sondern geradezu sagen:

> Bei den neuangekommenen Kolonisten, ingleichen bei den Soldaten, welche auswärts angeworben worden, und sich noch kein Jahr in den Königlichen Staaten aufgehalten haben, genügt der Eid, daß sie noch unverehelicht sind, und daß ihnen auch kein sonstiges Ehehinderniß bekannt sey.

Im §. 72. würden wir der bloßen Allegation des Militär-Consistorial-Reglements einen Auszug desselben vorziehen.

Den §. 74. würden wir so faßen:

> Der Ausdruck: ohne Unterschied der Zeit, bezieht sich nur auf den §. 1129. bis 1132. Tit. 11. P. I. des Allgemeinen Landrechts, aber nicht auf den §. 1133. eben daselbst, und es können daher die Gläubiger auch

die unter Eheleuten gemachten Geschenke nicht wiederrufen, wofern sie früher als drei Jahre vor eröfnetem Concurse rechtsgültig erfolgt sind.

Denn vergleicht man den §. 1129. sequ. Tit. 11. P. I. mit §. 312. Tit. 1. P. II., so ist in der That kein Widerspruch vorhanden. Der Gesetzgeber vermuthet nämlich zwischen Eheleuten eine Collision und schränkt also das Recht des Widerrufs der Gläubiger nicht auf die §. 1129. Tit. 11. P. I. bestimmte Frist ein; allein er bestimmt im §. 1133. Tit. 11. P. I., daß nach Verlauf dreier Jahre auch eine Schenkung unter Eheleuten nicht angefochten werden soll.

ad **P. II. Tit. 1. §. 495.** stellen wir anheim: ob aus der Entscheidung der Gesetz-Commission vom 20. May 1799. (Edicten-Sammlung von 1798. pag. 6054.) der Satz zu suppliren sey:

Von dieser Bestimmung macht auch das unbewegliche Vermögen der Eheleute keine Ausnahme, ob dieses sich gleich unter einer andern Gerichtsbarkeit befindet.

ad **P. II. Tit. 8. §. 903.** Hier bringen wir folgende Fassung des §. 113. des Anhangs in Vorschlag:

Wenn auch der Wechsel früher protestirt wurde, als die Zahlungs-Zeit eintrat, so läuft doch die Verjährung des Wechsels erst von dem Tage an, welcher zur Bezahlung desselben bestimmt war.

Ist aber der Wechsel deswegen protestirt worden, weil die Acceptation desselben schlechterdings und unbedingt versagt wurde, so nimmt die Verjährungs-Frist der Wechsel-Kraft mit dem Tage der eingelegten Protestation ihren Anfang.

ad P. II. Tit. 8. §. 908. Für den §. 114. des Anhangs scheint uns nachstehende Fassung deutlicher zu seyn:

Die Liquidation der Wechselforderung im Concurs vor Ablauf der einjährigen Verjährungs-Frist erhält zwar dem Liquidanten die Rechte der 6ten Klasse, aber nicht die Befugniß, den Wechsel-Schuldner für seine Person wechselmäßig zu belangen.

ad P. II. Tit. 10. §. 93. Den im §. 123. des Anhangs enthaltenen Zusatz würden wir so fassen:

Wenn Königliche Officianten ein fremdes Bad besuchen wollen, so müssen sie durch ein medizinisches Attest nachweisen, daß diese Reise zur Wiederherstellung ihrer Gesundheit nothwendig sey.

ad P. II. Tit. 11. §. 197. Im §. 124. des Anhangs würden wir statt pia causa fromme Anstalt, und Statt Confirmation Bestätigung setzen. *)

ad P. II. Tit. 11. §. 222. und §. 125. des Anhangs. Diesen erstern würden wir so fassen:

Bei Veräußerung unbeweglicher Grundstücke und anderer Geistlichen Stiftungen, so wie bei Erb- und Zeit-Verpachtungen, letztere über 6. Jahr, soll zwar in der Regel eine freiwillige Subhastation veranlaßt werden; es soll jedoch von dem Ermessen der geistlichen Obern abhängen, ob nach aufgenommener gerichtlicher Taxe, den Gutachten der Untergerichte, der Inspectoren und Prediger die Subhastation noch erforderlich sey, und deren Unterlaßung soll keine Ungültigkeit nach sich ziehen.

---

*) Vgl. Bd. I. S. 228.

ad P. II. Tit. 18. §. 421. In dem §. 156. des Anhangs würden wir statt der Worte:

giebt diese keine besondere Ausdehnungen oder Einschränkungen an die Hand,

setzen:

enthält diese Disposition keine in den Gesetzen erlaubte Ausdehnung oder Einschränkung der Gewalt des Testament-Exekutors 2c.

ad P. II. Tit. 18. §. 694. Im §. 164. des Anhanges wird zu Anfange von den Müttern in der mehreren Zahl gesprochen, dann heißt es:

wird von ihr 2c.

Wir würden das Ende dieses §phi theils zur Vermeidung der ohne Noth eingemischten lateinischen Ausdrücke, theils um der mehrern Deutlichkeit und nähern Bestimmung wegen, dahin fassen:

Wird von der Mutter als Vormünderin ihrer Kinder die obervormundschaftliche Genehmigung zur Antretung der Erbschaft ohne Vorbehalt der Rechts-Wohlthat des inventarii nachgesucht, so muß nach den Umständen die damit verknüpfte Gefahr geprüft, und dabei näher erwogen werden, ob nicht eine solche Vormünderin sich zur Vertretung dieser Gefahr aus eignen Mitteln verpflichten müsse, und welche Sicherheit diese ihre Verpflichtung, wenn sie unter Beobachtung der bei Bürgschaften vorgeschriebenen gesetzlichen Form geschieht, gewähren könne.

ad P. II. Tit. 18. §. 696. und 862. In dem §. 169. des Entwurfs würden wir statt Revenüen — Einkünfte setzen.

Ew. Königlichen Majestät erleuchtetern Einsicht unterwerfen wir jedoch diese Bemerkungen allerunterthänigst und remittiren den uns communicirten Entwurf nebst Akten.

Berlin, den 22sten März 1803.

Die Justiz-Deputation der Gesetz-Commission

Koenen. Heidenreich. v. Lamprecht. v. Kircheisen. Goßler.
v. Scheibler. Doerffer. Büsching. Pfeiffer. Klein.

IV.

Immediat-Bericht

nebst

Publikations-Patent

vom 11. April 1803.

---

1. Immediat-Bericht.

Au Roi.

Ew. K. M. habe ich bereits allerunterthänigst einberichtet, daß die Einführung der preußischen Justiz-Verfaßung in die Entschädigungs-Provinzien eine neue Auflage des gantz vergriffenen Land-Rechtes nothwendig macht.

Zu Vereinfachung der Gesetzgebung habe ich alle bisher gesetzlich feststehende Erläuterungen zc in einen Anhang zum Land-Rechte sammlen, und nach der Ordnung der Titel und §en, im Style des Land-Rechtes selbst, entwerfen laßen, das Gutachten der Gesetz-Commission über die Vollständigkeit und über die deutliche Faßung deßelben vernommen, und überreiche solchen und das dazu gehörige Publications-Patent zur allerhöchsten Vollziehung.

Wenn Ew. K. M. diesen Vorschlag zu aggreiren geruhen, so würde die neue Auflage des Land-Rechtes, zwar mit der gegenwärtigen edition wörtlich conform bleiben, jedoch bei einer jeden treffenden Stelle, die erläutert oder abgeändert ist, der dahin gehörige passus des Anhanges auf demselben Blatte unter dem Texte als Note zu demselben zu drucken, und dadurch der Zweck zu erreichen seyn, daß die jetzigen Besitzer der alten Edition des Land-Rechtes nur nöthig haben, den besonders gedruckten Anhang zu kauffen, diejenigen aber, die sich erst jetzt das Land-Recht anschaffen müßen, das vollständige Land-Recht erhalten, und dadurch alle Verwirrung vermieden werden würde, welche bei einer Auflage mit veränderter §en Zahl oder Veränderung der Faßung des alten Textes entstehen dürfte, da so viel Entscheidungen, Special-Reglements, Zeit-Gesetze, welche diese Allegata enthalten, in diesem Fall nicht zu verstehen seyn, Zweideutigkeiten und Verwechselungen erzeugen würden. Der Vollständigkeit der Uebersicht der ältern Gesetzgebung wegen würde zwar der XXte Titel des IIten Theils, der das Criminal-Recht enthält, in dieser neuen Edition mit abzudrucken seyn, wenn aber mein Vorschlag, das preußische Criminal-Recht mit der neuen Criminal-Ordnung drucken zu lassen, die Genehmigung Ew. K. M. erhält, so würde nur durch eine allgemeine Note darauf zu verweisen seyn.

Bei dem Publications-Patente bemerke ich allerunterthänigst, daß es seit mehreren Jahren zur Gewohnheit geworden, einzelne Gesetze, Declarationen, so wie sie zur Kenntniß der Sammler kommen, in privat Schriften, unter die Titel von Annalen, Beiträge, Repertorien, Handbücher, Marginalien ꝛc aufzunehmen, welches zwar an sich, ohne Beschränkung des Buchhandels und einer anständigen Preß-Freiheit, nicht wohl zu vermeiden oder zu untersagen ist; es hat aber die Gewohnheit eingeführet, daß die Gerichts-Stellen, auf solche in privat Sammlungen befindliche Verordnungen 'recurriren, ungeachtet sie durch nichts von der Authenticität dieser Vorschriften überzeugt sind. Dies ist ein abzuschaffender Misbrauch; ich werde fortfahren im Laufe des Jahres, neben der gewöhnlichen Publication, die neuern Gesetze durch das

neue Archiv der preußischen Gesetzgebung und Rechtsgelehrsamkeit ꝛc.

in Umlauf zu bringen, halte mich aber verpflichtet, bei Ew. K. M. allerunterthänigst darauf anzutragen, daß die Gerichts-Stellen angewiesen werden, künftig in ihren Urtels-Sprüchen auf keine privat Gesetzes-Sammlung Bezug zu nehmen, sondern sich lediglich an diejenigen Gesetze zu halten, welche ihnen zugefertiget, auch durch das neue Archiv bekannt gemacht, und in die Academische Edicten-Sammlung aufgenommen werden.

Berlin, den 11. April 1803.

Goldbeck.

---

2. Patent

zur Publication der neuen Auflage des Allgemeinen Land-Rechts für die preußische Staaten,

und

des ersten Anhanges, worin die bisher ergangenen Abänderungen und Ergänzungen des Allgemeinen Land-Rechtes, verkürzt gesammlet sind.

Wir Friedrich Wilhelm, v. G. G. K. v. Pr. ꝛc. Thun kund und fügen hierdurch jedermann zu wissen, daß der Mangel einer gehörigen Anzahl von Exemplarien des Allgemeinen Land-Rechts für die Preußische Staaten, eine neue Auflage desselben nöthig gemacht, welcher Wir bey der wörtlichen Uebereinstimmung mit der ersten, nicht nur die allerhöchste Sanction hierdurch ertheilen, sondern auch die Veranstaltung getroffen haben, daß die Erläuterungen und Abänderungen desselben, welche zeither gesetzlich ergangen, und das allgemeine Recht betreffen, verkürzt gesammlet, der neuen Edition gehörigen Orts eingeschaltet, und unter dem Titel des ersten Anhanges ꝛc zum Besten der Besitzer der ältern Edition gedruckt sind.

Nur die Erläuterungen und Abänderungen des XXten Titels des IIten Theils sind ausgelaßen, weil derselbe durch das nächstens erfolgende neue Criminal-Recht für die preußische Staaten ergänzt werden wird. Mit Bezug auf das Publications-Patent vom 5ten Februar 1794. haben sämmtliche Ober- und Unter-Gerichts-Stellen diese neue Auflage des Land-Rechtes und diesen ersten Anhang, gesetzlich anzuwenden, und erhalten dieselben zugleich die Anweisung, in ihren Urtelssprüchen auf keine privat Gesetzes-Sammlung Bezug zu nehmen, sondern sich lediglich an diejenigen Gesetze zu halten, welche ihnen zugefertiget, gehörig publiciret, auch durch das neue Archiv der preußischen Gesetzgebung und Rechtsgelehrsamkeit zu ihrer Kenntniß gebracht, und in die academische Edicten-Sammlung hiernächst aufgenommen werden.

Urkundlich unter Unserer Höchsteigenhändigen Unterschrift und beigedruckten Königl. Insiegel. *) Gegeben Berlin den 11. April 1803.

Friedrich Wilhelm.

Goldbeck.

---

*) Dasselbe ist dem Patent nicht beigefügt.

V.

Kabinetsordern

vom 28. April 1803. und 17. August 1802.

---

1. Kabinetsorder vom 28. April 1803.

Mein lieber Groß-Canzler von Goldbeck. Das Mir mittelst Berichts vom 11ten d. M. eingereichte Publications-Patent wegen Einführung des Preußischen Land-Rechts in die Entschädigungs-Provinzien habe Ich Euch bereits vollzogen remittirt, in Ansehung des betreffenden Anhanges will Ich Euch aber annoch hiermit eröffnen:

A. ad Th. I. tit. 9. §. 7. daß Ich gar nicht Willens bin, je in einem Kriege das von den See-Mächten in neueren Zeiten über alle Schranken ausgedehnte Kaper-System nachzuahmen, weshalb Mir der fragliche Zusatz ganz überflüßig, und in jedem Falle es nicht gerathen zu seyn scheinet, ihn dem allgemeinen Landrechte einzuverleiben, sondern nöthig, diese Bestimmung für den Fall vorzubehalten, wo die eiserne Nothwendigkeit den Staat zu solchen Maaßregeln, die die Gerechtigkeit sonst nie billigen kann, zwingen mögte.

B. ad Th. II. Tit. 11. §. 125. Daß, da Ich durch die ordre vom 17ten August v. J. an den Staats-Minister v. Massow festgesetzt habe, daß die Bestätigung eines Vermächtnißes zu milden Stiftungen Kirchen ꝛc. nie ohne Anfrage bey Mir und Meine unmittelbare Genehmigung verweigert werden soll, Ihr die betreffende Stelle darnach abändern müßet.

C. ad Th. II. Tit. 12. §. 36. Wie Mir bey Gelegenheit des jetzt auf der Universitaet Halle vorgefallenen unglücklichen Duells angezeigt worden ist, daß die Vorschrift, welche die Aerzte verpflichtet, von einem Duell, wovon sie bey Ausübung ihrer Praxis Kenntniß erhalten, der Obrigkeit Anzeige zu thun, die traurige Folge hat, daß die jungen Leute, wenn einer im Duell verwundet worden, aus Furcht vor der Denunciation, es bis auf den letzten Augenblick verschieben, einen Arzt zur Hülfe rufen zu laßen, so daß verschiedentlich Verwundungen, die bey zeitiger Hülfe nicht hätten tödtlich werden können, bloß dadurch tödtlich geworden. Da nun die Obrigkeit außerdem Mittel genug in Händen hat, die Duelle zu entdecken, so will Ich, daß die Aerzte von der Pflicht der Denunciation entbunden und ihnen vielmehr die Pflicht auferlegt werden soll, in solchen Fällen ein gewißenhaftes Stillschweigen zu beobachten, bis daß die Obrigkeit, wenn sie durch andere Mittel die That entdeckt, deren Vernehmung darüber veranlaßet.

Ich trage Euch daher hiermit auf, in Gemäßheit deßen den entworfenen, anbey zurückerfolgenden Anhang, der übrigens Meine Zustimmung erhält, abzuändern und approbire es auch, daß Ihr die Gerichts-Stellen angetragenermaaßen anweiset, künftig in ihren Urthels-Sprüchen auf keine Privat-Gesetzes-Sammlung Bezug zu nehmen, sondern sich lediglich an diejenigen Gesetze zu halten, welche ihnen zugefertigt, auch durch das neue Archiv bekannt gemacht, und in die Akademische Edicten Sammlung aufgenommen werden. Ich bin Euer wohl affectionirter König.

Potsdam den 28. April 1803.

Friedrich Wilhelm.

An
den Groß-Canzler von Goldbeck.

---

2. Kabinetsorder vom 17. August 1802.

Mein lieber Staats-Minister Freiherr von der Reck *). Auf Eure Anfrage vom 13ten d. M., ob Ich es genehmigen wolle, daß das Mindensche Dom-Kapitul das Legat der 1000 Thlr., welches der verstorbene Dom-Dechant v. Forstmeister zu Paderborn der Domstifts-Kirche zu Minden mit der Bestimmung vermacht hat, daß von den Zinsen an seinem Sterbetage jährlich Seelenmessen gelesen, und der Ueberschuß unter die anwesenden Mitglieder vertheilt werden soll, annehmen könne — gebe Ich Euch hierdurch zu erkennen, wie Ich in diesem Fall in der Bestimmung des Vermächtnisses keinen Grund finde, von der Regel eine Ausnahme zu machen, wes-

---

*) An diesen ist die Order, während der Abwesenheit des rc. von Massow, erlassen worden.

halb Ich denn auch die nachgesuchte Bestätigung des Legats, soweit letzteres derselben nach den Gesetzen bedarf, hiemit verweigern will. Ueberhaupt aber finde Ich Mich bei dieser Gelegenheit veranlaßt, hierdurch zu erklären, daß Ich Geschenke und Vermächtnisse an Kirchen und milde Stiftungen, welche entweder die Erhaltung oder den Bau nöthiger und nützlicher Gebäude ꝛc. oder die bessere Besoldung der Kirchen- und Schulbedienten beabsichtigen, für eine sehr löbliche Sache halte, und daher hiemit festsetzen will, daß keine solche Schenkung oder Vermächtniß ohne vorgängige Anfrage bei Mir abgewiesen werde *), indem Ich Mich in jedem einzelnen Falle über die Annahme oder Verwerfung desselben bestimmen will, je nachdem Ich eine solche Zuwendung der Beförderung der Religion für zuträglich halte oder nicht. Hiernach habt Ihr nun das weiter Erforderliche zu verfügen, und Ich bin Euer wohl affectionirter König.

Charlottenburg den 17ten August 1802.

Friedrich Wilhelm.

An
den Staats-Minister Freiherrn
v. d. Reck.

---

*) Vgl. Bd. I. S. 225. und 227.

VI.

Vergleichung

des

gedruckten Anhanges mit dem Entwurfe desselben. *)

Der §. 1. des Entwurfes, in Betreff der Suspension der drei ersten Titel des zweiten Theils des Allg. Landrechtes, worüber die Gesetz-Kommission sich umständlich geäußert hatte (s. oben S. 89—94.), ist fortgeblieben. Den Ausschlag scheint dafür gegeben zu haben die folgende Bemerkung des Groß-Kanzlers von Goldbeck:

„Ich bitte nur in Erwägung zu ziehen, daß in dem Publications-Patente zwey Suspensionen **) des Landrechts vorkommen.

Die erste ist in §. 3. und 4., wo die Gültigkeit des Landrechts in Ansehung derjenigen Punkte, die zum Provincial-Rechte gehören, bis zu dessen Anfertigung

*) Die Abweichungen des gedruckten Anhanges von dem Entwurfe in Beziehung auf Orthographie und Interpunktion werden nicht erwähnt, weil sie erst während des Druckes erfolgt sind, so daß die Akten darüber keinen Aufschluß geben.

**) Vgl. die Erg. und Erl. des Allg. Landrechts, Abth. 1. S. 24. 32. und Suppl. Bd., Abth. 1. S. 3—7.

suspendirt ist. Diese Suspension soll nur bis zu 1796. dauern, ist aber tacite prorogirt, und es liegt wohl in der Natur der Sache, daß sie fortdauern soll und muß. Doch wäre es gut, hierüber etwas zu erklären, wozu wir aber besonders authorisirt seyn müßen 2c.

Die zweite Suspension der 3. Titel im §. 7. hat mit der ersten Suspension nichts gemein; sie ist für die Mark ganz special und gründet sich in der Grille, daß durch die Landtags=Recesse das römische und Sachsenrecht Provincial=Recht für die Churmark geworden sey und daher in dem Landrechte so viel die Churmark betrifft davon nicht abgewichen werden könne. Daher gehet auch die Suspension wörtlich nur auf die Abweichungen vom römischen oder gemeinen Sachsenrechte und daher kommt es auch, daß in den andern Provinzien von dieser Suspension gar nicht die Rede gewesen ist. Bey dieser speciellen nur die Abweichungen vom römischen und Sachsenrechte betreffenden Suspension wird es wohl der König lassen, da sie einmahl den Märkern versprochen ist. Aber es ist klar, daß sie auf andre Provinzien, die dergleichen Grille nicht gehabt haben, nicht ausgedehnt werden kann. Auch in der Mark werden alle monita, welche hierauf gerichtet sind, von selbst wegfallen, weil das Fundament, als wenn gedachte Rechte Provinzialrechte wären, ungegründet ist.

Nur die monita, die auf die §. 3. 4. 2c. gehen, können stehen bleiben 2c. Der gantze §. 7. hatte nur die Absicht, offenbar ungegründete Widersprüche vor der Hand zu beseitigen;"

welcher Aeußerung er später noch hinzufügte:

„Ich wiederhole meine bereits geäußerte Meinung, daß in diesem Anhange nichts kommen müsse, worüber eine Königl. Entscheidung nöthig wäre; das muß man zu einer andern Gelegenheit vorbehalten. Die itzige Arbeit ist eine bloße Compilation der bereits festestehenden Vorschriften. Vorzüglich würde also auch aus diesem Grunde der §. 1. wegfallen."

Die §§. 1. und 2. des gedruckten Anhanges stimmen mit den §§. 2. und 3. des Entwurfes überein.

Der §. 3. des gedr. Anh. findet sich im Entw. nicht; er ist auf den Vorschlag der Gesetzkommission (s. oben S. 94.) dahin aufgenommen:

Die Grosjährigkeit der Juden, nimmt ohne Unterschied des Geschlechts, mit der Vollendung des zwanzigsten Jahres ihren Anfang.

Die §§. 4. 5. und 6. des gedr. Anh. entsprechen den §§. 4. 5. und 6. des Entw.

Der §. 7. des gedr. Anh. giebt nicht den §. 7. des Entw., vielmehr ist letzterer auf Grund der Kabinetsorder vom 28. April 1803. (s. oben S. 108.) also abgeändert worden:

Die Rechte und Befugnisse der Preußischen Kaper-Schiffe sollen, nach den jedesmal concurrirenden Verhältnissen, zu seiner Zeit bestimmt werden.

Die §§. 8. bis 14. des gedr. Anh. stimmen mit den §§. 8. bis 14. des Entw. überein.

Der §. 15. des gedr. Anh. ist aus dem §. 15. des Entw. hervorgegangen, welcher aber in Folge des Berichts der Gesetzkommission (s. oben S. 95.) dahin abgeändert worden ist:

Wenn auch das Subhastations-Patent früher, als vierzehn Tage vor dem Bietungs-Termine abgenommen, abgerißen oder verloren gegangen ist: so wird doch durch diesen Mangel allein die Adjudication nicht ungültig.

Die §§. 16. und 17. des gedr. Anh. entsprechen den §§. 16. und 17. des Entw.

Der §. 18. des gedr. Anh. verdankt seine Entstehung dem §. 18. des Entw., welcher indessen nach dem Berichte der Gesetzkommission (s. oben S. 95.) und in Folge der nachstehenden, später ermittelten (s. oben S. 28., Anm.), an den Etats-Minister von Voss ergangenen Kabinetsorder vom 16. Juli 1799.:

„Mein lieber Etats-Minister von Voß.

Wenn die Einnehmer der Zahlen-Lotterie, wie Ich aus der anliegenden Vorstellung des Kirschner-Meisters Weiß aus Schwabach ersehe, den Spielern die Einsätze creditiren; so kann das für die Moralität keine andere als verderbliche Folgen haben. Ich befehle Euch daher, von nun an, dieses Creditgeben, bey Strafe der Nichtigkeit desselben, zu untersagen, und alle Justiz-Behörden, die Lotterie-Gerichte mit eingeschloßen, auf das gemessenste instruiren zu laßen, wegen eines nach der Bekanntmachung dieses Befehls, gegebenen Credits in Ansehung der Zahlen-Lotterie-Einsätze, keine Klage mehr anzunehmen; sondern den Einnehmer, der hiergegen gehandelt hat, damit sofort abzuweisen.

Was aber den Supplicanten anbetrift; so hat er es sich selbst beyzumessen, daß er einen bis jetzt gültig gewesenen Credit angenommen hat, und da er nicht der Casse, sondern dem Einnehmer schuldig ist, der die Casse saldiren muß, so kann derselbe nur auf die gewöhnlichen Rechtsmittel gegen ihn Anspruch machen, als wozu Ihr deßen Gesuch einleiten laßen müßt. Ich bin Euer wohlaffectionirter König.

Charlottenburg, den 16. July 1799.

Friedrich Wilhelm."

dahin abgeändert worden ist:

Wenn ein Einnehmer in der Zahlen-Lotterie dem Spieler das Einsatzgeld stundet, so geschieht solches auf seine Gefahr, und ist er den kreditirten Einsatz gegen den Spieler einzuklagen nicht befugt.

Der §. 19. des gedr. Anh. entspricht dem §. 19. des Entw., ohne daß das Monitum der Gesetzkommission (s. oben S. 95.) beachtet ist.

Der §. 20. des gedr. Anh. ist aus dem §. 20. des Entw. entstanden, welcher zufolge des Antrags der Gesetzkommission (s. oben S. 96.) also gefaßt worden ist:

Auf die Mobilien und Moventien, die der Offizier an dem Orte, wo er sich des Dienstes wegen aufhält, bey sich hat, findet keine Execution Statt.

Die §§. 21. bis 26. des gedr. Anh. stimmen mit den §§. 21. bis 26. des Entw. überein.

Dem §. 27. des gedr. Anh. liegt der §. 27. des Entw. zum Grunde, dessen erster Satz nach dem Antrage der Gesetzkommission (s. oben S. 96.) nachstehende Fassung erhalten hat:

Hat ein Kantonist nach seiner Auswanderung, oder innerhalb des letzten Jahres, vor seinem Austritt, durch Schenkungen, Entsagungen, Verzichtleistungen, Anerkenntnisse, Remissionen und andere Verfügungen, sein Vermögen, ganz oder zum Theil, mittelbar oder unmittelbar verringert, so ist zu vermuthen, daß er dies in der Absicht gethan habe, um die Rechte des Staats und besonders der Invalidencasse zu schmälern.

Der §. 28. des gedr. Anh. verdankt seine Entstehung dem §. 28. des Entw., welcher zufolge Vorschlages der Gesetzkommission (s. oben S. 96.) also umgeändert worden ist:

Was im §. 1113. von bloßen Schenkungen aus Freigebigkeit gesagt worden ist, soll auf belohnende und solche Schenkungen, bey welchen eine Bedingung zum Vortheile des Geschenkgebers gemacht worden ist, nicht angewendet werden.

Die §§. 29. bis 32. des gedr. Anh. entsprechen den §§. 29. bis 32. des Entw.

Der §. 33. des gedr. Anh. ist aus dem §. 33. des Entw. hervorgegangen, der dem Antrage der Gesetzkommission gemäß (s. oben S. 98.) dahin gefaßt worden ist:

Wenn das über die Errichtung oder Uebergabe des letzten Willens aufgenommene Protokoll, vorschriftsmäßig abgefaßt, geschlossen und unterschrieben, auch die Identität des Aufsatzes gar nicht zweifelhaft ist: so soll der letzte Wille allein deswegen, weil das Gerichtssiegel nicht beigefügt, oder die Zeit, wo er dem Richter übergeben wurde, darauf nicht vermerkt worden ist, oder weil der Richter sonst bey der darauf folgenden Aufbewahrung einen Fehler begangen hat, nicht für ungültig geachtet werden. *)

Die §§. 34. bis 41. des gedr. Anh. entsprechen den §§. 34. bis 41. des Entw.

In dem §. 42. des gedr. Anh. sind die Worte des §. 42. des Entw. „mit Zustimmung seines Curators" nach dem Antrage der Gesetzkommission (s. oben S. 99.) weggeblieben.

Die §§. 43. bis 67. des gedr. Anh. stimmen mit den §§. 43. bis 67. des Entw. überein.

Der §. 68. des gedr. Anh. ist aus dem §. 68. des Entw. hervorgegangen, welcher nach dem Vorschlage der Gesetzkommission (s. oben S. 99.) also gefaßt worden ist:

Bey den neuangekommenen Kolonisten, die sich noch kein Jahr in den Königlichen Staaten aufgehalten haben, genüget der Eid, daß sie noch unverehlicht sind, und daß ihnen auch kein sonstiges Ehehinderniß bekannt sey.

Der §. 69. des gedr. Anh. korrespondirt dem §. 69. des Entw., jedoch ist das Wort „eigentlichen" zugesetzt worden.

Die §§. 70. bis 73. des gedr. Anh. entsprechen den §§. 70. bis 73. des Entw.; das Monitum der Gesetzkommission (s. oben S. 99.) blieb unbeachtet.

Dem §. 74. des gedr. Anh. liegt die §. 74. des Entw. ge-

---

*) Vgl. Bd. I. S. 276. und folg.

machte Bemerkung zum Grunde; nach dem Antrage der Gesetzkommission (s. oben S. 99—100.) lautet jener §.:

Der Ausdruck ohne Unterschied der Zeit beziehet sich nur auf den §. 1129. bis 1132. Tit. 11. Th. I. des Landrechts, aber nicht auf den §. 1133. ebendaselbst, und es können daher die Gläubiger, auch die unter Eheleuten gemachten Geschenke nicht widerrufen, wofern sie früher als drey Jahre vor eröffnetem Concurse rechtsgültig erfolgt sind.

Die §§. 75. bis 77. des gedr. Anh. entsprechen den §§. 75. bis 77. des Entw.

Der §. 78. des gedr. Anh. fehlte im Entw. und ist nach dem Antrage der Gesetzkommission (s. oben S. 100.) dahin beigefügt worden:

Von dieser Bestimmung macht auch das unbewegliche Vermögen der Eheleute keine Ausnahme, ob dieses sich gleich unter einer andern Gerichtsbarkeit befindet.

Die §§. 79. bis 82. des gedr. Anh. stimmen mit den §§. 78. bis 81. des Entw. überein.

In den §. 83. des gedr. Anh. sind, Kircheisen's Vorschlage gemäß (s. oben S. 49., Anm. **.) die Nr. 1. bis 5. des Publikandums vom 14. März 1797. aufgenommen worden.

Die §§. 84. bis 93. des gedr. Anh. entsprechen den §§. 83. bis 92. des Entw.

In den §. 94. des gedr. Anh. ist nach dem Antrage von Kircheisen zum §. 93. des Entw. (s. oben S. 53. Anm. *.) die von ihm angeführte Stelle eingerückt worden.

Die §§. 95. bis 113. des gedr. Anh. korrespondiren den §§. 94. bis 112. des Entw.

Der §. 114. des gedr. Anh. ist aus dem §. 113. des Entw. hervorgegangen, welcher auf den Vorschlag der Gesetzkommission (s. oben S. 100.) also gefaßt worden ist:

Wenn auch der Wechsel früher protestirt wurde, als die Zahlungszeit eintrat: so läuft doch die Verjährung des Wechsels erst von dem Tage an, welcher zur Bezahlung desselben bestimmt war. Ist aber der Wechsel deswegen protestirt worden, weil die Acceptation desselben schlechterdings und unbedingt versagt wurde: so nimmt die Verjährungsfrist der Wechselkraft mit dem Tage der eingelegten Protestation ihren Anfang.

Dem §. 115. des gedr. Anh. liegt der §. 114. des Entw. zum Grunde, welcher auf den Antrag der Gesetzkommission (s. oben S. 101.) dahin gefaßt worden ist:

Die Liquidation einer Wechselforderung im Concurse, vor Ablauf der einjährigen Frist, erhält zwar dem Liquidanten die Rechte der Sechsten Classe, aber nicht die Befugniß, den Wechselschuldner für seine Person, wechselmäßig zu belangen.

Die §§. 116. bis 123. des gedr. Anh. stimmen mit den §§. 115. bis 122. des Entw. überein.

Der §. 124. des gedr. Anh. weicht von dem §. 123. des Entw. nur insofern ab, als statt „durch einen Arzt" nach dem Vorschlage der Gesetzkommission (s. oben S. 101.) gesagt worden ist:

„durch ein medicinisches Attest".

Der §. 125. des gedr. Anh. ist aus dem §. 124. des Entw. entstanden, welcher jedoch zufolge der Bemerkung der Gesetzkommission (s. oben S. 101.), mit Rücksicht auf die Kabinetsordern vom 17. August 1802. und 28. April 1803. (s. oben S. 109. und 111.) dahin geändert worden ist:

Wenn einer Kirche oder andern frommen Anstalt ein Geschenk oder Vermächtniß zugewendet wird: so sind die Vorsteher in allen Fällen schuldig, der geistlichen vorgesetzten Behörde Anzeige davon zu machen. Beträgt das Quantum nur 500 Thlr. oder weniger: so muß die Bestätigung darüber sofort ohne weitere Rückfrage ausgefertigt werden; außer diesen Fällen aber muß darüber an das Geistliche Departement berichtet, und in keinem Falle die Schenkung oder das Vermächtniß, ohne vorgängige Immediatanfrage, abgewiesen werden. *)

Der §. 126. des gedr. Anh. verdankt seine Entstehung dem §. 125. des Entw., welcher nach dem Vorschlage der Gesetzkommission (s. oben S. 111.) also abgeändert worden ist:

Bey Veräußerung unbeweglicher Grundstücke (der Kirchen) und anderer geistlichen Stiftungen, so wie bey Erb- und Zeitverpachtungen, letztere über Sechs Jahre, soll zwar in der Regel eine freiwillige Subhastation veranlaßt werden; es soll jedoch von dem Ermessen der geistlichen Obern abhängen, ob nach aufgenommener gerichtlichen Taxe, nach dem Gutachten der Untergerichte, Inspectoren und

*) Vgl. Bd. I. S. 225. und folg.

Prediger, die Subhastation noch erforderlich sey, und deren Unterlassung soll keine Ungültigkeit nach sich ziehen.

Die §§. 127. bis 135. des gedr. Anh. entsprechen den §§. 126. bis 134. des Entw.

In dem §. 136. des gedr. Anh. ist dem §. 135. des Entw. auf Grund der Kabinetsorder vom 28. April 1803. (s. oben S. 109.) der Satz beigefügt worden:

Doch soll kein Arzt oder Wundarzt verpflichtet seyn, der Obrigkeit von einem vorgefallenen, zum Behuf der Cur zu seiner Kenntniß gekommenen Duell Kenntniß zu geben, vielmehr in solchem Falle ein gewissenhaftes Stillschweigen beobachten, bis daß die Obrigkeit, wenn sie durch andere Mittel die That entdeckt, deren Vernehmung darüber veranlaßet.

Die §§. 137. bis 156. des gedr. Anh. entsprechen den §§. 136. bis 155. des Entw.

Der §. 157. des gedr. Anh. ist aus dem §. 156. des Entw. entnommen, wobei nach dem Antrage der Gesetzkommission (s. oben S. 102.) im Anfange des zweiten Satzes die Worte substituirt worden sind:

„Enthält diese Disposition keine in den Gesezzen erlaubte Ausdehnung oder Einschränkung der Gewalt des Testaments-Exekutors."

Die §§. 158. bis 164. des gedr. Anh. entsprechen den §§. 157. bis 163. des Entw.

Der §. 165. des gedr. Anh. ist durch den §. 164. des Entw. hervorgerufen, welcher zufolge des Berichts der Gesetzkommission (s. oben S. 102.) nachstehende Fassung erhalten hat:

Wird von der Mutter, als Vormünderin ihrer Kinder, die obervormundschaftliche Genehmigung zur Antretung der Erbschaft ohne Vorbehalt der Rechtswohlthat des Inventarii nachgesucht: so muß nach den Umständen der damit verknüpften Gefahr geprüft, und dabei näher erwogen werden: ob nicht eine solche Vormünderin sich zur Vertretung dieser Gefahr aus eigenen Mitteln verpflichten müßte, und welche Sicherheit diese ihre Verpflichtung, wenn sie unter Beobachtung der bey Bürgschaften vorgeschriebenen gesetzlichen Form geschiehet, gewähren könne.

Der §. 166. des gedr. Anh. stimmt mit dem §. 165. des Entw. überein.

Der §. 167. des gedr. Anh. entspricht dem §. 167. des Entw.

Der §. 168. des gedr. Anh. korrespondirt dem §. 166. des Entw.

Der §. 169. des gedr. Anh. ist gleichlautend mit dem §. 168. des Entw.

Der §. 170. des gedr. Anh. entspricht dem §. 169. des Entw., nur daß statt des Wortes „Revenüen" am Ende des zweiten Satzes, nach dem Vorschlage der Gesetzkommission (s. oben S. 102.) gesetzt worden ist: „Einkünfte."

Der §. 171. des gedr. Anh. stimmt mit dem §. 170. des Entw. überein.

Materialien

des

Anhanges

zur

Allgemeinen Gerichtsordnung.

Vorerinnerung.

Als im Jahre 1814. die erste Ausgabe der Allgemeinen Gerichtsordnung vergriffen war, nahm der Justiz-Minister von Kircheisen auf eine neue Auflage derselben Bedacht. Dieser wollte er eine Sammlung der seit der Einführung der Allgemeinen Gerichtsordnung dazu ergangenen Abänderungen, Erläuterungen und Ergänzungen als Anhang beifügen, und erstattete zu dem Behufe unter'm 10. Februar 1814. einen Immediatbericht. *)

---

*) Der Bericht lautet also: „Ew. Königlichen Majestät allerhöchstem Befehle über meine Theilnehmung an der Justizpflege in den wieder eroberten Provinzen sehe ich zwar noch Ehrfurchtsvoll entgegen, indeßen vermehren sich doch die an mich gelangenden Wünsche der dortigen Unterthanen wegen Wiedereinführung Unserer Justiz-Verwaltung und Gesetze so sehr, daß ich wenigstens die Vorkehrungen nicht verabsäumen kann, welche nothwendig sind, wenn mir die erwarteten Befehle Ew. Königlichen Majestät zukommen sollten.

Als im Jahre 1803. die erste Auflage des Landrechtes vergriffen war und eine zweite nothwendig wurde, geruheten Ew. Königliche Majestät zu erlauben, daß solche gedruckt und neben derselben ein Anhang veranstaltet wurde, worinn die bisher ergangenen Abänderungen und Ergänzungen des Allg. Landrechtes verkürzt gesammlet wurden. Diese Zusätze erhielt die neue Edition unter jedem Texte, der ergänzt oder erläutert wurde, und für die alten Besitzer des Landrechts ist dieser Anhang besonders gedruckt.

Die Erfahrung hat die Nützlichkeit dieser Veranstaltung vollkommen bestätiget.

Jetzt ist auch die Allgemeine Gerichtsordnung gänzlich vergriffen, und

Der König genehmigte Kircheisen's Plan durch die, aus dem Hauptquartiere Chaumont erlassene Order vom 2. März 1814. *).

Inzwischen hatte Kircheisen schon unter'm 6. Januar 1814. den Staatsrath, nachmaligen Wirklichen Geheimen Ober-Justiz-Rath von Goßler mit dem Entwurfe eines Anhanges zur Allgemeinen Gerichtsordnung durch nachstehendes Schreiben beauftragt:

„Bekanntlich ist die Allgemeine Gerichts Ordnung eben so wohl, wie das Allgemeine Landrecht, durch neuere, in verschiedenen Sammlungen zerstreute, Vorschriften abgeändert und erläutert worden. Wenn die Umstände es erfordern sollten, eine neue Ausgabe der Allg. Ge-

---

es ist bei der Wiedereinführung der diesseitigen Instanz-Verfassung durchaus nothwendig, eine neue Edition derselben zu veranstalten. Sie jetzt von Grund aus umzuarbeiten, dazu fehlt es an der Zeit und an dem so sehr gefühlten Mangel einer Gesetz-Commission.

Es fehlet indeßen nicht an einzelnen erläuternden Verordnungen des Justiz-Departements, welche die Erfahrung bei den Justiz-Collegiis von Zeit zu Zeit nothwendig gemacht haben, und welche, da sie nur Form und kein materielles Recht zum Gegenstande haben, nach der beständigen Verfaßung den Justiz-Collegiis zur Norm einstweilen haben vorgeschrieben werden können.

Diese beabsichtige ich zusammen tragen, von erfahrenen Männern prüfen und redigiren zu laßen, und in dieser Art Ew. Königlichen Majestät zur allerhöchsten Sanction einen Anhang allerunterthänigst vorzulegen.

Ehe ich jedoch diese Arbeit unternehme, frage ich bei Ew. Königlichen Majestät über die Genehmigung dieses Planes allergehorsamst an."

*) Es heißt darin: „Ich finde es nach Ihrem Antrage vom 10. v. Mts. ganz der Sache angemessen, daß einstweilen, und bis die Umstände eine gründliche Umarbeitung der allgemeinen Gerichts Ordnung möglich machen, die von Zeit zu Zeit ergangenen erläuternden Verordnungen des Justiz-Departements in der von Ihnen beabsichtigten Art zusammen getragen, und Mir, als Anhang der allgemeinen Gerichts Ordnung, zur Sanction vorgelegt werden."

richts Ordnung schnell zu veranstalten; so würde es zweckmäßig seyn, jene Aenderungen und Erläuterungen auf gleiche Weise in einen Anhang zusammenfassen und abdrucken zu lassen, wie dies in Ansehung des Allg. Landrechts in der neuen Ausgabe von 1803. und dem zu gleicher Zeit besonders abgedruckten Ersten Anhange geschehen ist. In jedem Fall wird es zur bessern Uebersicht der, zur Zeit bestehenden, das gerichtliche Verfahren in Civil-Sachen betreffenden Gesetze, dienlich seyn, einen solchen Anhang zur Allg. Gerichts Ordnung zu entwerfen, und dadurch dem künftig etwa zur Ausführung kommenden höhern Plane, einer völlig umgearbeiteten Gerichts Ordnung, wobei doch immer auf das bis dahin Bestehende Rücksicht genommen werden muß, gleichsam vorzuarbeiten.

Da Ew. Hochwohlgeboren den Wunsch geäußert haben, mit Arbeiten dieser Art sich zu beschäfftigen, und ich gern die Gelegenheit benutze, von Ihren ausgezeichneten Talenten und Kenntnißen Gebrauch zu machen, so setze ich voraus, daß es Ihnen genehm sein wird, den Auftrag anzunehmen, nach dem Muster des Ersten Anhanges, worin die Abänderungen und Ergänzungen des Allg. Land-Rechts verkürzt gesammelt sind, vom Jahre 1803. einen Anhang zu der Allgemeinen Gerichts Ordnung zu entwerfen und mir diesen Entwurf zur weiteren Verfügung vorzulegen.

Bey der Anfertigung des Anhangs zum Allg. Land-Recht ist, wie Sie aus dem sub petito remissionis beiliegenden Volumine actorum de 1804. ersehen werden, die Methode beobachtet, daß das Manuscript auf halb gebrochenen Bogen geschrieben und auf der einen Seite die Quelle und der kurze Inhalt derselben historisch allegirt, auf der andern Seite aber der eigentliche Entwurf in §§. gefaßt worden. Diese Methode ist auch bey dem Entwurfe des Anhangs zur A. G. O. zu beobachten.

Die nöthigen Hülfsmittel werden Sie aus meinem Bureau erhalten und zu einigem Leitfaden kann Ihnen das 4. Heft des 11. Bandes der allgemeinen juristischen Monatsschrift von Mathis dienen. Ich füge nur noch die Versicherung hinzu, daß ich Ihre Bemühung thätig dankbar erkennen und mich freuen werde, durch Ihre Hülfe ein gemeinnützliches Werk befördert zu haben".

Goßler nahm den Auftrag am 7. Januar 1814. dankbar an *).

Schon am 25. Februar 1814. reichte er den ersten Theil

*) In dem betreffenden Schreiben sagte er:

„Ew. Excellenz hochgefällige Zuschrift vom 6. d. M., worin Dieselben mir den Entwurf eines Anhanges zur Allgemeinen Preuß. Gerichts-Ordnung zu übertragen geruhen, hab' ich heut zu erhalten die Ehre gehabt. — Indem ich für den mir dadurch gewordenen Beweiß Ihres gnädigen Vertrauens ehrerbietigst dancke, versichre ich zugleich, daß ich mich jener Arbeit, unter genauer Berücksichtigung des mir ertheilten Leitfadens, unverzüglich unterziehen und mit Begierde jede sich mir darbietende Gelegenheit ergreifen werde, um mich Ewr. Excellenz hohen Wohlwollens werth zu machen".

des angefertigten Entwurfes *) ein, dem der zweite bald nachfolgte.

Seinem Entwurfe hatte Goßler Folgendes beigefügt:

„Errare humanum est.

Vorerinnerungen und Ueberblick
den Entwurf des Anhanges zur Allgemeinen Gerichts-Ordnung betreffend.

I.

Gegenstand und Inhalt des Entwurfs.

Der anliegende Entwurf eines Anhanges zur Allgemeinen Preußischen Gerichts Ordnung faßt alle seit ihrer Emanirung ergangenen Abänderungen, Declarationen und

---

*) Er begleitete denselben mit nachstehendem Schreiben: „Ew. Excellentz beehre ich mich — der unter'm 6. v. M. an mich ergangenen hochgefälligen Aufforderung gemäß — den Entwurf eines Anhanges zum ersten Theil der Allgemeinen Gerichts-Ordnung,

welcher die proceßualischen Vorschriften zum Gegenstand hat,

zu überreichen. — ich nehme dabei auf die demselben prämittirten Vorerinnerungen Bezug, welche einen kurtzen Ueberblick des Gantzen gewähren. —

Den zweiten Theil, welcher sich mit dem Verfahren in nicht streitigen Angelegenheiten beschäftigt, und für den prakischen Juristen von gleichem Intreße ist, werd' ich in wenigen Tagen nachfolgen laßen.

Ob aber Ew. Excellentz auch zum dritten Theil: „über die Pflichten der Justiz-Bedienten" einen ähnlichen Anhang zu erhalten wünschen, hierüber bin ich — wenn gleich die Materialien darzu bei mir bereit liegen — zweifelhaft und bitte um hochgeneigte Anweisung. In allem Fall wird er größtentheils nur kurtze Hinweisungen auf die den Präsidenten und Landes-Collegien ertheilten Instruktionen enthalten können, da die letzten zu dogmatisch sind, um sich auf bloße Bruchstücke reduciren zu laßen."

Zusätze in sich, in so weit sie noch gegenwärtig geltend sind, und den Gerichtshöfen zur Richtschnur des Verfahrens dienen können.

II.

Quellen der Materialien.

Die Quellen, woraus der Verfasser geschöpft hat, sind:

1) die Edictensammlung von 1790. bis 1806.
2) die Annalen der Gesetzgebung von Klein.
3) die Beiträge zur Kenntniß der Justiz-Verfassung und Litteratur von Stengel und Eisenberg.
4) das neue Archiv der Preußischen Gesetzgebung von Amelang.
5) die allgemeine juristische Monatsschrift von Matthis.
6) der Commentar zur Allgemeinen Gerichts Ordnung von Merkel.
7) das Repertorium von Hoffmann.
8) das Handbuch für Preußische Rechtsgelehrte von Paalzow.
9) die Gesetzsammlung vom Jahre 1811 — 1813.
10) die Jahrbücher für die Preußische Gesetzgebung von von Kamptz.
11) die General-Akten des Königlichen Justiz-Ministerii, enthaltend die Sammlung der Edicte und Rescripte de 1813.

III.

Hülfsmittel zur Controlle.

Zur speciellen Controlle bey der Zusammenstellung der Materialien haben dem Verfasser gedient:

1) Die Marginalien von Müntzer.

Sie enthalten mit ziemlicher Genauigkeit alle bis zum Jahre 1801. ergangenen Gesetze und Rescripte, welche die Gerichts Ordnung betreffen, jedoch ist manches mit darin aufgenommen, was zur Civil-Gesetzgebung gehört.

2) Acta des Königl. Justiz-Ministerii sub rubro: Bemerkungen über die Prozeß Ordnung.

Ihre Lectüre gewährt ein hohes Interesse; indeß gehen sie nur bis zum Jahre 1807., befassen auch nur den ersten Theil der Gerichts Ordnung und es sind mehrere wesentliche, schon damals bekannt gewordene Erläuterungen und Zusätze darin übergangen, weil man wahrscheinlich bey der Redaction einer neuen Auflage der Allgemeinen Gerichts-Ordnung keinen Gebrauch davon zu machen gedachte.

3) Die Allegate zur Allgemeinen Gerichts-Ordnung im IV. Heft des XI. Bandes der Juristischen Monatsschrift von Matthis.

Der Herausgeber dieser Allegate verdient zwar das Zeugniß einer großen Vollständigkeit; allein er bleibt für den praktischen Juristen ein sehr zweideutiges und zeitspieliges Hülfsmittel, indem er seine Allegate theils nicht immer zu den betreffenden Stellen der Gerichts-Ordnung hingestellt, theils ohne chronologische Ordnung durcheinander geworfen, theils endlich das, was nicht mehr geltend ist, auf eine überflüssige und unzweckmäßige Art mit aufgeführt hat.

IV.

Grundsätze der Bearbeitung.

Da die in den verschiedenen Sammlungen und Schriften enthaltenen Rescripte des Königl. Justiz-Ministerii unter öffentlicher Autorität zur Kenntniß des juristischen Publicums gebracht sind; so leidet es keinen Zweyfel, daß ihnen die Kraft einer verbindenden Norm für die Gerichtshöfe beigelegt werden kann. In Bezug auf das neue Archiv von Amelang, die Juristische Monatsschrift von Matthis und die Jahrbücher von v. Kamptz, sprechen dieß die Ministerial-Rescripte vom 19. Februar 1806., 3. November 1810., 11. May 1811. und 9. December 1813. ganz deutlich aus. Auch ist ein großer Theil derselben in der Edicten- und Gesetzsammlung selbst mit abgedruckt worden.

Nur diese Rescripte des Chefs der Justiz, so wie des Königl. Justiz-Departements, ingleichen die in der Edicten- und Gesetz-Sammlung enthaltenen Verordnungen und Declarationen sind bey dem Anhange zum Grunde gelegt, auf Entscheidungen der höheren Gerichte hat überall keine Rücksicht genommen werden können. Sodann aber ist alles

> was einzig und allein auf Local- und Provinzial-Verfassung Bezug hat; was ausschließlich zur Civil-Gesetzgebung gehört, was bloß auf transitorischen Verhältnissen beruht; so wie endlich, was keine eigentliche Erläuterung zweifelhafter, sondern ausdrückliche Bestätigung ganz klarer Stellen der Prozeß-Ordnung in sich faßt,

daraus hinweg gelassen worden.

V.

Folge-Ordnung der Materialien.

Der dem Verfasser ertheilte Auftrag war auf concentrirte Sammmlung der bisher bekannt gewordenen Erläuterungen, Zusätze und Abänderungen der Allgemeinen Gerichts-Ordnung gerichtet. Indem er diese bei den einzelnen Materien übertrug, war er die Ordnung dieser Materien zu folgen gezwungen. — Verbeßerungen, so in dieser Hinsicht gemacht werden könnten, müssen der künftigen Revision der Gerichts-Ordnung überlassen bleiben.

VI.

Verkürzte Fassung der Zusätze.

Bey der verkürzten Fassung der aufgenommenen Zusätze ist der Verfasser, um jedem Vorwurf eines verstellten Sinnes zu entgehen, den Worten der Rescripte und Circular-Verordnungen im Wesentlichen getreu geblieben.

Eine gedrängtere Kürze würde der Deutlichkeit geschadet und einen Mißklang im Zusammenhang mit den betreffenden Stellen der Gerichts-Ordnung hervorgebracht haben.

Schließlich wird auf die im Anhang gemachten Noten zu den einzelnen Materien Bezug genommen."

Nachdem der Goßlersche Entwurf eingereicht war, vermerkte Kircheisen Dieses zu den Akten:

„Anhang zur Gerichts-Ordnung.

Eine lange Erfahrung hat mich belehret, daß Gerichts-Ordnungen, als diejenige Verordnungen, welche bei der Justizpflege die mechanic leiten, am besten von denjenigen geprüfet und beurtheilet werden können, welche sich täglich und actualiter mit diesem mechanismus beschäfftigen. Diese wißen am besten, worann es lieget, und was geschehen muß, wenn die Mühle im Gange bleiben soll.

Aus diesem Gesichtspunkte würde ich den anliegenden Entwurf dem H. V. Pr. von Trütschler, K. G. R. K. und B. *) zum Gutachten zufertigen, dessen Vortrag alsdann der G. Rath Pfeiffer übernehmen würde."

Die demgemäß von Kircheisen selbst entworfenen Erlasse vom 26. Februar 1814. an die gedachten Beamten lauten wie folgt:

„Die bevorstehende Wieder Einführung der preußischen Justiz-Verfaßung in die zurück eroberten Provinzien, macht eine neue edition der Gerichts-Ordnung, welche vergriffen ist, nothwendig.

Der Chef der Justiz beabsichtiget, diese neue edition eben so, und mit einem besonders zu druckenden Anhange zu versehen, wie dies im Jahre 1803. mit dem Land-Rechte mit Nutzen bewirkt ist.

Für jetzt kommt es dabei nicht auf eine Abänderung oder Verbeßerung, sondern nur auf eine Ergänzung und Erläuterung der Gerichts-Ordnung an, so weit dieselbe schon durch die Rescripte des Justiz Departements bewirckt ist, welche in den bekannten privat Zeit-Schriften gesammlet sind.

In diesem Sinne und Gesichtspuncte ist der anliegende Entwurf **) ausgearbeitet, den Sie hierbei erhalten, um ihn bei Ihrer bekannten Erfahrung und Dienst-Eifer zu

*) Es ist nicht für angemessen erachtet, die Namen der nicht sonst schon ntlich bekannt gewordenen Bearbeiter anzugeben, insofern sie nicht bereits verstorben sind.

**) Der erste und zweite Theil des von Goßler'schen Entwurfes.

revidiren und des Baldigsten mit Ihren Erinnerungen wieder einzureichen."

Die erwähnten Kommissarien reichten ihre Erinnerungen gegen den Goßler'schen Entwurf sehr bald ein, und zwar

der Kammergerichts-Vice-Präsident von Trützschler am 6. April,

der Geheime Justiz- und Kammergerichts-Rath K.*) am 9. Juni,

---

*) Der Geheime Rath K. schickte seinen Erinnerungen Folgendes voran:

„Bemerkungen

zu dem Entwurfe eines Anhanges zur Allgemeinen Gerichts-Ordnung.

Im allgemeinen wiederhole ich meine in dem Schreiben an den Hrn. Präsidenten von Trützschler vom 12. d. Mts. gemachte Bemerkung, daß mehrere §§. des Entwurfs vielleicht kürzer und zweckmäßiger gefaßt werden können. Eben so ist es wünschenswerth, wenn die Schreibart von fremden Wörtern gereinigt wird, sobald ein deutscher gleichbedeutender Ausdruck ohne Zwang deren Stelle vertreten kann.

Vornemlich wird man aber bei der Faßung eines Gesetzes Sprachrichtigkeit verlangen. In dieser Hinsicht bin ich die in dem Entwurf enthaltenen Zusätze zum zweiten Titel genau durchgegangen, wobei mir folgende Stellen, welche ich nicht für sprachrichtig halte, aufgefallen sind.

Im §. 16. pag. 15. des Entwurfs heißt es:

„Uebertretung von Policei oder Finanz-Gesetze"

statt

Gesetzen.

pag. 16. §. 18.

„Die beurlaubten Unterofficiere ꝛc. bleiben ohne Ausnahme ꝛc. unter die Militair-Gerichte"

statt

unter den Militair-Gerichten.

pag. 25. §. 39.

„Rückgewehr" statt Rückgewähr.

pag. 25. §. 38 a.

„Ein Ehemann, welcher auf das seiner Ehefrau zugehörige Grundstück wohnt, kann auf den unmittelbaren Gerichtsstand unter das Obergericht keinen Anspruch machen"

statt

der Kammergerichts-Rath B. *) am 27. Juli 1814.

statt

auf dem seiner Ehefrau zugehörigen Grundstücke

und

unter dem Obergerichte.

pag. 27. § 42.

„Die Sponsalien und Ehesachen gehören vor denjenigen Gerichten"

statt

vor diejenigen Gerichte.

pag. 27. §. 43.

„Außer den hier bezeichneten Falle"

statt

Außer dem hier bezeichneten Falle."

*) Der Kammergerichts-Rath B. stellte folgende allgemeine Bemerkungen auf:

„1) ich habe mich nicht blos auf die Vollständigkeit der Extrakte eingelassen, sondern auch (wie meine Hr. Vorgänger gleichfalls) deren Zweckmäßigkeit und Nutzen freimüthig geprüft. Nicht jede Anfrage ist von dem Belehrung wünschenden Collegio gleich reiflich erwogen worden. Oft scheinen sie den Weg der Anfrage nur darum gewählt zu haben, um dem eigenen Nachdenken aus dem Wege zu gehen. Daher die Menge der Rescripte, die nichts weiter thun als die Ger. Ordn. bestätigen. Dergleichen Resc. gehören nicht in diesen Anhang. Andre Rescr. enthalten bloße Resolutionen, Dispensationen u. ähnliche Verfügungen für specielle Fälle u. für einzelne Suppl. Dergleichen Rescr. hat das Justiz-Minist. sehr oft gegeben, (und kann sie auch geben) ohne dadurch grade allgemeine gesetzliche Normen zu beabsichtigen. Auch diese Rescripte qualificiren sich nicht zur Aufnahme.

2) In Hinsicht der Faßung der einzelnen Zusätze habe ich bey einigen meine Meinung geäußert. Eine Bearbeitung aller lag nicht im Commissorio. Es versteht sich von selbst, daß die Sprache des Rescr. nicht die eines Gesetzes ist. In jenem wird raisonnirt und über die Motive der Bescheidung gesprochen, welches in diesem fortfallen muß. Viele Zusätze werden daher weit kürzer gefaßt werden können und ihre Umarbeitung wird immer viel Fleiß und Umsicht erfordern, damit sie in dem Texte selbst, hinter welchem sie in der neuen Ausgabe der G. O. gedruckt werden sollen, sich gehörig anschließen und nichts unnützes wiederholen. Daß Ausdrücke aus fremden Sprachen zu vermeiden, versteht sich von selbst, da schon die Gerichtsordnung selbst auf die Reinheit der Sprache viel Aufmerksamkeit verwandt hat.

3)

Dieselben wurden mittelst Erlaßes vom 2. August desselben Jahres Goßler'n zur Revision seines Entwurfes zugefertiget.

Am 24. August überreichte er die Beantwortung der

---

3) ich habe einigemale Gelegenheit genommen, auf Widersprüche zwischen dem Landrechte und der Gerichtsordnung aufmerksam zu machen und deren Vereinigung in Vorschlag zu bringen. Es sind nicht meine subjektiven Ansichten — denen ich wenig Werth beilege; — ich theile die Zweifel mit dem Cammergericht und anderen Colleg., bey denen ich früher stand, und dieß habe ich auch bei den einzelnen Monitis bemerkt.

Endlich wünsche ich

4) daß des Herrn Justiz-Ministers Excellenz sich aus dem großen Umfange der Abänderungen überzeugen möge, wie rathsam es ist, eine gänzliche Umarbeitung der Ger. Ordnung zu veranlaßen, ehe das Geschäfte noch immer schwieriger wird, als es itzt schon ist.

Zu dem dritten Theile der allgem. Ger. O. sind von Hrn. rc. Goßler gar keine Zusätze gemacht worden. Dieß muß wohl auf einer besonderen Anweisung des Hrn. Justiz-Ministers Excell. beruhen, denn an Materialien möchte es nicht fehlen, z. B.

über die Prüfung der Auscultatoren u. deren Qualification auf der Universität;

daß Räthe der Landes-Justiz-Collegien nicht Justiz-Commissarien werden sollen;

daß die Assessoren gegen die Vorschrift Th. 3. Tit. 3. §. 62. itzt ein Votum illimitatum haben;

die abgekürzte Ableistung der Diensteyde;

daß bei Notariatsurkunden die Zuziehung der Directoren des Not. Collegii in der Regel nicht erforderlich ist (Circ. Verord. vom 30. Dec. 1798.);

daß der Senior der Justiz-Commiss. nöthigenfalls in die Stelle des fehlenden Directoris treten kann

(Resc. v. 16. Oct. 1800. Stengel 13. 365.)

u. s. w.

Insbesondere scheint mir der Druckfehler Th. 3. Tit. 7. §. 64. sehr bemerkenswerth. Es ist nämlich statt des §. 54. der §. 51. allegirt worden.

cf. der durch das Rescr. v. 5. April c. dem Cammergericht abgeforderte gutachtliche Bericht v. 12. ejd.

Um nicht den erhaltenen Auftrag zu überschreiten, habe ich mich auf das Anführen dieser Beispiele beschränken zu müßen geglaubt."

erhobenen Monita und zugleich den Entwurf des Anhanges zum dritten Theile der Allgemeinen Gerichtsordnung.

Jene Beantwortung begann also:

„I. Die Herren Geheimen Räthe K. und B. glauben, daß mehrere §§. des Entwurfs vielleicht kürzer und zweckmäßiger gefaßt werden könnten. — ich nehme dießfalls auf die dem Entwurf prämittirte Vorerinnerung sub No. VI. Bezug, und hätte erwartet, daß die zur Revision des Anhangs niedergesetzte Commission sich damit durchgängig und ganz besonders beschäftiget haben würde. Sehr richtig bemerkt Herr B., daß dies hätte mit vieler Umsicht geschehen müßen.

II. Dieselben wünschen die Schreibart von fremden Wörtern gereinigt zu sehen, sobald ein deutscher gleichbedeutender Ausdruck an dessen Stelle treten kann.

ich könnte ihnen diesen Wunsch in Bezug auf ihre eigene monita und Zusätze erwiedern.

Wenn von Revision der Gerichts-Ordnung die Rede wäre, würde ich ihnen strenge beypflichten.

Für den vorliegenden Zweck halte ich die Schreibart, bey welcher ich größtentheils den Worten der allegirten Gesetze, Rescripte ꝛc. getreu geblieben bin, und auf die Fassung der noch nicht veralteten Gerichts-Ordnung gerücksichtigt habe, gereiniget genug.

Bey Abfassung von Gesetz-Büchern und Prozeß-Ordnungen — darf man hierunter die Aengstlichkeit nicht zu weit treiben, wenn man sich nicht einem unabsehbaren Wort Streit aussetzen, und in einen Abgrund von neuerungssüchtigen Subtilitäten gerathen will.

Ein neuer Flicken sticht überdem gegen ein altes Kleid

zu sehr ab, als daß man nicht eine etwas verblaßte Farbe vorziehen sollte.

III. Die von dem Herrn K. gerügten wenigen Schreibfehler haben in der Flüchtigkeit des Abschreibers ihren Grund, und sind bey dem Kollationiren der Reinschrift übersehen.

IV. Die Revisionsbemerkungen der Herren Monenten anlangend, so verbreiten sie sich theils über die Richtigkeit der von mir vorgeschlagenen Zusätze, theils sind darin neue Zusätze zum Anhange enthalten, theils liefern sie eine gegenseitige Critik über die von jedem Einzelnen aufgestellten Monita.

ich werde mich nach der Titel- und Paragraphen-Folge mit möglichster Kürze darüber äußern, und den Namen des resp. Herrn Monenten jedesmal dabey bemerken."

In Bezug auf den Entwurf des Anhangs zum dritten Theile der Allg. Gerichtsordnung bemerkte Goßler:

„So viel den von dem Herrn B. vermißten Anhang zum III. Theil der Allgemeinen Gerichts-Ordnung anbetrifft; so haben Sich Sr. Excellenz auf meine diesfällige Anfrage nicht gegen mich geäußert, und dies hat mich in der Meinung bestärkt, daß

da jener Theil hauptsächlich nur die Disciplin der Gerichte angeht, und in mehrern Stücken durch ausführliche zu einem bloßen Anhang sich nicht qualificirende Instructionen abgeändert und erweitert ist,

der mir gegebene Auftrag hierauf nicht mit gerichtet sey.

Ich füge indeß den vorläufigen Entwurf zum weiteren Gebrauche bey."

Mittelst Verfügung vom 24. August 1814. ordnete Kircheisen nun den Vortrag der Sache an, und zwar dahin:

„ich ersuche den H. G.R. Pfeiffer, nunmehro den Vortrag des beiliegenden Anhanges, in Gegenwart des H. G.R. S.

in extraordinairen Sessionen Donnerstages früh um 10. Uhr bei mir

zu übernehmen. H. von Goßler werde ich bei diesen conferenzen nicht zuziehen, um gantz vorurtheilsfrei zu beschließen.

Wie viel oder wenig in jeder conferenz vorgetragen wird, gilt mir gleich, wenn es nur bis zur Beendigung ununterbrochen geschiehet.

Willkührliche, von dem Herrn Ref. zum Ersparen des Schreibens zu wählende Zeichen können ad marginem bestimmen, ob es bei dem Entwurfe bleiben, oder ob die monita und welche, für erheblich geachtet sind. Nur wenn etwas Drittes concludiret wird, bedarf es einer wörtlichen Aufzeichnung, entweder ad marginem oder auf einem besonderen Bogen. Wird nur an der Faßung, Schreibart, oder an einer sich von selbst verstehenden Kleinigkeit moniret: so überlaße ich die Wahl und Entscheidung dem H. G.R. Pfeiffer, der den Entwurf gleich danach ohne Vortrag abändern kann.

Mit diesen Bezeichnungen und Bemerkungen gehet nach beendeten conferenzen das manuscript an den H. ꝛc. v. Goßler zur Umarbeitung und ins Reine schreiben zu laßen, zurück."

Zur Vorbereitung für diese Berathung entwarf der Geheime Rath Pfeiffer ein, jeden Punkt, wogegen Erinnerungen erhoben waren, umfassendes Votum unter der Ueberschrift:

Bemerkungen
zu dem Entwurf eines Anhangs zur Allg. Gerichts-Ordnung,

und ließ demselben nachträglich noch vier Vota zu einzelnen Paragraphen folgen. Demnächst fertigte der Geheime Rath S. ebenfalls ein Votum an, worin unter fortlaufenden Nummern von 1. bis 314. das ganze, so gewonnene Material zu dem Entwurfe begutachtet wurde.

Das leztgedachte Votum von S. diente zum Anhalte bei der mündlichen Berathung in den Konferenzen; zu jeder Nummer desselben ward an der Seite das Conclusum des Justiz-Ministers von Kircheisen kurz vermerkt und mit der korrespondirenden Nummer jenes Votums versehen.

Außerdem findet sich in den Akten ein nachträgliches Votum von S. vom 19. Dezember 1814., welches 44. Nummern enthält. Nach einer Randbemerkung am Schlusse desselben kann man die Vermuthung aufstellen, daß die Konferenzen zwar erst am 28. Dezember 1814. beendiget seyn mögen, der Entwurf aber zum Theil schon vorher nach den gefaßten Beschlüssen umgearbeitet worden sey. So viel ergiebt sich mit Gewißheit, daß Kircheisen am 17. Januar 1815. dem Staats-Ministerium das Manuskript des umgearbeiteten Anhanges Behufs der Vorlegung an den König überreicht hat.

Nur der Kriegs-Minister beantragte dabei eine Modifikation bezüglich der §§. 18. 167. und 233., welche auch erfolgte.

Demnächst ward am 23. Januar 1815. nachstehender Immediatbericht erstattet:

„Ew. Königliche Majestät haben auf meinen, des Justiz-Ministers, Antrag zu genehmigen geruhet, daß bei Gelegenheit der jetzt zu veranstaltenden neuen Auflage der allgemeinen Gerichtsordnung die darauf Bezug habenden neueren Vorschriften gesammelt, der neuen Edition eingeschaltet und zugleich als ein Anhang besonders bekannt gemacht werden.

Diesen Anhang, in welchem sich keine neue Vorschriften, sondern nur solche befinden, welche schon vorhanden, aber in den verschiedenen Sammlungen zerstreut sind, überreichen Ew. Königlichen Majestät wir nebst dem entworfenen Publikations-Patente zur Allerhöchsten Vollziehung des letzteren."

Die Vollziehung erfolgte zu Wien am 4. Februar 1815. Das

„Patent zur Publikation der neuen Auflage der Allgemeinen Gerichts-Ordnung für die Preußischen Staaten, und des Anhanges zur Allgemeinen Gerichts-Ordnung,"

lautet also:

„Wir Friedrich Wilhelm, von Gottes Gnaden König von Preußen ꝛc. ꝛc. Thun kund und fügen hierdurch Jedermann zu wissen:

Die Wiedereinführung Unserer Gesetze in die von Unserer Monarchie getrennt gewesenen, mit derselben wieder vereinigten Provinzen, hat nicht allein das Bedürfniß einer neuen Auflage der Allgemeinen Gerichts-Ordnung für die Preußischen Staaten herbeigeführt, sondern auch eine vollständige Publikation aller seit dem Jahre 1793. erfolgten Abänderungen, Ergänzungen und Erläuterungen der auf das Verfahren in Prozeßen und bei den Handlungen der freiwilligen Gerichtsbarkeit, so wie auf die allgemeine Verfassung der gerichtlichen Behörden Bezug habenden Vorschriften nöthig gemacht. Wir haben daher die Veranstaltung treffen lassen, daß jene Abänderungen, Ergänzungen und Erläuterungen verkürzt gesammelt, der neuen Auflage der Allgemeinen Gerichts-Ordnung, welche mit der frühern wörtlich übereinstimmt, gehörigen Orts eingeschaltet, und außerdem unter dem Titel: Anhang zur Allgemeinen Gerichts-Ordnung für die Preußischen Staaten, besonders gedruckt werden. Dieser neuen Auflage und dem angefertigten Anhange, geben Wir hierdurch Unsere allerhöchste Sanction, und wollen, daß die darin gesammelten neueren Vorschriften von Unseren sämmtlichen Gerichten, Behörden und Unterthanen auf das genaueste befolgt werden.

Urkundlich rc."

Am 13. Februar 1815. gelangte der Anhang nebst dem Publikations-Patente vollzogen an Kircheisen zurück, wobei der Staats-Kanzler Fürst von Hardenberg mittheilte, daß es für gut befunden sey, im Kontexte und bei dem Titel das vorgeschlagene Wort „Erster" (Anhang) wegzulassen.

Jetzt begann der Abdruck. Kircheisen vermerkte darüber eigenhändig zu den Akten:

„1) Daß H. K. G. R. Müller die Direction des Drucks bekommt, ist schon früher festgesetzt.

2) Der Anhang wird zuerst zu drucken seyn, damit er mit dem Patente bald möglichst emanire.

3) Alsdann sind wir auch desto sicherer, daß die Einschaltung des Anhangs in den Text desto sicherer erfolge.

4) wünschte ich, daß Hr. Reimer die Gerichts-Ordnung successive, so wie sie fertig wird, zum Verkauf ankündigte. Z. E.

T. 1—24. incl.

T. 25—46. incl.

T. 47—52. —
Th. II. und III.
Register.

So geschah es auch bei der Justiz-Reform von 1790., und jetzt ist der Mangel sehr groß. Der Preis richtet sich verhältnißmäßig nach der Bogen-Zahl."

Die Korrektur der ersten fünf Bogen übernahm Müller demzufolge allein, die der andern, je zu drei Bogen, die sämmtlichen Räthe des Justiz-Ministeriums.

Das Patent zu dem Anhange wurde übrigens auch den Redaktionen der Berliner Zeitungen und des Intelligenz-Blattes zur Veröffentlichung übersandt, und dahinter, mit der Unterschrift Kircheisen's und dem Datum vom 12. April 1815. versehen, beigefügt:

„Da der Anhang zur allgemeinen Gerichtsordnung, zum Besten der Justiz-Offizianten-Wittwen-Kasse verkauft wird: so erhalten die Königlichen Ober- und Untergerichte keine Exemplare desselben zugefertigt, sie werden aber hierdurch authorisirt, diesen Anhang, zum Gebrauche des Gerichtshofes, und für jedes stimmfähige Mitglied desselben anzuschaffen, und aus der Salarien-Kasse zu berichtigen. Der Verleger Reimer wird in den Provinzen die Veranstaltung treffen, daß das Gesetz bey den Pränumerations-Einsammlern auf die Jahrbücher zu haben seyn wird."

Dieses vorausgeschickt, soll nunmehr mitgetheilt werden:

I.

der Goßler'sche Entwurf des Anhanges zur Allgemeinen Gerichtsordnung nebst

1) den Erinnerungen
des Präsidenten von Trützschler,
des Geheimen Raths K.,
des Kammergerichts-Raths B.;
2) der Goßler'schen Beantwortung der Monita;
3) den Pfeiffer'schen und S.'schen Bemerkungen;
4) den Kircheisen'schen Beschlüssen.

Nach dieser Reihenfolge ist, durch die Abwechselung verschiedener Schriftarten noch mehr veranschaulicht, jedem einzelnen Paragraphen des Goßler'schen Entwurfes die im Konzepte neben demselben allegirte Quelle (vgl. oben S. 130.) mit kleiner Schrift voraufgeschickt;

demnächst folgt der Paragraph des Entwurfes selbst in vorliegender, deutscher;

ferner das Monitum des Präsidenten v. Trützschler, des Geh. Raths K., oder des Kammergerichts-Raths B. in lateinischer Schrift;

Goßler's Erwiderung in vorliegender, deutscher;

endlich das Votum der Geheimen Räthe Pfeiffer und S., so wie Kircheisen's Konklusum in lateinischer Schrift, überall unter jedesmaliger Hinzufügung der Buchstaben:

T. (Präsident von Trützschler.)
K. (Geheimer Rath K.)
B. (Kammergerichts-Rath B.)
G. (von Goßler.)
P. (Geheimer Rath Pfeiffer.)
S. (Geheimer Rath S.)
Concl. (Kircheisen's Konklusum.)

Nicht zu jedem Paragraphen sind indessen Erinnerungen oder Bemerkungen gemacht worden, und auch da, wo sich dergleichen finden, fehlt zuweilen der Beschluß.

Insofern hin und wieder von den Monenten neue Zusätze in Vorschlag gebracht sind, werden diese und die darauf bezüglichen weiteren Bemerkungen mit lateinischer Schrift unter der Ueberschrift „neuer Zusatz" eingeschaltet.

Bei den Anmerkungen ist jedesmal angedeutet, von wem sie herrühren.

Dieser ersten Abtheilung folgt:

II.

die Vergleichung des Anhanges zur Allg. Gerichtsordnung selbst mit dem Entwurfe, wobei in Betreff jedes einzelnen Paragraphen des gedruckten Anhanges die etwanige Abweichung von dem Entwurfe durch zweifache Anführungszeichen („„—"") hervorgehoben, außerdem aber in einer Parenthese diejenige Stelle bezeichnet ist, wo sich in der ersten Abtheilung die Quelle dafür findet.

Schließlich ist noch zu bemerken, daß nach einer Vergleichung des Manuskriptes zum Anhange der Allg. Gerichtsordnung mit dem Abdrucke vom Jahre 1815., beide an 17. verschiedenen Stellen, und zwar in den §§. 127. 167. 171. 179. 204. 233. 252. 319. 362. 397. 399. 401. 422. 426. 444. 454. und 470. des gedruckten Anhanges, mit einander nicht übereinstimmen. Dieser Verschiedenheiten wird in der zweiten Abtheilung bei den betreffenden Stellen gedacht werden.

Erste Abtheilung.

Entwurf

des

Anhanges

zur

Allgemeinen Gerichtsordnung

nebst

1) den Erinnerungen
   des Präsidenten von Trützschler,
   des Geheimen Raths K.,
   des Kammergerichts-Raths B.;
2) der Goßler'schen Beantwortung dieser Erinnerungen;
3) den Bemerkungen der Geh. Räthe Pfeiffer und S.;
4) den Beschlüßen des Justiz-Ministers von Kircheisen.

Entwurf
eines Anhanges
zur
Allgemeinen Preußischen Gerichts-Ordnung,
worinn
die bisher ergangenen Abänderungen
und
Ergänzungen
verkürzt gesammelt sind.

Erster Theil.

Prozeß-Ordnung.

1814.

Zu diesem, von Goßler vorgeschlagenen Titel ist Folgendes bemerkt worden:

K. Den Titel würde ich fassen:

Anhang
zur allgemeinen Gerichtsordnung, worin die bisher erfolgten Abänderungen und Ergänzungen derselben gesammelt sind.

Denn erfolgt scheint mir in dieser Verbindung richtiger als ergangen, und das im Entwurf hinzugefügte Wort verkürzt ist m. E. überflüssig, weil es sich bloss auf die Fassung bezieht, wovon der Titel nichts enthält.

G. Den Titel des Anhangs betreffend, so hatte ich solchen für meinen Entwurf zum Anhange gemacht.

Ob man sich bey dem künftigen Abdruck des Anhangs selbst statt des Wortes:

„ergangener Abänderungen",

welches ich, sobald diese Abänderungen auf Gesetze sich gründen, nicht für unpassend oder dem Sprachgebrauch zuwider achte, des Ausdrucks

„erfolgter"

bedienen, — und den Zusatz

„verkürzt"

hinweglassen will, ist mir gleich viel. Den letzteren Zusatz hielt ich für nöthig, damit niemand glaube, daß der Anhang durchgängig den ganzen Inhalt der Gesetze und Rescripte rc., wodurch er sein Daseyn erhalten hat, in sich fasse.

P. Der Verf. des Entwurfs hat den Titel des Anhangs zum A.L.R. zum Muster genommen und ist desshalb nicht zu tadeln. Um allen Streit über die Worte: ergangenen oder erfolgten und verkürzt zu heben, wird der Titel ganz kurz so zu fassen seyn:

Anhang zu der allgemeinen Gerichts-Ordnung für die Preussischen Staaten.

Das künftig noch zu entwerfende Publ. Patent wird aussagen, was darin enthalten ist.

S. 1. Den Titel würde ich umständlicher fassen, jedoch statt ergangen, erfolgt — und mit Weglassung des „verkürzt".

Concl. ad 1. nach dem Voto d. H. Geh. R. Pfeiffer.

S. Nachträgliches Votum.

1[a]. Zum leichteren Aufsuchen und Finden würde ich die Ueberschriften der Titel und die Rubriken oben auf der rechten Seite (wie in der G.O.) beibehalten. — Der Titel würde, wie beim L.R., „Erster Anhang"*) seyn.

9. Im Titel würde ich „Erster Anhang" — setzen, nach dem Muster des Ersten Anhanges zum Landrecht.

12. Die Ueberschriften der Titel aus der Gerichts-Ordnung können wegbleiben, wie im Anhang zum Landrecht geschehen ist.

---

*) Vgl. oben S. 145.

Zur Einleitung.

Rescript vom 4ten März 1799.
Stengel Bd. VII. S. 298.

§. 1.

ad §. 12. Gewöhnlich sind die Partheyen selbst am besten im Stande, dem Richter über ihre Angelegenheiten Auskunft zu ertheilen; sobald es daher zur Ausmittelung der Wahrheit unumgänglich erforderlich ist, können sie sich nicht entziehen, persönlich vor demselben zu erscheinen.

K. Da es die Absicht bei der neuen Auflage der A. G. O. ist, den Text derselben unverändert abdrucken zu lassen, so kann der in diesem §. enthaltene Zusatz nicht wie geschehen gefasst werden, weil sonst die Worte des §. 12. der Einleitung,

„Gewöhnlich sind die Partheien selbst am bess-
„ten im Stande, dem Richter über ihre Angele-
„genheiten Auskunft zu ertheilen"

zweimal vorkommen würden.

ich würde daher folgenden Zusatz vorschlagen:

ad §. 12. Ist es zur Ausmittelung der Wahrheit unumgänglich erforderlich, so sind die Partheien persönlich vor dem Richter zu erscheinen stets verpflichtet.

B. Die Bemerkung des Hrn. geh. Rath K. wegen unpassender Fassung dieses Zusatzes ist richtig; ich würde ihn dahin fassen:

„Auf das Erscheinen der Partheien in Person ist „nur dann zu dringen, wenn es zur Ausmittelung „der Wahrheit durchaus erforderlich ist. Sobald „dieser Hauptzweck nicht vereitelt wird, haben „die Partheien die Befugniss, sich durch zulässige „Bevollmächtigte vertreten zu lassen.“

G. Ich glaube von der Fassung dieses §. nicht abgehen zu können.

Der Anhang enthält Abänderungen und Zusätze. Wo die ersteren eintreten, hat man nicht nöthig, auf den früheren Grundtext Rücksicht zu nehmen, vielmehr kann man — dem künftig etwa zur Ausführung kommenden höheren Plan einer revidirten Gerichts-Ordnung sogleich vorarbeiten. (v. das an mich erlassene Schreiben des Herrn Justiz-Ministers vom 6ten Januar c.) *)

Nur die letzteren müßen in möglichstem Zusammenhange mit jenem Grundtext gesetzt werden. — Hier ist von einer wesentlichen Abänderung die Rede.

Die von dem Herrn K. vorgeschlagene Fassung würde sich für die Einleitung,

welche allgemeine Grundsätze aufstellt und sich ganz dogmatisch ausdrücken darf,

nicht passen, und bey dem von dem Herrn C. R. B. gemachten Vorschlage würde man in eine unangenehme Wiederholung ein und eben derselben Ausdrücke ad tit. 2. §. 1. gerathen.

P. Es ist nicht nöthig, über diese Fassung zu streiten. Hr. v. G. hat unten zu Tit. 3. §. 1. mit den nemlichen Worten das gesagt, was Hr. *B.* vorschlägt. Es ist gleichgültig, wo das Gesagte stehe. Nur braucht es nicht zweymal gesagt zu werden. Ich würde den §. 1. des Entwurfs streichen, und statt desselben nur remissive bemerken:

*) s. oben S. 129.

In welchen Fällen auf das Erscheinen der Partheyen in Person gedrungen werden soll, ist unten §. 52. des Anhangs bestimmt.

S. 2. Um den Anhang nicht mit einer Verweisung auf eine andere Vorschrift anzufangen, würde ich die Disposition ad §. 12. der Einl. nach der Fassung des Hrn. *B*. aufnehmen, und ad §. 52. auf selbige verweisen.

Concl. ad 2. approb.

Cirk. Verord. vom 30. Decbr. 1798. Sect. V.

§. 2.

ad §. 40. Der Zuziehung einer zweyten vereydeten Gerichtsperson zur Führung dieses Protocolls bedarf es in der Regel nicht. cf. tit. 10. §. 19. Th. I.

S. 3. Den §. 2. würde ich dahin fassen:

„Die Zuziehung einer zweiten vereideten Gerichtsperson zur Führung des Protokolls ist zur Gültigkeit der Verhandlung nicht erforderlich.“

Concl. ad 3. appr.

Zu Th. I. Tit. 1.

Von den Personen, welche vor Gericht klagen und belangt werden können.

K. Neuer Zusatz ad §. 2. Th. I. Tit. 1.

Der Herr Verfasser des Entwurfs bemerkt in der Note zum §. 59.:

die Auszeichnung der Fälle, in welchen keine Klage statt finde, gehöre nicht in die Processordnung, sondern in das Civil-Gesetzbuch.

ich bin nur insofern dieser Meinung, als die Zurückweisung der Klagen auf allgemeine Rechtsgründe beruht; die Fälle aber, wo nach besonderen Verordnungen, ohne Rücksicht auf den sonstigen Grund der Klage, die Einleitung derselben zum Process nicht statt finden soll, müssen m. E. in die Process-Ordnung aufgenommen werden

ich schlage daher folgenden Zusatz vor:

Th. I. Tit. 1. ad §. 2.

Gerichtliche Klagen finden vermöge besonderer Verordnungen nicht statt:

1) wider das Feld-Krieges-Commissariat und die dazu gehörigen Cassen, wegen Forderungen aus dem durch den Basler Frieden beendeten französischen Kriege *);
2) wider den Fiskus darüber, ob ein Deputat-Brennholz-Berechtigter das ihm zukommende Brennholz uneingeschränkt in Natur zu fordern berechtigt, oder die Hälfte in Torf oder in Gelde nach der Forsttaxe anzunehmen verpflichtet sey **);
3) über die Abtretung einer bäuerlichen Nahrung, sobald der Besitzer derselben sie einem andern abzutreten in einem in gesetzlicher Form rechtsbeständig abgeschlossenen Vertrage unwiderruflich versichert, und dadurch die Verabschiedung des Letzteren vom Kriegesdienst bewirkt hat ***);
4) wider die Person öffentlicher Beamten, aus den von ihnen Nahmens des Staats geschlos-

---

*) Rescr. v. 11. Febr. 1799. Stengel, B. 9. pag. 285.

**) Rescr. v. 3. October 1801. C. C. M. v. 1799. No. 42. Stengel, B. 14. pag. 201.

***) Rescr. v. 13. August 1801. N.A. Bd. 2. pag. 144. Deklaration v. 21. November 1801. Stengel, B. 15. pag. 94.

senen Contracten über Lieferungen von Armeebedürfnissen *).

Nur unter landesherrlicher Genehmigung findet ein Process statt:

wenn wüste Feldmarken unter dieser Genehmigung wieder angebaut und mit Unterthanen besetzt worden, wegen älterer Hütungs- oder anderer Ansprüche benachbarter Dorfschaften **).

Einige noch hierher gehörige Verordnungen habe ich weglassen zu müssen geglaubt. Diese sind

1) die in dem Rescript vom 18. July 1799. enthaltene Bestimmung:

dass kein Justiz-Collegium befugt sey, sich die Erörterung anzumassen, ob eine vom Landesherrn getroffene Verfügung in Ausübung zu bringen sey,

weil hierüber in den Gesetzen, besonders in der Verordnung wegen verbesserter Einrichtung der Provincial-Policey- und Finanz-Behörden vom 26sten December 1808. §. 35. sq., hinreichende Bestimmungen vorhanden sind;

2) die Cabinets-Order vom 19ten April 1813, betreffend die Verträge, welche die gesetzliche Gewerbefreiheit beschränken; weil die darin enthaltenen Bestimmungen auf allgemeine Rechtsgründe beruhen;

3) die Cabinets-Order vom 28. Juli 1813., wonach kein diesseitiger Unterthan von Untertha-

---

*) Cabinets-Order v. 26. Juli 1813. Gesetzsammlung v. Jahre 1813. pag. 101.

**) Cabinets-Order v. 14. Juli 1800.
Rescr. v. 4. August 1800. N. A. Bd. I. pag. 266.

nen des Herzogthums Warschau in rechtlichen Anspruch genommen werden darf, wenn derselbe die Forderung durch ihm zugehörige, in jener Provinz ausstehende Capitale sicher stellen kann, weil eine veränderte Verfassung des Herzogthums Warschau bevorzustehen scheint.

B. Hr. *K.* will ad §. 2. dieses Titels die Fälle aufnehmen, wo aus einzelnen Gesetzen und Bestimmungen keine Klage zugelassen werden soll. Hr. Gossler hat sie ausgelassen, weil sie in's Gesetzbuch gehören.

Dieser letzteren Meinung bin auch ich, um so mehr, als

ad 1) die Festsetzung wegen der Ansprüche aus der Rheincampagne blos temporair, mehr politisch als rechtlich ist. Seit 1799. ist eine Reihe von Jahren verflossen, und es dürften dergleichen Ansprüche überhaupt schwerlich noch existent und rechtlich zu begründen seyn. Ueberdiess spricht das Rescript und die Cab. Ordre nur von Ansprüchen auswärtiger Behörden, wonach eventualiter der Zusatz modifizirt werden müsste.

ad 2) ist m. E. eine blosse einstweilige Polizei Masregel, die durch den zeitigen Holzmangel nöthig geworden. Soll der Zusatz aufgenommen werden, so muss noch vor dem Worte, die Hälfte

„wenigstens"

eingeschaltet werden.

ad 4) ist eine Vorschrift, die der itzt glücklich beendigte Krieg und die dermalige Lage der Staats-Cassen hervorgebracht hat. Strenge genommen ist sie wohl nicht nothwendig gewesen, denn es versteht sich schon von selbst, dass ein Namens des Staats contrahirender Officiant sich selbst nicht verpflichtet;

ich würde daher diese projectirten Zusätze nicht aufnehmen.

G. Ich inhärire meiner ad tit. 5. §. 12. gemachten Bemerkung, und conformire mich den Gründen, welche der Herr C. G. R. B. zur Widerlegung des Herrn K. aufstellt.

P. Es fragt sich, ob die Fälle, in welchen gar keine Klage zuzulassen ist, aufgenommen werden sollen?

Hr. *K.* ist dafür, Hr. *B.* und Hr. v. G. sind dagegen.

Ich würde den Letztern um so mehr beystimmen, da es bedenklich ist, bey dem jetzigen Stande und Wechsel der Gesetzgebung und der Maximen der Finanz-Behörden, etwas Dauerndes festsetzen zu wollen. Die Erfahrung lehrt, wie weit die Neigung geht, die Justiz überall ausschliessen zu wollen, wo etwas Neues eingeführt werden soll und von dem gerichtl. Verfahren Hindernisse besorgt werden.

Beyspiele finden sich in dem Edict wegen des Mühlen-Zwanges vom 28. Oct. 1810. §. 4., in dem Gesetz wegen des Wasser-Staues bei Mühlen vom 15. Nov. 1811. §. 19., in dem Project einer Declaration des Edicts vom 14. Sept. 1811. §. 89., wegen der bäuerl. Verhältnisse u. s. w.

Der Hr. v. G. hat sich auf seine unten vorkommende Anmerkung zum Tit. 5. §. 12. bezogen, wo die Sache nochmals zur Sprache kommen wird.

S. 4. Wegen der Fälle, in welchen Klagen unzulässig sind, trete ich dem Hr. Geh. R. *P.* bei.

Concl. ad 4. appr.

K. Neuer Zusatz ad §. 18. Th. I. Tit. 1.

ad §. 18. muss ich mir folgende Bemerkung erlauben Es ist in diesem §. der Grundsatz aufgestellt,

> dass die Ehefrau selbst alsdann keines anderen Beistandes als ihres Ehemannes bedürfe, wenn sie mit solchem vor Gericht handle.

Dieser Grundsatz entsprach der Vorschrift des Gesetzbuchs Th. II. Tit. 1. §. 200. und 201. und war daher insofern ganz in der Ordnung. Als aber das Allgemeine Gesetzbuch noch einmal revidirt wurde und mit mehreren Veränderungen als das jetzige Allgemeine Landrecht publizirt wurde: so wurden jene Gesetzstellen ausdrücklich aufgehoben und disponirt:

> dass die Ehefrau allerdings einen selbstgewählten oder vom Richter ernannten Beistand haben müsse.

Erwägt man nun, dass das Publikations-Patent der Prozess-Ordnung vom 6. Juli 1793. ist (obgleich sie erst 1795. gedruckt wurde) und dass dagegen das Allgemeine Landrecht am 5. Februar 1794. publizirt worden, so hat es wohl kein Bedenken, dass die Disposition des Landrechts vorgehen muss, und dass es bei Herausgabe der Gerichts-Ordnung nur übersehen worden, diese Stelle derselben nach dem Allgemeinen Landrechte umzuarbeiten. Dass die Gerichts-Ordnung später als das Allgemeine Landrecht im Druck erschienen ist, kann dabei nichts ändern, da das Publikations-Patent derselben deutlich ergiebt, dass die Redaktion derselben in den Zeitraum zwischen der Publikation des Allgemeinen Gesetzbuches und der des Allgemeinen Landrechts fällt und dass sie vor den Veränderungen des Gesetzbuchs schon völlig fertig gewesen.*)

---

*) Vgl. die Juristische Wochenschrift, Jahrg. III. S. 277. u. folg.

Schon öfters sind beim Kammergericht über diese Materie Diskussionen vorgefallen und die Differenz ist auch besonders da, wo keine Geschlechts-Curatel obwaltet, vorzüglich interessant.

ich würde daher in Antrag bringen, bey diesem §. der Ger.-Ordnung entweder bloss auf die Disposition des Allg. L. R. Th. II. Tit. 1. §. 200. und 201. zurückzuweisen, oder den Zusatz selbst dahin fassen:

[In Fällen, wo nach §. 16. der Beitritt des Ehemannes nicht statt findet, bedarf die Ehefrau auch keines anderen Beistandes] *). Wenn die Ehefrau mit dem Ehemanne selbst gerichtlich verhandelt, ist die Zuziehung eines entweder selbst gewählten, oder vom Richter ernannten Beistandes erforderlich. Auch muss der Richter von Amtswegen dahin sehen, dass die Ehefrau bey solchen Verhandlungen nicht übereilt oder hintergangen werde.

G. Diesen Zusatz halte ich für unzulässig. Die Disposition des Allgemeinen Landrechts Th. II. Tit. 1. §. 200. enthält keine prozessualische Vorschrift, sondern bezieht sich, wie der Zusammenhang mit dem §. 199. ergiebt, nur auf Verträge, welche zwischen Eheleuten gerichtlich abgeschlossen werden, und sie dient blos dem Richter, welcher dergleichen Verhandlungen aufnimmt, zur besonderen Richtschnur.

(cf. Ger. Ordnung Th. II. Tit. 2. §. 25. und 26.)

Hier, wo — wie die Ueberschrift des Titels ergiebt — von den Personen, welche vor Gerichte klagen und belangt werden können, gesprochen wird, muß es daher bey der sehr deutlichen Bestimmung des §. 16. 18. und 24. sein Bewenden haben.

*) Am Rande hat P. bemerkt: „die eingeklammerte Stelle kann wegbleiben."

P. Ich halte den vom Hrn. ꝛc. *K.* vorgeschlagenen Zusatz für nöthig und zulässig. Das A. L. R. II. 1. §. 200. redet überhaupt von gerichtlichen Verhandlungen der Frau mit dem Manne und kann also nicht bloss von Verträgen verstanden werden. Dies steht mit der A. G. O. I. 1. §. 16—18. um so mehr in Widerspruch, da hiernach die Frau auch nicht einmal bey Verträgen, die sie mit dem Manne schliesst, eines Beystandes bedürfen würde.

In der von Hrn. *G.* dem Aeltern entworfenen Prozess-Ordnung Tit. 1. §. 19. ist die Zuziehung des Beystandes in beyden Fällen, die Frau mag mit dem Mann Processe führen oder Verträge schliessen, für nöthig geachtet. In der That ist auch nicht abzusehen, warum in dem einen Fall der Beystand nöthig und in dem andern unnöthig seyn soll. Wenn die Gesetzgebung Alles abschaffen will, was der Geschlechts-Curatel gleich oder ähnlich ist: so wird es in keinem Fall eines Beystandes bedürfen.

Zur Zeit hat aber die Gesetzgebung sich darüber noch nicht ausgesprochen und es muss daher bey dem von Hrn. *K.* vorgeschlagenen Zusatz bleiben.

S. 5. Die Bemerkungen von Suarez über die Abänderung, welche die §§. 200. 201. Tit. 1. Th. II. des Gesetzbuchs bei der Redaktion des Allgem. L. R. erlitten haben,

(Materialien des A. L. R. Bd. 88. S. 100vo.)

ergeben, dass damals nur an Verträge zwischen Mann und Frau, und nicht an prozessualische Verhandlungen gedacht worden. Gleichwohl ist die Antinomie zwischen dem A. L. R. und der Allg. Ger. O. ausser Zweifel, da auch der §. 16. Tit 1. Th. I. der Allg. G O. von Verträgen spricht. Auf prozessualische Verhandlungen passt der Grund der Vorschrift, nach welcher die Frau einen Beistand haben soll, nicht, und ich stimme nicht dafür, die Nothwendigkeit eines solchen Beistandes auf Prozesse zwischen Mann und Frau auszudehnen und dadurch solche, besonders die Ehescheidungsprocesse, noch weitläuftiger, kostbarer und gehässiger zu machen. Auch wenn in Processen Vergleiche geschlossen werden, wurde ich keinen Beistand für die Frau erfordern; hier kann der Richter sein nobile officium ausüben. Daher würde ich ad §. 18. Tit. 1. folgenden Zusatz machen:

Diese Vorschrift bezieht sich bloss auf processualische Verhandlungen und auf die bei dieser Gelegenheit zwischen dem Mann und der Frau geschlossenen Vergleiche. In Absicht der übrigen Verträge zwischen Eheleuten und der dabei erforderlichen Zuziehung eines Beistandes der letztern *) hat es bei der Verordnung des Allg. L. R. Th. II. Tit. 1. §. 200. sein Bewenden.

Nur bemerke ich, dass dieser Zusatz sich in keiner bisher ergangenen Verordnung gründet, sondern etwas ganz Neues enthält.

Concl. ad 5. approb.

Neuer Zusatz ad §. 34. Th. I. Tit. 1.

B. ad §. 34. würde ich auf den Grund der Circular-Verordnung vom 19. December 1799. §. IV. folgenden Zusatz machen:

Bei Prozessen, an welchen Dorfgemeinden Theil nehmen, muss die Genehmigung der Gutsherrschaft zur Anstellung der Klage und deren Beantwortung beigebracht werden, insofern nicht die Gutsherrschaft selbst als Gegner der Gemeinde dabei ein eigenes Interesse hat.

---

*) Soll heißen „Frau".

Desgleichen würde ich auf den Grund der Städteordnung §. 189. hinzufügen:

Stadtgemeinen bedürfen dagegen zu ihren Prozessen keiner Approbationsdecrete der Regierungen.

G. Der Herr Monent hat übersehen, daß sich dieser Zusatz am richtigeren Orte sub Tit. 3. §. 48. findet.

P. Die Process-Ordnung berührt die Frage,

in wiefern zu Processen moralischer Personen eine höhere Genehmigung erforderlich sey?

Herr ꝛc. *B.* schlägt vor, in einem Zusatz zu bestimmen,

in wiefern zu Prozessen der Stadt- und Dorfgemeinden eine solche Genehmigung erfordert werde?

Hr. v. *G.* ist damit einig, dass eine solche Bestimmung geschehen müsse; er hat sie nur an einen andern Ort verwiesen, nemlich zum §. 48. des 3ten Titels. Dahin passt sie aber nicht gut, weil daselbst nur von Vollmachten, insbesondere den Vollmachten der Vorsteher der Kirchen, Schulen u. s. w., nicht von Stadt- und Dorfgemeinen die Rede ist. ich halte daher das Monitum des Hrn. ꝛc. *B.* für richtig, würde aber die von dem Hrn. v. *G.* gewählte und dem von ihm allegirten (vom Hrn. ꝛc. *B.* übergangenen) Rescript vom 27. October 1809. ganz angemessene Fassung vorziehen, und also dahin stimmen,

dass der §. 57. des *v. G*... schen Entwurfs hieher zum §. 34. Tit. 1. versezt werde.

S. 6. Wegen der von moralischen Personen anzustellenden Processe trete ich dem Hrn. Geh. R. *P.* bei.

Concl. an 6. approb.

Zum Theil I. tit. 2. *)

Vom Gerichtsstande.

Rescr. vom 15. Decbr. 1800.
Stengel Bd. XII. S. 310.

§. 3.

ad §. 12. Ist eine solche Verabredung vorhanden und steht der Pächter nicht etwa schon aus andern Gründen unter dem Obergericht, so gilt jene Verabredung in Absicht aller Civil-Prozeße zwischen dem Verpächter und Pächter als ein Compromiß und das Ober-Gericht muß solche zu seiner Cognition ziehen.

Bey andern Klagen aber gegen den Pächter hängt es — einer Verabredung ohngeachtet — von dem Gutfinden des Obergericht's ab, ob es sich der Cognition unterziehen oder solche an das gewöhnliche forum des Pächters zurückweisen will.

K. ich würde diesen §. dahin fassen:

Ist die Ausnahme des Pächters von der Gerichtsbarkeit des Pachtgutes verabredet, so gilt diese Uebereinkunft zwischen dem Verpächter und dem für seine Person nicht unter dem Obergericht stehenden Pächter, in Civil-Processen, als ein Compromiss, und das Obergericht zieht solche zu

*) Anmerkung von K.: „Der Titel, vom Gerichtsstande, hat durch Aufhebung des besonderen Gerichtsstandes der französischen und Pfälzer Colonie, der Militair Personen, des fisci und der Ehesachen, so wesentliche Veränderungen erlitten, daß es scheint, es sey die Umarbeitung dieses Titels, mit Weglassung der nicht mehr geltenden Vorschriften, dem Unternehmen vorzuziehen, mit Beibehaltung des ursprünglichen Textes die geschehenen Abänderungen in einen Anhang zu bringen."

seiner Cognition. Dagegen hängt es einer Verabredung ungeachtet von dem Gutfinden des Obergerichts ab, ob es andere Klagen gegen den Pächter vor sich ziehen oder an das Gericht des Pachtgutes zurückweisen will.

B. ich würde die Fassung, die Hr. *K.* vorschlägt, annehmen. cf. übrigens meine Bemerkung zum §. 39.

G. Die Herren Monenten haben ihren Antrag durch nichts motivirt. ich bin den deutlichen Worten des in margine allegirten Declarations-Rescripts gefolgt.

P. Das Monitum der Herrn *K.* und *B.* ist nicht ganz unerheblich. Der §. 12. der Process-Ordnung redet von besondern Verabredungen wegen der Gerichtsbarkeit. Diese können von mancherley Art seyn. In dem Anhange kommt es nur auf den genau bestimmten Fall der Exemtion an. In dieser Hinsicht fehlt es der von Hrn. *v. G.* gewählten Fassung:

„Ist eine solche (was für eine?) Verabredung
„vorhanden etc."

an der Deutlichkeit. Ich würde vorschlagen, so zu sagen:

Ist in dem Pacht-Contract verabredet, dass der für seine Person, nicht schon aus andern Gründen unter dem Obergericht stehende Pächter von der Gerichtsbarkeit des Verpächters ausgenommen seyn soll; so gilt diese Verabredung in Absicht aller Civil-Processe u. s. w. (wie Hr. *v. G.* den Entwurf gefasst hat.)

S. 7. ad §. 3. des Entwurfs trete ich dem Voto des Hrn. Ref. ebenfalls bei.

Concl. ad 7. appr.

Rescript vom 27. Juny 1795.*)

§. 4.

ad §. 14. Wer jedoch länger als drey Jahr den Ort seiner Herkunft verlassen und weder ausdrücklich noch durch Handlungen die Absicht, dahin zurückzukehren, zu erkennen gegeben, übrigens aber wenigstens eben so lange an einem gewissen anderen Orte sich aufgehalten und Gewerbe getrieben hat, ist für einen Einwohner dieses letzteren zu halten.

S. 8. Den §. 4. des Entwurfs würde ich weglassen, weil ich die Vorschrift nicht für richtig halte.

Concl. ad 8. appr.

Neuer Zusatz ad §. 16. Th. I. Tit. 2.

B. In dem §. 16. d. Tit. ist die Regel aufgestellt, dass der durch den Wohnort begründete Gerichtsstand verändert werde, wenn Jemand diesen Ort gänzlich verlässt und anderswo seinen Wohnsitz aufschlägt.

Das Allg. L. R. hat von dieser Regel in einem speziellen Falle eine Ausnahme gemacht, nemlich in Betreff der Ansprüche einer Geschwängerten. Th. II. Tit. 1. §. 1099.

ich würde daher folgenden Zusatz vorschlagen:

Nur der Geschwängerten steht das Recht zu, wenn der Schwängerer seinen Wohnsitz verändert hat, ihre Klage in dessen vorigen Gerichtsstand anzustellen.

---

*) Hierzu hat B. ad marg. bemerkt: „Dieses R. habe ich nirgends finden können. Der Hr. Verfasser hat seine Quelle nicht allegirt." — und v. G. darunter gesetzt: „Siehe Auszug der neuen Gesetze herausgegeben bei der Pommerschen Regierung p. 149. No. 19."

Denn diese Disposition gehört ganz zur Pr. Ordnung und wird in dem Allg. Land Recht nicht leicht gesucht.

G. Dieser Zusatz ist durch die angeführte Gesetzstelle vollkommen gerechtfertigt, und ich habe gegen die vorgeschlagene Fassung nichts zu erinnern.

P. Der vom Hrn. 2c. *B.* vorgeschlagene Zusatz, womit Hr. *v. G.* einig, und welcher dem A. L. R. II. 1. §. 1099. gemäss ist, wird also aufzunehmen sein.

S. ad 9. ich halte den vom Hrn. 2c. *B.* in Vorschlag gebrachten Zusatz wegen des Fori der Schwängerer nicht für nöthig. Das Allg. L. R. ist darin ganz deutlich und man hat die Vorschrift deshalb hier aufgenommen, damit sie desto eher zur Kenntniss der dabei sehr interessirten Geschwängerten komme. Ohnehin ist es jetzt nicht die Absicht, zu prüfen, ob diese oder jene Vorschrift mehr in das L. R. oder in die Ger. Ordn. gehört. Diese Prüfung würde viele andere Versetzungen veranlassen.

Concl. ad 9. approb.

Rescr. v. 24sten July 1797. Edikten-Sammlung und Stengel V. 296. *)

Neuer Zusatz ad §. 18. Th. I. Tit. 2.

T. „Referendarien stehen, wenn sie auch noch minorenn oder unter väterlicher Gewalt sind, ohne Rücksicht auf den Gerichtsstand ihrer Herkunft, unter dem Foro, welchem andere Mitglieder und Subalternen des Gerichts unterworfen sind, insofern sie nicht vermöge ihrer Geburt oder aus einem andern speciellen Grunde unter ein anderes Forum gehören.“

---

*) In dem Orig. findet sich von fremder Hand die Zahl 302. beigesetzt.

K. ich würde diesen Zusatz, mit dem ich sonst einig bin, nachstehend fassen:

Referendarien, selbst minderjährige, wenn sie vermöge ihrer Geburt nicht unter dem Obergericht stehen, haben mit den Mitgliedern und Subalternen des Gerichts, bei welchem sie angestellt sind, gleichen Gerichtsstand.

Denn was in dieser Hinsicht von Minderjährigen gilt, muss auch auf Referendarien, welche unter väterlicher Gewalt stehen, Anwendung finden, und die Bestimmung „ohne Rücksicht auf den Gerichtsstand ihrer Herkunft" leidet bei Eximirten eine Ausnahme.

B. Mit dem Zusatz des Hrn. Pr. *v. T.* ad §. 18. bin ich unter der Modification, die Hr. ꝛc. *K.* vorschlägt, einverstanden.

G. ich kann mich von der Nothwendigkeit dieses Zusatzes nicht überzeugen. Denn der durch persönliche Eigenschaften begründete eximirte Gerichts=Stand schließt in der Regel bei Personal Klagen alle übrigen aus. Es kann mithin rücksichtlich des fori der Referendarien, wenn sie gleich noch minderjährig oder unter väterlicher Gewalt sind, gar kein Zweifel entstehen, da der §. 53. dieses Titels, in Verbindung mit dem ad §phum 104. Tit. 11. im Anhange von mir gemachten Zusatze ganz deutliche Bestimmungen enthält, welche zu keinen Ausnahmen von der Regel berechtigen können.

P. Der Hr. Pr. *v. T.* hat einen Zusatz wegen der Referendarien vorgeschlagen, welchem die Hrn. ꝛc. *B.* und *K.* mit einer Modification beystimmen. Hr. *v. G.* hält den Zusatz für unnöthig. Mir scheint der Zusatz wenigstens nützlich zu seyn, da doch einmal Zweifel darüber entstanden sind, und das Rescr. vom 24. Jul. 1797.

Edict. Samml. S. 1319.

doch wirklich Einiges enthält, was sich nicht von selbst versteht. Das Rescript enthält nemlich folgende Sätze:

Auscultatoren und Referendarien, welche bey einem Untergerichte angestellt sind, stehen unter der Gerichtsbarkeit dieses Untergerichts. *)

Ihre Minderjährigkeit ändert hierin nichts, wenn gleich sonst die Regel gilt, dass Minderjährige unter dem persönlichen Gerichts-Stande des Vaters bleiben und diesen Gerichtsstand nicht verändern können.

(A. L. R. II. 18. §. 56. 85.)

Es findet aber eine Ausnahme statt, wenn die bey Untergerichten angestellten Auscult. u. Referendarien, vermöge ihrer Geburt, oder aus einem andern besondern Grunde, eximirt sind.

Wie es mit den bey Obergerichten angestellten Referendarien zu halten sey, sagt das Rescript nicht. Der Sinn geht aber ohne Zweifel dahin, dass sie ebenfalls unter der Gerichtsbarkeit desjenigen Gerichts stehen, bey welchem sie angestellt sind. Nur die Ausnahme wegen der Exemtion passt alsdann nicht, weil jeder Eximirte eben so, wie die Obergerichts-Referendarien, schon unter dem Obergericht steht.

Ich würde also für den Zusatz stimmen, ihn jedoch nicht hier, sondern zum §. 53. h. t. der A. G. O., wo von Civil-Bedienten die Rede ist, aufnehmen und so fassen:

Auscultatoren und Referendarien stehen, wenn sie auch noch minderjährig, unter der Gerichts-

---

*) Nachträglich hat P. bemerkt: „Hier habe ich geirrt. Meine auf diesen Irrthum gegründete Vorschläge fallen weg. Vid. Votum d. Hrn. G. R. S."

barkeit desjenigen Gerichts, bey welchem sie angestellt sind, in persönlichen Sachen. Die bey einem Untergerichte angestellten Auscultatoren und Referendarien, welche wegen ihrer Geburt zu den Eximirten gehören, behalten jedoch, dieser Anstellung ungeachtet, ihren exîmirten Gerichtsstand.

S. 10. Der Zusatz wegen der Referendarien und Auscultatoren gehört m. E. ad §. 18. d. T., weil er eine Ausnahme von der hier vorgeschriebenen Regel in Absicht der Minderjährigen und unter väterlicher Gewalt Stehenden enthält. Ich würde ihn dahin fassen:

„Auscultatoren und Referendarien stehen, wenn sie auch noch minderjährig sind, oder sich unter der väterlichen Gewalt befinden, unter der Gerichtsbarkeit desjenigen Gerichts, welchem die Mitglieder der Behörde, bei welcher sie arbeiten, unterworfen sind. Die Vormünder und Väter müssen sich daher bei diesem Gericht auf die wider sie angestellten Klagen einlassen, wohingegen die Leitung der Vormundschaft bei dem bisherigen Gerichte verbleibt. Gehören solche Auscultatoren und Referendarien wegen ihrer Geburt oder aus anderen Gründen zu den Eximirten; so haben sie in allen Fällen ihren Gerichtsstand bei demjenigen Obergericht, in dessen Bezirk sie angestellt sind.“

Auf die letzte Clausel wird jetzt, wo alle städtische Gerichte Königl. Gerichte sind, deren Mitglieder unter dem Obergericht stehen, wenig ankommen. Nach der Fassung des Hrn. Geh. R. *P.* würde ein Stadtgerichts - Referendarius bei dem Stadtgericht Recht nehmen müssen, während alle übrige Mitglieder und Subalternen des Gerichts unter dem Kammergericht stehen.

Concl. ad 10. appr.

Resc. v. 13. Oct. 1804.
Neues Archiv III. p. 400.

Neuer Zusatz ad §. 28. Th. I. Tit. 2.

T. „Injurien-Klagen gegen Fremde gehören vor denselben Gerichtsstand, welchem Personen gleichen Standes hier unterworfen sind."

K. ich schlage folgende Fassung vor:

Injurienklagen gegen durchreisende Fremde gehören vor denselben Gerichtsstand, welchem Einländer gleichen Standes, an dem Orte, wo die Injurie vorgefallen, unterworfen sind.

B. Mit dem Zusatze des Hrn. Pr. *v. T.* ad §. 28. huj. Tit. bin ich nicht ganz einverstanden. Er sowohl als Hr. ꝛc. *K.* gehen aus dem Gesichtspunkte aus, als wäre es nöthig, die Gerichtsordnung darüber zu declariren,

wo ein Durchreisender Injurien wegen belangt werden müsse, ob bey dem Ober- oder Untergerichte.

Dies ist aber nicht der Fall, weil im §. 29. huj. Tit. der Grundsatz schon ganz allgemein aufgestellt und entschieden ist,

dass Durchreisende hieselbst den Gerichtsstand haben, dem hiesige Einwohner von gleichem Stande unterworfen sind.

Die Regierung zu Stettin war nur darüber zweifelhaft,

ob Injurien überhaupt gegen einen durchreisenden Fremden hier gerügt werden könnten,

und diese Frage wurde natürlich bejahend entschieden, da jede Injurie ein Vergehen ist, welches in foro delicti commissi gerügt werden kann. Soll daher dieser m. E. überflüssige Zusatz aufgenommen werden, so kann er nach meiner Meinung nur dahin zu stehen kommen:

Auch Injurien, die ein durchreisender Fremder begeht, begründen gegen ihn einen Gerichtsstand in hiesigen Landen.

G. Der Herr C. G. R. B. hat gründlich auseinandergesetzt, daß es dieses Zusatzes nicht bedarf. Diesem pflichte ich bey.

P. Der von dem Hrn. Pr. *v. T.* vorgeschlagene Zusatz wegen der Injurien-Klagen gegen Fremde ist nach der Meinung der Hrn. rc. *v. G.* und rc. *B.* unnöthig und dieser Meinung trete ich bey.

S. 11. Den Zusatz wegen der Injurienklagen gegen durchreisende Fremde halte ich nicht überflüssig. Es kann sehr wohl der Zweifel entstehen, ob nicht der Beleidiger in seinem auswärtigen Foro belangt werden müsse. Der §. 28. d. T. entscheidet diesen Zweifel nicht klar. Die Grundsätze vom foro del. comm. passen nur dann vollkommen, wenn die Injurie ex officio zu rügen ist. Ich würde daher den Zusatz nach der Fassung des Hrn. rc. *B.* aufnehmen.

Concl. ad 11. appr.

---

a) Städte-Ordnung vom 19ten Novbr. 1808.
Jurist. Mon. Schr. Bd. VII. S. 96.

b) Cabinets-Ordre vom 30ten Octbr. 1809.
Jurist. Mon. Schr. Bd. VIII. S. 533.
Cirk. Rescr. vom 8ten Januar 1810.
Jurist. Mon. Schr. Bd. IX. S. 115.

§. 5.

ad §. 30. seq. Der den Mitgliedern der französischen und Pfälzer-Colonie bisher bewilligte besondere Gerichtsstand findet nicht ferner statt, vielmehr werden selbige hierunter den übrigen Staatsbürgern gleich geachtet.

Edikt vom 11ten März 1812. §. 29. und 30.

§. 6.

ad §. 40. Die Juden, in so fern sie den Erfordernissen des Edikts vom 11ten März 1812. genügt haben, sind eben dem Gerichtsstande als die Christen unterworfen, und die Rabbiner und Juden-Aeltesten dürfen sich weder einer Gerichtsbarkeit noch einer vormundschaftlichen Einleitung und Direction über sie anmaßen.

T. Ich würde in den Zusatz die ausdrückliche Bestimmung des Gesetzes, unerachtet sie lokal ist, mit aufnehmen:

dass es in Berlin vorerst bey dem, den Juden angewiesenen besonderen Gerichtsstande verbleibt.

K. ich trete der Meinung des Hrn. Pr. v. Trützschler bei.

B. Die Stelle:

insofern sie (die Juden) den Erfordernissen des Edikts vom 11ten März 1812. genügt haben,

würde ich weglassen. Meines Erachtens haben die Juden sofort ihr Forum exemtum verloren, wenn sie auch noch keinen neuen Familien-Namen angenommen haben; obgleich es sich von selbst versteht, dass sie letzteres thun müssen.

G. Das monitum des Hrn. rc. B. halte ich nach näherer Erwägung gegründet. Zwar habe ich die dürren Worte des Gesetzes für mich.

(cf. §. 2. l. a.)

Wenn man indeß auch die Juden, welche dem Gesetz kein Genüge leisten, des Schutzes für verlustig erklären und sie als durchreisende Ausländer behandeln wollte, so würde dennoch die Vorschrift des §. 29. auf sie angewendet werden müssen.

ich setze übrigens dabey voraus, daß in der Instruction, welche die Polizey-Behörden über das gegen die ausländischen Juden zu beobachtende Verfahren erhalten haben,

cf. §. 36. l. a.

keine besondere Bestimmungen rücksichtlich des Gerichtsstandes enthalten sind.

Der Zusatz des Hrn. Pr. v. T. ist dem von mir angenommenen allgemeinen Grundsatze (sub Nr. IV. der Vorerinnerungen zum Anhange — s. oben S. 134.) entgegen.

Will man eine Ausnahme davon gestatten, so wird man sich zu vielen andern entschließen müssen.

Dagegen wird es gut seyn, bei der Publication des Anhanges jenen allgemeinen Grundsatz zur Kenntniß des Publicums zu bringen.

P. Das Monitum des Hrn. ꝛc. *B.* halte ich mit Hrn. *v. G.* für erheblich, und zwar aus dem Grunde, weil überhaupt keine jüdische Gerichte mehr existiren, und in der Regel zwischen Juden und Christen gar kein Unterschied statt findet. Die Worte des Entwurfs:

„insofern sie“ etc. bis: „genügt haben“

werden also zu streichen seyn. Nach dem Antrage des Hrn. Pr. *v. T.* würde noch beyzufügen seyn:

„In Berlin bleibt es vorerst bey dem den Juden „angewiesenen besonderen Gerichtsstand“.

Dieser Zusatz ist aber als eine transitorische und blosse Local-Bestimmung, nach der mir richtig scheinenden Bemerkung des Hrn. *v. G.*, wohl wegzulassen.

S. 12. Wegen der Juden accedo. Fassen würde ich den §. 6. dahin:

Die Juden haben mit den Christen einen gleichen Gerichtsstand.

Das übrige würde ich weglassen.

Concl. ad 12. Der Zusatz wegen der Juden soll ganz wegbleiben.

Cabinets-Ordre vom 17ten Juny 1806.
Jur. Mon. Schr. Bd. IX. S. 513.

§. 7.

ad §. 41. Diesen privilegirten Gerichtsstand behalten sie, wenn sie gleich in Kriegesdiensten stehen, auch in allen Gesinde-Sachen und zwar nicht allein, wenn einer ihrer Domestiquen selbst oder ein Dritter sie belangt, sondern auch, wenn sie ihre Domestiquen belangen.

In solchen Sachen, welche ein Immobile betreffen, sind sie aber in foro rei sitae Recht zu nehmen verbunden, ausgenommen, wenn der Gegenstand nach den feststehenden Grundsätzen zu den Hausausträgen geeignet ist.

T. Aus dem Zusatz 7. würde ich den meines Wissens ganz lokalen, und daher ausserhalb Berlin nicht verständlichen Punkt wegen der Gesinde-Sachen weglassen. Auf jeden Fall scheint mir nach der jetzigen Militair-Justiz-Verfassung der Beysatz:

wenn sie gleich in Kriegsdiensten stehen —

überflüssig.

K. ich würde bloss die Worte:

„wenn sie gleich in Kriegesdiensten stehen“

weglassen. Im übrigen ist die in diesem §. enthaltene Festsetzung m. E. nicht local, da sie ohne Rücksicht auf den Ort des Aufenthalts eines Prinzen vom Königl. Hause zur Anwendung kommt. ich würde diesen Zusatz daher mit aufnehmen, jedoch das Wort „Domestiquen“ in — Hausdienerschaft — verändern.

B. ich trete dem Hrn. *K.* bei.

G. Zu dem monito des Hrn. v. T.

a. wegen des Weglassens der Gesinde-Sachen bemerkt der Hr. K. sehr richtig, daß diese Bestimmung nicht lokal ist, mithin beibehalten werden muß. Wenn übrigens Hr. K. dem Ausdruck

„Domestiquen"

das Wort

„Hausdienerschaft"

substituiren will, so ist er seine Gründe darzu schuldig geblieben, und ich muß ihn an den Unterschied erinnern, welchen das Gesetz in dieser Hinsicht macht (cf. A. L. R. Th. II. Tit. 5. §. 1. seqq. und 177. seqq.).

b. Den Beisatz:

„wenn sie gleich in Militair-Diensten „stehen"

halte ich, der veränderten Militair-Verfassung ohngeachtet, für nothwendig, weil für die Criminal- und Injurien-Sachen der Militair-Gerichtsstand beybehalten ist, die Prinzen des Königl. Hauses aber demselben auch in diesen Fällen nicht unterworfen sind.

P. Die Monita der Hrn. *v. T.* und *rc. K.* werden nach der erheblichen Bemerkung des Hrn. *v. G.* wegfallen.

S. 13. Den §. 7. des Entwurfs würde ich ganz weglassen. Durch die Cab. O. v. 17. Jun. 1806. wurde der Zweifel gehoben, ob Prinzen, welche in Kriegsdiensten stehen, in Gesindesachen vor das Kammergericht oder das Militairgericht gehören. Dieser Zweifel fällt jetzt weg, nachdem die Civilmilitairgerichtsbarkeit aufgehoben worden. Vom Foro in Criminalsachen ist hier nicht die Rede und darüber in jener Cab. O. nichts bestimmt. Was das Forum reale betrifft, so wird dieses nach anderen Grundsätzen regulirt. Im §. 41. d. T. wird nur vom Foro personali gehandelt.

Concl. ad 13. appr.

Rescr. vom 12. Aprill 1799.
Stengel Bd. VIII. S. 388.

§. 8.*)

ad §. 43. Regierende deutsche Reichsfürsten und Stände sowohl geistliche als weltliche, desgleichen abgetheilte Fürsten aus den Häusern der regierenden weltlichen deutschen Reichsfürsten und Stände, wenn sie ihren beständigen Aufenthalt in hiesigen Landen nehmen, müssen sowohl in Rücksicht ihrer persönlichen als solcher dinglichen Rechtsverhältnisse, welche die in den preußischen Staaten belegenen Grundstücke und Sachen betreffen, das forum personale der hiesigen Gerichtshöfe anerkennen.

B. Den Zusatz §. 8. würde ich nicht ad §. 43. des Textes, sondern ad §. 42. fügen.

S. 14. Im §. 8. des Entwurfs würde ich statt „Forum personale" „die Gerichtsbarkeit" setzen, einmal, um den lateinischen Ausdruck zu vermeiden, und zweitens, weil in Absicht der dinglichen Rechtsverhältnisse kein Forum personale, sondern nur ein Forum reale eintritt. Qu.: ob die in diesem §. enthaltene Benennungen „deutsche Reichsfürsten, Stände" der zu erwartenden deutschen Verfassung gemäss seyn werden?

Concl. ad 14. appr.

Rescr. vom 9ten Novbr. 1801.
Stengel Bd. XV. S. 298.

§. 9.

ad §. 45. Eben dahin gehören auch alle Schullehrer, welche studiert haben und nach vorhergegangener Prüfung der

*) Die in diesem §. mit gesperrter Schrift gedruckten Worte hat G. in dem ursprünglichen Entwurfe ausgestrichen, ohne dessen in seiner Erwiderung der Monita zu gedenken; eben so ist die Zahl 43. durchstrichen und statt derselben von ihm die Zahl 42. gesetzt.

obern Behörden zum wissenschaftlichen Unterricht der Jugend bestellt worden sind. Jedoch bleibt es den Landes-Collegien überlassen, die Gerichtsbarkeit über solche Schulbediente nach Bewandniß der Umstände in einzelnen Fällen den Untergerichten zu delegiren.

S. 15. Den §. 9. würde ich also anfangen:

„Zu den Eximirten gehören u. s. w."

Denn es ist wohl nicht ganz richtig, wenn es heisst:

Zu den Landesjustiz Collegien der Provinz gehören auch.

Eher müsste es heissen:

„Vor dieses" oder „unter dieses" gehören.

Concl. ad 15. appr.

---

a) Cabinets-Ordre vom 19. July 1809.
b) Cirk.-Rescr. vom 21. Aug 1809.
c) Rescr. vom 7. Februar 1810.
Jur. Mon.-Schr. Bd. VIII. S. 325. und 600.

§. 10.

ad §. 48. seqq.*) Alle im wirklichem Militair-Dienste stehende Officiere vom höchstem bis zum unterstem Grade, ingleichen die Unterstabsbedienten und andere im Range ihnen gleich zu achtende Militair-Personen, ihre Frauen und Familien, haben in allen Angelegenheiten der bürgerlichen Gerichtsbarkeit, wohin folglich auch die Sponsalien, Ehescheidungs- und Alimentations-Prozesse unehelicher Kinder gehören, ihren persönlichen Gerichtsstand bey den Landes-Justiz-Collegien der Provinz.

---

*) Anmerkung von G.: „Ich bin bei der sehr schwierigen und verworrenen Materie von dem Gerichtsstande der Militairpersonen den Worten der ergangenen Rescripte und Declarationen getreu geblieben. — Eine scheinbare Antinomie wird sich bei sorgfältiger Vergleichung verlieren."

S. 16. Im §. 10. würde ich die Worte: „wohin folglich" bis „gehören" weglassen.

Concl. ad 16. appr.

Cabinets-Ordre v. 14. Aprill 1795.
Stengel Bd. II. S. 170.

§. 11.

Eben diesem Gerichtsstande sind auch die fremden Officiere, welche als Volontairs bei der Preußischen Armee Feldzüge thun und fremde Officiere eines Alliirten, die mit Königlicher Erlaubniß zur Preußischen Armee abgeordnet sind, nicht minder die Kriegsgefangenen Officiere unterworfen.

S. 1[b]. Nachträgliches Votum. Den §. 11. des Entw. würde ich weglassen. Es frägt sich, ob solche Officiere den hiesigen Gerichtsstand anerkennen müssen. In Absicht der Kriegsgefangenen hat es kein Bedenken. Die C. O. v. 14. Aprill 1795. bestimmt, unter Voraussetzung der damaligen Verfassung, dass diese Officiere und die Kriegsgef. nicht der Civilgerichtsbarkeit unterworfen seyn sollen. Sie sollten also wohl unter der Militairgerichtsbarkeit stehen. Jetzt, nachdem die Militärgerichtsbarkeit aufgehoben worden, könnte man zwar daraus folgern, dass nun auch die in der Cab. O. bezeichneten fremden Officiere dem Civilgerichtsstande in Civilsachen unterworfen seyen. Bestimmt festgesetzt ist aber dieses nirgends, es würde also darüber vorher mit dem Kriegsministerio und dem Ministerio der ausw. Angelegenheiten zu communiciren seyn. Dazu ist aber die Sache nicht wichtig genug, zumal die Fälle jetzt selten eintreten werden.

---

1. Cab.-Ordre vom 19. July 1809.
Jur. Mon.-Schr. Bd. VIII. S. 325.
2. Rescr. v. 15. Aprill 1799.
Stengel Bd. X. S. 396.
3. Cirkul. v. 29. May 1798.
Stengel Bd. VI. p. 361.

§. 12.

Pensionirte und auf Wartegeld gesetzte Officiere werden den im Dienst befindlichen gleich gesetzt.

S. 2. Nachträgliches Votum. Des §. 12. bedarf es nicht. Die Fassung des Vorhergehenden macht solchen überflüssig. Die Disposition, dass pensionirte oder auf Wartegeld gesetzte Officiere den im Dienst befindlichen gleich zu achten, hat nur in Absicht des noch fortdauernden Militär - Criminalgerichtsstandes einen Sinn, und damit würde ich solche in Verbindung setzen.

Cab.-Ordre v. 22. Maertz 1798.
Jur. Mon.-Schr. Bd. XI. S. 129.

§. 13.

Die Oberjäger bey dem Corps der reitenden Feldjäger haben den Gerichtsstand wirklicher Officiere.

S. 3. Nachträgliches Votum. Der §. 13. kann ebenfalls wegbleiben. Der §. 10. ist umfassend genug. Der Rang bei der Armee ist besonders bestimmt.

Cab.-Ordre v. 19. July 1809.
Jur. Mon.-Schr. Bd. VIII. p. 330.

§. 14.

Feldwebel, Wachtmeister, reitende Feldjäger, Feuerwerker, Portepee-Fähnriche, Unteroffiziere und Gemeine, Compagnie-

Chirurgen, Stallmeister, Küster, Fahnschmiede u. s. w. sind, insofern sie nicht wegen ihres Standes einen andern Gerichtsstand haben, der Gerichtsbarkeit der Untergerichte der Garnisonstadt untergeordnet.

Eine gleiche Bewandniß hat es mit ihren Frauen und Familien, wenn selbige in der Garnisonstadt sich aufgehalten; — wohnen sie aber anderwärts, so bleiben sie nach Vorschrift des Allg. Land-Rechts Th. II. tit. 10. §. 43. unter der Gerichtsbarkeit ihres Wohnorts.

Rescr. v. 28. Decbr. 1795.
Jur. Mon. Schr. Bd. I. S. 296.

Wenn sie sich vermiethen, oder wenn deren Kinder in die Lehre gehen, müssen sie den Gerichtsstand ihrer resp. Herrschaften und Meister anerkennen.

T. Ich würde die letzte Periode aus dem Zusatz 14. darum weglassen, weil diese Bestimmung schon im §. 97. enthalten ist.

K. ich trete dem Hrn. Pr. *v. T.* bei.

B. ich trete dem Hrn. Pr. *v. T.* bei.

G. ich habe den Zusatz sub §. 14. um deshalb ausdrücklich mit aufgenommen, weil in dem §pho 97. bloß von den Kindern der Unterofficiers und Soldaten gesprochen wird, in jenem Zusatz aber eine weitere Ausdehnung diesfalls enthalten ist.

P. Die Hrn. v. *T.*, *K.* und *B.* wollen die letzte Periode wegen der Soldaten-Weiber und Kinder weglassen, weil diese Bestimmung schon im §. 97. der Process-Ordnung enthalten sey. Dieser §. 97. spricht aber von Kindern, die auf ein Handwerk, oder in Herren-Dienste gegeben worden.

Ich würde es bey dem Entwurf lassen.

S. 17. Im §. 14. würde ich setzen:

Eine gleiche Bewandniss hat es mit den Frauen und Familien solcher Militairpersonen, wenn selbige in der Garnisonstadt sich aufhalten. Wohnen sie aber an einem anderen Ort, so u. s. w.

Den letzten Passum würde ich weglassen, weil nach aufgehobener Militairgerichtsbarkeit der Gerichtsstand des Gesindes oder Lehrlings, das zur Familie einer Militairperson gehört, nach allgemeinen Bestimmungen sich richtet, und dabei auf die Verwandtschaft mit einer Militairperson nichts ankommt.

Concl. ad 17. appr.

S. 4. Nachträgliches Votum. Im §. 14. würde ich die reitenden Feldjäger weglassen. Sie kommen in der Cab. O. v. 19. Juli 1809. nicht vor, und es ist am besten, sich an diese genau zu halten. Uebrigens haben die reitenden Feldjäger nach der Cab. O. v. 22. März 1798.

Jur. Monatsschr. Th. II. S. 129.

den Rang der Feldwebel.

Rescr. v. 7. Febr. 1810.
Jur. Mon.-Schr. Bd. VIII. S. 600.

§. 15.

Die auf Urlaub befindliche Soldaten behalten ihren Gerichtsstand vor dem Untergericht ihrer Garnisonstadt, insofern sie nicht an dem Orte, wo sie sich zur Zeit des Urlaubs aufhalten, Gewerbe treiben, oder andere Gründe vorhanden sind, diesen Ort als ihren Wohnort zu betrachten, in welchem letztern Falle die allgemeinen Grundsätze vom foro domicilii eintreten.

S. 18. Den Schluss des §.15. würde ich dahin fassen:

„in welchem Falle sie daselbst ihren persönlichen Gerichtsstand haben.“

Concl. ad 18. appr.

Cab.-Ordre v. 24. Septbr. 1812. No. 137. der Gesetzsamml.

§. 16.

Wenn von Bestrafung eines Officiers, Unterofficiers oder gemeinen Soldaten wegen Uebertretung von Polizey- oder Finanz-Gesetzen die Rede ist, und die Strafe bloß in Geldbuße und Confiscation der defraudirten Sachen bestehet, so gehört, falls sich der Angeschuldigte bey dem Resoluto der Regierung nicht beruhigen will, die Sache zur Cognition der Civilgerichte. (cf. tit. 35. §. 134.)

Hat sich ein Unterofficier oder gemeiner Soldat außer der Contravention oder Defraudation noch eines andern Vergehens schuldig gemacht; so gebühret die Untersuchung und Bestrafung desselben lediglich der Militair-Behörde.

Bei den Untersuchungen wider einen Unterofficier oder gemeinen Soldaten müssen die Civil-Gerichte, zur Erhaltung der Ordnung, einen von dem Kommandeur einer solchen Militair-Person commandirten Vorgesetzten des Denunciaten zuziehen.

Hinsichtlich der Unterstabs-Bedienten treten dieselben Vorschriften und das nemliche Verfahren, wie bey den Officieren ein.

B. Der Passus: „Bey der Untersuchung wider einen Unteroffizier u. s. w. bis zu ziehen“ scheint mir nicht hierher zu gehören, weil er die Form der Untersuchung und nicht den Gerichtsstand betrifft. Auf jeden Fall würde ich die Stelle „zur Erhaltung der Ordnung u. s. w.“ weglassen. Denn eines Theils gehören Motive nicht in's Gesetz, andern Theils klingt es sonderbar, dass eine commandirte Militairperson bey einem Civilgericht Ordnung erhalten oder herstellen soll.

G. Dieses monitum würde vollkommen gegründet seyn, wenn ich die Folge-Ordnung der Materien hätte ändern dürfen. Getrennt kann dieser §. unmöglich werden! Will man ihn hier nicht stehen lassen, so wird er seinen Platz am schicklichsten sub Tit. 35. post §phum 271. des Anhangs, finden können.

P. Hr. *B.* hat zwey Monita gemacht. Das erste betrifft den Ort, wo der Zusatz aufgenommen ist. Die Materie, die aus der C. O. vom 24. Septbr. 1812. genommen ist, kann aber nicht füglich getrennt werden. Das zweyte Monitum ist gegen den anstössigen Ausdruck: zur Erhaltung der Ordnung gerichtet. Die C. O. hat sich aber doch einmal so ausgedrückt. Die Absicht der Zuziehung eines Vorgesezten der Militair Person geht wohl nur dahin, diese Militair Person selbst, nicht das Gericht, in Ordnung zu halten.

Es wird meo Voto bey dem Entwurf bleiben können.

S. 19. Der §. 16. gehört in die Strafprozessordnung, woselbst ich das Nöthige aufnehmen würde.

Concl. ad 19. appr.

S. 5. Nachträgliches Votum. Conf. No. 19. des frühern Voti. In sô fern hier von dem Foro in Unt. S. wegen Uebertretung der Pol. und Fin. Gesetze die Rede ist, würde ich die Vorschriften aufnehmen, da die Materie von fiskal. Unt., zu welcher die vorhingedachten gehören, noch in der Ger. O. abgehandelt wird, also auch dasjenige aufzunehmen ist, was das Forum in solchen Sachen betrifft,

Hinterher ist noch von S. ad 40. des nachträglichen Votums bemerkt worden:

Der §. 16. ist zwar zur Straf Prozess Ordnung verwiesen worden, da indessen die Materie „von fiskalischen Untersuchungen“ vor der Hand noch stehen bleibt, so habe ich den Inhalt des §. 16, und zwar die Cab. O. v. 24. Sept. 1812., wörtlich hier, wo von den Untersuchungen wegen Kontraventionen und Defraudationen die Rede ist, aufgenommen.

Cab.-Ordre v. 19. July 1809.
Jur. Mon.-Schr. Bd. VIII. S. 329.

§. 17.

In Angelegenheiten der Criminal-Gerichtsbarkeit und in den Injurien-Sachen wird der Militair-Gerichtsstand rücksichtlich aller im Dienst befindlichen Officiere, Unterofficiere und Soldaten, desgleichen wirklichen Militairpersonen, die nicht Officiere, Unterofficiere und Soldaten sind, beibehalten.

Rescr. v. 18. Septbr. 1810.
Jur. Mon. Schr. Bd. IX. S. 340.

Sind sie nicht wirklich im Dienst angestellt, so gebührt die Gerichtsbarkeit auch in Injurien- und Criminal-Sachen den Civil-Gerichten und es ändert hierunter nichts, wenn sie gleich auch noch nicht förmlich verabschiedet worden.

Nur die Officiere bleiben auch in diesem Falle der Militairgerichtsbarkeit unterworfen, so lange sie nicht förmlich entlassen sind.

T. Bei dem Zusatz 17. in fine würde ich hinter den Worten nicht förmlich hinzusetzen: und zwar ohne Pension.

conf. die ausdrückliche Bestimmung der Cabinets Ordre sub 3, n, a.

K. ich trete dem Hr. Pr. *v.* *T.* bei.

G. Der §. 12. des Anhangs wird diesen Zusatz bey jedem aufmerksamen Leser zwar unnöthig machen. Da indeß die ganze Materie vom Militair-Gerichtsstande etwas verworren ist, so conformire ich mich, der mehrern Deutlichkeit wegen, dem gemachten Antrage.

P. Dem vom Hrn. *v.T.* gemachten und von Hrn. *v. G.* nachgegebenen Monito gemäss, wird zwischen die Worte:

förmlich — entlassen

zu setzen seyn:

und ohne Pension,

weil dies wirklich der Sinn der C. O. vom 19. July 1809. ist.

S. 20. ad §. 17. accedo. Jedoch würde ich hier bloss der Injuriensachen erwähnen, da dasjenige, was sich auf die Criminalgerichtsbarkeit beziehet, in die Criminal Ordnung gehört.

Concl. ad 20. appr.

S. 6. ad No. 20. Nachträgliches Votum. Aus dem oben angeführten Grunde kann die Disposition §. 17. nicht auf Injuriensachen eingeschränkt werden. Auch ad N. 21.

Verordnung v. 21. Februar 1811. N. 24. der Edikt.-Samml.

§. 18.

Die beurlaubten Unterofficiere und Soldaten des effectiven Standes bleiben ohne Ausnahme in Criminal- und Injurien-Sachen unter die Militair-Gerichte, und der Civil-Richter ist nur zu solchen Verfügungen befugt und verbunden, welche keinen Aufschub leiden.

Auch muß letzterer sich der Untersuchung unterziehen, wenn solche nach individueller Beschaffenheit des Verbrechens nur an

Ort und Stelle zu führen ist, oder wenn mehrere Personen des Civilstandes als Theilnehmer dabey concurriren. Jedoch gebührt auch in diesem Falle das Erkenntniß über die beurlaubten Militairpersonen nach beendigter Untersuchung den competenten Militair-Gerichten.

T. Dem Zusatz 18. würde ich noch beyfügen:

Wenn jedoch beurlaubte Unteroffiziere und Soldaten, in Treibung eines bürgerlichen Gewerbes oder sonst, eine Polizey Contravention begehen, worauf die Gesetze eine Geldstrafe verordnen, so ist von den Civil Gerichten oder Polizey-Behörden auf die gesetzliche Strafe zu erkennen und solche zu vollstrecken.

Da übrigens die Bestimmungen über die Kriminal Gerichtsbarkeit nicht in die Civil Prozess Ordnung gehören, so würde ich in den Zusätzen 17. 18. 19. überall nur der Injurien Sachen und Polizei Contraventionen erwähnen.

K. ich trete dem Hrn. Pr. *v. T.* bei.

B. ich trete dem Hrn. Pr. bey.

G. Der hier verlangte Zusatz ist im §pho 15., so wie im folgenden §pho 19. implicite enthalten.

Es wird übrigens kein Bedenken haben, die Bestimmungen des §. 17. 18. und 19. auf Injurien-Sachen und Polizey-Contraventionen zu beschränken.

P. Die von Hrn. *v. T.* vorgeschlagenen Zusätze scheinen nicht nothwendig zu seyn, weil sie theils im §. 15. u. 19. des Entw. schon liegen, und theils die Berührung der Criminal Sachen in der Civil Process Ordnung durch den Zusammenhang der Materie gerechtfertigt wird, auch die Beschränkung der §. 17. bis 19. auf Injurien und Polizey Contraventions Sachen leicht auf die Vermuthung einer bezweckten

Aenderung der Gesetze führen könnte. Es wird bey dem Entw. bleiben.

S. 21. ad §. 18—20. würde ich vorziehen, alles was sich auf Untersuchung und Bestrafung beziehet, zur Criminal Ordnung zu verweisen, in deren neuerem Entwurf solches auch aufgenommen ist. Des Fori in Injuriensachen wird aber allerdings zu erwähnen seyn.*)

Concl. ad 21. appr.

---

§. 19.

Die inactiven den Regiments-Cantons zugetheilten Soldaten, oder die sogenannten mit Laufpässen versehenen Krümper sind in allen gemeinen, den Dienst nicht betreffenden Vergehungen, so wie in Injurien-Sachen, worauf die Gesetze eine Gefängnißstrafe bis zu 14 Tagen oder eine Geldstrafe bis zu 10 Thlr. bestimmen, den Civil-Gerichten ihres Aufenthalts-Ortes unterworfen.

Die Verfügung auf die Milderungs-Gesuche gegen die von den Gerichten ausgesprochenen Urtheile, verbleibt dem Landes-Collegio der Provinz, und haben sich beyde hierunter, so wie wegen Vollziehung der Strafe nach der Verordnung vom 21. Februar 1811. zu achten.

B. Was hier von der Behandlung des Milderungsgesuchs und von der Criminalgerichtsbarkeit gesagt wird, gehört eigentlich nicht hierher. Indess sind es verwandte Materien, die hier wohl passiren können.

S. 7. Nachträgliches Votum. Im §. 19. werden, einer neuen Verordnung des Justizmin. und des Kriegsmin. zufolge, auch die auf unbestimmte Zeit beur-

---

*) Vgl. das nachträgliche Votum von S. zum §. 17., S. 187.

laubten Unterofficiere und Soldaten von der Landwehr aufzunehmen seyn.

Cab.-Ordre vom 19. July 1809.

§. 20.

Die Ehefrauen, Familien, das Gesinde und die Angehörigen der Officiere, Unterofficiere, Soldaten und Militairpersonen haben auch in Criminal- und Injurien-Sachen den Militairgerichtsstand nicht.

B. Den Zusatz §. 20. würde ich dahin fassen:

Die Ehefrauen etc. — stehen auch in Criminal- und Injuriensachen unter den gewöhlichen Civilgerichten.

G. ich habe diesen §. als Gegensatz des §. 17. geschehenermaßen gefaßt. — Salvo meliori!

P. Hr. ꝛc. *B.* will die Fassung ändern. Der Entwurf stimmt aber wörtlich mit der C. O. v. 19. July 1809. überein. Dabey kann es bleiben.

Rescr. v. 19. Dcbr. 1812.
Jahrbuch von Kamptz H. II. p. 282.

§. 20. a.

Die in Absicht des Fori der Militairpersonen ertheilten Vorschriften finden auch auf die Gensd'armerie Anwendung.

Rescr. v. 5. Aug. 1802.
Neues Archiv Bd. II. S. 453.

§. 21.

ad §. 53. Ein nach den Vorschriften des Allgemeinen Landrechts Th. II. tit. 17. §. 76—79. bestellter und in seinem Gerichtsbezirk auf dem Lande lebender Justitiarius ist den unmittelbar in Diensten des Staats sich befindenden Beamten gleich zu achten, ihm daher der Vorzug des privilegirten Gerichtsstandes beizulegen, und er in seinen und seiner Familie persönlichen Verhältnissen nicht nach den Gesetzen seines Wohnorts, sondern nach den Rechten der Eximirten zu beurtheilen.

B. In dem Zusatz §. 21 ist aus dem Rescripte hoc loco eigentlich zu viel extrahirt. Dass der Justitiar nicht nach den Gesetzen des Wohnorts, sondern nach den Rechten der Eximirten beurteilt werden soll, gehört nicht hierher, wo blos vom Gerichtsstande die Rede ist. Strenge genommen würde dieser Zusatz daher kürzer gefasst werden müssen.

G. Ich nehme auf meine allgemeine Vorerinnerungen zum Anhange sub Nr. VI. (s. oben S. 135.) Bezug, habe jedoch nichts dagegen, daß dieser §. mit den Worten

„gleich zu achten"

sich schließt und solchergestalt dem Wunsche des Herrn Monenten gemäß abgekürzt wird.

P. Das Monitum des Hrn. *B.* ist erheblich, und werden daher die Schlussworte:

„und er in seinen und seiner Familie u. s. w. bis: zu beurtheilen"

zu streichen seyn.

S. 22. accedo.

Concl. ad 22. appr.

Cab.-Ordre v. 14. Aprill 1795.
Stengel Bd. II. S. 169.

§. 22.

ad §. 59. Fremde durchreisende oder Zeitaufenthalt nehmende Militairpersonen, sie seyen wirklich im Dienst, oder haben nur einen Titel, stehen allemal unter dem Oberlandes-Gerichte der Provinz.

B. Der Zusatz §. 22. scheint mir überflüssig, da im §. 60. dieses Titels schon dasselbe in einer allgemein aufgestellten Regel gesagt ist. Eventualiter würde ich den Zusatz zu diesem §. 60 rangiren.

G. Der von mir gemachte Zusatz wird bleiben müssen, weil hier ganz speciell von auswärtigen Militairpersonen gesprochen wird, und diese ohne Ausnahme der Gegenstände nur bey dem Oberlandes-Gericht sollen belangt werden können.

Uebrigens gehört dieser Zusatz, wie Hr. *B.* ganz richtig bemerkt, ad §. 60. und es liegt dabey ein Versehen des Abschreibers zum Grunde.

P. Hr. ꝛc. *B.* monirt zweyerlei: 1) dass der Zusatz überflüssig; 2) dass er eventualiter zum §. 60. gehöre. ad 1) würde ich den Zusatz um so mehr weglassen, da die Veranlassung zu der alleg. C. O. vom 14. April 1795., welche nicht einmal in der Edict. Samml., sondern nur in Stengel's Beytr. II. 169. steht, nemlich der Zweifel, ob fremde Militairs unter der Militair- oder Civilgerichtsbarkeit sich befinden, jezt nicht mehr statt findet. ad 2) ist das Monitum richtig, hebt sich aber von selbst, wenn der Zusatz gestrichen wird.

S. 23. accedo.

Concl. ad 23. appr.

S. 8. ad No. 23. Nachträgliches Votum. — Der §. 22. muss in so fern stehen bleiben, als von Untersuchungs- und Injuriensachen die Rede ist. Denn hier könnte immer gefragt werden, ob fremde Militärpersonen nicht der Militärgerichtsbarkeit unterworfen sind. Ich würde jedoch den Zusatz mit dem Hrn. *B.* ad §. 60. T. 2. machen.

1) Declarat. v. 24. Septbr. 1798. No. 73.
2) Allgem. Land Recht, Einleitung §. 38.
Anhang zum Landrecht §. 1.*)

§. 23.

ad §. 69. Es liegt mithin einem jeden, der mit dergleichen Personen Geschäfte machen will, ob, sich über jene Bedingungen gehörigen Orts belehren zu lassen.

B. Den Zusatz §. 23. würde ich gleichfalls weglassen. Er enthält nichts weiter als einen guten Rath oder eine Belehrung des Publici, welcher aber schon aus der gesetzlichen Disposition von selbst folgt.

G. accedo, obgleich das in der Edikten-Sammlung abgedruckte Declarations-Rescript diesen guten Rath enthält, und er für das Publicum wohlthätig seyn dürfte.

P. Fällt nach dem Monito des Hrn. ꝛc. *B.* und mit Zustimmung des Hrn. v. *G.* weg.

S. 24. accedo.

Concl. ad 24. appr.

---

1) Rescr. v. 27. Aprill 1796. No. 40. Edict. Samml.
2) Reglem. v. 18. Septbr. 1796.
Art. V. Litt. c. Edikt. Samml. No. 97.

§. 24.

ad §. 71. Die Preußischen Consuls und Vice-Consuls müssen in der Regel in ihren kaufmännischen und anderen bürgerlichen Angelegenheiten die gewöhnliche Gerichtsbarkeit ihres Wohnorts, zu welcher sie vermöge ihrer sonstigen persönlichen Eigenschaften gehören, anerkennen.

S. 25. ich glaube nicht, dass dieser §., worin eine fremde Gerichtsbarkeit anerkannt wird, hierher gehört.

Concl. ad 25. appr.

---

*) Die letzte Stelle hat P. noch hinzugefügt.

Rescr. v. 14. Aprill 1806. No. 44.

§. 25.

ad §. 73. Die bey dem Collegio medico angestellten Assessores pharmaciae et chirurgiae haben den privilegirten Gerichtsstand der Eximirten.

T. Ich würde dem Zusatz 25. noch beyfügen:

desgleichen die Inspectores, Commissarien und Controlleurs in den Land-Armen und Invalidenhäusern.

(Rescr. v. 20. August 1798.
Stengel VII. p. 135.)

K. ich trete dem Hrn. Pr. *v. T.* bei.

B. ich trete dem Hrn. Pr. *v. T.* bey.

G. accedo.

P. Nach dem Monito des Hrn. Pr. *v. T.*, welches Hr. *v. G.* nachgiebt, ist beyzufügen:

„ingleichen die Inspectores, Commissarii und
„Controlleurs in den Land-Armen und Invaliden
„häusern".

S. 26. Ein collegium medicum giebt es nicht mehr, und ich würde den Zusatz weglassen; dagegen den Zusatz des Hrn. *v. T.* aufnehmen.

Concl. ad 26. appr.

Verordn. v. 28. Dezember 1810.
Gesetz Sammlung No. 18.

Neuer Zusatz ad §. 75. 76. Th. I. Tit. 2.

T. Die akademische Gerichtsbarkeit findet in ihrem bisherigen Umfange nicht mehr statt, sondern beschränkt sich auf

1) die ausgedehnte Disciplin und Polizey Gewalt in allen rein akademischen Sachen, die sich auf den Stand und Beruf des Studirenden

und dessen Verhältniss gegen die Obern und Lehrer der Universität beziehen.

2) Schuldklagen gegen Studenten.
3) Injuriensachen der Studenten unter sich.
4) Duelle mit Studenten, insofern dabey weder Tödtung noch Verstümmelung, noch bedeutende Verwundung vorgefallen ist.
5) Geringere Vergehungen der Studenten überhaupt, d. h. solche, denen das Gesetz nur ein vierwöchentliches Gefängniss oder eine noch geringere Strafe androhet.
6) Schadens Ersatz und Erstattung fremden Eigenthums, welches bey Gelegenheit dieser geringen Vergehungen in Anspruch genommen wird.

Ausserdem haben die Studirenden ohne Unterschied ihrer Herkunft einen eximirten Gerichtsstand bey dem Ober-Landesgericht der Provintz, in welcher die Universität liegt.

Die Rektoren, Professoren, Privat - Docenten, Syndici und Sekretairs der Universitäten haben den Gerichtsstand königlicher Staatsbeamten.

Alle andre Universitäts Verwandte, selbst Hofmeister und Bediente der Studierenden stehen unter denjenigen Gerichten, denen andre Bürger ihres Ranges oder Standes nach der Regel zugewiesen sind.

Wenn jemand, der nicht zur Universität gehört, gegen einen Studenten wegen Injurien klagen will, so muss er zuvor die akademische Obrigkeit angehen. Wenn von dieser die Sache nicht verglichen oder nicht zur Zufriedenheit des Klägers entschieden wird, so steht diesem frey, den ordentlichen Rechtsweg einzuschlagen, ohne dass er eine Instantz verlohren hat, und die Entscheidung der Universitäts Obrigkeit hat nur die Kraft eines Resoluts.

Der Kläger muss jedoch seine Unzufriedenheit mit dem akademischen Spruche innerhalb acht Tagen nach dessen Publikation bey Verlust seines ferneren Klagerechts dem Rektor schriftlich anzeigen.

Wird jedoch ein Studierender vom Ober-Landesgericht wegen Injurien oder eines andern gemeinen Vergehens zu einer nicht höheren, als 4wöchentlichen Gefangnissstrafe verurtheilt, so ist die Vollstreckung derselben auf dem Carcer dem akademischen Senat zu überlassen.

Rescr. vom 9. Januar 1813.
General Akten des Kammergerichts.

In den ad 5. und 6. benannten Sachen geht die Appellation von den Entscheidungen der Universität, an das Ober-Landesgericht der Provintz. In blossen Disziplinarsachen hat aber gar keine Appellation, sondern nur der Weg einer simplen Beschwerde an die den Landes Universitäten vorgesetzte Abtheilung im Ministerio des Innern statt, wenn auf Relegation oder Consilium abeundi erkannt ist.

K. Den Inhalt der Verordnung v. 28. Dec. 1810. würde ich in den Anhang nicht wörtlich aufnehmen, sondern bei diesem bloss beziehungsweise hinzufügen:

S. Verordnung vom 28. Dezember 1810.
Gesetz-Samml. No. 186.

Denn die Gesetz Sammlung ist in aller Juztiz-Bedienten Händen, und insofern sie nicht bloss einzelne Deklarationen, sondern vollständige Verordnungen enthält, wird es hinreichen, bloss darauf zurückzuweisen. Der Anhang beabsichtigt ohnehin hauptsächlich nur, die in Rescripten des Justiz Ministerii enthaltenen und in verschiedenen Sammlungen oder General Akten zerstreuten Erläuterungen der A. G. O. zu sammeln.

Der Inhalt des hierbei allegirten Rescripts v. 9. Januar 1813. scheint mir, da derselbe die Vollstreckung einer Strafe betrifft, schicklicher in der Criminal-Ordnung Platz zu finden.

B. In Betreff des Zusatzes des Hrn. Pr. ad §. 75. und 76. würde ich dem Hrn. ꝛc. *K.* beitreten und blos auf die Verordnung hinweisen.

Was aus dem Rescr. v. 9. Jan. pr. extrahirt ist, gehört wohl nicht zu diesem Titel, und eben diess gilt auch, was in der darauf folgenden Stelle vom Instanzenzuge gesagt wird.

G. Ich bin der Meinung, daß dieser Zusatz bis zu den Worten:

„zugewiesen sind“

aufgenommen werden könne und müsse, da er die allegirten §§. wesentlich abändert, und ganz eigentlich in die Materie vom Gerichtsstande gehört.

Jedoch würde ich demohngeachtet am Schlusse desselben auf die Verordnung vom 28. Decbr. 1810. verweisen.

P. Der Hr. Präs. *v. T.* will hier den Inhalt des Regl. vom 26. Dcbr. 1810. mit Beyfall des Hrn. *v. G.* aufnehmen.

Ich würde, zu Vermeidung unnöthiger Weitläuftigkeiten, ganz kurz sagen:

„Den Gerichtsstand der zu den Universitäten ge-
„hörigen Personen bestimmt das Reglement we-
„gen Einrichtung der akademischen Gerichtsbar-
„keit vom 28. Decbr. 1810.“

Dies ist auch die Meinung der Hrn. *K.* und *B.*

S. 28. Accedo wegen der akadem. Gerichtsbarkeit.

Concl. ad 28. appr.

§. 26.

ad §. 81. | Siehe §. 48. seqq. dieses Titels der Ger. Ordn.
„ „ 82.a
„ „ 82.b

S. 27. Aus solchen blossen Zurückweisungen würde ich keine eigenen §§en bilden.*)

Concl. ad 27. approb.

Rescr. v. 21. Aug. 1809. No. 5.
Jur. Mon. Schr. Bd. VIII. p. 325.
Rescr. v. 8. Decbr. 1810.
Jur. Mon. Schr. Bd. X. p. 9.

§. 27.

ad §. 82c.**) Executionen gegen Militairpersonen, ingleichen gegen deren Ehefrauen, Kinder und Gesinde, welche sich bey denselben im Garnison-Orte aufhalten, können, mit Ausnahme der Fälle, wenn Grundstücke des Schuldners oder ausstehende Forderungen desselben in Beschlag genommen werden, von den Civil-Gerichten nicht unmittelbar, sondern nur durch Requisition der Militair-Gerichte und Beziehungsweise des General-Auditoriat's, insofern die Verurtheilten seiner Gerichtsbarkeit bisher unmittelbar untergeordnet gewesen sind, vollstreckt werden.

Es müssen daher zwar die Civil-Gerichte bey dergleichen Executionen den Zahlungs-Befehl erlaßen, gleichzeitig aber das

---

*) Später bemerkte S. unter No. 42. seines nachträglichen Votums vom 19. Dec. 1814:

„Nicht alle Renvois haben vermieden werden können. Einige, die mir nöthig schienen, habe ich aufgenommen."

**) Goßler bemerkte hierzu in einer Note: „Ich nehme wegen der Folge Ordnung der Materien auf die Bemerkung in den Vorerinnerungen sub V. ein für allemal Bezug." (s. oben S. 135.)

Militair-Gericht um die Vollstreckung der Execution nach Ablauf der im Zahlungs-Befehl bestimmten Frist ersuchen.

Dieses Requisitoriale wird dem Extrahenten der Execution gewöhnlichermaßen zugestellt, um davon nach Ablauf der Zahlungs-Frist Gebrauch machen zu können.

Rescr. v. 4. Juny 1811.
Jur. Mon. Schr. Bd. X. p. 490.

In allem Fall muß auch von dem Ausfall eines rechtskräftigen Erkenntnisses gegen einen Officier dem Commandeur des Regiments Nachricht gegeben werden.

Rescr. v. 20. Juny 1812.
Jahrbuch von Kamptz S. 66.

Die Requisitionen wegen der Executions-Vollstreckung gegen inactive Militairpersonen sind an das General-Auditoriat zu richten, welchem es überlassen bleibt, durch wen es die Execution vollstrecken lassen will.

Rescr. vom 19. Decbr. 1812.
Jahrbuch von Kamptz H. II. p. 281.

Die Requisitionen wegen Vollziehung der Executionen gegen die bei der Gensdarmerie angestellten Militairpersonen werden an den Ober-Brigadier der Provinz erlassen.

T. Den Zusatz 27. möcht ich lieber in die Exekutions-Ordnung ad tit. 24. verweisen. Uebrigens soll nach dem alleg. Rescript nicht in allen Fällen, sondern nur in Schuldsachen dem Commandeur des Regiments von dem Ausfall einer rechtskräftigen Entscheidung gegen einen Officier Nachricht gegeben werden, und wegen der Beytreibung der Geldstrafen bey Polizey Vergehungen beziehe ich mich auf meine Bemerkung zu dem 18ten Zusatz, die hier keiner Wiederholung bedürfen wird.

K ich bin der Meinung des Hrn. Pr. *v. T.*

B. ich trete dem Hrn. Pr. bey.

G. ich beziehe mich auf meine Note zu diesem §., trete daher dem Antrage des Herrn Monenten gern bey, und würde diesen Zusatz zum §. 181. des Anhangs bringen, auch die Worte

„in allem Fall muß auch"

weglassen, und statt dessen post verbum:

„Officier"

hinzusetzen:

„muß, sobald solches in einer Schuldsache ergangen „ist ꝛc."

P. Hr. *v. G.* wollte hier ausführliche Vorschriften wegen der Executionen gegen Militair Personen einschalten. Sie gehören aber, wie er sich jetzt überzeugt, und Hr. ꝛc. *v. T.* monirt hat, zu dem Tit. 24. §. 26. der Prozess Ordnung (§. 181. des Entwurfs, wovon unten die Rede seyn wird.)

Der ganze §. 27. des Entwurfs fällt also hier weg.

S. 29. accedo.*)

Concl. ad 29. appr.

Rescr. v. 28. Octbr. 1799.
Stengel Bd. XV. S. 294.

§. 28.

ad §. 88.
„ „ 89. } Ein Deserteur von der Armee eines andern Staates, der in dem Preußischen seinen

*) Hinterher ist von S. ad No. 41. des nachträglichen Votums bemerkt worden: „Der §. 27. ist, soweit er von Exekutionen gegen Militairpersonen handelt, zu §. 26. Tit. 24. Th. I. der Proc. Ordn. verwiesen worden. Dagegen ist der Zusatz wegen der Exekutionen gegen active Militairpersonen weggeblieben, da hierüber mit dem Kriegs-Minister noch keine Rücksprache genommen worden, und diese Rücksprache jetzt die Sache nur aufhalten würde.

Wohnsitz genommen hat, kann die Ehescheidungsklage wider seine im Auslande zurückbleibende Ehefrau bey den hiesigen Gerichten seines Wohnorts anstellen.

B. Der Zusatz §. 28. erscheint mir bedenklich. Das Rescr. v. 28. Octbr. 1799. enthält keine Declaration der Pr. Ordnung, sondern eine Authorisation für einen ganz speciellen Fall, die de concert mit dem auswärtigen Departement gegeben zu seyn scheint.

G. Die Anfrage der Pommerschen Regierung war ausdrücklich auf den hier bezeichneten Fall gerichtet, und das darauf erlassene Rescript würde, wenn es nur eine Authorisation pro casu hätte geben wollen, sich darüber geäußert haben. Auch würde dessen öffentlicher Abdruck nicht nachgelassen seyn.

ich inhärire also dem von mir vorgeschlagenen Zusatz.

P. Hr. *v. G.* will hier ein, in

Stengel's Beitr. XV. 294,

gedrucktes, in die Edicten Samml. nicht aufgenommenes Rescript einrücken, wonach die Pommersche Regierung unterm 28. Oct. 1799. autorisirt worden ist, die Ehescheidungsklage eines in Demmin etablirten Tuchmachers, der vorher in S.... Kriegsdiensten war und desertirte, gegen seine in S.... zurückgebliebene Ehefrau anzunehmen.

Hr. *B.* hält dies für bedenklich; ich auch. Nach dem A. L. R. II. 1. §. 681. ist die Frau dem Manne zu folgen nicht verbunden, wenn er sich wider die Gesetze aus den Preuss. Landen entfernt. Der desertirte Tuchmacher hatte sich vermuthlich gegen die Gesetze seines Landes aus demselben entfernt. Die zurückgebliebene Frau würde daher in dem umgekehrten Fall nach den hiesigen Gesetzen nicht schuldig seyn, dem Manne zu folgen, und seinem Foro sich zu unterwerfen, und da in der Regel gegen fremde Unterthanen das: quod quisque juris in alterum statuerit, eo ipso| jure uttatur, beobachtet zu werden pflegt; so ist es allerdings bedenklich, die der Pommerschen Regierung ertheilte specielle Authorisation, wozu besondere Gründe vorhanden gewesen seyn mögen, zu generalisiren. Ich würde demnach den §. 28. des Entw. streichen.

S. 30. accedo.

Concl. ad 30. appr.

Rescr. vom 21. März 1796.
Stengel Bd. IV. p. 267.

§. 29.

ad §. 91. Die Wittwen der Canzellisten behalten den Gerichtsstand ihrer Männer.

Rescr. vom 26. May 1795.
Stengel Bd. I. p. 407.*)

§. 30.

Die niederen Accise Bedienten bis zum Einnehmer exclusive werden den Subalternen bey den Königl. Collegiis gleich gerechnet.

T. Im Zusatz 30. würde ich zu Vermeidung von Misverständnissen und Zweifeln ausdrücklich sagen: den niedern Subalternen, von denen auch der Bericht nur redet, der zu dem alleg. Rescript Anlass gegeben hat.

---

*) Hier ist von fremder Hand die Zahl 423. beigefügt.

K. Das Allegat Stengel Bd. 1. pag. 407. ist unrichtig und muss lauten

Stengel Bd. 1. pag. 423.

Uebrigens würde ich auch den Zusatz so fassen, dass die niederen Accise Bedienten den niedern Subalternen bei den königlichen Collegien gleich geachtet werden.

Den sonstigen Bemerkungen des Hrn. Pr. *v. T.* bei diesem Titel trete ich bei.

B. Aus dem Rescr. vom 26. May 1795. — welches das hiesige Pupillen Kollegium authorisirt, die Vormundschaften über minorenne Kinder der niedern Accisebedienten den Untergerichten zu delegiren, würde wohl nicht folgen, dass die Wittwen dieser Individuen bey den Untergerichten Recht nehmen müssen; indessen ist der Zusatz der Analogie des §. 91. gemäss, und lässt sich aus dem Rescr. v. 29. März 1796. (Stengel B.V. pag. 235.) rechtfertigen. ich würde aber den Zusatz folgendergestalt fassen:

Die Wittwen der niedern Accisebedienten bis zum Einnehmer excl. werden den Wittwen der niedern Subalternen bey den Königl. Collegiis gleich geachtet.

G. Das monitum ist richtig und gegen die von Hrn. B. vorgeschlagene Fassung steht nichts zu erinnern.

P. Dieser Zusatz müsste, wie Hr. ꝛc. *B.* schon bemerkt hat, anders gefasst und auf die Wittwen gerichtet werden. Er ist aber ganz überflüssig, da nach der neusten Vereinigung der Ministerien der Justiz, der allgem. Polizey und der Finanzen, die Gerichtsbarkeit über die niedern Finanz- und Polizeybedienten den Untergerichten delegirt ist, unter welchen also auch die Wittwen bleiben.

(s. Circular vom 26. April 1814.)

Das allegirte R. vom 26. May 1795. passt überdem hier gar nicht. Es redet keinesweges von Wittwen, sondern von der Bevormundung deren Kinder.

Ich würde daher den §. 30. des Entw. streichen.

S. 31. accedo.

Concl. ad 31. appr.

Rescr. v. 19. März 1798.
Stengel Bd. VI. S. 22.

§. 31.

Die wegen des Gerichtsstandes der Wittwen niederer Königlicher Civil Bediente gegebenen Vorschriften dürfen auf das forum der Regulirung des Nachlasses solcher Civil Bediente nicht ausgedehnt, vielmehr müssen dergleichen Verlassenschaften jederzeit bey dem persönlichen Gerichtsstande, welchem der Erblasser unterworfen gewesen, regulirt werden, und es findet hierunter nur in Absicht solcher Eximirten eine Ausnahme statt, in Ansehung deren dem Untergericht schon bey ihrer Lebzeit nach §. 58. tit. 2. der Allgem. Ger. Ordnung die Gerichtsbarkeit delegirt gewesen.

B. Die hier wegen Regulirung der Verlassenschaften aufgestellte Regel erleidet wiederum eine Ausnahme in Hinsicht der Forstbedienten, bey welchen es bey der Circular Verordn. vom 12. Jan. 1776. verbleiben soll. Dies ist in der Oberförster S'schen Verlassenschaftssache durch das Resc. v. 26. Juli 1809. an das O.L.G. zu Cöslin entschieden.

(Matthis 10. pag. 106.)

G. Dieses monitum dient zum Beweise, daß die beyden Rescripte vom 19ten März 1798. und vom 26. Julius 1809. mit einander im Widerspruch stehen.

Ersteres setzt fest, daß der Nachlaß da regulirt werden solle, wo der Verstorbene sein persönliches Forum gehabt habe, und es gründet sich auf die allgemeine Regel: „daß der Nachlaß den Verstorbenen repräsentire."

Letzteres entscheidet dagegen, daß die Nachlaß-Regulirung vor das Gericht der hinterbliebenen Wittwe und Kinder gehöre und nur alsdann dem Gerichtsstande des Erblassers verbleibe, wenn dessen Wittwe und Kinder das privilegium fori, so er gehabt habe, fortsetzen.

Die Motive dieser Entscheidung sind aus der Disposition des A. L. R. Th. II. tit. 18. §. 376. und 381. entnommen.

Es bleibt dem Chef der Justiz überlassen, diesen Widerspruch zu heben.

P. In diesem Zusatz stellt Hr. *v. G.* die Regel auf, dass die Verlassenschaft der Civilbedienten bey dem persönlichen Gerichts Stande, welchem der Erblasser im Leben unterworfen gewesen, zu reguliren sey, und macht hierbey nur in dem Fall eine Ausnahme, wenn die Gerichtsbarkeit über eximirte Erblasser schon bey deren Leben den Untergerichten delegirt gewesen. Beydes ist richtig. Die Regel gründet sich auf §. 121. h. t. der A. G. O. und die Ausnahme auf das allegirte Rescript vom 19. März 1798. (Stengel VI. 222.). Von Hrn. *B.* ist dagegen erinnert, dass auch in Ansehung der Forst Bedienten eine Ausnahme zu machen sey, und beruft er sich auf ein R. vom 26. July 1809. in Matthis X. 106. Hr. *v. G.* bemerkt nun, dass beyde Rescripte sich widersprechen, und trägt auf Entscheidung des Chefs der Justiz an. Die Bemerkung des Hrn. *v. G.* ist richtig. Denn das R. v. 26. July 1809. stellt den Satz auf, dass die Regulirung des Nachlasses solcher eximirten Civil-Bedienten, deren Wittwen und Kinder unter eine andere Gerichtsbarkeit (nemlich die der Untergerichte des Wohnorts) fallen, nicht vor das Forum privilegiatum, welches die Männer im Leben gehabt haben, sondern vor dasjenige (Unter-) Gericht gehöre, unter welches die Wittwen fallen, weil es Collision veranlassen würde, wenn ein anderes Gericht den Nachlass reguliren sollte, als dasjenige, unter welches die Wittwe und Kinder nach dem Tode des Erblassers fallen. Es wird deswegen in diesem Rescr. speziell festgesetzt, dass es in Ansehung der Forst Bedienten bey dem Circular vom 12. Januar 1776. verbleibe, wonach das Forum privilegiatum der Rechnungsführenden Forst Bedienten mit dem Tode aufhören, und deren Verlassenschaft, Wittwe und Kinder unter den Amtsgerichten stehen sollen.

Das R. v. 19. März 1798. hingegen nimmt an, dass das, was das Gesetz über den Gerichtsstand niederer Officianten verordne (nemlich dass die Wittwen an die Untergerichte fallen) auf die Regulirung des Nachlasses nicht auszudehnen sey, und entscheidet daher speciell den Sterbefall des Kanzleydiener Reich dahin, dass das Stadtgericht zu weit gegangen sey, indem es der Regulirung des Reichschen Nachlasses sich angemaasst habe, und dass es solche dem Obergericht hätte überlassen sollen.

Ich würde der neuern Entscheidung des R. vom 26. July 1809. wenigstens in Ansehung der Forstbedienten vor dem ältern vom 19. März 1798. um so mehr den Vorzug geben, da Letzteres in keiner officiellen Sammlung, sondern in den Stengel'schen Beyträgen, Ersteres dagegen in der für officiell erklärten Matthis'schen Monatsschrift sich findet, und überdem auf das in der Edicten Samml. gedruckte klare Gesetz vom 12. Januar 1776. sich gründet. Den §. 31. des Entw. würde ich hiernach ändern, und folgende Fassung vorschlagen:

Die Regulirung des Nachlasses derjenigen Civil-Bedienten, über welche schon bey deren Leben die Gerichtsbarkeit den Untergerichten übertragen (delegirt) gewesen, gebührt diesen Untergerichten. Auch die Verlassenschaften der eximirten Forst Bedienten, deren Wittwen und Kinder nach dem Circular Rescript vom 12. Jan. 1776. den Untergerichten zufallen, sind von denselben Untergerichten zu reguliren.

Könnte in dem jetzigen Anhange de lege ferenda die Rede seyn; so würde ich noch weiter gehen und allgemein festsetzen,

dass die Verlassenschaften derjenigen Civil Bedienten, über welche die Gerichtsbarkeit schon bey deren Leben den Untergerichten delegirt gewesen, sowie derjenigen eximirten Civil Bedienten, nach deren Ableben die Wittwen an die Untergerichte ihres Wohnorts fallen, von den Untergerichten zu reguliren seyn.

Gegenwärtig kommt es jedoch nur auf das an, was den bestehenden Gesetzen gemäss ist, und bemerke ich nur noch, dass Hr. *G*. sen. in seinen Entwurf Tit. 2. §. 121. nur den Fall der delegirten Gerichtsbarkeit aufgenommen hat.

S. 32. accedo.

Concl. ad 32. appr.

Rescr. v. 29. März 1796.
Stengel Bd. V. p. 236.

§. 32.

ad §. 95. Die Kinder der in §pho 91. sqq. bezeichneten niederen Officianten fallen nach dem Ableben ihrer Väter an die Untergerichte des Wohnorts und es kann daher diesen Gerichten auch die Ober-Vormundschaft über sie ein für allemal übertragen werden. Nur ist dies weder auf die Kinder der Canzellisten bey Landes-Collegien, noch der Rectoren bey Stadtschulen auszudehnen, vielmehr muß die Delegation rücksichtlich dieser letztern, je nachdem es den Umständen gemäß und den Minorennen selbst zuträglich ist, allenfalls de casu in casum erfolgen.

S. 33. Den §. 32. würde ich dahin fassen:

„Die Obervormundschaft über die Kinder der im §. 91. bezeichneten niederen Officianten, mit Ausschluss der Cancellisten bei den Landes Collegien, gebührt den Untergerichten des Wohnorts des Vaters. Dasselbe findet in Absicht der Kinder der Schullehrer mit Ausnahme der Rektoren statt."

Dass eine Delegation de casu in casum erfolgen könne, darüber bedarf es keines Gesetzes.

Concl. ad 33. appr.

---

§. 33.

ad §. 92. „ „ 96. „ „ 97. } Siehe ad §. 48. sqq. dieses Titels.

S. 34. Den §. 33. würde ich streichen.

Concl. ad 34. appr.

Neuer Zusatz ad §. 100. Th. I. Tit. 2.

B. ad §. 100. kann ich einen anscheinenden Widerspruch der Gerichts-Ordnung mit dem Allg. Landrecht nicht unbemerkt lassen. Es ist nämlich in dem oben allegirten §. der Gerichts-Ordnung der allgemeine Grundsatz ausgesprochen, dass die Haus-Offizianten, Livreebediente und das Gesinde der Eximirten das Forum exemtum ihrer Herrschaft haben.

Ein andres disponirt, wenigstens ausnahmsweise, das Allg. Landrecht Th. II. Tit. 17. §. 47., nach welchem die Haus-Offizianten und Wirthschaftsbediente ꝛc. der Gutsherrschaft unter deren Patrimonialgericht stehen sollen.

Meines Erachtens ist daher folgender Zusatz nothwendig:

Die auf dem Lande oder überhaupt in dem Patrimonial-Jurisdictions-Bezirk einer Gutsherrschaft sich befindenden Haus-Offizianten, Wirthschaftsbediente und Gesinde derselben, stehen nicht unter dem Obergerichte, sondern unter dem Patrimonialgericht ihrer Herrschaft.

(cf. Allg. Landrecht, Th. II. Tit. 17. §. 47.)

ich habe in diesem Zusatze expresse die Einschränkung aufgenommen, dass sich das Gesinde ꝛc. in dem Jurisdictions-Bezirk ihrer Herrschaft befinden muss, wenn es dem Patrimonialgericht unterworfen seyn soll, weil mir dies in der Idee des Gesetzes zu liegen scheint. Sonst müsste der Bediente einer hier in Berlin wohnenden, in der Uckermark angesessenen Gutsherrschaft jedesmal beim Justitiar belangt werden, welches zu grossen Weitläuftigkeiten führen würde.

Auf eine andere Art steht meines Erachtens das Allgem. Landrecht mit der Gerichts-Ordnung nicht zu vereinigen. Indess ist es sehr zweckmässig, diese Differenz zu heben, da auch das Kammergericht dieses Widerspruchs wegen in verschiedenen Fällen zweifelhafter Entscheidung gewesen ist.

G. ich halte diesen Zusatz, welchen ich jedoch zu §. 101. bringen würde, ebenfalls nöthig, nur dürften verba legis:

„wo nicht Provinzial-Gesetze oder besondere Verträge entgegen stehen"

cfr. A. L. R. l. a.

hinzuzufügen sein.

P. Hr. ꝛc. *B.* hat einen neuen Zusatz wegen der Haus-Offizianten der Gutsherrschaften auf dem Lande vorgeschlagen, welcher auf den Grund des alleg. Landrechts mit dem, vom Hrn. *v. G.* vorgeschlagenen Beyfügen zu genehmigen seyn wird.

S. 35. Wegen der Dienerschaft und Officianten der Gutsherrn accedo. Jedoch würde ich den Zusatz ad §. 100. machen.

Concl. ad 35. appr.

Rescr. v. 10. Aug. 1810.
Jur. Mon. Schr. Bd. IX. pag. 331.

§. 34.

ad §. 101. Diese Delegations-Befugniß erstreckt sich nicht auf die Königl. Hofdienerschaft mit Einschluß der Kammerdiener, Kastelane, Hofgärtner, Stallmeister u. s. w.

Verordn. v. 26. Decbr. 1808. §. 34.
Jur. Mon. Schr. Bd. VII. p. 355.

§. 35.

ad §. 103. Der den moralischen Personen bisher bewilligte besondere Gerichtsstand cessirt rücksichtlich aller derjenigen, welche unter mittel- oder unmittelbarer Verwaltung der Landes Regierungen stehen, und sie werden bey ihren Rechtsstreitigkeiten den Privat Personen gleich geachtet.

(cf. §. 126. d. Titels.)

B. In Veranlassung des §. 34. der Städte Ordnung und des declaratorischen Rescripts vom 30. May 1810. würde ich folgenden Zusatz machen:

dieser Gerichtsstand ist durch die neue Städteverfassung nicht abgeändert worden.

P. Hr. ꝛc. *B.* hat einen neuen Zusatz in Beziehung auf ein declaratorisches Rescript vom 30. May 1810. ad §. 34. der Städte-Ordnung vorgeschlagen, worüber sich Hr. *v. G.* nicht erklärt hat.

Zur Beurtheilung habe ich von der Registratur das allegirte Rescript erfordert, welches in gedruckten Sammlungen nicht zu finden ist.

Nach den mir vorgelegten Acten, betreffend die verbesserte Einrichtung der Provinzial-Behörden, Vol. II. hängt die Sache so zusammen:

Die Verordnung vom 26. Dec. 1808. §. 34. sezt vest, dass Fiscus seinem privilegirten Gerichtsstand in Civil-Processen entsage, und dass daher Fiscus bey dem Obergericht nur alsdann zu belangen sey, wenn der Gegenstand des Streits unter unmittelbarer Verwaltung der Regierung stehe. Eben dieses soll, wie es weiter l. c. heisst,

bey den moralischen Personen statt finden, die mittel- oder unmittelbar unter Verwaltung der Regierung stehen.

Das Kammergericht, welches annahm, dass die Magisträte und Stadt-Gemeinden solche moralische Personen seyen, die nach der Städte Ordnung unter der Verwaltung der Regierung stehen, war nur zweifelhaft über das Forum derselben. Das Circular-Rescr. v. 30. May 1810. erklärt deshalb, dass durch jene Verordnung der bisherige Gerichtsstand der Stadt Communen nicht geändert sey. Der von Hrn. *B.* vorgeschlagene Zusatz ist daher wohl zu billigen.

Dagegen würde ich den, §. 35. des Entw. von Hrn. *v. G.* gemachten Zusatz ganz weglassen. Der §. 103 der A. G. O. redet von Dom Capiteln, Collegiat-Stiftern, Klöstern, Magisträten und Stadt-Gemeinen. Die drey ersteren sind durch die Secularisation aufgehoben. In Ansehung ihrer bedarf es keiner Bestimmung des Fori. Es bleiben also nur die zwey letzteren übrig, auf welche das Rescr. vom 30. May 1810. sich bezieht.

Statt des §. 35. des Entw. würde also blos zu sagen seyn:

Durch die Bestimmungen des §. 34. der Verordnung vom 26. Dec. 1808. wegen verbesserter Einrichtung der Provinzial-Behörden, in Verbindung mit der Städte-Ordnung vom 19. Nov. 1808. ist in dem Gerichtsstande der Magisträte und Gemeinen der unmittelbaren Städte nichts geändert, vielmehr bleibt es bey dem denselben angewiesenen persönlichen Gerichts-Stande bey dem Obergericht der Provinz.

S. 44. Der §. 103. der Allg. G. O. spricht von den moralischen Personen, die als solche das Forum exemtum haben, der §. 34. der Verordnung vom 26. Dec. 1808. dagegen von solchen moralischen Personen, die deshalb auf das Forum exemtum Anspruch machen könnten, weil sie unter Verwaltung der Regierungen stehen. In Absicht der Letzteren fällt die Exemtion weg. In Absicht der Magisträte und Stadtgemeinen soll dagegen diese Disposition nicht eintreten, es vielmehr bei der G. O. bleiben. Ich würde daher den Zusatz dahin fassen:

„Diejenigen moralischen Personen, welche unter mittel- oder unmittelbarer Verwaltung der Regierungen stehen, können deshalb auf einen besonderen Gerichtsstand keinen Anspruch machen.

In Absicht der Magisträte und Stadtgemeinen in den unmittelbaren Städten verbleibt es dagegen bei den Vorschriften der Allgemeinen Gerichts-Ordnung."

Concl. ad 44. appr.

Rescr. v. 24. July 1797.
Stengel, Bd. V. p. 302.

§. 36.

ad §. 104. Was hier von den Mitgliedern der Magisträte gesagt ist, gilt auch von den bey denselben angestellten Referendarien und Auscultatoren.

T. Der von mir vorgeschlagene Zusatz ad §. 18. (s. oben S. 168.) macht m. E. den Zusatz ad §. 104. wegen der Referendarien überflüssig.

Statt dessen würde ich aber folgenden Zusatz machen:

Die Dirigenten der Magisträte sind jedoch jederzeit eximirt.

Rescr. v. 6. July 1800.
N. Archiv Band I. p. 202.

B. Der Zusatz §. 36. muss m. E. allerdings cessiren, nicht blos, weil er in dem Zusatze des Hrn. Pr. *v. T.* ad §. 18. enthalten ist; sondern auch, weil er von den Auscultatoren und Referendarien der Magisträte spricht, die nach der völligen Separation von den Stadtgerichten, keine Auscultatoren haben. Ueberdiess spricht das Rescript auch von Untergerichten und nicht von Magisträten.

G. Wegen der Referendarien beziehe ich mich auf die Bemerkung ad §. 18. (s. oben S. 169.) Mit dem Zusatz bin ich einverstanden.

P. Das hier von den Auscultatoren und Referendarien Gesagte fällt weg, wenn mein oben (S. 170.) zu Tit. 2.

§. 18. gemachter Vorschlag durchgeht. Auch halte ich den von Hrn. ꝛc. *v. T.* vorgeschlagenen Zusatz wegen Exemtion der Dirigenten der Magisträte in seiner Allgemeinheit für bedenklich. Das angeführte

Neue Archiv 1. 102.

bezieht sich in specie auf einen Magistrats-Dirigenten in Thorn; das passt nicht auf die Dirigenten in jeder kleinen Stadt. Ich würde es hier lediglich bey der A. G. O. lassen.

S. 36. Wegen der Referendarien und Auscultatoren vide No. 10. (oben S. 171.). Wegen der Magistratsdirigenten accedo.

Concl. ad 36. appr.

Resc. v. 8. Juny 1805.
Neues Archiv Bd. IV. p. 116.

§. 37.

ad §. 105. Die hier gegebenen Vorschriften finden auch auf die Juden-Gemeinden in den Mediat-Städten Anwendung.

Cirk. Rescr. v. 21. Aug. 1809.
Jurist. Mon. Schr. Bd. VIII. p. 327.

§. 38.

ad §. 108. Die dingliche Gerichtsbarkeit, welche einigen Militairgerichten sonst zustand, ist auf die ordentliche bürgerliche Gerichtsbarkeit, vor welche andere Grundstücke gleicher Art der Provinz oder des Orts gehören, übergegangen. Nur in den Festungen, wo keine Civil-Gerichtsbarkeit existirt, wird dem Gouvernements-Auditeur die Civil- und Criminal-Gerichtsbarkeit über die in der Festung wohnenden Civil-Personen und deren Grundstücke vigore delegationis übertragen.

S. 37. Im §. 38. würde ich die Worte „vigore delegationis“ weglassen.

Concl. ad 37. appr.

Rescr. v. 14. July 1812.
Jahrb. v. Kamptz H. II. p. 238.

§. 38 a.

ad §. 109. Ein Ehemann, welcher auf dem seiner Ehefrau zugehörigen Grundstücke wohnt, kann, falls er sonst für seine Person keine Exemtion genießt, auf den unmittelbaren Gerichtsstand unter dem Obergericht keinen Anspruch machen. (cf. Allgem. Land-Recht Th. I. tit. 21. §. 45.)

Jahrb. v. Kamptz H. II. p. 239.

Die Besitzer der veräußerten Domainen-, Erbpacht- und Erbzinß-Vorwerke, welche in das bei den Landes-Collegien geführte Hypothequenbuch übernommen sind, haben ihren Gerichtsstand bei dem Oberlandes-Gericht, die übrigen auf solchen Vorwerken vorhandenen Personen hingegen, welchen keine Exemtion zusteht, bleiben den Gerichten ihres Wohnorts unterworfen.

Rescr. v. 28. Januar 1799.
Stengel Bd. VIII. p. 381.

§. 39.

ad §. 113. Streitigkeiten, welche mit dem abziehenden Pächter über die Pacht-Rückgewähr entstehen, gehören ebenfalls in der Regel vor das Gericht, unter welchem das rückgewährte Pachtgut gelegen ist.

T. Nach dem Zusatz 39. scheint es, als gehörten alle Prozesse über die Rückgewähr des Pächters vor das Oberlandesgericht. Nach §. 12. des Textes ist aber der Pächter in der Regel dem Patrimonialgericht des Verpächters unterworfen und eine Exemtion ist Ausnahme. Ich würde daher diesen Zusatz lieber dahin fassen:

In der Regel muss der Pächter auch nach seinem Abzuge bey Prozessen über die Rückgewähr, bey denselben Gerichten Recht nehmen, welchen er während der Dauer der Pacht in den darüber entstandenen Prozessen unterworfen war.

B. Der Zusatz §. 39. gehört m. E. ad §. 12. d. Tit. weil in dem Rescripte v. 28. Jan. 1799. vom Foro des abziehenden Pächters (nicht des Gutsbesitzers) geredet wird. Die Fassung des Zusatzes, wie der Hr. Pr. ihn vorschlägt, und mit welchem ich völlig einverstanden bin, rechtfertigt mein Monitum.

G. ich habe zwar die wörtliche Disposition des allegirten Rescripts vom 28. Januar 1799. für mich, lasse mir aber die Fassung, welche der Hr. Monent vorschlägt, und wodurch jeder Zweifel gehoben wird, gern gefallen, auch stimme ich nach dem Antrage des Hrn. B. dafür, daß dieser Zusatz ad §phum 12. (§pho 3. des Anhangs) seine Stelle erhalte.

P. Wird der Entwurf nach den Vorschlägen der Hrn. *v. T.* und *B.* zu ändern und oben ad §. 12. zu verweisen seyn, womit auch Hr. *v. G.* einig ist.

S. 38. accedo.

Concl. ad 38. approb.

Cab. Ordre v. 15. März und
Rescr. v. 19. März 1809.
Jurist. Mon. Schr. Bd. VIII. p. 22.

§. 40.

ad §. 114. Jeder Ausländer, welcher in den Preußischen Staaten bewegliches oder unbewegliches Vermögen besitzt, kann von einem Preußischen Unterthan, bey demjenigen Gericht, unter welchem sich dieses Vermögen befindet, auch mit Personal-Klagen belangt werden, um die rechtliche Befriedigung des Klägers daraus zu bewirken.

Verordn. v. 26. Dcbr. 1808. §. 34.
Jur. Mon. Schr. Bd. VII. pag. 355.

§. 41.

ad §. 126. Der privilegirte Gerichtsstand des Fiscus findet nicht ferner statt, vielmehr ist derselbe jederzeit bey demjenigen Gericht zu klagen und sich einzulaßen verbunden, vor welches die Sache gehören würde, wenn sie blos zwischen Privat Personen schwebte.

Wird Fiscus als Verklagter in Anspruch genommen, so muß dies in der Regel nur in dem Fall bei dem Obergericht geschehen, wenn der Gegenstand des Streits unter unmittelbarer Verwaltung der Regierung steht.

Cirk. Rescr. v. 30. Juny 1810.
Jur. Mon. Schr. Bd. IX, p. 228.

Da jedoch, so lange die neue Einrichtung der Untergerichte und Polizey-Behörden noch nicht vollendet ist, besondere Fälle vorkommen können, in welchen die Regierungen es für nöthig achten, der Beihülfe der Justizbeamten zur Einziehung der Information, und der Assistenz derselben sich zu bedienen, so sind die Oberlandes-Gerichte authorisirt, in dergleichen besonderen Fällen auf den jedesmaligen Antrag der Regierung die Instruction fiscalischer Civilprozesse in erster Instanz vor sich zu ziehen.

Verordn. v. 13. März 1803. §. 7.
Stengel, Bd. XVII. p. 295.

§. 42.

ad §. 128. Die Sponsalien und Ehesachen gehören jederzeit vor denjenigen Gerichten, welchen der Beklagte, oder der Ehemann persönlich unterworfen ist.

Rescr. v. 8. Aug. 1786.
desgl. v. 8. Febr. 1802.
Stengel, Bd. XV. p. 306.

§. 43.

ad §. 129. Außer dem hier bezeichneten Fall ist die Ehescheidungsklage einer hiesigen Unterthanin gegen ihren in's Ausland zurückgegangenen Ehemann bey den diesseitigen Gerichten nicht zulässig, sondern sie muß — selbst wenn auch die Klägerin ihrem Ehemann in's Ausland zu folgen aus andern Gründen nicht unbedingt schuldig seyn sollte — in dem persönlichen Gerichtsstande des letzteren angebracht werden.

Rescript vom 11. Dzbr. 1809.
Jur. Mon. Schr. Bd. IX. p. 36.

§. 44.

ad §. 130. Klagen gegen das General-Postamt gehören vor das Königl. Kammergericht. Werden einzelne Postämter oder Post-Officianten in rechtlichen Anspruch genommen, so tritt das gewöhnliche Forum des Verklagten ein.

S. 39. Im §. 44. würde ich den ersten Passum weglassen. Es könnte aber auch der ganze §. gestrichen werden.

Concl. ad 39. appr.

Public. v. 16. Aug. 1810.
Jur. Mon. Schr. Bd. IX. p. 316.

§. 45.

Wegen des Ressorts der Handels-Gerichte hat es bei den Bestimmungen des Publicandi vom 16. August 1810. sein Bewenden *).

Verordn. v. 26. Dcbr. 1808. §. 14. und §. 34. und 45.

Uebrigens werden die Gerichte auf den Inhalt der Verordnung vom 26. Dzbr. 1808. über die verbesserte Einrichtung der Provinzial-Polizey- und Finanz-Behörden §. 14 und 34. verwiesen.

T. Die Weglassung des Zusatzes, welchen der erste Theil des §. 45. enthält, dürfte wohl unbedenklich seyn, da das Handels Gericht eine sehr kurtze Ephemere gewesen ist, die wohl nie wieder zum Vorschein kommen möchte.

B. Die Weglassung der Bestimmung wegen der Handelsgerichte hat m. E. nicht das geringste Bedenken, da sie blos eine Geburt des Kontinentalsystems waren, und letzteres mit seinem Schöpfer verschwunden ist.

G. Dieser §. cessirt nunmehro, da die Herren Monenten mit mir hierunter einverstanden sind.

P. Betrifft das interimistische Handelsgericht, und fällt, wie alle Theile einig sind, weg.

S. 40. accedo.

Concl. ad 40. appr.

---

*) Anmerkung von G.: „Ob diese Handelsgerichte in Gefolge des Gesetzes vom 20. März 1813. No. 8. p. 39. der Gesetz-Samml. nicht für aufgelößt zu achten, stell' ich anheim."

Verordn. v. 26. Debr. 1808. §. 51.
Jur. Mon. Schr. Bd. VII. p. 367.

§. 46.

ad §. 134. Da nach Vorschrift der allegirten Verordnung vom 26. Debr. 1808. die den Landes-Polizey- und Finanz-Behörden sonst übertragen gewesene Rechtspflege zu den competenten Gerichten übergegangen ist, so kann zwischen den Oberlandesgerichten und Regierungen fernerhin kein Jurisdictions-Streit entstehen und müssen sich dieselben nach demjenigen achten, was in dem §. 14. und 51. l. a. diesfalls festgestellt ist.

S. 41. In §. 46. würde ich das Wort „allegirten" weglassen, und statt des Wortes „Ober-Landesgerichten" „Landesjustiz-Collegien" setzen.

Concl. ad 41. appr.
statt Landesjustiz-Collegien „Obergerichte".

Rescript vom 18. Septbr. 1797.
Stengel, Bd. V. p. 399.

§. 47.

ad §. 143. Schwebt die Sache bey einem Untergericht und ist der Richter in einem entfernteren als dem vierten Grade der Seitenlinie (den sechsten Grad nicht eingeschlossen) mit der Parthey verwandt oder verschwägert, so wird er zwar hierdurch zur Ausübung seines Amtes nicht unfähig, wenn jedoch der Gegentheil ausdrücklich darauf anträgt, so muß die Cognition in einer solchen Sache einem andern Untergerichte übertragen werden.

T. Nicht in infinitum, sondern nur bis zum 6ten Grade der Verwandtschaft oder Schwägerschaft darf ein solcher Rekusat. Grund gegen den Unterrichter beachtet werden, und diese Einschränkung scheint mir auch im Zusatz 47. zweckmässig zu seyn.

K. Diese Bemerkung wird durch die Vorschrift der A. G. O. Th. III. Tit. 3. §. 13. gerechtfertigt.

B. Der Erinnerung des Hrn. Pr. *v. T.* trete ich völlig bei.

G. ich halte dieses monitum für gegründet, und habe den §. 47. dem gemäß berichtiget.*)

P. Ist nach dem Monito des Hrn. Pr. *v. T.* schon geändert.

S. 42. accedo.

Concl. ad 42. appr.

Rescr. vom 27. Novbr. 1807.
Jur. Mon. Schr. Bd. V. p. 280.

§. 48.

ad §. 145. Eben diese Vorschrift findet statt, wenn der Director eines aus den Mitgliedern des Landes Collegii bestehenden vormundschaftlichen Gerichts belangt und gedachtes Landes-Collegium perhorrescirt wird.

B. Den Zusatz §. 48. würde ich aus dem Rescripte, welches in einer speciellen Sache ergangen, und keinen allgemeinen Grundsatz aufstellen wollte, nicht folgern. Man nehme z. B. an, dass der Chef des hiesigen Pupillen Colleg. belangt würde. Sollte alsdann wohl das Kammergericht mit Grund perhorrescirt werden können; obgleich es Räthe genug hat, die mit dem Pup. Colleg. in gar keiner Verbindung stehen? Auf allen Fall würde wohl der Hr. Justiz Minister in jedem vorkommenden einzelnen Fall eine Bestimmung geben, und es ist kein

---

*) Mit Rücksicht hierauf hat G. dem §. 47. die Worte beigefügt: „In weiteren Graden findet die Refusation nicht statt.“

Grund vorhanden, dieser durch einen so allgemeinen Grundsatz auszuweichen.

G. Das allegirte Rescript spricht für den von mir vorgeschlagenen Zusatz. — ich submittire zur Entscheidung des Herrn Justiz-Ministers.

P. Hr. *v. G.* will auf den Grund des Rescr. v. 27. Novemb. 1807. allgemein vestsetzen, dass ein Landes-Justiz-Collegium perhorrescirt werden könne, wenn gegen den Director des damit verbundenen Vormundschaftsgerichts geklagt werde.

Herr *B.* erklärt sich dagegen, und ich stimme ihm bei, würde also den §. 48. des Entwurfs ausstreichen.

S. 43. accedo.

Concl. ad 43. appr.

---

§. 49.

ad §. 161. cf. §. 30. und 59. der Allg. Ger. Ordn. und die Zusätze im Anhang.

S. 45. Den §. 49. würde ich weglassen.

Concl. ad 45. approb.

Rescr. v. 25. Januar 1798.
Stengel, Bd. X. p. 423.

§. 50.

ad §. 169. Jedoch ist es nicht gestattet, auswärtige Unterthanen zu Schieds-Richtern zu wählen.

S. 46. Den §. 50. würde ich dahin fassen:

„Personen, die im Auslande wohnen, können nicht zu Schiedsrichtern gewählt werden.“

Concl. ad 46. approb.

---

§. 51.

ad §. 177. Wegen der in peinlichen Fällen stattfindenden Gerichtsstände ist in der Criminal Ordnung vom 11. Debr. 1805. das Nähere bestimmt worden.

Zu Th. I. Tit. 3.

Von Assistenten und Bevollmächtigten.

Cirk. Verordn. vom 19. Decbr. 1798. Sect. V.

§. 52.

ad §. 1. seqq. Auf das persönliche Erscheinen der Partheyen bey prozeßualischen Verhandlungen muß nur dann gedrungen werden, wenn der Richter deren Gegenwart zur Ausmittelung der Wahrheit für unentbehrlich erachtet (cf. §. 12. der Einleitung).

Sobald dieser Hauptzweck nicht vereitelt wird, soll den Partheyen die Befugniß, die Termine durch zulässige Bevollmächtigte abzuwarten, nicht erschwert werden.

Circul.-Verordn. v. 30. Debr. 1798. Sect. IX.

Wenn eine Parthey außer jenem zur Beurtheilung des Richters gestellten Fall, dennoch kostspielige Reisen unternommen hat, welche durch Bestellung eines Bevollmächtigten hätten vermieden werden können, so darf der Ersatz solcher Reise- und Versäumnißkosten vom Gegner nicht gefordert werden.

P. Wenn dieser Zusatz oben zum §. 12. der Einleitung aufgenommen wird; so fällt er hier fort, und bedarf es hier nur der Hinweisung auf jenen §.

Nur der Nachsatz wegen der Reisekosten wird hierher besser, als oben zur Einleitung sich schicken.

S. 47. ad §. 52. beziehe ich mich auf No. 2. dieses Voti. (s. oben S. 155.) Wegen des letzten Passus dieses §en accedo, der Zusatz passt aber besser zu §. 6. der G. O.

Concl. ad 47. appr.

Neuer Zusatz ad §. 22. Th. I. Tit. 3.

Rescr. v. 13. Decbr. 1797. Edikten-Sammlung.
desgl. v. 16. Septbr. 1798 Stengel VIII. p. 392.

T. „Eine Gerichts-Person, die an Abfassung eines Urthels Theil genommen, kann in den folgenden Instanzen, obgleich zur Unterstützung dieses Erkenntnisses, einer Parthey nicht assistiren.“ *)

B. Den Zusatz des Hrn. Pr. ad §. 22. würde ich auch an dieser Stelle aufnehmen.

G. Dieser Zusatz findet sich sub No. 137. des Anhanges, wohin er auch ausschließlich gehört, weil darin von der Wahl und Zuordnung eines Assistenten in zweyter Instanz gesprochen wird.

P. Der neue Zusatz des Hrn. *v. T.*, wegen Zuordnung solcher Gerichts-Personen zu Assistenten, die an der Abfassung des Urtels Theil genommen haben, kann hier wegbleiben, weil er unter §. 137. des Entw. schon aufgenommen und der Ort nicht unschicklich ist.

S. 48. In Absicht des von dem Hrn. ꝛc. *v. T.* ad §. 22. T. 3. der Ger. O. gemachten Zusatzes trete ich demselben bei.

Concl. ad 48. appr.

---

*) Hierzu ist von dem Pr. v. T. die nachstehende Anmerkung gemacht: „Ich finde zwar diesen Zusatz sub No. 137. des Anhanges. Ich glaube aber, daß man ihn eher hier wie dort suchen wird.“

Rescr. v. 20. Octbr. 1801.
Neues Archiv, Band II. p. 251.

§. 53.

ad §. 24. Dergleichen Bevollmächtigte sind übrigens den Justiz Commissarien und Rechtsbeiständen, so wenig überhaupt, als insonderheit wegen der zu liquidirenden Gebühren und Kosten gleich zu achten, mithin nicht befugt, ihre Kostenberechnungen nach Anleitung der Sportul-Taxe für die Justiz-Commissarien anzufertigen.

Vielmehr dürfen sie nur diejenigen Kosten liquidiren, welche die Parthey, wenn sie den Prozeß selbst geführt hätte, zu verlangen berechtiget seyn würde.

T. Der Zusatz 53. scheint mir lediglich ad tit. 23. §. 25. tit. c. zu gehören.

K. ich trete der Bemerkung des Pr. *v. T.* bei.

B. gehört m. E. zu Th. I. Tit. 23. §. 25. No. 7. der Gerichts Ordnung.

G. accedo, und kann dieser Zusatz hier gänzlich cessiren, da er sich sub No. 169. des Anhangs loco congruo findet.

P. Dieser Zusatz fällt hier weg. Er kommt unten §. 169. des Entwurfs noch einmal vor.

S. 49. accedo.

Concl. ad 49. appr.

Rescr. v. 28. Septbr. 1795. No. 58.

§. 54.

ad §. 36. Collegia und Institute, deren Beamten öffentlichen, wenn auch gleich nicht gerichtlichen Glauben beigelegt ist, bedürfen zu ihren Special-Vollmachten keines gerichtlichen Attestes, wenn nur der Unterschrift ihr öffentliches Siegel beigedruckt ist.

Städte-Ordnung vom 19ten Novbr. 1808. §. 133.
Jurist. Mon. Schr. Bd. VII. S. 129.

In allen Fällen, wo die Bevollmächtigten der Stadtverordneten nach den Gesetzen einer Special Vollmacht von der Stadt Verordneten Versammlung bedürfen, soll ein vom Vorsteher und sechs Mitgliedern vollzogenes und vom Magistrate des Ort's bestätigtes Zeugniß:

„daß durch einen gesetzlich abgefaßten Beschluß der
„Stadt Verordneten Versammlung die Bevollmächtigten
„bevollmächtigt seyen,"

die Stelle der Vollmacht vertreten.

K. Im §. 54. des Entwurfs heisst es unrichtig:

Collegia und Institute, deren Beamten öffentlichen, wenn auch gleich nicht gerichtlichen Glauben beigelegt ist,

statt

öffentlicher gerichtlicher Glaube.

B. Der Zusatz §. 54. in princ. steht schon im Anhange zum A. L. R. §. 45.

Soll diese Stelle hier wiederholt werden: so verdient der §. 46. des Anhanges zum allg. L. R., wegen der von den preuss. Gesandten bey auswärtigen Höfen attestirten Vollmachten, hier eben so gut seinen Platz.

Meines Erachtens würde es hinreichen, auf diese §§. blos hinzuweisen.

G. ich stimme dem Herrn B. völlig bey, daß der erste Abschnitt dieses Zusatzes weggelassen werden kann, da er im Anhange zum Landrecht steht, worauf die Gerichts-Ordnung selbst bereits hinweiset.

S. 50. accedo.

Concl. ad 50. appr.

§. 55.

ad §. 37. Siehe Stempel-Gesetz vom 20. Novbr. 1810., Declaration vom 27. Juny 1811. und Instruction vom 5. Septbr. 1811.

S. 51. Den §. 55. würde ich weglassen.

Concl. ad 51. appr.

---

1) Städte-Ordnung vom 19. Novbr. 1808. §. 140. 174. 183c. und 189.
Jur. Mon. Schr. Bd. VII. p. 96.

2) Rescr. v. 10. Juli 1812.
Jahrbuch von Kamptz Heft II. p. 232.

§. 56.

ad §. 40. seqq. Die Stadtgemeinen werden durch die Magisträte vertreten und von diesen die Vollmacht unter Beobachtung der im §pho 44 d. T. ertheilten Vorschrift ausgestellt.

Rescr. v. 29. Juny 1801.
Stengel, Bd. XIV. p. 231.

Der Beschluß einer Dorfgemeine zur Ausstellung der Vollmacht muß in Ansehung der, in dem zu deren Aufnahme angestandenem Termine nicht erschienenen Mitglieder nach den Grundsätzen des Allg. Land Rechts Th. II. tit. 6. §. 51. sq. gefaßt und beurtheilt werden.

---

a) Städte-Ordn. v. 19. Novbr. 1808. §. 189.
Jur. Mon. Schr. Bd. VII. p. 96.

b) Rescr. v. 27. Octbr. 1809.
Jur. Mon. Schr. Bd. VIII. p. 461.

c) Circul. Verordn. v. 19. Decbr. 1799. Sect. IV.

§. 57.

ad §. 48. Zu Prozessen, welche die Stadtgemeinen führen, bedarf es der Approbations-Decrete der Regierungen nicht.

Zu Prozessen, woran Dorfgemeinen Theil nehmen und welche die Substanz ihres Vermögens betreffen, muß die Genehmigung der Gutsherrschaft zur Anstellung der Klage und deren Beantwortung in jedem Falle beigebracht werden, in so fern nicht die Gutsherrschaft selbst als Gegner der Gemeine dabey ein eigenes Interesse hat. Wofern aber die Gutsherrschaft den nachgesuchten Consens verweigert oder verzögert und die Gemeine dagegen rechtliche Hülfe verlangt, ist es zur Vermeidung von Weitläuftigkeiten und Zeitverlust hinreichend, die erstere zur Wahrnehmung ihrer Gerechtsame bey der von der letztern angemeldeten Klage zu adcitiren.

B. Der Zusatz §. 57. gehört wohl nicht hierher, sondern zu Tit. 1. §. 33. und 34., weshalb ich auch auf meinen obigen Zusatz bei diesem §. (s. S. 163.) mich beziehe.

G. v. meine Bemerkungen ad Tit. 1. §. 34. (s. oben S. 164.)

P. Dieser Zusatz fällt hier weg, wenn er, nach meinem Vorschlage, oben zu Tit. I. §. 34. (s. S. 164.) aufgenommen wird.

S. 52. ad §. 57. vide No. 6. (a. a. O.)

Concl. ad 52. appr.

Zu Th. I. Tit. 5.

Von Aufnahme der Klage.

Rescr. v. 16. Januar 1797.
Stengel, Bd. V. p. 304.

§. 58.

ad §. 9. Wenn jedoch die Parthey ihrem Justiz Commissario eine förmliche Information zugestellt hat, welche dieser vollständig findet, so braucht er kein besonderes Informations Protocoll darüber anzufertigen.

S. 53. Den §. 58. würde ich dahin fassen:
„Ist die ertheilte Information vollständig, so bedarf es eines besonderen darüber aufzunehmenden Protocolls nicht."

Concl. ad 53. appr.

Verordn. v. 26. Decbr. 1808. §. 35. 36. und 37.

§. 59.

ad §. 12. Hierbey werden die Gerichte, was insbesondere die Zuläßig- oder Unzuläßigkeit der Klagen über Angelegenheiten des Regierungs-Ressorts anbetrift, auf die Vorschriften der Verordnung vom 26. Decbr. 1808., wegen verbesserter Einrichtung der Provinzial-Polizey- und Finanz-Behörden §. 35. seqq. verwiesen. *)

*) Anmerkung von G.: „Da die Auszeichnung der Fälle, in welchen aus einem Geschäfte, Vertrage oder sonstigen Verhältniße des bürgerlichen Lebens keine Klage statt findet, nicht in die Prozeß-Ordnung, sondern in das Civil-Gesetzbuch gehört, so hab' ich obige allgemeine Hinweisung für hinlänglich gehalten, auch eben darum — so wenig die speciellen Fälle, welche Müntzer in seinen Marginalien fol. 29. ꝛc. allegirt, als den Inhalt der beiden Gesetze vom 19. Aprill und 26. Juli 1813. (No. 12. p. 69. und No. 15. p. 101. der Gesetz-Sammlung) hier aufgenommen."

P. Hier entsteht wieder die oben zu Tit. 1. §. 2. aufgeworfene Frage,*) ob diejenigen Fälle aufzunehmen sind, in welchen gar keine Klage angenommen werden darf. Hr. *v. G.* will diese Fälle nicht aufnehmen, weil die Bestimmung derselben in das Gesetzbuch gehöre, und will deshalb blos auf den §. 35. seq. der Verordnung wegen verbesserter Einrichtung der Provinzial Behörden vom 26. Dec. 1808. verweisen. Ich pflichte ihm bey, bemerke jedoch, dass wenn diese Fälle doch aufgezählt werden sollten, diese in Folgendem bestehen würden:

1) überhaupt darf keine Klage über Gegenstände und Angelegenheiten zugelassen werden, welche nach der Staats Verfassung zur richterlichen Entscheidung nicht geeignet sind;
conf. V. v. 26. Dec. 1808. §. 35.

2) dahin gehören besonders Majestäts- und Hoheitsrechte;
conf. §. 36. l. c. und A. L. R. Th. II. Tit. 13. §. 5.—16.

3) ferner allgemeine, in Sachen der Regierungs Verwaltung ergangene Verordnungen;
ebendaselbst.

4) auch über die Verbindlichkeit zur Entrichtung allgemeiner Anlagen, welchen sämmtliche Einwohner des Staats, oder alle Mitglieder einer gewissen Classe derselben nach der bestehenden Landes Verfassung unterworfen sind, findet kein Process statt;
conf. §. 36. der alleg. Verordn. u. A. L. R. II. 14. §. 78.

5) Klagen aus Contracten, die nach der Publication des Edicts vom 2. Nov. 1810. zur Beschränkung oder Hinderung der gesetzlichen Gewerbefreyheit geschlossen worden, dürfen

*) s. oben Seite 155. bis 159.

von den Gerichtshöfen nicht angenommen werden;

Gesetz Sammlung v. 1813. S. 69.

6) eben das gilt von Klagen gegen die Personen derjenigen öffentlichen Beamten, welche Namens des Staats über Lieferungen von Armee-Bedürfnissen, Contracte geschlossen haben;

Ebendaselbst S. 101.

7) desgleichen von den Klagen der Holzberechtigten, die nicht die Hälfte ihres Deputats in Torf oder Geld nehmen wollen;

Merkel Commentar zur A.G.O. S. 61.

8) ferner von solchen Klagen, wodurch einem Landmann seine bäuerliche Nahrung, deren Erwerbung ihm den Abschied vom Militair verschafft hat, streitig gemacht wird;

Merkel a. a. O. S. 62.

9) weiter von Klagen gegen die Ablösung der Real-Gewerb-Gerechtigkeiten nach der Taxe;

Merkel ebendaselbst.

10) gegen schiedsrichterliche Festsetzungeu in Cultur- und Gemeinheittheilungs-Sachen, oder

11) in Wasserstau- und Vorfluthssachen.

Merkel ebendaselbst.

Wenn alle diese Fälle auf das Allgemeine zurückgeführt werden; so sind sie sämmtlich unter den Bestimmungen der Verordnung vom 26. Dec. 1808. §. 34. seq. begriffen; besonders sind die oben erwähnten Sätze Num. 1. 2. 3. so umfassend, dass alle übrige sub. Num. 4—11. nur als Unterabtheilungen erscheinen.

Ich inhärire daher der unmaasgeblichen Meinung, es bey dem Entwurf des Hrn. *v. G.* zu lassen.

S. 54. Den §. 59. würde ich ganz weglassen. Event. trete ich dem Hrn. G. R. Pfeiffer bei, glaube jedoch, dass, wenn die speciellen Fälle aufzunehmen, dieses in der Einleitung ad §. 1. geschehen müsse.

Concl. ad 54. appr. die Weglassung dieses §. und der übrigen Fälle.

Zu Th. I. Tit. 6.

Verordnung auf die Klage.

Verordn. v. 26. Decbr. 1808. §. 47.

§. 60.

ad §. 8. Wenn gegen einen den Regierungen untergeordneten Officianten Regreß- und Injurien-Klagen aus Veranlaßung seines Amts angebracht oder gegen Kassenbediente des Regierungs-Ressorts Geldforderungen eingeklagt werden, so muß das Gericht solches sogleich von Amtswegen der betreffenden Regierung bekannt machen.

Rescr. v. 28. July 1805. No. 45.

Eben so müssen auch Klagen, welche gegen Personen der Königl. Schauspiele und Capelle einkommen, jederzeit der Direction der Königl. Schauspiele mitgetheilt werden.

S. 55. Im §. 60., im ersten Passu, wird es heissen müssen:

— „so muss das Gericht davon der betreffenden Regierung sogleich Nachricht geben.“

Das Wort „solches“ würde sich blos auf das letzte Substantiv „Geldforderungen“ beziehen.

Im letzten Passu muss es

„Generaldirektion der Königlichen Schauspiele“ heissen.

Concl. ad 55. appr.

Circul. Verordn. v. 19. Decbr. 1799. Sect. V.

§. 61.

ad §. 14. N. 2. „ 5. Die Vorladung zum persönlichen Erscheinen unter Beifügung des hier angedrohten Praejudicii findet nur dann statt, wenn der Richter die Gegenwart der Parthey zur Ausmittelung der Wahrheit für unumgänglich nothwendig achtet. cf. tit. 3. §. 1. der Allg. Ger. Ordn.

K. Hierbei finde ich bloss zu bemerken, dass es zweckmässig sein würde, den gesetzlichen Vorschriften gemäss Formulare zu den Vorladungen in den verschiedenen Process Arten entwerfen zu lassen. Denn diese Formulare sind bei fast allen Gerichtshöfen verschieden, und nicht selten unrichtig. Z. B. heisst es in dem Formular des Cammergerichts, wodurch der Beklagte zum Instructions Termin vorgeladen wird,

bei seinem Ausbleiben

„werde nach dem Antrage des Gegners erkannt werden."

Wäre dies Präjudiz richtig, so würde die Abweisung des Klägers in einem solchen Falle niemals erfolgen können. Es müsste daher der Vorschrift der A. G. O. Th. I. Tit. 6. §. 14. No. 5. gemäss heissen,

es werde nach dem Antrage, soweit er den Vorschriften der Gesetze gemäss sei, erkannt werden,

wenn nicht die in diesem §. enthaltene Fassung der Commination den Vorzug verdiente.

G. Dieser sogenannte Zusatz hat auf die Fassung des Anhangs I. a. keinen Einfluß, sondern greift blos einen frommen Wunsch in sich, den Herr K. dem Chef des Königl. Cammergerichts an's Herz legen mag.

P. Hier kommt das persönliche Erscheinen der Parteyen noch einmal vor. Ich würde es bey dem

Entwurf lassen. Nur wird die Zurückweisung am Ende auf Tit. 3. §. 1. zu ändern seyn, wenn der Haupt-Satz oben zu §. 12. der Einleitung (s. S. 153—155. und 223.) gezogen wird. Die Aeusserung des Hrn. x. *K.* wegen der bey dem Kammergericht üblichen, offenbar fehlerhaften Formulare gehört nicht zu dem gegenwärtigen Entwurf.

S. 56. Im §. 61. würde ich sagen:

„— unter Beifügung der hier vorgeschriebenen Warnung —"

sonst bin ich einig.

Concl. ad 56. appr.

Zu Th. I. Tit. 7.

Insinuation der Vorladungen.

Rescr. v. 27. Septbr. 1798.
Stengel, Bd. VII. S. 300.

§. 62.

ad §. 1. Alle Vorladungen und Verfügungen der Gerichte, auch wenn sie an Partheyen im Auslande erlassen werden, sind in deutscher Sprache abzufassen und übrigens die Vorschriften des Circulars vom 9. Juny 1800. wegen Abkürzung der Curialien dabey zu beobachten.

S. Nachträgliches Votum. 10. Aus dem §. 62. würde ich den Bezug auf das Circular vom 9. Juni 1800. weglassen. Von den Curialien ist in der Ger. Ordn. nicht die Rede und selbige haben sich seit 1800. auch schon wieder verändert.

Verordn. v. 26. Decbr. 1808. §. 47.

§. 63.

Wenn ein Regierungs Bedienter oder ein derselben untergeordneter Officiant, welcher Geschäfte in Händen hat, die zu ihrem Ressort gehören, außerhalb seinem Wohnorte vor Gericht geladen wird, so muß davon bey der Vorladung die betreffende Regierung oder unmittelbar vorgesetzte Behörde desselben benachrichtigt werden.

S. 57. Im §. 63. würde ich setzen:

— „oder ein der Regierung untergeordneter Officiant“

und

„unmittelbar vorgesetzte Behörde des Vorgeladenen“

Concl. ad 57. appr.

Rescr. v. 18. Septbr. 1802.
Stengel, Bd. XVI. p. 104.

§. 64.

ad §. 4. Hält sich der Vorzuladende in England auf, so wird ein Requisitoriale wegen weiterer Besorgung der Citation an das Postamt zu Hamburg erlassen.

ad §. 11. Siehe ad §. 42. wegen Insertion in den Zeitungen.

B. Der Zusatz §. 64. gehört zu Tit. 36. §. 32. u. 33., ich halte ihn aber für überflüssig. Denn er enthält nur eine Bestätigung dessen, was die gedachten §§. generaliter verordnen. Auch ist das Rescript nur eine Entscheidung für einen einzelnen Fall, mit Zuziehung des Departements der auswärtigen Angelegenheiten gegeben, die nicht immer dieselbe bleiben kann, da sie sich oft nach den öffentlichen Verhältnissen ändert.

G. ich trete dem Herrn B. bey.

P. Dieser Zusatz, welcher die Besorgung der Vorladungen in England sich aufhaltender Personen betrifft, fällt nach dem Monitum des Hrn. *B.* weg.

S. 58. accedo.

Concl. ad 58. appr.

Rescr. v. 30. Juny 1800.
Neues Archiv Bd. I. p. 176.

§. 65.

ad §. 12. Bey Injurien Klagen oder Denunciationen wegen Injurien gegen Fremde, welchen die Vorladung nicht insinuirt werden kann, findet, insofern sie nach Vorschrift der Gerichts Ordnung Th. I. Tit. 2. §. 23. als Vagabonden und nach §. 28. nicht als bloße Durchreisende zu betrachten sind, ebenfalls die Edictal Citation statt.

S. 59. Im §. 65. würde ich blos der Injurienklagen und nicht der Denunciationen erwähnen.

Concl. ad 59. appr.

Cab.=Ordre v. 15. März 1810.
Jur. Mon. Schr. Bd. IX. p. 40.

§. 66.

ad §. 19. seqq. Die Vorladungen der Unterofficiere und gemeinen Soldaten durch die Civil=Gerichte werden nicht dem Vorzuladenden selbst, sondern dem Chef der Compagnie oder Eskadron, in dessen Abwesenheit dem Commandeur derselben zur weitern Bestellung an den Vorzuladenden insinuirt und dann von dem vorgesetztem Officier auf der bey der Vorladung jedesmal befindlichen Abschrift der richtige Empfang mit dem Versprechen vermerkt, daß er die Vorladung dem Vorgeladenen zu gehöriger Zeit bekannt machen werde.

8. Im §. 60. muss es heissen:

— „insinuirt. Von dem vorgesetzten Officier wird auf der bei der Vorladung —"

Concl. ad 60. appr.

Circul. Rescr. v. 3. Oct. 1810.
Jur. Mon. Schr. Bd. IX. p. 417.

§. 67.

So viel die Insinuation der an active bei Regimentern oder Bataillons angestellte Officiere zu erlassenden Vorladungen anbetrift; so haben die Civil Gerichte in Fällen, wo der Vorzuladende durchaus selbst erscheinen muß, wie z. B. bey Zeugen Vernehmungen, den Commandeur oder sonstigen unmittelbaren Vorgesetzten von der Vorladung in einem besondern Schreiben zu benachrichtigen, mit dem Ersuchen, den Vorzuladenden zur Abwartung des Termins von seinen erwanigen Dienstgeschäften, insofern solche es gestatten, zu dispensiren.

In allen übrigen Fällen, wo das persönliche Erscheinen des Officiers nicht durchaus nöthig ist, bedarf es jener Benachrichtigung nicht, indem es sodann Sache des Officiers bleibt, entweder die Prorogation des Termins, insofern er in solchem persönlich erscheinen will und wegen Dienstgeschäfte daran verhindert wird, nachzusuchen, oder sich eine Befreyung von den Dienstgeschäften für die Zeit des Termins von seinen Vorgesetzten zu erbitten.

Rescr. v. 4. Juny 1811.
Jur. Mon. Schr. Bd. X. p. 490.

Ueberhaupt aber wird hierbey festgesetzt, daß wenn es auf die persönliche Vernehmung eines Officiers entweder als Zeuge oder als Parthey ankommt und solche auf einem kürzeren und leichteren Wege bey den Militair Gerichten, als bey den competenten Civil Gerichten bewirkt werden kann, das erstere jedesmal deshalb zu requiriren ist, damit der Militair Dienst so wenig als möglich leide.

T. Das allegirte Rescript redet ausdrücklich nur von Offizieren, die bey Regimentern oder Bataillons angestellt, nicht z. B. von Offiziers im General-Stabe, von Flügel-Adjutanten ꝛc. und ich würde dem Zusatz diese Einschränkung beifügen.

K. ich schlage folgende Fassung vor:

„Bei Insinuation der Vorladungen der activen, bei Regimentern oder Bataillons angestellten Officiere, wird, sobald der Vorgeladene selbst erscheinen muss, der Commandeur oder sonstige unmittelbare Vorgesetzte zugleich ersucht, denselben zur Abwartung des Termins von etwanigen Dienstgeschäften, insofern solche es gestatten, zu entbinden. Ist die Anwesenheit des Officiers nicht durchaus nöthig, so fällt diese Benachrichtigung weg, und der Vorzuladende muss, wenn er persönlich erscheinen will und durch Dienstgeschäfte verhindert wird, entweder die Verlegung des Termins, oder Befreiung von den Dienstgeschäften für die Zeit desselben, bei seinem Vorgesetzten nachsuchen.

Kann auch die Vernehmung des Officiers als Parthei oder Zeuge bei dem Militairgericht leichter als bei dem competenten Civil Gericht bewirkt werden, so wird Ersteres deshalb von dem Letzteren requirirt."

B. Bei dem Zusatz §. 67. trete ich dem Hrn. ꝛc. *K.* bei.

G. Dem Monito des Hrn. v. T. gemäß habe ich den Zusatz ergänzt.

Uebrigens kann ich die von Herrn K. vorgeschlagene Fassung um nichts deutlicher und kürzer finden, als meine eigene, bey welcher ich den Worten der allegirten Ministerial-Rescripte getreu geblieben bin.

P. Dem Monito des Hrn. *v. T.* ist schon abgeholfen. Was die von Hrn. ꝛc. *K.* monirte Fassung betrifft, so möchte ich darüber nicht streiten, weil Hr. *v. G.* die Worte der Verordnungen beybehalten hat, aus welchen der Zusatz genommen ist. Nur die lezte Periode würde ich ändern. Die Worte:

„Ueberhaupt wird hierbey vestgesezt"

passen nicht gut zu dem Anhange, welcher nichts Neues vestzusetzen, sondern nur das schon Vestgesezte aufzunehmen bestimmt ist. Ich würde vorschlagen:

„Wenn es auf die persönliche Vernehmung an-
„kommt, und diese Vernehmung ꝛc. bewirkt wer-
„den kann; so ist Ersteres desshalb zu requi-
„riren, damit etc."

S. 61. ad §. 67. würde ich der Fassung des Herrn ꝛc. *K.* beitreten.

Concl. ad 61. appr.

Declarat. v. 23. Januar 1797. No. 8.

§. 68.

ad §. 26. Die Postämter sind angewiesen, über die zur Post gegebenen Vorladungen, Resolutionen und Contumacial-Bescheide eine Bescheinigung des Empfanges und des Abgangs auf den Grund der Post-Charte gegen eine Belohnung von 3 Gr. zu ertheilen und diese Bescheinigung auf die ihnen offen vorzulegende Copie der zu insinuirenden Vorladung ꝛc. zu setzen.

T. Nach der Gerichtsordnung ist ein Attest des Postamts über den Abgang der Vorladung nicht hinreichend, sondern zugleich eine Bescheinigung von dem Orte, wohin dieselbe geht, erforderlich. Solche ist aber aus Orten und Landen, wohin kein Postcurs geht, wie z. B. aus Nord Amerika, nicht zu erhalten. Ich würde daher den Zusatz 292., da der Grund allgemein ist, schon hier aufnehmen und in der 2ten Zeile den Worten:

ausgetretenen Kantonisten

die Worte:

abwesenden Partheyen

substituiren.

K. ich bin mit dem Hrn. Pr. *v. T.* einig.

B. Den Zusatz §. 68. halte ich nach dem Entwurfe für richtig.

G. Der Zusatz sub Nr. 292. spricht von Vorladung der ausgetretenen Cantonisten, steht mithin ganz an seinem rechten Orte und kann hinfolglich hier nicht schon mit aufgenommen werden.

Herr B. ist hierunter mit mir einverstanden.

P. Ich finde keinen Grund, auf das Monitum des Hrn. *v. T.* hier einzugehen. Es wird bey dem Entwurf bleiben können.

S. 62. accedo.

Concl. ad 62. appr.

Rescr. vom 23. Juny 1810.
Jur. Mon.-Schr. Bd. IX. p. 227.

§. 69.

ad §. 29.*) Bey Klagen, welche gegen den Fiscus allein ohne nähere Bestimmung der fiscalischen Station, oder gegen ihn mit andern Verklagten gemeinschaftlich gerichtet sind, wird der Fiscus der Regierung überhaupt als Beklagter angesehen, und die Klage dem Präsidium der Regierung insinuirt.

B. Der Zusatz §. 69. gehört m. E. zum §. 28. des Titels.

*) In dem Entwurfe hat Goßler die Aenderung gleich vorgenommen.

G. Aus einem Versehen das Abschreibers ist hier der unrichtige §. bezeichnet. ich habe solches rectificirt.

P. Dem Monito des Hrn. *B.* ist abgeholfen.

S. 63. accedo.

Concl. ad 63. appr.

Edict v. 6. Octbr. 1794. No. 85.
Stengel, Bd. I. p. 54.

§. 70.

ad §. 29. Wenn ein einzelnes Comptoir der Seehandlungs-Societät aus seinen Handlungen und Verträgen, besonders in kaufmännischen Angelegenheiten, belangt wird, so ist die Citation an das Comptoir zu richten und demselben zu insinuiren, zugleich aber der Seehandlungs-Direction von der eingekommenen Klage Nachricht zu geben. Wenn aber ein Anspruch oder eine Klage nicht ein einzelnes Comptoir, sondern die Seehandlungs-Societät überhaupt betrifft; so wird die Vorladung an das officium fisci in Vertretung der Seehandlungs-Societät gerichtet und die Insinuation geschieht an den von der General-Direction ernannten fiscalischen Bedienten, welcher ein- für allemal zu deren Vertretung authorisirt ist.

Verordn. v. 3. May 1804.
Jur. Mon. Schr. Bd. I. p. 18.

§. 71.

ad §. 42. und 43. Der Ausfertigung und Aushängung der Edictal-Citationen und Proclamatum außerhalb der Gerichts-Stelle, woselbst solche extrahirt und verfügt sind, bedarf es ohne Unterschied der Fälle nicht.

Rescr. vom 8. Januar 1806.
Neues Archiv Bd. IV. p. 300.

Rescr. v. 6. Octbr. 1810.
Jur. Mon. Schr. Bd. IX. p. 540.

Auch kann die Einrückung der Edictal-Citationen in die in den hiesigen Staaten herauskommenden Zeitungen in der Regel unterbleiben, und es hängt lediglich von dem vernünftigen Ermessen des Richters ab, in vorkommenden Fällen sein Verfahren nach den Umständen einzurichten und die öffentliche Bekanntmachung in den Zeitungen zu verfügen. Eine Nullität kann jedoch aus der Unterlaßung jener Insertion niemals hergeleitet werden.

Uebrigens müssen die Gerichte zur Ersparung der Kosten bey Abfassung der in den Intelligenzblättern einzurückenden Edictal-Citationen und öffentlichen Anzeigen dahin sehen, daß solche so viel als unbeschadet der Vollständigktit geschehen kann, nur kurz eingerichtet und alle unnöthige Weitläuftigkeiten dabey möglichst vermieden werden.

K. ich würde statt der Worte:

ohne Unterschied der Fälle,

setzen:

in der Regel,

weil der Herr Verfasser im §. 358. des Entwurfs selbst mit Recht eine Ausnahme statt finden lässt. Dieser §. gehört übrigens zu denen, welche kürzer zu fassen sein werden.

G. ich würde statt der Worte:

„ohne Unterschied der Fälle"

sagen:

„bedarf es nur in den Fällen, wo die Gesetze solche „ganz besonders vorschreiben".

P. Der Zusatz ist wörtlich aus der Verordnung vom 3ten May 1804. genommen, wonach es der Aushängung der Edictal-Citationen ausserhalb der Gerichts-Stelle künftig ohne Unterschied der Fälle nicht weiter bedarf.

Hr. x. *K*. bemerkt, dass eine Ausnahme bey der Subhastation der Schiffe statt finde (cf. §. 358. des Entw.) und will daher statt der Worte:

„ohne Unterschied der Fälle"

setzen:

„in der Regel."

Hr. *v. G.* giebt dem Monito Beyfall, will aber statt der angeführten Worte sagen:

„Bedarf es nur in den Fällen, wo die Gesetze sol-
„che ganz besonders vorschreiben."

Ganz besonders vorgeschrieben ist aber das Aushängen ausserhalb der Gerichts Stelle in mehreren Fällen, z. B. bei dem Confiscations-Process Tit. 36. §. 35., bei den Todes-Erklärungen Tit. 37. §. 6. No. 4. Es fragt sich, ob es bey diesen besonderen Vorschriften bleibt, oder ob sie durch die neuere Verordnung abgeschafft sind?

Ich würde das Letztere annehmen, wie auch Hr. *v. G.* in Ansehung der Confiscations-Processe und Todes-Erklärungen gethan hat,

conf. §. 293. und 300. des Entw.

und selbst in Ansehung der Schiffe dafür halten, dass die neuere Verordnung die älteren Gesetze ohne Ausnahme aufgehoben habe.

Demnach würde ich es bey dem Entwurf lassen, auch unten den Zusatz §. 358. wegen der Schiffe weglassen, eventualiter aber dahin antragen, dass hier im §. 71. des Entw. gleich auf diejenigen Fälle bestimmt hingewiesen werde, wo eine Ausnahme von der Regel gelten soll.

conf. Mathis Monatsschrift, Bd. I. S. 18. in der Note.

S. 64. accedo.

Concl. ad 64. appr.

Rescr. vom 16. July. 1798. No. 45.

§. 72.

Die Rechnungsart nach Monaten ist bei Edictal-Citationen nach der Observanz, wie sie der Kalender bestimmt, beizubehalten.

S. 65. Der §. 72. gehört nicht hierher, sondern ad §. 109. Tit. 50. Th. I. der G. O., wohin ich ihn verweisen würde.

Concl. ad 65. appr.

Rescr. v. 27. Aprill 1801.
Neues Archiv Bd. II. p. 126.

§. 73.

ad §. 47b. Einer Wiederholung der Edictal-Citation bedarf es nur dann, wenn bey deren Bekanntmachung durch die öffentlichen Blätter um mehr als vierzehn Tage an der vorgeschriebenen Zeit gefehlt worden, wogegen ein Verstoß, der nur vierzehn Tage oder weniger beträgt, der Legalität der Edictal-Vorladung nicht schadet.

S. 66. Im §. 73. würde ich die Worte: „wogegen ein Verstoss" bis zu Ende, als überflüssig streichen.

Concl. ad 66. appr.

Zu Th. I. Tit. 8.

Prorogationen und Contumacien.

Rescr. v. 5. März. 1810.
Jur. Mon. Schr. Bd. IX. p. 31.

§. 74.

ad §. 5. Von der in diesem §. ertheilten Vorschrift darf auch in Wechsel-, Alimenten- und Arrest-Sachen keine Ausnahme verstattet werden, wofern nicht ein schleuniger und dringender Arrest durch die höchste Noth gerechtfertigt wird, in welchem Falle jedoch aller öffentliche Anstoß und jede Störung des Gottesdienstes mit möglichster Vorsicht vermieden werden muß.

S. 67. Den §. 74. würde ich dahin fassen:

„Von dieser Vorschrift findet auch in Wechsel-, Alimenten- und Arrestsachen keine Ausnahme statt. Nur wenn von einem schleunigen und dringenden Arreste die Rede ist, dessen Anlegung und Rechtfertigung ohne die höchste Gefahr nicht ausgesetzt werden kann, ist es erlaubt, das Geschäft auch an einem Sonn- oder Festtage vorzunehmen. Jedoch muss alsdann aller öffentliche Anstoss und jede Störung des Gottesdienstes mit möglichster Vorsicht vermieden werden.“

Concl. ad 67. appr.

---

§. 75.

ad §. 11. Siehe wegen der Zufertigung durch die Post, tit. 7. §. 26.

S. 68. Der §. 75. (Renvoi) bleibt weg.

Concl. ad 68. appr.

Rescr. vom 7. Aug. 1810.
Jur. Mon. Schr. Bd. IX. p. 330.

§. 76.

ad §. 16. Wenn die schriftlichen Privat-Erklärungen von einer öffentlichen Behörde abgegeben worden, so bedarf es keiner gerichtlichen Wiederholung des Anerkenntnisses, vielmehr kann darauf, in so fern letzteres ganz vollständig und unbedingt ist, die Agnitions-Resolution abgefaßt werden.

Zu Th. I. Tit. 9.

Antwort auf die Klage.

Rescr. v. 12. July 1806.
Jur. Mon. Schr. Bd. IX. p. 519.

§. 77.

ad §. 38. In Hinsicht der Vorladung jener Sachverständigen sind folgende Grundsätze zu beobachten.

Zuvörderst hat es bey Adhibirung der ein für allemal als Sachverständige bey den Collegien angestellten und vereydigten Personen sein Bewenden. In deren Ermangelung und in so fern sich die Partheyen über die Sachverständigen nicht vereinigen können, ist deshalb mit demjenigen Collegium, welchem Personen dieser Art in Amts-Sachen untergeordnet sind, Rücksprache zu nehmen und können sich alsdann die von der Amts-Behörde Namhaftgemachte nicht entziehen, das Geschäft des Sachverständigen vor dem Justiz-Collegium zu übernehmen.

Tritt dagegen der Fall ein, daß sich die Partheyen über solche Sachverständigen vereinigen, welche nicht in dieser Qualität bei dem Justiz-Collegium angestellt und ein für allemal vereydet, auch nicht von den ihnen vorgesetzten Behörden, sondern von den Partheyen selbst vorgeschlagen sind; so muß der Vorgeschlagene, falls er mit seiner Kunst ein Gewerbe, es sey welches es wolle, z. B. als Lehrer, Professor, Arzt, Künstler, Handwerker treibt, sich als Sachverständiger — der unmittelbaren Aufforderung seiner Obrigkeit gemäß — gestellen und eydlich vernehmen lassen.

Ist er dagegen in einem öffentlichen Amts-Verhältniß, so muß das Gericht vorläufig mit der ihm vorgesetzten Amts-Behörde Rücksprache halten, und nur nach deren Bewilligung mit seiner Vorladung verfahren.

S. 69. Den §. 77. würde ich dahin fassen:

„In Absicht der Vorladung der bei der Instruction zuzuziehenden oder sonst zu vernehmenden Sachverständigen findet folgendes Verfahren statt.

Zuvörderst hat es dabei sein Bewenden, dass die ein für allemal als Sachverständige bei den Gerichten angestellten und vereidigten Personen zugezogen werden."

u. s. w.

Concl. ad 69. appr.

§. 78.

ad §. 39. cf. Th. I. Tit. 3. §. 1. seqq.

S. 70. Der §. 78. (Renvoi) fällt weg.

Concl. ad 70. appr.

Zu Th. I. Tit. 10.

Von Instruction der Sache.

Rescr. v. 15. Februar 1796.
Stengel, Bd. II. p. 199.

§. 79.

ad §. 5b. Der Richter ist daher über Thatsachen, die nicht präsumirt werden können, z. B. daß ein Mensch geheirathet oder daß er Kinder erzeugt habe, weder befugt, noch schuldig, von Amtswegen Nachforschungen anzustellen.

B. Den Zusatz §. 79. würde ich nicht aufnehmen. Denn die nach dem Rescript selbst überflüssige Belehrung, welche die Westphl. Regierung sich über den Satz, dass facta nicht praesumirt werden, einzuholen für nöthig gefunden, ist keine Declaration der Ger. O., sondern nur eine Bestätigung dessen, was Tit. 13. §. 28. schon allgemein und sehr deutlich gesagt ist. Wollte man den Zusatz aufnehmen, so müsste er der letztgedachten Stelle der P. O. hinzugefügt werden.

G. Hiermit bin ich einverstanden.

P. Fällt nach dem gegründeten Monito des Hrn. *B.* weg.

S. 71. accedo.

Concl. ad 71. appr.

---

§. 80.

ad §. 7. Siehe Verordnung vom 1. Februar 1799. wegen schnelleren Betriebs der rechtshängigen Sachen.

S. 72. Den §. 80. würde ich weglassen. Das Circular vom 1. Februar 1799. enthält eine Instruction für die Obergerichte, von welcher Vieles nicht mehr gilt.

Concl. ad 72. appr.

Cirkul. Verordn. v. 30. Dzbr. 1798. Sect. V. §. 1. u. 7.

§. 81.

ad §. 19 *). Der Zuziehung eines Protocollführers bey den Verhandlungen des Civil-Prozesses bedarf es nicht; viel-

*) Anmerkung von G.: „Wer die große Menge von Anfragen kennt, zu welchen die Cirkular-Verordnung vom 30. Dec. 1798. Anlaß gegeben hat, der wird es einsehen, daß der Verfasser des gegenwärtigen Anhanges in die leidige Nothwendigkeit gesetzt war, alle dahin einschlagende Erläuterungs-Rescripte zu sammeln, und in möglichst logischer Ordnung hier aufzunehmen."

mehr haben alle von einer Gerichts-Person aufgenommene und von den Partheyen oder ihren Stellvertretern unterschriebene Protocolle vollen Glauben.

Wird demohngeachtet ein dergleichen Protocollführer adhibirt, so dürfen in der Regel, und wo nicht die Gesetze eine besondere Ausnahme gestatten, den Partheyen dafür keine Gebühren oder Diäten in Ansatz gebracht werden.

T. Der Zusatz 81. lässt es unbestimmt, wie es bey allen Geschäften der freiwilligen Gerichtsbarkeit und bey fiskalischen Untersuchungen gehalten werden soll, unerachtet beyde Arten von Verhandlungen zur Allg. Gerichts-Ordnung, ebensowohl wie Civil-Prozesse, gehören. Ich würde es daher vorziehen, den §. 1. der Cirkular-Verordnung wörtlich aufzunehmen, und da dieselbe mit der grösstmöglichsten Präcision alle Arten gerichtlicher Verhandlungen umfasst, so darf auch die Ausnahme wegen der Kriminal-Sachen, die freylich streng genommen nicht hierher gehört, nicht fehlen.

Dagegen möchte ich die 2te Periode dieses Zusatzes hier weglassen und hinter den Zusatz 90. verweisen, weil die folgenden §§. 82 — 90. incl. stets voraussetzen, dass kein Protokollführer zugezogen ist.

K. Ich bin der Meinung, dass der Criminal-Sachen hier nicht zu erwähnen, und würde den §. dahin fassen:

Der Zuziehung eines Protokollführers bei Verhandlungen des Civil-Processes bedarf es nicht.

Bei Handlungen der freiwilligen Gerichtsbarkeit ist sie nur dann nöthig, wenn Testamente, letztwillige Verfügungen, Erbverträge, oder solche Ehestiftungen errichtet werden, worin die künftige Erbfolge bestimmt wird. Andere gerichtliche, von einer Gerichts-Person allein aufgenommene, und von den Partheien oder ihren Stellvertretern unterschriebene Verhandlungen haben volle Glaubwürdigkeit.

B. Bei dem Zusatz §. 81. erinnern zwar die Hrn. ꝛc. *v. T.* und ꝛc. *K.*, dass hier der Actus vol. juris gar nicht erwähnt werde; allein m. E. hat Hr. ꝛc. *G.* Recht, wenn er diese Bestimmung zum 2. Thl. der G. O. verwiess.

G. Das monitum der Herren v. T. und K. halte ich, in Uebereinstimmung mit dem Herrn B., für ungegründet. Ich habe das, was die Herren Monenten hier desideriren, im II. Theil Tit. 2. §. 16., woselbst es hingehörte, mit aufgenommen.

P. Hier ist wieder die Rede von der Zuziehung des Protocollführers, worüber nach dem Vorschlage des Hrn. G. R. *S.* schon oben zum §. 40. der Einleit. (s. S. 155.) eine zweckmässige Bestimmung erfolgt ist. Um nicht das Nemliche zweymal zu sagen, würde ich die erste Hälfte des §. 81. des Entw. hier weglassen, und auf den obigen Zusatz zu §. 40. der Einleitung verweisen. Die zweyte Hälfte wird bleiben können, und würde ich überhaupt diesen §. des Entw. so fassen:

> Da die Zuziehung eines Protocollführers in der Regel nicht nöthig ist (§. 2. des Anh. zum §. 40. der Einleit.); so dürfen, wenn dennoch ein solcher, ohne gesetzliche Nothwendigkeit zugezogen wird, den Parteyen dafür keine besondere Diäten oder Gebühren angesezt werden.

Die Erinnerungen der Herren *v. T.* und *K.*, welche die Zuziehung des Protocollführers zu Handlungen der freywilligen Gerichtsbarkeit und in Criminal-

Sachen hier bestimmen wollen, würde ich mit Hrn. *v. G.* und *B.* für wegfallend achten.

S. 73. accedo.

Concl. ad 73. appr.

---

ibidem. §. 2.

§. 82.

In Ansehung der Mitunterschriften der Partheyen ist es zwar hinreichend, wenn sie ihren Namen unterzeichnen; in wichtigen Sachen wird es jedoch rathsam seyn, ihrer Unterschrift noch die Bemerkung beifügen zu lassen, daß sie die Verhandlung durchgelesen haben und mit deren Inhalt überall einverstanden sind.

P. Statt der Worte:

„in wichtigen Sachen wird es jedoch rathsam „seyn“ u. s. w.

würde ich sagen:

„jedoch ist es rathsam, in wichtigen Sachen“ ꝛc. So drückt sich auch die angef. Circ. Verordn. vom 30. Dec. 1798. Abschn. 5. §. 2. aus. — Mir scheint aber der ganze §. 82. des Entw. nicht an seiner Stelle zu seyn. Die alleg. Circ.-Verordn. redet von Verträgen, Schuldverschreibungen, Vollmachten etc., also von Handlungen der freywilligen Gerichtsbarkeit. Der §. 19. der Proc. Ordn. hingegen spricht von Instruct.-Protocollen. Dass solche von den Parteyen, nach geschehener Vorlesung und Genehmigung, unterschrieben werden müssen, verordnet die Process-Ordnung in mehreren Stellen, z. B. Tit. X. §. 205., Tit. 25. §. 63. ꝛc. Der Beysatz, dass sie das Protocoll durchgelesen haben, ist in Processen nicht erforderlich.

Ich würde daher den §. 82. des Entwurfs streichen.

S. 74. accedo.

Concl. ad 74. appr.

Edikt vom 11. März 1812. §. 2.
Jahrbuch von v. Kamptz p. 67.

§. 83.

Die Juden dürfen sich bey ihren Namensunterschriften keiner andern als deutscher oder lateinischer Schriftzüge bedienen.

Circul. Verordn. v. 30. Debr. 1798. Sect. V. §. 3.
Rescr. v. 21. Februar 1799.
Stengel, Bd. VIII. p. 174.

§. 84.

Personen, die nicht schreiben und Geschriebenes lesen können, müssen einen glaubhaften Mann wählen, welcher in ihrem Namen die Unterschrift verrichtet. Diese Vorschrift hat der Richter solchen Personen, deren Stand oder Ansehen es zweifelhaft macht, ob sie lesen oder schreiben können, gleich vor dem Anfang der Verhandlung bekannt zu machen und auf deren Befolgung zu dringen. Ist diese Vorschrift nicht befolgt, so verliert die Verhandlung für die Parthey, welche nicht schreiben und Geschriebenes lesen kann, ihre Gültigkeit.

T. Es sind mehrmals Zweifel entstanden, ob der §. 3. der Circul. Verordn. auch auf Bagatell-Sachen, wo es sonst schon keines Protokoll-Führers bedurfte, anwendbar sey? Deswegen würde ich den Anfang des Zusatzes 84. dahin fassen:

Personen, die nicht schreiben und nicht Geschrie-

benes lesen können, müssen jederzeit und auch selbst in Bagatell-Sachen ꝛc.
Rescr. v. 27. May 1799. Stengel, VIII. p. 129.
Rescr. v. 17. Märtz 1800. ibid. XI. p. 229.

K. Dieser Zusatz ist in Rücksicht der Fassung keiner Veränderung mehr unterworfen, weil er schon im ersten Anhange zum A.L.R. §. 5. aufgenommen ist. ich würde daher hiebei bloss auf diesen Anhang zurückweisen.

Der von dem Hrn. Pr. *v. T.* vorgeschlagene Zusatz scheint mir bei der allgemeinen Vorschrift des Gesetzes nicht nothwendig.

B. Der Zusatz §. 84. steht freilich schon im Anhange zum allg. L. R., wie Hr. ꝛc. *K.* richtig erinnert; allein er wird doch wohl hier wiederholt werden müssen, weil er die Grundlage mehrerer folgenden Zusätze ist. Auf ihn würde ich den Zusatz folgen lassen:

„Auch in Bagatellsachen muss diese Vorschrift „befolgt werden,"

obgleich es sich strenge genommen schon von selbst versteht, da das Gesetz allgemein ist und keine Ausnahme macht.

G. ich trete demjenigen bey, was Herr B. hierüber bemerkt.

P. Findet sich wörtlich im §. 5. des Anh. zum A.L.R.; da jedoch hier von Verträgen die Rede ist, so würde ich vorschlagen, den §. 84. des Entw. dahin zu ändern:

„Auch in Processen ist in Ansehung der Perso- „nen, die nicht schreiben und Geschriebenes lesen „können, die Vorschrift des 1sten Anh. zum A.L.R. „§. 5. zu beobachten."

Von dem Vorschlage des Hrn. Pr. *v. T.* wegen der Bagatell-Sachen dürfte kein Gebrauch zu machen seyn, weil es sich von selbst versteht.

S. 75. ich würde die Vorschrift hier aufnehmen, um das weitere Nachschlagen zu verhüten, und zwar nach der Fassung des §. 5. des Anhanges zum A. L. R.

Concl. ad 75. appr.

Rescr. v. 27. May 1799.
Stengel, Bd. VIII. p. 191.

§. 85.

Der zur Verhandlung zugezogene glaubhafte Mann muß der ganzen Verhandlung beiwohnen, wenigstens von dem Inhalt des Protocolls, welches von ihm unterzeichnet werden soll, unterrichtet werden.

Auch ist im Protocoll zu bemerken, auf welche Art die Unterschrift erfolgt.

B. In dem Zusatze §. 85. ist eine Bestimmung:

auch ist im Protocolle zu bemerken, auf welche Art die Unterschrift erfolgt,

welche ich in dem allegirten Rescripte vom 27. May 1799. nicht finde. Interessanter scheint mir die Vorschrift des R. vom 17. März 1800. Stengel, Bd. 11. pag. 230.:

dass die des Schreibens unerfahrne Parthey, wenn sie gleich einen glaubwürdigen Mann zur Stelle bringt, der statt ihrer unterschreibt, dennoch das Protocoll mit 3 Kreuzen vollziehen muss;

ich stelle daher anheim: ob diess nicht zu suppliren seyn sollte.

G Die Bestimmung, worüber Herr B. den gesetzlichen Belag vermißt, befindet sich in dem Rescript vom 17. März 1800. ad b.

cf. Stengel's Beiträge, Band XI. pag. 229.

Mit dem angetragenen neuen Zusatze bin ich einverstanden.

P. Die Erinnerungen des Hrn. *B.* sind m. E. erheblich. Das von Hrn. *v. G.* angezogene Rescript sagt nicht,

dass im Protocoll zu bemerken sey, auf welche Art die Unterschrift erfolgt sey;

sondern nur:

es könne im Protocoll bemerkt werden, wie solches (nemlich die Adhibirung eines Subjects zu Verrichtung der Unterschrift) geschehen sey.

Eines wie das andere ist für sich klar und kann füglich wegbleiben.

Dagegen halte ich den von Hrn. *B.* vorgeschlagenen Zusatz für zweckmässig. Statt der wegzulassenden Worte:

Auch ist im Protocoll zu bemerken ꝛc.,

würde ich daher vorschlagen:

Auch muss die des Schreibens unerfahrne Partey, wenn gleich der zugezogene glaubhafte Mann in ihrem Namen die Unterschrift verrichtet hat, doch das Protocoll mit drey Kreuzen unterzeichnen.

S. 76. accedo.

Concl. ad 76. appr.

Rescr. v. 26. März 1799.
Stengel, Bd. VIII. p. 183.

§. 86.

Falls die Parthey unterläßt, einen dergleichen glaubhaften Mann mitzubringen, oder ihn auszuwählen sich weigert, so muß ihr der Richter einen solchen ex officio zuordnen.

Rescr. v. 1. July 1799. Stengel, Bd. IX. p. 1797.
Rescr. v. 17. März 1800. Stengel, Bd. XI. p. 229.

Justiz-Commissarien, vereydete Protocollführer oder Actuarien, auch der Ehemann, wenn er mit seiner Ehefrau vor Gericht erscheint und sein Interesse mit dem ihrigen nicht collidirt, vertreten die Stelle eines glaubwürdigen Mannes.

Circul. Verordn. v. 30. Decb. 1798. Sect. V. §. 4.

§. 87.

Wenn unter mehreren, gemeinschaftliche Sache machenden Personen, auch nur einer schreiben und Geschriebenes lesen kann, so ist es hinreichend, wenn derselbe in Ansehung der Litis-Consorten, welchen diese Fähigkeit mangelt, die Richtigkeit der von ihnen durch Kreutze bewirkten Unterschrift mittelst seiner Namens-Unterzeichnung bezeugt.

Rescr. v. 27. May 1799.
Stengel, Bd. VIII. p. 190.

Haben die Partheyen ein gegenseitiges Interesse, so werden auch verschiedene Beistände erfordert, im entgegengesetzten Fall ist nur die Zuziehung eines Beistandes nöthig.

---

ibid.

§. 88.

Partheyen, welche bloß ihren Namen schreiben, sonst aber weder schreiben noch lesen können, werden den §. 84. des Anhangs gedachten Personen gleich geachtet.

Circul. Verordn. v. 30. Decbr. 1798. §. 5. Sect. V.

§. 89.

Wegen der Tauben, Stummen, Taubstummen und Blinden verbleibt es zwar bey der Anweisung der Gerichts-Ordnung Th. II. Tit. 3. §. 4. bis 8.; es bedarf jedoch auch bey diesen keiner Zuziehung eines Protocollführers.

---

ibid. §. 6. Sect. V.

§. 90.

Wenn der Fall sich ereignet, daß eine Parthey das von der Gerichts-Person aufgenommene Protocoll nicht unterschreiben will, so muß der Richter eine zweyte Gerichtsperson oder einen Justiz-Commissarius, oder in deren Ermangelung einen sonst glaubhaften Mann als Zeugen zuziehen und in dessen Gegenwart die weigernde Parthey befragen:

ob sie noch Zusätze, Widerrufe oder Modificationen verlange, unter welchen sie die Unterschrift leisten wolle?

In diesem Falle sind solche dem Protocolle nachzutragen und sodann mit der Unterschrift zu verfahren. Im entgegengesetzten Falle muß unter dem Protocoll vermerkt werden:

daß die Parthey, nachdem sie vorher deshalb befragt worden, keine Gründe der Weigerung habe angeben können, — daß ihr zwar die Bedeutung geschehen, das Protocoll werde der verweigerten Unterschrift ohngeachtet wider sie beweisen, daß aber diese Bedeutung fruchtlos geblieben sey.

Wenn diese Vorschrift beobachtet worden, und die Verhandlung von dem obgedachtermaßen zugezogenen Zeugen mit unterzeichnet ist, so behält sie die volle Glaubwürdigkeit eines gerichtlichen Protocolls und wird durch die unterbliebene Unterschrift der Parthey nicht geschwächt.

Rescr. v. 18. Novbr. 1799.
Stengel, Bd. X. p. 355.

Wenn die Partheyen der deutschen Sprache nicht mächtig sind, wohl aber die Gerichtsperson der fremden Sprache kundig ist, die Verhandlung deutsch niederschreibt, solche durch einen Dollmetscher übersetzen läßt und die Uebersetzung den Partheyen vor der Vollziehung vorliefet; so bedarf es der Adhibirung eines zweyten Dollmetschers oder eines der Sprache kundigen Zeugen nicht.

B. Am Schlusse des Zusatzes §. 90. wird der Form der Protocolle erwähnt, wenn die Partheien der deutschen Sprache nicht mächtig sind. Dieser Zusatz ist m. E. nicht ganz vollständig; ich würde ihn folgendergestalt anfangen:

In den Fällen, wo es keines besondern Protocollführers bedarf, ist auch bei Verhandlungen mit Partheien, die der deutschen Sprache nicht gewachsen sind, ein Dollmetscher hinreichend und bedarf es des zweiten Dollmetschers oder eines der fremden Sprache kundigen Zeugen nicht.
cf. R. vom 1. Jan. 1800. Stengel, 10. 359.

Alsdann würde ich fortfahren:

Ist in denselben Fällen die Gerichtsperson der fremden Sprache völlig mächtig und lässt er die deutsch niedergeschriebene Verhandlung durch einen Dollmetscher übersetzen und dann von den Partheien vollziehen, so bedarf es bey der Verhandlung selbst gar keines Dollmetschers.
cf. das in Entwurf allegirte R. vom 18. Nov. 1799.

Hr. ꝛc. *G.* folgert aus diesem Rescr. nur, dass ein Dollmetscher wegfallen könne. Allein da nach dem Rescr. vom 1. Jan. 1800. schon in dem Falle der 2te Dollmetscher cessirt, wenn selbst der Richter der fremden Sprache nicht mächtig ist, so muss doch für den Fall, wenn selbst der Richter die fremde Sprache vollkommen versteht, noch eine günstigere Bestimmung existiren, und diese giebt das R. vom 18. Nov. 1799. auf den von der Reg. zu Bialystock ausdrücklich vorausgesetzten Fall dahin, dass es gar keines Dollmetschers oder Protocollführers bei der Verhandlung bedürfe, wenn der Richter nur dafür sorgt, dass den Partheien eine legale Uebersetzung der von ihm aufgenommenen Verhandlung vorgelegt, und von ihm vollzogen wird.

In der That ist auch nicht abzusehen, was in dem gegebenen Fall,

> wenn der Richter der fremden Sprache völlig gewachsen ist,

noch mehr zur Sicherheit der Parthei geschehen soll, als dass sie in ihrer Sprache eine legale Uebersetzung der Verhandlung vorgelegt erhält, und wozu alsdann noch ein Dollmetscher bey der Verhandlung zugezogen werden soll.

Es ist indess richtig, dass die Sache durch die 2te Anfrage der Reg. zu Bialystock, welche das erste Rescript vom 18. Nov. 1799. nicht richtig auslegt, etwas confus geworden ist; ich submittire indess auf Prüfung meiner Interpretation und stelle noch besonders anheim: ob auf den Grund des Rescr. an die Westphäl. Reg. vom 12. April 1802. nicht hinzugefügt werden könnte:

> dass die Parthei auch der aufzunehmenden und ihr vorzulegenden Uebersetzung entsagen könne, wenn der Richter der fremden Sprache mächtig ist, so wie sie auch im entgegengesetzten Fall, wenn er der fremden Sprache nicht mächtig ist, sich des von dem zugezogenen Dollmetscher zu führenden Nebenprotokolls begeben kann.

G. Hiermit stimme ich vollkommen überein.

P. Die von Hrn. rc. *B.* vorgeschlagenen Abänderungen sind von Hrn. *v. G.* gebilligt, und finde ich dagegen nichts zu erinnern. *)

---

*) Anmerkung von P.: „Ich bemerke jedoch, daß mir das angef. Rescr. vom 12. April 1802. noch fehlt. — Die Acten, in welchen das Rescr.

S. 77. accedo.
Concl. ad 77. appr.

Circul. Verordn. v. 11. Octbr. 1797. No. 84.

§. 91.

ad §. 28. In bloßen Bagatell- und den damit auf gleiche Art zu instruirenden geringen Injurien-Sachen, in Wechsel-Sachen, im Executiv-Prozesse, im Possessorio summariissimo und bey andern bloß summarischen Prozeß-Arten ist die Niederschreibung eines förmlichen status causae et controversiae nicht nothwendig, sondern als Ausnahme von der Regel, nur dann erforderlich, wenn ungewöhnlich weitläuftige oder verwickelte Thatsachen dabey zum Grunde liegen.

Auch bey andern an sich processu ordinario zu instruirenden Rechts-Angelegenheiten bedarf es, insofern kein verwickeltes factum dabey in medio ist, der Abfassung einer speciei facti nicht, sondern es ist genug, wenn der Instruent bloß die sowohl factischen als rechtlichen Streitpunkte aufnimmt und niederschreibt.

Rescr. v. 21. März 1798.
Stengel, Bd. V. p. 405.
Anhang zum Land-Recht, §. 2. der Einleitung.

§. 92.

ad §. 52. Anfragen der Gerichtshöfe bey der Gesetz-Commission im Laufe des Prozesses sind unzulässig. Dagegen müssen die Gerichte die vermeinte Dunkelheit des Gesetzes dem Chef der Justiz zum Behuf der künftigen Legislation anzeigen,

alleg. sich findet, lagen bey, und habe ich nunmehr keinen Zweifel, Hrn. P. beizupflichten" und den jedesmal vorliegenden Fall nach den allgemeinen Regeln wegen Auslegung der Gesetze entscheiden.

K. ich würde bloss auf den Anhang zum Landrecht §. 2. zurückweisen.

B. Bei dem Zusatz §. 92. würde ich nur kurz bemerken:

Die Anfragen bey der Gesetz-Commission fallen im Laufe des Prozesses weg. (cf. Anhang zum allg. Landrecht §. 2.)

G. ich sehe keinen Grund ab, warum dieser Zusatz kürzer gefaßt werden soll. Die Bezugnahme auf das Allgemeine Landrecht nimmt beinahe den Raum der Worte ein, welche die Herren Monenten hier weglassen wollen, nicht zu gedenken, daß der ganze Satz weit eher zur Gerichts-Ordnung als zum Land-Rechte gehört.

P. ich trete der Erinnerung des Hrn. *B.* und der vorgeschlagenen Aenderung wegen der Anfragen bey der Gesetz-Commission bey.

S. 78. accedo.

Concl. ad 78. appr.

Neuer Zusatz ad §. 125. Th. I. Tit. 10.

B. Auf den Grund der Circular-Verordnung vom 30. Dezember 1798. würde ich bemerken, dass das gerichtliche Anerkenntniss auch von einem Gerichts-Deputirten aufgenommen werden könne.

G. Diesem Zusatze kann ich nicht beypflichten.

Das Circulare vom 30. Dezember 1798. redet bloß von dem Fall, wo es der Zuziehung eines besonderen Protocollführers nicht bedarf, und es ändert in der Disposition des §phi 125., welche durch die Vorschrift des §phi 13. Th. II. Tit. 2. der Gerichts-Ordnung erneuert und bestätiget wird, überall nichts ab.

P. Den Zusatz des Hern. *B.* würde ich nicht aufnehmen.*) Ein Protocoll in Processen kann glaubwürdig seyn, wenn es auch nur von einer Gerichtsperson aufgenommen ist.

Ein aussergerichtlich vollzogener Erbvertrag oder eine Ehestiftung erlangt aber nur alsdann die Kraft einer gerichtlichen Urkunde, wenn sie wirklich vor Gericht oder vor zwey Deputirten anerkannt ist. Die Circular-Verordnung vom 30. Dezember 1798. Abschn. 5. §. 1., worauf sich Hr. *B.* beruft, stimmt damit überein.

S. 81. Wegen des Zusatzes ad §. 125. Tit. 10. Th. 1. der G. O. accedo.

Concl. ad 81. Der Zusatz des Hrn. ꝛc. *B.* soll aufgenommen werden.

Rescr. v. 13. July 1801. No. 42. der Edikten-Sammlung.

§. 93.

ad §. 127. Dergleichen Atteste verlieren jedoch dadurch, daß darin der dabey zum Grunde liegenden Verhandlungen nicht ausdrücklich gedacht worden, ihre Glaubwürdigkeit keinesweges, indem man voraussetzen muß, daß ein jedes Gericht, welches eine Thatsache auf seine Amtspflicht bekundet, sich von deren Richtigkeit zuvor auf gesetzliche Weise überzeugt habe.

B. In den Zusätzen §. 93. und 94. sind die Motive des Gesetzes mit extrahirt. Diese werden beym Abdruck wohl wegfallen können.

G. ich habe nichts dagegen, daß die Motive wegfallen.

P. ad §. 93. und 94. bin ich mit Hrn. *B.*, welchem auch Hr. *v. G.* beystimmt, einig, dass die Beweg-Gründe wegbleiben.

---

*) Hinterher hat auch P. bemerkt: „Concl. daß der Zusatz des Herrn B. beyzubehalten."

S. 82. accedo.
Concl. ad 82. approb.

Rescr. v. 12. Januar 1801.
Stengel, Bd. XIII. p. 344.

§. 94.

ad §. 151. Wenn die Partheyen nicht selbst Sachverständige in Vorschlag bringen, so können am schicklichsten geübte Canzelley-Verwandte darzu adhibirt werden, indem diese die beste Gelegenheit haben, sich die zur Vergleichung der Handschriften erforderlichen Kenntnisse zu verschaffen.*)

Nach Analogie der Circul. Verordn. v. 30. Decbr. 1798. Sect. V.

§. 95.

ad §. 157. Die Vidimation der Abschriften kann in den Fällen, wo kein Protocollführer zugezogen ist, durch den Instruenten selbst geschehen.

B. Der Zusatz §. 95. ist blos ex analogia deducirt. Es versteht sich aber auch von selbst, dass wenn ein Protokollführer die in termino producirten Originalien vidimiren kann, solches auch vom Deputirten selbst geschehen kann und muss, wenn kein Protocollführer adhibirt werden darf. ich würde daher diesen Zusatz ganz weglassen.

G. ich wünsche die Beibehaltung dieses Zusatzes, um jeden möglichen Zweifel darüber zu heben: als ob in dem Fall, wenn es auf Vidimation einer Urkunde ankommt, schlechterdings ein Protocollführer bey der Verhandlung hinzugezogen werden müßte.

P. Hr. *B.* will diesen Zusatz wegen Vidimation der Documente weglassen, Hr. *v. G.* wünscht die Beybehaltung, um jeden Zweifel zu heben, ob ein Proto-

*) Vgl. die Bemerkungen zum vorhergehenden §. 93.

collführer nöthig sey. Jeder Zweifel ist aber schon durch die A. G. O. Th. II. Tit. 3. §. 27. gehoben, wonach zu gewöhnlichen Vidimationen kein Protocollführer erforderlich, sondern die blosse Unterschrift einer Gerichts-Person hinreichend ist. Ich würde den §. 95. des Entwurfs streichen.

S. 83. accedo.

Concl. ad 83. appr.

Verordn. v. 28. Octbr 1799. No. 60.

§. 96.

ad §. 188. Vor der Abhörung muß jedem Zeugen die diesem Anhange beigefügte Vorhaltung *) zum Durchlesen eingehändiget, oder wenn derselbe nicht lesen kann, von einer Gerichtsperson vorgelesen und nöthigenfalls bey entstehendem Verdacht des Leichtsinn's, der Zurückhaltung der Wahrheit oder Partheylichkeit, deren Inhalt während der Vernehmung ernstlich in Erinnerung gebracht werden.

Rescr. v. 12. July 1806.
Jur. Mon. Schr. Bd. IX. p. 516.

§. 97.

ad §. 203. No. 2. Es ändert hierunter nichts, wenn gleich die benannten Sachverständigen wirkliche Mitglieder der Regierungen oder der einzelnen Deputationen derselben sind.

T. ad 203. No. 2. redet das allegirte Rescript ganz allgemein von allen öffentlichen Beamten und der Bericht, worauf sich dasselbe bezieht, erwähnt der

---

*) Anmerkung von Goßler: „Da ich aus mannichfacher Erfahrung weiß, welchen üblen Eindruck es bei einer so wichtigen Handlung macht, wenn das auf den Gerichtstischen herumliegende — oft zerrissene und beschmutzte Exemplar jener Vorhaltung den Zeugen zum Durchlesen eingehändigt wird, so wünschte ich sehr, daß sie dem Anhange beigefügt würde."

Regierungs - Mitglieder nur beyspielsweise. Ueberdiess ist von den Sachverständigen nicht hier, sondern erst No. 4. des Textes die Rede. Deshalb würde ich den Zusatz No. 98. zu No. 3. des Textes vorangehen lassen und dann erst

ad 203. No. 4. den neuen Zusatz fassen:

Ausserdem können sich auch öffentliche Beamte in jedem einzelnen Falle ihrer Vereydung als Sachverständige nicht entziehen.

K. ich trete dem Hrn. Pr. *v. T.* bei.

B. Bei dem Zusatz §. 97. und 98. trete ich dem Hrn. rc. *v. T.* bei.

G. Hiermit bin ich einverstanden.

P. Es ist die Frage: ob öffentliche Beamte, welche in Partey-Sachen als Sachverständige vorgeschlagen sind, ihre Aussagen oder Gutachten beschwören sollen? Diese Frage ist unbedenklich zu bejahen. Hr. Pr. *v. T.* schlägt nur eine andere Fassung vor und will den §. 98 des Entw. vorangehen, den §. 97. aber zum §. 203. Num. 4. folgen lassen. Ich trete bey. Auch Hr. *v. G.* ist einverstanden; der Entwurf wird also dahin zu ändern seyn:

§. 97.

ad §. 203. Num. 3.

„Ein zur Führung eines Processes bestellter Be-„vollmächtigter kann den in diesem Process ab-„gehörten Zeugen die Leistung des Zeugen-„Eides nur alsdann erlassen, wenn er dazu mit „einer Special-Vollmacht versehen ist.“

(Neues Archiv I. 419.)

§. 98.

ad §. 203. Num. 4.

„Auch öffentliche Beamte, welche in Partey-Sa-„chen als Sach-Verständige vernommen werden,

„müssen, wenn sie nicht ein für allemal als Sach-
„Verständige vereidet sind, die von ihnen abge-
„gebenen Gutachten beschwören."

(Matthis Monatsschrift VIII. 514. seqq.)

S. 84. accedo.

Concl. ad 84. appr.

Rescr. v. 3. Novbr. 1800.
Neues Archiv Th. I. p. 420.
Allg. Land-Recht Th. I. Tit. XIII. §. 99.

§. 98.

ad §. 203. No. 3. Werden die Partheyen durch Bevollmächtigte vertreten, so müssen sie, um einem, in dem Prozeß abgehörten Zeugen die Leistung des Zeugen-Eydes zu erlassen, mit einer Special-Vollmacht versehen seyn.*)

Rescr. v. 26. Octbr. 1813.
fol. 155. Act. gen. des Königl. Justiz-Ministeriums.

§. 99.

ad §. 204. Wohnen die Partheyen der Ableistung des Zeugeneydes nicht persönlich oder durch Bevollmächtigte bey, so muß ihnen von Amtswegen ein Bevollmächtigter bestellt werden. Doch zieht die Unterlassung dieser Vorschrift die Nichtigkeit des Zeugen-Verhörs nicht nach sich.

Rescr. vom 27. May 1799.
Stengel, Bd. VIII. p. 191.

§. 100.

ad §. 205. Die Attestirung der von den Zeugen geschehenen Unterzeichnung mittelst drey Kreutzen kann in den

---

*) Vgl. die Bemerkungen zum vorhergehenden §. 97.

Fällen, wo es nach §. 19. rc. d. T. keiner besondern Zuziehung eines Protocollführers bedarf, durch einen vom Instruenten auszuwählenden glaubhaften Mann für sämmtliche schreibens-unerfahrne Zeugen geschehen.

Neuer Zusatz ad §. 213. 214. Th. I. Tit. 10.

B. Ich würde auf den Grund des an die Westpreussische Regierung ergangenen Rescripts vom 12. April 1802. folgenden Zusatz vorschlagen:

Es bedarf der Haltung des Nebenprotokolls überhaupt nicht, wenn die Gerichtsperson, welche das Zeugenverhör aufnimmt, oder der etwa zugezogene Protokollführer, oder auch nur beide, bey dem Zeugenverhör gegenwärtige Justiz-Commissarien die Sprache der Zeugen verstehen, wenn sie solche auch nicht so fertig sprechen, dass dadurch die Zuziehung eines Dollmetschers unentbehrlich würde. Ausser diesen Fällen bleibt es zwar bei der Vorschrift §. 213. und 214., doch können die Partheien dem zu führenden Nebenprotokoll entsagen, und bedürfen die zum Prozess gehörig legitimirten Mandatarien hierzu keiner Spezialvollmacht.

G. accedo.

P. Hr. *v. G.* ist mit dem neuen Zusatz des Hrn. *B.* einig. Ich vermisse aber noch das allegirte Rescript vom 12. April 1802. und behalte mir das Weitere vor. Später hat *P.* hinzugefügt:

„Nach dem jetzt beigebrachten Rescript vom 12. April 1802. halte ich den neuen Zusatz für zulässig."

S. 85. Wegen des Zusatzes ad §. 213. 214. l. c. der Ger. Ordnung accedo.

Concl. ad 85. appr.

Rescr. vom 19. Decbr. 1796.
Stengel, Bd. IV. p. 270.

§. 101.

ad §. 229. In jedem Fall können sämmtliche, §pho 228. benannten Personen mit dem Zeugen-Eyde belegt werden, und es steht dem Richter kein Gesetz entgegen, wenn ihr Zeugniß besonders durch andere Umstände unterstützt wird, auf den Grund desselben auf den Erfüllungs-Eid zu erkennen.

B. Der Zusatz §. 101. gehört nicht zum §. 229., sondern zum §. 232., ist aber eine blosse Bestätigung desselben, veranlasst durch eine überflüssige Anfrage, die ich daher gar nicht aufnehmen würde.

G. Die gänzliche Weglassung dieses Zusatzes kann geschehen.

P. Hr. *B.* stimmt für die Weglassung; Hr. *v. G.* lässt es geschehen; ich auch.

S. 86. accedo.

Concl. ad 86. appr.

Rescr. v. 30. May 1812.
Jahrbuch von Kamptz S. 61.
und
Rescr. v. 30. Octbr. 1812.
ibid. Heft II. p. 269.

§. 102.

ad §. 230. No. 12. Juden, welche die in dem §. 1. und 2. des Edikts vom 11. März 1812. bestimmten Eigenschaften haben, sind als vollkommen gültige Instruments-Zeugen zu betrachten, indem ihre privatrechtlichen Verhältnisse nach eben den Gesetzen beurtheilt werden müssen, welche andern preußischen Staatsbürgern zur Richtschnur dienen.

T. Ich würde den Zusatz 102. ausdrücklich auf Civil-Sachen beschränken, nach den Worten und dem Zusammenhange des Rescripts.

K. ich trete dem Hrn. Pr. *v. T.* gleichfalls bei, dass dieser §. dahin zu fassen:

Juden — sind in Civil-Sachen als vollkommen gültige Beweis- und Instruments-Zeugen zu betrachten u. s. w., wie im Entwurf.

B. Der Zusatz §. 102. wird allerdings so allgemein zu fassen seyn, wie ihn Hr. ꝛc. *K.* vorschlägt. Nur scheint mir die Bestimmung, dass Juden auch Instrumentszeugen seyn können, zu Th. 3. T. 7. §. 63. der Ger. O. zu gehören, wo von den Instrumentszeugen und deren Qualitäten gesprochen wird.

G. Ich habe, so viel das monitum des Hrn. v. T. anbetrifft, nichts dagegen, diesen Zusatz auf Civil-Sachen zu beschränken, ob sich gleich dies schon von selbst versteht, da hier eine Civil-Prozeß-Ordnung vorliegt, deren Dispositionen keine Ausdehnung auf Criminal-Sachen gestatten.

Mit der vorgeschlagenen Fassung des Herrn K., der die Worte:

„welche die in dem §. 1. und 2. des Edikts vom 11. März 1812. bestimmten Eigenschaften haben,"

weglassen will, bin ich aber nicht einverstanden. Denn

1) habe ich die klaren Worte des allegirten Rescripts vom 30. July 1812. für mich,
2) giebt das Edict vom 11. März 1812. nur denjenigen Juden staatsbürgerliche Rechte, welche den Erforderniſſen dieses Edikts ein Genüge geleistet haben, und es sollen alle übrige Juden nach §. 6. l. a. als Ausländer betrachtet werden.

Da nun

3) in den meisten ausländischen Staaten die Juden noch keine staatsbürgerliche Rechte genießen, und ihnen in dem hiesigen Staate solche nur bedingungsweise bewilliget sind; so folgt daraus, daß die damit verbundenen Prärogativen in allen Verhältnissen des bürgerlichen Lebens ihnen nur als-

dann beigelegt werden können, wenn sie der Bedingung des Gesetzes ein Genüge geleistet haben, weil entgegengesetzten Falls dieses Gesetz für sie und für jeden, der dabey ein Interesse hat, pro non scripta gehalten werden muß.

So viel endlich die Bemerkung des Herrn B. wegen des Zusatzes

„Instruments-Zeugen“

anbetrifft, so sind die Personen, welche in diese Cathegorie gehören, sub Tit. 3. Th. II. §. 63. keinesweges besonders ausgezeichnet, und es ist mithin auch kein Grund vorhanden, diesen Zusatz dahin zu verweisen.

P. Gegen diesen §. 102, welcher die Fähigkeit der Juden als Beweisszeugen abgehört zu werden betrifft, sind mehrere Erinnerungen gemacht. Hr. *v. T.* will diese Fähigkeit auf Civil-Sachen beschränken. Hr. *K.* schlägt vor, zu sagen:

gültige Beweiss- und Instrumentszeugen.

Hr. *B.* ist für eine allgemeine Fassung und will

„die Instrumentszeugen“

weglassen. Hr. *v. G.* giebt nur dem Monito des Hrn. *v. T.* Beyfall, und will übrigens nichts ändern, wobey er besonders auszuführen sucht, dass die Worte des Entwurfs:

„welche die in dem §. 1. und 2. des Edicts rc.
„bestimmte Eigenschaften haben,“

welche Hr. *K.* weglassen zu wollen scheint, stehen bleiben müssten. Dies letzte ist der eigentliche Streitpunkt. Es kommt darauf an,

ob Juden überhaupt,

oder

ob nur solche Juden, welche der Rechte der Einländer und Staatsbürger theilhaftig sind,

für gültige Beweiss-Zeugen in Civil-Sachen zu achten seyen?

Ich würde das Letztere annehmen, und würde nur die Fassung des Entwurfs dahin ändern:

„Juden, welche die Rechte der Preussischen Staats-Bürger erlangt haben, können in Civil-Prozessen, auch wenn sie von einem ihrer Glaubens-Genossen gegen einen Christen zu zeugen vorgeschlagen werden, eben so wie andere Staats-Bürger als Beweiss-Zeugen abgehört werden."

Durch diese Fassung wird der Gegensatz von dem, was die Process-Ordnung disponirt, ausgedrückt, und sie scheint mir dem Sinne des Edicts am angemessensten zu seyn; obwohl ich, wenn dies Edict zweifelhaft seyn sollte, gern dafür stimmen würde, dass alle Juden ohne Unterschied als gültige Beweisszeugen zugelassen würden, weil die Religions-Begriffe hier keinen Einfluss haben. Der Jude, auch der Ausländer und Nicht-Bürger hat m. E. die Vermuthung der Rechtlichkeit auf seiner Seite.

S. 87. accedo. *)

Concl. ad 87. appr.

Rescr. vom 11. Octbr. 1806.
Jur. Mon. Schr. Bd. X. p. 40.

§. 103.

ad §. 230. No. 14. Abdecker werden namentlich hierunter gerechnet.

S. 88. Vide mon. 80. **) Dort heisst es: Den §. 103. würde ich nicht aufnehmen, da man damit umgehet, die Abdecker für rechtliche Leute zu erklären.

Concl. ad 88. appr.

---

*) S. hat in seinem Votum unter Nr. 79. bemerkt: „den §. 102. würde ich nicht blos auf Instrumentszeugen einschränken;" und sowohl die No. 79. seines Votums, als Nr. 80. eingeklammert, wozu auch das Conclusum fehlt.

**) Vgl. die vorstehende Anmerkung.

Verordnung v. 26. Octbr. 1799. §. 11. p. 2663. der Edikt. Samml.

§. 104.

ad §. 304. Die Gerichte müssen zugleich dahin sehen, daß sowohl überhaupt, als insbesondere in Injurien-, Sponsalien- und Ehescheidungs-Sachen jeder unanständige, die Ehrbarkeit beleidigende oder zum Gespött Anlaß gebende Ausdruck sorgfältig vermieden werde. In Fällen, wo es auf dergleichen Aeußerungen ankommt, sind daher die Eydesformeln Bezugsweise auf die vor der Ableistung dem Schwörenden bekannt gemachten Gegenstände zu richten.

Neuer Zusatz ad §. 316. Th. I. Tit. 10.

B. In diesem §. ist die Anfangsformel des Eydes aufgeführt, die Schlussformel aber nicht. Sollte diese nicht auch hier einen Platz verdienen?

(cf. Rescript vom 7. März 1796. Stengel, Bd. 2. pag. 173.)

G. In Gemäßheit dieser sehr richtigen, auf das Rescript vom 7. März 1796. gegründeten Bemerkung würde ich hier den Zusatz machen:

„In keinem Fall ist dem Eydes-Abnehmer gestattet, „diese Bekräftigungs-Formel abzukürzen oder zu er-„gänzen."

P. Nach dem Zusatz des Hrn. *B.* soll die bey den Protestanten eingeführte Schluss- und Betheuerungs-Formel:

„So wahr mir Gott helfe durch Jesum Christum zur Seligkeit"

aufgenommen werden.

Stengel, Beitr. II. 173.

Hr. *v. G.* tritt bei und schlägt den Zusatz vor:

„In keinem Fall ist dem Eides-Ahnehmer gestat-„tet, diese Bekräftigungs-Formel (welche?)

„abzukürzen oder zu ergänzen (soll heissen: „verändern)."

Stengel l. c.

Ich würde weder für diesen, noch für jenen Zusatz stimmen. Die Process-Ordnung verweist auf die, nach Unterschied der verschiedenen christlichen Religions-Parteien übliche Formel. Dabey würde ich es lassen. Wenn die Formel der Protestanten aufgenommen werden sollte; so müsste auch die Formel der Katholiken aufgenommen werden. Es versteht sich von selbst, dass der Richter die übliche Formel nicht verkürzen noch ändern darf.

S. 89. Wegen des Zusatzes ad §. 316. l. c. accedo.

Concl. ad 89. approb.

Gutachten des Oberland-Rabbiners vom 5. May 1801.
Stengel, Bd. XIII. p. 345.

§. 105.

ad §. 320. Eben dahin ist auch noch zu rechnen:

a) der Tag vor dem jüdischen Neujahr,

b) der siebente Laubhüttentag,

c) der Tag des Andenkens an die Stadt Jerusalem.

Rescr. v. 9. Juny 1812.
Jahrbuch von Kampz p. 63.

§. 106.

ad §. 324. Im Fall der Weigerung können die Rabbiner oder jüdischen Gelehrten durch Zwangsmittel zur Assistenz bey der Eydes-Ableistung angehalten werden.

B. Der Zusatz §. 106. gehört m. E. zu den überflüssigen. Denn wenn die P. Ordnung disponirt, dass der jüdische Gelehrte dem Akte der Eidesleistung beiwohnen **muss**, so versteht es sich schon von selbst, dass den Gerichten Zwangsmittel gegen den etwanigen Renitenten zu Gebote stehen müssen.

G. Da hierüber bey den Gerichten Zweifel obgewaltet zu haben scheinen, welchen man durch das in dem Jahrbuche von v. Kamptz Thl. 1. p. 63. abgedruckte Ministerial-Rescript für die Zukunft hat begegnen wollen; so halte ich auch die Aufnahme dieses Zusatzes hier für nöthig, und das gemachte monitum für unerheblich.

P. Hr. *B.* hält diesen Zusatz, welcher die Weigerung der Rabbiner, bey Juden-Eiden gegenwärtig zu seyn, betrifft, für überflüssig. Ich stimme bey. Das angeführte R. vom 9. Juni 1812. in

v. Kamptz Jahrbücher Heft I. p. 62.

betrifft einen besonderen Fall, und lässt die Hauptfrage, worauf es ankam,

ob ein angeblich von Aaron abstammender Jude, welcher eine geschiedene Frau geheirathet hat, Eidesfähig sey?

unentschieden. Davon ist also kein dienlicher Gebrauch zu machen, und das, was wirklich entschieden ist, nemlich dass die Rabbiner pariren müssen, versteht sich ohnehin.

S. 90. accedo.

Concl. ad 90. appr.

Cirkul. Verordn. v. 19. Dzbr. 1799. Sect. VI.

§. 107.

ad §. 329. Bey den Eydesleistungen der Jüdinnen bedarf es der Anlegung des Gebetmantels und der Gebets-Schnur nicht.

Rescr. v. 20. Octbr. 1804.
Neues Archiv Bd. III. p. 375.

§. 108.

ad §. 330. Falls der Rabbi der deutschen Sprache nicht kundig ist, so kann er den Schwörenden in seiner gewöhnlichen Art ermahnen.

Es kann solches auch von einem jeden andern Juden, oder auch von dem Richter geschehen.

Sollte zu besorgen stehen, daß bey einem aus der niedern Klasse die Ermahnung von einem seines Gleichen oder von dem Richter nicht solchen Eindruck machen möchte, als wenn sie von dem Rabbiner geschiehet, so muß der Richter dem letztern darin Beihülfe leisten, daß das Formular, welches mit deutschen Buchstaben gedruckt ist, mit jüdisch-deutschen Buchstaben in deutscher Sprache gesetzt werde, woraus sodann die Ermahnung von dem Rabbiner in Gegenwart des Richters geschehen kann.

---

ibidem.

§. 109.

ad §. 335. Einer jeden schwörenden Frauensperson, wird, wie einer jeden schwörenden Mannsperson, die Thora aus den Schranken überreicht.

---

ibidem.

§. 110.

ad §. 336. Des Ausziehens der Schuhe oder Stiefeln bey Abnahme des Eydes bedarf es nicht.

B. Den Zusatz §. 110. würde ich weglassen, denn wenn die Pr. Ordnung das Ausziehen der Schuhe bey Ableistung der Judeneyde verlangte, so würde sie es schon sagen, was sie aber nicht gethan hat. Der Zweifel ist auch nur aus Polen hergekommen.

G. Das allegirte Rescript spricht für mich, und ich submittire zur Entscheidung des Herrn Ministers.

P. ad §. 108. 109. u. 110. des Entw.

Diese sämmtlichen Zusätze sind aus einem Gutachten der jüdischen Gerichte zu Berlin genommen, welches freylich durch das Rescript vom 20. Oct. 1804. im

Neuen Archiv III. 375.

genehmigt, und zur Nachachtung vorgeschrieben ist. Hr. *B.* will nur den §. 110. des Entw., betreffend das Ausziehen der Schuhe, weglassen, weil die Process-Ordnung es nicht vorschreibt, und also die Negative überflüssig sey, wogegen Hr. *v. G.* auf die Entscheidung des Chefs der Justiz sich beruft. Ich würde weniger Bedenken finden, diesen §. 110. des Entw., als die §§. 108. 109. beyzubehalten. Denn der §. 108. ist darin dunkel, dass der Rabbi, welcher der deutschen Sprache unkundig ist, doch die Ermahnung nach einem mit jüdisch-deutschen Buchstaben in deutscher Sprache gesetzten Formular bewirken soll, und der §. 109. ist unvollständig, weil die Einschränkung fehlt, dass die schwörende Frauens-Person die Thora nicht in den Arm nehmen darf, wenn sie ihre Menses hat.

Ueberhaupt wollte ich die Ritus der Juden so wenig wie möglich berühren, da ohnehin eine Revision derselben zu erwarten ist. Ich stelle anheim, ob nicht die drey §§. 108. 109. 110. wegbleiben könnten.

S. 91. ad §. 108—110. accedo.

Concl. ad 91. appr.

Gutachten des Ober-Rabbiners vom 5. May 1801.
Stengel, Bd. XIII. p. 345.

§. 111.

ad §. 337. Das Wort: „Adonai" mit den hebräischen Mitlautern des Worts „Jehovah" darf nicht zu Papier gebracht, vielmehr muß es dem Schwörenden auf der in der Synagoge auf dem Standort des Kantors befindlichen Tafel bloß vorgezeigt werden.

B. Der Zusatz §. 111. beruht auf keinem Rescripte des Justiz-Ministerii, sondern auf einem Gutachten des hiesigen Rabbiner, welches von der sächsischen Regierung veranlasst worden. Er qualificirt sich daher nicht zur Aufnahme in den Anhang, cf. Vorerinnerung No. 4. (s. oben S. 134.)

G. Ich habe diesen Zusatz der Vollständigkeit wegen gemacht und dessen Quelle für authentisch gehalten, da es hierbey auf Religions-Gebräuche ankommt, worüber der Ober-Rabbiner ein competentes Urtheil hat.

P. Für die Weglassung dieses §. würde ich mit Hrn. *B.* um so mehr stimmen, da er mit dem §. 337. der Proc. Ordnung in geradem Widerspruch steht, und nicht anzunehmen ist, dass ein Rabbinerliches Gutachten, welches

Stengel, X. 345.

blos historisch aufgenommen hat, der Process-Ordnung derogiren könne.

S. 92. accedo.

Concl. ad 92. appr.

Verordnung vom 26. October 1799.
p. 2663. der Edict. Samml.

§. 112.

ad §. 368—72. Die Eydes-Abnahmen müssen nur solchen Personen anvertraut werden, welche durch bewährte Rechtschaffenheit, so wie durch Ernst und Würde im Aeußeren auf besondere Achtung von Seiten des Schwörenden gegründeten Anspruch machen können, so daß Auscultatoren und Referendarien, welche sich noch nicht hinlänglich im Dienst routinirt haben, Geschäfte dieser Art nicht aufgetragen werden dürfen.

---

ibidem.

§. 113.

Bey den Eydesleistungen müssen, außer den Gerichtspersonen und dem Gegner, auch beyderseitigen Assistenten, alle Zuschauer entfernt werden, damit derjenige, von welchem der Eyd geleistet werden soll, nicht etwa durch Furcht übler Nachrede abgehalten werde, der Stimme seines Gewissens zu folgen und eine Eydes-Ableistung abzulehnen, wozu er sich vielleicht anfänglich auf eine leichtsinnige Art bereit erklärt hatte.

---

ibidem.

§. 114.

Die nach Verschiedenheit des Glaubensbekenntnisses des Schwörenden gesetzlich eingeführte Betheuerungs-Formuln und sonst zu beobachtenden Ceremonien dürfen nicht abgekürzt oder verändert werden.

---

ibidem.

§. 115.

Die Erkenntnisse, wodurch eine Eydesleistung veranlaßt wird, sollen in Zukunft nicht nach dem bisherigen Gerichts-Gebrauch dahin gefaßt werden, „daß eine Parthey zu schwö„ren schuldig, verbunden, gehalten,“ damit nicht der Unkundige zu dem Irrthum verleitet werde, als ob der Richter ihm die

Eydesleistung befohlen habe; — dagegen muß auch eine solche Fassung vermieden werden, welche es dem Willen der Parthey überläßt, ob der erkannte Eyd zu leisten sey, da es nur einzig und allein darauf ankömmt, ob die Parthey nach gewissenhafter Prüfung den Eyd leisten kann.

Es sind daher die Erkenntnisse dahin zu richten, daß die zum Eyde zu verstattende Parthey schuldig sey: ernstlich zu prüfen, ob sie ohne Verletzung ihres Gewissens und ohne sich der Gefahr auszusetzen, als meineydig gestraft zu werden, einen Eyd dahin u. s. w. leisten könne.

K. Hier würde ich bloss die Formel,

dass der Schwörende schuldig sey, ernstlich zu prüfen u. s. w.

aufnehmen. Alles übrige ist Grund der gesetzlichen Bestimmung und gehört also nicht hierher.

B. Bey dem Zusatz §. 115. würde ich mit Hrn. ꝛc. *K.* für die Abkürzung stimmen, da die Motive des Gesetzes nicht hierher gehören.

G. Ich insistire bey diesem wichtigen Zusatze auf die von mir vorgeschlagene Fassung und bemerke nur noch, daß man in der Prozeß-Ordnung sehr häufig die Motive des Gesetzes ausgedrückt findet.

P. Hr. *B.* und *K.* wollen diesen §. kürzer fassen, womit ich einig bin. Ich schlage vor:

„Richterliche Erkenntnisse, durch welche eine Eidesleistung veranlasst wird, sind nicht so zu fassen:

dass die Partey zu schwören schuldig, verbunden, oder gehalten sey,

sondern dahin zu richten:

dass die Partey schuldig sey, ernstlich zu prüfen, ob sie ohne Verletzung ihres Gewissens und ohne sich der Gefahr auszusetzen, als meineidig bestraft zu werden, einen Eid dahin ꝛc. leisten könne."

S. 93. accedo.

Concl. ad 93. appr.

---

ibidem.

§. 116.

Vor jeder Eydesleistung muß demjenigen, welcher einen Eyd schwören will, die Eydesformel nebst der diesem Anhange beigefügten*), dem beabsichtigten Zweck gewidmeten Vorhaltung zum eigenen Durchlesen eingehändigt, oder wenn derselbe nicht lesen kann, von einer Gerichtsperson vorgelesen werden. Wenn dieses geschehen ist, muß dem Gegner oder dem Bevollmächtigten des Gegners frey gestellt werden, der zum Eyde sich erbietenden Parthey dasjenige in Erinnerung zu bringen, was etwa nach den erfolgten Verhandlungen die Eydesleistung bedenklich machen könnte. Hierbey muß der Richter selbst mitwirken, jede Uebereilung verhüten, zur Angabe der Erklärung, ob der Eyd geleistet, oder wenn es zulässig, dem Gegner zurückgeschoben werden soll, die erforderliche Bedenkzeit gestatten und nicht eher zur wirklichen Eydes-Abnahme schreiten, als bis eine bestimmte Erklärung erfolgt ist, daß die Parthey, welche schwören will, nach reiflicher Erwägung der Wichtigkeit des Eydes und der obwaltenden Bedenken überzeugt sey, daß der Eyd mit gutem Gewissen abgeleistet werden könne.

---

*) Anmerkung von Goßler: „ich beziehe mich wegen der Beifügung dieser Vorhaltung auf die Note ad §. 188. Tit. 10. (s. oben S. 264.)

Rescr. vom 2. Octbr. 1810.
Jur. Mon. Schr. Bd. IX. p. 309.

§. 117.

Der Richter ist übrigens an diese Vorhaltung nicht gebunden, vielmehr bleibt es seiner sorgfältigen Erwägung anheimgestellt, auf welchem Grade der Cultur der Schwörende stehe, welcher Vorhaltungen und Ermahnungen jedes Individuum bedürfe; und welche Gründe in das Gemüth des Schwörenden den besten Eingang finden können, um die Worttreue zu erhalten und zu befördern.

S. Den §. 117. würde ich dahin fassen:

„Dem Richter bleibt jedoch vorbehalten, mit Rücksicht auf den Grad der Bildung des zu Vereidigenden, sein moralisches oder religiöses Gefühl, statt oder neben der im §.*) erwähnten Vorhaltung, diejenigen Ermahnungen an den Zeugen zu richten, von welchen zu vermuthen ist, dass sie den Zweck, die Worttreue zu erhalten und zu befördern, am besten erreichen werden;"

und dieser §. wird hinter den §. 96. des Anhanges zu stehen kommen müssen, weil die Disposition eben sowohl auf Zeugeneide, als auf andere Eide passt. Dem §. 116. des Anhangs würde alsdann nach den Worten

„vorgelesen werden"

hinzuzusetzen seyn:

„In Absicht der dem Schwörenden von dem Richter sonst zu machenden Vorhaltungen tritt die Vorschrift des §.   des Anh. ein. Wenn die Vorhaltung geschehen ist —" u. s. w.

Im Grunde hebt der eine §. den andern auf. Denn nunmehr hängt es von der Beurtheilung des Richters ab, ob er die gedruckte Vorhaltung ge-

---

*) s. oben S. 264., §. 96.

brauchen will, oder nicht. Gegen diese Aufhebung habe ich indessen nichts. Durch das Formular hat man wohl ganz zwecklose oder lächerliche Vorhaltungen vermeiden wollen; wenn aber auch eine solche einmal mit unterläuft, so ist dieses weniger schlimm, als wenn alle Schwörende auf gleiche Weise behandelt werden. In der Cr. Ordn. ist auf gänzliche Abschaffung der Vorhaltung angetragen worden, und es frägt sich, ob solche nicht auch hier erfolgen könne.

Concl. ad. 95. soll der Zusatz nach der nebenstehenden*) Fassung aufgenommen werden.

Rescript vom 7. März 1796.
Stengel, Bd. II. p. 172.

§. 118.

Wird zu den Admonitionen ein Prediger hinzugezogen, so darf nur ein solcher gewählt werden, der in Absicht seiner Amts-Treue, seiner Gesinnung und seines Lebenswandels in bewährtem Rufe steht.

S. 96. den §. 118. würde ich weglassen.

Concl. ad 96. appr.

Neuer Zusatz ad §. 384. Th. I. Tit. 10.

Rescr. v. 12. Sptbr. 1796.
Stengel Bd. IV. p. 281.

T. „Die Auswahl der Sachverständigen gehört aber stets zur Competenz des den Prozess dirigirenden Gerichts."

K. ich bin mit dem vom Hrn. Pr. *v. T.* vorgeschlagenen Zusatz einig.

B, Mit dem Zusatz, welchen Hr. Pr. *v. T.* vorschlägt, bin ich einverstanden.

---

*) d. h. vorstehenden.

G. ich halte diesen Zusatz für eben so überflüssig, als unrichtig.

Für überflüssig, weil die Gerichts-Ordnung l. a. über das Verfahren und die Befugnisse des Richters gar keine Zweifel darbietet.

Für unrichtig, weil die Auswahl der Sachverständigen keinesweges, wie Hr. v. T. behauptet, in allem Fall, sondern nur dann zur Kompetenz des Richters gehört,

wenn es Personen giebt, welche zu Verrichtungen solcher Art bereits allgemein legitimirt sind.

Wo dieser Fall nicht vorhanden ist, kommt es zunächst auf die Vereinigung der Partheyen und insofern leztere nicht eintritt, auf den Vorschlag des Collegii an, welchem Personen jener Art in Amtssachen untergeordnet sind. Selbst gegen die solchergestalt vorgeschlagenen Subjecte werden aber doch noch immer die Partheyen mit ihren etwanigen Exceptionen zu hören seyn.

P. Es soll zugesezt werden:

Die Auswahl der Sachverständigen gehört aber stets, in Ermangelung einer Vereinigung der Partheyen, zur Competenz des den Process dirigirenden Gerichts,

welchem auch Hr. *B.* beystimmt; wogegen Hr. *v. G.* den Zusatz für überflüssig und unrichtig hält. Mir scheint der Zusatz, so wie er gefasst ist, ebenfalls bedenklich. Wenn die Parteyen über die Wahl der Sachverständigen einig sind; so kann der Richter in der Regel keinen andern wählen. Nur wenn sie uneinig, oder wenn die vernommenen Sachverständigen verschiedener Meinung sind, tritt die richterliche Bestimmung ein.

A. G. O. I. 42. §. 39.

Meines Erachtens kann der vorgeschlagene neue Zusatz wegbleiben.

S. 94. Wegen des Zusatzes ad §. 384. huj. tit. accedo,

Concl. ad 94. Der Zusatz soll dahin aufgenommen werden: „Die Auswahl der Sachverständigen gehört, in Ermangelung einer Vereinigung der Partheien, zur Competenz des den Process dirigirenden Gerichts.“

S. Nachträgliches Votum. 11. Den Zusatz des Hrn. *v. T.* ad §. 384. T. 10. Th. I. habe ich ad §. 38. Tit. 9. aufgenommen, wo von dem Gegenstand ohnehin gehandelt wird. Ad §. 384. habe ich darauf Bezug genommen.

Zu Th. I. Tit. 12.

Vom Beschlusse der Sache.

Rescr. v. 29. Febr. 1796. No. 13.
Stengel, Bd. IV. p. 271.

§. 119.

ad §. 11. Die Zufertigung der Deductionen geschieht in allen Instanzen nur mittelst Abschrift des Decrets.

Rescr. v. 25. Septbr. 1797.
Stengel, Bd. V. p. 308.

§. 120.

ad §. 15. Nach ergangenem Präclusions-Decret darf wider Willen der anderen Parthey keine Deduction mehr von der säumigen Parthey zu den Acten genommen, vielmehr muß solche derselben brevi manu zurückgegeben werden.

S. 97. Den §. 120. würde ich dahin fassen: „Wenn eine Partei mit der Einreichung ihrer Deduction einmal präkludirt worden, so darf solche nachher ohne Einwilligung des Gegners nicht zu den Acten verstattet werden. Vielmehr ist solche der säumigen Partei zurückzugeben."

Concl. ad 97. appr.

Circul. Verordn. v. 30. Dcbr. 1798. Sect. XII. §. 1.

§. 121.

ad §. 20. In Sachen, wo es auf Auslegung des undeutlichen oder zweydeutigen Inhalts einer Urkunde oder auf bloße Rechtsfragen ankommt, und wo mithin die Verhandlungen der zweyten und dritten Instanz nur Wiederholungen desjenigen enthalten, was schon in erster Instanz gesagt worden ist; nicht minder in denen Fällen, wo die Bewandniß der Sache in erster Instanz vollständig aufgeklärt worden und beyden Theilen an der baldigen rechtskräftigen Entscheidung gelegen ist, soll ihnen frey stehen, wenn sie sich deshalb ausdrücklich einigen, darauf anzutragen, daß mit Uebergehung des Richters erster Instanz die spruchreifen Acten dem Appellations-Richter, oder, mit Uebergehung beyder, dem Revisions-Richter zur Entscheidung vorgelegt werden.

Instruction vom 15. Septbr. 1809.
Jur. Mon. Schr. Bd. VIII. p. 336.

§. 122.

Wenn ein Regiment oder ein sonstiges Militair-Institut in den Fall kommt, als Kläger oder Verklagter einen Civil-Prozeß führen zu müssen, in welchem es auf militairische Verfassung ankommt, so stehet es demselben frey, über letztere ein schriftliches Gutachten zu den Acten zu geben, bevor solche zum Spruch vorgelegt werden.

B. Der Zusatz §. 122. scheint mir richtiger zum §. 11. d. Tit. zu gehören, als zum §. 20.

G. Wenn man die §§. 11—20. im Zusammenhange liest, so wird man sich überzeugen, daß der von mir gemachte Zusatz an keinem schicklicheren Orte eingeschaltet werden konnte, da alle vorhergehende §§. vom Deductions-Wechsel reden.

P. Wenn ein Militair-Institut, z. B. ein Regiment Process führt; so steht es ihm frey, über die militairische Verfassung, worauf es etwa ankommt, ein schriftliches Gutachten zu den Acten zu geben, und sich durch Rechts- und Sachverständige vertreten zu lassen. Diesen aus der Instruction für die Militair-Gerichte vom 15. Sept. 1809. genommenen Satz

Matthis VIII. 336.

will Hr. *v. G.* hier aufnehmen. Hr. *B.* monirt nur, dass er nicht hierher, sondern zum §. 11. gehöre.

Es ist etwas Sonderbares, dass ein Militair-Institut, welches Partey ist, ein Gutachten abgeben soll. Das, was dieses Institut für gut achtet, kann es in der Deduction ausführen. In dem §. 263. des Entw. unten kommt die ähnliche Festsetzung in Absicht der fiscalischen Civil-Prozesse vor, wozu freilich dort so wenig wie hier, ein befriedigender Grund sich finden lässt, da auch die Regierungen als Partey anzusehen sind, und es ihnen ohnehin freysteht, in den Deductionen beyzubringen, was sie wollen. Da aber das Gesetz einmal da ist, so wird es nicht übergangen werden können. Uebrigens halte ich es für gleichgültig, wo der sonderbare Zusatz steht, und würde es bey dem Entwurf lassen.

S. 98. accedo.

Concl. ad 98. appr.

Zu Th. I. Tit. 13.

Erkenntniß.

Verordn. v. 26. Decbr. 1808. §. 44.
Jur. Mon. Schr. Bd. VII. p. 362.

§. 123.

ad §. 8. Wenn in Prozessen zwischen Privat-Personen Gegenstände und Rechtsfragen zur Sprache kommen, welche auf Principien der Landes-Verfassung, Staats-Verwaltung, Staats-Wirthschaft, Polizey und Gewerbekunde Einfluß haben, und durch klare Gesetze nicht bestimmt sind; so müssen die Gerichte über dergleichen Gegenstände oder Rechtsfragen vor Abfassung des Erkenntnisses ein Gutachten von der Regierung einholen und sich darnach, als nach einem consultativen Votum, gebührend achten.

S. 99. Vor dem §. 123. (bei der Ueberschrift) wird es heissen müssen:

Von Abfassung und Publikation der Erkenntnisse.

Concl. ad 99. appr.

Instruction vom 15. Septbr. 1809. §. 13.
Jur. Mon. Schr. Bd. VIII. p. 336.

§. 124.

Gleichergestalt sind die Gerichte verbunden, wenn sie bey Einleitung und Entscheidung von Prozessen gegen Militair-Institute und Militair-Personen einer Auskunft über Militair-Oeconomie oder sonstige militairische Dienst-Verhältnisse bedürfen, sich an die betreffende Division des allgemeinen Kriegs- oder Militair-Departements zu wenden, und von demselben Auskunft einzuholen.

Rescr. v. 19. May 1804.
Neues Archiv Bd. III. p. 374.

§. 125.

Insbesondere muß in Bergwerks-Prozessen, worin es auf Umstände ankommt, zu deren vollständiger Erläuterung und Beurtheilung, theoretische und practische Kenntnisse der Bergwerks-Wissenschaft erforderlich sind, bey Abfassung der Erkenntnisse ein von dem Bergamte der Provinz auf Requisition des Gerichts zu ernennender Sachverständiger zugezogen werden.

Rescr. v. 8. Januar 1798.
Jur. Mon. Schr. Bd. I. p. 330.

§. 126.*)

ad §. 10. No. 4. Es kommt hierbey nichts darauf an, ob das streitige Object ein für sich bestehendes Ganze ausmacht, oder nur der Theil eines gewissen Ganzen ist. Wenn daher einer von mehreren Interessenten seinen nicht über funfzig Rthlr. betragenden Antheil einklagt, so ist ein glaubwürdiger Zeuge zum vollständigen Beweise hinreichend.

T. Nach dem angelegten Plane sollten blosse Entscheidungen der Gerichtshöfe von diesem Entwurf ganz ausgeschlossen bleiben.

cf. Vorerinnerung No. IV. (s. oben S. 134.)

Es scheint mir daher bey dem Zusatz 126. und in fine des Zusatzes 131. übersehen zu seyn, dass das allegirte Rescript nicht vom ehemaligen Justiz-Ministerio, sondern nur vom Kammergericht ausgegangen ist.

K. Ich würde diesen §. weglassen, da die darin enthaltene Bestimmung auf einem Rescript des Kammergerichts beruht.

---

*) In dem Original-Entwurfe hat Goßler — wahrscheinlich in Folge der monita — diesen §. eingeklammert, und dabei bemerkt: „cessat“.

B. Der Zusatz §. 126. gehört auch nach meiner Meinung nicht hierher, da er nur aus einem Rescr. des Kammergerichts entnommen ist.

G. accedo.

P. Fällt nach dem Monito des Hrn. *v. T.* mit Zustimmung des Hrn. *v. G.* weg.

S. 100. accedo.

Concl. ad 100. appr.

---

§. 127.

ad §. 24. Der in diesem §. gemachte Unterschied zwischen Juden und Christen findet ferner nicht statt. (cf. Tit. X. §. 230. No. 12.) — s. oben S. 268—271. —

---

§. 128.

ad §. 32. seqq. und 35. Siehe wegen der Unzuläßigkeit dieser Anfragen Tit. X. §. 52. — s. oben S. 260—261. —

S. 101. Der §. 128. bleibt weg.

Concl. ad 101. appr.

---

§. 129.

ad §. 58. In wie fern bey Klagen gegen Militairpersonen, ingleichen gegen Regierungs-Bediente, von den ergangenen Erkenntnissen die vorgesetzte Behörde benachrichtiget werden muß, ist Tit. II. §. 82[c] und Tit. VI. §. 8. bestimmt worden. — s. oben S. 199—200. und S. 232. —

S. 102. Den §. 129. würde ich ebenfalls weglassen.

Concl. ad 102. appr.

Zu Th. I. Tit. 14.

Appellationen.

Verordn. v. 13. März 1803.
Stengel, Bd. XVII. p. 289.

§. 130.

ad §. 3. Das Rechtsmittel der Appellation findet nicht statt:

a) wenn die erste Instanz bey einem Obergericht gewesen ist und das Object der Appellation nur 50 Rthlr. oder weniger beträgt;

b) wenn die erste Instanz bey einem Untergericht geschwebt hat und der Gegenstand der Appellation nicht mehr als zwanzig Rthlr. ausmacht.

---

§. 131.

Bey Berechnung der zur Appellation erforderlichen Summe hat es zwar bey dem Spho 3. No. 1. vorgeschriebenen Grundsätzen sein Bewenden. Wenn jedoch in einem Prozesse mehrere Forderungen streitig gewesen sind, so muß ein Unterschied gemacht werden, ob dieselben aus einem Hauptgeschäft oder aus mehreren verschiedenen Geschäften entstanden sind. Im ersteren Falle findet das Rechtsmittel statt, sobald nur sämmtliche in die Appellations-Instanz zu bringende Puncte zusammen genommen die vorgeschriebene Summe erreichen, im letzteren Fall hingegen ist auf den Gegenstand eines jeden einzelnen Punctes zu sehen und die Zuläßigkeit nach dem Werthe zu bestimmen. — Wenn von mehreren Interessenten nur einer seinen Antheil eingeklagt hat, so kommt es, um die Erwachsenheit zu beurtheilen, auch nur auf den Betrag dieses Antheils an, und es hat mithin keinen Einfluß, ob das Object seiner Klage ein für sich bestehendes Ganze ausgemacht hat oder nicht.*)

K. Hier würde ich den Schlusssatz, der sich auf ein Cammergerichts-Rescript bezieht, weglassen. Der Ausdruck Erwachsenheit ist wohl nur ein Schreibfehler, mir wenigsfens ist er in dieser Verbindung unverständlich. **)

B. Bey dem Zusatz §. 131. bin ich der Meinung des Hrn. ꝛc. *K.*

G. accedo.

P. desgleichen (d. h. fällt weg); beyde §§. 126. 130. des Entw. sind aus Rescripten des Kammergerichts genommen, die an sich ganz gut seyn mögen, aber als Gesetze nicht angesehen werden können.

S. 103. und 104. Den §. würde ich stehen lassen. Vor dem §. 130. wird die Aufschrift des Tit. 14. Th. 1. der G. O. zu setzen sein.

Concl. ad 103. und 104. appr.

Neuer Zusatz ad §. 3. No. 2. Th. I. Tit. 14.

Rescr. v. 82. May 1811.
Matthis XI. p. 7.

T. „Unter der vorgesetzten Behörde wird aber hier diejenige Behörde verstanden, welche in der Sache selbst, wenn das Object appellabel gewesen wäre, zu erkennen gehabt haben würde.“

K. ich bin mit dem Hrn. Pr. *v. T.* über den vorgeschlagenen Zusatz einverstanden.

---

*) Den letzten Satz des §. 131. hat Goßler später eingeklammert und dabei bemerkt: „cessat.“

**) Anmerkung von P.: „Auch mir.“

B. Ich würde den Zusatz des Hrn. Pr. *v. T.* aufnehmen.

G. ich habe nicht geglaubt, daß man über den Ausdruck:

„vorgesetzte Behörde“·

da er sich unter dem Titel: „von Appellationen“ befindet, Zweifel haben könne; ich lasse mir jedoch den Zusatz gern gefallen.

P. Der neue, den Ausdruck:

„vorgesetzte Behörde“

erläuternde Zusatz des Hrn. *v. T.* wird aufzunehmen seyn.

S. 105. Wegen des Zusatzes ad §. 3. No. 2. accedo.

Concl. ad 105. appr.

Rescr. v. 10. Octbr. 1801.
Neues Archiv Bd. II. p. 170.

§. 132.

ad §. 4ᵇ. So wie dem Richter in den Gesetzen die Befugniß beigelegt worden, eine offenbar unzulässige Klage durch ein bloßes Decret zu verwerfen, so steht ihm dies auch in Ansehung solcher Appellationen zu.

Rescr. v. 28. Juny 1799.
Stengel, Bd. IX. p. 295.

§. 133.

ad §. 6. No. 1. Selbst wenn durch das Appellations-Erkenntniß das erste Urtheil wegen der zu zahlenden Alimente reformirt wird, müssen dennoch die in erster Instanz festgesetzten Alimente so lange fortgezahlt werden, bis der Beklagte rechtskräftig davon entbunden wird.

Rescr. v. 25. Septbr. 1795. im Nachtrag der E. S. de 1795. No. 1.

§. 134.

ad §. 6. No. 2. Zu diesen Ausnahmen gehört auch namentlich noch der Fall, wenn bey Prozessen zwischen Herrschaften und Gesinde, die erstere zur Abschaffung des letztern für befugt erkannt ist, und es muß in einem solchen Falle die Instruction in appellatorio zugleich auf Ausmittelung des eventuellen Interesses des Gesindes gerichtet werden, wenn hiernächst rechtskräftig erkannt würde, daß die Abschaffung zur Ungebühr geschehen sey. Dagegen hat die Appellation volle Wirkung, wenn das Gesinde zur Fortsetzung des Dienstes verurtheilt wird.

Rescr. v. 30. Aprill 1806.
Neues Archiv Bd. IV. p. 303.

§. 135.

ad §. 31. Zu der dem Gericht zu machenden Anzeige ist der Bevollmächtigte, ohne Unterschied, ob er selbst am Orte des Gerichts wohnt oder nicht, verpflichtet.

S. Den §. 135. würde ich nicht aufnehmen.

Concl. ad 106. appr.

Rescr. v. 6. Septbr. 1803.
Jur. Mon. Schr. Bd. I. pag. 394.

§. 136.

ad §. 34. Der Mandatarius kann, wenn gleich die Appellations-Frist verlaufen ist, binnen gleicher vierwöchentlicher Frist ebenfalls dazu verstattet werden.

B. Den Zusatz §. 136 anlangend, so ist es zwar richtig, dass das Rescr. vom 6. Septbr. 1803. auch den Mandatarien erlaubt, wegen Abwesenheit, Krankheit ꝛc.

auf restitutio in integrum gegen den Ablauf des fatalis anzutragen; ich trage aber Bedenken, diesen Zusatz überhaupt aufzunehmen. Denn eines Theils ist das Rescr. nicht sowohl eine Declaration, als ein völlig neues Gesetz; andern Theils erscheint mir diese Bestimmung für den Gang der Prozesse nichts weniger als vortheilhaft. Die Justiz-Comm. haben schon Gelegenheit genug, die Prozesse in die Länge zu ziehen und man muss ihnen so viel als möglich jede neue Veranlassung nehmen, den einmal bestehenden Fristen aus dem Wege zu gehen.

Bleibt es aber bey dem Zusatz, so wird solcher etwas ausführlicher zu fassen seyn, da er von den Ursachen der Restitution nichts enthält.

G. ich stimme dem Herrn Monenten völlig darunter bey, daß die den Mandatarien bewilligte Restitutionsfrist für den Gang der Prozesse nicht vortheilhaft ist.

Soll der Zusatz nichts desto weniger stehen bleiben; so werden post verba

„verlaufen ist“

die Worte hinzuzufügen seyn:

„wegen erweislicher Abwesenheit und Krankheit, welche „es ihm unmöglich machte, seine Geschäfte selbst zu „besorgen, oder durch andere besorgen zu lassen.“

P. Auf den Grund eines Ministerial-Rescripts vom 6. Sept. 1803.

Neues Archiv III. **108.** und
Matthis Monatsschrift I. **394.**

ist hier angenommen, dass auch der Mandatarius zur Restitution gegen den Ablauf der Appellations-Frist zu verstatten sey.

Hr. *B.* trägt auf Weglassung dieses Zusatzes und allenfalls auf eine ausführliche Fassung an. Ich bin ebenfalls der Meinung, dass dieser Zusatz wegbleiben könne. Auf den Fall der Beybehaltung kann es wenigstens bei der Fassung des Entwurfs nicht bleiben.

Ich würde vorschlagen:

„Wenn der Assistent oder Bevollmächtigte der Partey durch Krankheit, Abwesenheit und andere persönliche Ehehaften verhindert worden, die Appellation innerhalb der 10tägigen Frist anzumelden; so soll er eben so wie die Partey selbst noch innerhalb 4. Wochen, von dem Ablaufe der 10tägigen Frist an gerechnet, zur Appellation verstattet werden. Er muss aber alsdann sowohl die Ehehaften selbst geziemend anzeigen und bescheinigen, als auch zugleich die Beschwerden deutlich und bestimmt angeben, und bemerken, ob er neue Thatsachen und Beweis-Mittel beybringen wolle, demnächst aber den vollstandigen Appellations-Bericht ohne Aufenthalt einreichen."

Ich beziehe mich wegen dieser Fassung auf die A. G. O. I. 14. §. 21. 22. 34.

S. 107. accedo.

Concl. ad 107. appr. Zusatz.

Rescr. v. 16. Septbr. 1798.
Stengel, Bd. VIII. p. 392.

§. 137.

ad §. 37. Derjenige, welcher an Abfassung eines Urtheils als Gerichtsperson Theil genommen, oder auch nur Gelegenheit gehabt hat, dem Stimmen beizuwohnen, kann in den folgenden Instanzen weder als Bevollmächtigter auftreten, noch einer Parthey ex officio zugeordnet werden.

T. ich beziehe mich auf mein Marginale ad §. 22. Tit. 3. (s. oben Seite 224.)

G. ich nehme auf meine Beantwortung ad tit. III. §. 22. Bezug. (s. oben S. 224.)

P. Hierüber ist schon oben ad Tit. 3. §. 22. concludirt. (a. a. O.)

S. 108. accedo.

Concl. ad 108. appr.

Rescript vom 10. Octbr. 1796.
Stengel, Bd. IV. p. 291. (und Edikten=Sammlung).*)

§. 138.

Wenn eine Parthey ausdrücklich erklärt, daß sie weder den ihr in appellatorio ex officio bestellten Assistenten mit Vollmacht und Instruction versehen, noch einen andern Mandatarium bestellen, sondern ihre Rechte selbst wahrnehmen will; so kann sich auch das Gericht nicht an den von Amtswegen bestellten Assistenten halten, sondern es muß der Parthey eine Frist zur Einreichung des Appellations=Berichts mit der Verwarnung bestimmen, daß sie sonst mit der weiteren Ausführung präcludirt und nach Lage der Acten erkannt werden würde.

---

1) Circul. Verordn. v. 30. Dcbr. 1798. Sect. X.
2) Rescr. v. 21. Januar 1802.
Neues Archiv Bd. II. p. 300.

§. 139.

ad §. 43. Zeigt eine Parthey bey Anmeldung der Appellation ausdrücklich an, daß sie in dieser Instanz keine nova in facto anzubringen habe, oder daß sie bloß aus den Verhandlungen der ersten Instanz deduciren wolle, so wird ihr eine präclusivische Frist zur Einreichung der Deduction gesetzt und nach deren Ablauf mit Vorlegung der Acten zum Spruch verfahren.

---

*) Dies ist von C. beigefügt.

§. 140.

ad §. 58. 59. Siehe Tit. X. §. 28. (s. oben S. 260.)

S. 109. Der §. 140. bleibt weg.

Concl. ad 109. appr.

Cirkul. Verordn. vom 30. Decbr. 1798. Sect. X. §. 1—4.
Rescr. v. 21. Febr. 1799.
Stengel, Bd. VIII. p. 177.

§. 141.

ad §. 62. In Ansehung der in zweyter Instanz nach geschlossener Instruction einzureichenden Deductionen und Gegendeductionen findet eben das statt, was in Ansehung der Schriften erster Instanz vorgeschrieben worden, so daß, wenn die bestimmten Fristen verstrichen sind, mit Vorleguug der Acten zum Spruch verfahren werden muß.

---

§. 142.

Nur dann, wenn der Gegner ausdrücklich einwilliget, oder wenn in wichtigen und verwickelten Sachen der Richter sich überzeugt, daß die Beibringung der Schrift zur Aufklärung der Sache nöthig sey, soll eine verhältnißmäßige Verlängerung der anfänglich bestimmten Frist nachgegeben werden.

---

§. 143.

Wird nach bereits verfügter Vorlegung der Acten eine Schrift nachgebracht, so muß solche angenommen, und wenn es eine Schluß-Schrift ist, unverzüglich dem ernannten Referenten zugestellt, oder wenn die Acten versendet sind, nachgeschickt, und davon, im Fall der noch nicht erfolgten Entscheidung, Gebrauch gemacht werden.

Ist es keine Schlußschrift, so muß solche zuvörderst dem Gegner mit der Anweisung, binnen der zu bestimmenden Frist die Gegen=Deduction einzureichen, zugefertiget werden.

---

§. 144.

In beyden Fällen darf die Aburthelung der Sache nicht ausgesetzt werden, und auf den Inhalt der nachgesandten Schriften wird nur alsdann Rücksicht genommen und davon Gebrauch gemacht, wenn die Entscheidung noch nicht erfolgt ist.

Die Parthey, welche die Deduction zu spät eingereicht hat, muß dem Gegner alle durch das nachgeholte Verfahren entstandenen Kosten erstatten, wenn sie auch gleich sonst nicht in die alleinige Tragung der Kosten verurtheilt wird.

Sollte ein Justiz=Commissarius ein solches Nachbringen der Schriften sich zur Gewohnheit werden laßen, so ist er zu verwarnen, daß sein Benehmen dem Chef der Justiz angezeigt werden würde.

Rescr. v. 4. Januar 1802.
Neues Archiv Bd. II. p. 291.

§. 145.

Wenn gegen ein Erkenntniß von beyden Theilen appellirt wird, so muß in der Regel über jede Appellation ein besonderes Verfahren eingeleitet und dieselbe separatim nach den im gegenwärtigen Titel enthaltenen allgemeinen Vorschriften instruirt werden.

Wenn daher

1) von beyden Seiten keine neue Thatsachen oder Beweismittel angeführt werden, sondern blos aus den Verhandlungen der ersten Instanz deducirt werden soll, so ha=

ben beyde Theile mit ihren Deductionen zu gleicher Zeit anzufangen und ein jeder muß demnächst die Deduction des Gegentheils besonders beantworten.

2) Sind von beiden Theilen nova angebracht, so müssen dieselben der Regel nach in besondern Terminen, oder doch in Separat-Protocollen instruirt, und auch bey der Beweisführung von einander getrennt werden, es wäre denn, daß die beyderseitigen Appellationen einerley Gegenstand hätten, und in so genauer Verbindung mit einander ständen, daß, der Natur der Sache nach, eine Absonderung derselben nicht stattfinden könnte; jedoch müssen auch in diesem Fall die Deductionen von jedem der beyden Appellanten besonders überreicht werden.

3) Wenn der eine Appellant zur Unterstützung seiner Beschwerden neue Thatsachen oder Beweismittel anbringt, der andere aber blos aus den bisherigen Verhandlungen deduciren will, so ist zuvörderst die neue Instruction zu verfügen, und das Deductions-Verfahren bis zu deren Beendigung zu sistiren, demnächst aber wie ad 2. zu verfahren.

Rescr. v. 6. Novbr. 1797.
Stengel, Bd. VI. p. 226.

§. 146.

ad §. 63. Ueber einen in erster Instanz wirklich vorgekommenen und von dem ersten Richter übergangenen, folglich virtualiter*) verworfenen Einwand darf der Appellations-Richter unter dem Vorwande, daß alsdann die Partheyen eine Instanz verlieren würden, zu erkennen sich nicht weigern, noch die Abfassung des Urtels darum aufhalten.

*) Später ist von Goßler darüber geschrieben „stillschweigend.“

B. In die Stelle des lateinischen „virtualiter" würde ich „stillschweigend" setzen.

G. Nichts dagegen zu erinnern.

P. Dem Monito des Hrn. *B.*, welches den Ausdruck

„stillschweigend"

statt

„virtualiter"

betrifft, ist schon abgeholfen.

S. 110. accedo.

Concl. ad 110. appr.

---

§. 147.

ad §. 65. Die Einholung dieses conclusi ist unzuläßig. cf. §. 32. Tit. 13. (s. oben S. 260—261. und S. 289.)

S. 111. §. 147. bleibt weg.

Concl. ad 111. appr.

---

§. 148.

ad §. 66. Siehe §. 8. Tit. 13. der Ger. Ordnung.

B. Der §. 66. dieses Tit. spricht von der Bestellung zweier Referenten. Das Allegat des Entwurfs (§. 8. Tit. 13.) passt daher nicht und ist meines Erachtens überflüssig.

G. Statt des §phi 67. ist hier aus Versehen des Abschreibers §. 66. gesetzt.

Für jenen ist der Zusatz vollkommen richtig und nothwendig, wie sich bey der Vergleichung des relati ergeben wird.

P. Dieser §., der eine blosse Zurückweisung enthält, die ich mit Hrn. *B.* für überflüssig halte, kann füglich wegbleiben.

S. 112. accedo.

Concl. ad 112. approb.

Neuer Zusatz ad §. 71. No. 3. Th. I. Tit. 14.

Rescr. v. 13. März 1807.
General-Akten des Kammergerichts.

T. „Zu diesen Kosten gehören insonderheit auch die Instructions- und Urthels-Gebühren, die der Kläger als Extrahent des Contumacial-Verfahrens an das Gericht zu bezahlen hat."

K. ich halte den Zusatz für unnöthig da die Vorschrift der Gerichts-Ordnung m. E. zweifelsfrei auf die darin benannten Kosten mit bezogen werden muss.

B. Den neuen Zusatz des Hrn. *v. T.* ad §. 71. No. 3. halte ich mit Hrn. ꝛc. *K.* für unnöthig.

G. ich halte diesen neuen Zusatz des Hrn. v. T., gleich den andern beyden Herren Monenten, für überflüssig.

P. Es soll zugesezt werden, dass zu den Kosten, welche der reus contumax dem Kl. zu erstatten hat, auch die Instruct. u. Urtels-Gebühren gehören. Hr. *B.* und *K.* halten dies für unnöthig und ich stimme bey.

S. 113. Wegen des Zusatzes des Hrn. *v. T.* in Absicht der Kosten accedo.

Concl. ad 113. appr.

Cirkul. Verordn. v. 11. Januar 1805.
Jur. Mon. Schr. Bd. I. p. 89.

§. 149.

ad §. 73. Bey Objecten, wegen welcher eine Appellation nicht zuläßig ist, behält der Contumacial-Bescheid seine unumstößliche Kraft, wenn in dem Restitutions-Gesuch nicht zugleich erhebliche Hinderungs-Ursachen angegeben und bescheinigt worden sind.

---

conf. ibid. l. a.

§. 150.

ad §. 75. 76. und 77. Hat der Beklagte bey Anbringung seines Restitutions-Gesuchs zwar die Klage wenigstens in der Hauptsache gehörig beantwortet, jedoch keine erhebliche Ursachen, wodurch er verhindert worden, den vorigen Citationen Folge zu leisten, angegeben, so hängt es von der Erklärung des Gegentheils ab, ob er die Anberaumung eines Instructions-Termins und die weitere Verhandlung noch in der ersten Instanz zulassen wolle oder nicht. Im letzteren Falle kann der Beklagte bloß zur Appellation gegen den Contumacial-Bescheid gestattet werden und das weitere Verfahren ist darnach einzuleiten.

Rescr. v. 24. Nov. 1800.
Neues Archiv Bd. I. p. 454.

Es muß jedoch die Instruction jedesmal stattfinden, selbst wenn solche in der Appellations-Instanz, z. B. wie in Injurien-Sachen, sonst nicht zuläßig seyn sollte.

Rescr. v. 30. May 1800.
Neues Archiv Bd. I. p. 171.

§. 151.

Diese Instruction geschieht sodann bey dem Gerichte, welchem, nach Verschiedenheit des Gegenstandes des Streits, die Instruction des sonstigen Appellations-Verfahrens gebühret.

Rescr. v. 4. May 1801.
Stengel, Bd. XIV. p. 247.

§. 152.

Sollte die Instruction vom Ober-Gericht geführt worden seyn, so müssen dennoch die Acten, falls es der Kläger verlangt, an das Untergericht, wo die Sache in erster Instanz geschwebt hat, zur Abfassung des Erkenntnisses in erster Instanz zurückgesendet werden.

Rescr. vom 21. Aprill 1800.
Neues Archiv Bd. I. p. 128.

§. 153.

Wenn der Verklagte bey dieser Instruction in appellatorio Gegen-Forderungen anmeldet, so muß er damit ad separatum, jedoch jederzeit in dem foro verwiesen werden, wo die Hauptklage schwebt, insofern nicht eine der im §. 7. Tit. 19. der Gerichts-Ordnung bestimmten Ausnahmen Platz greift.

T. Der 2te Theil des Zusatses 150., desgl. die Zusätze 151. und 153. reden von dem Falle, wenn der Verklagte blos zur Appellation gestattet ist. Das bei dem Zusatz 152. allegirte Rescript spricht dagegen von dem entgegengesetzten Falle, wenn Kläger zufrieden ist, dass die Sache zur e r s t e n Instanz zurückgewiesen werde. Ich würde daher die beyden Zusätze 151. und 153. nicht trennen, sondern der jetzigen Nummer 152. die Nummer 153. geben, und um Missverständnisse zu vermeiden, diesen Zusatz dahin fassen:

„Will aber der Kläger die weitere Verhandlung noch in erster Instanz zulassen, so müssen die Akten, wenn auch die Instruction vom Obergericht geführt seyn sollte, an das Untergericht, wo die Sache in erster Instanz geschwebt hat, zur Abfassung des Erkenntnisses erster Instanz zurückgesendet werden.“

K. Ich trete dem Hrn. Präsidenten bey.

B. Ich trete ratione der Zusätze ad §. 150. seq. dem Herrn ꝛc. *v. T.* bey.

G. Hiermit bin ich einverstanden.

P. ad §. 150—153. d e s E n t w. Hr. *v. T.* will diese §§. anders ordnen und zum Theil anders fassen, womit Hr. *v. G.* einverstanden ist. Mir scheint jedoch der ganze §. 152. wegzufallen. Er ist aus dem R.

v. 4. May 1801. genommen, welches sich auf die Circular-Verordnung vom 30. Dec. 1798. gründet. Diese letztere ist durch das Circular vom 11. Jan. 1805. völlig aufgehoben, und kann also auch der daraus genommene §. 152. des Entw. nicht mehr für gesetzlich geachtet werden.

S. 114. ad §. 150—153. accedo.

Concl. ad 114. susp.

S. Nachträgliches Votum. 13. Den §. 152., wobei der Beschluss suspendirt worden, habe ich mit veränderter Fassung stehen lassen. Der Zweifel war nur darüber, ob in dem bezeichneten Falle, wo die Instruction beim Obergericht erfolgt ist, beim Untergericht erkannt werden könne. Ich halte dieses deshalb für nöthig, weil bei der Verschiedenheit der Appellations- und Revisionssummen, je nachdem vom Obergericht oder Untergericht erkannt worden, der Kläger dadurch, dass beim Obergericht erkannt würde, eine Instanz verlieren könnte. Das Rescript vom 4. Mai 1801. entscheidet auch die Sache ganz klar.

Zu Th. I. Tit. 15.

Revisionen.

Verordn. v. 13. März 1803. §. 2.
Stengel, Bd. XVII. p. 289.

§. 154.

ad §. 2. Die Revision findet nur statt:

1) wenn in erster Instanz bey einem Untergerichte erkannt worden und der Gegenstand der Beschwerde Zweyhundert Thaler oder mehr beträgt.

2) Wenn in erster Instanz bey einem Obergericht erkannt ist und das Object der Beschwerde Vierhundert Thaler oder mehr ausmacht.

3) Wenn in Rechtssachen, welche in erster Instanz bey einem Obergericht anhängig gewesen sind, der Gegenstand der Revision zwar nur Zweyhundert Thaler und weniger als Vierhundert Thaler ausmacht, jedoch die beyden ersten Erkenntnisse bey demselben verschiedenen Inhalts sind.

Insofern in der Allgem. Ger. Ordn. für gewisse Prozeß-Arten, z. B. bey Injurien, Sponsalien und Arrest-Sachen, wegen Zuläßigkeit der Revision ohne Rücksicht auf den Betrag des Objects besondere Vorschriften ertheilt worden, hat es dabey lediglich sein Bewenden.

---

ibid.

§. 155.

Wegen Berechnung der zur Revision erforderlichen Summen finden die Grundsätze Anwendung, welche ad Tit. 14. §. 3. und Tit. 26. §. 2. vorgeschrieben sind. *)

Rescr. v. 24. July 1797.
Stengel, Bd. V. p. 310.

§. 156.

ad §. 5. Die in appellatorio Tit. 14. §. 34. der Allg. Ger. Ordnung nachgelaßene Frist gegen die versäumte Appellation findet auch in revisorio statt.

---

*) Anmerkung von G.: „Den §. 4. der Verordnung v. 13. März 1803. hab' ich hier nicht aufgenommen, theils weil der Instantzen-Zug nach

Rescr. v. 24. July 1797.
Stengel, Bd. V. p. 310.
Circul. Verordn. v. 30. Debr. 1798.

§. 157.

ad §. 6. Die Revisions-Anmeldung muß in der Regel zugleich die Ausführung der Beschwerden enthalten. Ist dies nicht der Fall, so muß zu deren Beibringung eine der Wichtigkeit und Verwickelung des Gegenstandes angemessene präclusivische Frist bestimmt und übrigens auch in dritter Instanz so verfahren werden, wie es ad §. 62. Tit. 14. für die Appellations-Instanz vorgeschrieben worden.

B. Den Zusatz §. 157. würde ich gar nicht aufnehmen. Es ist zwar richtig, dass das R. an das Bromb. Hofgericht vom 24. July 1797. bestimmt,

die Revis. Anmeldungen sollen in der Regel zugleich die Deductionen enthalten und wenn dies nicht der Fall, solche in 8. Tagen praecl. Frist nachgefordert werden.

Allein diese Disposition ist bey den Gerichtshöfen, bey welchen ich gestanden, nie angewandt worden. Sie geht auch gar zu sehr von der klaren Vorschrift der Ger. O. ab und der Hr. Verfasser dieses Entwurfs, der solches auch bemerkt, hat sich daher schon die Erlaubniss genommen, die Disposit. wegen der 8tägigen Frist in eine der Wichtigkeit der Sache angemessene Frist zu verwandeln, welches sonst wohl nicht zulässig seyn dürfte. Es ist aber die Bestimmung der Pr. Ordn. bey diesem Puncte so deutlich und ausführlich, dass darin von einem speciellen, an eine einzelne Behörde ergangenen Rescripte nichts abgeändert werden kann.

Verschiedenheit der Provinzen von einander differirt, wie dieß §pho 5. l. a. selbst gesagt ist, und theils weil die Prozeß-Ordnung selbst sich hiermit an keiner Stelle beschäftigt."

Ich würde mich daher begnügen, hier nur auf die Zusätze zum §. 62. Tit. XIV. (s. o. S. 297.) zu verweisen, nämlich in Betreff der post praeclusionem eingehenden Deductionen.

G. ich stimme dem Antrage um so mehr bey, als ich mich jetzt überzeuge, daß das allegirte Rescript nur für den Fall gegeben ist:

wenn jemand in revisorio ein Restitutions-Gesuch anbringt.

P. Hr. rc. *B.* stimmt für die Weglassung dieses, die Deduktionsfrist in Revis. allzusehr beschränkenden Zusatzes, womit ich um so mehr einig bin, als das alleg. Resc. vom 24. July 1797. nur von dem Fall der Restitution wegen der versäumten 10tägigen Frist redet.

S. 115. accedo.

Concl. ad 115. appr.

Rescr. v. 8. Juny 1806.
Jur. Mon. Schr. Bd. III. p. 203.

§. 158.

So viel die Acten-Inrotulation anbetrift, so ist solche in dritter Instanz jederzeit erforderlich. Es muß solche daher in termino praefigendo mit Zuziehung der Mandatarien geschehen und dabey specificirt werden

1) welche Acten zu versenden,

2) welche Charten, Risse, Documente u. s. w. beyzufügen.

Zugleich müssen die Manual-Acten der Mandatarien beigelegt werden.

Wird hierunter etwas versehen, so werden in Sachen, wo Justiz-Commissarien adhibirt worden, diese deshalb in eine Strafe von Fünf Thaler genommen; auch haben sie die durch den Verstoß verursachte mehrern Kosten zu tragen.

Sind die Partheyen selbst erschienen; so trift die Strafe und der Kosten-Ersatz wegen des etwanigen Verstoßes den Decernenten.

T. In den Zusatz 158. würde ich auch noch den Schluss des allegirten Rescripts mit aufnehmen, verbis:

„Die Registratur hat in jedem Contraventions-Fall 2 Rthlr. Strafe zur Sportul-Kasse zu zahlen, wenn nicht sämmtliche im Inrotulations-Protokoll vermerkte, oder vom Dezernenten beyzufügen verordnete Akten, Dokumente und Uebersetzungen mit verschickt worden."

Ich muss indess anheimstellen, ob diese Vorschrift nicht lieber in den Anhang zum Registratur-Reglement aufzunehmen sey?

K. ich würde der Vollständigkeit wegen die Festsetzung, welche die Registratur betrifft, mit aufnehmen.

B. Bey dem Zusatz §. 158. trete ich dem Hrn. Pr. *v. T.* und Hrn. ꝛc. *K.* bey.

G. ich glaube, daß der Zusatz des Hrn. v. T. nicht hierher, sondern ad 202. des Registratur-Reglements gehört, indem die Prozeß-Ordnung sich mit der Disciplin nur in so weit beschäftiget, als solche auf die Partheyen und deren Anwälde Bezug hat.

P. Hr. *v. T.* will das aufnehmen, was in dem Rescr. v. 8. Juny 1806. von der Bestrafung der Registratur, wegen Fahrlässigkeit bey der Inrotulation, verordnet ist. Hr. *v. G.* will dies zum Registratur-Regl. §. 202. verweisen, weil es zur Disciplin gehört. Der Zusammenhang der Materie rechtfertigt aber das Monitum des Hrn *v. T.*, dem ich beystimme.

Der Ausdruck des Entw.

„in termino praefigendo"

könnte wohl übersetzt werden

„in einem anzusetzenden Termin".

S. 116. accedo.

Concl. ad 116. soll der Zusatz des Hrn. ꝛc. v. Trützschler wegbleiben.

Rescr. vom 11. März 1799.
Stengel, Bd. VIII. p. 394.

§. 159.

ad §. 22. und 23. Wenn jedoch zwey gleichlautende Urtheile reformirt werden, so muß

1) von einem der Referenten, welcher für die Abänderung gestimmt hat, das Urtel mit Gründen abgesetzt,
2) solches sodann in der nächstfolgenden Session vollständig vorgelesen und alsdann erst vollzogen,
3) ohne Beifügung der Entscheidungs-Gründe zur Publication versendet,
4) eine genaue und vollständige, die Entscheidungsgründe mit enthaltende ungestempelte Abschrift davon angefertiget und ohne daß es einer besonderen Berichtserstattung bedarf, in einem Umschlag unter der Addresse des Justiz-Ministers franco eingesendet werden, damit wenn eine Parthey über den Ausfall des Erkenntnisses Beschwerde führt, diese Abschrift benutzt werden kann.

Kommt hiernächst eine solche Beschwerde ein, so wird die bis dahin versiegelte Abschrift vom Justiz-Departement eröffnet, eingesehen und geprüft, ob es rathsam oder zur Ausführung einer etwanigen Nullität nothwendig sey, der Beschwerde führenden Parthey die Entscheidungs-Gründe mitzutheilen.

Zu Th. I. Tit. 16.

Nullitäts- und Restitutions-Klage.

Rescr. v. 14. July 1804.
Neues Archiv B. III. p. 382.

§. 160.

ad §. 1. Den Gerichtshöfen ist es auch nicht erlaubt, dergleichen Erkenntnisse durch bloße Rescripte wiederum aufzuheben.

T. Der Zusatz 160. gehört m. E. blos ad tit. 26., wo er auch wörtlich sub No. 216. wieder vorkommt, und ich würde ihn hier ganz weglassen.

K. Der §. 160. des Entwurfs gehört m. E. hierher, ich würde ihn dahin fassen:

„Erkenntnisse, welche wider die deutliche Vorschrift der Gesetze abgefasst worden, können auch niemals durch blosse Rescripte aufgehoben werden, sondern es findet dagegen, wenn die Rechtsmittel der Appellation und Revision nicht zulässig sind, blos die Nullitätsklage statt."

B. Den Zusatz §. 160. würde ich mit Hrn. ꝛc. *K.* beibehalten. Das R. vom 14. July 1804. spricht aber blos von solchen Erkenntnissen, in welchen gegen die Vorschrift der Pr. Ordn. gesündigt ist. Wenn daher Hr. ꝛc. *K.* in dem Zusatze sagt:

gegen die Vorschrift der Gesetze,

so erscheint dies etwas zu allgemein; obgleich von dem Falle, wenn gegen ein klares Landesgesetz erkannt ist, wohl dasselbe stattfinden muss.

G. Der von mir gemachte Zusatz gehört ganz eigentlich hierher. Im 26sten Titel ist §. 18. nur die Ausnahme von der Regel enthalten.

P. Hr. v. *T.* will diesen §. zu Tit. 26. verweisen. Hr.

v. G. behauptet, er gehöre hierher. Ich stimme ihm bey, würde aber die Fassung ändern. Denn was soll der Ausdruck des Entwurfs

„dergleichen Erkenntnisse"

heissen? Ich würde vorschlagen, zum §. 2. No. 2. der Prozess-Ordnung h. t. zuzusetzen:

„Wenn ein Gericht gegen die deutlichen Vorschriften der Gerichts-Ordnung, und mit Beyseitesetzung des vorgeschriebenen Verfahrens, ein Erkenntniss abgefasst hat; so kann zwar ein solches Erkenntniss in der Regel nicht durch ein blosses Rescript aufgehoben, es muss aber die dadurch gekränckte Parthey, wenn die Rechtsmittel der Appellation oder Revision nicht zulässig sind, zur Nullitätsklage verstattet werden."

Dies ist der wesentliche Inhalt des Rescr. vom 14. Juli 1804., welches die Regel aufstellt. Die Ausnahme kömmt unter §. 216. des Entw. vor.

S. 117. accedo.

Concl. ad 117. approb.

S. am Schlusse seines nachträglichen Votums: Bei dem in der Conferenz vom 28. Dez. c. gehaltenenVortrage ist von Se. Excellenz die Weglassung des §. 160. des Entwurfs und des ihm substituirten neuen §. (nach *P's.* Vorschlage) betreffend die bei unterlassener Beobachtung der Vorschriften der Gerichts-Ordnung nachzulassenden Nullitätsklagen, beschlossen worden.

Rescr. v. 27. July 1801.
Stengel, Bd. XIV. p. 209.

§. 161.

ad §. 2. Nr. 6. Wenn der Richter gegen Jemanden ein Contumacial-Erkenntniß abgefaßt hat, ohne auf ein zuläsfiges Prorogations-Gesuch Rücksicht zu nehmen; so kann dieses Erkenntniß ebenfalls als nichtig angefochten werden.

B. Der Zusatz §. 161. ist m. E. nicht hierher gehörig, auch nicht ganz richtig extrahirt. Das R. giebt nämlich den Obergerichten die Erlaubniss, das Contum. Erkenntniss eines Untergerichts b. m. zu beseitigen und den Verklagten in integrum zu restituiren, wenn der Unterrichter dem Verkl. vorschriftswidrig die prorogatio termini abgeschlagen hat. Es ist hier also von keiner förmlichen Nichtigkeitsquerel die Rede, und es könnte dieser Zusatz wohl nur zum Titel vom Verfahren bey Untergerichten, namentlich ad §. 43. (tit. 25.) verwiesen werden.

G. Da das allegirte Rescript implicite einen neuen Restitutions-Grund darbietet, so ist die Fassung dieses Zusatzes im Eingange richtig; auch konnte er nur hier, wo sedes materiae ist, seinen Platz erhalten.

P. Hr. *v. G.* will auf den Grund eines Rescr. v. 27. July 1801.

Stengel, XIV. 209.

festsetzen, dass ein Contumacial-Erkenntniss als nichtig angefochten werden könne, wenn der Richter auf ein zulässiges Prorogations-Gesuch keine Rücksicht genommen habe.

Dies würde auf allen Fall nur dann gelten können, wenn das Rechts-Mittel der Appellation versäumt wäre. Das allegirte Rescr. sagt aber auch nichts davon, dass die Nullitäts-Klage eintreten soll, sondern es will die Sache brevi manu (nach Tit. 26. §. 18.) abgemacht wissen, welches als allgemeine Regel wohl nicht aufgestellt werden kann. Ich stimme daher mit Hrn. *B.* für die Weglassung des §. 161. des Entw., und Verweisung desselben zum Tit. 26.

S. 118. accedo.

Concl. ad 118. appr.

S. Nachträgliches Votum. 14. Als das Rescr. vom 31. Juli *) 1801. erging, konnte gegen ein Cont.-Urtel nur appellirt werden. Jetzt findet das remedium rest. in int. wieder statt, und auf diesem Wege muss dem Bekl. geholfen werden.

Zu Th. I. Tit. 19.

Von der Reconvention oder Wiederklage.

Rescr. v. 21. April 1800.
Neues Archiv Bd. I. p. 128.

§. 162.

ad §. 16. Wenn bey der Instruction des wider ein Contumacial-Erkenntniß eingelegten Rechtsmittels von dem Beklagten Gegen-Forderungen angebracht werden, so müssen solche ad separatum in dem foro verwiesen werden, wo die Hauptklage obschwebt, insofern nicht eine der im §. 17. bestimmten Ausnahmen Platz greift.

T. Der §. 162. ist nur eine Wiederholung von dem Zusatz 153. (s. oben S. 303—304.) bey der Appellation gegen ein Contumacialverfahren. Hier ist aber sedes materiae und es scheint mir also bey der Widerklage der Wiederholung nicht zu bedürfen.

K. Ich trete den Bemerkungen des Hrn. Pr. *v. T.* bei.

B. Hier trete ich dem Hrn. rc. *v. T.* bey.

G. accedo.

P. Dieser §. ist eine Wiederholung des §. 153. des Entw. und fällt hier nach der gegründeten Erinnerung des Hrn. *v. T.* weg.

---

*) 27. Juli.

S. 119. accedo.

Concl. ad 119. appr.

Neuer Zusatz ad §. 17. Th. I. Tit. 19.

T. „Die Execution des in Reconventione gegebenen Erkenntnisses kann der Richter der Convention nicht unmittelbar, sondern nur mittelst Requisition des ordentlichen Richters des Wiederverklagten vollstrecken."

K. Ich trete der Bemerkung des Hrn. Pr. *v. T.* bey.

B. Ich glaube, dass dieser neue Zusatz nicht ad §. 17. h. t., sondern ad §. 27. Tit. 24. (von Execut.) gehört.

G. Einverstanden, unter Bezugnahme auf die richtige Bemerkung des Herrn *B.*

P. Der vorgeschlagene Zusatz gründet sich auf das R. vom 19. März 1798.

Edict. Samml. p. 1607.

und ist an sich richtig. Es fragt sich nur, ob er hierher, wie Hr. *v. T.* meynt, oder zum 24. Tit. gehört, wie Hr. *B.* behauptet. Ich würde dem Letztern um so mehr beytreten, da Tit. 24. §. 27. das Princip vorkommt,

> dass die Execution gegen Personen und Sachen, die unter einer andern Gerichtsbarkeit stehen, nur durch Requisition bewirkt werden kann,

wovon der vorgeschlagene Zusatz:

> dass die Execution der in der Reconvention ertheilten Sentenz von dem Richter der Convention, wenn er nicht der ordentliche Richter des Widerbekl. ist, nicht unmittelbar, sondern nur durch Requisition erfolgen kann,

eine blosse Folgerung ist.

S. 120. wegen des Zusatzes des Hrn. rc. *v. T.* ad §. 17. T. 19. accedo.

Concl. ad 120. appr.

Zu Th. I. Tit. 20.

Von der Litis-Reassumtion.

Rescr. v. 17. April 1807.
Jur. Mon. Schr. Bd. IV, p. 191.

§. 163.

ad §. 9—11. Siehe Verordnung vom 30. July 1812. die Suspension der Militair-Prozesse betreffend. *)

Auf Officiers, welche in Kriegs-Gefangenschaft gerathen, hiernächst aber auf ihr Ehrenwort entlassen sind und sich in der Provinz aufhalten, finden die hier gegebenen Vorschriften keine Anwendung.

B. Alles, was hier im Entwurf gesagt ist, ist transitorisch und gehört nicht hierher.

G. In den allegirten §§. wird von Suspension der Militair-Prozesse gehandelt, und da die angezogene Verordnung die diesfalsigen Dispositionen wesentlich verändert; so glaube ich, ob sie gleich nur für ein transitorisches Verhältniß gegeben ist, dennoch darauf aufmerksam machen, und den Zusatz mit aufnehmen zu müssen.

P. Betrifft die Suspension der Militair-Processe. Hr. *B.* hält diese transitorischen Verfügungen zur Aufnahme nicht geeignet. Ich bin gleicher Meinung und würde diesen §. streichen.

S. 121. accedo.

Concl. ad 121. appr.

---

*) Bemerkung von G.: „Ich habe den Inhalt dieser meisterhaft ausgearbeiteten Verordnung, wodurch die Vorschriften der Allg. Ger. Ordn. Tit. XX. §. 9—13. wesentlich verbeßert und vervollständigt sind, hier nicht ausführlich aufgenommen, theils um den gegenwärtigen Anhang nicht zu

Zu Th. I. Tit. 23.

Von den Kosten.

Rescr. v. 8. Debr. 1800.
Neues Archiv Bd. II. p. 5.

§. 164.

ad §. 1. Sowohl das erste als zweyte Urtel kann, auch vor beschrittener Rechtskraft, in Ansehung des Kosten-Punkts als ein Interimisticum angesehen werden, und die Einziehung der Kosten nach der darin enthaltenen Bestimmung gleich nach Publication des Urtels geschehen. Hat jedoch die eine Parthey das Armen Recht oder genießt sie sonst die Gebühren-Freyheit, so darf vor rechtskräftiger Entscheidung des Kosten-Puncts, von der die Gebühren entrichtenden Parthey nur der sie treffende Antheil und dasjenige, was sie als Extrahent entrichten muß, eingezogen werden.

---

§. 165.

ad §. 3. Nr. 5. cessirt in Gemäßheit tit. 13. §. 32. der Gerichts-Ordnung. (s. oben S. 289.)

S. 121a. Den §. 165. würde ich weglassen.

Concl. ad 121a. appr.

Rescr. v. 27. May 1798.
Stengel, Bd. VI. p. 236.

§. 166.

ad §. 4. Wenn beyde Theile appellirt oder revidirt haben, so muß bey erkannter Compensation der Kosten, in Rück-

---

voluminеus zu machen, theils weil die Verordnung selbst — nur für den Eintritt eines transitorischen Verhältnisses gegeben ist."

sicht der Trans- und Remissions-Gebühren für Versendung der Acten an die höhere Instanz, der Vorschuß edem Theil zur Hälfte in Rechnung gestellt werden. Hat nur eine Parthey appellirt oder revidirt, so ist diese, wenn sie nicht nach den Gesetzen die Sportul-Freyheit genießt, als Extrahent zum Vorschuß verpflichtet; genießt dieselbe aber die Sportul-Freyheit, so muß die Sache Stempel- und Portofrey abgesendet werden.

Rescr. v. 12. Octbr. 1801.
Neues Archiv Bd. II. p. 178.

§. 167.

ad §. 21. Wenn eine Parthey zum Armen-Rechte zugelassen, die Tragung der Kosten aber von dem der vermögenden Parthey auferlegten nothwendigen Eyde abhängig geworden ist, und letztere den Eyd nicht ableistet, sondern sich mit der armen Parthey vor der Ableistung vergleicht, so wird der vermögenden Parthey bloß die Hälfte der Gebühren für diejenigen Verfügungen, welche der Richter von Amtswegen erlassen hat, folglich auch der Instructions- und Urtels-Gebühren, so wie derjenigen, wobey der Vermögende Extrahent war, ganz auferlegt.

Rescr. vom 13. März 1797.
Stengel, Bd. VI. p. 238.

§. 168.

ad §. 25. No. 9. Ein Justiz-Commissarius kann in seiner eigenen Sache, so wenig als eine andere Parthey, Informations- und Instructions-Gebühren, sondern allenfalls nur Versäumniß-Kosten, und außerdem die baaren Auslagen nebst dem Honorario für schriftliche Aufsätze und Ausarbeitungen fordern.

S. Nachträgliches Votum. 44. Zu dem §. 163.*) habe ich aus Kamptz, 5. Heft S. 26. einen Zusatz**) gemacht.

Rescr. v. 25. Octbr. 1802.
Stengel, Bd. XV. p. 314.

§. 169.

Wenn eine Parthey sich anderer Rechtsverständigen, welche nicht Justiz-Commissarien sind, bedient, so haben diese kein Recht, die den Justiz-Commissarien gebührende Kosten zu fordern, sondern sie sind nur diejenigen Kosten zu liquidiren befugt, welche die den Prozeß persönlich betreibende Parthey zu verlangen berechtiget ist.

K. Das allegirte Rescript befindet sich zwar
Stengel, Bd. 15. pag. 314.,
es ist aber nicht vom 25. Octbr. 1802., sondern vom 20. Octbr. 1801. datirt. Ueberdies ist es schon im 53. Zusatz enthalten, und kann daher hier wegbleiben.

B. Bei dem Zusatz §. 169. beziehe ich mich auf meine Bemerkung zum Zusatz §. 53. (s. oben S. 225.)

G. Ich beziehe mich auf meine Bemerkung ad §phum 53. des Anhangs.

P. Dieser Zusatz, welcher oben ad §. 53. schon einmal vorkam, steht hier am rechten Ort.

S. 122. accedo.

Concl. ad 122. appr.

---

*) §. 168.

**) Der Zusatz lautet:
Dieses findet auch für den Fall Anwendung, wenn ein Justiz-Kommissarius als Vormund einen Prozeß geführt hat.

Rescr. v. 24. Octbr. 1796.
Stengel, Bd. IV. p. 272.

§. 170.

Wenn Partheyen vom geringen Stande in ihren Injurien-Sachen zu ihrer Bequemlichkeit sich der Mandatarien bedienen; so ist der Gegner die Gebühren dafür nicht zu erstatten schuldig.

T. Den Zusatz 170. würde ich weglassen, weil dem Rescr. v. 24. Oct. 1796. durch die spätere Circular-Verordnung vom 19. Dcbr. 1799.

cfr. Zusatz 1. (s. oben S. 153.)

derogirt zu seyn scheint. Denn die Circul.-Verordn. sagt ausdrücklich:

Sobald der Hauptzweck (d. i. Ausmittelung der Wahrheit) nicht vereitelt wird, soll den Partheyen die Befugniss, die Termine durch zulässige Bevollmächtigte abzuwarten, nicht erschwert, ihnen auch erlaubt seyn, die Erstattung der Gebühren des Bevollmächtigten von dem zum Kosten-Ersatz verurtheilten Gegner zu fordern.

Injurien-Sachen sind hier nicht mehr ausgenommen, und es scheint mir doppelt hart zu seyn, dass ein armer Bauer, Handwerker oder Taglöhner, der in der Hauptsache am Ende obtinirt, sich die Zeit durch Abwartung der Termine versäumen, oder doch erst den Vorwurf der Bequemlichkeit von sich abwenden soll.

K. Ich würde den Zusatz stehen lassen. Das Cammergericht hat noch neuerlich in einer Beschwerdesache wider das J. A. Rheinsberg darnach verfügt.

B. Den Zusatz §. 170. würde ich doch aufnehmen (gegen die Meinung des Hrn. ꝛc. v. *T.*), weil das ältere R. von 1796. speciell von Injuriensachen unter gemeinen Leuten disponirt, die Circ. Verordnung aber diesen speciellen Fall nicht vor Augen gehabt hat. Indess ist die Sache zweifelhaft und bedarf einer höhern Entscheidung.

G. Injurien-Sachen können keine faveur haben. — Hr. K. und B. sind auch bey diesem Zusatz mit mir einverstanden.

P. Mandatarien-Gebühren sollen in Injurien-Sachen unter Leuten geringen Standes nicht erstattet werden. Diesen aus dem Rescr. v. 24. Oct. 1796.

Stengel, IV. 272.

genommenen Satz will Hr. *v. T.* weglassen, weil er hart, und gegen die neuere Circ.-Verordnung vom 19. Dec. 1799. No. V. sey.

In dieser Circ.-Verordn. ist aber nur die Regel festgesetzt, dass den Partheyen das Recht, die Termine durch zulässige Bevollmächtigte abzuwarten, nicht erschwert, und ihnen erlaubt seyn soll, die Erstattung der Mandatarien-Gebühren von dem Gegner zu verlangen. Mit dieser allgemeinen Verordnung kann jene besondere Vorschrift wegen der Injurien-Sachen wohl bestehen. Ich bin daher mit Hrn. *B.* und *K.* für den Entwurf.

S. 123. accedo.

Concl. ad 123. appr.

Rescr. v. 28. August 1799.
Jurist. Mon. Schr. Bd. I. p. 315.

§. 171.

Das in dem §pho 25. sub Nr. 9. festgestellte gesetzliche Verhältniß wird übrigens dadurch, daß die obsiegende Parthey für ihre Person die Kosten-Freiheit genießt, keinesweges alterirt.

B. Den Zusatz §. 171. würde ich etwas anders fassen: „Die §. 25. ad No. 9. gegebene Vorschrift wird u. s. w. — keinesweges geändert.“

Es frägt sich aber überhaupt, ob diese einer Privatperson gegebene Belehrung, die sich strenge genommen von selbst versteht, in den Anhang aufgenommen werden soll? Mir scheint sie überflüssig.

G. Der Zusatz ist aus einer Justiz-Ministerial-Entscheidung genommen, und die Fassung dem wörtlichen materiellen Inhalte dieser Entscheidung gemäß.

P. Ich würde mit Hrn. *B.* für die Weglassung dieses in seiner Fassung schwer verständlichen Zusatzes seyn. Auch das Rescr. v. 28. Aug. 1799.

Matthis I. 315.

ist nicht recht klar. Wahrscheinlich geht der Sinn dahin, dass der Mandatarius des Armen-Directorii die Kosten, in welche der Gegner verurtheilt worden, nicht unmittelbar von dem Gegner einziehen, sondern von seinem Mandanten, dem Armen-Directorio, sich bezahlen lassen soll, welches alsdann den Gegner deshalb in Anspruch zu nehmen hat. Wenn die Sache sich so verhält; so versteht sich das, was das Rescr. sagt, von selbst, und ist der Zusatz unnöthig.

S. 124. accedo.

Concl. ad 124. appr.

---

1) Rescr. v. 17. July 1797.
Stengel, Bd. V. p. 314.
2) Rescr. v. 8. July 1805.
Jur. Mon. Schr. Bd. IV. p. 311.
3) Edikt vom 11ten März 1812. §. 20.

§. 172.

ad §. 30.*) Juden, welche nicht die Rechte wirklicher Einländer erworben haben, können auf das Armenrecht keinen Anspruch machen. Jedoch muß ihnen um deswillen, weil sie

*) Das Allegat „ad §. 30." hat G. erst nachträglich hinzugefügt.

die Kosten nicht gleich herbeischaffen können, die Justizpflege niemals versagt, sondern nach Befinden der Umstände die Kosten allenfalls gestundet und wenn hiernächst zur Beitreibung geschritten wird, die Execution so moderirt werden, daß sie nicht ruinirt, und der Mittel zum Lebensunterhalt beraubt werden.

T. Bei dem Zusatz 172. ist wohl nur der §. 30. des Textes, welcher vom Armen-Recht handelt, zu allegiren vergessen.

K. Juden haben jetzt die Rechte christlicher Landes-Einwohner. Sie haben folglich auf das Armenrecht wie diese, Anspruch. Ich würde daher den §. 172. weglassen.

B. Den Zusatz §. 172. würde ich mit Hrn. ꝛc. *K.* weglassen.

G. Ich justificire diesen Zusatz durch die sub §pho 102. dieses Anhangs angeführten Gründe (s. oben S. 268—270.) und submittire zur Entscheidung des Herrn Justiz-Ministers.

P. Hier soll festgesetzt werden, dass Juden, welche die Rechte der Einländer nicht haben, zum Armen-Recht nicht verstattet werden sollen. Dies gründet sich auf die vormalige Verfassung, nach welcher auch S c h u t z - J u d e n zum Armen-Recht nicht verstattet wurden. Der Schluss des Hrn. *v. G.*, dass dieses nur in Ansehung der, des Rechts der Einländer theilhaft gewordenen Juden künftig wegfalle, in Ansehung anderer Juden aber stehen bleibe, mag wohl richtig seyn. Ich würde aber doch mit Hrn. *K.* für die Weglassung dieses Zusatzes stimmen.

Der Grund jener vormaligen Verfassung, nemlich der Zweck, die Misbräuche, welche die Juden treiben, zu verhüthen, fällt jetzt im Allgemeinen weg, weil die Juden, welche Staatsbürger werden können und wirklich werden, den Christen gleichstehen. Für die kleine Anzahl der nicht Staatsbürgerl. Juden aber die alte Verfassung beyzubehalten, scheint mir zwecklos und hart zu seyn. Wenn eine Partey nachweiset, dass sie zum Armen-Recht sich qualificirt, so ist es billig, sie dazu zu verstatten. Die Religion kann hier keinen Unterschied machen.

S. 125. accedo.

Concl. ad 125. appr.

---

cf. 1) Rescr. vom 6. May 1807.
Jur. Mon. Schr. Bd. X. p. 44.
2) Rescr. v. 26. Januar 1813.
pag. 55. Act. gen. des Justiz-Ministerii.

§. 173.

ad §. 35. Jedoch darf sie auch in dem in fine dieses §phi erwähntem Falle nach dem fruchtlosen Versuche anderer Executionsmittel nicht zum persönlichen Arrest gebracht, sondern es müssen, falls die Qualification zum Armen-Rechte sich bey der Execution ergiebt, die rückständigen Gebühren niedergeschlagen werden.

---

§. 173 a.

ad §. 36. No. 6. Gleichergestalt wird es mit den baaren Auslagen der Justiz-Commissarien in Armen-Sachen gehalten.

---

1) Reglem. v. 9. Aprill 1804.
Jurist. Mon. Schr. Bd. I. p. 5.
2) Rescr. v. 19. Decbr. 1796.
Stengel, Bd. III. p. 360.

§. 174.

Uebrigens werden die Gerichte wegen Sicherstellung und Controllirung des reservirten Porto in Armen-Sachen auf das Reglement vom 9. Aprill 1804. verwiesen.

Rescr. v. 17. Januar 1801.
Stengel, Bd VIII. p. 313.
Rescr. v. 2. (13.) Februar 1811.
Jur. Mon. Schr. Bd. XI. p. 114.

§. 175.

ad §. 42. Den reitenden Feldjägern, den Beurlaubten, ingleichen den auf einen sogenannten Laufpaß entlaßenen Soldaten, stehet ebenfalls die Sportul-Freyheit zu.

cf. Schreiben des General-Auditoriats v. 21. Septbr. 1799.
Stengel, Bd. XI. p. 274.

Auf die Compagnie-Chirurgen erstreckt sich diese Sportul-Freyheit nicht.

T. ad §. 42. ist ein Rescr. v. 17. Januar 1801. aus den Stengel'schen Beyträgen Bd. VIII. p. 313. allegirt. Es ist aber wohl das Schreiben des General-Auditeurs gemeint, welches sich im 13ten Bande der Beyträge p. 313. abgedruckt findet.

K. ich trete der Bemerkung des Hrn. Pr. *v. T.* bei.

---

a) Rescr. v. 20. July 1795. (23. May 1796.)
Stengel, Bd. II. p. 221.
b) Rescr. v. 1. Sptbr. 1800.
Neues Archiv, Bd. I. p. 313.

§. 176.

ad §. 43. In Absicht der Ehefrauen der in Reih' und Glied stehenden Unterofficiers und gemeinen Soldaten, so wie derjenigen, welche ihnen nach §pho 42. gleich geachtet werden, tritt die Kosten-Freyheit auch alsdann ein, wenn sie gleich nicht in der Garnison, sondern in ihrer Heimath oder an einem dritten Ort sich aufhalten.

1) cf. Reglement v. 28. Decbr. 1775. §. 41.
2) Cirk. Rescr. v. 25. Juny 1804.
Jur. Mon. Schr. Bd. I. pag. 47.
3) Rescr. v. 26. März 1810.
Jur. Mon. Schr. Bd. IX. p. 42.
4) Patent v. 30. Novbr. 1796. No. 129.

§. 177.

ad §. 46. Die Allgemeine Wittwen-Anstalt, ingleichen die Officier-Wittwen-Kasse, nicht minder sämmtliche Armenmen-Anstalten, so wie das Rettungs-Institut zu Berlin *), genießen eine unbeschränkte Sportul- und Stempel-Freyheit. Jedoch müssen die von ihnen angestellten Klagen jederzeit sorgfältig geprüft, ungegründete Klagen gleich per decretum zurückgewiesen, und wo der Fall eines muthwilligen Prozessirens eintritt, dem Chef der Justiz Anzeige gemacht werden.

T. Ausser den erwähnten Anstalten geniessen auch noch folgende die Kosten-Freyheit:

Die Prediger-Wittwen-Kasse in Berlin
Verordn. v. 24. Oct. 1706. Mylius I. 2. No. 83.
Die Wittwen-Kasse des Königl. Orchesters.
Verordn. v. 1. Sept. 1800. §. 25. Myl. No. 53.
Die Akademie der Wissenschaften.
Circular v. 13. April 1772. — No. 26.
Die Kalender-Pächter.
Circ. v. 21. Nov. 1765. Mylius.

Dass endlich die Kosten-Freyheit nicht blos den Universitäten zu Breslau und Königsberg, sondern auch der hiesigen zusteht, glaube ich nicht blos ex paritate rationis, sondern auch daraus schliessen zu dürfen, dass das alleg. Rescr.,**) ohne eine gewisse Universität zu benennen, auch an's Kammergericht ergangen, und also für ein Cirkular an alle 3. Lan-

*) Anmerkung von G.: „Auch die Universitäten zu Königsberg und Breslau. Rescr. v. 4. August 1812. Jahrbuch von Kamptz p. 244."

**) Vgl. die vorstehende Anmerkung.

des-Justiz-Kollegien anzusehen ist, in deren Departements sich Universitäten befinden.

K. Ich trete der Bemerkung des Hrn. Pr. *v. T.* bei.

B. Bei dem Zusatz §. 177. trete ich dem Hrn. *v. T.* bey.

G. accedo, und werden diese Institute hier mit aufzuführen seyn.

P. Es ist hier von den Instituten die Rede, welche die Sportel-Freyheit geniessen. Herr *v. T.* will noch einige aufführen, näml. die Prediger-Wittwen-Casse in Berlin, die des Königl. Orchesters, die Academie der Wissenschaften ꝛc. Ich halte dafür, dass dergleichen besondere Privilegien nicht in die A. G. O. gehören. Wer auf die Sportel- und Stempel-Freyheit Anspruch macht, muss sein Privilegium vorlegen. Ich halte den von Hrn. *v. T.* vorgeschlagenen Zusatz für überflüssig.

S. 126. ad §. 177. würde ich den Zusatz des Herrn *v. T.* aufnehmen.

Concl. ad 126. appr., mit Ausschluss der Kalender-Pächter.*)

Rescr. des Hoheits-Depart. v. 26. Juny 1806.
Jur. Mon. Schr. Bd. IV. p. 187.

§. 178.

Den Prinzen des Königl. Hauses, mit Einschluß der Söhne des Prinzen Ferdinand, gebührt die Sportul-Freyheit in allen Rechtsangelegenheiten, die nicht durch Hausaustäge zu reguliren sind, sondern vor die competenten Landes-Justiz-Collegien gehören, auch erstreckt sich diese Freyheit auf

*) Hinsichtlich dieser hatte Kircheisen unter'm 29. September 1814. Nachstehendes zu den Akten vermerkt:

„Der Kalenderpächter bedarf im Anhange keiner Erwähnung, da er in der alten Beziehung nicht mehr existiret, die Academie nichts mehr mit dem Debite der Kalender zu thun hat, sondern solcher für fiskalische Rechnung von der Kalender-Commission besorget wird."

alle diejenige Handlungen willkührlicher und streitiger Gerichtsbarkeit, welche die persönlichen Verhältnisse der gedachten Prinzen, Appanagen derselben und Kronfideicommiß-Güter betreffen.

Auf diejenigen Verhältnisse aber, welche sich auf ihre Präbenden beziehen, so wie auf ihre sonstigen persönlichen und Real-Verhältnisse, die mit Landgütern und städtischen Besitzungen, so die Prinzen von Particuliers erworben, in Beziehung stehen, darf die Sportul-Freyheit nicht ausgedehnt werden.

T. Im Zusatz 178. scheint mir jetzt, nach dem Tode des Printzen Ferdinand, die in Rücksicht seiner und seiner Söhne (wovon nur Einer noch lebt) gemachte Ausnahme überflüssig, da der Printz August Ferdinand unter der allgemeinen Cathegorie: die Printzen vom Königl. Hause, mit begriffen ist.

K. Ich trete der Bemerkung des Hrn. Pr. *v. T.* bei.

G. Ich habe nichts dagegen zu erinnern, daß dieser Zusatz weggelassen wird.

P. Bey diesem Zusatz, welcher die Sportelfreyheit der Prinzen des Königl. Hauses betrifft, will Hr. *v. T.* die Worte:

mit Einschluss der Söhne des Prinzen Ferdinand.

weglassen. Herr *v. G.* ist damit einig und ich ebenfalls.

S. 127. accedo.

Concl. ad 127. appr.

Rescr. vom 15. Januar 1812.
Jahrbuch von v. Kamptz Heft 1. p. 22.

§. 179.

ad §. 47. Die Gerichte sind befugt, durch Einforderung eines verhältnißmäßigen Vorschusses sich wegen der Kosten zu sichern, und vor dessen Einzahlung in der Regel und mit Ausnahme schleuniger Fälle, die Vorladung nicht zu erlassen. Die Justiz-Commissarien sind aber zu keiner Verhaftung für die Kosten verpflichtet.

T. Diese Befugniss wird den Gerichten in dem alleg. Rescr. nicht unbedingt, sondern nur bey auswärtigen Partheyen beygelegt, und darauf würde ich auch den Zusatz beschränken.

K. ich trete der Bemerkung des Hrn. Pr. *v. T.* bei.

B. Bei dem Zusatz §. 179. finde ich zu bemerken:

1) sind nicht alle Gerichte ohne Unterschied autorisirt, Vorschüsse zu nehmen, sondern nur Obergerichte und die Untergerichte erster Klasse;

2) kann von Einzahlung des Vorschusses höchstens in den Fällen die Erlassung der Citation abhängig gemacht werden, wo der Kläger ein Ausländer ist;

3) gehört die Disposition, dass ein Justiz-Commiss. für die Kosten seiner Parthei dem Gerichte nicht hafte, nicht hieher, wo vom Kostenvorschuss die Rede ist. Ich halte aber auch diesen Satz für so einleuchtend, dass es deshalb gar keines Gesetzes bedarf.

Meines Erachtens kann daher dieser ganze Zusatz recht gut wegbleiben.

G. Der Bemerkung des Herrn v. T. gemäß würde ich post verba:

„sind befugt"

hinzusetzen:

„gegen auswärtige Partheyen".

Das Monitum des Herrn B. halte ich nicht für gegründet. Denn das allegirte Rescript sagt ohne Einschränkung:

„die Gerichte".

Da auch hier einmal von Kosten-Vorschüssen der Partheyen geredet wird, so kann das Verhältniß, worin die Justiz-Commissarien in dieser Hinsicht zu ihren Constituenten stehen, recht füglich mit erwähnt, und es durfte dieser Zusatz nicht weggelassen werden, weil darüber bey den Gerichten Zweifel entstanden sind, welche zu dem Declarations-Rescripte vom 15. Januar 1812. Anlaß gegeben haben.

P. Hier soll allgemein festgesetzt werden:

1) dass die Gerichte durch Einforderung eines verhältnissmässigen Vorschusses sich wegen der Kosten zu sichern befugt und vor dessen Einzahlung die Vorladung (dringende Fälle ausgenommen) zu erlassen nicht schuldig seyen.

Herr *v. T.* hat dagegen erinnert, dass das angezogene Rescript vom 15. Januar 1812. in

Kamptz Jahrbücher H. 1. S. 22.

nur von auswärtigen Parteyen rede, welches auch ganz richtig ist. Hr. *v. G.* stimmt ein, dass hiernach dem Entwurf diese Einschränkung beygefügt werde.

Hr. *B.* geht aber noch weiter und meynet, die Gerichte seyen nicht ohne Unterschied Vorschüsse zu nehmen autorisirt; diese Befugniss stehe nur den Obergerichten und den Untergerichten der 1sten Classe zu. Dies ist in der Regel wieder ganz richtig. Bey Ausländern findet aber nach dem alleg. Rescript wohl eine Ausnahme statt. Die Veranlassung gab der Umstand, dass die Warschauer und andere fremde Gerichte die Einziehung der diesseitigen Sporteln von jenseitigen Parteyen sehr erschwerten und oft ganz vereitelten. Mit dieser Modification wird es also bey dem Entw. bleiben können.

2) Enthält der Entw. die Festsetzung, dass die

Justiz-Commissarien zu keiner Verhaftung für die Kosten verbunden seyen.

Hr. rc. *B.* monirt, dass dies nicht hierher gehöre und sich von selbst verstehe. Dies letzte ist nicht ganz richtig; das Rescr. v. 6. August 1806. (Kamptz l. c.) zeigt, dass das Gegentheil angenommen worden. Des Zusammenhangs wegen könnte daher dieser Zusatz wohl beybehalten werden.

Ich schlage vor, den §. 179. des Entw. so zu fassen:

„Wenn eine auswärtige Partey bey hiesigen Gerichten einen Rechts-Streit führt; so sind selbige befugt, durch Einforderung eines verhältnissmässigen Vorschusses sich wegen der Kosten zu sichern und selbst die Vorladung des einländischen Bekl. der Regel nach und nur mit Ausnahme solcher Fälle, welche dringend die Beschleunigung fordern, so lange auszusetzen, bis der Vorschuss geleistet ist. In keinem Fall aber sind die Justiz-Commissarien für auswärtige Parteyen wegen der Kosten zu haften verbunden.“

S. 128. accedo.

Concl. ad 128. appr. mit dem Zusatz:

„insofern die Justiz-Commissarien sich zur Uebernahme der Kosten nicht verpflichtet haben.“

Zu Th. I. Tit. 24.

Von der Execution der Urtheile.

Rescr. v. 18. May 1805.
Jur. Mon. Schr. Bd. I. p. 328.

§. 180.

ad §. 3. Weiset der Gläubiger nach, daß er die Execution nicht habe cum effectu nachsuchen können, oder daß die bereits zeitig nachgesuchte Execution wegen Mangel eines Objects oder weil der Schuldner latitirt, vergeblich gewesen sey, so steht demselben zu jeder Zeit frey, das Executions-Gesuch zu erneuern, und er ist nicht verbunden, von neuem ex judicato zu klagen.

B. Mit diesem Zusatz bin ich nicht ganz einverstanden. Meines Erachtens geht die eigentliche Disposition des Rescr. vom 18. May 1805. nur dahin:

Wenn die Execution einmal zeitig nachgesucht worden und vergeblich gewesen, so wird die einjährige Verjährungsfrist dergestalt unterbrochen, dass die Execution noch in 30 Jahren wieder aufgenommen werden kann,

nicht aber dahin:

dass die Execution zu jeder Zeit nachgesucht werden kann, sobald der Extrahent nur nachweiset, dass er überhaupt die Execution nicht habe nachsuchen können.

Letzteres Anführen ist meines E. nur das Motiv des Gesetzes, nicht das Gesetz selbst. So hat dieses Rescr. auch der Redacteur der jurist. Monatsschr. verstanden, wie die Aufschrift pag. 328. besagt, und so ist das Rescr. auch von den Behörden bisher nur gedeutet worden, weil es so der Anfrage des Stadtgerichts (Archiv B. 3. p. 57.) gemäss war. Wollte man dem Gläubiger, der gar keine Execution zeitig nachgesucht, den Nachweis verstatten dass er sie cum effectu nicht habe nachsuchen können, so würde man genöthigt seyn, ein Verfahren zu eröffnen, welches mit der Executions-Instanz unverträglich und ganz neu seyn würde.

Meines Erachtens muss daher dieser Zusatz anders gefasst werden. Die beiden ersten Reihen müssen wegfallen und erga finem muss statt „zu jeder Zeit“ gesetzt werden „30 Jahre hindurch.“

G. ich verkenne die Erheblichkeit dieses Moniti nicht; allein die dürren Worte des Rescripts vom 18. May 1805.

„ohne an die Frist eines Jahres oder sonstige „Verjährungs-Frist gebunden zu seyn rc.“

justificiren den von mir gemachten Zusatz und ich muß auf die Entscheidung des Herrn Justiz-Ministers provociren.

P. Hr. rc. *B.* will den §. 180. dahin beschränken, dass, wenn die Execution einmal nachgesucht und vergeblich gewesen sey, die einjährige Verjährungsfrist dergestalt unterbrochen sey, dass die Execution noch in 30. Jahren wieder aufgenommen werden könne.

Hr. *v. G.* beruft sich dagegen auf die Worte des R. v. 18. May 1805.

N. Archiv IV. p. 58.
Matthis, 1. 328.

und provocirt auf die Entscheidung des Chefs der Justiz.

Der Entwurf stimmt allerdings mit den Worten des angef. Rescripts überein. Es ist auch wohl nicht zu bestreiten, dass die in der A.G.O. l. c. bestimmte Jahresfrist eine Art der Verjährung ist, von welcher der Grundsatz des A. L. R. I. 9. §. 516. gilt, dass gegen den, welcher sein Recht zu gebrauchen, oder zu verfolgen verhindert ist, keine Verjährung anfange. Wenn also der Gläubiger nachweiset, dass er die Execution mit Effect nicht habe nachsuchen können; so folgt von selbst, dass ihm der Ablauf des Jahres, in der Regel, nicht schadet. In dieser Hinsicht scheint der Zusatz an sich zwar unbedenklich, eben deswegen aber unnöthig zu seyn, weil er als eine blosse Folgerung aus einem unstreitigen

Rechts-Satze sich darstellt. Ich nehme aber doch Anstand, für die unveränderte Beybehaltung des Entwurfs, wenn solche beschlossen werden sollte, zu stimmen. Die Absicht der A. G. O. geht ohne Zweifel dahin, die Verzögerung des Executionsbetriebs deswegen zu verhüten, weil im Laufe der Zeit oft Veränderungen in den Rechten der Parteyen entstehen und die Strenge der Execution immer mehr der Gefahr der Härte ausgesetzt wird, je länger sie verschoben wird. Es ist daher der Absicht des Gesetzgebers angemessen, über seine Vorschrift genau zu halten.

Wenn dem Kl. zu jeder Zeit die Nachweisung freygelassen werden sollte, dass er mit Effect nicht habe die Execution suchen können; so führt dies zu Weitläuftigkeiten, die noch schlimmer werden können, als wenn sofort die Klage ex judicato angestellt wird.

Hauptsächlich steht dem Entwurf entgegen, dass er von der Analogie abweicht, indem er die Execution noch zu jeder Zeit zulassen will, wenn sie innerhalb eines Jahres wegen vorwaltender Hinderung nicht nachgesucht worden. Denn irgend eine Verjährung muss doch einmal eintreten; wenigstens die 30jährige. Nach dem A. L. R. I. 9. §. 529. bis 532. würde sogar anzunehmen seyn, dass das Hinderniss nur, so lange es dauert, den Lauf der Verjährung hemme u. s. w. Selbst das Rescript hat dies nicht beachtet und ist daher dessen Aufnahme als Gesetz bedenklich. Auf allen Fall müsste es doch mit den bestehenden Gesetzen in Uebereinstimmung gebracht und nach dem vermuthlichen Sinne desselben, nach welchem die vorherige Anfrage zur Erläuierung dient, erklärt werden.

Ueberhaupt bin ich also der Meinung, den ganzen §. 180. des Entwurfs zu streichen, allenfalls aber solchen dahin zu andern:

„Wenn die Execution innerhalb eines Jahres, vom Tage der beschrittenen Rechtskraft angerechnet, nachgesucht worden, wegen Mangels eines Objects, oder wegen Abwesenheit des Schuldners aber nicht hat vollstreckt werden können; so ist der Schuldner*) befugt, wenn diese Hindernisse auch nach Ablauf des Jahres erst gehoben werden, nochmals auf Execution anzutragen."

S. 129. ad §. 180. Wenn der Schuldner nichts hat oder latitirt, so würde es ganz überflüssig seyn, die Execution nachzusuchen. Von dieser Nachsuchung kann also das Recht des Gläubigers nicht abhängig gemacht werden. Ich würde es also insofern bei dem Entwurfe lassen. Dagegen erhält der Gläubiger dadurch nicht die Befugniss, zu jeder Zeit die Execution nachzusuchen. Ist nämlich von der Zeit an, wo das Hinderniss gehoben, wieder 1. Jahr verlaufen, ohne dass er die Execution nachgesucht hat, so kann er nur ex judicato klagen. Daher würde ich den §. dahin fassen:

„Ist die zeitig nachgesuchte Execution wegen Mangels eines Objects, oder, weil der Schuldner latitirt, vergeblich gewesen, oder kann der Gläubiger nachweisen, dass der Executions-Antrag ohne Erfolg gewesen seyn würde, so stehet demselben, nach gehobenem Hinderniss, frei, die Execution nachzusuchen, wenn auch Ein Jahr seit beschrittener Rechtskraft des Urtels schon abgelaufen seyn sollte. In einem solchen Falle fängt daher die einjährige Frist, binnen welcher noch Execution nachgesucht werden kann, erst von der Zeit, zu welcher das Hinderniss, welches

*) Muß heißen: Gläubiger.

der Execution entgegengestanden hat, wieder gehoben worden, an."

Concl. ad 129. appr.

---

§. 181.

ad §. 42. Siehe wegen der Vollstreckung der Execution gegen Militairpersonen Tit. 2. §. 82. der Gerichts-Ordnung, im Anhange. (s. oben S. 198—200.)

S. 131. Der §. 181. (Verweisung) dürfte wegbleiben.

Concl. ad 131. appr.

Neuer Zusatz ad §. 36. Th. I. Tit. 24.

B. ad §. 36. kann ich zwar aus einem Rescript keinen Zusatz machen; allein ich kann mich einer Bemerkung nicht enthalten, die sehr praktisch ist und in einer anscheinenden Dunkelheit dieser Vorschrift liegen dürfte.

Das Gesetz sagt nämlich, dass die Exceptio solutionis, transact. auch in der Executions-Instanz angebracht werden kann, lässt aber unbestimmt:

ob der Grund der Exception erst nach der Rechtskraft des Erkenntnisses eingetreten seyn muss, oder ob ich z. E. einen Einwand der Zahlung, welchen ich schon vor dem Process hatte, in solchem aber nicht geltend machte, weil ich es nicht wollte, oder ihn vergas, nach erfolgter rechtskräftiger Entscheidung in der Execution noch opponiren kann?

Bey allen Collegiis, wo ich gestanden, sind hierüber die Meinungen verschieden gewesen, und ganz kürzlich auch beim Kammergericht; es hat indess die Meinung für die letzte Alternative immer die Oberhand behalten, und dies m. E. mit Recht.

Meine Gründe sind folgende:

1) ist es Tit. 15. §. 18. vorgeschrieben, dass in Revisorio auf neue Einwendungen keine Rücksicht genommen werden soll, es wäre denn,

   dass von solchen privileg. Except. die Rede wäre, welche noch bei der Execution angebracht werden können,

   welche keine anderen als die Except. solutionis, compensationis und transactionis seyn können;

2) sagt das Allg. Landrecht Th. I. Tit. 16. §. 384., nachdem es vorher den Grundsatz vorangeschickt, (§. 383.), dass Einwendungen, welche im Processe nicht geltend gemacht, verloren wären,

   dass die Prozess-Ordnung diejenigen Einwendungen nachweise, welche auch nach rechtskräftig entschiedener Sache gebraucht werden könnten,

   und hierbei kann das Allg. Landrecht keine andere Vorschrift der Prozess-Ordnung im Auge gehabt haben, als die gegenwärtige.

Meines Erachtens wäre es wohl sehr gut, wenn bey dieser Stelle ein kleiner Zusatz etwa dahin gemacht würde:

> „Es macht hierbei keinen Unterschied, ob der Grund dieser Einwendungen vor oder nach der Rechtskraft des zu vollstreckenden Urtels eingetreten ist.“

ich würde vielleicht weniger für diesen Zusatz stimmen, wenn nicht Hr. ꝛc. Grävell in seinem Commentar zu den Creditgesetzen des preuss. Staats Bd. 1. pag. 77. in der Note, grade das Gegentheil als etwas ganz Ausgemachtes angenommen hätte, und, in der That befremdend genug, aus denselben Gründen, welche ich für meine Meinung angeführt habe. Da das Buch des Hrn. Graevell gewiss in den Händen vieler praktischen Juristen ist, die häufig sich keine Mühe geben, einen gedruckten, mit Belägen versehenen Satz zu prüfen, so scheint es mir doppelt nöthig, die Dunkelheit des Gesetzes zu heben.

G. Wenn hier de lege ferenda und von Revision der neuen Gerichts-Ordnung die Rede wäre, würde der motivirte Antrag des Hrn. *B.* alle Rücksicht verdienen. Bey dem Entwurf des Anhanges hielt ich mich zu dergleichen Anträgen nicht befugt.

P. Es soll zugesetzt werden,

dass die Einwendungen der Zahlung, Compensation ꝛc. in der Execution zulässig seyen, wenn sie nicht nur n a c h der Rechtskraft des zu vollstreckenden Urtels, sondern auch, wenn sie vorher schon entstanden wären.

Dass die Sache in der Praxis für zweifelhaft geachtet wird, ergiebt sich aus dem allegirten G r a e v e l l und aus

M e r k e l Commentar zur Allg. Ger. O. h. t. §. 36.

Ich würde aber den neuen Zusatz weglassen und mich an das alte: ubi lex non distinguit etc., halten. Sollte anders sentirt werden, so würde eine neue authentische Deklaration nöthig seyn.

S. 130. Da die Frage, welche der Hr. ꝛc. *B.* durch den von ihm in Vorschlag gebrachten Zusatz ad §. 36. Tit. 24. entscheiden will, zweifelhaft und daher vorauszusehen ist, dass über kurz oder lang darüber angefragt werden wird, so scheint es mir nicht unzweckmässig, den Zusatz aufzunehmen. Ich bin aber der Meinung G r a e v e l l's und M e r k e l's, weil Einwendungen, die im Process hätten vorgebracht werden können, aber nicht wirklich vorgebracht worden sind, keinen neuen Process veranlassen können. Ihnen stehet exceptio rei judicatae entgegen.

Die entgegengesetzte Meinung würde zu den grössten Verschleppungen und Chikanen Veranlassung geben.

Indem ich dieses niederschreibe, überzeuge ich mich aus den Gründen des Hrn. rc. *B.* und zwar aus den allegirten Parallelstellen, dass der Gesetzgeber unter den Einwendungen des §. 36. auch solche verstanden hat, welche schon im Process hätten vorgebracht werden können und würde daher den Zusatz, so wie er von ihm gefasst worden, aufnehmen.

Concl. ad 130. Der Zusatz soll aufgenommen werden.

Rescr. v. 28. July 1800.
Neues Archiv Bd. I. p. 309.

§. 182.

ad §. 42. Jedoch muß gegen denjenigen, welcher ein General-Moratorium nachsucht, das Verfahren in Ansehung der bereits in executivis terminis schwebenden Forderungen so lange sistirt werden, bis darüber von den Gerichten entschieden worden.

T. ad §. 42. würde ich in den Zusatz 182. die Bedingung des alleg. Rescripts mit aufnehmen, dass ein solches Moratorien-Gesuch gehörig substantiirt sey, da das blosse Nachsuchen nicht hinreichend ist, gleichwohl aber in Praxi sehr oft der Versuch gemacht wird, die Execution durch ganz unbegründete Indult-Gesuche zu vereiteln.

K. ich bin mit dem Hrn. Pr. *v. T.* einig.

B. ich trete dem Hrn. Präs. bey.

G. ich würde, nach näherer Erwägung, diesen Zusatz gänzlich weglassen, da der §. 63. Tit. 47. der Gerichts-Ordnung solchen deutlich enthält.

P. Der Zusatz §. 182. bleibt nach der eignen gegründeten Bemerkung des Hrn. *v. G.* weg.

S. 132. ad 182. trete ich zwar bei, da beim General-Moratorio es niemals zweifelhaft seyn kann, ob die Execution zu sistiren. Allein beim Special-Moratorio, wenn solches nach rechtskräftig entschiedener Sache, wohl gar bei der Execution, angebracht wird, ist der Zweifel entstanden, ob dadurch die Execution oder der Fortgang derselben gehindert werde. Dieser Zweifel ist in mehreren Rescripten dahin entschieden,

dass bei einem gehörig bescheinigten Moratorien-Gesuche die Execution ausgesetzt bleiben müsse.

Diese Entscheidung würde ich aufnehmen, nicht hier, wohl aber im Titel von Moratorien, wo sich auch die Parallelstelle wegen der Execution im General-Moratorio befindet.

Concl. ad 132. appr.

---

1) Gesetz vom 30. Juli 1812. §. 53. und 54.
2) Rescr. vom 6. Decbr. 1809.
Jurist. Mon. Schr. Bd. VIII. p. 505.

§. 183.

ad §. 45. Die Executionen, welche in den Kreis-Städten und den zu einem Kreis-Verbande gehörigen Ortschaften zu vollstrecken sind, können nur durch den Kreis-Director geschehen und die Justiz-Behörden müssen sich deshalb mit ihren Requisitionen und Anträgen an dieselben wenden.

In den Kreis-Städten, welche besondere Polizey-Directoren haben, gebührt die Executions-Vollstreckung dem Polizey-Director.

(Gesetz vom 30. July 1812. §. 53. 54.)

Bey allen Executionen, welche gegen ganze Stadt- oder Dorf-Gemeinen oder eine ganze Klasse von Mitgliedern, oder sonst gegen eine moralische Person zu vollziehen sind, müssen die Gerichte über die Art und Weise, wie solche realisirt werden können, jederzeit mit den Regierungen Rücksprache halten und wenn sie sich über die zu treffende Maaßregeln nicht einigen können, die Execution aussetzen und die Vorbescheidung des Justiz-Ministerii einholen.

Diese Vorbescheidung muß auch alsdann eingeholt werden, wenn die Execution gegen ein nicht unter der Regierung stehendes Institut zu verordnen ist, damit der Chef der Justiz daraus Anlaß nehmen kann, mit den übrigen Ministerien nöthigenfalls Rücksprache zu nehmen.

T. Die Bestimmung des Gensd'armerie-Edicts wegen der Executionen in Justiz-Sachen ist bis jetzt noch blosses Project geblieben, und es steht dahin, ob sie jemals realisirt wird. Ich halte es daher bedenklich, diese Bestimmung in den Anhang aufzunehmen.

K. ich bin mit dem Hrn. Pr. *v. T.* einig, so wie, dass der erste Theil des Zusatzes §. 183. wegbleibe.

B. ich trete dem Herrn Praes. bey.

G. Das Gesetz ist einmal da, und wenn es künftig zur Ausführung kommen sollte, würde eine Lücke in dem Anhange entstehen. Ich halte daher die Aufnahme dieses Zusatzes für gut und in allem Fall für unschädlich, da darin die Existenz des Kreis-Verbandes vorausgesetzt wird.

P. Hr. *v. G.* will hier die Bestimmung des Gensd'armerie-Edicts vom 30. Juli 1812. §. 52. 53. aufnehmen; wogegen Hr. *v. T.* erinnert, dass dasselbe ein blosses Project sey. Dies ist nun zwar nicht ganz richtig; ich würde aber doch dem Hrn. *v. T.* beytreten, weil mit Wahrscheinlichkeit neuere Bestimmungen hierüber zu erwarten sind, und würde also die zwey ersten Perioden des §. 183. des Entw. streichen.

S. 133. accedo.

Concl. ad 133. appr.

Rescr. v. 9. Juny 1804.
Neues Archiv Bd. III. p. 387.

§. 184.

ad §. 49. Ueber den Betrag der dazu erforderlichen Kosten braucht der Beklagte nicht gehört, vielmehr können solche nach dem Gutachten vereideter Sachverständigen mittelst Decrets festgesetzt und executivisch beigetrieben werden.

S. 134. Im §. 184. ist wohl die Fassung nicht ganz richtig, ich würde setzen:

„Ueber den Betrag der dazu erforderlichen Kosten bedarf es keines besonderen Rechtsstreites; diese Kosten werden nach dem Gutachten vereideter Sachverständigen mittelst Dekrets festgesetzt und sodann executivisch beigetrieben."

Concl. ad 134. appr.

Rescr. v. 14. Juny 1810.
Jur. Mon. Schr. Bd. IX. p. 233.

§. 185.

ad §. 70. Das Mobiliare dienstthuender Officiere, welches sich in der Garnison befindet, kann keiner Execution oder Auspfändung unterworfen werden.

Auch das Mobiliare der auf halben Sold stehenden Officiere ist von der Execution befreyt, wenn sie sich an Orten aufhalten, welche ihnen zum Genuß von Servis und Brod angewiesen und die also gewissermaßen als ihre Garnison zu betrachten sind.

Jene Befreyung ist jedoch überhaupt nur von denjenigen Mobilien zu verstehen, welche sich in der Garnison oder dem als Garnison anzusehenden Orte befinden und kann auf das Mobiliar-Vermögen an andern Orten, z. B. auf dem Gute des Officiers nicht erstreckt werden.

K. Diesem Zusatz würde ich noch beifügen:

„Gegenstände, welche zu den Titeln 2. bis 5. incl. eines Inventarii gehören, sind auch in der Garnison der Execution unterworfen."

Cab. Ordre v. 5. Octbr. 1811. in der Credit-Sache des General-Feld-Marschall Grafen v. Kalkreuth.

B. Der Zusatz des Hrn. ꝛc. *K.* ad §. 185. scheint, wenn nicht durchaus nothwendig, so doch der Deutlichkeit wegen zweckmässig zu seyn.

G. ich kenne diese Cabinets-Ordre nicht, habe aber gegen den Zusatz nichts zu erinnern und würde nur die Inventarien-Stücke qu. ausdrücklich benennen.

P. Hier wird der, von Hrn. *K.* auf den Grund der C. O. vom 5. Oct. 1811. in der Kalckreuth'schen Sache vorgeschlagene Zusatz aufzunehmen und so zu fassen seyn:

„Activa und ausstehende Forderungen, ingleichen baares Geld, goldene, silberne und andere Medaillen, Juwelen und Kleinodien, welche ein Officier besitzt, sind in keinem Falle von der Execution und Auspfändung befreyt, sondern derselben allerdings unterworfen."

Die C. O. erwähnt noch der Zulässigkeit des Manifestat.-Eides wegen dieser Gegenstände, welches sich jedoch von selbst versteht.

S. 135. accedo.

Concl. ad 135. appr.

S. Nachträgliches Votum. 15. Im §. 185. würde ich doch die Vorschrift der Cab. O. v. 5. Oct. 1811.

wegen des Manifestationseides aufnehmen, damit nicht die Executoren bei einem Officiere nach solchen Objecten suchen, welches vermieden werden soll.

Circul. Verordn. v. 4. May 1804. §. 4.
Circul. Verordn. v. 28. Febr. 1806. §. 4.

§. 186.

ad §. 70. Wenn wider einen noch im Dienste oder auf Pension stehenden Civil-Beamten zur Auspfändung geschritten wird, so sollen demselben die zur Verwaltung seines Dienstes erforderlichen Bücher, das unentbehrlichste Hausgeräth, Betten, anständige Kleider und Wäsche nicht genommen, und dessen Frau und unerzogenen Kindern nothdürftige Wäsche, Kleider und Betten gelassen werden.

1) Cab.-Ordre v. 11. April 1812.
Jahrbuch von Kampß p. 6.
2) und Gesetz v. 25. July 1811.

§. 187.

ad §. 70. Sämmtliche in dem vorhergehenden §pho gemachten Ausnahmen hinsichtlich des Executiv-Verfahrens haben auf solche Schulden, welche aus unerlaubten Handlungen entspringen, keine Anwendung, vielmehr muß in diesem Fall die Execution ohne Rücksicht auf die Person und ohne Ausnahme irgend eines Vermögens-Objects vollstreckt werden.

P. Der §. 187. des Entw. wird hier wegfallen, weil unter §. 200. in fine das Nämliche wiederholt ist.

S. 136. Hier ist davon die Rede, in welche Mobiliar-Vermögensstücke die Execution zu vollstrekken, im §. 200. aber davon, ob die Execution auch in ein Gehalt unter 400. Rthlr zu vollstrecken.

Beide Dispositionen können demnach wohl neben einander stehen bleiben.

Concl. ad 136. appr.

Schreiben des Manufactur-Collegii vom 21. Aug. 1801.
Stengel, Bd. XV. p. 315.

§. 188.

ad §. 75—78. Weberstühle, Spinn- und andere Maschinen, welche als Königl. Inventarien-Stücke bezeichnet sind, dürfen nicht verkauft werden, ohne zuvor mit der Regierung darüber Rücksprache zu halten.

B. Den Zusatz §. 188. würde ich weglassen. Er beruht auf keinem Rescripte, sondern auf einem Schreiben des Manuf. und Comm. Collegii, scheint auch für Berlin ganz local zu seyn.

P. Hr. *v. G.* will auf den Grund eines Schreibens des Manufactur-Collegii vom 21. Aug. 1801. zusetzen,-

dass Weber-Stühle, Spinn- und andere Maschinen, welche als Königl. Inventarien-Stücke bezeichnet seyen, nicht ohne Rücksprache mit der Regierung verkauft werden dürfen.

Hr. *B.* will dies weglassen, weil kein Gesetz dazu vorhanden und das allegirte Schreiben nur für Berlin zu passen scheine; worüber Hr. *v. G.* sich nicht erklärt hat.

Ich würde den Zusatz deswegen weglassen, weil es sich von selbst versteht, dass Sachen, die als Königl. Eigenthum bezeichnet sind, nicht ohne Vorwissen der Kgl. Behörde verkauft werden dürfen.

S. 137. ich halte den Zusatz nicht für überflüssig und würde ihn stehen lassen.

Concl. ad 137. Der Zusatz soll wegbleiben.

Circul. Verordn. v. 3. May 1804. Sect. V. §. 7.
Jur. Mon. Schr. Bd. I. p. 33.

§. 189.

Wenn, außer dem Falle eines Concurses, im Wege der Execution das Waarenlager eines Kaufmanns oder einer Fabrik, oder die Materialien- und Waaren-Vorräthe eines im ausgebreitetem Verkehr stehenden Handwerkers in Beschlag genommen werden sollen, so müssen die auf die Execution andringenden Gläubiger jederzeit ihre bestimmte Erklärung über die bey der Beschlagnehmung zu treffenden näheren Maaßregeln abgeben, damit dem gemäß und dem Befinden der Umstände nach, allenfalls mit Zuziehung des Schuldners und eines Werkverständigen, die weitere Einleitung getroffen werden könne.

B. Bei dem Zusatz §. 189. hat Hr. ꝛc. *G.* keinen §. des Textes allegirt. Meines Erachtens gehört er zum §. 71.

G. accedo.

P. Dieser Zusatz müsste, da er ad §. 71. der G. O. h. t. gehört, hinaufgerückt und dem §. 188. des Entw. vorgesetzt werden, wenn dieser bleiben sollte.

S. 138. accedo.

Concl. ad 138. approb.

Neuer Zusatz ad §. 78. seq. Th. I. Tit. 24.

B. „Ueber den Verkauf der bei den privilegirten Pfandverleihern versetzten und nicht eingelöseten Effecten disponirt die Deklaration vom 4. April 1803."

G. Dieser Zusatz gehört nicht hierher, da sich die Gerichts-Ordnung l. a. bloß mit dem Verkauf der abgepfändeten Sachen beschäftiget und nur Vorschriften für den Executor, nicht aber für den Pfandverleiher enthält.

S. 139. Den Zusatz des Hrn. ꝛc. *B.* ad §. 78. Tit. 24. Th. I. der Gerichts-Ordnung würde ich nicht aufnehmen.

Concl. ad 139. appr.

Cirkul. Verordn. v. 19. Dzbr. 1799. Sect. VII.
Rescr. v. 21. Decbr. 1800.
Neues Archiv Bd. 2. p. 18.

§. 189 a.

ad §. 95. und 96. Wenn ein Gläubiger, welcher schuldig erachtet worden, seinem zur Klasse der Künstler oder Handwerker gehörenden Schuldner Zahlungs-Termine zu bewilligen, hiernächst behauptet, daß der Schuldner der ihm zugestandenen Rechtswohlthat sich unwerth bezeigt oder daß die bei der Verfügung zum Grunde liegenden Thatsachen unrichtig befunden worden, so findet eben das Verfahren statt, welches wegen des Moratorii in der Allgemeinen Gerichts-Ordn. Tit. 47. §. 41. und 42. vorgeschrieben ist.

Hat der Gläubiger durch Abzüge von dem Verdienst des Schuldners befriedigt werden sollen, und ist dieser Abzug so gering, daß nicht einmal die Zinsen getilgt oder auch nur nach aller Wahrscheinlichkeit das Kapital während der Lebenszeit des Schuldners nicht abgeführt werden kann, so muß auf den Antrag des Gläubigers mit den übrigen Graden der Execution, und wenn darzu kein anderes Object vorhanden ist, mit dem Personal-Arrest verfahren werden.

B. Ich trage Bedenken, den 2ten Theil dieses Zusatzes aufzunehmen, weil das Rescript nur in einem speciellen Fall hat entscheiden wollen und selbst sagt,

dass die Frage qu. in jedem concreten Fall beurtheilt werden müsse, und dass es nicht thunlich sey, im Allgemeinen genauere Vorschriften zu geben, als die Prozessordnung enthalte.

In der That ist auch der in der Pr. Ordnung aufgestellte Grundsatz, dass der Handwerker nicht ohne die dringendste Nothdurft durch Execution in sein Handwerkszeug und gegen seine Person ruinirt werden soll, hinreichend, dem verständigen. Richter für alle Fälle den erforderlichen Leitfaden an die Hand zu geben.

G. Der zweyte Abschnitt dieses Zusatzes entscheidet die zweifelhaft gebliebene Frage:

„ob in casu die übrigen Grade der Execution stattfinden dürfen",

und ich insistire auf dessen Beybehaltung, da die Prozeß-Ordnung l. a. hierüber nichts bestimmt, auch in dem Rescripte vom 21. Novbr. 1800. nirgends gesagt wird, daß es nur für den vorliegenden speciellen Fall gegeben sey.

P. Die Gerichts-Ordnung redet von dem Fall, wenn ein Künstler oder Professionist, ausser dem nöthigen Werkzeug kein Mobiliar-Vermögen hat, und verordnet, dass in diesem Fall dem Schuldner Abzüge von seinem Verdienste zur allmähligen Befriedigung der Gläubiger gemacht werden sollen, mit dem Beyfügen,

dass die Gläubiger sich nicht entbrechen könnten, dergleichen Terminal-Zahlungen anzunehmen.

Das Stadtgericht dahier war darüber in Zweifel, ob die Gläubiger auch dann, wenn diese Terminal-Zahlungen gar zu gering und zu ihrer Befriedigung unzureichend seyen, sich beruhigen müssten, oder ob sie die weitern Grade der Execution versuchen und allenfalls auf Personal-Arrest antragen könnten. Das R. vom 21. Decbr. 1800. im N. Arch. II. 18. bejaht diese Frage und Hr. *v. G.* will dies aufnehmen. Hr. *B.* erinnert dagegen, dass das R. nur von einem speciellen Fall rede und selbst auf die nähere Beurtheilung jedes concreten Falles den Richter verweise. Dies ist richtig. Ich würde aber doch es bey dem Entwurf lassen, weil das R. deutlich ausspricht, wie weit der Glänbiger gehen darf und dies dem strengen Recht gemäss ist.

S. 140. accedo.

Concl. ad 140. appr.

Rescr. vom 20. Novbr. 1809.
Jur. Mon. Schr. Bd. IX. p. 145.

§. 190.

ad §. 101. Der gerichtliche Verkauf verpfändeter Activorum findet im Wege der Execution nicht statt, vielmehr muß mit deren Einziehung eben so, wie mit andern ausstehenden Schulden des Exequendi verfahren werden.

T. ich würde den Zusatz weglassen. Denn das allegirte Rescript enthielt nur eine provisorische Bestimmung, und eine Definitiv-Entscheidung über den darin enthaltenen sehr zweifelhaften Grundsatz ist immer noch nicht erfolgt.

K. ich trete dem Hrn. Pr. *v. T.* bei.

B. Der Zusatz 190. ist zwar nach dem allegirten Rescr. richtig, allein seit dieser Zeit sind schon eine Menge andrer ergangen und das von dem Hrn. Justizminister Behufs der Publication eines neuen Gesetzes abgegebene Votum vom 22. Juni 1812. ist für den Verkauf der Activorum ausgefallen. Die Sache ist aber noch immer unentschieden geblieben, und es wäre zu wünschen, dass diese Gelegenheit ergriffen würde, die Differenz völlig auf's Reine zu bringen.

Eben so nothwendig scheint mir eine Bestimmung darüber:

in wiefern sich ein Gläubiger auf illiquide Activa verweisen lassen muss, oder die ferneren Grade der Execution ergreifen kann.

In dem Rescr. vom 22. Decbr. 1796. an die Warschauer Regierung in c. Motte contra Lyszkiewicz ist in solchen Fällen auf das Landrecht Th. I. Tit. 14. §§. 287. und 288. verwiesen, und das Kammergericht hat diese in ähnlichen Fällen analog anwenden wollen; allein die neueren Rescripte haben auf eine über diesen Punct neue Gesetzgebung nicht eingehen wollen*), ich wage es daher nicht, aus jenem ältern Rescr. von 1796. einen Zusatz in Vorschlag zu bringen.

G. ich kenne weder die neuerlich ergangenen Rescripte, noch das von Hrn. B. allegirte Votum des Herrn Justiz-Ministers, und muß daher höherer Beurtheilung anheimstellen, ob der von mir gemachte Zusatz wegbleiben soll.

P. Hr. *v. G.* will festsetzen, dass der gerichtliche Verkauf verpfändeter Activorum nicht statt finde. Ich bin aber mit Hrn. *v. T.* für die Weglassung, weil die Gesetzgebung hierüber noch schwankend und transitorisch ist.

Ausserdem wünscht Hr. *B.* eine Bestimmung darüber,

inwiefern der Gläubiger auf illiquide Activa sich verweisen lassen müsse?

Ich halte aber diese Bestimmung für unnöthig. Der Gläubiger hat nach §. 101. der A. G. O. h. t. das Recht, die ausstehenden Schulden seines Debitors als Objecte der Execution vorzuschlagen; er ist

*) Anmerkung von P. „cf. Rescr. vom 25. Jan. 1812. an das Cammergericht in c. Gebr. Schickler contra Abraham Gans."

aber nicht schuldig, sich auf illiquide oder unsichere Activa verweisen zu lassen, und er kann unter mehreren Objecten das bessere wählen. Die Analogie des A. L. R. I. 14. §. 287. 288. ist hier ganz anwendbar und was zu jetzigen Zeiten in einzelnen Fällen verfügt worden, dient zu keiner allgemeinen Vorschrift.

S. 141 a. ad §. 190. accedo. Dass eigentliche Activa nicht öffentlich verkauft werden können, hat wohl nie einen Zweifel gehabt. Die Frage betraf nur die Staats- und andere öffentliche Papiere.

Concl. ad 141 a. appr.

Circul. Verordn. v. 28. Febr. 1806.
Jur. Mon. Schr. Bd. II. p. 397.

§. 191.

ad §. 106—108. Auf die Besoldung und Emolumente der Königl. Civilbedienten findet eine Arrestanlegung nur in so weit statt, daß ein jeder jährlich 400. Rthlr. frey behält. Gegen diejenigen, welche nur 400. Rthlr. oder weniger Dienst-Einkünfte haben, soll daher kein Arrestschlag, desgleichen bey den übrigen der Beschlag nur auf die Hälfte des nach Abrechnung der 400. Rthlr. bleibenden Ueberschusses der Besoldung und Emolumente, gestattet werden.

S. Nachträgliches Votum No. 43. Zu §. 106—108. Tit. 24. Th. I. der Allg. G. O. habe ich aus dem Rescript vom 20. März 1813. wegen der Zahlung der Gehalts Abzüge

Kamptz, 2. Bd. S. 46.

einen Zusatz beigefügt *).

---

*) Daraus ist der §. 164. des Anhanges zur A. G. O. entstanden.

§. 192.

Alle im Allgemeinen Landrechte Th. II. Tit. 10. §. 68. und 69. gedachte Beamte, mithin auch die städtischen, geistlichen und landschaftlichen Diener, werden unter den hier benannten Civilbedienten verstanden.

§. 193.

Auch auf diejenigen, welche aus einem unter öffentlicher Verwaltung stehenden Fonds eine ihnen vom Staate oder der vorgesetzten Behörde angewiesene Pension beziehen, finden diese Vorschriften jedoch mit der Einschränkung Anwendung, daß ihnen nur 200. Rthlr. ganz, und von dem Ueberschuß die Hälfte frey bleiben soll.

§. 194.

Eine Entsagung der vorstehend festgesetzten Befreyung vom Arrestschlag ist ohne alle rechtliche Wirkung, und jede Verpfändung und Anweisung fixirter Besoldungen, Emolumente und Pensionen ist dagegen ohne alle verbindliche Kraft.

pag. 67. Act. general. des Justiz-Ministerii de 1813.
Rescr. an's Kammergericht v. 30. Jan. 1813.
v. Kamptz 3tes Heft pag. 3.

§. 195.

Obige Vorschriften haben auch auf die Justiz-Commissarien Anwendung, da sie nach dem Geiste der Preußischen Verfassung wirkliche Staatsdiener sind, auch in der Allgem. Ger. Ordnung Th. III. Tit. 7. §. 3. zu den Justiz-Bedienten gezählt werden.

S. 141 b. Im §. 195. würde ich die ratio legis weglassen.
Concl. ad 141 b. appr.

Rescr. v. 16. Juny 1806.
Jur. Mon. Schr. Bd. IX. p. 477.

§. 196.

Die als praktische Aerzte approbirten Doctoren der Medicin gehören nicht unter die Landesherrlichen Civil-Beamten, von welchen vorstehend geredet werden.

---

cf. Cab. Ordre vom 14. Juny 1810.
Jur. Mon. Schr. Bd. IX. p. 233.

§. 197.

So viel die Abzüge von den Gehältern der Offiziere anbetrift, so finden hierunter folgende Vorschriften statt:

1) Wenn einem General, Commandeur eines Regiments oder Bataillons, oder Commandanten eines Platzes, zur Bezahlung seiner Gläubiger, Gehalts-Abzüge gemacht werden sollen, so bedarf es nicht mehr in jedem einzelnen Falle einer Nachfrage bei Sr. Königl. Majestät über den Betrag des Abzuges, sondern es finden die gleich folgenden Vorschriften statt:

2) Sämmtlichen Generals, Commandeurs, Commandanten, Staabs-Officieren und den Compagnie- und Esquadrons-Chefs müssen, bey Gehaltsabzügen zur Befriedigung der Gläubiger, von ihrem jährlichen Gehalte 400. Thlr. frey bleiben, und nur von dem, den Betrag von 400. Thlr. übersteigenden Gehalte kann die Hälfte von den Gläubigern in Beschlag genommen werden.

3) Eben dies findet auch bey allen Officieren, welche Pension oder Wartegeld genießen, oder auf halbes Gehalt gesetzt sind, statt.

4)*) So viel die den Subalternofficieren zu machenden Gehalts-Abzüge anbetrift, so können bei der Infanterie einem Fähnrich und Secondelieutenant mehr nicht als 2. Thlr., einem Premierlieutenant aber 3. Thlr., und bey der Cavallerie einem Kornet und Secondelieutenant 3. Thlr., und einem Premierlieutenant höchstens 4. Thlr. monatlich abgezogen werden.

T. Dem Zusatz ad §. 197. würde ich noch beyfügen:

„Zur Bezahlung von Alimenten können auch Gehälter unter 400. Thlr. bis zur Hälfte in gerichtlichen Anspruch genommen werden."

Dagegen würde ich der Fähnrichs und Cornets nicht mehr erwähnen, da sie nach der jetzigen Organisation der Armee nicht mehr existiren.

K. ad Zusatz 197. bin ich eben dieser Meinung, nur würde ich die Bestimmung wegen Bezahlung der Alimente sowohl bei Militär- als Civil-Personen, um Wiederholungen zu vermeiden, in einen §. fassen. Wenn nach dem im Entwurf aus den General-Acten des Justiz-Ministerii allegirten Rescript vom 5. Januar 1813. (s. S. 357.)

wegen laufender Alimente das volle Gehalt des Exequendi in Anspruch genommen werden kann,

so wird die Execution bis auf die Hälfte des Gehalts nur auf rückständige Alimente sich erstrecken.

G. ad §. 197. Ich habe in den §phis 191. seqq. die allgemeine Regel festgestellt und im §pho 200. die Ausnahme bestimmt. Der Zusatz, welchen der Hr. v. T. ad §phum 197. haben will, ist mithin nicht nöthig, da ihn der §. 200. enthält.

---

*) Anmerkung von Goßler: Cab. Ordre v. 4. Juny 1791. Rescr. vom 9. July. 1810. Jur. Mon. Schr. Bd. IX. p. 231.

Cab.Ordre v. 20. Aug. 1810.
Jur. Mon. Schr. Bd. IX. p. 318.

§. 198.

Die Abzüge, welche einem Officiere zur Deckung und Wiedererstattung der ihm aus den Regiments- und Bataillons-Cassen gesetzmäßig vorgeschossenen Equipage-Gelder gemacht werden, haben vor allen übrigen selbst früher contrahirten Schulden den Vorzug und müssen ungetheilt den Darleihern verabfolgt werden.

B. Der Zusatz §. 198. ist m. E. nicht richtig extrahirt. Die Cab. Ordre spricht blos von der Priorität der Vorschüsse, die die Regiments- und Bataillons-Cassen hergegeben haben, nicht aber allgemein von den von jedem Darleiher hergegebenen Vorschüssen zur Equipage.

G. accedo, und habe ich den Zusatz berichtiget. *)

Cabinets-Ordre v. 20. Novbr. 1810.
Jur. Mon. Schr. Bd. X. p. 7.

§. 199.

Bey den Generälen und andern Officieren höheren Ranges müssen die ihnen für ihre Dienstverhältnisse bewilligten sogenannten Tafelgelder und sonstige Zulagen, welche nicht mit zum eigentlichen Gehalte gehören, von den Abzügen Behufs der Bezahlung von Schulden ausgenommen werden. **)

*) d. h., G. hat die Worte „aus den Regiments- und Bataillons-Cassen" b. m. hinzugefügt.

**) der Kriegs-Minister (s. oben S. 143.) hat zu diesem §. folgenden Zusatz gemacht:
„Ebenso bleibt in Absicht sämmtlicher Officiere der Servis, weil solcher statt der Natural-Einquartirung gezahlt wird, von den Abzügen ausgeschlossen."

Circul. Verordn. v. 3. May 1804. Sect. II. §. 5.
Verordn. v. 28. Nov. 1806. §. 5.
Rescr. v. 19. July 1806.
Jur. Mon. Schr. Bd. IX. p. 525.
Gesetz vom 23. July 1811. No. 19.
Cab. Ordre v. 18. April 1812.
Jahrbuch von Kamptz p. 6.

§. 200. *)

Alle diese Einschränkungen gelten jedoch nur bey Schulden, welche aus einem Darlehne herrühren, oder sonst durch eine einseitige Handlung, oder eingegangenen Vertrag begründet werden.

Rescr. v. 19. July 1806.
Jur. Mon. Schr. Bd. IX. p. 525.

Auch erstrecken sie sich auf die Gerichts-Kosten.

Rescr. v. 5. Novbr. 1813. fol. 5. und 218.
Acta gener. des Justiz-Ministerii.

Dahingegen kann, wegen schuldiger laufender Alimente die volle Hälfte der Besoldungen und Emolumente der gedachten Militair- und Civil-Bedienten und Pensionisten, auch wenn solche unter 400. Thlr. betragen, in Beschlag genommen werden.

Bei Schulden endlich, die aus unerlaubten Handlungen entstanden sind, und wohin also auch die erkannten Geldstrafen und Untersuchungs-Kosten gehören, muß die Execution, ohne Rücksicht auf einen dem Schuldner sonst zu seiner Subsistenz zu belaßenden Theil seines Einkommens, vollstreckt werden.

T. Der Zusatz 200. wird m. E. einer wesentlichen Abänderung bedürfen. Denn die Cirk. V. v. 3. May 1804. ist durch die spätere v. 28. Febr. 1806. ausdrücklich aufgehoben und verordnet, dass die älteren Vorschriften nur insoweit Anwendung finden sollen, als sie in die neue ausdrücklich aufgenommen

*) Dieser §. hatte ursprünglich eine ganz andere Fassung, welche aber nicht wieder zu erkennen ist, nachdem Goßler in Folge der monita b. m. mehrere Aenderungen (s. S. 358.) vorgenommen hat.

sind. Dies ist wegen der Einschränkung dieser Rechtswohlthat auf Darlehne und Geschäfte, wobey ein. Verdacht des Wuchers obwaltet, nicht der Fall. Nur wegen der Alimente und unerlaubten Handlungen sind nachher wieder abändernde Bestimmungen ergangen, und ich würde also diesen Zusatz dahin fassen.

„Wegen schuldiger Alimente kann auch bey Civil-Officianten die Hälfte der gantzen Besoldung in Beschlag genommen werden, und bey Schulden, die aus unerlaubten Handlungen entstanden sind, soll die Execution ohne Rücksicht auf einen, dem Schuldner sonst zu seiner Subsistentz zu belassenden Theil seines Einkommens vollstreckt werden."

Cabinets-Befehl v. 10. August 1810.
desgl. v. 24. May 1812. Gesetzsammlung v. 1814. No. 3.

B. Mit dem Zusatz ad Zusatz §. 200., den Hr. ꝛc. *v. T.* vorschlägt, bin ich nicht ganz einig. Denn nach dem R. vom 10. Aug. 1813. (v. Kamptz 3. pag. 46.) kann die Verordnung vom 10. Aug. 1810. nur auf laufende Alimente gedeutet werden, nicht aber auf rückständige. Der Zusatz würde also m. E. dahin zu stehen kommen:

„Wegen laufender Alimente kann die Beschlagnahme der ganzen Hälfte der Besoldung eines Militair- oder Civil-Bedienten stattfinden, sie mag mehr oder weniger als 400. Thlr. betragen."

Nun soll zwar das R. vom 5. Jan. 1813., welches Hr. ꝛc. *G.* aus den Gen. Acten des Justiz-Minist. allegirt, das grade Gegentheil disponiren und wegen laufender Alimente das ganze Gehalt in Beschlag genommen werden können. Allein dieses R., welches mir ganz unbekannt ist, würde mit der Disposition des oben allegirten späteren vom 10. Aug.

1813. gar nicht zu vereinigen seyn; ich kenne nur die vom Hrn. Präs. allegirte Verordnung vom 24. May 1812., nach welcher nur auf Erfüllung der ex factis illicitis entspringenden Verbindlichkeiten die Execution auf das ganze Gehalt dirigirt werden kann.

Diese Verordnung muss m. E. auch dasjenige erledigen, was Herr ꝛc. *G.* wegen der Geldstrafen und Gerichtskosten anführt. Jene, die Geldstrafen, setzen ein factum illicitum voraus, und müssen daher aus dem ganzen Gehalte beigetrieben werden, die Gerichtskosten aber nur insofern, als sie Untersuchungskosten sind. Die übrigen Gerichtskosten reguliren sich nach der Verordnung vom 26. Februar 1806.

Ausserdem submittire ich, ob nicht aus dem R. vom 20. März 1813. (v. Kampz 3. 46.) hier aufzunehmen seyn dürfte:

> dass die Zahlung der Gehalts-Abzüge an die Gläubiger nicht unmittelbar aus den Königlichen Cassen erfolgen soll, sondern durch die, die Execution dirigirende Behörde, und dass diese dabei den am wenigsten kostspieligen Weg einschlagen und namentlich keine Depositalgebühren in Ansatz bringen soll, falls die Abzüge ad depositum genommen werden müssen. (s. oben S. 350.)

Auch sollen nach dem R. an's Cammergericht vom 10. Oct. 1812. die öffentlichen Abgaben, welche von dem Gehalte eines Officianten abgehen:

> zur Hälfte von dem, dem Officianten oder Pensionair frei bleibenden Gehalte und zur andern Hälfte von der Quote der Gläubiger getragen werden.

Dieses R. dürfte sich zu einem Zusatz qualificiren, es wäre denn, dass man diese Disposition zur transitorischen Gesetzgebung rechnen könnte.

G. Das monitum, so Hr. v. T. sehr richtig ad §phum

200. macht, wird durch die von mir veränderte Fassung dieses §. erlediget, indem ich nunmehro die Bestimmungen der Verordnung vom 28. Februar 1806. §. 5. wörtlich darin aufgenommen habe.

Den Zusatz des Hrn. B. halte ich nicht für nöthig, da sich die darin enthaltenen Dispositionen oft zu verändern pflegen.

P. Hier ist von den Gehalt-Abzügen, besonders der Officiere, die Rede, und es sind dagegen verschiedene Monita gemacht.

1) Hr. *v. T.* will eine Ausnahme wegen laufender Alimente machen. Diesem Monito hat Hr. *v. G.* im §. 200. des Entw. selbst abgeholfen.

2) Hr. *v. T.* erinnert aber auch gegen die Fassung des §. 200. des Entwurfs, dass sie eine Abänderung leiden müsse, wozu jedoch keine Vorschläge gemacht sind.

Ich bin auch für eine Abänderung, weil die von Hrn. *v. G.* gemachte Correctur mir nicht zu passen und dabey übersehen zu seyn scheint, dass der §. 5. der V. vom 28. Febr. 1806. von Personal-Arresten, nicht von Gehalts-Abzügen spricht.

Ich schlage vor, den §. 200. des Entw. so zu fassen: *)

„Sowohl Militair-Personen, als Civil-Bediente und Pensionisten müssen sich Abzüge bis zur Hälfte ihres ganzen Gehalts, oder ihrer Pension, gefallen lassen, wenn es zur Entrichtung laufender Alimente, wozu sie verbunden sind, nothwendig ist, und kommt in diesem Falle nichts darauf an, ob das Gehalt oder die Pension mehr oder weniger als 400. Thlr. beträgt.

---

*) Anmerkung von P.: „Verordn. v. 10. Aug. 1810. Matthis IX. 315., Verordn. v. 24. May 1812. Gesetzsammlung von 1814. S. 9.

Auch finden keine der, in Absicht des executivischen Verfahrens gegen Schuldner vorgeschriebenen Einschränkungen auf solche Schulden Anwendung, welche aus unerlaubten Handlungen entstanden sind; vielmehr soll bei Schulden dieser Art, der Schuldner sey eine Militair- oder Civil-Person, die Execution, ohne Ausnahme irgend eines Vermögens-Objects und ohne Rücksicht auf einen, dem Schuldner sonst zu seiner Subsistenz zu belassenden Theil seines Einkommens, vollstreckt werden.

Currente öffentliche Abgaben sind, ohne Unterschied der höhern oder niedrigern Besoldung oder Pension, durch Beschlagnahme von Militär-Personen und Civil-Bedienten oder Pensionisten einzuziehen.

Wenn aber andere Gläubiger auf solche Besoldungen und Pensionen schon Beschlag gelegt haben; so wird nur die eine Hälfte der zu entrichtenden Abgaben von dem freyen Antheil des Besoldeten oder Pensionisten erhoben und die andere Hälfte wird von dem, den Gläubigern*) angewiesenen Antheil dergestalt genommen, dass sie mit ihren Forderungen bis zur Tilgung der öffentl. Abgabe zurückstehen müssen."

cf. Monit. d. H. *B.* ad §. 200. des Entw.

S. 142. ad §§. 197—200. accedo, jedoch würden, wenn der §. 187. (s. oben S. 343.) nach meinem Voto stehen bleibt, im §. 200. die in der Fassung des Hrn. G. R. Pfeiffer enthaltenen Worte:

„ohne Ausnahme irgend eines Vermögensobjekts und ꝛc."

wegzulassen seyn.

---

*) Es hieß erst Schuldner, und ist von P. abgeändert worden. wahrscheinlich zufolge des nachträglichen Votums von S., Nr. 16. (S. 360.)

Concl. ad 142. appr.

S. Nachträgliches Votum. 16. In dem von dem Herrn Geh. R. *P.* statt des §. 200. vorgeschlagenen Zusatze muss es wohl beinahe zu Ende statt
„Schuldner“
„Gläubiger“
heissen.

Circul. Verordn. v. 30. Decbr. 1798. Sect. VIII.

§. 201.

ad §. 110. und 112. Nur alsdann, wenn nach der, bey jeder im Wege der Execution vom Personal- oder Real-Gläubiger nachgesuchten Subhastation eines Grundstücks angestellten richterlichen Prüfung sich findet, daß die beizutreibende Forderung binnen Jahres-Frist aus den Guts-Einkünften berichtiget werden kann, muß die Sequestration auf ein Jahr, sonst aber die ungesäumte Subhastation verfügt werden.

S. 145. Den §. 201. würde ich ganz nach dem Circular vom 30. December 1798. Abschnitt 8. fassen. In der jetzigen Fassung sind die beiden verschiedenen Dispositionen nicht gehörig von einander getrennt.

Concl. ad 145. appr.

B. Neuer Zusatz ad §. 112. Th. I. Tit. 24.
Ich würde gleichfalls einen Zusatz machen, nämlich:
„Diese Beschlagnahme der Gütereinkünfte erfolgt bey bepfandbrieften Gütern durch die Credit-Directionen;“
(cf. Credit-Regl. v. 15. Jun. 1777. §. 243.)
vorausgesetzt, dass die anderen Provinzen ähnliche

Vorschriften haben, und das Gesetz also allgemein ist.

G. Dieser Zusatz bezieht sich auf Provinzial-Verfassung, und kann daher wohl wegbleiben. Im allgemeinen habe ich §pho 201a. dessen bereits erwähnt. (s. S. 362.)

P. Dass die Beschlagnehmung der Guts-Einkünfte bepfandbriefter Güter nur durch Requisition der Credit-Directionen geschehen könne, folgt schon aus dem §. 128. der A. G. O. h. t. Der aus dem Regl. vom 15. Jun. 1777. §. 243. (welches auch dem Redacteur der A. G. O. schon bekannt seyn musste) genommene neue Zusatz wird daher wegfallen.

S. 143. Wegen des von Hrn. rc. *B.* vorgeschlagenen Zusatzes, in Betreff der Beschlagnahme der Gutseinkünfte bepfandbriefter Güter, accedo.

Concl. ad 143. appr.

Neuer Zusatz ad §. 116. Th. I. Tit. 24.

B. Ich würde folgenden neuen Zusatz vorschlagen:

„Jeder Personalgläubiger, der im Wege der Execution die wirkliche Immission, Sequestration oder Subhastation eines Grundstücks erlangt hat, ist befugt, seine Forderung selbst auf das Grundstück eintragen zu lassen."

cfr. Gutachten der Gesetz-Commission vom 29. April 1808. Schreiben des Hrn. Kanzlers v. Schrötter an die Immediat-Commission vom 29. Mai ejusd.

G. Dieser Zusatz scheint mir zum Gesetzbuche, so wie zur Hypotheken-Ordnung, nicht aber hierher zu gehören, wo bloß von der Sequestration gesprochen wird.

P. Dieser Zusatz wird wegfallen. Er gehört nicht hierher, wo von Executionen die Rede ist, sondern zum

Allg. Landrecht I. 20. §. 400., woselbst verordnet ist, dass der, welchem ein allgemeines Pfandrecht nach den Gesetzen zusteht, dasselbe auf die Immobilien eintragen lassen kann, welches auf die immittirten Gläubiger anzuwenden ist.

S. 144. Wegen des Zusatzes des Hrn. ꝛc. *B.* ad §. 116. Tit. 24. Th. I. der Allg. Gerichts-Ordn. accedo.

Concl. ad 144. appr.

Gesetz vom 30. Decbr. 1811. p. 7. der Gesetzsamml.

§. 201 a.

ad §. 128. Die Sequestration und Taxation gehört vor die ordentlichen Gerichte, insofern keine Pfandbriefe auf die Güter haften.

Rescr. v. 12. Aprill 1802.
Neues Archiv Bd. II. p. 429.

§. 202.

ad §. 141. Sollten die Grundstücke des Schuldners bereits so sehr verschuldet seyn, daß der Gläubiger keine Hoffnung hat, daraus seine Befriedigung zu erhalten, und derselbe daher, ohne den Erfolg der Subhastation abzuwarten, zu seiner Sicherheit auf die persönliche Verhaftung des Schuldners antragen, so involvirt dies einen Arrestschlag, welcher nach Vorschrift der Gerichts-Ordnung Th. I. tit. 29., mit besonderer Rücksicht auf die §pho 10. aufgestellten Grundsätze, geprüft und erörtert werden muß, jedoch mit der aus der Natur der Sache sich ergebenden Maaßgabe, daß es, da die Schuld bereits rechtskräftig feststeht, dieserhalb keiner Bescheinigung und keines Verfahrens weiter bedarf.

Wenn hiernach der Arrestschlag zulässig befunden wird, so ist die persönliche Verhaftung des Schuldners zu verfügen, zugleich aber jedesmal wegen der Subhastation des Grundstücks, insofern diese nicht bereits anhängig ist, das Nöthige entweder von dem Arrest verhängenden Gericht selbst, oder durch Auftrag oder Requisition des ordentlichen Richters der Sache zu veranlassen.

Verordn. v. 28. Febr 1806.
Jur. Mon. Schr. Bd. II. p. 398.

§. 202 a.

ad §. 142. Gegen die im Dienst oder auf Pension oder Wartegeld stehenden Civilbeamten und alle nach §. 106. seqq. ihnen gleichgestellte öffentliche Diener findet wegen Schulden, sie mögen aus einem Darlehn herrühren, oder sonst durch eine einseitige Handlung oder eingegangenen Vertrag begründet worden, oder für Alimente, Gesinde-Lohn, oder wofür es sonst wolle, contrahirt seyn, kein Personal-Arrest statt, auch ist jeder Verzicht, so sie auf diese gesetzliche Befreiung leisten, ohne alle verbindliche Kraft. Nur allein in Hinsicht derjenigen Civilbeamten oder Pensionisten, welche entweder in anderer Beziehung wechselfähig sind, oder dafür declarirt worden, behält es, insofern sie wegen Wechselschulden belangt werden, bei den Vorschriften der Gerichts-Ordnung sein Bewenden.

Rescr. v. 6. May 1805.
Jur. Mon. Schr. Bd. IV. p. 309.

§. 203.

ad §. 143. Es versteht sich hierbey von selbst, daß es nicht Sache der Gefangen-Anstalt, sondern lediglich des Gläubigers ist, seinem Schuldgefangenen die Gelegenheit und die Mittel zur Arbeit, zu welcher er sich eignet, zu verschaffen, um dadurch seine Alimente selbst verdienen zu können.

Rescr. vom 12. Sptbr. 1812.
Jahrb. v. Kamptz H. II. p. 253.

Jedoch können dergleichen Schuldgefangene, wenn sie nach ihrem Stande im Zustande der Freyheit sich durch mechanische Handarbeiten ihren Unterhalt erwerben, unter billiger Rücksicht auf ihre sonstigen individuellen Verhältnisse zu den Arbeiten der übrigen Gefangenen mit angehalten werden.

cf. Rescr. v. 9. Jan. 1797.
Stengel, Bd. V. p. 321.

Die Verpflichtung des Gläubigers zur Alimentation des Schuldners kann übrigens nicht auf die Familie dieses letzteren ausgedehnt werden.

Rescr. v. 10. Dec. 1789.
Rescr. vom 19. und 27. May 1803.
Neues Archiv Bd. III. p. 3.

Auch ist der Gläubiger die Aufwartungs-Kosten des Gefangenwärters so wenig, als die Ein- und Ausschreibe-, ingleichen die Sitzgebühren zu bezahlen verbunden, wohl aber die Heitzungs- und Reinigungs-Kosten des Gefängnisses.

---

§. 204.

ad §. 145. cf. Verordnung vom 26. Decbr. 1808. §. 47., die verbesserte Einrichtung der Provinzial-Polizey- und Finanz-Behörden betreffend, und Tit. 35. §. 44. der Ger. Ordn. im Anhange.

S. 146. Das Allegat im §. 204. wird wegbleiben können, da die Verordnung vom 26. Decbr. 1808. nichts Mehreres enthält, als was die Ger. Ordn. vorschreibt.

Concl. ad 146. appr.

Rescr. v. 27. Octbr. 1802.
Jur Mon. Schr. Bd. I. p. 320.

§. 205.

ad §. 146. Persönliche Unsicherheit des Schuldners kann niemals einen Grund zum Widerspruch gegen dessen Entlassung abgeben.

---

cf. Rescr. vom 6. Decbr. 1809.
Jur. Mon. Schr. Bd. VIII. p. 505.

§. 206.

ad §. 150. Ist Gefahr im Verzuge, so kann zwar das Gericht nach vorheriger Androhung sofort die militairische Execution verfügen, jedoch muß es der vorgesetzten Behörde gleichzeitige Anzeige davon machen.

T. In den Zusatz 206. würde ich noch folgende Bestimmungen des Rescripts mit aufnehmen:

„Sobald aber die Exekution gegen eine grosse Anzahl von Menschen vollzogen werden soll, oder sonst wegen zu besorgender hartnäckiger Widersetzlichkeit ein beträchtliches Militair - Commando erforderlich wäre, oder wenn überhaupt irgend ein bedenklicher Umstand eintritt, muss jedesmal bey der Regierung Erkundigung eingezogen werden, ob Ursachen vorhanden seyen, welche die Anwendung militairischer Hülfe widerriethen und wie etwa ohne dieselbe der Zweck am besten zu erreichen stehe?“

K. ich bin mit dem Hrn. Pr. *v. T.* einig.

B. Bey dem Zusatz §. 206. trete ich dem Herrn ꝛc. *v. T.* bey.

G. accedo.

P. Den von Hrn. *v. T.* vorgeschlagenen Zusatz würde ich aufnehmen.

S. 147. accedo.

Concl. ad 147. appr.

Zu Th. I. Tit. 25.

Verfahren bey Untergerichten.

§. 207.

ad §. 5. No. 2. Siehe §. 1. Tit. 3. im Anhange. (s. oben S. 223.)

§. 208.

ad §. 10. 16. und 20. conf. §. 52. Tit. 10. im Anhange. (s. oben S. 260.)

S. 148. Die §§. 207. 208. (Zurückweisungen) werden wegfallen.

Concl. ad 70. appr.

S. Nachträgliches Votum. 17. Die Zurückweisung im §. 207. wird nicht zu entbehren seyn.

Rescr. v. 18. April 1796.
Jur. Mon. Schr. Bd. I. p. 330.

§. 209.

ad §. 26. Der Appellationsbericht muß jedoch auch in diesem Falle bey dem Untergerichte eingereicht werden.

Rescr. v. 28. Novbr. 1813.
Stengel, Bd. III. p. 353.

§. 210.

ad §. 30. Sobald das Revisions-Urtel an das betreffende Landes-Justiz-Collegium zurückkommt, wird es von letzterm dem Untergerichte verschlossen mit der Anweisung zugefertiget, nach geschehener Publication desselben eine Abschrift davon ad Acta einzureichen.

B. Die Praxis ist bey den Collegien verschieden. Bey dem Cammergericht wird das Revisionsurtel expedirt und diese Expedition an den Unterrichter zur Publikation gesendet. In Schlesien kann es nach dem allegirten Rescr. anders seyn. Ob dies zur allgemeinen Vorschrift zu machen, muss ich anheimstellen.

G. ich sehe nicht ab, warum die Gerichte hierunter nicht gleichförmig zu handeln angewiesen werden könnten, und halte daher den Zusatz für gut.

P. Den §. 210. würde ich streichen. Es ist nicht nothwendig, dass dem Unterrichter das Revisions-Urtel verschlossen mit der Anweisung zugefertigt werde, nach geschehener Publication eine Abschrift zu den Acten des Obergerichts einzusenden. Der Oberrichter kann auch, wie es bey dem Kammergericht hergebracht ist, das Revis. Urtel expediren und die Expedition dem Unterrichter zusenden. Jedes Gericht mag bey seiner Praxis bleiben.

S. Den §. 210. würde ich beibehalten, da ich es für gut halte, dass das Urtel nicht eher, als bei der Publication eröffnet wird.

Concl. ad 149. appr.

---

§. 211.

ad §. 31. Siehe wegen der revisiblen Summe die Bestimmungen ad §. 2. Tit. 15. der Gerichts-Ordnung im Anhange. (s. oben S. 304.)

---

§. 212.

ad §. 43. conf. §. 73. Tit. 14. der Ger. Ordnung im Anhange. (s. oben S. 301.)

§. 213.

ad §. 45. und 49. conf. wegen des persönlichen Erscheinens der Partheyen Tit. 3. §. 1. im Anh. (s. oben S. 260.)

§. 214.

ad §. 50. cf. §. 19. Tit. 10. im Anh. (s. oben S. 248. ff.)

K. Den Zusatz 214. würde ich nicht blos auf den §. 50, sondern auch auf die folgenden §§. bis 62b. beziehen, weil diese sämmtlich dadurch eine Aenderung leiden, dass die Zuziehung eines Protokollführers nicht mehr nöthig ist.

S. Die §§. 211—214. bleiben weg.

Concl. ad 150. appr.

Rescr. v. 25. Sptbr. 1795.
Stengel Bd. II. p. 173.

§. 215.

ad §. 52. Domainen-Beamten wird bey gerichtlichen Handlungen, welche keine eigentliche Rechtskenntnisse erfordern, gerichtlicher Glauben beigelegt.

T. Nach dem alleg. Rescr. sollen die Domainen-Beamten auch mit dem im §. 55. vorgeschriebenen Eyde belegt werden. Ich glaube aber, dass es ihrer Beglaubigung jetzt nicht weiter bedarf, da nach der Cirk. Verordn. v. 30. Decbr. 1798. die Zuziehung eines Protokollführers, den die Schöppen und resp. Oekonomie-Beamten nur vertreten sollen, überhaupt nicht mehr erforderlich ist, und würde also diesen Zusatz gantz weglassen.

K. ich würde gleichfalls den Zusatz weglassen.

G. Nichts dagegen zu erinnern.

P. Der §. 215. des Entw. bleibt nach der gegründeten Erinnerung des Hrn. *v. T.*, mit Zustimmung des Hrn. *v. G.*, weg.

S. 151. accedo.

Concl. ad 151. appr.

Zu Th. I. Tit. 26.

Bagatell-Sachen.

Rescript vom 17. Januar 1812.
v. Kamptz p. 26.

§. 216.

ad §. 18. Es findet also in dergleichen Bagatell-Sachen die Vorschrift der Verordnung vom 14. July 1804., No. 38. der Edikten-Samml.,

wornach Erkenntnisse durch bloße Rescripte nicht aufgehoben werden dürfen,

keine Anwendung.

S. 152. Den §. 216. würde ich als überflüssig weglassen, da, wenn der §. 18. der G. O. aufgehoben oder abgeändert werden sollte, solches im Anhange ausdrücklich gesagt werden müsste, und daraus, dass solches nicht geschehen, die fernere Anwendbarkeit des Gesetzes folgt.

Concl. ad 152. appr.

Zu Th. I. Tit. 27.

Wechsel-Prozeß.

Rescr. v. 30. Mai 1796.
Stengel, Bd. IV. p. 273.

§. 217.

ad §. 30. Der Deputirte muß am Schlusse der Instruction die Partheyen auf den nächsten Gerichtstag zur Publikation des Urtels allemal ausdrücklich bestellen und, daß dies geschehen, im Protocoll bemerken.

T. Das alleg. Rescr. ist unterm 18. April 1796. ergangen und befindet sich Bd. II. p. 175. der Stengel'schen Beiträge abgedruckt. *)

B. ich bestätige wegen des unrichtigen Allegats, nach angestellter Vergleichung, die Bemerkung des Hrn. Pr. *v. T.*

Rescr. v. 30. May 1796.
Stengel, Bd. IV. S. 273.

§. 218.

ad §. 44. Ist der Beklagte in erster Instanz verurtheilt, in zweyter Instanz aber losgesprochen und von dem Kläger dagegen revidirt worden; so hat die Vollziehung des ersten Erkenntnisses nichts desto weniger so lange ihren Fortgang, bis das zweyte Urtheil rechtskräftig geworden ist.

Rescr. v. 11. Februar 1803.
Neues Archiv Bd. III. p. 117.

§. 219.

ad §. 45. Eine bloße landreiterliche Observation findet bey der Wechsel-Execution nicht statt, vielmehr muß der Verklagte in das bürgerliche Gefängniß abgeliefert werden.

*) Hiernach hat E. b. m. das Allegat abgeändert.

K. Der Zusatz 219. gehört zum Titel vom Wechsel-Process, und die Zusätze zum Executiv-Process fangen erst mit 220. an.*).

Neuer Zusatz ad §. 45. Th. I. Tit. 27.

B. Ich würde folgenden Zusatz machen:

„Hat der Wechselgläubiger auch ein Pfand in Händen, so muss er dasselbe herausgeben, sobald er den Personal-Arrest gegen den Wechselschuldner ausbringt."

(Rescr. vom 7. Decbr. 1811. an's Kammergericht in c. Elzner contr. Gans.)

G. Mir ist das Reskript vom 7. Dezember 1811. unbekannt. Existirt es jedoch, wie ich nicht zweifle, so halte ich den Zusatz für zweckmäßig, obwohl das, was dadurch gesagt wird, schon implicite in den Vorschriften des §. 46. und 47. liegt.

P. Der Wechselgläubiger soll, wenn er ein Pfand in Händen hat, dasselbe herausgeben, ehe er den Personal-Arrest des Schuldners bewirken kann. Diesen, auf ein Rescript in S. Elzner contr. Gans v. 7. December 1811. gegründeten Zusatz würde ich nicht aufnehmen, weil er, in so fern er richtig ist, schon in der Allgem. Gerichts-Ordnung I. 27. §. 46. liegt.

S. 153. Den Zusatz des Hrn. ꝛc. *B.* ad §. 45. Tit. 27. würde ich aufnehmen, da sich der entstandene Zweifel meines Erachtens nicht aus dem §. 46. erledigt.

Concl. ad 153. approb. mit dem Zusatz:

„insofern nicht ein Anderes ausdrücklich verabredet worden."

---

*) Hiernach hat Goßler das Manuscript berichtigt. Der §. 219. stand ursprünglich unter den Zusätzen zum Tit. 28. Th. I. der A. G. O.

Zu Th. I. Tit. 28.

Executiv-Prozeß.

Rescr. v. 12. Januar 1809.
Jur. Mon. Schr. Bd. VIII. p. 464.

§. 220.

ad §. 1. Unter dem hier gebrauchten Ausdruck: „Verschreibung“ werden nur einseitig ausgestellte Instrumente verstanden; aus zweyseitigen Verträgen findet der Executiv-Proceß nicht statt.

Rescr. v. 16. März 1802.
Rescr. vom 28. Septbr. 1805.
Jur. Mon. Schr. Bd. I. p. 432. und 411.

Ist übrigens in dem Documente eine Kündigung stipulirt, so ändert es in der Natur des Processes nichts, wenngleich solche nur außergerichtlich und selbst nur mündlich erfolgt wäre.

B. Den zweiten Abschnitt dieses Zusatzes würde ich gar nicht aufnehmen. Denn dass aus Instrumenten, die auf Kündigung lauten, der Execut. Prozess statt finden könne, ist wohl nie bezweifelt worden. Die Art aber, wie die Kündigung erfolgen kann, ist in dem allgemeinen L. R. Th. I. Tit. 11. §. 764. und Th. II. Tit. 8. §. 1188. vorgeschrieben, und die allegirten Rescripte sind blosse Bestätigungen desselben. Soll der Zusatz aber stehen bleiben, so würde ich ihn dahin fassen:

„Auch aus Schuldinstrumenten, die auf Kündigung zahlbar sind, findet der Executivprocess statt, sobald die Kündigung gesetzlich erfolgt ist.“

G. Wie nothwendig der zweyte Abschnitt des hier gemachten

Zusatzes, und wie zweifelhaft das Cammergericht in casu gewesen ist, zeigen die Veranlassungen zu den allegirten Rescripten. Die Fassung des Zusatzes selbst scheint mir keiner Veränderung zu bedürfen, da sie vollkommen verständlich und zusammenhängend ist.

P. Aus gerichtlichen und andern in der A. G. O. §. 1. h. t. bezeichneten Instrumenten kann executivisch geklagt werden. Es frägt sich aber, ob die executivische Klage auch alsdann aus einem gerichtlichen Schuld-Instrumente angestellt werden kann, wenn dasselbe auf Kündigung lautet und der Kl. bey Anstellung der Klage keine gerichtliche Kündigung nachweiset, sondern nur eine aussergerichtliche Aufkündigung behauptet und diese durch eine blosse Privat-Scriptur des Bekl. bescheinigen will? Das Kammergericht hatte in einem solchen Fall angenommen, dass nur die Instruction im ordentlichen Process statt finde. Das Justiz-Ministerium verfügte aber die Einleitung des Executiv.-Processes, weil nach den Gesetzen auch eine aussergerichtl. Kündigung zulässig sey. Dies will Hr. *v. G.* aufnehmen. Hr. *B.* erklärt sich dagegen, weil es nach den Gesetzen nicht zweifelhaft sey, dass die Kündigung aussergerichtlich geschehen könne. Eventualiter schlägt er eine andere Fassung vor.

Ich würde für die Beybehaltung des Zusatzes seyn. Denn daraus allein, dass das

A. L. R. I. 11. §. 764. und
— — II. 8. §. 1188.

die aussergerichtliche Kündigung zulässt, folgt noch nicht, dass der Executiv-Process statt finde. Nach dem vorigen gemeinen Recht galt die Regel, dass alle Capita libelli aus dem Document erhellen müssen, wenn der Executiv-Process eintreten soll. Da die Kündigung aus dem Document nicht erhellen kann, so muss sie auf andere Art nachgewiesen werden und es lässt sich daher der Zweifel aufwerfen, ob und wie die Kündigung auf andere Art nachzuweisen sey? Der Zusatz scheint mir in dieser Hinsicht nicht unnütz zu seyn. Weder die Fassung des Hrn. *v. G.*, noch die des Hrn. *B.* ist aber m. E. genügend. Ich würde vorschlagen:

„Aus Schuld-Instrumenten, welche an sich den Executiv-Process begründen, kann auch alsdann, wenn sie auf Kündigung lauten, executivisch geklagt werden. Es muss aber bey der Einreichung der Klage zugleich bescheinigt werden, dass die Kündigung zur gehörigen Zeit, wenn auch nur aussergerichtl., wirklich geschehen sey.“

S. 154. accedo.

Concl. ad 154. appr.

Rescr. v. 2. Febr. 1813.
pag. 75. act. general. des Justiz-Ministerii de 1813.

§. 221.

ad §. 2. No. 1. Aus Notariats-Instrumenten ꝛc., welche in Frankreich, den ehemaligen Westphälischen Staaten und dem Herzogthum Warschau, woselbst die französische Verfassung galt, aufgenommen worden, kann die Klage im Executiv-Proceß bey den Gerichten in hiesigen Landen begründet werden.

Werden aber dergleichen Notariats-Instrumente, aus andern Landen, woselbst der Code Napoleon eingeführt war, zum Behuf jenes Endzwecks producirt, so haben die Gerichte zuvörderst bey dem Chef der Justiz davon Anzeige zu machen.

1) Rescr. v. 22. Febr. 1796.
Stengel, Bd. IX. p. 316.
2) Rescr. v. 9. Juny 1812.
v. Kamptz p. 64. Heft 1.

§. 222.

ad §. 2. No. 1. Daß dieses abgekürzte summarische Verfahren in den auswärtigen Staaten gleichmäßig stattfinde, dafür streitet jederzeit die Vermuthung und das Gegentheil muß daher von dem Verklagten, falls er solches behauptet, erwiesen werden.

K. ich bin bey der entgegenstehenden Vorschrift,
A. G. O. Th. I. Tit. 28. §. 2.
wonach nur solche Notariats-Instrumente, welche
in hiesigen Landen
und
auf die in der Gerichts-Ordnung vorgeschriebene Art,
errichtet und vollzogen worden, den Executiv-Process begründen, zweifelhaft, ob dieser Zusatz nicht wegfallen dürfte. Das Andenken der Napoleonischen Verfassung scheint nicht geeignet, in der Preussischen Gesetzgebung erhalten zu werden.

B. Der Zusatz §. 221. scheint mir sehr bedenklich zu seyn. Die Vorschrift, worauf er sich gründet, kommt mir blos provisorisch vor. Daher der Unterschied unter den Ländern und die Pflicht der Gerichte, unter gewissen Umständen erst anzufragen. Jetzt nach beendigtem Kriege wird man wohl im Stande seyn, darüber etwas Bestimmteres zu disponiren. Auf allen Fall würde ich den Ausdruck „Code Napoleon“ nicht gebrauchen, sondern statt dessen „kaiserl. französisches Gesetzbuch“ setzen.

G. Ob die Disposition, welche in diesem Zusatze enthalten ist, nur als transitorisch angesehen werden kann, hängt von den Motiven ab, welche dieselbe veranlaßten. Das Kayserl. Französische Gesetzbuch (Code Napoleon) wirkt in den Königl. Französischen Staaten noch fort, und ist in mehreren Deutschen Staaten — wahrscheinlich bleibend eingeführt.

Darum schien mir der gemachte Zusatz nothwendig zu seyn.

P. Es ist die Frage, ob aus fremden Notariats-Instrumenten executivisch geklagt werden kann?

Hr. *v. G.* will dies auf den Grund des R. vom 2. Febr. 1813. bejahen.

Dieses Rescr. redet aber blos von der Glaubwürdigkeit der in Ländern, wo der Code Nap. gilt, aufgenommenen Urkunden im Allgemeinen.

v. Kamptz, Jahrbücher Heft 3. p. 44.

Das eigentlich hierher gehörige Rescript ist vom 9. Juny 1812. und findet sich in

v. Kamptz, Jahrbücher Heft 1. p. 63.

Ich trage aber Bedenken, dasselbe aufzunehmen, weil es in der That nur in Beziehung auf die damaligen Verhältnisse mit Westphalen und in der Voraussetzung des Reciproci, wovon jetzt nicht mehr die Rede seyn kann, gegeben ward. Genau betrachtet enthält es eine Abweichung von dem wörtlichen Inhalte der A. G. O. I. 28. §. 2. Num. 2., welche nur aus den, von Notarien in hiesigen Landen aufgenommenen Instrumenten den Executiv-Process verstattet. Auch hat das Tribunal in einer ganz neuerlichen Sache sich streng an die A. G. O. gehalten. Mir scheint es daher, dass, wenn den fremden Not. Instrum. die Wirkung der in hiesigen Landen aufgenommenen beygelegt werden sollte, dazu eine authentische Declaration nöthig seyn würde. In keinem Fall kann es bey der Fassung des Entwurfs bleiben. Es müsste vielmehr das Rescr. vom 9. Juny 1812. zum Grunde gelegt werden.

Ich würde jedoch die §§. 221. 222. des Entw. ganz weglassen.

Hierzu hat *P.* in margine nachträglich bemerkt: Dieses ändert sich durch den §. 27. der Grundsätze vom 30. Sept. c.*) dem Anscheine nach, weil diesem §. zufolge aus Notariats-Instrumenten der Executiv-Process stattfindet. Der Zusatz: in so weit ihn die Gerichts-Ordnung zulässt, könnte zwar den Einwand veranlassen, dass nur aus Preuss. Notariats-Instrumenten executivisch geklagt werden könne. Der §. spricht aber von Westphäl. Not. Urkunden.

Ich würde die §§. 221. 222. zusammenziehen und kurz so fassen:

„Auch aus Notariats-Urkunden, welche nach den bisher in Westphalen bestandenen Vorschriften von dortigen Notarien aufgenommen worden, kann der executivische Process eingeleitet werden."

S. 155. ad §. 221. 222. accedo, weil die fremden Notariats-Instrumente nach den gemachten Erfahrungen keine Begünstigung verdienen.

Concl. ad 155. appr.

S. Nachträgliches Votum. 18. Dem nachträglichen Voto des Hrn. Geh. R. *P.* ad §. 221. 222. des Entwurfs trete ich bei, würde jedoch die Vorschrift ausdrücklich auf die mit uns wieder vereinigten Provinzen einschränken, so dass also Notariats-Documente, welche im jetzigen Braunschweigschen, oder Hannöverschen, oder Hessischen aufgenommen worden, davon ausgeschlossen bleiben. Zu diesen wie-

*) Vergl. den §. 22. des Patents vom 9. Sept. 1814. (Gesetzs. für 1814. S. 89.) und Starke, Beiträge, Th. II. Abth. 2. S. 371.

dervereinigten Provinzen gehören auch solche, welche unter Französischer Botmässigkeit gestanden haben, wo also Französisches Recht gegolten hat (Ostfriesland, Cleve, Mark, Münster). Auf diese muss sich die Disposition ebenfalls erstrecken, wie denn auch der §. 27. der Grundsätze v. 30. Septbr. ganz allgemein ist.

---

1) cf. Rescr. v. 17. May 1796.
Stengel, Bd. II. p. 175.
2) Allgem. Land-Recht Th. I. Tit. 11. §. 750.

§. 223.

ad §. 2. No. 7. Schuld-Instrumente, welche von Personen, die sich wechselmäßig nicht verpflichten können, in der Wechsel-Form ausgestellt sind, können ohne vorhergegangene Recognition im Executiv-Proceß eingeklagt werden. Eben so bedarf es zur Einleitung des Executiv-Processes keiner vorgängigen Recognition, wenn bey einem Wechsel bloß ein Mangel in der Person des Ausstellers den Wechsel-Proceß hindert.

T. In dem Zusatz 223. scheint mir die erste Periode hinreichend und die zweite überflüssig.

K. ich trete dem Hrn. Pr. *v. T.* bei. Die zweite Periode dieses §. ist mit der ersten gleichen Inhalts.

B. Bei dem Zusatz §. 223. trete ich dem Hrn. Präs. *v. T.* bey und dürfte überhaupt sowohl dieser, als der folgende Zusatz sehr zu verkürzen seyn.

G. Die zweyte Periode in dem Zusatz ad §phum 223. gründet sich auf die Zweifel, welche das Cammergericht aus der Fassung des Landrechts Th. I. Tit. 11. §. 750. hergenommen hatte.

Uebrigens bin ich hierbey, so wie bey dem folgenden §., den Worten der allegirten Rescripte im Wesentlichen getreu geblieben, und sehe nicht ein, daß eine größere Verkürzung beyder §§. nothwendig und thunlich seyn sollte.

P. Hr. *v. T.* und *B.* halten die zweyte Periode dieses Zusatzes für überflüssig, und ich trete ihnen nicht nur bey, sondern halte auch den ganzen Zusatz für unnöthig, weil das Wesentliche desselben schon im 1sten Anh. zum A. L. R. §. 25. enthalten und besser und kürzer so ausgedrückt ist:

„Einer vorhergegangenen Anerkennung der Unterschrift bedarf es zur Begründung des executivischen Processes nicht.“ (s. oben S. 30.)

S. 156. accedo.

Concl. ad 156. appr.

---

1) Rescr. v. 5. Februar 1798.
Stengel, Bd. VI. p. 248.
2) Rescr. v. 12. Juny 1806.
Jur. Mon. Schr. Bd. III. p. 201.

§. 224.

Aus Schuld-Instrumenten, welche von Personen, die sich wechselmäßig nicht verbinden können, in der Wechselform ausgestellt worden, kann nur so lange executivisch geklagt werden, als deren Wechselkraft — insofern sie von wechselfähigen Personen ausgestellt wären — nicht erloschen seyn würde.

Uebrigens werden unter dem hier gebrauchten Ausdruck „Wechselform“ nur eigene, nicht aber auch gezogene Wechsel verstanden.

P. Hr. *B.* wünscht ad §. 223. auch eine kürzere Fassung des §. 224. (s. S. 378.) Ich schlage vor, die letzte Periode zu streichen und die erste dahin zu ändern:

„Aus Schuld-Instrumenten, welche von nicht wechselfähigen Personen in Form eigner Wechsel ausgestellt worden, kann“ u. s. w.

S. 157. accedo.

Concl. ad 157. appr.

Rescr. v. 31. July 1802.
Neues Archiv Bd. II. p. 443.

§. 225.

ad §. 4. No. 1. Wenn der Verklagte die Zahlung zur gehörigen Zeit nicht leistet, so muß er auch die durch die vorläufige Klage verursachten Kosten hiernächst respect. allein tragen und erstatten.

Neuer Zusatz ad §. 4. No. 3. Th. I. Tit. 28.

Rescr. v. 21. Januar 1801.
Matthis I. 132.

T. „Es bewirkt keine Nullität, wenn der Verklagte etwa aus Versehen in processu ordinario, jedoch mit der ausdrücklichen Auflage, den Kläger sofort zu befriedigen, vorgeladen worden, die Instruction und Entscheidung jedoch im Wege des Executiv-Processes erfolgt ist.“

K. ich würde den Zwischensatz:

„jedoch mit der ausdrücklichen Auflage, den Kläger sofort zu befriedigen,“

weglassen, da eigentlich die Vorschrift, welche der Zusatz enthält, schon in der A. G. O. sich befindet. Denn nach §. 4. Tit. 28. finden wegen Aufnehmung der Klage und des ganzen Verfahrens bei der Instruction der Sache, im Executiv-Process dieselben

Vorschriften wie im Wechsel-Process statt, und es kommt also hier auch der §. 10. Tit. 27. zur Anwendung, wonach nicht blos, wenn die Vorladung, sondern sogar, wenn die ganze Instruction nicht im Wechsel-Processe erfolgt ist, dennoch wechselmässig erkannt werden kann.

B. Den neuen Zusatz des Hrn. *v. T.* würde ich nicht aufnehmen, weil er aus einer blossen Resolution des Justiz-Ministerii, die in einer speciellen Sache an eine supplicirende Parthei ergangen, entlehnt ist, und nicht aus einem Rescr. an eine Behörde. Auch ist die Entscheidung eben nicht interessant, d. h. über keine zweifelhafte Materie ergangen, wie auch Hr. ꝛc. *K.* bemerkt hat.

G. Ich trete dem Voto des Herrn B. für Weglassung dieses Zusatzes bey.

P. Es soll keine Nullität bewirken, wenn die Vorladung aus Versehen in proc. ord. mit der Auflage, den Kl. sofort zu befriedigen, erlassen, nachher aber doch die Instruct und Entscheidung im Executiv-Process erfolgt ist.

Ich halte mit Hrn. *B.* diesen Zusatz für unnöthig, weil es für sich klar ist, dass keine Nullität hier angenommen werden kann.

S. 158. Wegen des Zusatzes des Hrn. *v. T.* ad §. 2. No. 4.*) Th. I. Tit. 28. der A. G. O. accedo.

Concl. ad 158. Der Zusatz soll aufgenommen werden.

---

*) §. 4. No. 3.

Restr. v. 18. Juny 1798.
Stengel, Bd. IX p. 312.

§. 226.

ad §. 14. Diese fünfjährige Frist wird ohne Unterschied von dem Tage an gerechnet, an welchem nach dem ergangenen Urtel etwas hat gezahlt oder geleistet werden sollen.

Hat die zur gehörigen Zeit nachgesuchte Execution wegen Mangels eines Objects, oder bey einer Personal-Execution wegen des vom Schuldner verheimlichten Aufenthaltes, nicht vollstreckt werden können; so findet deren Erneuerung zu jeder Zeit statt, ohne daß sie an eine Verjährungsfrist gebunden ist.*)

B. Der 2te Theil dieses Zusatzes kommt schon im Zusatz §. 180. (s. o. S. 330.) vor und gehört nicht mehr hierher.

G. accedo.

P. Die zweyte Hälfte dieses Zus. fällt nach dem Mon. des Hrn. *B.* weg, womit auch Hr. *v. G.* einig ist.

S. 159. accedo.

Concl. ad 159. appr.

Rescr. v. 31. July 1802.
Neues Archiv Bd. II. p. 442,

§. 227.

ad §. 15. Wenn ein Justiz-Commissarius bey Anmeldung der Klage bestimmt anzeigt, daß der Schuldner bereits außergerichtlich seine Zahlungs-Verbindlichkeit bestritten habe, so bedarf es der vorläufigen Erlassung des Zahlungs-Befehls nicht, sondern es kann sofort der förmliche Proceß eröffnet werden.

---

*) Dieser Satz ist im Manuscript eingeklammert und dabei bemerkt: „cessat et vid. §. 180.“

T. Dem Zusatz 227. würde ich auf den Grund des alleg. Rescr. folgende in Praxi zuweilen sehr heilsame Vorschrift beyfügen:

„Ausser dem Fall einer solchen Anzeige genüget aber ein Zahlungs-Befehl, wenn gleich eine Parthey aus Unbekanntschaft mit diesem leichteren Gange, oder ein Justiz-Commissarius aus andern in den Gesetzen nicht gegründeten Ursachen den Weg eines förmlichen Processes wählen sollte."

K. Ich bin mit dieser Bemerkung einig.

B. Bey dem Zus. §. 227. trete ich dem Hrn. Präs. bey.

G. Nichts dagegen zu erinnern.

P. Hr. *B.* und *v. G.* sind mit dem neuen Zusatze des Hrn. *v. T.* einig. Es scheint mir aber doch eine andere Fassung nöthig zu seyn; vermuthlich geht der Sinn dahin:

„Wenn auch der Gläubiger auf rückständige Zinsen einer im Hyp. Buch eingetragenen Post, oder auf Rückstände jährl. aus dem Hyp. Buch ersichtlichen Prästationen förmlich geklagt haben sollte, so ist der Richter dennoch befugt, einen blossen Zahlungsbefehl zu erlassen und weiter nach dem §. 15. der A. G. O. zu verfahren."

S. 160. accedo.

Concl. ad 160. appr.

---

cf. Rescr. v. 31. July 1802.
Neues Archiv Bd. II. p. 442.

§. 228.

Diese Execution findet, ohne daß es eines Judicats bedarf, in allen gesetzlichen Graden gegen das bewegliche und unbewegliche Vermögen und die Person des Schuldners statt.

Rescr. v. 18. Januar 1796.
Stengel, Bd. II. p. 236.

§. 229.

ad §. 16. Hat der Schuldner die Kündigung angenommen und bescheinigt, nichts desto weniger aber zur Zeit der Kündigung oder nach deren geschehener Annahme das seinem Gläubiger verpfändete Grundstück an einen Dritten wiederum verkauft, so muß der Creditor gegen den neuen Besitzer nicht nur von neuem klagen, sondern auch demselben die Kündigungsfrist zu Statten kommen lassen und sich wegen des daraus entstandenen Schadens, so wie wegen der Kosten des früheren Verfahrens, lediglich an seinen ursprünglichen Schuldner halten.

B. Mit diesem Zusatz kann ich gar nicht einverstanden seyn. Hr. *G.* behauptet darin:

> dass die Kündigung auch dann gegen den neuen Besitzer des Grundstücks wiederholt werden müsse, wenngleich der Verkauf desselben nach der Annahme der Kündigung von Seiten des abgehenden Besitzers erfolgt.

Dies sagt aber das Rescr. keinesweges. Der Fall, für welchen es speciell ergangen und welchen das Stadtgericht aufstellte, ist ausdrücklich nur der, wo die Kündigung am 11. März dem alten abgegangenen Besitzer erfolgte, nachdem derselbe das Haus schon früher am 26. Januar verkauft hatte. Für diesen Fall musste das Rescr. natürlich entscheiden, dass die Kündigung dem unrechten Manne geschehen sey und gegen den neuen Eigenthümer wiederholt werden müsse. Diese Entscheidung liegt auch so in der Natur der Sache und Analogie der Gesetze (P.O. T. 24. §. 7. und 11.), dass der Zweifel, den das hiesige Stadtgericht gehabt, wohl schwerlich von vielen andern Gerichtshöfen getheilt werden dürfte.

Sollte er doch wieder entstehen, so gehört er zu den subjectiven Bedenken und Missverständnissen, die nie aufhören werden, und welchen zu begegnen, auch die voluminöseste Process-Ordnung ausser Stande ist.

Hierzu tritt, dass der Schluss des Rescr. wieder zu neuen Zweifeln Veranlassung geben muss, weil es dem Gläubiger nur das Recht giebt, den Ersatz des Schadens und der Kosten zu verlangen. Dies ist irrig. Denn ist der Schuldner, wie es im Zusatz heisst, wirklich der ursprüngliche, so ist er ex oblig. personali dem Gläubiger auch für Capital und Zinsen verhaftet.

Ich würde daher diesen Zusatz ganz weglassen.

G. Die Gesetze verpflichten den Käufer eines Grundstücks nicht, den geschlossenen Kauf den eingetragenen Gläubigern bekannt zu machen. Hat also der Verkäufer ihm die geschehene Kündigung verschwiegen, und will der Real-Gläubiger sein Recht gegen ihn verfolgen; so muß er ihm auch die Kündigungs-Frist bewilligen. Daß er sich wegen des etwanigen Ausfall's am Capital an seinen vorigen Schuldner halten könne, versteht sich von selbst, insofern das Schuld-Document nicht etwa entgegengesetzte Bestimmungen enthält.

Aus diesen Gründen halte ich das Monitum für ungegründet.

P. ich halte die von Hrn. *B*. gegen diesen Zusatz angeführten Gründe für erheblich und stimme für die Weglassung.

S. 161. accedo.

Concl. ad 161. appr.

Zu Th. I. Tit. 29.

Arrest-Sachen.

§. 230.

ad §. 4. conf. §. 45. Tit. 24. der Ger.-Ordn. (s. ob. S. 339.)

S. 162. Der §. 230. bleibt weg.

Concl. ad 162. appr.

Rescr. v. 8. Septbr. 1809.
Jur. Mon. Schr. Bd. X. p. 445.

§. 231.

ad §. 18. Wo besondere Provinzial-Gesetze, wie z. B. in dem Bezirk der Ostpreußischen Landschaft (cf. Cab. Ordre vom 22. Aprill 1809.)*) hierunter etwas anderes bestimmen, hat es dabey sein Bewenden.

B. Wenn dieser Zusatz stehen bleiben und des Materiellen darin nicht gedacht werden soll, so wird das Provincialgesetz, nämlich die Cab. Ordre vom 22. April 1809., wenigstens in Bezug genommen werden müssen.

G. Das Allegat ist gemacht.

P. Nach dem §. 6. des Ost-Preuss. Landfeuer-Societäts-Regl. vom 22. April 1809. §. 6. steht es jedem Abgebrannten frey, ob er die Feuer-Cassengelder zum Aufbau der abgebrannten Gebäude anwenden will, oder nicht. Die C. O. vom 22. April 1809. erlaubt aber dem Gläubiger, die Feuer-Cassengelder mit Arrest zu belegen, wenn er Umstände darthun kann, welche die Besorgniss begründen, dass der Abgebrannte diese Gelder zum Aufbau der abgebrannten Gebäude nicht anwenden werde. Diese doppelte

---

*) Dieses Allegat hat G. in Folge des Monitums von P. hinzugefügt.

Abweichung von der A. G. O hat den **Hrn.** ***v. G.*** zu dem gegenwärtigen Zusatz veranlasst.

Ich würde diesen Zusatz, welcher auf so ganz specielle Gesetze gegründet ist, weglassen, weil die A. G. O. es doch immer nur mit dem zu thun hat, was in allen Provinzen als Regel gilt, und die besonderen Ausnahmen, die nach besondern Verfassungen da oder dort gemacht sind, immer stehen bleiben, wenn sie auch in dem Anhange übergangen werden.

Sollte es gleichwohl für nöthig gehalten werden, die Ausnahmen dem Anhange einzuverleiben, so würde dies eine Revision aller Provinzial- und statutarischen Verordnungen voraussetzen, wodurch die Vollendung des jetzigen Anhanges sehr verzögert werden würde. So, wie der Zusatz gefasst ist, müsste angenommen werden, dass nicht nur in Ost-Preussen, welches nur als Beyspiel angeführt wird, sondern auch in anderen Provinzen Ausnahmen statt finden, die alsdann ebenfalls angezeigt werden müssten.

Ueberdem halte ich auch den Zusatz für unnöthig. Wenn der Gläubiger ein Interesse dabey hat, dass der Schuldner die Feuer-Cassengelder zum Wieder-Aufbau verwende, so kann ihm schon nach allgemeinen Rechts-Grundsätzen nicht verwehrt werden, Maassregeln zu seiner Sicherheit zu nehmen.

S. 163. accedo.

Concl. ad 163. appr.

---

§. 232.

ad §. 22. bis 25. Siehe §. 106. Tit. 24. der Ger. Ordnung im Anhange. (s. oben S. 350.)

S. 164. Der §. 232. bleibt weg. Jedoch würde ich einen Zusatz dahin machen:

„Was wegen der Execution in Besoldungen, Wartegelder und Pensionen öffentlicher Beamten im §.   des Anhangs zu §.   Tit. 24. Th. 1. der Allgem. Ger. O. vorgeschrieben ist, findet auch bei Arresten Anwendung."

Concl. ad 164. appr.

Rescr. v. 17. Aprill 1805.
Jur. Mon. Schr. Bd. I. p. 392.

§. 233.

ad §. 28. Wenn Herzoglich Mecklenburgische oder Schwedisch-pommersche Ueberläufer und Erbunterthanen Pferde, Vieh, oder andere ihrem Gutsherrn zugehörige Effecten mitgenommen haben, um sich daran wegen ihrer etwanigen Forderungen zu halten, so können diese Objecte kein Gegenstand eines Arrestschlag's in hiesigen Landen seyn, sondern sie **müssen nach** vorheriger Reclamation ohne Caution zurückgegeben werden.

B. Der Zusatz §. 233. gehört wohl nicht zu §. 28. des Textes. Der §. 88. scheint mir passender. Eigentlich ist der ganze Zusatz wohl unnöthig, da es sich von selbst versteht,

dass gegen einen auswärtigen Grundbesitzer h i e r kein Forum arresti entstehen kann, wenn sein Unterthan fortläuft und ihn bestiehlt.

G. Da die hier gedachten Unterthanen nach der ganzen Fassung des allegirten Rescripts als Einländer betrachtet werden, so konnte ich den Zusatz nur hierher, nicht aber ad §. 88. bringen.

Uebrigens müssen wohl frühere, widersprechende Verordnungen über diesen Gegenstand vorhanden gewesen seyn, wie solches das Ministerial-Rescript selbst besagt, und ich glaube daher von dem gemachten Zusatze nicht abgehen zu dürfen.

P. Hr. *B.* erinnert, dass dieser Zus. besser zum §. 88. sich schicke und eigentlich unnöthig sey, weil es sich von selbst verstehe, dass in dem vorliegenden Falle kein Arrest statt finde. Ich stimme dem Hrn. *B.* bey und halte es überhaupt nicht für rathsam, diese, in die auswärtigen Verhältnisse und die Theorie von Auslieferungen einschlagende Materie hier zu berühren. Vermuthlich wird davon im Criminalrecht gehandelt werden.

S. 165. accedo.

Concl. ad 165. appr.

Rescr. v. 9. May 1809.
Jur. Mon. Schr. Bd. VIII. p. 47.

§. 234.

ad §. 31. No. 3. und 32. Obige Caution muß auch in dem Fall bestellt werden, wenn der Arrest gegen einen Ausländer extrahirt wird.

K. ich würde diesen Zusatz weglassen, weil die Vorschrift der A. G. O. Th. I. Tit. 29. §. 31. No. 3. gar nicht zweifelhaft ist, noch in dem allegirten Rescript dafür geachtet wird.

B. Den Zusatz §. 234. würde ich auch mit Hrn. ꝛc. *K.* weglassen.

G. Die Herren Monenten halten diesen Zusatz für unnöthig. Freilich wohl würde ich ihn zu machen nicht Ursache gehabt haben, wenn das Cammergericht zu dem allegirten Declarations-Rescript keinen Anlaß gegeben hätte.

P. Ich würde mit Hrn. *K.* und *B.* diesen Zusatz weglassen.

S. 166. accedo.

Concl. ad 166. appr.

Rescr. v. 18. März 1802.
Neues Archiv Bd. III. p. 119.

§. 235.

ad §. 43. Dieses Verfahren findet gleichergestalt in dem Fall statt, wenn ein hiesiger Unterthan gegen einen Ausländer, welcher von ihm in dem auswärtigen foro belangt worden, auf dessen in hiesigen Landen belegenes Vermögen, in dringenden Fällen Arrest nachsucht, es wäre denn, daß der Kläger der in dem auswärtigen foro angestellten Klage entsagte und auf die Fortsetzung der Sache bey den hiesigen Gerichten antrüge.

Ist nur von einem gewöhnlichen Arreste die Rede; so kann derselbe in dem oben vorausgesetzten Falle nicht anders verfügt werden, als wenn das einländische Gericht von dem ausländischen, bey welchem die Hauptsache anhängig ist, darum gebührend requirirt wird. *)

T. Der Schluss des Zusatzes 235. beruht offenbar nur auf einem Schreibfehler. Denn nach dem Zusammenhange und den Worten des alleg. Rescr. muss es heissen:

> etc. von dem inlandischen Gericht nicht anders verfügt werden, als wenn das auswärtige Gericht, bey welchem die Hauptsache anhängig ist, darum gebührend requirirt h a t. (nicht w i r d)**)

K. Sowohl, wie der Entwurf den Schlussatz fasst, als in der von dem Herrn Pr. *v. T.* vorgeschlagenen Aenderung befinden sich S c h r e i b f e h l e r.***)

---

*) Der §. 235 des Entwurfes schloß ursprünglich mit den Worten: „als wenn das ausländische Gericht, bey welchem die Sache anhängig ist, darum gebührend requirirt wird."

**) Die Emendation von T. lautete anfänglich: „ꝛc. von dem einländischen Gericht nicht anders verfügt werden, als wenn von dem auswärtigen Gerichte, bey welchem die Hauptsache anhängig ist, darum gebührend requirirt wird."

***) Anmerkung von T. „Den meinigen habe ich sogleich geändert."

Dem Inhalte des Rescripts v. 18. März 1802. gemäss, muss dieser Satz lauten:

„Ist nur von einem gewöhnlichen Arreste die Rede, so kann derselbe in dem oben vorausgesetzten Falle nicht anders verfügt werden, als wenn das einländische Gericht von dem ausländischen, bei welchem die Hauptsache anhängig ist, darum gebührend requirirt wird."

B. Bey dem Zusatze §. 235. trete ich dem Herrn rc. *K.* bey.

G. Der Schreibfehler ist berichtigt. (b. m.)

P. Ist ein Schreibfehler, und schon verbessert.

S. 167. accedo.

Concl. ad 167. appr.

Neuer Zusatz ad §. 52. Th. I. Tit. 29.

Rescr. v. 15. Juny 1805.
Neues Archiv IV. p. 155.

T. „Und wenn darin (nemlich in dem Haupt-Urthel) der Arrest für justificirt erachtet wird, so muss derselbe sofort angelegt werden."

K. ich bin mit dem von dem Herrn Pr. *v. T.* vorgeschlagenen Zusatz zwar einig, würde ihn aber nicht durch das Wort und mit dem §. verbinden, da der Anhang zur Gerichts-Ordnung besonders gedruckt wird. Der Zusatz wird also dahin gefasst werden können:

„Wenn in dem Haupt-Urtel der Arrest für gerechtfertigt geachtet wird, so muss derselbe sofort angelegt werden."

B. Dem Zusatze des Hrn. Pr. ad §. 52. kann ich nicht beitreten.

Es ist in dem alleg. Rescr. nicht von der Justification eines Arrestes die Rede, denn dieser setzt einen schon angelegten Arrest voraus, sondern davon,

dass ein Arrest per sententiam erst angelegt werden soll, welcher per decretum verworfen worden war.

Der Zusatz kann daher m. E. nur dahin zu stehen kommen:

„Wenn der per decretum zurückgewiesene Arrest durch ein Erkenntniss angelegt, oder für begründet erachtet wird, so muss er auch sofort wirklich angelegt werden."

Eben dieses steht aber schon im §. 53. huj. tit. mit klaren Worten, und die Regierung zu Anspach hat sich durch eine unnöthige Anfrage ganz verdienterweise die Rüge zugezogen, welche das Rescript enthält.

Es dürfte dieser Zweifel schwerlich noch einmal aufkommen, und daher würde ich den ganzen Zusatz weglassen.

G. ich stimme mit dem Herrn B. für Weglassung des Zusatzes.

P. Es soll auf den Grund eines an die Anspacher Regierung erlassenen Rescripts vom 15. Juni 1805.

Neues Archiv IV. 155.

zugesetzt werden:

„Wenn in dem Haupt-Urtel der Arrest für justificirt geachtet wird; so muss er sofort angelegt werden."

Hr. ꝛc. *B.* hat sich gegen diesen unnöthigen Zusatz erklärt und ich würde um so mehr für dessen Weglassung seyn, da ein Arrest, welchen der Richter für zulässig und rechtlich achtet, auch von ihm angelegt werden muss.

S. 168. Wegen des Zusatzes des Hrn. ꝛc. *v. T.* ad §. 52, Tit. 29, accedo.

Concl. ad 168. Der Zusatz soll ad §. 52. Tit. 29. aufgenommen werden.

Rescr. v. 16. Decbr. 1799.
Stengel, Bd. XI. p. 399.

§. 236.

ad §. 68. Eine Verlängerung der in diesem §. zur Anzeige der Appellations-Beschwerde festgesetzten dreytägigen Frist findet ohne Unterschied der Fälle, die Partheyen mögen am Orte des Gerichts persönlich zugegen seyn, oder durch Bevollmächtigte vertreten werden, nicht statt, vielmehr ist es Sache der letztern, sich gleich beym Anfang des Verfahrens über das einzuwendende Rechtsmittel auf den Fall der Abweisung instruiren zu lassen.

B. Den Zusatz §. 236. würde ich weglassen. Denn eines Theils ist er aus einer Resol. entnommen, die einer supplicirenden Parthey gegeben ist; andern Theils ist er eine blosse Bestätigung der im Text selbst aufgestellten Regel.

G. ich submittire zur Entscheidung des Herrn Ministers.

P. Es ist die Frage, ob die in der A. G. O. bestimmte dreytägige Frist zur Anzeige der Gründe der Appellations-Beschwerde auch für den Fall gelte, wenn die Partey an dem Orte, wo das Gericht seinen Sitz hat, sich nicht aufhält, jedoch daselbst einen Bevollmächtigten bestellt hat. Das R. v. 16. Decbr. 1799.

Stengel, XI. p. 319.

bejaht dieses. Hr. *v. G.* will es aufnehmen. Hr. *B.* ist dagegen. Ich würde es bey dem Entwurf nur mit der Abänderung lassen:

„der Appellant mag an dem Orte, wo das Gericht seinen Sitz hat, sich in Person aufhalten, oder nur daselbst einen Bevollmächtigten bestellt haben“ u. s. w.

S. 169. accedo.

Concl. ad 169. appr.

1) Rescr. v. 27. Aprill 1795.
Stengel, Bd. II. p. 179.
2) Rescr. v. 2. July 1801.
Stengel, Bd. XIII. p. 356.
3) Declaration v. 24. Septbr. 1798. No. 73.

§. 237.

ad §. 76. und 88. Wider regierende geistliche und weltliche deutsche Fürsten, wider abgetheilte Fürsten aus den Häusern der regierenden weltlichen deutschen Reichsfürsten, desgleichen wider andere deutsche Reichsstände, wie auch gegen fremde am Preußischen Hofe accreditirte Gesandte und gegen jede andere Geschäftsträger eines andern Staats am Preußischen Hofe, die nicht bey ihrer Bestallung der hiesigen Gerichtsbarkeit unterworfen geblieben, findet gar kein Arrest — gegen andere Fürsten, Gesandten und Geschäftsträger*) als die vorgenannte, aber nur nach vorgängiger Anfrage bey dem Cabinets-Ministerio statt.

Wenn die Qualität des Arrestandi notorisch oder von dem Extrahenten angezeigt ist, welches von ihm jedesmal ausdrücklich geschehen muß, so soll an den Arrestandum vor eingegangener Resolution auf die Anfrage, keine Insinuation geschehen; es sey denn, daß solches von dem Extrahenten des Arrestes ausdrücklich verlangt würde. — Kommt die Qualität erst durch die Anzeige des Arrestandi zur Sprache, so muß der Richter Bescheinigung darüber erfordern.

Gegen alle sonstige als die vorstehend erwähnte Fremde, kann der Arrest ohne Anfrage bey dem Cabinets-Ministerio verfügt werden. Jedoch müssen vornemlich bey Fremden hö-

*) Vgl. S. 396. und 397., Anmerkung *.

hern Ranges die gelinderen Wege der Ankündigung des Stadt- und Haus-Arrestes, Observation, Beschlagnehmung der Reise-Pässe u. s. w. gewählt werden.

So oft ein Personal- oder Real-Arrest gegen einen sich in hiesigen Landen aufhaltenden Fremden verhängt wird, ist demselben jederzeit in der Verfügung bekannt zu machen: daß es ihm nach dem §. 63. und 70. Tit. 29. der Gerichts-Ordnung frey stehe, den Arrest durch eine zu bestellende Caution sofort abzuwenden, und gehört der Arrestat zu den höhern Ständen, oder sind nach dem Ermessen des Präsidii oder Dirigenten sonst Gründe vorhanden, ihn mit Schonung zu behandeln, so muß, indem der Arrestschlag verfügt wird, ein Secretair abgeordnet werden, um ihm die oben erwähnte Befugniß noch besonders mündlich zu erklären und ihn darüber zu vernehmen.

Ist der Fremde zur Cautions-Bestellung bereit und deponirt solche in einem hinlänglichen Betrage, so muß der Arrest, ohne erst die Vernehmung des Klägers abzuwarten, relaxirt werden, wozu jedesmal der Secretair ohne weitere Rückfrage zu authorisiren ist.

Erbietet sich der Arrestat auf andere Art Caution zu bestellen, so muß der Secretair den Kläger zur Erklärung auffordern und — im Fall der Einigung — die Verfügung zur Aufhebung des Arrestes treffen; so wie indessen die Einigung nicht stattfindet, das hierüber aufgenommene Protocoll ungesäumt zum Vortrag befördern, da denn, wenn sich ergiebt, daß die Caution für unbedenklich zu achten, nach deren Bestellung der Arrest durch ein bloßes Decret, gegen welches kein Rechtsmittel stattfindet, aufgehoben werden kann.

Hiervon findet nur alsdann eine Ausnahme statt, wenn

wegen einer Wechselschuld Personal-Arrest verhängt ist, indem ein solcher Arrest wider den Willen des Klägers nicht anders als durch baare Deposition der streitigen Summe abzuwenden steht.*)

Ist die Caution nicht so angethan, daß sie für unbedenklich zu achten, so muß über deren Zulässigkeit rechtliches Gehör und Erkenntniß erfolgen und nach §. 63. der Gerichts-Ordnung verfahren werden.

Die Frage: ob es bey dem Arrest zu belassen oder derselbe wieder aufzuheben, soll, wenn der Arrest einen Fremden betrifft, auf Verlangen des Arrestaten jedesmal von der Hauptsache getrennt werden, im Fall nicht diese an sich schon den Wechsel- oder Executiv-Prozeß begründet.

T. Der Zusatz §. 237. redet nur von 2. Klassen der Fremden, nämlich 1) von deutschen Reichsfürsten, Reichsständen und von fremden Gesandten und Geschäftsträgern am preussischen Hofe, 2) von andern Fremden, die nicht zu dieser Cathegorie gehören.

Die Verordnung vom 24. Sept. 1798. (conf. No. 5. d. Verord.) hat aber die Fremden in 3. Klassen getheilt und zur Mittelklasse alle andern F ü r s t e n als die vorgenannten, ferner fremde Durchreisende, nach einem d r i t t e n Hofe oder Staate bestimmte Gesandte und fremde durchreisende Hof-, Kriegs- und Staats-Bediente, die in Angelegenheiten ihres Hofes oder Staats an einen dritten Hof oder Staat geschickt werden — gerechnet.

Diese Personen werden also statt der Worte g e g e n a n d r e a l s d i e v o r g e n a n n t e, namentlich aufzuführen seyn, wo sich dann der Widerspruch von selbst lösen wird, der dadurch entsteht, dass auf derselben Seite im l e t z t e n S a t z noch einmahl

---

*) Vgl. S. 397., Anm. *)

von andern Fremden als den vorbenannten gantz verschiedene Grundsätze sehr richtig aufgestellt werden, nemlich von solchen Fremden, die weder zur ersten noch zur zweyten Klasse gehören.

Auch würde ich die Einschränkung des Rescr. v. 2. July 1801. wörtlich aufnehmen:

„Hiervon findet nur alsdann eine Ausnahme statt, wenn wegen einer Wechselschuld Personal-Arrest verhängt ist, indem ein solcher Arrest wider den Willen des Klägers nicht anders, als durch baare Deposition der streitigen Summe abgewandt werden kann.“

K. ich trete der Bemerkung des Hrn. Pr. *v. T.* bei. Dieser Zusatz wird auch überhaupt sehr verkürzt zu fassen seyn.

B. Bey dem Zusatz §. 237. trete ich dem Hrn. Präs. *v. T.* bey.

G. Dem gegründeten Monito des Hrn. v. T. gemäß habe ich den §. berichtiget.*)

Zu einer abgekürzteren Fassung, welche Herr K. verlangt, kann ich bey dieser wichtigen Materie nicht rathen, Es sind nur die wesentlichsten Bestimmungen der verschiedenen Gesetze darin aufgenommen, und zur Vermeidung jedes Vorwurfs eines verstellten Sinnes verba ipsissima legis beibehalten.

P. Hierbey ist Folgendes zu bemerken:

1) die Ausdrücke:

„Geistliche und weltliche“

ingleichen:

„Reichsfürsten, Reichsstände“

würden wegbleiben müssen,**) weil sie, nach der auf-

*) Nämlich b. m. hinzugefügt: „Fürsten, Gesandten und Geschäftsträger“ und das Rescript vom 2. Juli 1801. wörtlich aufgenommen.

**) Anmerkung von P.: „soll bleiben.“ (s. oben S. 178.)

gehobenen deutschen Staats-Verfassung, nicht mehr passen und die bevorstehende neue Constitution von Deutschland noch nicht bekannt ist.

2) findet sich bey der Vergleichung dieses Zusatzes mit der Quelle, nemlich der Declaration vom 24. Septbr. 1798., dass Manches abgekürzt ist, welches, wenn der Inhalt der Declaration aufgenommen werden soll, nicht zu rathen ist und leicht zu Reclamationen von Seiten des Minist. der auswärt. Angel. Veranlassung geben könnte. Eben deswegen aber und weil die wörtliche Aufnahme dieser Declaration sowohl, als des ebenfalls hieher gehörigen R. vom 2. July 1801. nicht ohne Weitläuftigkeit und Schwierigkeit geschehen kann, würde ich

3) vorschlagen, den Entwurf zu ändern und nur kurz zu sagen:

„Bey Arresten gegen Fremde sind die Vorschriften der Declaration vom 24. Septbr. 1798. und des Rescripts vom 2. Jul. 1801. zu beobachten."

S. 170. ad §. 237. Ich würde diese Vorschriften aufnehmen, damit das Nachschlagen in anderen Sammlungen vermieden werde.

Concl. ad 170. appr.

S. Nachträgliches Votum. 19. Statt der im §. 237. vorgeschriebenen Anfrage bei dem Cabinetsministerio wird in Gemäsheit der neuen Verfassung überall die Berichtserstattung an den Justizminister zu substituiren seyn. Dieser hat alsdann mit dem Ministerio der auswärt. Angel. über die Bescheidung Rücksprache zu nehmen.

Zu Th. I. Tit. 30.

Merkantil-Sachen.

Rescr. v. 7. July 1800.
Neues Archiv Bd. I. p. 205.

§. 238.

ad §. 56. Die Revision ist selbst in dem Fall nicht zulässig, wenn die Sache in erster Instanz nicht von Schieds-Richtern, sondern von den gewöhnlichen Gerichten entschieden worden.

Zu Th. I. Tit. 31.

Possessorium summariissimum.

Neuer Zusatz ad §. 1. Th. I. Tit. 31.

B. Der §. 1. erlaubt das Poss. sum. nur dann, wenn die Besitzstörung neuerlich erfolgt ist. Es fragt sich mit Recht, welchen Zeitraum schliesst dies

Neuerlich

in sich? Wenn ich nicht sehr irre, fragte die Regierung zu Warschau an und es erfolgte die Bescheidung, *) dass die Vorschrift T. 44. §. 45. ana-

---

*) Hierzu hat v. C. in margine bemerkt: „Dies Rescript, welches ich besitze, ist in Sachen von Rudowsky contra v. Kozlobrodsky, worin ich selbst Commissarius war, unterm 6. Septbr. 1797. an die Regierung zu Thorn ergangen.

Ich habe desselben aber nicht erwähnt, weil es ausdrücklich sagt, daß sich allgemeine Bestimmungen, nicht geben laßen, und nur — so lautet es — zu einiger Direction, die Zeit der Occupation von Südpreußen und resp. das Ende der Insurrection im Jahre 1795. als Normal-Termin angegeben ist. Ein andres Rescript ist mir wenigstens nicht bekannt."

log anzuwenden sey. Hiernach würde, wenn eine Störung vor 6. Monaten geschehen, die Besitzklage nicht mehr statt finden. Ich bin ausser Stande, das Datum der Anfrage und des Rescripts anzugeben, da mir viele meiner Notaten aus jener Zeit bey der mehrfachen Veränderung meines Wohnortes verloren gegangen sind.

Sollte es nicht zweckmässig seyn, diese Bestimmung hier aufzunehmen?

G. Die Bemerkung des Hrn. B. betrifft legem ferendam und gehört daher nicht zum Anhange.

P. Die A. G. O. sagt: das possessorium summariissimum finde statt, wenn jemand neuerlich ꝛc. des Besitzes entsezt worden. Hr. *B.* trägt auf eine nähere Bestimmung des Wortes:

neuerlich

an, und will sich eines Rescripts erinnern, worin festgesezt worden, dass, wenn eine Störung im Besitz vor 6. Monaten geschehen sey, die Besitz-Klage nicht mehr zugelassen werde. Hr. *v. T.* führt ein an die Reg. zu Thorn erlassenes Rescript vom 6. Septbr. 1797. an, welches eine Festsetzung, die sich aber auf die Zeiten der Süd-Preuss. Occupation und Insurrection bezieht, enthalten soll.

Davon kann also kein Gebrauch gemacht werden, sondern es muss dem vernünftigen Ermessen des Richters überlassen bleiben, was unter dem: neuerlich zu verstehen sey.

S. 171. Wegen des Zusatzes des Hrn. ꝛc. *B.* ad §. 1. Tit. 31. accedo.

Concl. ad 171. approb.

§. 239.

ad §. 12. Siehe wegen der Abfassung des status causae et controversiae die Vorschrift ad §. 28. Tit. 10. dieses Anhang's. (s. oben S. 260.)

S. 175. Der §. 239. bleibt weg.

Concl. ad 175. appr.

Rescr. v. 1. Septbr. 1800.
Neues Archiv Bd. I. p. 317.

§. 240.

ad §. 18. Wenn gleich gegen das Urtel, wodurch der Besitzstand regulirt worden, keine Appellation, noch sonst ein anderes Rechtsmittel stattfindet, so wird hierdurch doch die Befugniß der Partheyen, wegen des Kostenpunkts die Appellation zu ergreifen, nicht beschränkt, insofern sich nach den Bestimmungen des §. 3. Tit. 14. Th. I. der Ger. Ordnung die Beschwerden dazu eignen.

T. Neuer Zusatz ad §. 18*). „Auch die restitutio in integrum findet in der Regel gegen ein Possessorien-Erkenntniss nicht statt. Es muss jedoch zugelassen werden, wenn klar erhellet, dass Natur-Begebenheiten oder andere unabwendbare Zufalle es dem Verklagten unmöglich gemacht haben, den Termin in Person oder durch einen Bevollmächtigten abzuwarten, und wenn er zugleich nachweist, dass es ihm ohne das geringste Verschulden von seiner Seite unmöglich gewesen sey, das eingetretene unabwendbare Hinderniss vor dem Termine anzuzeigen."

K. Bei dem von dem Hrn. Pr. *v. T.* vorgeschlagenen

---

*) Rescr. v. 30. März 1797. an die ehemalige Regierung zu Petrikau. cf. General-Acten des Justiz-Ministerii.

neuen Zusatz würde ich im Anfange der zweyten Periode statt

Es

setzen:

dies Rechtsmittel.

B. ad §.18. würde ich den Zusatz des Hrn. Pr. *v. T.* aufnehmen.

G. Accedo. Bis jetzt kannte ich dieses Rescript nicht, da es sich in keiner gedruckten Sammlung findet, und selbst der fleißige Rabe solches nicht allegirt hat.

cf. Matthis, Bd. XI. p. 346.

P. Es soll auf den Grund eines nicht gedruckten R. v. 30. März 1797. gesezt werden, dass auch die Wiedereinsetzung in den vorigen Stand gegen ein Possessorien-Erkenntnis nicht stattfinde; doch mit Ausnahme des Falles der Unmöglichkeit, in dem Termine zu erscheinen u. s. w. Mir scheint es, dass sich dies von selbst verstehe. Die A. G. O. stellt schon die Regel fest, dass weder die Appellation, noch ein anderes Rechtsmittel, also auch nicht die restit. in integrum, stattfinde. Dass aber die Regel in ausserordentlichen Fällen eine Ausnahme leiden könne, ist wohl nicht zu bezweifeln, und die Beurtheilung des zur Ausnahme geeigneten Falles dem nünftigen Ermessen des Richters billig zu überlassen.

Welch' eine Menge von Gesetzen würde erfordert werden, wenn Alles so genau bestimmt werden sollte, dass dem vernünftigen Ermessen des Richters gar kein Spielranm mehr gelassen würde!

S. 172. Die Gerichtsordnung enthält keine Vorschrift, wie es gehalten werden soll, wenn das Erscheinen im Termin in possess. summar. unmöglich gewesen ist, und ich würde daher den von Herrn *v. T.* ad §. 18 Tit. 31. in Vorschlag gebrachten Zusatz nicht für überflüssig halten.

Concl. ad 172. appr.

Zu Th. I. Tit. 32.

Provokations-Prozeß.

Neuer Zusatz ad §. 31. Th. I. Tit. 32.

Gesetzsammlung No. 10.

T. „Die Privatgenugthuung fällt weg nach dem Cabinets-Befehl vom 11. Febr. 1811."

B. Den neuen Zusatz des Hrn. rc. *v. T.* ad §. 31. halte ich zwar deshalb nicht für wesentlich nöthig, weil im Titel von Injurien die allgemeine Disposition wegen der aufgehobenen Privatgenugthuung vorkommt; allein von dem Grunde, den Hr. rc. *K.* *) anführt, kann ich mich nicht überzeugen.

G. Ich halte den Zusatz des Hrn. v. T., in Uebereinstimmung mit dem Hrn. B. für überflüssig.

P. Nach dem Text der A. G. O. kann mit dem Provocations-Gesuch zugleich auf öffentliche und Privat-Genugthuung angetragen werden. Hr. *v. T.* will zusetzen, dass die Privat-Genugthuung nach dem Cabinets-Befehle vom 11. Febr. 1811. wegfalle. Die Herrn *B.* und *v. G.* halten dies für unnöthig. Da aber die A. G. O. in der That durch den angef. Cabinets-Befehl eine Abänderung leidet; so sehe ich nicht ein, warum es nicht gesagt werden soll. Ich bin daher für den neuen Zusatz des Hrn. *v. T.*

S. 173. Den Zusatz des Hrn. rc. *v. T.* ad §. 31. T. 32. würde ich weglassen, da im Titel von Injurien ex prof. von der Privatgenugthuung gehandelt wird und die Disposition hier aufgenommen werden muss.

*) s. S. 404. und unten §. 253.

Ausserdem gehört der Gegenstand mehr zum T. 20. Th. 2. des A. L. R.

Concl. ad 173. appr.

Neuer Zusatz ad §. 33. Th. I. Tit. 32.

T. „conf. Tit. 34. §. 13—16. der A. G. O. und §. 252. des Anhanges."

K. ad §. 33. würde ich das Allegat weglassen, welches nur zu Irrungen Anlass geben kann. Sobald die Richtigkeit der Diffamation erwiesen wird, kann m. E. keine Injurienklage gegen den Provocaten daraus hergeleitet werden.

G. ich halte diesen Zusatz für überflüssig.

P. Der neue Zusatz des Hrn. *v. T.* ad §. 33. ist eine blosse Verweisung auf Tit. 34. §. 13—16, welche wegbleiben kann.

S. 174. Wegen des Zusatzes des Herrn ꝛc. *v. T.* ad §. 33. T. 32. accedo.

Concl. ad 174. appr.

Zu Th. I. Tit. 34.

Injurien-Sachen.

Circul.-Verordn. v. 30. Decbr. 1798. Abschnitt. 4.
und
Circul. Verordn. v. 19. Dcbr. 1799. Sect. IX.

§. 241.

ad §. 1—11. In Injurien-Sachen wird das Verfahren erster Instanz nicht nach den im 34sten Titel der Prozeß-Ordnung enthaltenen, nach Verschiedenheit des Standes der Partheyen und der schwereren oder leichteren Beschaffenheit der Verbal- oder Real-Injurien bestimmten Vorschriften eingeleitet, sondern jederzeit nach den §§. 4—7. des 26sten Titels der Prozeß-Ordnung verfahren, und es finden davon nur dann Ausnahmen statt, wenn eine Verwundung erfolgt ist, oder Personen, welche durch Geburt oder Rang eine vorzügliche Achtung zu fordern berechtigt sind, gröblich beleidiget worden in welchen Fällen der zweyte Abschnitt des 35sten Titels der Prozeß-Ordnung zur Richtschnur dienen soll.

---

§. 242.

Wider die in Injurien-Sachen ergehenden Urtel, worin entweder auf eine, die Summe von 5 Thlrn. nicht übersteigende Geldstrafe erkannt, oder jemand aus dem Bauer- oder gemeinen Bürgerstande zur Gefängnißstrafe von nicht mehr als 24. Stunden verurtheilt worden, soll kein ferneres Rechtsmittel stattfinden, sondern das Erkenntniß nach dessen Publication unverzüglich vollstreckt werden.

T. ad §. 242. und 244. Statt 24. Stunden wird es heissen müssen: 8. Tage.

Rescript vom 22. Novbr. 1801. Stengel, 14. pag. 374.
Rescr. vom 3. Febr. 1805. Neues Archiv 4. p. 162.

K. ad §. 242. und 244. Ich bin zweifelhaft ob die von dem Hrn. Pr. *v. T.* vorgeschlagene Aenderung gegen den deutlichen Inhalt der von des Königs Majestät unmittelbar vollzogenen Cirkular-Verordnung vom 30. December 1798. den auf Grund der allegirten Rescripte stattfinden kann.

B. Bey dem Zusatz §. 242. und 244. kann ich dem Sentiment des Hrn. *v. T.* nicht beitreten. In den allegirten Rescripten wird nur von der Appell. in Betreff der Privatgenugthuung gesprochen, welche itzt ganz cessirt. In Hinsicht der Strafe unterscheidet die Circ.-Verordnung Personen von geringem und höhern Stande. Letztere haben immer ein Remedium, wenn gegen sie auf Gefängnissstrafe oder auf eine höhere als 5. Thlr. Geldstrafe erkannt worden, nämlich ein Milderungsgesuch, wenn die Gefängnissstrafe nicht 4. Wochen, und die Geldstrafe nicht 50. Thlr. übersteigt, und das remedium ulter. defens., wenn die Strafe dieses Maas überschreitet. Die Personen gemeinen Standes haben dagegen gar kein remedium, wenn gegen sie nicht über 24. Stunden Gefängniss oder über 5. Thlr. Geldstrafe erkannt ist.

Diese Vorschriften sind durch die allegirten Rescripte m. E. gar nicht abgeändert.

G. Hr. B. hat das monitum des Hrn. v. T. ad §. 242. und 244. bereits widerlegt. Hierauf nehme ich Bezug.

P. ad §. 242. und 244. des Entw. Der Hr. ꝛc. v. *T.* will statt der in dem Entwurf erwähnten 24. Stunden setzen: 8. Tage. Hr. *B.* und Hr. *v. G.* sind dagegen. Ich würde denselben beytreten und den Entwurf ungeändert lassen, weil die von Hrn. *v. T.* angeführten Rescripte

Stengel, XIV. 374. und
Neues Archiv IV. 162.

der frühern Verordnung nur in Absicht der Privat-Genugthuung derogiren, die jetzt nicht mehr stattfindet.

S. 176. ad §. 242. und 244. accedo.

Concl. ad 176. appr.

---

§. 243.

Ist auf eine härtere, jedoch nicht mehr als 50. Thlr. betragende Geldbuße erkannt, so ist dem Bestraften zu gestatten, ein Milderungs-Gesuch einzureichen, und wird sodann das im

§. 15. des 34sten Titels der Prozeß-Ordnung vorgeschriebene Verfahren beobachtet.

§. 244.*)

Ein Gleiches findet statt, wenn jemand aus dem Bauer- oder gemeinen Bürgerstande zu mehr als 24stündigem Arrest, oder jemand aus den mittlern oder höheren Ständen überhaupt zu einer Gefängnißstrafe verurtheilt worden, welche in beyden Fällen den Zeitraum von 4. Wochen nicht übersteigt.

§. 245.

Wenn darüber Zweifel entsteht, wer zum höheren oder mittlern Bürgerstande zu rechnen, so muß der Richter erster Instanz in jedem einzelnen Falle, nach der ihm beiwohnenden Kenntniß seiner Gerichtseingesessenen und nach der allgemeinen Meinung, worin dieses oder jenes Individuum bey seines Gleichen steht, pflichtmäßig und ohne Rücksicht, ob solche Handwerker oder Kaufleute sind, bestimmen, in wiefern dasjenige, was wegen des höhern, oder dasjenige Anwendung finde, was wegen des niedern Bürgerstandes gesetzlich vorgeschrieben worden. Hierüber muß sodann mit Anführung der Gründe das Erforderliche zu den Acten verzeichnet werden, um dadurch das Ermessen der höhern Instanz gehörig vorzubereiten.

Rescr. v. 20. Juny 1812.
Rescr. v. 15. Aug. 1812.
v. Kampt's Jahrbuch Bd. I. p. 65. u. Bd. II. p. 248.

Bezirks-Vorsteher werden zum höheren Bürgerstande gerechnet.

B. Der Zusatz §. 245. unterbricht den Zusammenhang, in welchem die §§. 244. und 246. stehen. Ich würde

*) Vgl. die zu dem §. 242. (S. 405—406.) angeführten Bemerkungen.

ihn nicht einschieben, sondern etwa hinter §. 247. folgen lassen.

G. Ich würde den §. 245. hinter dem §. 248. folgen lassen, weil letzterer noch einmal von dem höheren und mittleren Bürgerstande spricht.

P. Herr *B.* erinnert mit Recht, dass der §. 245. des Entw. den Zusammenhang des vor- und nachherigen §. stört. Hr. *v. G.* will den §. 245. hinter den §. 248. stellen, wogegen ich nichts zu erinnern finde.

S. 177. accedo.

Concl. ad 177. approb.

Ferner wurde noch bemerkt:

S. 178. Den Schluss des §. 245. wegen der Bezirks-Vorsteher würde ich weglassen. Darüber ist nicht gezweifelt worden, ob die Bezirksvorsteher zum höheren Bürgerstande gehören; sondern nur darüber, ob sie als Personen angesehen werden können, die durch ihren Rang eine vorzügliche Achtung zu fordern berechtigt sind. Davon hing es in dem vorkommenden Falle ab, ob wegen der ihnen zugefügten Beleidigung eine fiskalische Untersuchung zu eröffnen, oder ob der Beleidigte verbunden sey, eine Injurienklage anzustellen.

Concl. ad 178. appr.

---

§. 246.

Ist auf eine schärfere als 50. Thlr. Geld- oder vierwöchentliche Gefängnißstrafe erkannt, so findet das Rechtsmittel der weitern Vertheidigung statt, und wird nach den Vorschriften des Titels 35. §. 88. seqq. verfahren.

---

§. 247.

In jedem Falle, wo der Bestrafte ein Milderungs-Gesuch oder eine weitere Vertheidigung einreicht, muß die Eingabe oder das aufgenommene Protocoll dem Gegner mitgetheilt, und ihm freygestellt werden, binnen einer kurzen präclusivischen Frist eine Gegenausführung einzureichen, auf deren Inhalt bey Entscheidung der Sache Rücksicht zu nehmen ist.

---

§. 248.

ad §. 13. bis 16. Wenn wegen harter Beschimpfungen oder Realinjurien geklagt worden, oder der Kläger zu den mittleren oder höheren Ständen gehört, soll diesem freystehen, darüber, daß der Beklagte freygesprochen, oder vermeintlich zu gelinde bestraft worden, ein Rechtsmittel einzuwenden, dagegen aber die Zuziehung und Vernehmung eines fiskalischen Bedienten gänzlich wegfallen.

T. In dem Zusatz 248. vermisse ich die Bestimmungen des §. 8. und 9. der Cirkul. Verordn., die ich abgekürzt mit folgenden Worten aufnehmen würde:

„Das vom Kläger einzuwendende Rechtsmittel muss jedoch, bei Verlust desselben, bei der Publikation, vorausgesetzt, dass er sich persönlich gegenwärtig befunden habe *), sonst aber binnen der gewöhnlichen Frist angemeldet werden; geschieht dies, so wird ihm eine kurtze präklusivische Frist zur Einreichung einer Deduction und nach Eingang derselben, dem Ver-

---

*) C. bemerkte hierzu ad marginem: „Die unterstrichene Einschränkung (d. h. das mit gesperrter Schrift Gedruckte) gründet sich auf das Rescript v. 13. März 1801. Stengel, 13. p. 168."

klagten eine gleichmässige Frist zur Gegen-Deduction bestimmt."

B. Dem Zusatz des Herrn ꝛc. *v. T.* ad §. 248. trete ich bey.

G. In meinem Concept sind die desiderirten §§. der Cirkular-Verordnung, als zur Mitaufnahme, in der Abschrift gehörig bezeichnet und von dem Abschreiber übersehen; ich habe sie jetzt beigefügt.

P. Den von Hrn. *v. T.* vorgeschlagenen Zusatz hat Hr. *v. G.* schon eingeschaltet,*) wobey es bleiben kann.

S. Wegen des Zusatzes des Hrn. ꝛc. *v. T.* ad §. 248. accedo.

Concl. ad 179. appr.

Rescr. vom 14. März 1801.
Stengel, Bd. XIII. p. 168.
Rescr. vom 10. März 1800.
Neues Archiv Bd. I. p. 35.

§. 248 a.**)

Das vom Kläger einzuwendende Rechtsmittel muß jedoch, bei Verlust desselben, bei der Publication, vorausgesetzt, daß er sich persönlich gegenwärtig befunden habe, sonst aber binnen der gewöhnlichen Frist angemeldet werden. Geschieht dieß, so wird ihm eine kurze präclusivische Frist zur Einreichung einer Deduction und nach Eingang derselben dem Verkl. eine gleichmäßige Frist zur Gegen-Deduction bestimmt.

---

§. 249.

Wird der im Urtel erster Instanz freygesprochene Beklagte im Erkenntnisse zweyter Instanz gestraft, oder wird die in erster

*) Es ist dies der folgende §. 248 a.
**) Vgl. die vorstehende Anmerkung.

Instanz erkannte Strafe geschärft, so stehen dem Beklagten nach Verhältniß der Strafe eben die Rechtsmittel offen, welche ihm nach §. 243—245. dieses Anhangs freyzulassen gewesen wären, wenn er mit einer in erster Instanz erfolgten Bestrafung verschont seyn wollen. Es mag aber das Rechtsmittel der weitern Vertheidigung eingelegt, oder ein bloßes Milderungs-Gesuch angebracht seyn, so gebührt doch jederzeit die Entscheidung dem Geheimen Obertribunal.

T. Ich würde dem §. 249. noch beyfügen: *)

„Es mag aber das Rechtsmittel der weitern Vertheidigung eingelegt, oder ein blosses Milderungs-Gesuch angebracht seyn, so gebührt doch jederzeit die Entscheidung dem Geheimen Ober-Tribunal. **)

K. Das Rescript vom 10. März 1800. bezieht sich blos auf ein eingelegtes Milderungs-Gesuch, und es enthält eine neue Bestimmung, wenn solches auf das Rechtsmittel der weiteren Vertheidigung angewandt wird. Diese — sey sie noch so zweckmässig, aufzunehmen, liegt ausser den Gränzen unseres Auftrages.

B. In Betreff des Zusatzes zum Zusatz §. 249. würde ich der Meinung des Hrn. ꝛc. *K.* seyn, wenn diese Disposition nicht etwa blos für die anfragende Behörde local seyn sollte.

G. Ob die Bemerkung des Hrn. ꝛc. K. richtig sey, bleibt der Entscheidung des Herrn Justiz-Ministers überlassen.

P. Das Rescript vom 10. März 1800.

N. A. 1. 35.

überlässt dem Ober-Tribunal die Entscheidung, wenn

---

*) Goßler hat dies b. m. gethan.

**) Rescr. v. 10. März 1800. N. Arch. I. p. 35.

der Denunciat in dem angezeigten Fall ein Milderungs-Gesuch gegen das Straf-Erkenntniss zweyter Instanz anbringt. Herr *v. T.* und Hr. *v. G.* wollen dies aufnehmen; Hr. *K.* bezweifelt aber, ob dies gegen den Inhalt der Circ. Verordn. vom 30. Decbr. 1798. zulässig sey. Mir scheint der Zweifel nicht erheblich, da das allegirte Rescript etwas bestimmt, was die vorherigen Gesetze und besonders die Circ. Verordn. vom 30. Decbr 1798. unbestimmt lassen. Ich finde daher kein Bedenken, den von Hrn *v. T.* vorgeschlagenen und von Hrn. *v. G.* schon eingeschalteten Zusatz zu billigen, insofern nicht durch die neuern Bestimmungen des Wirkungs-Kreises des Ober-Tribunals etwas Anderes festgesetzt werden wird.

S. 180. Wegen des Zusatzes des Hrn. ꝛc. *v. T.* ad §. 249. des Anh. accedo, würde jedoch denselben dahin fassen:

„In allen Fällen, in welchen gegen ein in zweiter Instanz ergangenes härteres Erkenntniss von dem Verurtheilten auf eine nochmalige Entscheidung angetragen wird, gebühret solche dem Geh. Ober-Tribunal.“

Das Monitum des Hrn. ꝛc. *K.* ist nicht gegen die Aufnahme des Rescripts vom 10. März 1800., sondern dagegen gerichtet, dass nach dem Antrage des Hrn. ꝛc. *v. T.* mehr in den Anhang aufgenommen werden soll, als in jenem Rescripte enthalten ist, nämlich, dass auch dann das Geh. Ob. Tribunal entscheiden soll, wenn gegen das Urtel 2. Instanz kein blosses Milderungsgesuch, sondern das Rechtsmittel der weitern Vertheidigung stattgefunden hat.

Concl. ad 180. appr.

S. Nachträgliches Votum. 20. Die Entscheidung auf das in Injurien-Sachen von dem Bekl. gegen das zweite Erkenntniss einzuwendende Rechtsmittel (§. 249.) wird nur insofern vor das Geh. Ober-Tribunal gehören, als die erste Instanz bei einem Obergerichte geschwebt hat. Ist von einem Untergericht in erster Instanz erkannt worden, so gehört die 3te Instanz vor dasjenige Collegium, welches in den nicht zur Entscheidung des Tribunals gelangenden Revisionssachen erkennt.

Zu dieser Bemerkung hat Pfeiffer das Nachstehende geäussert:

P. In der Chur- und Neumark wird das Ober-Tribunal auch alsdann in der dritten Instanz in Injurien-Sachen zu erkennen haben, wenn in erster Instanz von einem Untergericht erkannt und die dritte Instanz nach §. 11. Abschnitt 4. der Circ. Verordnung v. 30. Decbr. 1798. zulässig ist. Denn durch die C. O. vom 12. July 1810. ist das Reglement vom 30. November 1782. wieder hergestellt, welches Abschnitt 4. §. 3. dem Ober-Tribunal die Entscheidung auch in solchen revisiblen Sachen überlässt, die in erster Instanz von einem Untergericht abgeurtelt sind. Die Cab. Ord. selbst verordnet auch ganz allgemein, das in Chur- und Neumärkschen Sachen, deren Object überhaupt revisibel ist, die Entscheidung in dritter Instanz ohne Ausnahme bey dem Ober-Tribunal erfolgen soll. Das Rescript v. 10. März 1800.

Neues Archiv 1. 35.

ist ebenfalls allgemein gefasst, wenn gleich in dem vorausgesetzten Fall in erster Instanz von dem Obergericht erkannt war.

In Pommerschen Sachen behauptet das Tribunal zur Entscheidung in dritter Instanz berechtigt zu seyn, sobald das Object revisibel ist, wenn gleich in erster Jnstanz von einem Untergericht erkannt ist.

vide acta: betreffend die bessere Einrichtung des Ober-Tribunals. Vol. II. *)

Ich würde vorschlagen, in dem Anhange bey dieser Materie von dem Ober-Tribunal gar nichts zu sagen, da ohnehin dem Wirkungskreise dieses Collegii wahrscheinlich eine nahe Aenderung bevorsteht.

Hinterher hat rc. *S.*, am Schlusse seines nachträglichen Votums, bemerkt: „ad No. 20. des nachträglichen Voti ist das Votum des Herrn Geh. Rath Pfeiffer genehmigt."

---

§. 250.

Hat der Kläger mit der Injurienklage zugleich den Anspruch auf Ersatz des ihm an seiner Gesundheit oder an seinem Vermögen zugefügten Schadens verbunden, so bestimmt der Betrag der geforderten Entschädigung die Zulässigkeit der Appellations- oder Revisions-Instanz nach den allgemeinen deshalb geltenden Vorschriften.

Rescr. v. 22. März 1802. No. 19.
Neues Archiv Bd. II. p. 413.

§. 251.

Wenn in Injurien-Sachen der Kläger vor Publication des ersten Urtels seinem ganzen Anspruche ausdrücklich entsagt, oder wenn beyde Theile sich vor diesem Zeitpunkte vergleichen, so nimmt das Gericht von dem Vorfall keine weitere Kenntniß, und es wird folglich mit Reposition der Acten verfahren.

---

*) Anmerkung von P. ad marg.: „Diese Acten sind beygefügt, und enthalten auch die C. O. v. 12. July 1810."

T. Dem §. 251. würde ich noch beyfügen:
„ohne Unterschied, ob ein blosser Injurien-Process eingeleitet, oder von Amtswegen eine fiskalische Untersuchung eröffnet worden.“ *)

K. Ich trete dem Zusatz, aber nicht der Anmerkung bei. Die Gründe können hier nicht erörtert werden.

B. Bey dem Zusatz §. 251. trete ich dem Hrn. Pr. bey.

G. Der Herr Monent (v. T.) selbst, so wie auch Hr. B., scheinen die Weglassung dieses neuen Zusatzes zu wünschen.
Ich submittire zur Entscheidung.

P. Nach der Circ. Verordn. vom 30. Decbr. 1798. Abschnitt 4. §. 13. soll in Injurien-Sachen, wenn der Kl. vor der Publication des Urtels seinem Anspruch entsagt oder beyde Theile sich vergleichen, das Gericht von dem Vorfall keine weitere Notiz nehmen, sondern die Acten reponiren.

Die Baireuth. Regierung zweifelte, ob dieses auch dann Anwendung finde, wenn die Injurien-Sache zur fiscalischen Untersuchung (nach Tit. 35. Abschnitt 2.) geeignet sey.

Das R. vom 13. Oct. 1800. entschied, dass, da der angezogene §. 13. der Circ. Verordn. v. 30. Decbr. 1798. generell sey, auf die Entsagnng des Klgrs. oder auf dessen Anzeige der gütlichen Beylegung mit Reposition der Acten verfahren werden müsse.

N. A. 1. 370.

Hr. *v. T.* schlägt zu dem §. 251. des Entw. den Zusatz vor, dass die Reposition stattfinde,

---

*) Anmerkung von T.: „So verordnet es das Rescr. vom 13. Oct. 1800. N. Arch. I. p. 370.

Ich bekenne indeß sehr gern, daß es mir sehr inconsequent zu seyn scheint, den Fortgang einer ex officio eröffneten Untersuchung von dem Beleidigten abhängig zu machen.“

„ohne Unterschied, ob ein blosser Injurien-Process eingeleitet, oder von Amtswegen eine fiscalische Untersuchung eröffnet worden,“

bemerkt jedoch dabey, dass es ihm inconsequent scheine, die Fortsetzung einer ex officio eröffneten Untersuchung von dem Beleidigten abhängig zu machen.

Hr. *v. G.* submittirt zur Entscheidung. Mir scheint der Zusatz ebenfalls bedenklich zu seyn. Das Rescript ist aber einmal vorhanden und hat, da es im Neuen Archiv steht, gesetzliche Autorität.

Wenn ich eine neue Gesetzgebung vorschlagen sollte, so würde ich den ganzen Titel von Injurien-Sachen zum Criminalrecht verweisen, und nur diejenigen, die blos polizeylich zu behandeln sind, absondern. Die letztern, aber nicht die erstern, würden alsdann von der Entsagung des Beleidigten abhängig gemacht werden können. Der Cabinets-Befehl vom 1. Febr. 1811. lässt aber, ungeachtet er die Privat-Genugthuung aufhebt, die bisherigen Vorschriften in Absicht des processualischen Verfahrens stehen, und dem zufolge wird auch das R. vom 13. Oct. 1800. und der daraus genommene Zusatz des Hrn. *v. T.* stehen bleiben müssen.

S. 181. ad §. 251. würde ich den Zusatz des Herrn ꝛc. *v. T.* aufnehmen.

Concl. ad 181. appr.

---

§. 252.

Wegen der Einwendung des Beklagten, daß der dem Kläger gemachte schimpfliche Vorwurf in der Wahrheit gegründet sey, soll das Verfahren in der Injuriensache nie ausgesetzt, sondern nur dem Beklagten freygestellt werden, darüber Beweismittel beizubringen, daß er hinlängliche Veranlassung gehabt habe, den Vorwurf für wahr zu halten. Wird dieses vom Beklagten bewiesen, so muß ihm solches als Milderungs-Grund zu Statten kommen, und dem Ermessen des erkennenden Gerichts bleibt es überlassen, ob gegründete Veranlassung zu einer Kriminaluntersuchung vorhanden sey.

Gesetz v. 1. Februar 1811. N. 10. der Gesetz-Sammlung.

§. 253.

Der Antrag auf Privatgenugthuung durch Verweis, Abbitte oder Ehrenerklärung findet nicht ferner statt, vielmehr muß in dem Erkenntniß bloß die öffentliche Genugthuung festgestellt werden; wobey es dem Kläger freysteht, eine Ausfertigung der Urtels-Formel auf Kosten des Beleidigers zu verlangen, und bey Beleidigungen, die durch Pasquille zugefügt worden, die erkannte Strafe öffentlich bekannt zu machen.

B. Bey dem Zusatz §. 253. würde ich auf den Grund des R. vom 26. Octbr. 1811. noch bemerken, dass nur die Beweismittel, die im fiscalischen Processe stattfinden, auch bey Injurienprocessen eintreten, und dass daher Eides-Delationen nicht zulässig sind.

G. accedo.

P. Das von Hrn. *B.* angeführte R. v. 26. Octbr. 1811., wonach die Eides-Delation in Injurien-Processen nicht zugelassen werden soll, finde ich nicht. Wahrscheinlich ist es dem Hrn. G. R. *S.* bekannt.

S. 182. Die Entscheidung hat ihre Richtigkeit, und ich stimme für den Zusatz des Hrn. *B.*

Concl. ad 182. appr.

Rescript vom 24. Novbr. 1800.
Neues Archiv Bd. I. p. 454.

§. 254.

Wenn in Injurien-Sachen ein Contumacial-Erkenntniß

ergeht, und der Beklagte dagegen ein Milderungs-Gesuch ergreift, so muß die Instruction wegen der zur Entschuldigung angeführten Thatsachen vom Richter jederzeit veranlaßt werden.

Rescr. v. 17. Januar 1797.
Stengel, Bd. V. p. 326.

§. 255. *)

ad §. 16. Der Zuziehung eines fiskalischen Bedienten bedarf es in dem, in diesem §. erwähnten Falle nicht. Vielmehr bleibt die Beurtheilung der Beschwerde des Denuncianten ausschließlich dem höhern Richter überlassen.

S. Nachträgliches Votum. 21. Der §. 255. wird wegfallen können, da der §. 248. (s. oben S. 409.) schon das Nöthige enthält.

Rescr. v. 28. Aug. 1797.
Stengel, Bd. V. p. 322.

§. 256.

Das oben vorgeschriebene abgekürzte bagatellmäßige Verfahren hat übrigens auf das materiale des Beweises keinen Einfluß; es begründet mithin die Aussage eines einzigen Zeugen keinen vollen Beweis.

1) Rescr. v. 18. Januar. 1800.
Stengel, Bd. X. p. 348.
2) Rescr. v. 4. Juny 1801.
Stengel, Bd. XIII. p. 174.

§. 257.

ad §. 26. bis 28. In Hinsicht der Injurien gegen Mi-

*) Dieser §. ist im Manuscript eingeklammert und mit der Bemerkung: „cessat, v. supra §. 248. des Anh." versehen.

litair-Personen bleibt das in der Proceß-Ordnung vorgeschriebene Verfahren unverändert. *)

T. Statt des Zusatzes 257. muss es im Gegentheil heissen:

„Die im §. 26. seq. enthaltenen Ausnahmen von dem gewöhnlichen Gerichtsstande des Beleidigers, der wegen Injurien gegen Personen vom Militairstande in Anspruch genommen wird, finden nicht mehr statt."

(Cab. Ord. v. **15.** July **1809.** sub. No. 5. Matthis VIII. p. 202.)

Die in margine allegirten Rescripte wollen eigentlich nur die Circular-Verordnung bey Militair-Injurien ratione der Strafe ausschliessen. Dies sind indess materielle Bestimmungen; die nicht hierher, sondern in's Kriminal-Recht gehören.

K. Ich trete der Bemerkung des Hrn. Pr. *v. T.* bei.

B. Bey dem Zusatz §. 257. trete ich dem Hrn. Pr. bey.

G. Einverstanden.

P. Statt dieses §. 257. des Entw. wird der von Hrn. *v. T.* vorgeschlagene Zusatz aufzunehmen seyn. — Die in der Note allegirte Cabinets-Ordre vom 25. Jan. und das Rescr. vom 27. April 1806. sind wohl nicht mehr üblich.

S. 183. accedo.

Concl. ad 183. appr.

Der Kriegsminister hat dem Entwurfe zu §. 26. und folg. Tit. 34. Th. I. der A. G. O. hinzugefügt:

„In wechselseitigen Injuriensachen ist jedoch die gegen die Militairperson vom Militairgericht erkannte Strafe nicht eher zu vollstrecken, als bis auch über

*) Anmerkung von G.: „Wegen des Verfahrens der in der Residenz vorfallenden Injurien zwischen Militair- und Civil-Personen siehe: Cab. Ordre v. 25. Januar 1806. Jur. Mon. Schr. Bd. II. p. 573. Rescr. v. 27. April. 1806. Jur. Mon. Schr. Bd. III. p. 423."

die Verschuldung der Civilperson vom Civilgericht erkannt worden ist."

Rescr. v. 13. Aug. 1798.
Stengel, Bd. VII. p. 317.

§. 258.

Da nach dem §pho 654. Tit. 20. Th. II. des Allgem. Landrechts den Officieren die Wahl zusteht:

ob sie gegen Personen gemeinen Standes, von welchen sie beleidigt worden, Injurien-Klagen anstellen, oder ob sie die ihnen widerfahrne Ehrenkränkung nebst den Beweismitteln über die Thatsachen den Gerichten blos zur Untersuchung anzeigen wollen;

so soll ihnen, wenn sie wegen ihnen zugefügter Beleidigungen Injurien-Klagen anstellen, die obige Vorschrift und deren Wirkung jederzeit gehörig bekannt gemacht werden.

S. 184. Den §. 258. würde ich weglassen. Ohnehin ist kein Grund vorhanden, die Vorschrift blos auf Officiere und nicht auf alle Personen anzuwenden, welchen im §. 654. Tit. 20. Th. II. d. A. L. R. das Recht beygelegt ist, die ihnen widerfahrene Beleidigung den Gerichten zur Untersuchung anzuzeigen.

Concl. ad 184. Der Zusatz soll bleiben. Es ist aber nicht nöthig, dass die Beleidigung den Officieren nur von gemeinen Leuten zugefügt seyn müsse.

Cabinets-Ordre vom 18. May 1804.
Neues Archiv Bd. III. p. 408.

§. 259.

Wenn von den zum Königl. Hofstaate gehörigen Officianten, Livree-Bedienten oder Stallleuten Klagen gegen ihre Vorgesetzten, Untergebene oder ihres Gleichen über im Dienst erlittene Injurien angebracht werden, so haben die Gerichte solche nicht anzunehmen, sondern die Kläger damit an den Hofmarschall oder an den Ober-Stallmeister zu verweisen.

T. Neuer Zusatz. *) „Die Rüge der zwischen Herrschaften und Gesinde vorfallenden Injurien, deren Strafe 14tägiges Gefängniss oder 50. Rthlr. Geldstrafe nicht übersteigt, ist in allen Städten, wo die Polizey durch besondere, von den Magisträten getrennte Behörden verwaltet wird, dieser zu überlassen."

K. Ich trete der Bemerkung des Hrn. Pr. *v. T.* bei.

B. Zum Zusatz §. 259. muss ich erinnern, dass diese Vorschrift nur für die Churmark gegeben zu seyn scheint. Ob sie für den ganzen Staat existirt, ist mir unbekannt.

G. In Uebereinstimmung mit dem Hrn B. halte ich den Zusatz des Hrn. v. T. bloß für provinziell und daher für unzulässig.

P. Der von Hrn. *v. T.* vorgeschlagene Zusatz, wegen polizeymässiger Behandlung der Injurien zwischen Herrschaften und Gesinde, verdient wohl generalisirt zu werden, wenn auch die Verordnung, worauf er sich gründet, nur für die Churmark gegeben seyn sollte. **)

S. 185. Den Zusatz des Hrn. ɔc. *v. T.*, wegen der Injurien zwischen Herrschaften und Gesinde, würde ich nicht aufnehmen, da die verschiedenen Reglements für die Polizey-Behörden in den grösseren Städten über die Competenz dieser Behörden in solchen Streitigkeiten verschiedene Bestimmungen enthalten.

Concl. ad 185. appr.

---

*) Churmärk. Amts-Blatt 1811. p. 154.

**) In margine steht: „cessat."

Rescr. v. 31. Jannar 1803.
Neues Archiv Bd. III. p. 121.

§. 260.

Die in Injurien-Sachen wider Justiz-Bediente abgefaßten Erkenntnisse müssen vor der Publication bey dem Chef der Justiz zur Bestätigung eingereicht werden.

T. Der §. 260. wird cessiren müssen, weil in dem alleg. Rescr. die Einsendung solcher Urtel nur darum erfordert wurde, weil man Injurien-Sachen als eine species von Untersuchungen ansah. Aber auch bei den Criminal-Verbrechen ist die Einsendung zur Confirmation aus dem Grunde, weil der Angeschuldigte ein öffentliches Amt bekleidet, jetzt nicht mehr erforderlich.

(Cab. Ord. v. 15. July 1809. sub No. 3.
Matthis, VIII. p. 201.)

Diesem Zusatz würde ich aber folgenden substituiren:

Verordn. v. 26. Decbr. 1808. §. 47.

„Wenn gegen einen den Regierungen untergeordneten Officianten Injurien-Klagen aus Veranlassung seines Amts angebracht werden, so ist solches sogleich von Amtswegen der betreffenden Regierung bekannt zu machen, ihr auch Abschrift von den ergehenden Erkenntnissen mitzutheilen.

Rescr. v. 23. Febr. 1810. Matthis, IX. p. 24.

Will aber der Beleidigte die Beleidigung nicht im Wege des Prozesses, sondern nur als eine Verletzung der Amtspflichten rügen, so gehört die Sache als eine Disciplinarsache vor die Dienst-Behörde.“

K. Ich trete der Bemerkung des Hrn. Pr. *v. T.* bei.

B. Bey dem Zusatz §. 260. trete ich dem Hrn. Präs. bey.

G. Ex paritate rationis trete ich dem Monito des Hrn. v. T. bey.

Der erste Abschnitt seines neuen Zusatzes aber befindet sich schon sub §pho 60. des Anhangs. (s. oben S. 232.)

Der zweyte scheint mir nicht zur Aufnahme geeignet, weil er ein Regulativ für die Regierungen enthält.

P. Der Zusatz §. 260. des Entw. wird wegfallen und dagegen der letzte Theil des von Hrn. *v. T.* vorgeschlagenen Zusatzes aufzunehmen seyn. Der erste Theil findet sich im §. 60. des Anhanges.

S. 186. accedo.

Concl. ad 186. appr.

Rescr. v. 24. März 1812.
Jahrb. v. Kampß H. 1. p. 46.

§. 261.

ad §. 32. Alles, was von den Kosten in Prozessen überhaupt und vom Armen-Rechte gilt, findet auch in Injurien-Prozessen Anwendung.

Zu Th. I. Tit. 35.

Von fiskalischen Processen.

Geschäfts-Instruction für die Regierungen vom 26. Decbr. 1808. §. 45.
Jur. Mon. Schr. Bd. VII. pag. 400.

§. 262.

ad §. 1. bis 3. Alle in Rücksicht des Regierungs-Ressorts entstehende Prozesse können die Regierungen ohne Anfrage nach ihrer pflichtmäßigen Ueberzeugung anhängig machen, oder sich darauf einlaßen und durch die gesetzlichen Instanzen fortsetzen. Es bedarf daher auch der Genehmigung der höheren Behörde in Ansehung der Forst-Processe nicht.*)

---

*) Dem, ursprünglich im Entwurfe gebrauchten Ausdrucke „Forst-Departement" hat Goßler h. m. „höhere Behörde" substituirt. (s. S. 424.)

T. Ein Forst-Departement existirt nicht mehr. Im Jahre 1808. trat die Section für Domainen und Forsten an die Stelle. Auch diese handelt jetzt nicht mehr selbstständig, sondern ist gleich allen andern Finanz-Behörden im Finanz-Ministerio concentrirt, und es steht dahin, ob nach dem Frieden nicht neue Modificationen eintreten. Bey diesem Wechsel der Behörden würde ich gar keine nennen, sondern nur ganz allgemein sagen:

„dass es auch in Forst-Prozessen einer höheren Genehmigung nicht bedürfe."

B. Bey dem Zusatz §. 262. trete ich dem Hrn. Präs. bey; jedoch würde dieser Zusatz sehr abgekürzt werden können, weil er meistentheils nur das sagt, was schon in der Pr. Ordn. steht.

G. Ad mon. des Hrn. v. T. accedo. **Uebrigens würde ich gegen den Antrag des Hrn. B. den Zusatz beibehalten.**

P. Der Erinnerung des Hrn. *v. T.* wegen des Ausdrucks: Forst-Departement ist schon abgeholfen.

Hr. *B.* hält zwar den ganzen Zusatz für unnöthig, weil das Wesentliche schon in der Process-Ordnung stehe. Da aber der §. 3. der A. G. O. ausdrücklich die Vorlegung einer Instruction des Forst-Departements erfordert und dieses durch den §. 45. der Verordn. v. 26. Dec. 1808. aufgehoben ist; so würde ich den Entwurf stehen lassen.

S. 187. accedo.

Concl. ad 187. approb.

Verordn. v. 26. Decbr. 1808. §. 43.
Jur. Mon. Schr. Bd. XII. p. 361.

§. 263.

ad §. 11. In allen fiskalischen Civilprozessen steht es den Regierungen frey:

1) nach der Analogie der Allgem. Gerichts-Ordnung Th. I. Tit. 3. §. 21., ohne daß dadurch jedoch der Gang der Instruction aufgehalten, oder der Gegenparthey Kosten verursacht werden muß, außer dem gewöhnlichen Stellvertreter des Fiskus, noch einen andern Deputirten abzuschicken, welcher der Instruction beiwohne, und darauf sehe, daß die Thatsachen überall richtig, deutlich und vollständig auseinandergesetzt, nichts von Erheblichkeit übergangen, und bey Aufnehmung der Beweise mit genauer und gründlicher Sorgfalt verfahren werde. Dieser Deputirte darf sich übrigens aber in die Leitung des Verfahrens nicht mischen, oder eine Direction desselben anmaßen, sondern er hat bloß den eigentlichen Instruenten zu controlliren, und sich überhaupt in den durch die Allgemeine Gerichts-Ordnung Theil I. Tit. 10. §. 198. vorgeschriebenen Grenzen zu halten; auch

2) vor Abfassung des Erkenntnisses ein schriftliches Gutachten zu den Acten zu geben, worauf, insofern es auf besondere landespolizeyliche oder finanzielle Verhältnisse und Verfassungen, nicht aber auf bloße Rechtsfragen ankommt, von den Gerichten gebührende Rücksicht genommen, auch nach Befinden von ihnen die betreffende Regierung ersucht werden soll, einen Deputirten zu ernennen, der dem Vortrage der Sache bey dem Spruch beywohne.

---

§. 264.

ad §. 12. Siehe Tit. 7. §. 28. im Anhang. (s. ob. S. 240.)

B. Bey dem Zusatz §. 264. ad §. 12. würde ich noch hinzufügen:

„Von den gegen den Postfiscus eingehenden Klagen muss unmittelbar dem General-Postamt zu Berlin Nachricht gegeben werden, und nicht der Regierung der Provinz.“

cf. Rescr. v. 26. Febr. 1810.

G. Ich halte den neuen Zusatz des Hrn. B. für unnöthig, da die Proceß-Ordnung l. a. ausdrücklich sagt:

„sonstige Behörde“

und der §. 17. der Verordnung vom 26. Decbr. 1808. nur von einigen Gerichten irrig ausgelegt ist.

P. Der von Hrn. *B.* vorgeschlagene Zusatz wegen der Post-Sachen gründet sich auf das Rescr. vom 26. Februar 1810.

Matthis IX. 26.,

und wird als eine nähere Bestimmung des in der A. G. O. gebrauchten Ausdrucks:

vorgesetzte Behörde

aufzunehmen seyn.

S. 188. accedo.

Concl. ad 188. appr.

---

§. 265.

ad §. 17. und 18. cf. Circul. v. 20. Novbr. 1798. und Rescr. v. 10. Febr. 1799., den schnelleren Betrieb der fiskalischen Prozesse betreffend. *) (s. oben S. 248.)

---

*) In einer Note ad §. 22. ist von Goßler gesagt: „Ob dem Fiscus die in dem §pho 22. verwilligte achtwöchentliche Frist zur Appellations-Anmeldung jetzt noch gestattet werden kann, da es §. 1—3. der Rückfrage bei dem vorgesetzten Departement nicht mehr bedarf, dies stell' ich anheim.“

P. machte hierzu folgende Bemerkungen: „Die A. G. O. läßt zur Anmeldung der Appellation des Fisci eine Frist von 8. Wochen zu, weil eine Rückfrage bey dem vorgesetzten Departement geschehen müsse. Dieser Grund fällt nach der richtigen Bemerkung des Hrn. v. G. jetzt weg,

B. Ich würde dafür stimmen, die hier allegirten Verordnungen im zweckmässigen Auszuge aufzunehmen, weil dergleichen Verweisungen auf alte, einzeln gedruckte Edicte höchst unbequem für den praktischen Juristen sind.

G. So achtungswerth mir auch jede Bemerkung und jeder Wunsch des Herrn B. in Bezug auf den vorliegenden Entwurf ist, so muß ich demselben dennoch hier widersprechen.

Die allegirte Circular-Verordnung vom 20. Novbr. 1798. enthält durchgängig nur ein reines Regulativ für die Regierungen, womit die Gerichte bloß um deshalb bekannt zu seyn brauchen, um durch Correspondenz mit der fiskalischen Station jeder Stockung der Prozesse begegnen zu können.

Die Circular-Verordnung vom 20. Februar 1799. aber ist ein bloßer magerer Extract aus dem Registratur- und Canzley-Reglement, so wie aus dem III. Theil der Gerichts-Ordnung, deren Kenntniß bey dem Richter vorausgesetzt werden muß.

---

da nach dem §. 45. der Instr. v. 26. Decbr. 1808. dergleichen Rückfrage nicht mehr nöthig ist.

Es fragt sich, ob deswegen die Frist von 8. Wochen abzukürzen sey? Dieselbe Frage kann auch in Ansehung der Revision aufgeworfen werden.

Ich würde es bey den geordneten Fristen lassen; denn, wenn gleich die Regierung nicht schuldig ist, Rückfrage zu halten, so kann sie es doch in vielen Fällen für nützlich zu ihrer eignen Direction halten. Auch könnte jede Aenderung, die jetzt vorgenommen würde, zu Beschwerden Anlaß geben, wenn die Ministerien der Finanzen und des Innern nicht vorher befragt würden, welches, wenn es geschehen sollte, nur die Sache aufhalten würde. Am Ende wird auch wenig gewonnen werden, wenn Fiscus früher als in 8. Wochen die Appellation anmelden soll. Er wird doch immer seinen Gang gehen, und wenn ihm an dem Betrieb der Sache gelegen ist, die Fortsetzung beschleunigen, und im entgegengesetzten Fall leicht einen Vorwand zum Verzug finden."

S. 190. ad §. 22. T. 35. der A. G O. accedo.

Concl. ad 190. appr.

P. Hr. *v. G.* will blos auf die angezogenen Verordnungen verweisen; Hr. *B.* hält einen zweckmässigen Auszug für rathsam.

Nach meinem Dafürhalten kommt auf das Circulare vom 20. Novbr. 1798. hier gar nichts an, da es blos Vorschriften für die Kammern enthält. Das Rescr. vom 10. Febr. 1799. ist eine eigentliche Anweisung für die Gerichte, bezieht sich aber auf jenes Circular, und insofern stehen beyde in Verbindung. Auszüge aus beyden würden den Anhang ohne Noth weitläuftig machen. Ich schlage folgende Fassung vor:

„Durch das Circular vom 20. Nov. 1798. sind die erforderlichen Verfügungen getroffen, diejenigen Hindernisse zu entfernen, welche zu Verzögerungen der fiscalischen Processe von Seite der fiscalischen Behörden Veranlassung gegeben haben. Es müssen aber auch die Gerichts-Behörden an ihrer Seite sich angelegen seyn lassen, diese Processe möglichst zu beschleunigen, und sind deshalb die in dem Rescript vom 10. Febr. 1799. gegebenen Anweisungen genau zu befolgen."

S. 189. Ich würde weder für die Aufnahme, noch für die Verweisung seyn, denn das Rescr. v. 10. Febr. 1799. enthält wiederum nichts weiter als Verweisungen auf die A. G. O.

Concl. ad 189. approb.

Rescr. v. 6. May 1802.
Stengel, Bd. XVI. p. 106.

§. 266.

ad §. 26. So viel die bey der Regierung *) aufgelaufenen Kosten anbetrift, so können von ihr bloß für die dem Fiskal

---

*) Ursprünglich hieß es „Kammer."

zur Anstellung oder Beantwortung der Klage ertheilte Authorisation, die gewöhnlichen Gebühren, außerdem aber nur die durch den Prozeß und die Herbeischaffung der nöthigen Nachrichten und Urkunden verursachten baaren Auslagen, wozu jedoch auch die Copialien zu rechnen, zur Erstattung liquidirt werden.

T. Soll wohl in der ersten Zeile heissen Regierung statt Kammer.

Rescr. v. 24. Aprill 1797.
Stengel, Bd. V. p. 329.

§. 267.

ad §. 33. Liegt die Schuld der verzögerten Authorisation zu der zu leistenden Zahlung an der darzu verurtheilten fiskalischen Station selbst, so tritt der Fall einer Execution ad faciendum ein, welche gegen den Beamten, Rendanten rc. persönlich verhängt werden muß.

Von fiscalischen Untersuchungen.

1) Verordnung v. 26. Decbr. 1808. §. 34. und 45.
2) Rescr. v. 22. Decbr. 1809.
Jur. Mon. Schr. Bd. VIII. p. 355. und Bd. IX. p. 139.

§. 268.

ad §. 34. Vergehungen gegen Hoheits-Rechte und Landes-Polizey-Verordnungen, ingleichen Dienst-Vergehungen, gehören vor das competente Obergericht. Wegen der local-polizeylichen Contraventionen hat es einstweilen bey der bisherigen Verfassung sein Bewenden.

Rescr. v. 8. Aug. 1812.
Jahrb. v. Kamptz, p. 245.

Untersuchungen wegen verbotenen Spiels gehören nicht mehr vor das General-Fiscalat, sondern vor die ordentlichen Gerichte des Denunciaten.

---

§. 269.

Ueber Defraudationen Landes- und Grundherrlicher Nuzzungen, überhaupt wegen Vergehungen gegen Finanz-Gesetze, sind die Untergerichte zu erkennen berechtigt, im Fall

1) die darauf gesetzte Strafe, inclusive des Werths des Confiscats, nicht Funfzig Thaler Geld-, oder eine dieser gleichgestellte Gefängniß-Strafe überschreitet, auch

Rescr. v. 19. Mai 1809.
Jur. Mon. Schr. Bd. VIII. p. 210.

2) der Contravenient nicht für seine Person unter dem Ober-Gericht steht, und

Rescr. v. 22. Decbr. 1809.
Jurist. Mon. Schr. Bd. IX. p. 139.

3) die Finantz-Behörde*) von der ihr nachgelassenen Befugniß, die Sache durch eine Resolution zu entscheiden, nicht Gebrauch gemacht hat. Wo obige drey Ausnahmen eintreten, muß die Sache bey dem competenten Obergericht angebracht werden.

T. Die allegirten Verordnungen reden zwar allerdings nur von der Befugniss der Untergerichte, zu erkennen. Es versteht sich aber von selbst, dass kein Richter auf blos summarische Verhandlungen eines Accise-Amts oder irgend einer andern Finantz-Behörde ein Erkenntniss abfassen kann, sondern die gerichtliche Entscheidung durch gerichtliche Untersuchung präpariren muss. Das Rescr. v. 21. April 1810., dessen ich gleich weiter erwähnen werde, redet daher vom gerichlichen Verfahren.

Ich würde daher den Eingang dieses Zusatzes dahin fassen:

---

*) Ursprünglich hieß es „Regierung."

ꝛc. „sind die Untergerichte die Untersuchung zu führen und zu erkennen berechtigt“ ꝛc.

Hinter der Ausnahme sub 3. würde ich aber einschalten:

„und die Untergerichte können, wenn diese Sachen einmahl an sie als die gewöhnliche Gerichts-Behörde verwiesen sind, im Falle einer Saumseligkeit oder sonst, nur von den Obergerichten Zurechtweisungen erhalten.“

Rescr. v. 21. April 1810.
Matthis Monatsschrift IX. p. 256.

Durch die Instruktion v. 26. April 1813. §. 1. und 13. nr. b. c. ist endlich den Accise-, Zoll- und Consumtions-Steuer-Aemtern nachgelassen, in geringen Contraventions-Sachen, wo die Strafe nicht 6. Thlr. übersteigt, diese Strafe selbst festzusetzen, und wenn der Denunziat auf gerichtliche Untersuchung anträgt, ihre Akten direkte an die kompetenten Gerichte abzugeben.

In der Ausnahme sub 3. wird daher statt Regierung zu sagen seyn: „Finantz-Behörde.“

K. ich trete dem Hrn. Pr. *v. T.* bei.

B. Bey dem Zusatze §. 269. trete ich dem Hrn. Präs. bey.

G. ich trete dem gegen die ursprüngliche Fassung des Gesetzes l. a. gemachten monito des Hrn. v. T. bey.

Für den neuen Zusatz stimme ich aber nicht, da er die Disciplin betrifft und zum Theil III. Tit. 8. §. 15. der Gerichts-Ordnung gehörig seyn würde.

P. Der Herr *v. T.* will zusetzen:

die Untergerichte können, wenn diese Sachen (nämlich Vergehung gegen Finanz-Gesetze) einmal an sie verwiesen sind, im Fall einer Saumseligkeit oder sonst, nur von dem Obergericht Zurechtweisungen erhalten.

Hr. *v. G.* erklärt sich gegen diesen Zusatz, weil er zur Disciplin gehöre. Es ist aber hier nicht so- wohl von der Disciplin, als von dem Verhältnisse der Gerichte zu den Finanz-Behörden die Rede und in dieser Hinsicht der Zusatz am rechten Orte.

Matthis IX. p. 255.

Ich würde daher für den Vorschlag des Hrn. *v. T.* seyn und nur statt: „Zurechtweisungen" des Ausdrucks: „Anweisungen", dem Rescr. gemäss, mich bedienen.

S. 191. accedo.

Concl. ad 191. appr.

Rescr. v. 25. Febr. 1812.
v. Kamptz Jahrbuch p. 38.

§. 270.

In Fällen, in welchen wegen Polizey-Contraventionen die von den Polizeybehörden festgesetzte Strafe eine mäßige körperliche Züchtigung, vierzehntägiges Gefängniß, oder Strafarbeit von dieser Dauer, oder Fünf Thaler Geldbuße nicht übersteigt, findet die Provocation auf rechtliches Gehör nicht statt, sondern es kann nur über die geschehene Festsetzung bey der Polizey-Deputation der Regierung Beschwerde geführt werden.

Verordnung vom 26. December 1808. §. 45.
Jur. Mon. Schr. Bd. VII. p. 362.

§. 271.

ad §. 38. In Hinsicht der Contraventionen gegen die landesherrlichen Verordnungen, welche zum Ressort der Regierungen gehören, tritt diese Befugniß nur alsdann ein, wenn der Beschuldigte sich bey der von der Regierung abgefaßten Resolution nicht beruhigen will, sondern auf förmliches rechtliches Gehör anträgt.

T. Der Ausdruck:

„Contravention gegen landesherrliche Verordnungen,“

scheint mir einer zu weiten Ausdehnung fähig zu seyn, und ich würde es vorziehen, die Bezeichnung des alleg. Gesetzes beyzubehalten, verbis:

„Bei Contraventionen gegen Finantz- und Polizey- und andere zum Ressort der Regierungen gehörige Gesetze, ingleichen bei Defraudationen landesherrlicher, den Regierungen zur Verwaltung übergebenen Gefälle und nutzbaren Regalien ꝛc.“

Nach dem allegirten Gesetz hat ferner die Regierung nur das Recht, nicht die Pflicht, eine Resolution abzufassen. Der Zusatz 271. wird also damit schliessen müssen:

„oder wenn die Finantz-Behörde, von ihrer Befugniss, die Sache durch eine Resolution zu entscheiden, keinen Gebrauch macht. Sollte aber das Kammergericht oder ein Oberlandes-Gericht Kenntniss davon erhalten, dass die von der Finantz-Behörde eröffnete summarische Untersuchung gegen einen zur Sicherung der künftigen Strafe bereits verhafteten Defraudanten zur Ungebühr verzögert wird, so ist demselben unbenommen, auf die Abgabe der Akten zu dringen, und eventualiter bey dem Chef der Justiz den Fall anzuzeigen. *)

Aber auch nach Ablieferung der Akten ist die Finantz-Behörde befugt, wegen Sicherstel-

*) Rescr. v. 30. Nov. 1801. General-Akten des Justitz-Ministerii.

lung der Strafe die nöthige Verfügung zu treffen und die Justiz-Behörden sind schuldig, ihnen bey der Beytreibung der Geldstrafen den erforderlichen Beystand zu leisten." *)

K. ich trete dem Hrn. Pr. *v. T.* bei.

B. Bei dem Zusatz §. 271. trete ich dem Hrn. Präs. bey.

G. ich halte den Ausdruck:

„Contraventionen gegen landesherrliche Verordnungen"
vermöge des von mir gemachten Zusatzes:

„welche zum Ressort der Regierungen gehören,"
durchaus keiner zu weiten Ausdehnung fähig und habe absichtlich diese verkürzte Fassung dem Texte des Gesetzes vorgezogen.

Die Bemerkung des Herrn Monenten ist zwar richtig, allein ich finde es unnöthig und bedenklich, davon Gebrauch zu machen.

Unnöthig, weil, wenn die Finanz-Behörde sich der ihr zustehenden Befugniß nicht bedient, und auf förmliche Untersuchung anträgt, es sich schon von selbst versteht, daß die Gerichte die Untersuchung führen müssen;

Bedenklich, weil, wenn jener Antrag nicht gemacht wird, eine Untersuchung von Amtswegen, wovon dieser §. spricht, nach dem Geiste der Verordnung vom 26. Decbr. 1808. wohl nicht mehr zulässig seyn dürfte.

Den vorgeschlagenen neuen Zusatz halte ich für unzulässig. Hätte man die Vorschrift des Rescripts vom 30. Novbr. 1801. zu erneuern für dienlich geachtet, so würde sie sich in der Verordnung vom 26. December 1808. Spho 45. mit aufgenommen finden. — Der zweyte Abschnitt des gedachten Zusatzes endlich geht theils nur die Finanz-Behörde an, theils liegt er in den allgemeinen Vorschriften der Ger. Ordn. Tit. 24. §. 28.

---

*) Verordn. v. 26. Decbr. 1808. §. 45. und Rescr. v. 23. Febr. 1810. Matthis IX. p. 26.

P. Hr. *v. T.* hat gegen die Fassung monirt und einen neuen Zusatz vorgeschlagen. Hr. *v. G.* will, dass es bey seinem Entwurf bleibe.

Es ist nothig, auf die Quellen zurückzugehen. Diese sind: die Verordnung vom 26. Decbr. 1808. und das Rescript vom 25. Febr. 1812.

Matthis, VII. 362.
Kamptz, 1, 37.

Hiernach kommt die Sache zu stehen:

Die Verordn. v. 26. Decbr. 1808. §. 45. enthält die Regel, dass bey Contraventionen gegen Finanz- und Polizey-Gesetze der Beschuldigte gegen die Resolution der Finanz-Behörde binnen 10. Tagen auf rechtliches Gehör und Erkenntniss bey dem competenten Obergericht antragen darf. Das Rescr. v. 25. Febr. 1812. hingegen enthält die Ausnahme von der Regel, nemlich:

dass in Fällen, in welchen wegen Polizey-Contraventionen die von der Polizey-Behörde festgesetzte Strafe eine mässige körperliche Züchtigung, 14tägiges Gefängnis oder Straf-Arbeit von dieser Dauer, oder 5. Thaler Geld-Strafe nicht übersteigt, die Provocation auf rechliches Gehör nicht statt finde.

Demnach würde ich die Ordnung der §§. 270. und 271. umkehren und zuerst

den ganzen Inhalt des §. 45. der Verordn. vom 26. Decbr. 1808. als die Regel aufnehmen,

sodann aber

den extrahirten Inhalt des Rescr. v. 25. Febr. 1812. folgen lassen.

S. 192. accedo, den Zusatz des Hrn. **rc. v. T.** würde ich aufnehmen. Das allegirte Rescr. ist nicht vom 30. Novbr. 1801, sondern wahrscheinlich 1812.

Concl. ad 192. appr.

§. 47. der gedachten Verordnung.

§. 272.

Untersuchungen gegen Regierungs-Bediente über bloße Dienstvergehungen, können die Gerichte nicht anders als auf einen vorher ergangenen Antrag der betreffenden Regierung einleiten; es wäre denn mit dem Vergehen ein solcher Exceß verbunden, der den Thäter, auch wenn er nicht Officiant wäre, schon der Beahndung der Gesetze schuldig macht.

Auch hierbey muß indeß die Frage: ob und in wie weit ein mit öffentlicher Gewalt bekleideter Officiant diese Gewalt rechtmäßig angewendet, oder dabey excedirt hat, zunächst der Beurtheilung seiner Dienstbehörde überlassen werden.

Rescr. v. 2. Juny 1813.
p. 1v Act. gen. des Just. Minist.

Wenn außer obigem Fall gegen einen Regierungsbedienten eine fiscalische Untersuchung eingeleitet werden soll, so muß das Gericht solches sogleich von Amtswegen der betreffenden Regierung bekannt machen, und ihr demnächst das Erkenntniß mittheilen.

Verordn. v. 26. Decbr. 1808. §. 47.

S. Nachträgliches Votum. 22. Im §. 272. würde ich den Passus:

„Auch hierbei“ bis „überlassen werden“

streichen. Der Satz ist eine blosse Folge des im Eingang aufgestellten Princips und hat hier ausser dem Zusammenhange, in welchem er in der Verf. vom 2. Juni 1813. mit dem Uebrigen stehet, keinen rechten Sinn.

Neues Archiv Bd. II. p. 490.

§. 273.

Bey der Untersuchung der geringeren Vergehungen ist das durch die Circular-Verordnung vom 19. Octbr. 1801.:

„wegen Abkürzung der fiscalischen Untersuchungs-„Prozesse“

vorgeschriebene Verfahren zu beobachten. *)

Beilage ad Tit. 35. §. 273.

Bey der Untersuchung der geringeren Vergehungen, z. B. geringfügige Widersetzlichkeit gegen die Obrigkeit oder deren Abgeordnete in Vollführung ihres Amts, mit Inbegriff der Landreiter und insinuirenden Boten; minder wichtige Anmaßungen und Beeinträchtigungen der vorbehaltenen Rechte des Staats; Besitzstörungen, Gewaltthätigkeiten, Mißhandlungen, Beschädigungen und Verletzungen, wenn dadurch kein erheblicher Nachtheil verursacht worden; Injurien-Sachen, wenn keine Privatsatisfaction verlangt wird; ferner unbedeutende Diebstähle und Betrügereyen und ähnliche geringe zu ahndende Vergehungen, bey welchen die Ahndung in einem Verweise, einer mäßigen körperlichen Züchtigung, in einer Geldstrafe von nicht mehr als 50. Thaler oder einem vierwöchentlichen Gefängniß bestehen würde, soll das sonst zulässige Verfahren nicht eintreten, sondern folgende Einleitung statt haben.

Sobald dem Collegio ein dergleichen Vergehen angezeigt

---

*) Anmerkung von G.: „Da sich die Cirk. Verord. v. 19. Oct. 1801. in der Ediktensammlung nicht abgedruckt findet und dieselbe einen wesentlichen Theil des in fiscalischen Untersuchungs-Sachen zu beobachtenden Verfahrens in sich faßt, so hab' ich ihren Inhalt noch ex post in der Beylage aufgenommen.“

wird, und aus der Denunciation und den derselben beigelegten Bescheinigungen der Zusammenhang der Sache nicht schon hinlänglich zu ersehen ist, so wird deshalb der nähere Bericht der davon etwa Wissenschaft habenden Königl. in Eyd und Pflicht stehenden Officianten erfordert, oder der Denunciant und die von ihm mit zubringenden Zeugen, weshalb ihm bey der Vorladung das Nöthige zu eröffnen, genauer vernommen, demnächst aber die solchergestalt näher substantiirte Denunciation dem Denunciaten zur Verantwortung binnen einer auf 14. Tage bis 4. Wochen zu bestimmenden Frist mitgetheilt. Der diesfälligen Verfügung ist die Warnung hinzuzusetzen, daß, wenn die Verantwortung binnen der geordneten Frist nicht eingehen würde, dafür angenommen werden solle, Denunciat wolle es auf die gerichtliche, förmliche Untersuchung ankommen lassen; zugleich ist demselben zu eröffnen, daß er die Erlaubniß habe, die Verantwortung bey der ihm zunächst gelegenen Justiz-Person oder dem Collegio selbst zu Protocoll zu geben und sich dazu durch Production des Rescripts zu legitimiren, damit das Protocoll sodann von dieser Justiz-Person an das vorgesetzte Collegium befördert werde, wenn Denunciat Bedenken trage, die Verantwortung selbst schriftlich abzufassen und an die Behörde zu senden. Auch versteht es sich von selbst, daß dem Collegio unbenommen bleibe, dem Denunciaten unter der erwähnten Verwarnung sofort ad terminum zur Abgabe seiner Verantwortung citiren zu lassen, wenn vorauszusehen, daß Denunciat sich schriftlich zu vertheidigen nicht qualificirt seyn möchte. Nach Eingang einer solchen schriftlichen oder protocollarischen Verantwortung hat das Collegium, ohne ein weiteres Verfahren einzuleiten, sogleich nach Maaßgabe der Verhandlung zu bestimmen, ob und welche Strafe durch das angeschuldigte Vergehen verwirkt sey; wobey auf die gesetzlichen Vorschriften in Verbindung mit den concurrirenden Umständen, vorzüglich auf die mehrere oder mindere Geistes-Cultur des Denunciaten, und ob er aus Vorsatz oder aus Unachtsamkeit gefehlt, billig Rücksicht zu nehmen ist. Die solchergestalt auf den Vortrag des Decernenten von dem Collegio beschlossene Verfügung wird dem Denunciaten mit Eröffnung der Entscheidungs-Gründe mittelst Resolution bekannt gemacht, nebst der Belehrung, daß er die etwa arbitrirte Geldstrafe sammt Kosten binnen 4. Wochen an die ihm namhaft zu machende Behörde, wenn er sich nicht am Orte des Collegii befindet, berichtigen, oder wenn auf Züchtigung oder Gefängniß concludirt worden, sich binnen gleicher Frist zur Erleidung der Strafe ebenmäßig bey der ihm zu bezeichnenden Behörde melden müsse, ihm jedoch frey stehe, gegen dergleichen Resolution auf förmliche Untersuchung und Entscheidung zu provociren, wenn ihm seiner Meinung nach zu nahe geschehen sey, weshalb jedoch die Anzeige gleichfalls binnen der bestimmten vierwöchentlichen Frist bey der in der Resolution bemerkten Behörde geschehen müsse, widrigenfalls die in der Resolution festgesetzte Strafe zur Execution zu bringen.

Zu diesem Behuf ist von der erlassenen Verfügung demjenigen Justiz-Bedienten oder Untergericht, welches dem Denunciaten in der Resolution benannt wird, mit der Anweisung Nachricht zu geben, die Vollstreckung der Strafe nach achttägiger Ankündigung zu bewirken, wenn binnen der geordneten vierwöchentlichen Frist keine Anzeige des Denunciaten eingehet, oder derselbe noch vor Vollstreckung der Strafe auf förmliche Untersuchung provocirt, auch von dem Erfolge des Auftrages zu seiner Zeit an das Collegium committens zu berichten.

Befindet sich der Denunciat am Orte des Gerichts, welches die Strafe dictirt, so muß dieses unter Beobachtung der oben beschriebenen Modalitäten für die Realisirung der Verfügung selbst sorgen, und dem Denunciaten zugleich bedeuten, bey wem er sich zu melden habe. Eines besonderen Documenti insinuationis über dergleichen an den Denunciaten zu richtende Straf-Verfügungen bedarf es nicht, sondern es ist hinlänglich, wenn solche zur Post gegeben und die Insinuation ad Acta bescheiniget worden. Was die Gebühren für Verhandlungen dieser Art betrifft, so können nur die Sätze der ersten Colonne der Sportel-Taxe vom 11. August 1787. zur Anwendung kommen, und ist der Betrag unter Beilegung der Kosten-Note dem Denunciaten zugleich in der Haupt-Verfügung zu communiciren, die Zahlung auch mit Bestimmung einer vierwöchentlichen Frist, von demselben zu fordern, wornach das Mandat mit abzufassen ist. Gehet dagegen bey dem Collegio die Anzeige ein, daß Denunciat sich der Strafverfügung nicht unterwerfen wolle, oder ist das Vergehen seiner, aus der ersten Denunciation zu entnehmenden Erheblichkeit wegen, zu dem eben beschriebenen Verfahren nicht qualificirt, so muß dem Befinden nach die Criminal- oder fiscalische Untersuchung gewöhnlichermaßen eröffnet werden.

T. Auch mir scheint die Aufnahme der Cirkular-Verordnung v. 19. Octbr. 1801 sehr zweckmässig, weil ein Gesetz kein referens absque relato seyn darf.

Ich würde aber am Schluss auch noch folgende wesentliche Bestimmung mit aufnehmen:

„Bey Pfandkehrungen und Turbationen im Besitz ist der Ausfall des Civil-Prozesses abzuwarten, ehe wegen der Untersuchung etwas verfügt wird."

K. ich würde den Inhalt der Circular-Verordnung vom 19. October 1801. zwar auch aufnehmen, aber sie verkürzt in mehrere §§. fassen, und den Zusatz des Hrn. Pr. *v. T.* mit aufnehmen.

B. Bey dem Zusatze §. 273. trete ich dem Hrn. Präs. bey.

G. Die Herren Monenten stimmen hier mit mir überein. Für den Zusatz in fine vermisse ich den gesetzlichen Belag.

P. Hr. *v. G.* will den ganzen Inhalt der Verordn. vom 19. Oct. 1801. aufnehmen, weil sie in der Edicten-Sammlung nicht gedruckt ist. Dagegen finde ich nichts zu erinnern. Auch bey dem von den Herrn *v. T.* vorgeschlagenen Zusatz habe ich kein Bedenken.

S. 193. accedo.

Concl. ad 193. appr.

Rescr. vom 24. Februar 1798.
Stengel, Bd. VI. p. 252.

§. 274.

ad §. 40.*) Zur Begründung der fiscalischen Untersuchung, findet die vorläufige Vernehmung der vorgeschlagenen

---

*) Anmerkung von G.: „Durch die ad §. 273. allegirte, späterhin ergangene Circular-Verordnung vom 19. Octbr. 1801. ist zwar die vorläufige Vernehmung der Zeugen nachgelassen; allein ich ehre den in dem Rescript vom 24. Febr. 1798. angegebenen Grund, wodurch diese Vernehmung nur bedingungsweise und als Ausnahme von der Regel gestattet wird, zu sehr, um nicht zu glauben, daß ihre Zulaßung sich bloß auf die in der gedachten Cirk. Verordn. bezeichneten geringeren Vergehungen beschränkt. — Selbst die Criminal-Ordnung, welche in Criminal-Fällen eine dergleichen vorläufige Vernehmung der Zeugen admittirt, weiset wegen der nicht zur Criminal-Untersuchung geeigneten Fälle und des dabei zu beobachtenden Verfahrens auf die Proz. Ordn. hin (Einleitung §. 12.). Ich habe daher auch kein Bedenken gefunden, das Reskr. vom 24. Febr. 1798. hier mit aufzunehmen. Jedoch wird zur Vermeidung jedes Irrthums post verbum „findet" hinzuzufügen sein: „insofern der Fall nicht zu dem durch „die Cirkular-Verordnung vom 19. Octbr. 1801. vorgeschrie„benen abgekürzten Verfahren geeignet ist".

Zeugen nicht statt. Ausnahmen von dieser Regel treten nur alsdann ein:

1) wenn von Verhängung eines Personal-Arrestes gegen den Denuncianten die Rede ist,

2) wenn die besonderen Verhältnisse des Denuncianten oder Denunciaten eine nicht unwahrscheinliche Vermuthung, daß die Denunciation blos um zu verläumden angebracht sey, erregen, oder wenn sich in den Angaben des Denuncianten Lücken oder innere Unwahrscheinlichkeiten finden, die nicht anders als durch eine von den Zeugen zu ertheilende Auskunft erledigt werden können.

3) wenn sonst der Richter nach seinem durch die obwaltenden speciellen Umstände geleiteten pflichtmäßigen Ermessen es nöthig findet, einen oder den andern der vorgeschlagenen Zeugen vorläufig informationis causa, jedoch ohne Eyd, abzuhören.

T. Nach dem Vorschlage des Hrn. Verfassers soll künftig die vorläufige Vernehmung der Zeugen nur bey geringen Vergehungen und bey schweren statt finden. Denn bey geringen gestattet sie die Cirk. Verordn. v. 19. Oct. 1801. und bey schweren die Kriminal-Ordnung. Also nur bey solchen, die nicht gantz unbedeutend sind, aber doch auch nicht criminell geahndet werden, soll sie unstatthaft seyn. — Es möchte schwer werden, bey so äusserst relativen Begriffen über Wichtigkeit und Geringfügigkeit die Gräntz-Linie zu ziehen, und auf jeden Fall würde man der subjectiven Ansicht, d. h. mit andern Worten, der Willkühr des Richters alles überlassen müssen. Ich bin aber überhaupt nicht der Meynung, dass das Rescr. v. 24. Februar 1798., welches die vorläufige Vernehmung der Zeugen untersagt, von einem richtigen Gesichtspunkt ausgeht. Denn wird nachher die Untersuchung wirklich eroffnet, so hat der Denunziat nicht Ursache, darüber zu klagen. Ueberzeugt sich aber der Richter durch das Zeugenverhör, dass kein Grund dazu vorhanden sey, so ist die Reputation des rechtlichen Mannes, gegen den die Denunziation gerichtet war, weniger gefährdet, als wenn die fiskalische Untersuchung, weil sich der Ausgang vor Abhörung der Zeugen nicht übersehen liess, eröffnet wird, wenn sie sich auch wirklich mit einem absolutorischen Urthel endigt. Ein vorsichtiger Richter wird, wie es die Kriminal-Ordnung §. 342. ausdrücklich zur Pflicht macht, auch bey fiskalischen Untersuchungen den Ruf des Denunziaten dadurch schonen können, dass er dem Zeugen Stillschweigen auflegt. Gantz allgemein positive Bestimmungen lassen sich nicht geben, und ich würde daher die Entscheidung,

zu welcher Zeit in jedem einzelnen Falle die Vernehmung der Zeugen erfolgen dürfe?

so wie es in der Crim. Ordnung §. 309. geschehen ist, lediglich dem vernünftigen Ermessen des Richters überlassen, mithin den Zusatz 274. gantz übergehen. Endlich lässt auch schon das Rescript vom 25. Juni 1801.

Stengel, 14. p. 261.

die vorläufige Vernehmung der Zeugen in allen fiskalischen Untersuchungen indistincte nach.

K. Ich würde diesen §. unverändert aufnehmen. Denn da es hier nicht auf Verbesserung der Gesetze ankommt, so kann die Aufnahme einer Abänderung oder Ergänzung der A. G. O. nur dann zweifelhaft werden, wenn sie einer andern schlechthin widerspricht, ohne dass die Absicht des Gesetzgebers klar ist, durch die spätere Bestimmung die frühere aufheben zu wollen. In diesem Fall würde der Widerspruch auch nur der höheren Behörde zur weiteren Veranlassung anzuzeigen seyn. Wo sich aber, wie hier, die anscheinend entgegenstehenden Festsetzungen sehr wohl vereinigen lassen, fällt der Grund eine derselben auszuschliessen, weg.

Wenn nach dem Rescript v. 24. Febr. 1798. die vorläufige Vernehmung der Zeugen nicht stattfindet, so zeigt der ganze Inhalt desselben, dass dabei nur von Vernehmung der Beweis-Zeugen, welche vereidigt werden, die Rede sey. Diese soll vorläufig, d. h. vor der Einlassung des Denunciaten, nicht stattfinden. Die Circular-Verordnung vom 19. Octbr. 1801. kann ebenfalls nur eine solche vorläufige Zeugenvernehmung meinen, da sie das darin vorgeschriebene Verfahren einer gerichtlichen förmlichen Untersuchung entgegensetzt, und sie weicht daher von dem Rescript vom 24. Febr. 1798. nicht ab, indem letzteres die vorläufige Vernehmung nicht zu vereidender Zeugen ebenfalls für zulässig erklärt. Ich würde daher an der Stelle, wo von Vernehmung der Zeugen gehandelt wird, hinter den Worten „genauer" bloss einschalten, „der Erkundigung wegen."

B. Bey dem Zusatz §. 274. würde ich es bey dem Extracte lassen; obgleich er strenge genommen nichts sagt, was ein aufmerksamer Richter nicht schon ohnehin nach den vorhandenen allgemeinen Principien verfügen sollte. In dem Rescr. vom 25. Juni 1801. wird zwar im allgemeinen von der Substantiirung einer Denunciation durch summarisches Zeugenverhör gesprochen; allein was so gelegentlich in einem Rescr. vorkömmt, entscheidet nichts.

C. Bei dem monito des Hrn. v. T. beziehe ich mich auf

die Vota der übrigen Herren Monenten, welche rücksichtlich dieses Zusatzes mit mir übereinkommen.

Zu einer verkürzten oder veränderten Fassung der Circular-Verordnung vom 19. Octbr. 1801. halte ich mich nicht befugt, noch solche für nöthig.

P. Es fragt sich, ob zur Begründung der fiskalischen Untersuchung die vorläufige Vernehmung der Zeugen zulässig sey und in welchen Fällen nicht? Hierüber sind die Meinungen getheilt. Hr. *v. G.* hat das R. vom 24. Febr. 1798. auf seiner Seite. Dabey würde ich es lassen, jedoch nach dem Vorschlage des Hrn. *v. G.* in der Note (s. S. 444.) die auf die Verordn. vom 19. Oct. 1801. gegründete Ausnahme beyfügen.

S. 194. accedo.

Concl. ad 194. appr.

Rescr. v. 25. Febr. 1804.
Neues Archiv Bd. III. p. 413.

§. 275.

ad §. 41. und 47. In allen unbedeutenden Contraventions- und Defraudations-Sachen, in welchen aus der Denunciation mit Gewißheit hervorgeht, daß die verwirkte Strafe nicht mehr als Zehn Thaler an Gelde oder vierzehntägiges Gefängniß betragen wird, kann der Denunciat gleich in der ersten Vorladung unter der Verwarnung vorgeladen werden, daß bey seinem Ausbleiben die Untersuchung in contumaciam fortgesetzt und geschlossen werden wird.

Verordn. vom 26. Decbr. 1808. §. 47.
Jur. Mon. Schr. Bd. VII. p. 364.

§. 276.

ad §. 44. Wenn ein Regierungs-Bedienter zum persönlichen Arrest gebracht werden soll, so muß solches der betreffenden Regierung sogleich von Amtswegen bekannt gemacht werden, der Executor muß das Notificatorium dem Amtsvorgesetzten einhändigen, zugleich aber den, welcher in Arrest gesetzt werden soll, so lange unter Observation nehmen, bis wegen Verwaltung seines Amtes die nöthigen Vorkehrungen getroffen sind.

Refcr. v. 13. Juny und 8. Aug. 1796.
Stengel, Bd. II. p. 429.

§. 277.

ad §. 58. Zu den erlaubten Mitteln, die Wahrheit zu eruiren, gehört auch die Edition der in den Händen des Denunciaten befindlichen Bücher, Rechnungen, Documente und Scripturen. Behauptet der Denunciat, dergleichen nicht zu besitzen, so muß er sich zum Editions-Eyde erbieten, und kann, entweder das eine oder das andere zu thun, durch Strafbefehle und eventualiter durch Personal-Arrest angehalten werden.

Refkr. v. 25. Aprill 1804.
Jurist. Mon. Schr. Bd. X. p. 220.

§. 278.

ad §. 73. Diese Vorschrift findet auch in Contraventions-Sachen gegen die Wett- und Handlungs-Gesetze statt.

B. Der Zusatz §. 278. ist zwar richtig, allein nicht werth, in den Anhang aufgenommen zu werden, weil er nur dasjenige bestätigt, was der Text im Allgemeinen sagt. Hätte die anfragende Behörde sich des Rechtssatzes erinnert: ubi lex non distinguit ꝛc., so würde sie nicht angefragt haben.

G. Die Wettgerichts-Ordnung von 1734., welche in Königsberg noch gesetzliche Kraft hat und entgegengesetzte Grundsäße enthält, ist durch das Rescript vom 25. Aprill 1804, woraus ich diesen Zusaß entnommen habe, declarirt worden, und ich insistire daher auf dessen Beibehaltung.

P. Diesen Zusatz würde ich, wenn er gleich nicht nothwendig seyn dürfte, passiren lassen.

S. 195. Den Zusatz würde ich, als ganz lokal, weglassen.

Concl. ad 195. appr.

Rescr. v. 10. July 1812.
Jahrbuch von Kampß p. 236.

§. 279.

ad §. 82. Wenn die Untersuchung mehrere Denunciations-Puncte zum Gegenstand gehabt hat, und nur einige davon erwiesen, die andern aber dergestalt unerwiesen geblieben sind, daß deshalb die völlige Freysprechung des Denunciaten erfolgt ist, so müssen die, durch die Untersuchung dieser leßtern unerwiesen gebliebenen Vergehen verursachten Kosten niedergeschlagen oder nach Lage der Sache dem Denuncianten zur Last gelegt werden; es wäre denn, daß Denunciat zur Ausmittelung jener Denunciations-Punkte schuldbarerweise Veranlassung gegeben hatte.

1.) Rescr. vom 28. März 1812.
Jahrbuch v. Kampß pag 17.
2.) Rescr. v. 30. Januar 1813.
fol. 66v. Act. gen. des Justiz-Ministerii.

§. 280.

Die fiscalischen Stationen können bey erfolgter Lossprechung des Denunciaten zur Bezahlung von Kosten und Gebühren aus den öffentlichen Fonds, insofern solche nicht in baaren Auslagen bestehen, oder den baaren Auslagen gleich zu achten sind, nicht angehalten werden.

Rescr. v. 26. Septbr. 1812.
Jahrbuch von Kamptz p 207.

Wegen der Kosten in Accise-Contraventions- und Defraudations-Sachen hat es bey der Bestimmung des Circulars vom 26. Septbr. 1812. sein Bewenden.

T. Das in fine alleg. Circular redet nicht allgemein von allen Kosten, sondern nur ganz speciell von den Urthels-Gebühren, neben welchen andre baare Auslagen sehr wohl bestehen können.

K. Ich halte diesen Zusatz für deutlieh, fasse dagegen aber den eigentlichen Sinn der Bemerkung des Hrn. Präs. *v. T.* nicht vollständig. *)

B. Den zweyten Absatz des Zusatzes §. 280. würde ich so anfangen:

„Wegen Bestimmung der Urtelsgebühren“ etc.

Strenge genommen gehört aber diese ganze Vorschrift in eine fiscalische Sportultaxe — und nicht in die Pr. Ordnung.

G. Das bey dem zweyten Abschnitte dieses Zusatzes allegirte Rescript vom 26. Septbr. 1812. spricht nicht bloß von Urtels-Gebühren, sondern auch von Auslagen, welche in bedeutenden Contraventions-Fällen, außer den Urtels-Gebühren, aus der Regierungs-Haupt-Kasse bezahlt werden müssen.

(cf. das Rescript an das Cammer-Gericht v. 30. Jan. 1813.)

---

*) Hierzu hat v. T. folgende Anmerkung gemacht: „Der Entwurf redet von den Kosten in Accise-Sachen ganz allgemein. Das allegirte Circular, worauf wegen aller Kosten indistincte verwiesen wird, gedenkt aber nur der Urthels-Gebühren, konnte also m. E. auch nur wegen dieser allegirt werden. Denn was beyläufig von andern baaren Auslagen gesagt wird, steht nicht in den verbis dispositivis.“

Der Zusatz muß daher unverändert stehen bleiben. Herr K. ist mit mir hierunter einverstanden.

P. Das Rescr. vom 30. Jan. 1813., welches ich nicht kenne, wird entscheiden und vorzulegen seyn.

S. 196. Den §. 280. würde ich nur insofern aufnehmen, als von den Kosten in Accise-Contr. Sachen die Rede ist, jedoch würde ich blos den Satz aufnehmen, dass Fiscus die baaren Auslagen, welche in Criminalsachen Fiscus zu tragen hat, incl. der Urtelsgebühren, in subsidium zu tragen habe.

Concl. ad 196. appr.

Rescr. v. 14. März 1812.
Jahrbuch von Kampß p. 43.

§. 281.

Magisträte und Gutsherrschaften sind in fiscalischen Untersuchungs-Sachen für die Kosten nicht subsidiarisch verhaftet.

Rescr. v. 9. Januar 1813.
fol. 23. act. gen.

§. 282.

ad §. 83. Die Kosten der Untersuchung gegen einen Officianten, welcher vorläufig ab officio suspendirt ist, können aus dessen zurückbehaltenem Gehalte nur insofern gefordert und entnommen werden, als dieses letztere nicht für die interimistische Dienstverwalturg hat verwendet werden müssen.

Die Gerichte müssen sich indeß dadurch möglichst zu prospiciren suchen, daß sie gleich beym Anfang einer dergleichen Untersuchung die vorgesetzte Behörde des in Untersuchung gerathenen Officianten ersuchen, von dem innebehaltenen Gehalte desselben eine verhältnißmäßige Summe zur Deckung der Kosten zu reserviren.

Rescr. v. 13. April 1810.
Jur. Mon. Schr. Bd. IX. p. 43.

§. 283.

ad §. 86. Die Erkenntnisse in Post-Contraventions-Sachen, worin auf Geldstrafe erkannt worden, müssen dem General-Postamte jedesmal mitgetheilt werden.

T. Diesen Zusatz würde ich damit anfangen:

„und dieser (scil. der Denunciat.) wird nach dem vernünftigen Ermessen des Inquirenten, unter Androhung einer Geldstrafe, der Real-Citation oder der Zufertigung des Urtels in vim publicati zur Publication vorgeladen.“

Rescr. v. 20. Juny 1809.
General-Acten des Justiz-Ministerii.

K. Ich bin mit dem Zusatz des Hrn. Präs. *v. T.* einig. Er kann aber, wie ich bemerkte, nicht mit dem Worte „und“ anfangen.

B. Bey dem Zusatz 283. trete ich dem Hrn. Pr. bey, submittire aber, ob es nicht zweckmässig wäre, aus dem Rescr. v. 13. April 1810. annoch aufzunehmen:

dass die in Post-Contraventions-Sachen erkannten Geldstrafen der Poststraf-Casse zuerkannt werden müssen.

G. Monitum des Herrn v. T.

accedo unter der von dem Herrn K. gemachten Bemerkung.

Das Rescript selbst, worauf sich diese Bemerkung gründet, kenne ich nicht.

Den neuen Zusatz des Herrn B. halte ich für unnöthig, weil er die Vollstreckung des Erkenntnisses betrifft, worüber der §. 105. der Gerichts-Ordnung die erforderlichen Vorschriften giebt.

P. Nach der Bemerkung des Hrn. *v. T.* wird zuzusetzen seyn:

„Der Denunciat ist nach dem vernünftigen Ermessen des Inquirenten unter Androhung einer Geldstrafe oder der Real-Citation zur Publication des Urtels vorzuladen, oder ihm dasselbe in vim publicati (in Kraft der Eröffnung) zuzufertigen."

Ausserdem will Hr. *B.* zusetzen,

dass die in Post-Contraventions-Sachen verwirkten Geld-Strafen der Post-Straf-Casse zuerkannt werden müssen,

welchem ich beytrete, da es hierbey nicht auf die Vollstreckung der Strafe, wie Hr. *v. G.* annimmt, sondern auf die in dem Urtel auszudrückende Bestimmung der Strafe ankommt.

S. 197. accedo.

Concl. ad 197. appr.

Zu Th. I. Tit. 36.

Confiscations-Processe.

Neuer Zusatz ad §. 4. Th. I. Tit. 36.

v. Kamptz I. p. 63.

T. Fiskus hat in der Verordnung v. 26. Decbr. 1808. §. 34. dem privilegirten Gerichtsstande entsagt und in dem Rescr. v. 17. Januar 1812. ist der vom Oberlandesgericht zu Breslau aufgestellte Grundsatz,

dass nun auch Untergerichte in Konfiskations-Prozessen kompetent sind,

wenigstens stillschweigend genehmigt.

Ich würde daher den neuen Zusatz machen:

„Der Konfiskations-Prozess gegen ausgetretene Kantonisten muss allemal bey den Gerichten denen sie zur Zeit ihres Austritts unterworfen waren, angestellt werden,“

wiewohl in praxi die Konfiskations-Prozesse nach Analogie der fiskalischen Untersuchungen gewöhnlich noch bey den Landes-Justiz-Kollegien verhandelt werden.

In der Breslauer Zeitung werden täglich ausgetretene Kantonisten von den Untergerichten vorgeladen.

K. Ich glaube nicht, dass der Confiskations-Prozess bei einem Untergericht geführt werden kann. Denn nach §. 127. Tit. 17. Th. II. des A. L. R.

darf sich kein Unterthan des Staats ohne Vorwissen desselben seiner obersten Gerichtsbarkeit entziehen.

Diese oberste Gerichtsbarkeit gehört zu den Hoheitsrechten, in Ansehung welcher die

Verordnung vom 26. Dezember 1808. §. 34.

bestimmt, dass Vergehungen dagegen vor das competente Obergericht gehören. Hat daher auch das O. L. Gericht zu Breslau die entgegengesetzte, m. e. E. irrige Meinung angenommen, ohne deshalb bis itzt belehrt zu seyn, so kann dies keine Aenderung in den gesetzlichen Vorschriften bewirken.

B. In Betreff des Zusatzes des Hrn. Pr. *v. T.* ad §. 4. des Textes bin ich der Meinung des Herrn ꝛc. *K.*, dass Confiscations-Prozesse vor das Obergericht gehören, weil das Austreten ein Vergehen gegen ein Landespoliceigesetz ist.

cf. Verordn. v. 26. Decbr. 1808. §. 34.

Dagegen ist es aber richtig, dass das Verfahren gegen ausgetretene Packknechte an die Gerichte ihres Geburts- oder Wohnorts gewiesen ist, und dass daher für diese Klasse von Personen eine Ausnahme gemacht werden muss.

cf. R. vom 7. Jan. 1804. Matthis I. p. 127.

G. Das monitum des Hrn. v. T. ist nach der Ausführung des Hrn. B. und K. nicht gerechtfertiget. Letzterem trete ich bey.

Das Rescript vom 7. Januar 1804., woraus der neue Zusatz des Hrn. B. entnommen ist, setzt blos die Competenz der vormaligen Militair- und Civil-Gerichte fest. Das darin allegirte Edikt vom 17. Novbr. 1764. §. 3. ist aber durch die neueren Dispositionen der Gerichts-Ordnung, welche §pho 4. keinen Unterschied hinsichtlich der Personen macht, für aufgehoben zu achten, mithin der vorgeschlagene Zusatz unzulässig.

P. Confiscations-Prozesse*) müssen nach der A. G. O. gegen Cantonisten allemal bey dem Landes-Justiz-Coll. der Provinz angestellt werden. Hr. *v. T.* will dies ex analogia des §. 34. der Verordn. vom 26. Decbr. 1808. ändern und zusetzen:

Der Confiscat. Process gegen ausgetretene Cantonisten muss allemal bey den Gerichten, welchen sie (die Cantonisten) zur Zeit des Austritts unterworfen waren, angestellt werden.

Hr. *v. G.* und *K.* erklären sich unbedingt dagegen. Hr. *B.* tritt mit der Einschränkung bey, dass das Verfahren gegen ausgetretene Pack-Knechte vor die Gerichte ihres Wohn- oder Geburts-Orts gehöre nach Matthis I. 127.

Ich würde ebenfalls den vom Hrn. *v. T.* vor-

---

*) Anmerkung von P.: „Der ganze Titel 36. bedarf einer völligen Umarbeitung. Seit dem Gesetz vom 3. Sept. c. giebt es keine Canton-Pflichtigkeit mehr im Sinne der frühern Gesetze. Jeder Eingeborne ist zur Vertheidigung des Staats verpflichtet. Nach dem Edikt vom 2. Juli 1812. §. 78. soll gegen alle die, welche ohne Erlaubniß auswandern, die Strafe der Confiscation verhängt und nach der A. G. O. I. 36. §. 1. seq. und 47. seq. verfahren werden. Alle diese, durch und gegen einander laufenden Gesetze müßten eigentlich zu einem übereinstimmenden Ganzen verschmolzen werden."

geschlagenen Zusatz weglassen. Denn durch das, nach Communication der Minist. der Justiz und des Innern, an das O. L. G. zu Breslau ergangene Rescript vom 21. Jun. 1814. ist beschlossen, die Confiscations-Processe gegen ausgetretene Cantonisten noch ferner vor die Landes-Justiz-Collegia ziehen zu lassen. Demnach bleibt es bey der A. G. O.

Was die von Hrn. *B.* vorgeschlagene Einschränkung wegen der Pack-Knechte betrifft, so scheint mir das von ihm allegirte Rescr. v. 7. Jan. 1804. in Matthis I. 127. hier nicht zu passen. Dasselbe spricht von Deserteurs und von den, von der Armee entwichenen Pack-Knechten, nicht von ausgetretenen Cantonisten, von welchen allein jetzt die Rede ist. (S. unten §. 298. d. E.)

S. 198. Wegen des Zusatzes des Hrn. ꝛc. *v. T.* ad §. 4. Tit. 36. accedo. Die etwa nöthige Abänderung der Vorschrift wird besonders geschehen müssen. Das Verfahren wird indessen so ziemlich dasselbe bleiben können.

Concl. ad 198. Es soll der Zusatz aufgenommen, auch gesagt werden, welches Verfahren stattfinde, wenn die Verordnung v. 1812. und wenn das Edict wegen der Verpflichtung zum Kriegsdienst v. Septbr. 1814. eintritt.

Rescr. v. 29. Novbr. 1809.
Jurist. Mon. Schr. Bd. VIII. p. 508.

§. 284.

ad §. 5. Die Ansprüche auf das Vermögen der Ausgetretenen werden nicht mehr im Namen der Invaliden-, sondern im Namen der Regierungs-Haupt-Kasse jeder Provinz geltend gemacht.

Rescr. v. 17. Januar 1812.
Jahrbuch von Kamptz p. 28.

Eine dergleichen Klage kann aus dem Grunde einer angeblich vorhanden gewesenen Cantonfreyheit nicht per decretum zurückgewiesen, sondern es muß jederzeit salvis remediis darin erkannt werden.

B. Den zweiten Theil dieses Zusatzes finde ich in seiner Allgemeinheit durch das allegirte Rescript nicht begründet. Es spricht blos von den Gebirgskreisen in Schlesien.

G. Das von mir allegirte Rescript drückt sich im Allgemeinen so aus, wie ich den Zusatz gefaßt habe, und bezieht sich nicht ausschließlich auf die Gebirgs-Kreise in Schlesien.

P. Hr. *B.* erinnert, dass der zweyte Theil des Zusatzes, verbis:

„Eine dergl. Klage kann aus dem Grunde" etc.

in seiner Allgemeinheit durch das Rescr. v. 17. Jan. 1812. (Kamptz 1. 28.) nicht begründet werde; wogegen Hr. *v. G.* sich auf die Worte des angeführten Rescripts beruft. Ich beziehe mich hier auf meine obige Anmerkung zu §. 4. dieses Titels (s. S. 453.) und würde event. mit Hrn. *B.* für die Weglassung des zweyten Theils des §. 284. des Entw. stimmen, da eine angebliche Canton-Freyheit gar nicht mehr vorgeschützt und selbst die Befreyung von der Verpflichtung zu Kriegsdiensten (z. B. wegen Gebrechlichkeit, hohen Alters etc.) zur Abwendung der Confiscations-Strafe, vorausgesetzt, dass die Auswanderung vorschriftwidrig erfolgt ist, nicht angeführt werden kann.

S. 199. ad §. 284. bin ich ebenfalls für die Weglassung des 2ten Theils dieses Zusatzes.

Concl. ad 199. appr.

Rescr. vom 12. Novbr. 1801.
Stengel, Bd. XIV. p. 216.

§. 285.

ad §. 6. Der Confiscations-Proceß kann auch gegen einen Cantonisten während seiner Minderjährigkeit eröffnet werden; jedoch ist alsdann außer seinen nächsten Anverwandten zugleich sein Vormund zuzuziehen.

— — —

Rescr. v. 24. July 1797.
Stengel, Bd. V. p. 343.

§. 286.

Die Verordnungen gegen ausgetretene Landeskinder finden auch gegen ausgetretene Soldatenkinder, die dem Canton nicht unterworfen sind, Anwendung.

T. Diesem Zusatz würde ich noch beyfügen:

„sie mögen in der Ehe oder ausser der Ehe erzeugt seyn."

(Publicandum wegen Einführung des A. L. R. bey den Militair-Gerichten v. 14. März 1797. No. 11. Edicten-Sammlung No. 20.)

B. Bey dem Zusatz §. 286. trete ich dem Hrn. Präs. bey.

G. accedo.

P. Hier ist von Soldaten-Kindern, die dem Canton nicht unterworfen sind, die Rede. Hr. *v. T.* will noch zusetzen, dass dies von Soldaten-Kindern ohne Unterschied gelte, sie mögen in oder ausser der Ehe gezeugt seyn, und das von ihm allegirte Rescript

Stengel V. 343.

setzt den Fall voraus, dass die Mutter an einen cantonfreyen Ort gehöre. Da aber Cantonfreyheit und cantonfreye Orte nicht mehr existiren: so fällt der §. 286. des Entw. mit dem von Hrn. *v. T.* vorgeschlagenen Zusatz weg.

S. 200. accedo.

Concl. ad 200. appr.

Cirk. Rescr. v. 15. Octbr. 1804.
Jur. Mon. Schr. Bd. I. p. 205.

§. 287.

ad §. 19. Den im Lande gebornen und vor dem 12. Februar 1792. ausgetretenen Söhnen der eingewanderten und sich auf alten Stellen etablirten Ausländer kann der Confiscations-Proceß nicht gemacht werden, da ihnen die auf den Austritt haftende Strafe der Confiscation ihres Vermögens nicht publicirt ist.

Rescr. v. 17. Septbr. 1799.
Circul. Verordn. v. 19. Decbr. 1799.
Stengel, Bd. IX. p. 330.

§. 288.

ad §. 23. Die Verwandten eines abwesenden Cantonpflichtigen können durch Nachsuchung der öffentlichen Vorladung desselben Behufs der Todes-Erklärung die Folgen eines auf Instanz der Regierungs-Haupt-Kasse ergehenden Confiscations-Erkenntnisses in Ansehung künftiger Erbschafts-Anfälle nicht entkräften. Es tritt vielmehr die Regierungs-Haupt-Kasse in des ausgetretenen Cantonpflichtigen Stelle, insofern nicht von den Miterben nachgewiesen werden kann, daß der Cantonist zur Zeit des Erbanfalls wirklich verstorben gewesen, und das 70ste Jahr seines Alters vollendet gehabt. Im letztern Fall bleiben jedoch auch dann die Rechte der Regierungs-Haupt-Kasse ungekränkt, wenn dieselbe beweisen kann, daß der mehr als 70jährige Cantonist zur Zeit des Erbanfalls wirklich noch am Leben gewesen ist.

Rescr. v. 11. Decbr. 1801.
Stengel, Bd. XV. p. 107.

§. 289.

ad §. 29. Sobald den Gerichten bey Gelegenheit einer Erbtheilung, durch die Publication eines Testaments oder bey andern gerichtlichen Verhandlungen glaubhaft bekannt wird, daß einem ausgetretenen Cantonisten einiges Vermögen zugefallen sey, so müssen sie wegen dessen Sicherstellung sofort von Amtswegen das Nöthige verfügen, auch der vorgesetzten Regieruug oder dem Fiscal davon ungesäumt Anzeige machen, damit der Confiscations-Proceß veranlaßt und wegen der Einziehung des Vermögens die weitere Vorkehrung getroffen werden könne.

T. Es könnte zweifelhaft seyn, ob nicht ad §. 29. des Textes auch die Declaration vom 30. August 1797. wegen der Schenkungen ausgetretener Cantonisten aufzunehmen sey. Ich würde sie aber doch mit dem Herrn Verfasser übergehen, weil sie kein Agendum für die Gerichte, sondern eine materielle Vorschrift enthält.

Rescr. v. 22. Octbr. 1802.
Neues Archiv B. III. p. 123.

§. 290.

ad §. 30. Unter dem Ausdruck: gesammtes Vermögen, wird sowohl das einländische, als das ausländische Vermögen verstanden.

Rescr. v. 12. Decbr. 1797. Nr. 44. im Nachtrag.

§. 291.

ad §. 32. Wenn der ausgetretene Kantonist sich in Rußland befindet und der Aufenthalt desselben bekannt ist; so geschieht die Insinuation der Vorladung an seine Verwandte.

Rescr. v. 17. Septbr. 1798.
Stengel, Bd. XV. p. 318.

§. 292.

ad §. 33. Die specielle Vorladung solcher ausgetretenen Cantonisten, deren Aufenthalt in Nord-Amerika bekannt ist, kann, wenn auch kein Postenlauf dahin stattfindet, nicht unterbleiben und die Gerichte haben sich wegen der Uebermachung solcher Vorladungen an den Residenten in Hamburg zu wenden.

Rescr. v. 18. Septbr. 1802. Nr. 48.
Stengel, Bd. XVI. p. 104.

Wegen der sich in England aufhaltenden ausgetretenen Cantonisten ist die Vorladung durch Requisition des Postamts zu Hamburg weiter zu befördern.

T. Das im Zusatz 291. alleg. Rescr. redet ganz speziell nur von den nach Russland ausgetretenen Cantonisten. Ich würde aber diese und die im folgenden Zusatz enthaltene Bestimmung wegen England gantz weglassen, weil ich sie nur in den damaligen Verhältnissen gegründet, folglich für transitorisch halte. Wahrscheinlich werden sich aber mit dem allgemeinen Frieden diese Verhältnisse ändern und aus gleichem Grunde würde ich daher auch die verschiedenen Kartell-Conventionen und Verordnungen wegen Sachsen, Braunschweig u. s. w. mit Stillschweigen übergehen, und wegen Nord-Amerika beziehe ich mich auf meine Anmerkung ad Tit. 7. §. 26. (s. oben S. 239—240.)

Verordn. v. 29. Septbr. 1795.
- - 6. März 1800.
- - 14. August ej.
- - 7. July 1813. etc.

K. ad §. 291. und 292.
Diese Bestimmungen können m. E., so lange keine neuen vorhanden sind, nicht wegbleiben. Ich trete daher hierbei dem Hrn. *v. T.* nicht bey, würde jedoch bei §. 291. bemerken, dass darin blos von nach Russland Ausgetretenen die Rede sey.

B. Bey den Zusätzen §. 291. und 292. bin ich der Meinung des Hrn. ꝛc. *K.*

G. ad §. 291. und 292. Bei dem Monito des Hrn. v. T. trete ich dem Voto der beyden andern Herrn Monenten bey, welche den von mir gemachten Zusatz für nöthig halten.

P. ad §. 291. und 292. des Entw.
Es ist hier bestimmt, wie die Insinuation der Vorladung geschehen soll, wenn der Ausgetretene in Russland, Nord-Amerika oder England sich aufhält. Herr *v. T.* will diese Bestimmungen weglassen. Ich finde dazu keinen rechten Grund, wenn es nicht etwa wegen Russland (§. 291. des Entw.) bedenklich seyn mögte.

S. 201. ad §§. 291. 292 accedo.

Concl. ad 201. appr.

Rescr. v. 17. Aug. 1813.
fol. 297. Act. gen. des Königl. Justiz-Ministeriums.

§. 293.

ad §. 35. Werden mehrere Ausgetretene zusammen vorgeladen, oder kann deren Vorladung auf einen Tag geschehen, so ist die Citation zur Ersparung der Kosten in einer Bekanntmachung zusammen zu fassen.

Wegen der Aushänge und Insertionen in den Zeitungen sind die Vorschriften ad §. 42. Tit. 7. zu beobachten. (s. oben S. 241 — 243.)

Rescr. vom 12. May 1802.
Stengel, Bd. XVII. p. 143.

§. 294.

ad §. 38. und 39. Zur Ausmittelung des zu confiscirenden Erbtheils eines ausgetretenen Cantonisten, oder desertirten Soldaten bedarf es in dem Falle, wo Miterben vorhanden sind, welche die Erbschaft für die Taxe annehmen wollen, der Subhastation der Grundstücke oder der Auction des Mobiliars nicht. Vielmehr soll in einem solchen Falle die Ausmittelung nur nach einer gerichtlichen Taxe geschehen.

Verordn. v. 17. Octbr. 1805.
Jur. Mon. Schr. Bd. II. p. 5.

Kein Dominium ist befugt, von dem der Regierungs-Haupt-Kasse der Provinz zugesprochenen Vermögen eines desertirten Soldaten oder Cantonisten den sonst üblichen Abzug, und von den der gedachten Kasse zugesprochenen, einem desertirten Soldaten oder Cantonisten zufallenden Erbschaften den sonst üblichen Abschoß inne zu behalten.

K. Diese Vorschriften gehören m. E. in den Tit. 17. Abschnitt 1. Th. I. und Tit. 17. Abschnitt 2. Th. II. des Allg. Landrechts.

B. Ich bin der Meinung des Hrn. ꝛc. *K.*

G. accedo.

P. Hr. *K.* will den Zusatz §. 294. zum A. L. R. verweisen. In Ansehung des zweyten Theils, verbis:

„Kein Dominium ist befugt“ u. s. w.
bin ich einig. Den ersten Theil, welcher das Verfahren bey der Ausmittelung des Vermögens betrifft, würde ich eben deswegen, weil er das Verfahren in der Execution des Confiscat. Urtels betrifft, stehen lassen.

S. 202. Den §. 294. würde ich zum Landrecht verweisen.

Concl. ad 202. appr.

Rescr. v. 6. Decbr. 1802. Nr. 56.

§. 295.

Zu den Kosten in Ansehung des Verkaufs der Grundstücke und Mobilien, wobey Fiscus rücksichtlich ausgetretener Cantonisten concurrirt, ist derselbe etwas beizutragen nicht verbunden, vielmehr sind solche pro rata fisci jederzeit niederzuschlagen.

Rescr. v. 25. Januar und 12. May 1803.
Jur. Mon. Schr. Bd. I. p. 321.

§. 296.

Die Kostenfreyheit des Fisci in Ansehung des Vermögens eines ausgetretenen Cantonisten erstreckt sich bis auf den Zeitpunct seiner Entfernung zurück.

Rescr. v. 29. Novbr. 1809.
Jur. Mon. Schr. Bd. VIII. p. 508.
Rescr. vom 20. März 1813.
Jahrbuch von Kamptz H. III. p. 32.

§. 297.

ad §. 39. Die Einsendung der Gelder geschieht an die Regierungs-Haupt-Kasse jeder Provinz, und es ist der Regierung von der geschehenen Einsendung zu gleicher Zeit Anzeige zu machen.

1) Rescr. v. 9. Febr. 1811.
Jur. Mon. Schr. Bd. X. p. 390.
2) Rescr. v. 9. Januar 1813.
fol. 16 v. Act. gen. des Justiz-Ministerii.

§. 298.

ad §. 46. Eben dahin gehören auch die Confiscations-Prozesse gegen Deserteure von gegenwärtig aufgelöseten Regimentern oder Bataillons, so wie gegen Kriegsgefangene Ausländer, welche sich selbst rantionirt haben und ins Ausland zurückgegangen sind.

T. Nachtrag:

„Gegen die von der Armee entwichenen Packknechte muss aber die Confiskations-Klage bey den Civil-Gerichten des Orts, woher sie gebürtig sind, oder wo sie ihr Domicilium gehabt, angebracht werden."

K. Ich bin mit dem Hrn. Pr. einig.

B. Im Zusatz §. 298. scheint mir der Ausdruck gegenwärtig aufgelöste Regimenter ꝛc. unpassend. Was zur Zeit der Erscheinung des Rescripts vom 9. Febr. 1811. gegenwärtig war, ist es nicht mehr, wenn dieser Anhang publicirt wird. Meines Erachtens könnte man sagen:

„Gegen Deserteurs solcher Regimenter die demnächst aufgelöst worden" u. s. w.

Uebrigens trete ich dem Hrn. Präs. bei.

G. Der Zusatz des Hrn. v. T. ist derselbe, welchen Herr B. ad §. 284. vorgeschlagen hat, und ich nehme auf meine diesfalsige Erwiederung Bezug. (s. oben 452—454.)

Wenn das Wort:

„gegenwärtig"

weggelassen wird,*) so dürfte auch das Monitum des Hrn. B. erlediget und die Fassung meines Zusatzes für jede Zukunft passend seyn.

P. Hr. *B.* hat gegen die Fassung eine Erinnerung gemacht, die mir gegründet und durch die Correctur nicht ganz gehoben zu seyn scheint. Ich würde vorschlagen:

„Auch gegen Deserteurs von solchen Regimentern oder Bataillons, welche nachher aufgelöst worden ꝛc., wird der Confiscat. Process von den Kriegs-Gerichten instruirt."

Sodann würde ich hier den von Hrn. *v. T.* u. *B.* vorgeschlagenen Zusatz wegen der Pack-Knechte aufnehmen und so fassen:

„Gegen die von der Armee entwichenen Pack-Knechte ist, wenn sie noch nicht im Lande sind, von den Gerichten ihres Geburts- oder ihres Wohnorts der Confiscations-Process einzuleiten."

Matthis, 1, 127.

S. 203. accedo.

Concl. ad 203. appr.

Rescr. v. 3. Decbr. 1798.
Stengel, Bd. VII. p. 321.

§. 299.

ad §. 52. Die Unterlassung der Edictal-Citation zieht in dem Fall keine Nichtigkeit nach sich, wo die Bescheinigungen über die geschehene Insinuation vorhanden und beigebracht sind.

P. ad §. 299. des Entw.

Dies scheint mir nicht ganz deutlich, auch mit dem angeführten Rescr. vom 3. Decbr. 1798. nicht übereinstimmend zu seyn. Der Wort-Inhalt des Rescripts geht dahin:

*) Im §. 298. b. m. durchstrichen.

der Edictal - Vorladung bedarf es nicht, wenn die Insinuation der zu zwey Terminen geschehenen Vorladungen des Bekl. wirklich erfolgt und bescheinigt ist.

Der Sinn aber ist,

dass das Erkenntniss auch in dem Fall der unterbliebenen Edictal-Citation (obgleich solche in dem Fall des §. 51. vorgeschrieben ist) abgefasst werden könne, wenn nur die Insinuation der §. 52. verordneten besondern Vorladung bescheinigt sey.

Herr *v. G.* hat den Sinn richtig genommen, aber theils in den Worten:

„Bescheinigungen über die geschehenen Insinuationen“

(welcher?)

nicht bestimmt genug ausgedrückt, theils in den Worten:

„zieht keine Nichtigkeit nach sich“

verändert. Ich würde jedoch den ganzen Zusatz weglassen, weil es sich wohl von selbst versteht, dass auf die Edictal-Citation nichts weiter ankommt, sobald die besondere Vorladung möglich und gehörig erfolgt und bescheinigt ist.

S. 204. Den §. 299. würde ich mit veränderter Fassung stehen lassen, da darüber gezweifelt werden kann, ob in diesem Falle die Edictal-Citation nicht auch rite geschehen müsse.

Concl. ad 204. appr.

Neuer Zusatz ad §. 53. Th. I. Tit. 36.

Gesetz-Sammlung Nr. 114.

T. 114. „Uebrigens hat es bey dem Edict v. 12. July 1812. wegen Auswanderung preussischer Unterthanen und ihrer Naturalisation in fremden Staaten lediglich sein Bewenden. "

B. Der Zusatz des Hrn. Präs. ad §. 53. weiset wohl eigentlich auf materielles Recht hin, indess kann das Allegat auch hier nicht schaden.

G. Das Edict vom 12. July 1812. enthält überall keine specielle processualische Vorschrift, welche nicht schon im §. 47. seqq. der Gerichts-Ordnung befindlich wäre, und ich glaube daher, daß der vorgeschlagene neue Zusatz überflüssig ist.

P. Hr. *v. G.* ist gegen den Zusatz des Hrn. *v. T.* ad §. 53., weil das Edict keine specielle processualische Vorschriften enthalte.

Das ist nicht zu leugnen. Allein auf das Verfahren hat das Edict, in Verbindung mit dem Gesetz vom 3. Septbr. 1814., doch in sofern Einfluss, als dadurch die bisherige Gesetzgebung in zwey Haupt-Puncten, nämlich

in Absicht der an die Stelle der Kantonpflichtigkeit getretenen allgemeinen Verpflichtung zu Kriegsdiensten,

und

in Absicht der Ausdehnung der Confiscations-Strafe auf Nicht-Kanton- oder überhaupt auf Nicht- zu Kriegsdiensten Verpflichtete (die vormals nur Geld- oder Leibes-Strafe verwirkten, A. L. R. II. 17. §. 139.)

geändert ist und nun die Frage entsteht, in welchen Fällen das Verfahren nach Tit. 36. Abschn. 1. und in welchen es nach Abschn. 2. dieses Titels eingeleitet werden soll? Mir scheint dies so wichtig, dass darüber in dem jetzigen Anhange nothwendig eine Bestimmung erfolgen müsste. Ich habe eben deswegen schon oben bemerkt, dass ich eine völlige Umarbeitung dieses Titels für nothwendig halte. (s. oben S. 453. Anmerkung *.

Eventualiter würde ich vorschlagen, gleich zu Anfang des Titels auf das Edict vom 12. Jul. 1812. und das Gesetz vom 3. Sept. 1814. zu verweisen und zu bestimmen, dass der Confiscations-Process gegen alle diejenigen, welche ohne die Vorschriften des Edicts vom 2. Jul. 1812. zu beobachten, ausgewandert sind, oder noch auswandern, auf den Antrag des Fisci einzuleiten und den Bestimmungen des 1. Abschnitts des 36. Tit. gemäss, so weit solche auf zu Kriegsdiensten verpflichtete Unterthanen überhaupt anwendbar seyen, zu verfahren; in Ansehung solcher Unterthanen aber, die weder im stehenden Heere, noch in der Landwehr, noch bey dem Aufgebote des Landsturms zu dienen schuldig, die Bestimmungen des 2. Abschn. bey dem gegen sie einzuleitenden Confiscations-Process zu beobachten seyen.

Anders weiss ich die alte und neue Gesetzgebung, besonders den §. 7. des Edicts vom 2. July 1812., wo ausdrücklich auf den §. 47. seq. Tit. 36. (d. i. den 2. Abschn.) hingewiesen ist, nicht zu vereinigen.

S. 205. Ich würde den Zusatz weglassen und es der Zeit überlassen, über das Verfahren in den Fällen des Edicts v. 12. Juli 1812., welches ohnehin durch die damaligen politischen Conjuncturen herbeigeführt worden und jetzt grösstentheils überflüssig ist, umständliche Vorschriften zu ertheilen.

Concl. ad 205. Vid. No. 198. (s. S. 454.)

S. Nachträgliches Votum. 23. In Absicht des Verfahrens gegen diejenigen, die dem Edikt vom 12. Juli 1812. zuwider ausgewandert sind, scheint mir ein Zusatz nicht nöthig zu seyn. In sofern sie nicht des Kriegsdienstes wegen ausgetreten sind, findet auf sie der 2te Abschnitt des 36. Titels, nach der ausdrücklichen Disposition des §. 47. l. c., Anwendung. In dem §. 2., worauf §. 47. Bezug nimmt, werden die Gesetze wegen der Strafen des unbefugten Auswanderns allegirt. Zu diesen Gesetzen gehört nun jetzt auch das Edict vom 12. Juli 1812. In diesem Edict ist über das Verfahren nichts Abweichendes bestimmt; vielmehr wird im §. 7. desselben ausdrücklich auf §. 47. seqq. Tit. 36. Th. 1. der Allg. Ger. Ordn. verwiesen.

Zu Th. I. Tit. 37.

Todes-Erklärungen.

Cab. Ordre vom 23. Septbr. 1810.
Jur. Mon. Schr. Bd. IX. p. 327.

§. 300.

ad §. 3. Werden Militair-Personen, **Kriegsbeamte**, Knechte und überhaupt Personen, welche dem Lager und der Armee folgen müssen, nach einer Schlacht, einem Gefecht, Scharmützel oder Rückzuge, ingleichen nach einem ausgeführten oder fehlgeschlagenen Sturme auf eine Festung, Schanze, Batterie, Lager oder sonstigen Platz, vermißt, und haben sie nicht innerhalb eines Jahres nach geschlossenem Frieden und nach Zurückgabe der Gefangenen, von ihrem Leben und Aufenthalte Nachricht gegeben, so tritt, nach fruchtlos erfolgter öffentlicher Vorladung, die Vermuthung ihres erfolgten Todes ein.

Schanz- und andere Arbeiter, ingleichen das Gesinde des Militairs und überhaupt alle andere Personen, die zur Zeit des Sturmes oder der Action gegenwärtig sind, werden nach demselben Grundsatz beurtheilt. Der zurückgebliebenen Ehefrau und den Verwandten des Vermißten wird in den vorgedachten Fällen nachgelassen, auf die Todeserklärung anzutragen, ohne den im Gesetz bestimmten zehnjährigen Zeitraum abzuwarten.

Die Todeserklärung selbst wird nach den darunter vorhandenen gesetzlichen Vorschriften veranlaßt, jedoch ist es hinreichend, wenn der Termin nur auf drey Monat hinausgesetzt wird und die Edikta l-Citation unter Beobachtung der Vorschrift des Tit. 7. §. 43. d. A. Ger. Ordn. nur dreimal geschieht. *)

T. Neuer Zusatz ad §. 3. **)

„Die Wirksamkeit der vormundschaftlichen Behörde tritt aber nur dann ein, wenn keine Verwandte des Abwesenden bekannt sind, oder wenn die bekannten nächsten Verwandten von der ihnen zunächst zustehenden Befugniss, auf Todes-Erklärung anzutragen, der geschehenen Aufforderung unerachtet, keinen Gebrauch machen."

K. ich trete den Bemerkungen des Hrn. *Pr. v. T.* bei.

B. Den neuen Zusatz des Hrn. Präs. *v. T.* ad §. 3. halte ich nicht für nothwendig, da er im Grunde nur das wiederholt, was im Allg. L. R. Th. II. Tit. 18. §. 824. seq. disponirt ist.

G. ich stimme mit dem Hrn. B. auf Weglassung des neuen Zusatzes.

P. Der Text sagt:

das Vormundschafts-Gericht muss den Curator anweisen, die Todes-Erklärung nachzusuchen.

---

*) Rescr. v. 21. März 1812. Jahrbuch von Kamptz p. 44.

**) Rescr. vom 6. Decbr. 1796. N. 5.
Edikten-Samml. Nachtrag zum Jahrgang 1796. Nr. 35.

Das A. L. R. II. 18. §. 825. hingegen verordnet nur, dass das Vormundsch. Gericht berechtigt, aber nicht verpflichtet sey, die Todes-Erklärung zu veranlassen.

Dass das A. L. R. hier der A. Ger. O. vorgehe, entscheidet das von Hrn. *v. T.* angeführte Rescript vom 6. Decbr. 1796. und er schlägt daher den Zusatz vor:

Die Wirksamkeit der Vormundschafts-Behörde tritt nur dann ein, wenn keine Verwandte des Abwesenden bekannt sind, oder wenn die bekannten nächsten Verwandten von der ihnen zustehenden Befugniss, auf Todes-Erklärung anzutragen, keinen Gebrauch machen.

Hr. *B.* und Hr. *v. G.* haben sich dagegen erklärt, weil es schon im A. L. R. stehe. Ich würde aber dafür seyn, weil die A. G. O. hier durch das A. L. R. in der That geändert ist. Doch würde ich dabey, zum bessern Verständnisse des Ausdrucks:

Wirksamkeit

das A. L. R. II. 18. §. 825. 826. allegiren.

Der §. 300. des Entwurfs wird sich ändern, wenn das neue Gesetz wegen der Todes-Erklärung der Militair-Personen die Königl. Approbation erhält.

S. 206. Wegen des Zusatzes des Hrn. *v. T.* ad §. 3. Tit. 37. accedo.

Concl. ad 206. appr.

S. 207. Der §. 300. enthält über die Vermuthung des Todes Manches, was zum Landrecht gehört. Hier kömmt es blos auf das Verfahren an. Termin von 3 Monat, 3 mal. Edict. Citation.

Concl. ad 207. appr.

S. Nachträgliches Votum. 24. Es frägt sich, ob der §. 300. des Entwurfs nach meinem Voto ad 207.

nicht aufzunehmen, wenn die erwartete Verordnung erscheinen sollte? Ich glaube, quod sic.

Zu diesem nachträglichen Votum hat Pfeiffer bemerkt:

Wenn auch die neue Verordnung wegen der Todes-Erklärungen nicht erscheint; so würde ich doch im §. 300. des v. Gossler'schen Entwurfs das Gesagte nicht aufnehmen, weil es eigentlich zum A. L.R. gehört.

Endlich sagt *S.* am Schlusse des nachträglichen Votums:

ad No. 24. soll die neue Verordnung abgewartet werden.

Rescr. v. 26. März 1798. No. 25.

§. 301.

ad §. 6. Nach Verlauf von 40. Jahren kann die Todes-Erklärung erfolgen, ohne daß es einer Edictal-Citation und der Vorladung der unbekannten Erben des Abwesenden bedarf.

B. Den Zusatz §. 301. halte ich für überflüssig, weil dasselbe schon im Allg. L. R. Th. II. T. 18. §. 854. und im Anhange zum Allg. L. R. §. 171. (s. oben S. 88. und 123.) steht, auf welche höchstens zu verweisen seyn würde.

G. accedo.

P. Der §. 301. des Entw. wird als überflüssig nach der gegründeten Bemerkung des Hrn. *B.* zu streichen seyn.

S. 208. accedo.

Concl. ad 208. appr.

§. 302.

ad §. 6. No. 5. vid. §. 42. Tit. 7. der Ger. Ordn. im Anhange. (s. oben S. 241.)

S. 209. Der §. 302. fällt weg.

Concl. ad 209. appr.

Zu Th. I. Tit. 38.

Prodigalitäts-Erklärung.

Rescr. v. 6. Decbr. 1796.
Edikten-Samml. 1798. Nachtr. Nr. 35.
Stengel, Bd. III. p. 194.

§. 303.

ad §. 3. Bey dem Verfahren über die Frage: ob Jemand für wahn- oder blödsinnig zu erklären, muß der dasselbe instruirende Richter, und nicht das Vormundschaftliche Gericht den besonderen Curator des unter Curatel zu setzenden zu seinem Beistande bey diesem Verfahren bestellen.

B. Der Zusatz §. 303. scheint mir nicht zum §. 3., sondern zum §. 5. des Textes zu gehören. Dagegen würde ich zum §. 3. folgenden Zusatz machen:

„Wenn die Umstände es nothwendig machen, dass der Blödsinnige aus seinem persönlichen Gerichtsstande nach dem Orte, wo das Landes-Justiz-Colleg. seinen Sitz hat, von der Polizei-Behörde gebracht werden muss, so kann sich dieses Obergericht nicht entbrechen, die Untersuchung selbst zu führen."

Rescr. vom 29. Sptbr. 1803. Arch. 3. pag. 126.

G. accedo, daß dieser Zusatz ad §. 5. gehörig ist.

Ob der neue Zusatz des Hrn. B. aufzunehmen, da bis jetzt die darin enthaltene Disposition nur in Preußen, so wie in der Churmark zur Anwendung gekommen, stelle ich anheim.

P. Dem Monito des Hrn. *B.* ist abgeholfen. Die Worte am Schlusse:

„zu seinem Beystande bey diesem Verfahren“ würde ich als unnöthig weglassen.

Den neuen Zusatz des Hrn. *B.* hält Hr. *v. G.* deswegen für bedenklich, weil er bisher nur in Preussen und in der Chur-Mark zur Anwendung gekommen sey.

Ich würde den Zusatz aufnehmen, weil in dem angezeigten (seltenen) Fall wohl nichts anders übrig bleiben wird, als die Untersuchung an das Landes-Justiz-Collegium zu weisen.

S. 210. accedo.

Concl. ad 210. appr.

S. 211. Warum an das Landes-Justiz-Collegium und nicht an das Untergericht, insofern der Prodigus nicht zu den Eximirten gehört?

Concl. ad 211. appr.

Rescr. v. 1. Decbr. 1796.
Stengel, Bd. IV. p. 283.

§. 304.

ad §. 6. Es ist lediglich Sache der vorschlagenden Verwandten, die ausgewählten Aerzte zur Uebernahme des Geschäfts willig zu machen und zu sistiren. Ein Arzt, der weder als Physicus, noch sonst gegen den Staat oder die Commune in besonderen Pflichten steht, hat keine absolute Verbindlichkeit, sich dergleichen Geschäften zu unterziehen. Nur in dem einzigen Falle, wenn der Curator und die Verwandten aller Mühe ohngeachtet, keinen Sachverständigen finden können und die Instruction solchergestalt dadurch aufgehalten werden würde, muß das Gericht die Medicinal-Behörde um Ernennung eines Sachverständigen requiriren.

B. Vom Zusatz §. 304. könnte die erste Periode ganz wegbleiben, da sie aus der zweiten sich von selbst erledigt.

G. Die erste Periode muß am Ende stehen bleiben, denn sie entscheidet den Zweifel, welchen das Berlinische Stadtgericht aus dem §. 6. l, a. entnahm, und wodurch das Rescript vom 1. Decbr. 1796. veranlaßt wurde.

P. Die erste Periode würde ich nach der Erinnerung des Hrn. *B.* weglassen, da kein Zweifel darüber entstehen kann, dass die Verwandten, wenn sie einen Arzt vorschlagen, seine Bewilligung dazu sich verschaffen müssen.

S. 212. accedo.

Concl. ad 212. appr.

Rescr. v. 2. April 1798.
Stengel, Bd. VI. p. 261.

§. 305.

ad §. 8. In dem Fall, wo jemand für wahn- oder blödsinnig erklärt worden, bedarf es der öffentlichen Bekanntmachung durch Aushang an der Gerichtsstelle und Einrückung in den Zeitungen nicht.

Rescr. v. 18. July 1812. im Jahrbuch von Kampz, No. 240.

Für die Sicherstellung des Vermögens, wo solche erforderlich ist, muß das Gericht bei Gelegenheit der Instruction des Prozesses von Amtswegen sorgen.

T. Ich halte es für hinreichend, zu sagen, dass es keiner öffentlichen Bekanntmachung bedürfe. Sonst möchte man den Zusatz auf die Verordn. v. 3. May 1804. beziehen, wonach es bey öffentlicher Bekanntmachung nur der Insertion in die Intelligentz-Blätter bedarf.

K. ich trete dem Hrn. Pr. *v. T.* bei.

B. Bey dem Zusatz §. 305. trete ich dem Hrn. Praes. *v. T.* bei.

Der Zusatz des Hrn. *G.* aus dem Rescr. vom 18. July 1812. scheint mir nicht zu diesem §. 8., sondern ad §. 5. zu gehören.

G. Ich halte das monitum des Hrn. v. T. nicht für gegründet. Der qu. Zusatz ist absichtlich von mir so gefaßt, weil der §. 34. im Gegensatz die Bekanntmachung in der dort bezeichneten Art vorschreibt.

Monitum des Hrn. B.
accedo.

P. Ich halte das monitum des Hrn. *v. T.* für erheblich. Das R. vom 2. April 1798. sagt überhaupt, dass es keiner öffentlichen Bekanntmachung bedarf. Damit ist es genug. Die beygefügten Worte:

„durch Aushang ꝛc.“

sind überflüssig und können, wie Hr. *v. T.* richtig bemerkt, zu Misdeutungen führen.

Dem Monito des Herrn *B.* wegen der Stellung des Zusatzes zum §. 5. (nicht 8.) ist schon abgeholfen.*)

S. 213. accedo.

Concl. ad 213. appr.

---

*) G. hat die Aenderung b. m. bewirkt.

Zu Th. I. Tit. 40.

Ehesachen.

Rescr. v. 8. Septbr 1802.
Stengel, Bd. XVII. p. 156.

§. 306.

ad §. 20. In allen Fällen, wo sich catholische Eheleute mit ihren Ehescheidungs-Klagen bey den Gerichten melden, muß ihnen gleich bey Einleitung des Processes ausdrücklich bekannt gemacht werden:

daß zwar ihre Klagen blos nach den Vorschriften der allgemeinen Landesgesetze geprüft werden würden, und wenn sie hiernach gegründet befunden werden sollten, alsdann die Trennung der Ehe mit allen bürgerlichen Wirkungen erfolgen werde, auch es lediglich ihrem Gewissen überlassen bleibe, in wiefern sie davon zur Vollziehung einer zweyten Ehe Gebrauch machen wollten, daß aber, wenn bey erfolgter Wieder-Verheirathung die catholischen Geistlichen aus den Grundsätzen ihrer Religion Veranlassung nehmen sollten, ihnen die Sacramente zu versagen, solche zu deren Verabreichung nicht angehalten werden können; so wie denselben auch nicht zugemuthet werden könne, eine von ihnen einzugehende zweyte Ehe durch die Trauung zu vollziehen.

Rescr. v. 3. März 1798.
Stengel, Bd. X. p. 180.

§. 308.*)

So viel die Ehescheidungen der Juden anbetrift, so ge-

*) Der Entwurf geht von §. 306. sofort zu §. 308. über; §. 307. findet sich nicht.

hören solche ebenfalls vor die christlichen Gerichte und ist dabey nur ebenso, wie in andern Sachen, wo es auf Kenntniß der Ritual-Gesetze ankommt, die Zuziehung der Rabbiner in der Qualität als Sachverständige erforderlich.

Jedoch bedarf es in Fällen, wo die Ursachen der Ehescheidung in facto nicht streitig sind, und deren Erheblichkeit in jure von dem andern Theile entweder anerkannt, oder von den Rabbinern, als dem Ritual-Gesetz gemäß attestirt wird, keines förmlichen Prozesses, sondern es kann sofort das Erkenntniß ertheilt werden.

Gesetz vom 11. März 1812. §. 27.
Rescr. v. 17. Januar 1813.
Jahrbuch von Kamptz, p. 25.

Ein dergleichen Erkenntniß ist in allen Fällen zur Begründung der bürgerlichen Wirkungen einer gänzlichen Ehescheidung unter den Juden hinreichend, und die Ausfertigung eines Scheidebriefes nicht nothwendig.

T. Ich wurde die ersten Perioden gantz weglassen. Denn wegen des Gerichtsstandes ist schon im §. 6. des Anhangs (s. oben S. 174.) das nöthige bemerkt, und das alleg. Rescr. vom 3. Märtz 1798. ist blos für das damalige Neuostpreussen ergangen.

Dagegen würde ich den §. 26. des Gesetzes v. 11. Märtz 1812. aufnehmen, verbis:

„Juden können, so wie andere Staatsbürger, auf die Trennung einer vollzogenen gültigen Ehe aus den im Allg. L. R. Th. II. Tit. 1. §. 669—718. festgesetzten Ursachen antragen."

und dann gleich die letzte Periode dieses Zusatzes folgen lassen.

K. ich bin mit dem Hrn. Pr. *v. T.* einig.

B. Bey dem Zusatz §. 308. bin ich mit dem Hrn. Pr. *v. T.* einig, dass die beiden ersten Perioden wegfallen müssen; ich würde mich aber blos mit der Aufnahme des §. 27. des Ed. vom 11. März 1812. begnügen, denn der §. 26., welcher bestimmt, dass die Juden auch aus den Ehescheidungs-Ursachen des Allg. L. R. getrennt werden können, betrifft materielles Recht, und gehört nicht zur Prozessordnung.

G. Meines Erachtens dürfen die ersten beiden Perioden nicht wegfallen, da sie wesentliche Bestimmungen des Verfahrens enthalten.

P. Die beyden ersten Perioden des Zusatzes §. 308. des Entw. sind m. E. unnöthig. Ich wüsste nicht, was die Rabbiner bey dem Process zu thun haben sollten, da die Scheidungs-Ursachen nicht mehr nach dem Ritual-Gesetze *), sondern nach dem A. L. R. zu beurtheilen sind. Auch der von Hrn. *v. T.* vorgeschlagene Zusatz scheint mir überflüssig. Er gehört zu den Materialien, nicht zur Form des Processes. Aus demselben Grunde bedarf es auch der letzten Periode, wo von der bürgerlichen Wirkung des Scheidungs-Urtels die Rede ist, nicht, und würde ich den ganzen §. 308. des Entw. streichen.

S. 214. accedo.

Concl. ad 214. approb.

Verordn. v. 13. März 1803. §. 7.
Stengel, Bd. XVII. p. 295.

§. 309.

ad §. 22. Alle Sponsalien- und Ehe-Sachen gehören vor diejenigen Gerichte, welchen der Beklagte oder der Ehe-

---

*) Anmerkung von P. „Das Rescr. v. 17. Jan. 1812. in v. Kamptz, Jahrbücher H. I. p. 24. redet zwar von Ehescheid. Gründen, die aus dem Ritual hergenommen sind. Das R. ist aber älter, als das Edict wegen der bürgerl. Verbesserung der Juden vom 11. März 1812."

mann persönlich unterworfen ist, und es ändern sich hiernach alle darauf Bezug habende Vorschriften dieses Titels von selbst ab. (cf. Tit. 2. §. 128.)

Rescr. v. 25. Februar 1812.
v. Kamptz, Jahrbuch p. 37.

§. 310.

ad §. 26. Den Gerichten bleibt es auch unbenommen, — falls sie es den Umständen angemessen finden, — den klagenden Ehegatten anzuweisen, sich wegen des Sühns-Versuchs an seinen Beichtvater *) zu wenden, und die Einleitung des Prozesses erst alsdann zu verfügen, wenn der Kläger ein Attest des Predigers über den fruchtlos angestellten Sühneversuch eingereicht hat.

T. Das allegirte Rescr. schärft eigentlich nur die Vorschriften des §. 26. und 31. im Text von neuem ein, und es scheint mir daher dieses Zusatzes kaum zu bedürfen.

K. Ich bin mit dem Hrn. Pr. *v. T.* einig.

B. Den Zusatz §. 310. halte ich mit Hrn. *Pr. v. T.* für überflüssig.

G. accedo.

P. Hr. *v. T.* hält den Zusatz §. 310. des Entwurfs für überflüssig. Ich würde ihn aber doch als eine nähere Bestimmung des Verfahrens passiren lassen. Dagegen würde ich aber den in der Note vorgeschlagen Zusatz wegen Verweisung an den Rabbiner

---

*) Anmerkung von G.: „Könnte rücksichtlich der Juden — nach Maßgabe des Rescripts vom 17. Januar 1812. (Jahrb. von Kamptz, p. 24.) nicht auch hinzugefügt werden: „„oder falls der Kläger jüdischer Nation ist, „an den Rabbiner?““

Ich stelle dieß anheim.“

nicht aufnehmen. Die Rabbiner, welche nur Schwierigkeiten erregen, müssen möglichst entfernt gehalten werden.

S. 215. accedo.

Concl. ad 215. appr.

Circul. Verordn. v. 30. Decbr. 1798. Sect. III.
Allgem. Land Recht, Th. II. Tit. 18. §. 33.

§. 311.

ad §. 32. In Ehescheidungssachen soll es der Bevormundung der Kinder nur dann bedürfen, wenn es sich aus den erfolgenden Verhandlungen ergiebt, oder dem Gericht bekannt ist, daß ein oder beyde Ehegatten sich der Verschwendung des Vermögens oder der Vernachlässigung der Erziehung der Kinder verdächtig machen.

Rescr. v. 30. Sptbr. 1799.
Stengel, Bd. IX. p. 350.

§. 312.

ad §. 43. Bey Instruction der Ehescheidungs-Prozesse sind die Partheyen zu befragen: ob sie bey der allgemeinen Wittwen-Kasse associirt sind, oder nicht; — im ersteren Falle ist sodann das Interesse beyder Eheleute über diesen Punkt nach Anleitung des §. 26. litt. a. des Reglements für die allgemeine Wittwen-Verpflegungs-Anstalt vom 28. Dcbr. 1775. bey erfolgender Trennung der Ehe zu reguliren, und sobald das Ehescheidungs-Erkenntniß die Rechtskraft beschritten hat, die General-Direction gedachter allgemeiner Wittwen-Verpflegungs-Anstalt ex officio zu benachrichtigen.

T. Quaeritur, ob dieser Zusatz ex paritate rationis nicht auf die Militair-Wittwen-Kasse auszudehnen, da die

Interessenten derselben jetzt ebenfalls in ihren Rechtsstreitigkeiten bey den Civil-Gerichten Recht nehmen müssen? submitto. —

K. ich bin mit Herrn Pr. *v. T.* einig.

G. Die Bemerkung des Hrn. v. T. betrifft legem ferendam und gehört zur Entscheidung des Herrn Justiz-Ministers.

P. Hr. *v. T.* wirft die Frage auf, ob der Zusatz §. 312. des Entw. nicht auf die Militair-Wittwen-Casse auszudehnen sey? Ich glaube, dass es gut seyn würde, weil nach §. 25. des Reglem. vom 3. März 1792. der Pensions-Schein zurückgegeben werden muss. Ich finde aber keine gesetzl. Vorschrift, dass es geschehen soll. Auch wegen der Prediger- u. Schul-Lehrer-Wittwen-Cassen finde ich nicht, dass es vorgeschrieben sey. In dem Anhange kann desshalb keine neue Vorschrift gegeben werden, daher ich dem Entwurf keine Ausdehnung beyfügen würde.

S. 216. accedo.

Concl. ad 216. appr.

Rescr. v. 22. Septbr. 1803.
Neues Archiv Bd. III. p. 428.

§. 313.

Bey Instruction der Ehescheidungs-Prozesse unter Catholiken müssen die Gerichte zur Vermeidung alles Anstoßes für andere catholische Glaubensgenossen die Termine entweder in ganz getrennten Zimmern am Orte des Gerichts oder in aedibus privatis abhalten.

T. Die hier enthaltene Vorschrift ist gantz beyläufig in das alleg. Rescr. mit eingeflossen. Ein vernünftiger Richter wird Ehescheidungs-Sachen überhaupt schon mit mehr Zartheit wie gewöhnliche Prozesse behandeln. Warum aber gerade Ehesachen der Katholiken mit mehr Schonung, wie die der Protestanten behandelt werden sollen, dies leuchtet mir wenigstens nicht ein, und ich würde diese Vorschrift nicht aufnehmen.

K. Den Zusatz würde ich nicht weglassen, weil Ehescheidungen nach catholischen Religions-Begriffen unstatthaft sind, und also die Verhandlungen darüber bei bürgerlichen Gerichten andern catholischen Glaubensgenossen allerdings anstössig werden können.

B. Den Zusatz §. 313. würde ich mit Herrn Pr. *v. T.* auslassen. Die Anweisung ist nur für die Untergerichte in Südpreussen ergangen, und nur der Regierung in Warschau überlassen worden, sie danach allenfalls zu bedeuten.

G. Ich habe nichts gegen die Weglassung dieses Zusatzes zu erinnern.

P. Dieser Zusatz, der einen guten Rath für die vormalige Warschauer Regierung enthält, kann füglich wegleiben.*)

S. 217. accedo.

Concl. ad 217. Der Zusatz soll aufgenommen werden.

Neuer Zusatz ad §. 51. Th. I. Tit. 40.

Rescr. v. 8. May 1812.
Kamptz, I. 51.

T. „Die allgemeine Festsetzung im Erkenntniss:
ob und wer der allein schuldige Theil und in die Ehescheidungsstrafe zu verurtheilen sey?

---

*) In margine ist bemerkt: „Soll bleiben."

ist jedoch nicht hinreichend, vielmehr zur Vermeidung neuer Streitigkeiten die genaue Bestimmung, was als Ehescheidungsstrafe gegeben werden solle, erforderlich."

K. Ich bin mit dem von Hrn. Pr. *v. T.* vorgeschlagenen Zusatze einverstanden.

B. Den neuen Zusatz des Hrn. Pr. *v. T.* ad §. 51. würde ich aufnehmen, obgleich er eigentlich nur eine Bestätigung der Gerichts-Ordnung ist.

G. Ich halte den Zusatz des Hrn. v. T. für überflüssig, da — auch ohne Antrag der Partheyen — der Richter nach Th. II. Tit. 1. §. 785. und 786. über die Beobachtung dieser Vorschrift nicht hinwegkommen kann.

P. Der neue Zusatz des Hrn. *v. T.* betrifft die in dem Ehescheidungs-Urtel auszudrückende genauere Bestimmung der Ehescheidungs-Strafe und scheint mir nicht überflüssig zu seyn, da zwischen dem Kammergericht und dem Stadtgericht darüber Uneinigkeiten entstanden sind,

v. Kamptz, Heft 1. S. 51.

und das A.L.R. II. 1. §. 5. 785. 786. wohl die Rechtssätze, nach welchen entschieden, aber nicht die Form, wie die Entscheidung abgefasst werden soll, bestimmt.

S. 218. accedo.

Concl. ad 218. appr.

Rescr. v. 22. Febr. 1796.
Stengel Bd. II. p. 186.

§. 314.

ad §. 56. Dieses Interimisticum dauert, wenn die Ehescheidung auch durch das folgende Erkenntniß für unstatthaft erklärt wird, bis zur rechtskräftigen Entscheidung des Prozesses fort.

Rescr. vom 30. Aug. 1810.
Jur. Mon. Schr. Bd. IX. p. 338.

§. 315.

ad §. 63. und 64. Wenn ein Ehegatte eines begangenen Verbrechens wegen, das nach den Gesetzen mit Zuchthaus- oder Festungsstrafe geahndet werden muß, die Flucht ergriffen hat, so kann der zurückgebliebene Ehegatte, der an diesem Verbrechen keinen Theil genommen, wegen der Verlassung, welche diese Flucht zur Folge hat, sofort ohne Abwartung irgend einer Frist auf Trennung der Ehe und auf die deshalb zu erlassende öffentliche Vorladung des entwichenen Ehegatten, unter der Verwarnung, in dieser Beziehung des angeschuldigten Verbrechens geständig zu seyn, antragen.

Rescr. v. 24. Aug. 1806.
Jur. Mon. Schr. Bd. X. p. 23.

§. 316.

Wenn die Ehefrau eines nach Siberien transportirten Verbrechers auf Ehescheidung anträgt, so kann ihr auf den Grund ihrer Ehescheidungsklage sofort der Scheidebrief in Form eines Erkenntnisses ertheilt werden, insofern das Verbrechen des Beklagten aus den Acten sich ergiebt.

T. Es ist kaum zu erwarten, dass neue Sendungen von Verbrechern nach Siberien erfolgen werden, und ich würde diese ganz specielle Vorschrift im Zusatz 316. weglassen.

K. Ich würde diesen Zusatz gleichfalls weglassen.

B. Den Zusatz §. 316. würde ich auch weglassen, um so mehr, als dies Verfahren völlig ausser der Regel ist.

G. Einverstanden.

P. Der §. 316. des Entw. ist zu streichen, weil wir

allem Vermuthen nach die Verbrecher nicht ferner nach Siberien senden werden.

S. 219. accedo.

Concl. ad 219. appr.

Rescr. v. 3. Novbr. 1810.
Jur. Mon. Schr. Bd. IX. pag. 554.

§. 317.

Wenn eine Ehefrau, deren Mann mit zu Felde gegangen, aber aus dem Kriege nicht wieder zurückgekommen ist, wegen böslicher Verlassung die Ehescheidungsklage anstellt, so kommt es in Hinsicht des Zeitraums zunächst auf die Beschaffenheit der einzelnen Fälle und auf die, über die Gründe der Abwesenheit des Mannes einzuziehende Erkundigung an. Wenn diese Erkundigung zu keinem andern zuverlässigen Resultate führt, so tritt die Vermuthung ein, daß derjenige Soldat, welcher sich nach erfolgter Auswechselung der Kriegsgefangenen nicht wieder eingefunden hat, der Desertion schuldig sey, und die zurückgelassene Ehefrau ist alsdann, ohne Abwartung irgend einer Frist, auf die Scheidung und Citation anzutragen berechtiget. Wird diese Vermuthung durch andere Umstände widerlegt, und muß die Ehefrau nach Vorschrift des Allgemeinen Landrechts Theil II. Tit. 1. §. 689. seqq. einen einjährigen oder zweyjährigen Zeitraum seit der Entfernung ihres Ehemannes abwarten, bevor sie auf Scheidung wegen böslicher Verlaßung antragen kann, so leidet es keinen Zweifel, daß dieser Zeitraum von der Zeit der erfolgten Auswechselung der Kriegsgefangenen angerechnet werden muß, indem es von diesem Zeitpunkte an dem Abwesenden möglich gewesen ist, entweder in sein Vaterland zurückzukehren, oder von seinem Leben und Aufenthalt Nachricht zu geben.

P. Der §. 317. des Entw. ist zu suspendiren.

S. 220. Den §. 317. würde ich als einen blossen Commentar des Landrechts weglassen.

Concl. ad 220. appr.

Zu Th. I. Tit. 41.

Unterthanen-Prozesse.

Rescr. v. 24. May 1800.
Stengel, Bd. XIII. p. 347.

§. 318.

ad §. 49. Bey Prozessen zwischen der Gutsherrschaft und einzelnen Unterthanen, welche Gutsgerechtsame betreffen und worin Erkenntnisse erfolgen, welche auch in jedem einzelnen Falle mit andern Unterthanen würden zur Anwendung gebracht werden wollen, findet sowohl die Appellation als die Revision statt.

B. Den Zusatz §. 318. würde ich nicht aufnehmen. Das Rescr. giebt, unter den vom Supplicanten angeführten Umständen, die Revision in einem vorliegenden Falle nach und qualificirt sich daher gar nicht zu einer Generalvorschrift.

G. Ich muß auf Beybehaltung dieses Zusatzes insistiren. Er entscheidet einen öfter vorkommenden zweifelhaften Fall, und es läßt sich nicht annehmen, daß das Königl. Justiz-Departement bloß den v. Quitzow, welcher sich über das Verfahren des Cammergerichts beschwert hatte, zu begünstigen gemeint gewesen sey.

P. Ich würde mit Hrn. *B.* für die Weglassung dieses Zusatzes seyn. Daraus, dass einmal die Revision in einer Dienst-Sache, welche kaum 50. Thaler werth war, zugelassen worden, folgt nicht, dass es allemal geschehen müsse. Die Generalisirung könnte zu weit führen.

S. 221. accedo.

Concl. ad 221. appr.

Rescr. vom 16. Octbr. 1809.
Jur. Mon. Schr. Bd. VIII. p. 586.

§. 319.

ad §. 68. Wenn dergleichen Klagen eingehen, so muß die Richtigkeit des angegebenen Hindernisses sofort geprüft und nöthigenfalls durch eine Local-Commission auf das schleunigste untersucht, dieser die Regulirung eines Interimisticums anheim gegeben, und sodann das Erforderliche bey dem Mangel einer gütlichen Vereinigung durch ein Erkenntniß festgesetzt werden, bey welchem es dann so lange verbleibt, bis in der Folge ein anderes rechtskräftig festgestellt wird.

Neuer Zusatz ad §. 86 a. Th. I. Tit. 41.

T. „conf. §. 319. des Anhangs."

K. Ich finde die von Hrn. Pr. *v. T.* vorgeschlagene Hinweisung auf den §. 319. des Anhangs nicht erforderlich, da er nur festsetzt, was in jenem §. enthalten ist.

B. Das Allegat bey §. 86 a., welches der Hr. Pr. *v. T.* vorschlägt, finde ich nicht nöthig.

P. Die von Hrn. *v. T.* vorgeschlagene Beziehung ist unnöthig, wie Hr. *B.* schon bemerkt hat.

Zu Th. I. Tit. 42.

Grenz- und Bau-Sachen.

Rescr. v. 23. Juny 1798.
Stengel, Bd. VII. p. 302.

§. 320.

ad §. 25. Ist das Urtel in Possessorio erfolgt, so finden die Vorschriften Tit. 31. §. 18. statt.

Anmerkung von G. Wegen der Grenz-Streitigkeiten für Südpreußen siehe Reglement vom 6. August 1796.

T. Das Grenz-Reglement für das ehemalige Südpreussen würde, wenn auch diese Provinz unserem Staate schon wieder einverleibt wäre, dennoch keiner Erwähnung bedürfen, weil nach dem im §. IV. der Einleitung (s. oben S. 134.) vorgezeichneten Plane alle Provinzial-Gesetze von diesem Anhange ausgeschlossen sind.

K. Der Erwähnung des Grenz-Reglements für Südpreussen vom 6. August 1796. wird es auch m. E. nicht bedürfen.

B. Die Note wegen der Grenzstreitigkeiten in Südpreussen wird allerdings wegfallen müssen; denn bis dahin existirte noch kein Südpreussen und die Vorschrift ist überdies bloss provincial.

Aus demselben Grunde würde ich aber auch den Zusatz §. 320. weglassen. Der Zweifel der Regierung zu Warschau entstand bloss aus dem besonderen, der dasigen Grenz-Commission vorgeschriebenen Verfahren, und ist jetzt nicht mehr denkbar.

G. accedo wegen Weglassung der Note: „für Südpreußen“, da überdem, wie ich jetzt bemerke, diese Verordnung, welche ganz vortreffliche allgemein anzuwendende

Bestimmungen enthält, und eben um deshalb nur von mir allegirt war, in der Gesetzsammlung nicht abgedruckt ist.

Mit dem Monito des Herrn B. ad §. 320. einverstanden.

P. Das allegirte Grenz-Reglement für Südpreussen ist wohl gut, eignet sich aber nicht zur Aufnahme in den Anhang.

Der §. 320. des Entw. bleibt weg, da es für sich klar ist, dass ein Urtel in possessorio, auch in Grenz-Sachen, keine Appellation zulässt u. s. w.

S. 222. Wegen der Note des Hrn. ꝛc. *v. G.* ad Tit. 42. accedo.

Concl. ad 222. appr.

S. 223. wegen §. 320. accedo.

Concl. ad 223. appr.

Zu Th. I. Tit. 43.

Auseinandersetzungen der Gemeinheiten.

Rescr. v. 3. May 1802. No. 28.

§. 321.

ad §. 31. und 36. Bey Gemeinheits-Sachen kann sich der Commissarius und Instruent eines Protocollführers bedienen.

Rescr. v. 5. April 1806.
Jur. Mon. Schr. Bd. III. p. 98.

§. 321 a.

Wenn Mitglieder einer Dorfgemeine auf Auseinandersetzung mit den übrigen Mitgliedern antragen und aus dem Gutachten sachkundiger Landwirthe hervorgehet, daß die Theilung nicht nur an sich möglich, sondern auch dem Ganzen vortheilhaft sey, so müssen die der Separation widersprechenden Mitglieder nicht nur ihren Antheil an den Vermessungs- und Bonitirungskosten vorschießen, sondern auch zum Besten der allgemeinen Landescultur ihre Besitzungen unter sich zu theilen angehalten werden. *)

Zu Th. I. Tit. 44.

Pacht- und Mieths-Sachen.

Circular vom 19. Dezbr. 1799.
Rescr. v. 28. Jan. 1802.
Neues Archiv Bd. II. p. 306.

§. 322.

ad §. 41. Die Appellation gegen ein Erkenntniß, wodurch die Pachtzeit für abgelaufen erklärt wird, hat, ohne Rücksicht, ob auf Räumung erkannt worden oder nicht, in allen Fällen effectum suspensivum, und es muß nur die Instruction und Entscheidung der folgenden Instanzen vorzüglich beschleunigt werden.

§. 323.

ad §. 55. Sollte der Pächter wegen etwaniger Forderungen an den Verpächter die Rückgabe des Guts verweigern und Umstände anführen, welche gegen den letztern einen Arrestschlag begründen; so muß darüber ein besonderes Verfah-

*) Der Zusatz §. 321 a. war Anfangs von dem §. 321. nicht getrennt; dies geschah auf die Bemerkung von P., daß bey den Worten:
„Wenn Mitglieder ꝛc."
zu einer ganz fremdartigen Materie übergegangen würde.

ren eröffnet, und ohne den Abschluß der Hauptsache abzuwarten, wie in Arrest-Sachen, schleunigst erkannt werden.

Rescr. v. 19. März 1802.
Neues Archiv Bd. II. p. 419.

§. 323a.

Da es in einem solchen Falle für den Verpächter zu nachtheilig seyn würde, wenn die gewöhnlich weit aussehenden Forderungen des Pächters gleich mit der Hauptsache instruirt werden sollten, so muß nach Vorschrift der Allg. Ger. Ordn. §. 63. Tit. 29. und unter Beobachtung der daselbst, in Betreff der beizubringenden Bescheinigungen, festgestellten Grundsätze, über die Zulässigkeit des Retentions-Rechts jedesmal besonders verhandelt und darüber in separato erkannt, in diesem Erkenntnisse auch sowohl über die Frage: ob das Pachtrecht des Pächters erloschen sey, als über die Zuständigkeit des behaupteten Retentions-Rechts das Nöthige festgestellt und entschieden werden.

T. Es wird die Vorschrift im Eingange des Zusatzes 322. auf den Fall zu beschränken seyn, wenn die Pachtzeit wegen schlechter Wirthschaft des Pächters für abgelaufen erklärt wird.

conf. das alleg. Rescr.
und das Rescr. vom 8. April 1802. Stengel, XV. p. 378.

Der zweite Theil dieses Zusatzes gehört m. E. ad §. 55., scheint aber durch den folgenden Zusatz 323. gantz entbehrlich zu werden.

Rescr. vom 8. April 1802. Stengel, XV. p. 378.

Statt dessen würde ich folgende Bestimmung aufnehmen:

„Wenn dagegen der Verpächter wegen Ablaufs der Pachtzeit auf Räumung des Guts klagt, der Pächter aber dieser Räumung aus einem anderen Grunde als unter dem Vorwande eines ihm zustehenden Retentions-Rechts widerspricht, der Termin zur Räumung der Pacht auch nahe bevorsteht, oder schon verlaufen ist, so hat die Apellation nur effectum devolutivum."

K. ich trete den Bemerkungen des Herrn Pr. *v. T.* bei.

B. Bei den Zusätzen §. 322. u. 323. bin ich mit dem Herrn Pr. *v. T.* in materialibus einverstanden; in Hinsicht der Fassung aber würde ich, mehrerer Deutlichkeit wegen, drei Fälle unterscheiden:

a) wenn während der Pachtzeit wegen übler Wirthschaft die Exmission des Pächters verlangt wird;

b) wenn wegen abgelaufener Pachtzeit das Abziehen des Pächters der Gegenstand des Streits ist, und der Pächter wegen meliorationen etc. ein Retentionsrecht behauptet;

c) wenn er, ohne dergleichen Recht zu prätendiren, das Abziehen bey abgelaufener Pacht verweigert.

ad a. hat die Appellation volle Wirkung.

ad b. muss das behauptete jus retentionis, wenn es anders ein Arrestverfahren begründet, ganz nach den Vorschriften des Arrestprozesses erörtert und entschieden werden.

ad c. kömmt die Vorschrift §. 59—64. huj. tit. zur analogen Anwendung, und die Appell. hat nur dann die volle Wirkung, wenn der Räumungs-Termin nicht nahe bevorsteht, oder noch nicht abgelaufen ist.

Mit dem neuen Zusatze des Herrn Pr. *v. T.* bin ich einverstanden.

G. Das Monitum des Herrn v. T. ist ungegründet, und die verlangte Einschränkung weder nothwendig, noch mit dem allegirten Rescripte in Einklang. Sie ist nicht nothwendig, weil in den §phis 36—41. nur von dem Fall gesprochen wird, wo wegen übler Wirthschaft des Pächters auf Exmission geklagt ist.

Sie ist dem allegirten Rescripte nicht gemäß, weil dieses im Gegentheil ausdrücklich sagt:

„daß es wegen der Nachtheile, so dem Pächter aus der Exmission erwachsen würden, in allem Fall bey der Vorschrift der Cirkular-Verordnung vom 19. December 1799. verbleiben solle."

Dahingegen bin ich mit dem Herrn Monenten darin einverstanden, daß der §. 323. hinwegfallen kann, und würde ich es bloß bey dem §. 323 a. belassen, auch demselben in einem besondern §. den vom Herrn v. T. vorgeschlagenen Zusatz, welcher sich auf das Rescript vom 8. April 1802. gründet, beifügen.

Hierdurch wird jeder Zweifel gehoben, und es bedarf der besondern Distinktionen, so wie der veränderten Fassung, welche Herr B. wünscht, nicht weiter. Denn

ad a. seines Moniti besagt der Zusatz sub §pho 322.

ad b. liegt in dem Zusatz sub. §. 323 a, woselbst das Arrestverfahren vorgeschrieben worden.

ad c. erledigt sich durch den neuen Zusatz des Herrn v. T.

P. ad §. 322. des Entw.

Der Text §. 41. der A. G. O. redet, wie die Vergleichung mit den vorherigen §§. 36. bis 40. zeigt, von dem Fall, wenn der Verpächter den Pächter einer üblen Wirthschaft beschuldigt, und deswegen vor Ablauf der Pachtzeit auf Exmission oder Sicherstellung anträgt.

In demselben §. 41. sind sehr zweckmässige Vorschriften, welchen Effect die Appellation in dem Fall, wovon die Rede, nämlich, wenn der Pächter einer üblen Wirthschaft beschuldigt ist, haben soll, gegeben und es ist besonders verordnet,

dass, wenn auf Exmission des Pächters

(nicht auf blos interimistische Verfügungen zur Sicherheit des Verpächters, z. B. auf Bestellung eines Aufsehers etc.) erkannt worden und der Pächter dagegen appellirt, der Exmission Anstand gegeben werden (mithin der Appellation effectus suspensivus beigelegt werden) soll.

Die Circular-Verordnung vom 19. Decbr. 1799. §. XI. macht zu dem erwähnten §. 41. den Zusatz, welchen Hr. *v. G.* wörtlich aufgenommen hat. Herr *v. T.* will die Einschränkung beyfügen,

wenn die Pachtzeit wegen schlechter Wirthschaft des Pächters für abgelaufen erklärt wird,

wogegen Hr. *v. G.* behauptet, dass diese Einschränkung unnöthig und mit dem R. vom 28. Januar 1802.

N. A. II. 304.

nicht übereinstimmend sey.

Mir will der ganze Zusatz nicht recht gefallen. Denn mit der vorgeschlagenen Einschränkung sagt er eigentlich nichts mehr, als was schon im Text steht, und ohne die Einschränkung ist er nicht allgemein wahr, weil die Appellation wohl nicht in allen Fällen, wo die Pachtzeit durch ein Erkenntniss für abgelaufen erklärt wird, effectum suspensivum haben kann. Da indessen der von Herrn *v. G.* in den Entwurf aufgenommene Zusatz einmal in der Circular-Verordnung steht; so würde ich ihn doch mit der von Herrn *v. T.* vorgeschlagenen Einschränkung für unschädlicher halten, als ohne dieselbe. Ueberdem zeigen die R. vom 28. Januar und 8. April 1802. sehr klar, dass das Justiz-Ministerium die Circular-Verordnung gerade so einschränkend erklärt hat, wie sie Herr *v. T.* erklären will.

N. Arch. II. 304.
Stengel, XV. 378.

Demnach würde ich den Entwurf dahin ergänzen:

„Die Appellation gegen ein Erkenntniss, wodurch die Pachtzeit wegen schlechter Wirthschaft des Pächters für abgelaufen erachtet wird, hat ohne Rücksicht" u. s. w.

ad §. 323. des Entw.

Hr. *v. G.* ist mit Hrn. *v. T.* einig, dass dieser Zusatz wegzulassen sey. Diesem stimme ich bey, weil der folgende §. 323 a. ungefähr das Nämliche sagt. Hr. *v. T.* schlägt aber einen neuen Zusatz vor, welchem auch Hr. *v. G.* beystimmt, wobey ich aber einiges Bedenken habe. Es ist nämlich von dem Fall die Rede,

wenn der Verpächter die Räumung des Guts wegen wirklich abgelaufener Pachtzeit verlangt, der Pächter aber die Räumung verweigert.

Diese Weigerung kann sich nun entweder

auf den Vorwand eines auszuübenden Zurückbehaltungs-Rechts,

oder

auf einen andern Vorwand gründen.

Im ersten Fall muss die Sache, dem Text §. 55. zu Folge, als eine Arrest-Sache angesehen und behandelt werden, und davon spricht der folgende §. 323 a. des Entw. Im letzten Fall hingegen, wenn die Weigerung auf einen andern Vorwand sich gründet, entsteht die Frage, ob der Appellation effectus suspensivus beyzulegen sey? Hr. *v. T.* will diese Frage in dem von ihm vorgeschlagenen neuen Zusatz verneinen, und auf den Grund eines Rescr. vom 8. April 1802. festsetzen,

dass die Appellation nur effectum devolutivum habe.

Ich habe dabey das Bedenken, dass das allegirte Rescr. in keiner officiellen Sammlung, sondern nur in

Stengel XV. 378.

steht, und dass selbst das im

Neuen Archiv II. 417.

gedruckte Rescr. vom 29. März 1802. gleichen Inhaltes sich auf die blosse Analogie der §§. 61—64. der A. G. O. h. t., welche von Mieth-Sachen handeln, gründet. Da es indessen an einer directen Entscheidung in den Gesetzen wirklich fehlt und die Analogie das angeführte Rescript allerdings unterstützt, so würde ich den von Hrn. *v. T.* vorgeschlagenen Zusatz aufnehmen und nur die Fassung der Analogie mehr annähern, welche bei Vergleichung der angeführten §§. 61 — 64. der A. G. O. h. t. mit Tit. 14. §. 6. No. 2. voraussezt, dass Gefahr im Verzuge sey, welches bey dem Wechsel der an- und abziehenden Pächter gewöhnlich der Fall ist. Ich schlage vor:

„Wenn der Verpächter wegen Ablaufs der Pachtzeit auf die Räumung des Guts geklagt, der Pächter aber solche aus anderen Ursachen, als unter dem Vorwande eines auszuübenden Zurückbehaltungs-Rechtes verweigert hat und derselbe hierauf in erster Instanz zur Räumung verurtheilt ist; so kann dieses Urthel, der von dem Pächter dagegen ergriffenen Appellation ungeachtet, zur Abwendung der dem Verpächter bevorstehenden Gefahr im Verzuge vollstreckt werden.“

ad §. 323 a. des Entw.

Dieser Zusatz betrifft den Fall, wenn der Pächter die Räumung des Guts nach geendigter Pachtzeit, unter dem Vorwande des Retentions - Rechts verweigert und ist nur aus dem angeführten Rescr. vom 19. März 1802. genommen.

Wenn meine zu dem vorigen §. vorgeschlagene Fassung genehmigt wird: so dürfte auch dieser §. 323 a. anders und so zu fassen seyn:

„Verweigert der Pächter die Räumung nach Ablauf der Pachtzeit unter dem Vorwande eines auszuübenden Zurückbehaltungs-Rechts; so muss, bey der alsdann eintretenden Behandlung des Streits als Arrest-Sache, über die Zulässigkeit des Retentions-Rechts jedesmal ein besonderes Verfahren eröffnet und darüber nach den Vorschriften der A. G. O. I. 29. §. 63. besonders erkannt und darf, bis dieser Punct in den zulässigen beyden Instanzen rechtskräftig entschieden worden, mit der Exmission des Pächters nicht verfahren werden."

S. 224. 225. und 226. accedo.

Concl. ad 224. 225. und 226. appr.

Neuer Zusatz ad §. 60. Th. I. Tit. 44.

Rescr. v. 28. August 1806.
Matthis X. p. 23.

T. „Ist der Miether ein Künstler oder Handwerker, so darf ihm, insofern er andere Mobilien besitzt, kein Handwerkszeug, überhaupt aber keinem Miether von den eingebrachten Effekten mehr vorenthalten werden, als zur Bezahlung der schuldigen Miethe nöthig ist, und wenn über den Werth der Mobilien und des Handwerkzeugs Streit entsteht, so ist ohne alle processualische Weitläufigkeiten eine Taxe aufzunehmen und darnach festzusetzen, welche Effekten dem Vermiether zur Sicherheit zu belassen, wobey es sein unabanderliches Bewenden behalten muss. Uebrigens müssen sich die Gerichte stets bemühen, den Vermiether in Gute zu disponiren, dem Professionisten so viel an Handwerkszeug zu lassen, als ihm, um sich den nöthigen Lebensunterhalt zu verdienen, unentbehrlich ist.“

K. Ich trete den Bemerkungen des Hrn. Pr. *v. T.* bei.

B. Mit dem Zusatz des Hrn. Pr. *v. T.* bin ich einverstanden.

G. Ich muß der Aufnahme des neuen Zusatzes des Hrn. v. T. widersprechen.

Zuvörderst bemerke ich, daß das Rescript, worauf er sich gründet, älter ist, als die Gerichts-Ordnung, und daß letztere, wenn es für nöthig gehalten wäre, entweder in dem 14. oder 44. Titel darüber etwas enthalten würde.

In der That bedarf es auch des qu. Zusatzes nicht; denn wo Gefahr im Verzuge ist, tritt die Appellation ohnehin nur cum effectu devolutivo ein;

cf. §. 63. d. T.

und wo jene Gefahr nicht existirt, ist zu der devolutiven Wirkung des eingelegten Rechtsmittels gar kein vernünftiger Grund vorhanden, und es muß bey der allgemeinen sehr zweckmäßigen Vorschrift des Sphi 64. dieses Titels mithin verbleiben.

P. Der neue Zusatz des Hrn. *v. T.* betrifft die nähere Bestimmung des dem Vermiether zustehenden Retentions-Rechts, wenn der Miether ein Künstler, oder Handwerker ist, und gründet sich auf ein Rescript vom 28. Aug. 1806.

Matthis X. 23.

Hr. *v. G.* widerspricht aus mir nicht verständlichen Gründen. Ich würde den neuen Zusatz aufnehmen.

S. 227. accedo.

Concl. ad 227. appr.

Rescript vom 10. März 1800.
Jur. Mon. Schr. Bd. I. p. 406.

§. 324.

ad §. 63. Die Revision findet, wenn das zu berechnende Objekt summam revisibilem ausmacht, auch in Mieths-Sachen statt. Ist jedoch in einem solchem Falle das erste Erkenntniß bereits vollstreckt; so muß es dabey, wenn gleich ein abändernbernbes Erkenntniß in zweyter Instanz erfolgt, bis zur rechtskräftigen Entscheidung verbleiben und nur, wie im §. 63. festgesetzt worden, über das zu leistende Interesse zugleich mit erkannt werden.

Neuer Zusatz ad §. 63. Th. I. Tit. 44.

T. „Die Vollstreckung eines Contumacial-Erkenntnisses in schleunigen Miethssachen kann durch Restitutions-Gesuche nicht aufgehalten werden, sondern der Restitutionssucher muss sein etwaniges Interesse entweder per modum appellationis, oder wenn er dies nicht will, per modum separatae actionis ausführen."

K. ich trete den Bemerkungen des Hrn. Pr. *v. T.* bei.

B. Mit dem Zusatze des Hrn. Pr. *v. T.* bin ich einverstanden.

P. Der Zusatz ad §. 63. betrifft die Rechtsmittel gegen ein Contumacial-Erkenntniss in Mieths-Sachen und scheint mir ebenfalls zur Aufnahme geeignet zu seyn.

Rescr. vom 15. Juni 1795.
in der Edicten-Sammlung.

S. 228. accedo.

Concl. ad 228. appr.

Zu Th. I. Tit. 46.

Erbsonderungen.

Rescr. vom 12. Jan. 1805.
Neues Archiv Bd. III. p. 429.

§. 325.

ad §. 8. 12. und 25. Wenn bey einer Erbsonderung Fonds *) concurriren, welche zur immerwährenden Fortsetzung einer Fabrique gegeben sind, so dürfen sie nicht mit zur Theilung gebracht werden, sondern sie fallen demjenigen Erben zu, welcher die Fortsetzung der Fabrique übernimmt.

Rescr. v. 29. May 1805.
Neues Archiv Bd. IV. p. 137.

§. 326.

ad §. 23. Es darf dabey nicht auf die Höhe der Erb-Rata oder auf den Taxations-Werth eines etwa streitigen Grundstücks, sondern es muß lediglich auf das Quantum differentiae in Bezug auf den, welcher sich für gravirt hält, gerücksichtigt werden.

S. Nachträgliches Votum. 25. Den §. 326. des Entw., welcher, so wie er gefasst worden, nicht ganz verständlich ist, würde ich weglassen. Die . . . . Bescheidung ist sehr speciell und das . . . . . zu entnehmende Principium kann an und für sich keinem Zweifel unterworfen seyn. **)

---

*) In dem Entwurfe ist „Fonds" durchstrichen und von P. darüber geschrieben „Geldsummen"; S. hat dazu folgende Bemerkung gemacht:

„Das Rescript l. a. sagt Fonds, und dieser Ausdruck muß beibehalten werden, da er eine ausgedehntere Bedeutung, als das von dem Hrn. Monenten substituirte Wort „Geldsummen" hat."

**) Die mit Punkten angedeuteten Stellen fehlen in dem Originale, welches an dieser Stelle beschädigt ist.

Zu Th. I. Tit. 47.

Moratorien.

Neuer Zusatz ad §. 11. und 37. Th. I. Tit. 47.

T. Der in der Einleitung zu diesem Anhang festgestellte und von Sr. Excellenz dem Chef der Justiz stillschweigend genehmigte Grundsatz (s. oben S. 134.), dass alle neuern Verordnungen, die blos auf transitorischen Verhältnissen beruhen, aus diesem Anhange wegbleiben sollen, findet ganz vorzüglich auf Indult-Sachen Anwendung und geleitet von diesem Grundsatz würde auch ich die neueren Indults-Verordnungen und deren Declarationen ebenfalls übergehen.

Unter diesen Gesichtspunkt möchten aber wohl folgende nicht zu bringen seyn, und daher einen Platz in diesem Anhang verdienen:

Rescr. v. 29. Febr. 1812.
Kamptz, I. p. 40. sub. No. 5.

ad §. 37. „In der Regel hat schon ein substantiirtes Spezial-Moratorien-Gesuch die Sistirung der Exekution zur Folge. Nur wenn durch die gänzliche Sistirung der Exekution der Gläubiger sehr gefährdet werden sollte, besonders, wenn durch die vorher verfügte Exekution schon ein Objekt der Befriedigung ausgemittelt war, und dieses durch die Verhandlungen über das Moratorium verloren gehen könnte, bleibt es dem richterlichen Ermessen überlassen, die Sistirung der Exekution zur Sicherung des Gläubigers in einzelnen Fällen zu modificiren."

Ich submittire indess, ob diese Vorschrift nicht oben schon ad Tit. 24. §. 42. in den Zusatz 182. (s. oben S. 338—339.) mit aufzunehmen sey. Alsdann würde aber der Conformität wegen auch der §. 329. des Anhanges (s. S. 509.) cessiren und die Bestimmung wegen Sistirung der Exekution in den Zusatz 182. zu verweisen seyn.

K. ich würde den Zusatz des Hrn. Pr. *v. T.* hier aufnehmen, weil er nur bei Moratorien-Sachen Anwendung findet, und keine allgemeinen Vorschriften wegen der Executionen enthält.

B. Dem Zusatze des Hrn. Pr. *v. T.* ad §. 37. würde ich hinter dem Worte

substantiirtes

noch hinzufügen:

„und zeitig nach §. 7. 8. und 9. dieses Titels angebrachtes Moratoriengesuch“ u. s. w.;

denn dies sagt das Rescript selbst durch den gebrauchten Ausdruck:

noch zulässiges Mor. Gesuch.

Auf das zeitige Anbringen des spec. moratorii kommt es nach der Pr. Ordnung l. all. sehr an.

G. Diesem neuen Zusatze des Hrn. v. T. kann ich durchaus meine Beistimmung nicht geben, und muß überhaupt das Rescript vom 29. Februar 1812. zu den transitorischen Verfügungen zählen, welche mit Bezugnahme auf die bestehenden Indult-Gesetze erlassen sind. Die in jenem Zusatze enthaltene Bestimmung:

daß in der Regel schon ein gehörig substantiirtes Special-Moratorien-Gesuch die Sistirung der Execution zur Folge habe,

findet sich in dem gegenwärtigen Titel nirgends ausgedrückt und ist der klaren Disposition der Gesetze entgegen, wornach die einmal verhängte Execution durch kein Dilations-Gesuch gehemmt werden soll.

cf. Tit. 24. §. 36., 42. und 43. der Gerichts-Ordnung.

Durch den §. 9. Tit. 47. wird obige Disposition weder

beschränkt, geschweige gänzlich aufgehoben; denn sie läßt zwar als Ausnahme von der, §pho 7. festgestellten Regel das Indult-Gesuch noch nach dem Schlusse der Instruktion und selbst nach abgeurtelter Hauptsache, keinesweges aber alsdann noch nach, wenn bereits das Executions-Verfahren begonnen hat.

Was übrigens im §. 182. des Anhangs vom General-Moratorio gesagt ist, darf auf den Special-Indult, worüber das Rescript vom 29. Febr. 1812. sich einzig und allein ausläßt, nicht extendirt werden.

P. Hr. *v. T.* bemerkt ganz richtig, dass die neueren Indult-Verordnungen, in sofern sie zu den blos transitorischen Gesetzen gehören, nicht aufzunehmen seyen. Er will aber auf den Grund des Rescripts vom 29. Febr. 1812.

v. Kamptz, Heft 1. p. 40. No. 5.

hier bestimmen, wie es mit der Execution gehalten werden soll, wenn ein Special-Moratorium gesucht wird.

Hr. *v. G.* hält diese Bestimmung für unzulässig, weil sie der A. G. O. zuwider und blos transitorisch sey. Die Sache hängt so zusammen:

Die A. G. O. I. 47. §. 63. legt dem General-Moratorien-Gesuch (versteht sich, wenn es gehörig substantiirt ist) und der darauf erlassenen Verordnung (der Vorlad. der Gläubiger etc.) die Wirkung bey, dass alle executivische Verfügungen wider den Schuldner ausgesetzt bleiben. Dem Special-Moratorien-Gesuch ist diese Wirkung in der A. G. O. nicht beygelegt. Es heisst nur im §. 37.

„Wenn einem Schuldner der Special-Indult rechtskräftig zuerkannt worden; so findet während der Dauer desselben keine executivische Verfügung wider ihn statt.

Das Rescript vom 29. Febr. 1812. nimmt aber an, dass nach der Verordnung vom 20. Juni 1811. §§. 9. 10., und selbst nach den Bestimmungen der Allg. Ger. O.

ein gehörig substantiirtes und noch zulässiges Special-Moratorien-Gesuch die Sistirung der Execution zur Folge habe und dass nur alsdann, wenn der Gläubiger durch die gänzliche Sistirung der Execution sehr gefährdet werden sollte, besonders wenn durch die vorher schon verfügte Execution schon ein Object der Befriedigung ausgemittelt worden und dieses durch die Verhandlungen über das Moratorium verloren gehen könnte, es dem richterlichen Ermessen überlassen bleibe, die Sistirung der Execution zur Sicherung des Gläubigers in einzelnen Fällen zu modificiren.

Dieses ist es, was Hr. *v. T.* in einem neuen Zusatz aufnehmen will, womit auch Hr. *B.* bis auf die von ihm vorgeschlagene Aenderung der Fassung einig ist. Mir scheint es zweifelhaft nicht nur,

ob der von Hrn. *v. T.* vorgeschlagene Zusatz,

sondern auch,

ob nicht überhaupt diejenigen nähern Bestimmungen, welche in der Verordnung v. 20. Juni 1811. §§. 8 bis 22. in Beziehung auf das Moratorium enthalten sind, in den Anhang aufgenommen werden sollten?

denn die Cab. Ordre vom 3. Juni 1814. sagt ausdrücklich, dass die den Grundbesitzern zu gestattenden Zahlungs - Nachsichten etc. wiederum n a c h d e n a l l g e m e i n e n I n d u l t - G e s e t z e n u n d i n s o n d e r h e i t n a c h d e m E d i c t v o m 20. J u n i 1811. eingeleitet und vestgesetzt werden sollen. Diese Zusammenstellung des Edicts mit den allgemeinen Indult-Gesetzen scheint anzudeuten, dass jenes so wenig, wie diese, für blos transitorisch zu achten und folglich in so fern, als es die Vorschriften der A. G. O. wirklich abändert oder näher bebestimmt, dem Anhang einverleibt werden müsse. Ich habe mich aber doch bey nochmaliger Ansicht des Edicts und der Cabinets-Ordre überzeugt, dass sie bloss für die Zeit-Umstände berechnet und für Bestandtheile einer dauernden Gesetzgebung, wie die A. G. O. ist, nicht zu achten sind. Ich würde also von dem erwähnten Edict ganz absehen, auch den, damit in Verbindung stehenden Zusatz des Hrn. *v. T.* um so mehr weglassen, da die Aufnahme theils unnöthig, theils in der Anwendung sehr schwierig ist. Für unnöthig halte ich ihn deswegen, weil das Special-Moratorium in der Regel schon bey der Einlassung auf die Klage nachgesucht werden muss,

A. G. O. I. 47. §. 7. seq.

und mithin die Gefahr der Execution noch nicht zu besorgen seyn kann, wenn der Schuldner sein Moratorien-Gesuch zeitig substantiirt, welches seine Sache ist. Für schwierig in der Anwendung aber halte ich den Zusatz wegen seiner ganzen Fassung.

Die Ausdrücke:

„wenn der Gläubiger durch die gänzliche (?) Sistirung der Execution sehr (?) gefährdet werden sollte“ u. s. w.

werden von der Chicane leicht gemissdeutet und dem vernünftigen Richter wird durch solche Vorschriften sein Amt gewöhnlich mehr erschwert, als erleichtert.

S. 229. Ich beziehe mich deshalb auf das ad No. 132. (s. oben S. 339.) Gesagte, und würde den Zusatz ad §. 11. Tit. 47. aufnehmen. Die Fassung würde m. E. folgende seyn;

„Bei einem nach rechtskräftig entschiedener Sache in den zulässigen Fällen angebrachten gehörig unterstützten Moratorien-Gesuch muss die Execution ausgesetzt bleiben. Sind aber Gründe zu der Besorgniss vorhanden, dass dem Gläubiger das Objekt seiner künftigen Befriedigung verloren gehen werde; so muss der Richter das Erforderliche zur Sicherstellung des Gläubigers verfügen."

Concl. ad 229. appr.

Rescr. v. 5. Decbr. 1801.
Neues Archiv Bd. II. p. 275.

§. 327.

ad §. 56. Bey einer dergleichen Edictal-Citation müssen die Grundsätze des §. 42. seqq. Th. I. Tit. 7. der Allgem. Ger. Ordn. beobachtet und nur ein dreymonatlicher Termin darin festgesetzt werden.

Rescr. v. 12. Octbr. 1801.
Neues Archiv, Bd. II. p. 181.

§. 328.

ad §. 63. Nichts desto weniger kann der Schuldner angehalten werden, während der Instruction des General-Moratorii die currenten und aus den letzten zwey Jahren rückständigen Zinsen zu bezahlen.

T. Neuer Zusatz.*)

„Ein verschuldeter Officiant oder Pensionair kann

*) Anmerkung von T.: „Rescr. v. 14. Novbr. 1801. NB. im Einverständniß mit dem Chef der Justiz erlassen.
Stengel, Bd. XV. S. 220.
Cab. Befehl v. 23. July 1811. Nr. 19.
desgl. v. 24. May 1812. Gesetzsammlung 1814. No. 3."

sich wegen rückständiger Alimente, Geldstrafen und aller Forderungen, die aus unerlaubten Handlungen herrühren, insofern ein solcher Gläubiger aus demjenigen Theile des Gehalts und der Pension, welcher den übrigen Gläubigern nicht verhaftet ist, befriedigt werden kann, mit dem General-Moratorio nicht schützen.

K. Mit dem Zusatz ad §. 63. bin ich einig.

B. Mit dem 2ten Zusatz des Hrn. Pr. *v. T.* ad §. 63. des Textes bin ich nicht einverstanden. Sollten hiedurch gewisse Zahlungen oder Leistungen als dem Moratorio nicht unterworfen specificirt werden, so müsste

a) der Zusatz ad §. 97. des Textes gemacht werden. Allein ich bin überhaupt der Meinung,

b) dass die allegirten Gesetze den Zusatz entweder überhaupt nicht rechtfertigen, oder doch nichts Neues sagen, was in dem §. 97. der Prozess-Ordnung nicht schon enthalten seyn sollte.

Denn:

1) dass gegen Geldstrafen kein Moratorium schützt, folgt schon aus No. 2. §. 97., weil alle Geldstrafen zu einer öffentlichen Kasse fliessen *) und hiermit ist das vom Hrn. Präs. allegirte Rescript des Finanz-Ministerii vom 14. Novbr. 1801. abgefertigt, welches diese Stelle der Pr. Ordn. nicht gekannt zu haben scheint.

2) Was die Alimente betrifft, so sagt No. 5. §. 97., dass gegen laufende Alimente kein Moratorium Platz greife,

---

*) Anmerkung von T. „Nach §. 119. 120. Tit. 17. Th. II. des A. L. R. gebühren die Geldstrafen sehr oft dem Patrimonialgerichtsherrn."

und dies ist weder in dem Cab. Befehl vom 23. Jul. 1811, noch in dem v. 24. May 1812. abgeändert und nicht gesagt, dass ein Officiant sich wegen rückständiger Alimente nicht solle zum Moratorium qualificiren können. Jener Befehl spricht nur aus, dass auch die Gehälter der Militair-Personen unter 400. Rthlr. wegen Alimente in Beschlag genommen werden können, und dieser denkt an Alimente gar nicht.

3) Wenn ein Officiant anvertrautes Gut ververzehrt hat, und es itzt ersetzen soll, so wird er sich nach §. 97. No. 8. freilich nicht zum Moratorium eignen können; allein dass er sich gegen Entschädigungen aus andern unerlaubten Handlungen zum Moratorio nich solle qualificiren können, finde ich nirgends verordnet. Die Verordnung v. 24. May 1812. spricht nur von Exekutionen und hat doch nur die Absicht, die Officianten mit andern Debitoren gleich zu setzen, nicht aber, sie zu verschlechtern. Sobald daher irgend ein anderer Debitor sich wegen einer Schuld zum Moratorio qualificiren kann, muss es auch dem Officianten freistehen.

Eigentlich spricht aber auch diese Verordnung nicht, wie Hr. Pr. *v. T.* anzunehmen scheint, von den Officianten allein, sondern von allen Schuldnern, sie seyen Militair- oder Civilpersonen überhaupt.

Wenn daher dieselbe wirklich dasjenige disponirt, was Hr. Pr. *v. T.* daraus herleitet, so müsste man den Zusatz ad §. 97. No. 8. machen und dahin fassen:

„Kein Schuldner kann sich gegen Leistungen,

die aus unerlaubten Handlungen entspringen, zum Gen. Moratorio qualificiren."

Allein ich wiederhole, dass diese Verordnung, wie auch die Ueberschrift schon ergiebt, nur von Executionen und nicht vom Moratorio spricht.

Meines Erachtens wird daher dieser Zusatz cessiren.

G. Herr B. hat gründlich auseinandergesetzt, warum der neue Zusatz des Hrn. v. T. wegfallen muß.

Diesem trete ich überzeugend bey.

P. Für den neuen Zusatz des Hrn. *v. T.*,

dass ein verschuldeter Officiant sich wegen rückständiger Alimente etc. mit dem Moratorio nicht schützen könne,

finde ich keine genugsamen Gründe und würde vielmehr aus dem von Hrn. *B.* ausgeführten Gründen für die Weglassung stimmen.

S. 230. accedo.

Concl. ad 230. approb.

Rescr. v. 28. July 1800.
Neues Archiv Bd. I. p. 309.
Rescr. v. 23. Septbr. 1799.
Jur. Mon. Schr. Bd. I. p. 316.

§. 329.

Auch in Ansehung der schon in terminis executivis schwebenden Forderungen muß die Execution sistirt werden; und eben so wenig findet während der Instruction der Zuschlag eines subhastirten Grundstücks statt.

Bemerkung ad §. 113. Th. I. Tit. 47.

B. Die Prozess-Ordnung disponirt: Wenn ein Schuldner während des Laufs des Moratorii stirbt; so soll seinen Erben dasselbe nicht zu Statten kommen, sondern sie sollen nur das benef. inventarii und das Recht, den erbschaftlichen Liquidations-Prozess zu extrahiren, haben. Was ist aber Rechtens, wenn der Erbe qua talis das Moratorium erst nachsucht? Hier scheint eine Lücke im Gesetz zu seyn. Das Kammergericht hat verschieden erkannt.

In c. Kerkow ./. Peter'sche Erben und von der Schulenburg ./. Waldersee ist erkannt, quod sic. In anderen, namentlich in der v. Dollin'schen Morat. Sache, ist erkannt, quod non. Letzteres Erkenntniss hat der Richter 2ter Instanz wieder geändert.

Wenn ich nicht irre, ist diese Verschiedenheit der Grundsätze und der Mangel näherer Bestimmung schon einmal dem Herrn Justiz-Minister einberichtet, von ihm aber damals, als ein Gegenstand neuer Gesetzgebung, vorläufig von der Hand gewiesen worden.

Sollte diese Differenz jetzt nicht Berücksichtigung verdienen? ich habe es wenigstens für meine Pflicht gehalten, darauf aufmerksam zu machen.

G. Wenn bei der Anwendung des §. 113. das Kammergericht zweifelhaft und in seinen Erkenntnissen schwankend ist, so liegt die Schuld wahrlich nicht an dem Gesetzgeber, sondern lediglich an dem Richter.

Da die Gerichts-Ordnung l. a. den, einem Erblasser bereits verwilligten Indult seinen Erben nicht zu Statten kommen lassen will, so ist doch wohl kein Grund vorhanden, eine Vergünstigung, die durch den Tod des Schuldners erloschen war, in der Person seines Erben qua talis wieder aufleben zu lassen!!! Dies würde mit den Motiven des Gesetzes (§pho 113.) in offenbarem Widerspruche stehen und das Gesetz selbst zum Gegenstande des Spottes machen, indem ja der Erbe die Erbschaft unbesorgt antreten und dann dreist auf das Moratorium provociren könnte. Hier heißt es: Vigilantibus jura sunt scripta. Der Erbe hat Zeit genug, sich über den Antritt und die Annahme der Erbschaft zu bedenken; die Folgen einer voreiligen Erbes-Erklärung muß er allein tragen.

Ich kann daher keine Lücke in der Gesetzgebung hierbei finden.

P. Es fragt sich, ob der Erbe, als solcher, das Moratorium selbst nachsuchen könne? — Hr. *B.* findet hier eine Lücke in der Gesetzgebung, welches Herr *v. G.* bestreitet.

Da der Anhang nicht dazu bestimmt ist, neue Verordnungen zu machen; so wird darüber wegzugehen seyn, wenn gleich die Sache wohl einer nähern Bestimmung werth seyn dürfte; ich bemerke nur noch, dass die Verordnung vom 20. Juni 1811, §. 21. den Zusatz macht:

„Den Erben kommt das Moratorium zu Statten, „so lange sie die Erbschaft ungetheilt lassen."

Es ist dabey der im Text der Allg. Ger. Ordnung angenommene Fall ohne Zweifel vorausgesetzt, dass der Erblasser das Moratorium schon für sich ausgewirkt habe, während der Indultzeit aber verstorben sey. Für diesen Fall könnte die angeführte Disposition wohl aufgenommen werden, wenn sie nicht als blos transitorisch angesehen werden sollte. — Als dauerndes Gesetz würde ich sie aber, der confusen Folgen wegen, doch eben so wenig anrathen, wie die Disposition §. 22. der alleg. Verordnung, dass das Moratorium auch gegen die Hypothekarien auf die neuen Erwerber übergehen soll. Dies würde, wenn es stehen bleiben sollte, ein gefährliches Gesetz seyn.

S. 231. Accedo.

Concl. ad 231. appr.

Es soll an irgend einem Orte gesagt werden, dass es bei den Vorschriften der Kab. O. vom 20. Juni 1811. vor der Hand noch sein Bewenden habe.

Zu Th. I. Tit. 48.

Cessio bonorum.

1) Cirkul. Verordn. v. 30. Decbr. 1798. Sect. VIII. §. 3.
2) Verordn. vom 3. May 1804. Sect. II. §. 8.
3) Circul. Verordn. v. 28. Febr. 1806. §. 5. et 6.

§. 330.

ad §. 2.*) Ein im wirklichen Dienst oder auf Pension und Wartegeld**) stehender Königl. Civilbedienter soll auf sein Gesuch zu dieser Wohlthat, ohne vorherige Vernehmung der Gläubiger und weitläuftiges prozessualisches Verfahren, gestattet werden.

Um dem Personal-Arrest zu entgehen, braucht er nicht auf die Güter-Abtretung zu provociren (cf. §. 42. Tit. 24).

Diese Vorschriften finden jedoch auf diejenigen Officianten, welche neben ihrem Dienste kaufmännische Geschäfte betreiben, oder in anderer Beziehung wechselfähig sind, keine Anwendung; in diesem Falle bleibt es bey dem vorgeschriebenen Verfahren der Gerichts-Ordnung.

Sollte sich ein im wirklichen Königlichen Dienste stehender Officiant oder Pensionist der Flucht verdächtig machen, oder sollten die Wechsel- und andere Gläubiger nachweisen können, daß er dieser Wohlthat nach den Vorschriften der Gerichts-Ordnung unwürdig ist; so ist die Verhaftnehmung zu verfügen.

---

*) Ursprünglich hieß es: ad §. 16.

**) Nachträglich eingeschaltet.

T. Auf den Grund der alleg. Verordnungen wird in dem Zusatz 330. nicht blos der in wirklichem Dienst, sondern auch der auf Pension und Wartegeld stehenden Beamten zu erwähnen seyn.

In der dritten Periode ist die Einschränkung ausgelassen:

insofern sie wegen Wechselschulden belangt wurden.

K. Ich trete dem Hrn. Pr. *v. T.* bei.

B. Bei dem Zusatz §. 330. kann ich dem Hrn. Verfasser des Entwurfs nicht beitreten, insofern er Dispositionen aus den Verordnungen von 1798. u. 1804. aufnimmt. Denn diese sind in der späteren Verordnung vom 18. Februar 1806. ausdrücklich aufgehoben. Meines Erachtens muss daher statt dieses Zusatzes gesagt werden, was der §. 5. und 6. der letztgedachten Verordnung disponirt.

Auch scheint mir dieser Zusatz nicht zum §. 16., sondern zu den §§. 3. oder 4. dieses Titels zu gehören.

G. ad Monitum des Hrn. B. zu §. 16. accedo, bemerke jedoch, daß man bey der im Jahre 1807. veranlaßten Revision der Gerichts-Ordnung die Disposition der Verordnung vom 3. May 1804. aufrecht zu erhalten geneigt gewesen ist.

P. Ich würde den ganzen Zusatz weglassen. Herr *B.* bemerkt ganz richtig, dass die frühere Verordnung durch die Verordn. vom 28. Febr. 1806. aufgehoben ist, und er schlägt daher vor, nur die §§. 5. 6. dieser letzten Verordnung dem Anhang einzuverleiben. Diese beyden §§. erwähnen aber des benef. cess. bon. nur beyläufig und enthalten überhaupt nichts Besondres in Bezug auf die vorliegende Materie.

S. 233. accedo.

Concl. ad 233. approb.

Neuer Zusatz ad §. 7. Th. I. Tit. 48.

Publicandum wegen Verhütung simulirter Contracte §. 4.
No. 14. der Edict. Samml.

T. „Wenn der Besitzer eines Grundstücks durch Errichtung simulirter Kauf-, Tausch-, Pacht-, Mieths-, Erbzins- oder anderer ähnlicher Verträge Andere verleitet hat, ihm einen höheren Kredit zu bewilligen, als der Werth des Grundstücks beträgt, und es entsteht demnächst über sein Vermögen Concurs, so soll derselbe niemahls zur Cessio bonorum verstattet werden.“

K. Ich trete der Bemerkung des Hrn. Pr. *v.* *T.* bei.

B. Mit dem neuen Zusatze des Hrn. Pr. *v.* *T.* ad §. 7. huj. t. bin ich einverstanden.

G. Mit dem neuen Zusatz des Hrn. v. T. ad §. 7. einverstanden.

P. Der neue Zusatz des Hrn. Praes. *v.* *T.* wird aufzunehmen seyn.

S. 232. Den Zusatz des Hrn. ꝛc. *v.* *T.* ad §. 7. Tit. 48. halte ich für überflüssig, da der Fall durch den §. 4. No. 3. entschieden wird.

Concl. ad 232. appr.

Zu Th. I. Tit. 50.

Concurs.

Rescr. v. 20. Octbr. 1794. No. 90.

§. 331.

ad §. 4. No. 2. Da nach dem Allgemeinen Landrecht Theil I. Titel 9. §. 410., sobald die Entsagung eines Erben nicht ausdrücklich zu Gunsten des auf ihn folgenden geschieht, die Gläubiger auf Conkurs provociren können, so bedarf es bey Anwendung des Allgem. Landrechts l. c. §. 398—400., wegen Nicht-Erbes-Erklärung des fisci, keiner Erklärung des Letztern; sondern es wird, wenn die Gläubiger gegen die Concurs-Eröfnung protestiren, auf Antrag des zu bestellenden Erbschafts-Curators, erbschaftlicher Liquidations-Prozeß eröfnet.

B. Der Zusatz §. 331. scheint mir einestheils nicht hieher zu gehören; anderntheils überflüssig. Die Nothwendigkeit einer Erbes-Erklärung des fisci ist ein materielles Gesetz; auch spricht darüber schon der Anhang §. 9. zum Allgem. L. R. (s. oben S. 25.) Wollte man aber aus diesem Rescr. folgern,

> dass ein Nachlasscurator auf Eröffnung des erbschaftlichen Liquidations-Prozesses antragen könne und nicht blos der Erbe selbst,

so müsste der Zusatz zum §. 59. Tit. 51. gemacht werden, welches mir jedoch auch bedenklich erscheint, weil das Rescr. älter als die P. O. ist, und ausdrücklich auf die zu erwartende Bestimmung der neuen Pr. O. hinweiset.

G. Ich würde für Weglassung des Zusatzes §. 331. aus dem in fine des moniti angeführten Grunde stimmen, wenn er nicht bey der im Jahre 1807. veranlaßten Revision der Gerichts-Ordnung mit aufgenommen wäre.

P. Hr. *B.* erinnert, dass dieser Zusatz überflüssig sey, weil das Wesentliche schon im Anh. zum A. L. R. §. 9. stehe. Diesem trete ich bey.

S. 234. ad §. 331. ich bin für die Weglassung aus den Gründen des Hrn. ꝛc. *B.*

Concl. ad 234. appr.

B. Ausserdem glaube ich noch folgende Bemerkungen und resp. Zusätze machen zu müssen:

1) In dem Rescript an's Kammergericht vom 6. Januar 1813. ist festgesetzt:

„Zur Beschleunigung der Liquidation in allen Konkurs- und Liquidations-Sachen können die bekannten Gläubiger, welche am Orte des Gerichts oder in der Nachbarschaft sich aufhalten, noch vor dem Connotat. Termine, der ex edictalibus ansteht, zu einem kürzern, etwa 4. Wochen auszurückenden Termine unter dem gewöhnlichen Präjudiz vorgeladen werden."

2) Disponirt dasselbe Rescript, dass eine Affixion des Praecl. Erkenntnisses an der Gerichtsstelle nicht erforderlich sey.

3) Hat das Kammergericht in seinem Bericht vom 19. Novbr. 1812. anheimgestellt,

die Vorschrift ergehen zu lassen, dass acta gleich nach dem ex Edict. angestandenen Connotat. Termine zur Abfassung des Praeclus. Erkenntnisses vorgelegt werden sollen.

Das Rescript vom 6. Januar 1813. hat verheissen, diesen Antrag bey der nächsten allgemeinen Revision der Gerichts-Ordnung in nähere Erwägung zu ziehen; ich glaube daher den Antrag des Kammergerichts hier wieder in bescheidene Erinnerung bringen zu können.

4) Das Reskr. vom 7. Juli 1810. disponirt: „dass bei jeder Konkurs-Sache der decernens prüfen und dem Collegium darüber Vortrag halten soll: ob auch der Banquerouttir-Prozess zu eröffnen sey. Wie solches geschehen, muss ad acta registrirt werden."

5) Disponirt das Rescript vom 26. Februar 1811. (an's Kammergericht in der v. Lamprechtschen Conkurssache ergangen): „dass die scheinbare Sufficienz in dem Inventario eines den Gläubigern cedirten Vermögens die Concurs-Eröffnung, wenn die sonstigen Erfordernisse vorhanden, nicht ausschliesse", weil es erst darauf ankomme: ob die darin aufgeführten Gegenstände für den Werth, mit welchem sie aufgeführt, realisirt werden dürften, und weil auf allen Fall das abgetretene Vermögen schon deshalb insufficient seyn kann, weil der Eigenthümer weder die Mittel kennt, noch anwenden will, seine sämmtlichen Gläubiger aus diesem Vermögen zu befriedigen.

6) Das Rescript vom 13. Juni 1804. disponirt: „dass ein schon eröffneter Concurs wieder zurückgenommen werden kann, wenn die Masse hinterher sufficient wird, und diejenigen Gläubiger, welche auf den Concurs provocirt haben, von solchem zurücktreten."

Ich stelle anheim, ob diese Rescripte sich nicht auch zu kleinen Zusätzen eignen sollten.

G. Die Reskripte, worauf sich die neuen Zusätze des Hrn. B. gründen, kenne ich nicht; sie sind in keiner gedruckten Sammlung mit aufgenommen, und ich stelle anheim, ob und inwieweit davon Gebrauch gemacht und die gute Absicht des Herrn Monenten dadurch befördert werden soll.

P. ad 1. finde ich kein Bedenken, diesen Zusatz aufzunehmen, und zwar zu §. 100. des Textes.

ad 2. desgl. zu §. 143.

ad 3. beruht noch auf Entscheidung, und würden acta vorzulegen seyn. *)

*) In marg. ist bemerkt: „Cessat."

ad 4. Dieser Zusatz würde zu Tit. 48. §. 45. aufzunehmen seyn. *)

ad 5. Scheint unnöthig zu seyn, da der, welcher sein Vermögen den Gläubigern **) abtreten zu wollen erklärt, sich für zahlungsunfähig anerkennt und es bey der Beurtheilung der Insufficienz nicht auf den Betrag des Vermögens, wie dasselbe auf dem Papier berechnet wird, sondern darauf, wie es sich in der That damit verhält, ankommt.

ad 6. Halte ich die Aufnahme für unbedenklich, und würde ich den Zusatz ad §. 33. Tit. 50. verweisen. (Konkurs-Eröffnung.)

S. 254. Die Zusätze des Hrn. ꝛc. *B.* würde ich sämmtlich aufnehmen.

Concl. ad 254. approb., excl. des Zusatzes ad 3. in dem Voto des Hrn. ꝛc. *B.*

Rescr. v. 12. März 1804.
Neues Archiv Bd. IV. p. 436.

§. 332.

ad §. 5. litt. a. Es ändert hierunter nichts, wenngleich der Gemeinschuldner zur Klasse der Kaufleute gehört. Da auch überhaupt die hier gegebenen Vorschriften hauptsächlich dahin abzielen, daß die mit Eröffnung eines förmlichen Concurses und Erlassung von Edictal-Citationen verbundenen Weitläuftigkeiten und Kosten bey solchen unbedeutenden Massen vermieden werden sollen, so bleibt die Einleitung des Verfahrens, nach Lage der Umstände und ohne Rücksicht auf den etwanigen ungewissen und geringfügigen Ueberschuß, welcher nach Befriedigung der Gläubiger der II. Klasse vielleicht noch

---

*) In marg. steht „ad Tit. 50."

**) Im Orig. steht: „Schuldnern."

übrig bleiben könnte; lediglich dem vernünftigen Ermessen des Gerichts überlassen.

B. Der Zusatz §. 332. gründet sich zwar in dem allegirten Rescr., allein es wird m. E. sehr zu erwägen seyn:

ob dieser Zusatz auch durch die Aufnahme in den Anhang allgemein gesetzliche Kraft erhalten soll;

ich kann meine desfalsigen Bedenken nicht unterdrücken.

Die Pr. Ordn. ist in Bestimmung der Fälle, wo die Concurs-Eröffnung unterbleiben kann und soll, eben so deutlich, als genau, und mit ihren Vorschriften lässt sich die Disposition des Rescripts, welches festsetzt:

dass bei allen Massen, die so unbedeutend sind, dass sie grösstentheils von den Kosten absorbirt werden würden, die Concurs-Eröffnung unterbleiben könne, es mögen privilegirte oder unprivilegirte, einheimische oder auch auswärtige Creditores vorhanden seyn,

gar nicht vereinigen.

Das Motiv des Rescr. ist, der Masse Kosten zu ersparen. Kann man aber deshalb alle rechtliche Formen aufgeben, die einmal zur Deckung der Creditoren, die unbekannt und auswärts sind, für nöthig erachtet werden?

Enthalten die Sporteltaxen nicht schon Bestimmungen genug, um kleine Massen gegen hohe Sporteln zu decken? und wenn sie solche nicht enthalten, warum will man diese nicht suppliren, um die gesetzlichen Formen zu erhalten, ohne welche die Justiz doch einmal nicht bestehen kann.

Man wird mir opponiren, dass den unbekannten Gläubigern ihre Rechte vorbehalten blieben; allein in welche Weitläufligkeit verwickelt sie dieser Regress gegen die zur Perception gezogenen Gläubiger, und wer entschädigt sie, wenn diese nicht mehr solvendo sind? Nach der Pr. Ordn. konnte dieser Fall freilich nicht eintreten, weil sie ausdrücklich den Fall voraussetzt,

dass die Masse von privilegirten Creditoren der 2. und 3. Klasse consumirt wird.

Allein diese wichtige Scheidewand ist es eben, welche das Rescr. eingerissen und das arbitrium judicis zu sehr erweitert hat.

G. Der achtungswerthe Herr Monent zeigt m. E. ein zu großes Mißtrauen gegen das arbitrium judicis, worauf es hier besonders ankommt. Bey der Revision der Ger. Ordn. de 1807. hat man dieses Bedenken nicht gehabt.

P. Das angef. Rescr. vom 12. März 1804. im N. A. IV. 435. sagt nicht, dass es keinen Unterschied mache, ob der Gemeinschuldner zur Klasse der Kaufleute gehöre, sondern es nimmt nur an, dass der Cridarius in dem vorgetragenen Fall eigentlich ein Krämer sey, und sagt am Ende, dass es einer nähern Bestimmung der vorhandenen Gesetze nicht bedürfe, sondern die Einleitung des Verfahrens dem arbitrio judicis zu überlassen sey. Mir scheint das ganze Rescript weder ein neues Gesetz, noch eine solche bestimmte neue Anweisung oder Vorschrift zu enthalten, welche zum Gesetz erhoben zu werden verdiente, und würde ich daher für die Weglassung des daraus genommenen Zusatzes seyn.

Ich bemerke nur noch, dass im Text §. 5. ein Druckfehler zu seyn scheint, indem es statt:

„auch in den §. 3. bestimmten vier Fällen“

wird heissen müssen:

auch in den §. 4. bestimmten vier Fällen.

S. 235. ad §. 332. würde ich den Zusatz dahin aufnehmen;

„Auch in dem Falle, wenn Gläubiger der vier letzten Klassen zum Theil befriedigt werden können, die Masse aber so unbedeutend ist, dass selbige den Gläubigern durch die Kosten entzogen werden würde, kann die förmliche Concurseröffnung unterbleiben."

ad §. 4. Tit. 50. Th. I. der Ger. Ordn. würde ich den Zusatz aufnehmen:

„Bei solchen Kaufleuten, bei denen nicht zu vermuthen ist, dass sie mit auswärtigen Gläubigern in Verbindung gestanden haben, findet die Concurseröffnung von Amtswegen ohne den Antrag eines Gläubigers nicht statt."

Concl. ad 235. appr.

Rescript vom 5. Octbr. 1795.
Stengel, Bd. II. p. 194.

§. 333.

ad §. 6. In den §. 5. von a — c. allegirten Fällen müssen, wenn nicht Edictalien ergangen sind, den unbekannten Gläubigern ihre Rechte vorbehalten, die bekannten aber sub poena praeclusi vorgeladen und die ungehorsam Ausbleibenden namentlich praecludirt werden.

Rescr. v. 19. Septbr. 1796.
Stengel, Bd. IV. p. 286.

§. 334.

ad §. 7. Bey dem im §. 5. litt. c. beschriebenen Verfahren ist der offene Arrest nicht zu erlassen.

B. Der Zusatz §. 334. gilt m. E. nicht blos für den Fall c. des §. 5., sondern für alle 3. Fälle dieses §.; denn das Rescr. sagt ganz deutlich, dass die Erlassung des offenen Arrestes nur eine Wirkung der förmlichen Concurseröffnung sey. Ich kann aber nicht unbemerkt lassen, dass dieser Grund des Rescr. nicht völlig durchgreift. Bei dem erbschaftlichen Liquidations-Process fehlt noch die förmliche Concurseröffnung, und doch ist die Erlassung des offenen Arrestes erlaubt. (Rescr. v. 1. Decbr. 1808. Matth. 7. 499.)

G. accedo, obwohl Stengel l. a. nur auf §. 5. litt. c. hinweiset.

P. Der offne Arrest setzt allerdings die Concurs-Eröffnung voraus (A. G. O. I. 50. §. 206.). Wenn also kein Concurs eröffnet ist, so findet auch der offne Arrest in der Regel nicht statt. Bey dem Liquidationsprocess ist der offne Arrest aus der Ursache nachgelassen, weil dabey eben so, wie bey dem Concurs, verfahren werden soll.

A. G. O. I. 51. §. 74.
Matthis, VII. p. 498.

Bey dem, vom Concurs- und Liquidations-Process ganz abweichenden Verfahren, welches der Text §. 5. seq. vorschreibt, ist also der offne Arrest freylich nicht vorschriftmässig. Indessen kann doch in einzelnen Fällen es nützlich und sogar nothwendig seyn, diejenigen, welche von dem Schuldner etwas in Händen haben, zu bedeuten, dass sie dasselbe nicht dem Schuldner, sondern dem Gericht abliefern, weil sonst der Hauptzweck des Gesetzes, den Gläubigern zu ihrer Befriedigung zu verhelfen, leicht vereitelt werden könnte. Ich würde daher den vorgeschlagenen Zusatz um so mehr weglassen, da das Rescr. vom 19. Septbr. 1796., woraus er genommen ist, nur in

Stengel, IV. 286.,

und in keiner officiellen Sammlung sich findet.

S. 236. accedo.

Concl. ad 236. appr.

Rescr. v. 31. Decbr. 1795.
Stengel, Bd. II. p. 190.

§. 335.

ad §. 8. Der §. 8. der Allg. Ger. Ordn. enthält eine Ausnahme vom §. 4. No. 2. Sind also keine minorenne Erben vorhanden, oder ist Namens derselben der Erbschaft entsagt, der überlebende Ehegatte aber im Besitz geblieben, so hat der Richter gar keine Notiz von der Sache zu nehmen, sondern abzuwarten, ob der Ehegatte oder ein Creditor sich meldet.

Rescr. v. 30. Juny 1800.
Stengel, Bd. XI. p. 323.

Wenn ein hinterbliebener Ehegatte nebst den bekannten Erben eines Verstorbenen, sich für Nichterben erklären, ersterer jedoch im Besitze des Nachlasses geblieben, so kann demselben zur Einziehung der von dem zuerst verstorbenen Ehegatten hinterlassenen Activorum keine gerichtliche Authorisation ertheilt werden; vielmehr ist in diesem Falle, ohne jedoch die Eröffnung des Concurses von Amtswegen zu veranlassen, eine Specification des Nachlasses nebst der Angabe der noch unbefriedigten Gläubiger zu erfordern, letztere vorzuladen, und mit ihnen die Einziehung der zu dem hinterbliebenen Vermögen des Verstorbenen gehörigen Activorum zu reguliren.

B. Den Zusatz §. 335. würde ich weglassen, in soweit er aus dem Rescr. vom 30. Juny 1800. gezogen ist; denn dass einem hinterbliebene Ehegatten, welcher der Erbschaft entsagt, keine gerichtliche Autorisation gegeben werden kann, die Nachlassactiva einzuziehen, ist gar zu klar.

G. accedo.

P. Hr. *v. G.* ist mit Hrn. *B.* einig, dass der letzte Theil dieses Zusatzes, welcher aus dem Rescr. v. 30. Juny 1800. genommen ist, wegzulassen sey, welchem ich beystimme. Ich würde aber auch den ersten Theil streichen. Das Rescr. vom 31. Decbr. 1795., woraus er genommen ist, findet sich nicht in der Edicten-Sammlung, sondern in

Stengel, II. 190.

und enthält m. E. nichts, was nicht aus dem Text schon folgt.

S. 237. Das allegirte Rescript ist nicht vom 31., sondern vom 21. Dec. 1795., und befindet sich in Mylius. Ich würde gleichwohl aus demselben nichts aufnehmen, da es eine blosse Wiederholung der Vorschrift des §. 8. Tit. 50. Th. I. der G. O. enthält.

Dagegen würde ich aus dem Rescript v. 30. Juny 1800., welches sich im Archiv (1. Bd. S. 199.) befindet, folgenden Zusatz aufnehmen:

„Hat ausser den Erben des Verstorbenen auch der hinterbliebene Ehegatte der Erbschaft entsagt, und ist letzterer dessenungeachtet im Besitz des Nachlasses geblieben, so findet zwar eine Concurseröffnung von Amtswegen nicht statt; der Richter muss aber eine Specification des Nachlasses und die Angabe der noch unbefriedigten Gläubiger erfordern, letztere vorladen, und mit ihnen die Vertheilung des Nachlasses und besonders die Einziehung der etwa dazu gehörigen Activorum reguliren."

Concl. ad 237. approb.

Rescr. v. 4. Decbr. 1801.
Neues Archiv Bd. II. p. 270.

§. 336.

ad §. 27. Von der in diesem §. vorgeschriebenen Sistirung aller Special-Processe, welche kein forum speciale causae haben, sind diejenigen ebenfalls ausgenommen, welche schon in den höhern Instanzen schweben, indem der Curator solche in der Lage, worin er sie erhält, annehmen und fortsetzen muß.

B. Im Zusatz §. 336. würde ich den Schluss folgendergestalt fassen:

„in der Lage, in welcher er sie erhält, in Betreff der Verität fortsetzen muss, wogegen die Erörterung der Priorität zum Concursverfahren gehört."

Alsdann würde ich bei diesem §. noch folgenden neuen Zusatz machen:

„Auch Wechselprocesse behalten ihren Fortgang, und auf neu eingehende Wechselklagen muss ordnungsmässig verfügt werden;"

weil der Wechselgläubiger sonst sein Recht gegen die Person des Cridarii verlieren würde, das durch das blosse Liquidiren im Concurse nicht erhalten wird.

Allg. L.R. Th. 2. Tit. 8. §. 908.; Anhang zum Allg. L.R. §. 115. Rescr. v. 15. Decbr. 1800.; Arch. 2. pag. 14. (s. oben S. 60. 101. und 120.)

G. Ich sehe keinen Grund zu der vorgeschlagenen Abänderung des Schlußsatzes.

Denn, daß die Erörterung der Priorität zum Concurs-Verfahren gehört, versteht sich von selbst, und ist ja überdem in dem §. 27. mit dürren Worten:

„doch muß derjenige" rc.

gesagt worden.

Der neue Zusatz des Hrn. B. wird durch das allegirte Rescript vom 15. Decbr. 1800. gerechtfertiget, jedoch würde ich hinzufügen:

„insofern dadurch nicht bloß das Vermögen, sondern
„auch die Person des Schuldners wechselmäßig in
„Anspruch nehmen zu wollen, beabsichtiget wird,"

indem sonst gar kein Grund vorhanden ist, warum dergleichen Forderungen nicht gleich den übrigen behandelt und die Kosten unnöthigerweise gehäuft werden sollten.

P. Die von Hrn. *B.* vorgeschlagene Fassung scheint nicht nöthig zu seyn. Dagegen würde ich die Worte des Entwurfs:

„welche kein Forum speciale causae haben,"

streichen, weil es schon im Text steht und nicht mehr zur neuen Gesetzgebung recht passt, und überhaupt folgende Fassung vorschlagen:

„Diejenigen Special-Processe, welche zur Zeit der Concurs-Eröffnung gegen den Gemeinschuldner in den höhern Instanzen schweben, werden nicht sistirt, noch in Absicht der Richtigkeit des streitigen Anspruchs zum Concurs verwiesen, sondern müssen in der Lage, in welcher sie sich befinden, in den höhern Instanzen fortgesetzt werden."

Der neue Zusatz des Hrn *B.*, welcher die Fortsetzung und neue Einleitung der Wechsel-Processe gegen den Gemeinschuldner betrifft, kann auf den Grund der von Hrn. *B.* allegirten Gesetz-Stellen aufgenommen werden. Ich möchte aber doch die Einschränkung nicht unberührt lassen, welche in dem Fall stattfindet, wenn der Gemeinschuldner zu der Rechts-Wohlthat der Abtretung des Vermögens verstattet ist.

(A. G. O. I. 48. §. 32.)

Ich schlage folgende Fassung vor:

„Auch Wechsel-Processe können nach der Concurs-Eröffnung gegen den Gemeinschuldner fortgesetzt und eingeleitet werden, wenn er nicht zu der Wohlthat der Vermögens-Abtretung verstattet ist."

(A. G. O. Th. I. Tit. 48. §. 32.)

S. 238. accedo.

Concl. ad 238. appr.

S. 239. Wegen des Zusatzes des Hrn. *B.* ad §. 27. Tit. 50. Th. I. der G. O. accedo.

Concl. ad 239. appr.

Rescr. v. 5. Febr. 1803.
Neues Archiv III. p. 135.

§. 337.

ad §. 46. Rechtskräftige Erkenntnisse, welche vor Eröffnung des Concurses zwischen dem Gemeinschuldner und einem Gläubiger ergangen sind, können unter dem Vorwande neuer Einwendungen nicht angegriffen, und nur in dem Falle als nichtig angefochten werden, wenn der Gemeinschuldner entweder selbst nach den Gesetzen dazu berechtigt gewesen seyn würde, oder wenn er sich erweislicher betrüglicher Collusionen mit dem Gläubiger schuldig gemacht hat, zu dessen Gunsten das Urtel ergangen ist.

S. 240. ad §. 237. accedo.

Concl. ad 240. appr.

Rescr. v. 27. Octbr. 1812.
Jahrbuch von Kamptz p. 266.

§. 337 a.

ad §. 60. Behauptet ein Gläubiger, daß er im Concurse des Schuldners nicht zu seiner Befriedigung gelangen werde, und besteht er daher vor Beendigung desselben auf den Personal-Arrest des letzteren, so muß diesem Antrage, insofern er seine Behauptung überzeugend darzuthun vermag, nachgegeben werden.

B. Der Zusatz §. 337 a. muss m. E. folgendergestalt gefasst werden:

„Vor beendigtem Concurse kann kein Gläubiger

den Personalarrest gegen den Gemeinschuldner ausbringen, wenn derselbe gleich mit dem verlangten beneficio cession. bon. abgewiesen ist, und wenn der Gläubiger selbst sich seines Rechtes, aus der Concursmasse befriedigt zu werden, begeben will; es sey denn, dass er überzeugend nachweisen könne, dass er aus der Masse nie etwas erhalten werde."

Mein Zusatz beruht auf der Festsetzung des Rescr., dass sich kein Concursgläubiger eines Objects der Befriedigung entschlagen und sich der Befriedigung ex massa nicht begeben könne, um desto rascher zum Personalarrest übergehen zu können. M. E. geht aber dieser Grundsatz des Rescripts gegen die Vorschrift des Allg. L. R. Th. I. Tit 20. §. 47., nach welcher ein Pfandgläubiger (in welche Classe der in einem Concurse liquidirende Gläubiger, wegen des durch die Concurseröffnung für alle Gläubiger entstandenen pignoris praetorii, auch gehört) sich seines Pfandrechts völlig begeben und alsdann zum Personalarrest gegen seinen Schuldner vorschreiten kann. Warum sollte der zum Concurs gehörige Gläubiger nicht auch seine Rechte auf die gemeinschaftliche Masse aufgeben können?

Dies und der Umstand, dass das Rescript selbst sagt: es lasse sich über den Zweifel des Kammergerichts n i c h t s i m A l l g e m e i n e n verfügen, es müsse alles in einzelnen Fällen beurtheilt werden; veranlasst mich zu dem Antrage, den ganzen Zusatz wegzulassen.

G. Ich habe gegen die von Hrn. B. vorgeschlagene Fassung: wodurch freilich wohl der in fine des alleg. Rescripts angenommene Grundsatz scharf ausgedrückt wird. nichts zu erinnern, würde jedoch den ganzen Zusatz weglassen, da er mit der Disposition des Landrechts Th. I.

Tit. 20. §. 47. und der Proceß=Ordnung Tit. 27. §. 46. in Widerspruch steht, oder doch wenigstens rücksichtlich der Wechsel= und Pfandgläubiger modificirt werden müßte. (s. oben S. 371.)

Die ersteren sind den Personal=Arrest allerdings zu verlangen befugt, insofern sie nämlich die Exekution nicht in das Vermögen ihres Schuldners suchen. Machen sie nun nach Eröffnung des Concurses von jener Befugniß Gebrauch, so folgt daraus, daß sie auf ihre Befriedigung aus der Commun=Masse verzichten, und so angesehen werden, als ob sie sich bey dem Concurse gar nicht gemeldet und ihre Befriedigung aus dem in Beschlag genommenen Vermögen nicht verlangt hätten.

cf. Tit. 27. §. 46. der Proc. Ordn.

Soviel die Pfandgläubiger, welche nicht zugleich Wechsel=Creditoren sind, anbetrifft, so steht es ihnen zwar allerdings frey, ihrem Pfandrecht zu entsagen und zum Personal=Arrest zu schreiten; allein sie müssen, ehe sie die Person des Schuldners angreifen dürfen, zuvörderst

cf. A. L. R. Th. I. Tit. 20. §. 47.

nach Vorschrift der Executions=Ordnung, richterliche Hülfe suchen, das heißt, die übrigen Grade der Execution durchgehen,

cf. P. O. Tit. 24. §. 64. und 142.

mithin im Concurse in der Regel ihre Befriedigung abwarten.

P. Hr. *B.* stimmt am Ende für die Weglassung des Zusatzes, und Hr. *v. G.* ist damit einig. Ich bin gleicher Meinung, weil das angeführte Rescript vom 27. Oct. 1810.

v. Kamptz, Jahrbücher Heft 2. p. 266.

den allgemeinen Satz, welcher daraus genommen ist, nicht deutlich ausdrückt, und sofern es ihn ausdrückt, auf eine blosse Rechtsanwendung hinausläuft, die sich von selbst versteht.

Verordn. v. 3. May 1804. Sect. III. §. 3.

§. 338.

ad §. 106. Die an dergleichen Gläubiger zu erlassenden Verordnungen müssen nicht durch Requisition der Gerichte insinuirt, sondern bloß auf die Post gegeben, auch die im Laufe des Concurses an die an dem Orte wohnenden Partheyen geringeren Standes, ingleichen an den Curator concursus und die Mandatarien der Gläubiger zu richtenden Verfügungen bloß per copiam decreti erlassen, und dafür zur Ersparung der Kosten nur Schreibe-Gebühren angesetzt werden.

Rescr. v. 26. May 1795.
Stengel, Bd. VIII. p. 397.

§. 339.

Wegen kleiner oder solcher Forderungen auswärtiger Gläubiger, bey denen Unkunde der deutschen Sprache zu supponiren, ist es genug, wenn der Curator sie von dem Concurs- und Liquidations-Termin durch Privatschreiben benachrichtiget und dies durch seine Manual-Acten docirt.

Neue Zusätze ad §. 107. und 108. Th. I. Tit. 50.

Rescr. v. 25. Septbr. 1795.
Stengel, Bd. II. p. 210.

T. ad §. 107. „Wenn die Activ-Masse gantz oder zum Theil in Goldmünze besteht, so wird dieselbe nur mit dem gesetzmässigen und nicht nach dem cursmässigen Agio auf Curant reducirt.“

ad §. 108. „Bei dem Abzuge der Schulden von dem Werthe des Immobilis muss lediglich der Hypothekenschein zum Grunde gelegt, mithin sämmtliche darin noch ungelöscht stehende Posten abgezogen werden, wenn auch der Richter bey einer oder der andern von deren Tilguug aliunde informirt ist." *).

K. ad §. 107. und 108. Ich bin mit dem Hrn. Präs. *v. T.* einig.

B. Gegen die Aufnahme der beiden neuen Zusätze des Hrn. Pr. *v. T.* ad §§. 107. 108. an diesem Orte habe ich zwar nichts zu erinnern; wenn es aber in dem zweiten heisst, dass die ungelöschten Hypotheken-Schulden auch dann abgezogen werden sollen, wenn der Richter gleich aliunde von deren Tilgung unterrichtet ist; so kann ich dem nicht füglich beytreten, weil das Rescr. vom Glauben und wahrscheinlichen Dafürhalten des Richters spricht, nicht aber von seiner völligen Ueberzeugung. Ist diese vorhanden, so kann der Abzug wohl keinem Bedenken unterliegen. **)

G. Mit den neuen Zusätzen des Hrn. v. T. ad §. 107. und 108. einverstanden unter der von dem Hrn. B. gemachten Bemerkung.

P. Hr. *v. G.* hat sich für die neuen Zusätze des Hrn. *v. T.* ad §. 107. und 108. mit der von Hrn. *B.* vorgeschlagenen Maassgabe erklärt, wogegen ich nichts zu erinnern finde und daher folgende Fassung vorschlage:

„Bey dem Abzug der Schulden von dem Werthe der unbeweglichen Güter ist der Hypothekenschein zum Grunde zu legen, und es sind daher die sämmtlichen darin noch ungelöscht stehenden Forderungen abzuziehen, wenn auch der

---

*) Anmerkung von T.: „ich finde zwar diese beyden Bestimmungen in den Zusatz 415. aufgenommen, glaube jedoch, daß sie auch hierher gehören, und würde beim Subhastations-Proceß ad §. 30. nur hierher verweisen."

**) Anmerkung von T.: „consentio."

Richter die Tilgung einer oder der andern dieser Forderungen für wahrscheinlich halten sollte.“ Das Rescr. vom 25. Septbr. 1795., worauf sich dieses gründet, ist in die Edicten-Sammlung IX. 2623. aufgenommen.

S. 241. Wegen der Zusätze des Hrn. ꝛc. *v. T.* ad §§. 107. 108. Tit. 50. Th. I. der A. G. O. accedo.

Concl. ad. 241. appr., jedoch soll statt des gesetzmässigen Agio gesagt werden: „das Gold mit 5 Procent Aufgeld.“

Verordn. v. 3. May 1804. Sect. I. §. 1.

§. 340.

ad §. 109. Der Aushängung der Edictal-Citationen und Proclamatum *) außerhalb der Gerichtsstelle bedarf es nicht ferner. cf. §. 42. Tit. VII. d. G. O. (s. oben S. 241. bis 243.)

Rescr. vom 27. May 1798.
Stengel, Bd. VI. p. 268.

§. 341.

ad §. 117. bis 125. Zur Ersparung der Kosten können in den Verifications-Terminen mehrere eingeräumte Forderungen in Ein Protocoll zusammengefaßt und Extracte davon zu jedem Special-Fascikel gebracht werden.

Die für ein solches Protocoll zu liquidirende einfache Stempel- und Instructions-Gebühren werden von den Gläubigern, deren Forderungen darin zusammengefaßt worden, verhältnißmäßig getragen, oder im Fall etwa bey einer großen

*) Anmerkung von G.: „Das allegirte Gesetz sagt selbst: Proclamatum.“

Menge der Interessenten der Antheil eines jeden unbedeutend klein ist, aus der Concurs-Masse genommen.

B. Was hier von den Stempeln zu den Verifications-Protocollen gesagt wird, passt itzt nicht mehr, und scheint mir der ganze Zusatz, seiner übrigen Unbedeutenheit wegen, wegbleiben zu können.

G. Bey Revision der Gerichts-Ordnung de anno 1807. hat man diesen Zusatz aufgenommen.

P. Hr. *B.* bemerkt mit Recht, dass dieser Zusatz in Absicht dessen, was darin von den Stempeln bemerkt ist, nicht mehr Anwendung findet, weil jetzt im Concurs-Process kein besonderer, sondern der allgemeine Werth-Stempel stattfindet.

Instruct. v. 5. Sept. 1805. §. 6ᵃ. No. 12.

Der Zusatz würde übrigens stehen bleiben müssen, in soweit er die Instruct. Gebühren betrifft,

cf. Rescr. v. 27. May 1798.
Edicten-Sammlung X. 1627.

wenn dies nicht zur Sportel-Ordnung eigentlich gehörte und daher in der Process-Ordnung füglich zu übergehen seyn dürfte.

S. 242. accedo.

Concl. ad 242. appr.

Cab. Ordre v. 3. Novbr. 1809.
Jur. Mon. Schr. Bd. VIII. p. 511.

§. 342.

ad §. 150. Sind die Gläubiger der zweyten Klasse im Concurs, alles angewandten Fleißes ohngeachtet, bloß durch die Verordnungen eines Indult-Edicts, z. B. in Gefolge der Protestation eines unbefriedigten Gläubigers gegen die Adjudication des subhastirten Grundstücks, an der rechtzeitigen Beytreibung ihrer Forderungen gehindert worden, so sollen ihnen auch wegen des zwey Jahre übersteigenden Rückstandes die Rechte der zweyten Klasse vorbehalten bleiben.

B. Der Zusatz §. 342. beruht auf einem transitorischen Indultgesetze vom 24. November 1807., und würde daher wohl ausscheiden.

G. Ist gleich dieser Zusatz eine Folge transitorischer Indult-Gesetze, so wird er doch noch lange fortwirken, und gewiß für jeden wiederkehrenden Fall sich in Gültigkeit erhalten. Darum nahm ich ihn auf! —

P. Die C. O. vom 3. Nov. 1809.

Matthis VIII. p. 511.

ist freilich ein transitorisches Gesetz, weshalb Hr. *B.* den daraus genommen Zusatz nicht passiren lassen will. Ich würde aber diese in ihren Folgen so wichtige Verordnung nicht ganz übergehen. Nur zweifle ich, dass die allgemeine Fassung

„durch die Verordnungen eines Indult-Edicts“

den bestimmten Ausdrücken der C. O.

„durch die Verordnungen des Indult-Edicts vom 24. Nov. 1807.“

substituirt werden könne. Auch gehört dieser Zusatz wohl nicht zum §. 150., wo von Zinsen die Rede ist, sondern zum §. 356. seq., weil die C. O. nur von Gläubigern der zweyten Classe, mithin von rückständigen Abgaben, spricht. Dahin würde ich daher den Zusatz verweisen und ihn ganz allgemein dahin fassen:

„Wegen der zwey- oder mehrjährigen Rückstände, die zur zweyten Classe gehören, ist auf die C. O. vom 3. November 1809. Rücksicht zu nehmen.“

S. 243. Den Zusatz würde ich stehen lassen, ihn jedoch den jetzigen Indultgesetzen anpassen. Die C. O.

spricht zwar von Gläubigern der zweiten Classe. Ich vermuthe aber dabei einen Schreib- oder Druckfehler, da die ganze Disposition nur auf die Zinsen eines hypothekarischen Capitals passt, auch auf die C. O. vom 4. May 1808. Bezug genommen wird, welche von solchen Zinsen spricht. Indessen findet die Vorschrift analogisch auch auf die im §. 356. Tit. 50. Th. I. der Ger. Ordn. erwähnten öffentlichen Abgaben Anwendung.

ad 243. Vorläufiges Concl. susp.

P. Nachträgliches Votum. Die von dem Hrn. *v. G.* angeführte C. O. vom 3. Nov. 1809. bezieht sich uur auf die Forderungen der zweyten Classe, und ist dabey kein Schreib- oder Druckfehler vorgefallen.

conf. Vol. III. Act., betr. das Indult-Edict vom 24. Nov. 1807.
Matthis, VIII. 510.

Es ist aber auch eine C. O. vom 4. May 1808. vorhanden, welche die Gläubiger der dritten Classe angeht.

conf. Vol. II. der angeführten Acten.
Matthis, VI. 168.

Wenn beyde C. O. aufgenommen werden sollen, so wird die erste zu §. 356. seq. und die zweyte zu §. 151. des Textes gehören, und der Entwurf also in jedem Fall eine Abänderung leiden. Es fragt sich aber, ob diese C. O., die m. E. blos transitorische Gesetze sind, aufgenommen werden sollen, und wie?

Streng genommen galten sie nur von dem, durch das Edict vom 24. Nov. 1807. bewilligten und bis zum 24. Juny 1810. laufenden Indult.

Höchstens werden sie auch auf den, durch die Verordnung vom 14. Juny 1810. verlängerten Indult ausgedehnt werden können, aber nicht weiter, weil nach dem § 2. der Verordn. vom 20. Juny 1811.

die allgemeinen Landesgesetze wieder eintreten sollen, und die Motive der erwähnten beyden C. O. wenigstens nicht in ihrem vollen Umfange (z. B. die Protestation eines Gläubigers gegen die Adjudication) ferner Anwendung leiden.

S. Nachträgliches Votum auf das nachträgliche Votum des Hrn. Geh. R. *P.* — Ich würde die Vorschriften aufnehmen, da, wenn sie gleich nur sich auf einen gewissen Zustand der Dinge beziehen, sie doch ihre Wirkung nach diesem Zustande äussern können.

Concl. appr.

Rescr. v. 25. Septbr. 1795.
Stengel, Bd. IX. p. 340.

§. 343.

ad §. 153. Kosten eines Passiv-Processes, in welchem der Curator der Masse sich vor einem foro speciali causae einzulassen verbunden ist, müssen eben so aus der Masse als Commun-Kosten getragen werden, wie dieses in Ansehung der Kosten eines Activ-Processes in der Concurs-Ordnung vorgeschrieben ist.

S. Nachträgliches Votum. 26. Den §. 343. würde ich weglassen, da es keine Fora specialia causae mehr giebt.

Rescr. v. 12. May 1800.
Neues Archiv Bd. I. p. 149.
abgeändert durch
Rescr. v. 8. Novbr. 1804.
Neues Archiv Bd. III. p. 443.

§. 344.

In Ansehung der in erster Instanz durch die Instruction der Special-Liquidationen einzelner Gläubiger entstehenden Kosten finden die in dem §. 530. angenommenen Grundsätze nicht statt, vielmehr muß jeder Gläubiger die in der ersten Instanz aufgelaufenen Kosten tragen und kann sie nur aus dem etwanigen Ueberschuß der Masse fordern.

Rescr. v. 8. März 1808.
Jur. Mon. Schr. Bd. VI. p. 2.

§. 345.

ad §. 161. Die Vorschrift des Allgem. Land-Rechts Th. I. Tit. 16. §. 47. stehet den in diesem §. enthaltenen Bestimmungen nicht entgegen, und es findet daher das jus subintrandi auch in Absicht solcher Forderungen statt, denen nach ihrer Qualität gewisse Vorrechte beiwohnen.

Rescr. v. 8. April 1799.
Stengel, Bd. VIII. p. 399.

§. 346.

ad §. 166. Den ihrem Aufenthalte nach bekannten nicht erschienenen Gläubigern wird die Praeclusoria ebenso publicirt, wie solches wegen der Contumacial-Erkenntnisse vorgeschrieben worden.

§. 347.

ad §. 167. Siehe §. 73. seqq. Tit. 14. der Ger. Ordnung im Anhange. (s. oben S. 301—303.)

Rescr. v. 10. July 1805.
Neues Archiv Bd. IV. p. 171.

§. 348.

ad §. 169. Der Cridarius hat kein Recht, gegen Erkenntnisse, welche die Concurs-Masse betreffen, seinerseits ein Rechtsmittel einzuwenden.

Verordn. v. 3. May 1804. Sect. IV.
Jur. Mon. Schr. Bd. I. p. 29.

§. 349.

ad §. 197. Wenn der Gemeinschuldner ein Kaufmann, Fabrikant, oder ein in ausgebreitetem Verkehr stehender Handwerker ist, so muß die Fortsetzung seines Gewerbes durch die Siegelung nicht sofort gänzlich gehemmt werden; mithin müssen zwar das Mobiliar-Vermögen des Gemeinschuldners, dessen Haupthandlungsbücher und Correspondenz in Beschlag genommen, dagegen aber das Waarenlager, die zur Fabrik gehörigen Utensilien und die vorhandenen rohen Materialien außer Sperre gelassen, und einem sogleich zu bestellenden Administrator zur einstweiligen Fortsetzung des Betriebes der laufenden Geschäfte nach einem davon aufzunehmenden Verzeichniß übergeben werden.

§. 350.

Zu einem solchen Administrator muß das Gericht ein zuverlässiges und sachkundiges Subject auswählen und verpflichten, dabey aber vorzüglich auf den bey der Handlung oder Fabrik etwa schon angestellten Disponenten oder Handlungsbedienten, so wie bey einem Handwerker auf den tüchtigsten Gesellen Rücksicht nehmen.

§. 351.

Der Zweck dieser Administration geht lediglich dahin, zu verhüten, daß durch den plötzlichen Stillstand der Geschäfte kein Nachtheil für die Masse entstehe, sondern solche, so lange bis nach Anleitung des §. 238. die Gläubiger in einem möglichst kurz anzusetzenden Termine zusammenberufen, und von denselben die weiteren Beschlüsse genommen werden können, so viel wie möglich in dem gewöhnlichen Gange erhalten werden. Hierauf muß sich also auch der bestellte Administrator lediglich einschränken, mithin keine neue Geschäfte anfangen, keine Wechsel ausstellen und acceptiren, noch weniger aber, außer dem Arbeitslohn für die von den Arbeitern inzwischen etwa fertig abgelieferten Waaren, an die Gläubiger einige Zahlung leisten, sondern sich damit begnügen, die schon angefangenen Geschäfte gehörig zu Ende zu bringen, die in der Arbeit befindlichen Waaren fertig machen zu lassen, und den Verkauf der fertigen Waaren auf Messen, Jahrmärkten, oder sonst für baares Geld, keinesweges aber auf Credit, fortzusetzen.

§. 352.

Der Administrator soll befugt seyn, die ausstehenden Schulden einzuziehen, und darüber Quittung zu leisten. Jedoch müssen die eingehenden Gelder, insofern sie nicht zur Fortsetzung der Geschäfte erforderlich sind, zum gerichtlichen Depositorio unverzüglich abgeliefert werden.

§. 353.

Zum Betriebe dieser Geschäfte muß dem Administrator aus den vorräthigen oder etwa eingehenden Geldern der nöthige Vorschuß gegeben werden, und wenn etwa nicht so viel baares Geld, als erfordert wird, vorhanden seyn sollte, so muß das Gericht denselben authorisiren, mit Zuziehung des Curatoris die benöthigte Summe zinsbar aufzunehmen, welchemnächst ein solches Darlehn, nach Vorschrift des §. 269., aus der bereitesten Masse vor allen übrigen Gläubigern wieder abzutragen ist.

Auch stehet dem Administrator frey, so oft es die Geschäfte erfordern, die in Beschlag genommenen Hauptbücher und Correspondenz, in Beiseyn des Curatoris, oder des ihm, nach den unten vorkommenden Bestimmungen, zu bestellenden Aufsehers, oder auch eines Mitgliedes des Gerichts, einzusehen.

§. 354.

Für diese Administration gebühret dem Administrator eine verhältnißmäßige Belohnung, deren Bestimmung der Vereinigung der Gläubiger in dem nach §. 238. anzusetzenden Termine und eventualiter dem Ermessen des Gerichts überlassen bleibt.

Einer besondern Cautionsleistung von Seiten des Administrators bedarf es in der Regel nicht; dagegen aber muß demselben von dem Gericht außer dem Curator allemal ein besonderer Aufseher, und zwar vorzüglich aus der Zahl der am Orte wohnenden Gläubiger, oder, wenn sich unter diesen kein fähiges Subject findet, ein anderer Sachverständiger beigeordnet werden. Diesem liegt es ob, die Verwaltung des Administratoris ununterbrochen zu controlliren, besonders aber mit Zuziehung des Curatoris von Zeit zu Zeit, und wenigstens wöchentlich einmal, dessen Kasse zu revidiren, für die Ablieferung der eingegangenen Gelder, welche nicht zum Betriebe der Geschäfte gebraucht werden, an das Depositorium zu sorgen; überhaupt aber in allen vorkommenden zweifelhaften Fällen dem Administrator mit seinem Rath und Gutachten an die Hand zu gehen.

Hiernach liegt dem Gerichte ob, dem Administrator, gleich bey seiner Anstellung, die nöthige Anweisung zu ertheilen.

Verordn. v. 3. Mai 1804. Sect. I.

§. 355.

ad §. 207. Der Einrückung in den Zeitungen bedarf es nicht.

Rescr. v. 29. August 1796.
Stengel, Bd. III. p. 354.

§. 356.

ad §. 230. und 231.*) Die Frist zur nothwendigen Subhastation der Schiffe, als beweglicher Sachen, wird auf Vier bis Sechs Wochen bestimmt. Die Bestimmung, welche dieser Fristen stattfinden soll, wird dem Arbitrio judicis nach den Umständen, und besonders: ob die Subhastation in eine Jahreszeit, wo die Fahrt offen ist, oder in eine solche trift, wo das Schiff im Hafen überwintert, anheimgestellt.

B. Bey dem Zusatz §. 356. will ich nur auf das Bedenken aufmerksam machen: ob diese für Pommern gegebene Festsetzung auch für die Seegerichte anderer Provinzen ausgedehnt ist, oder ob diese nicht separaten Vorschriften folgen, die erst zu conferiren seyn würden.

G. ich submittire zur höheren Entscheidung.

P. Das R. vom 29. Aug. 1796., woraus dieser Zusatz genommen ist, findet sich auch in der Edicten-Sammlung X. 626., jedoch blos als eine an die Pommersche Regierung erlassene Verordnung. Um zu beurtheilen, ob sie zu generalisiren sey, werden die Acten vorzulegen seyn.

---

*) Anmerkung von G.: „Die Bemerkung ad §. 230. et 231. würde im 52. Titel ad §. 65. ihre Stelle finden können, wenn daselbst der Schiffe überhaupt gedacht würde, und nicht der §. 231. eine spezielle Hinweisung auf tit. 24. §. 83. der Ger. Ordn. enthielte."

S. 244. susp.

Concl. ad 244. susp.

P. Nachträgliches Votum. Es ist die Frage:

ob das an die Pommersche Regierung ergangene Rescript vom 29. August 1796., betreffend die Subhastation der Schiffe, blos für Pommern oder auch für andere Provinzen gültig und als gemeinverbindlich in den Anhang aufzunehmen sey?

Nach den beyfolgenden Acten, betreffend die Anfrage der Pommerschen Regierung etc., wird dies zu bejahen seyn.

Denn das erwähnte Rescript ist auch der Ostfriesischen Regierung, dem Ost-Preuss. Admiralitäts-Collegio, ingl. den West-Preuss. Landes-Collegien und dem Admiralitäts-Colleg. zu Danzig zur Nachachtung zugefertigt worden. Die Remonstrationen, welche dagegen von den Ostfries. und Litthau'schen Behörden gemacht worden, sind m. E. unerheblich. Besonders heben sich die Einwendungen gegen die Subhastation eines reisenden Schiffes durch die vorsichtige Fassung des §. III. des Rescripts, wonach es immer von der Wahl der Interessenten abhängt, ob sie das Schiff eine neue Fahrt antreten lassen wollen, oder nicht. Die nähern Bestimnungen wegen des Verkaufs eines, in einem fremden Hafen liegenden Schiffes etc. würden ein neues Gesetz veranlassen können, wovon jetzt nicht die Rede ist.

Ich würde es daher bey dem Entwurfe lassen.

S. Dem nachträglichen Voto trete ich bei.

Concl. appr.

---

§. 357.

Während des Laufes der Subhastationsfrist muß das Schiff der Regel nach im Hafen liegen bleiben. Wenn es jedoch die Handlungsconjunctur und das Beste der Interessenten erfordert, daß das Schiff in dieser Zwischenzeit eine neue Fahrt antrete, so kann solches von dem Richter zwar nachgegeben, es muß aber auch alsdann für eine gehörige Versicherung des Frachtgeldes und des Casco gesorgt werden.

---

§. 358.

Es müssen drey Patente ausgefertigt, und eines davon an dem gewöhnlichen Versammlungsorte der Kaufleute und Schiffsrehder; die andern beyden aber in benachbarten Häfen und Seeplätzen affigirt werden.

---

§. 359.

Es muß eine dreymonatliche Bekanntmachung in den Intelligenznachrichten der Provinz erfolgen, so daß von der letzten Einrückung an bis zum Termine volle Acht Tage frey bleiben.

---

§. 360.

Die Subhastationsfrist selbst wird von dem Tage angerechnet, wo die Bekanntmachung zum erstenmale in den Intelligenzblättern erscheint.

---

§. 361.

In den Patenten und Avertissements ist zugleich die Edictalcitation aller unbekannten Schiffsgläubiger sub poena praeclusi zu inseriren und der Liquidationstermin auf eben den Tag, wo auf das Schiff lizitirt werden soll, zu bestimmen.

---

§. 362.

Diese Vorschrift ist nicht bloß auf Seeschiffe, sondern auch auf Leichter, Bordinge und andere Fahrzeuge, auch solche, die zur Frachtschiffahrt auf dem Strome gebraucht werden, anzuwenden.

---

§. 363.

ad §. 238. Siehe ad §. 197. der Ger. Ordn. im Anhang. (s. oben S. 538.)

Rescr. v. 31. Jan. 1807.
Jur. Mon. Schr. Bd. X. p. 327.

§. 364.

ad §. 249. Findet jedoch die Mehrheit der Gläubiger die Verpachtung vortheilhafter, so hat es bei dem Beschluß derselben sein Bewenden.

Rescr. v. 18. Juni. 1802.
Neues Archiv Bd. III. p. 139.

§. 365.

ad §. 250. Die hier gegebenen Vorschriften leiden auch auf die antichretischen Pfandbesitzer eines dem Gemeinschuldner zugehörigen Grundstücks ohne Rücksicht auf die Dauer des darüber geschlossenen Contracts volle Anwendung.

S. Nachträgliches Votum. 27. Zum §. 365. habe ich in Gemäsheit des allegirten Rescripts einen mir nöthig scheinenden Zusatz gemacht.

Rescr. v. 18. Decbr. 1813. p. 422.
Act. gen. des Just. Minist.

§. 366.

ad §. 266. Ein förmlicher Rechtsweg über die Exmission des Schuldners, sobald die Gläubiger darauf bestehen, findet nicht statt, da solche zur Execution des Concurses gehört.

Rescr. v. 7. Aug. 1797.
Stengel, Bd. V. p. 350.

§. 367.

ad §. 267. Auf Forderungen, die vor Publication der Allgem. Ger. Ord. entsprungen sind, kann die Classifications-Ordnung nur in so weit angewendet werden, als überhaupt ein neues Gesetz ad casus praeteritos zu ziehen ist.

Cab. Ordre v. 20. Aug. 1810.
Jur. Mon. Schr. Bd. IX. p. 318.

§. 368.

ad §. 268. Darlehne, welche einem Officiere unter Beobachtung der gesetzlichen Vorschriften

(cf. Cabinets-Ordre vom 20. Aug. 1810.)

aus den Regiments und Bataillons-Cassen*) zur Anschaffung der Equipage gegeben sind, genießen vor allen sonstigen Forderungen, wie solche Namen haben mögen, ein Vorzugs-Recht und müssen aus der bereitesten Masse bezahlt werden.

B. Der Zusatz §. 368. ist zu allgemein gefasst, weshalb ich mich auf mein obiges Monitum ad Zusatz §. 198. (s. oben S. 354.) beziehe.

G. Ist sofort erlediget.

P. Dem Monito des Herrn *B.* ist abgeholfen.

S. 245. accedo.

Concl. ad 245. appr.

---

*) Die mit gesperrter Schrift gedruckten Worte fehlten anfänglich.

Patent vom 30. September 1796. §. 4.
Stengel, Bd. III. p. 344.

§. 369.

ad §. 337. Dieses Vorzugs-Recht gebührt gleichergestalt dem Rettungs-Institut in Berlin, insofern sich die Materialien noch in den Händen derjenigen befinden, denen von dem Institut Unterstützung gegeben ist.

Rescr. v. 14. July 1800.
Stengel, Bd. XI. p. 329.

§. 370.

ad §. 338. Sind keine gehörige Abrechnungsbücher, d. i. solche Bücher, worin der Verkäufer die von ihm geschehene Waarenlieferungen und dafür empfangene Zahlungen einschreibt und dieselben demnächst der Gewahrsam des Käufers oder Abnehmers übergiebt, geführt worden, so kann der Mangel derselben in Ansehung des hier bestimmten Vorrechts der ersten Classe durch keine Handlungsbücher oder andere Beweismittel ersetzt werden.

Rescr. vom 19. Jan. 1801.
Stengel, XII. p. 316.

Nur bey solchen Fabrikanten, welche kaufmännisch eingerichtete Bücher führen, können diese die Stelle der vorgeschriebenen Abrechnungsbücher vertreten.

Neuer Zusatz ad §. 357. Th. I. Tit. 50.

Rescr. v. 23. Octbr., 6. Dcbr. 1809. und 18. April 1810.
Matthis VIII. p. 577. u. 592. und IX. p. 153.

T. „Vorübergehende Kriegslasten und die zur Entrichtung derselben an die Corporationen und Communen geleisteten Beyträge haben dies Vorzugsrecht nicht. Wenn jedoch während der Sequestration im Wege der Execution oder während des Konkurses dergleichen Beyträge gefordert werden, so müssen sie als Communlasten prioritätisch vor allen Gläubigern aus der Masse selbst genommen werden."

K. ich würde bei dem Zusatz des Hrn. *v. T.* das Wort „vorübergehende", wozu ich in den allegirten Rescripten keinen Grund finde, weglassen.*)

B. In dem neuen Zusatz des Hrn. Pr. *v. T.* ad §. 357. kann auch meines Erachtens das Beiwort „vorübergehend" wegfallen.

G. accedo unter der von Herrn B. und K. gemachten Bemerkung.

P. Der neue Zusatz des Hrn. *v. T.*, welcher die Priorität der Kriegs-Lasten und Communal-Beyträge betrifft, muss wegbleiben.

Es ist darüber eine Ministerial-Correspondenz eingeleitet, deren Resultat erst abzuwarten ist.

S. 246. accedo.

Concl. ad 246. appr.

Cab.Ordre v. 27. May 1796.
Stengel, Bd. II. p. 222.
Rescr. v. 25. Juny 1804.
Jur. Mon. Schr. Bd. I. p. 47.

§. 371.

ad §. 361. Zu den solchergestalt begünstigten Instituten gehört namentlich auch die Officier-Wittwen-Kasse.

*) Anmerkung von C.: „Der letzte Krieg hat zwar erst die Veranlassung zu dieser Vorschrift gegeben. Die Folgen dieses Krieges wer-

T. ich würde den Zusatz weglassen. Sonst müsste mit gleichem Rechte der allgemeinen Wittwen-Verpflegungs-Anstalt

cf. Reglem. v. 28. Decbr. 1775. §. 41.
und Arch., III. 384.

und aller andern öffentlichen Anstalten, die jura fisci haben, Erwähnung geschehen.

B. Der Zusatz §. 371. scheint auch mir nicht nothwendig zu seyn.

G. Einverstanden.

P. Hr. *v. G.* ist mit Hrn. *v. T.* für die Weglassung dieses Zusatzes, womit ich einig bin. Die Officier-Wittwen-Casse ist, da ihr fiscalische Rechte beigelegt sind, unter der Bestimmung des Textes schon begriffen.

S. 247. accedo.

Concl. 247. appr.

Neuer Zusatz ad §. 367. Th. I. Tit. 50.

Rescr. v. 30. Octbr. 1799.
Stengel, Bd. IX. p. 343.

T. „Ist die zu lozirende Summe unbeträchtlich, oder von dem Kontradiktor geradehin eingeräumt, so können Medizinalkosten auch ohne Festsetzung der Medizinalbehörde lozirt werden.“

B. Dem neuen Zusatze des Hrn. Pr. *v. T.* ad §. 367. muss ich beitreten; ob die Ausnahme aber von dem klaren allgemeinen Gesetze gut und zweckmässig ist, muss ich höherem Ermessen anheimstellen.

---

den aber leider permanent, oder wenigstens von sehr langer Dauer seyn, und der Zweifel ist so allgemein, daß ich kein Bedenken tragen würde, diese Vorschrift aufzunehmen. Durch die Bezeichnung vorübergehend habe ich den am Schluß des 2. Rescripts vom 6. Decbr. 1809. geäußerten Bedenken begegnen wollen.“

G. In meinem Concepte findet sich dieser Zusatz, und er ist bei dem Abschreiben übersehen.

Das Project einer revidirten Prozeß-Ordnung de 1807. hat ihn ebenfalls mit aufgenommen und ich trete daher dem Herrn v. T. bey.

P. Der neue Zusatz des Hrn. *v. T.* betrifft die Locirung der Medicinal-Kosten ohne Festsetzung des Colleg. med., für dessen Aufnahme auch Hr. *v. G.* sich erklärt.

Ich bemerke nur, dass das allegirte R. vom 30. Octbr. 1799. in keiner officiellen Sammlung sich findet und die Aufnahme unnöthig scheint.

S. 248. Den Zusatz des Hrn. *v. T.* ad §. 367. würde ich aufnehmen.

Concl. ad 248. appr.

Neuer Zusatz ad §. 382a. Th. I. Tit. 50.

B. ad §. 382a. des Textes würde ich auf die Vorschrift des Allg. Landrechts Th. II. Tit. 8. §. 455.,

nach welcher den Gastwirthen wegen Bezahlung für Quartier und Bewirthung ein gleiches Vorzugsrecht zustehet,

zurückweisen.

G. ich halte den Zusatz des Herrn B. für überflüssig, weil es in der Natur der Sache liegt, daß dieses Vorzugsrecht den Gastwirthen so gut, wie den Vermiethern zustehen muß.

P. Dass dem Gastwirthe, wie dem Vermiether, die Rechte eines Pfandgläubigers an den eingebrachten Sachen des Reisenden zukommen, ist nicht zweifelhaft. Der Zurückweisuug auf das Allg. Landrecht II. 8. §. 455. wird es nicht bedürfen. Der Zusatz ist indessen unschädlich und finde ich keine überwiegende Gründe, der Aufnahme zu widersprechen.

S. 249. accedo.

Concl. ad 249. appr.

Entscheid. der Gesetz-Commission v. 6. Septbr. 1796. Stengel, Bd. IV. p. 293.

§. 372.

ad §. 387. Die wegen einer Accise-Defraudation verwirkte, auf die Grundstücke des Contravenienten eingetragene Strafe wird bey einem über sein Vermögen entstandenen Concurse auf die Kaufgelder dieser Grundstücke nach der Zeit der Eintragung in die dritte Klasse locirt.

Declarat. v. 18. April 1803. No. 28. Neues Archiv Bd. III. p. 143.

§. 373.

ad §. 393. No. 4. Der dem Fiscus hier bewilligte Vorzug vor den hypothekarischen Gläubigern findet nicht ferner statt; vielmehr kommt den fiskalischen Kassen wegen der von dem Beamten gemachten Defecte das Vorrecht der zweyten Klasse nur in dem übrigen Vermögen des Schuldners zu statten und sie können aus dem unbeweglichen Vermögen ihre Befriedigung nur alsdann erwarten, wenn das Recht des Fiskus in dem Hypothekenbuche ausdrücklich eingetragen worden. Auch in diesem Fall werden sie jedoch nur nach der Zeit- und Folge-Ordnung der geschehenen Eintragung locirt.

1) Rescr. v. 6. Octbr. 1810.
Jur. Mon. Schr. Bd. IX. pag. 539.
2) Rescr. v. 23. May 1812.
Jahrbuch von Kamptz p. 59.

§. 374.

ad §. 402. Andere Salarien-Kassen genießen dieses Vorzugsrecht nur in so fern, als deren Ausfälle aus unmittelbaren Staats-Kassen gedeckt werden müssen.

Cirkul. Verordn. v. 19. Dzbr. 1799. Sect. XII.

Die Salarien-Kassen der Ober-Bergämter werden wirklichen Königlichen Salarien-Kassen gleich gestellt.

Rescr. v. 18. Novbr. 1803. und v. 23. Jan. 1813.
fol. 44. Act. gen. des Just. Minist.

Uebrigens erstreckt sich dieses Vorzugsrecht nicht auf solche Kosten-Rückstände, welche aus einer gegen den Gemeinschuldner obgeschwebten Untersuchung entspringen, vielmehr sind diese in die siebente Klasse zu lociren.

Rescr. v. 3. Novbr. 1800.
Neues Archiv Bd. I. p. 395. und 401.

§. 375.

ad §. 410. Wo Provinzial-Gesetze und Statuten, wie z. B. im Lübischen Rechte, von den allgemeinen Grundsätzen der ehelichen Gütergemeinschaft abweichen, da hat es in Hinsicht der Classification und des Vorzugsrechts der Ehefrau bis zur Vollendung der Provinzial-Landrechte dabey sein Bewenden.

---

§. 376.

ad §. 423. cf. ad §. 268. dieses Titels. (s. oben S. 545.)

Rescr. v. 21. Decbr. 1800.

§. 377.

ad §. 448. Die mit gleichem Vorzugsrecht versehenen Forderungen der immitirten Gläubiger müssen tributarisch bezahlt werden.

Rescr. v. 8. Novbr. 1803.
Neues Archiv Bd. III. p. 147.

§. 378.

ad §. 456. Die Kosten, welche durch die Untersuchung des Diebstahls veranlaßt worden, haben vor der Entschädigungs-Forderung des Bestohlnen kein Vorzugsrecht.

S. Nachträgliches Votum. 28. Der §. 378. wird durch den §. 374. (s. oben S. 551.) überflüssig.

1) Entscheid. der Gesetz-Commission v. 18. Octbr. 1796.
Stengel, Bd. III. p. 403.
2) Allg. Land-Recht Th. II. Tit. VIII. §. 936.
Anhang zum allg. Landrecht §. 117.

§. 379.

ad §. 471. Wechsel, welche nach hiesigen Landes-Gesetzen verjährt sind, gehören, wenn sie gleich auswärts ausgestellt worden, und der Schuldner sich dem auswärtigen Wechsel-Rechte unterworfen hat, zur siebenten Classe.

Circul.-Verordn. v. 19. Decbr. 1799. Sect. XIII.

§. 380.

Die in Wechselform ausgestellten Schuld-Documente nicht wechselfähiger Personen genießen ebenmäßig das Vorzugsrecht der sechsten Classe.

(Allgem. Land-Recht Th. I. Tit. 11. §. 751.)*)

*) Das Allegat ist erst nachträglich, in Folge des Monitums von P., beigefügt worden.

B. Bey dem Zusatz §. 380. würde ich die concernirende Stelle des Allg. L. R. Th. I. Tit. 11. §. 751. allegiren.

G. Das gewünschte Allegat ist unschädlich und daher bewirkt.

P. Des Zusatzes §. 380., wegen der in Wechselform ausgestellten Schulddocumente, bedarf es nicht. — Er ist indessen unschädlich und finde ich keine überwiegende Gründe, der Aufnahme zu widersprechen.

S. 250. accedo.

Concl. ad 250. appr.

Cabinets-Ordre v. 18. May 1804.
Neues Archiv Bd. III. p. 449.

§. 381.

ad §. 476. Hierher gehören namentlich auch die Accise- und Zollstrafen, und gebührt ihnen das im Accise-Reglement von 1772. verstattete stillschweigende Pfandrecht nicht ferner.

Rescr. v. 1. Novbr. 1809.
Jurist. Mon. Schr. Bd. IX. p. 53.

§. 382.

Untersuchungs-Kosten haben, sie mögen in oder extra Concursum mit den Geldstrafen in Collision kommen, jederzeit vor den letztern den Vorzug.

---

1) Verordn. v. 15. Febr. 1809. §. 4.
Jur. Mon. Schr. Bd. VIII. p. 28.
2) Rescr. v. 18. Aug. 1810.
Jur. Mon. Schr. Bd. IX. p. 336.

§. 383.

ad §. 477 b. Eben dahin sind auch, und zwar ohne Rücksicht auf die Zeit des Rückstandes, alle Zinsen zu rechnen, welche während des Zeitraums vom 15. Febr. 1809. bis 1. Decbr. 1810. von dem Schuldner über 6. Procent stipulirt sind.

S. Nachträgliches Votum. 29. Den §. 383. würde ich weglassen. Das allegirte Rescript enthält eine blos materielle Entscheidung und betrifft das Vorzugsrecht solcher Zinsen gar nicht.

Rescr. v. 26. Octbr. 1795.
Stengel, Bd. IX. p. 355.

§. 384.

ad §. 500. Die in den letzten zwey Jahren vor Eröffnung des Concurses ausgeschriebenen Feuer-Societäts-Beiträge werden jedoch entweder aus den laufenden Einkünften bezahlt, oder bey der ersten Vertheilung mit angesetzt.

Verordn. vom 3. May 1804. Abschnitt III. §. 2.
Jur. Mon. Schr. Bd. I. p. 28.

§. 385.

ad §. 511. 527. und 528. Bey Berechnung der nach §. 511. aus der Immobiliar-Masse zu berichtigenden Kosten ist der Betrag dieser Masse, und bey den nach §. 527. und 528. den Gläubigern der ersten Classe und den Pfandgläubigern abzuziehenden Kosten der Werth der ihnen besonders angewiesenen Objecte zum Grunde zu legen.

Rescr. vom 3. Novbr. 1797.
Stengel, Bd. VI. p. 333.

§. 386.

ad §. 530. Wenn die Activ-Masse nur in einem bestimmten Theil einer jährlichen Besoldung besteht, und das Object der Passivmasse die Summe erreicht, welche den vollen Satz der Sporteln erheben läßt, so kann gleich im ersten Jahre der volle Satz der Sporteln erhoben werden, und wenn der Gemeinschuldner sterben sollte, bevor die von seiner Besoldung zur Concursmasse geflossenen Gelder jene Summe ausmachen, welche die Erhebung der Sporteln nach dem vollen Satze rechtfertiget, so müssen die von der Concursmasse zuviel bezahlten Sporteln denjenigen Gläubigern, welche nach dem Distributions-Plan die Summe der zu viel bezahlten Sporteln würden erhalten haben, nachgezahlt werden.

In dem Falle, wenn das Object der Passivmasse eine niedere als jene Summe, welche den vollen Satz der Sporteln liquidiren läßt, beträgt, so sind die Sporteln nur nach dem minderen Betrage dieser Summe unter den obigen Modificationen zu erheben.

Rescr. v. 20. Novbr. 1813.
Acta gener. des Justiz-Ministerii p. 380.

Kosten, welche durch Einklagung eines Activi vor Ausbruch des Concurses aufgelaufen und von den Salarien-Kassen gestundet sind, gehören nicht zur Kathegorie der Communkosten, sondern müssen nach §. 402. in die vierte Classe locirt werden.

T. Neuer Zusatz ad §. 530. Th. I. Tit. 50.

„Wenn es darauf ankommt, zu bestimmen, nach welchen Sportul-Sätzen die nach Vorschrift des §. 530. aus der Commun-Masse zu entrichtenden Kosten angesetzt werden sollen, so dienen die im §. 108. vorgeschriebenen Grundsätze zur Richtschnur."

B. Der Zusatz §. 386. ist zwar ganz richtig nach dem

---

*) Circul. Verordn. v. 3. May 1804. Sect. III. §. 1. Matthis, Bd. I. p. 28.

Rescript. Er kommt mir aber dunkel vor, wahrscheinlich, weil ich den Bericht, der zur Bescheidung Veranlassung gegeben, nicht kenne. Die Sporteln werden nach der Activ - Masse berechnet. Hier wird aber die Passiv - Masse als Maasstab angegeben! —

Mit dem neuen Zusatz des Hrn. ꝛc. v. *T.* bin ich einig.

G. Der Zusatz §. 386. ist dem allegirten Rescript gemäß, auch in den Entwurf der revidirten Gerichts = Ordnung de 1807. mit aufgenommen.

Dem neuen Zusatz des Hrn. v. T. accedo, und würde ich diesen §. damit anfangen.

P. Den ersten Theil des Zusatzes §. 386. des Entw., welcher aus einem in keiner officiellen Sammlung stehenden Rescr. vom 3. Nov. 1797. genommen ist, würde ich um so mehr weglassen, da er eigentlich zur Sportel-Ordnung gehört.

Gegen den neuen Zusatz des Hrn. v. *T.* finde ich nichts zu erinnern und wird dieser Zusatz aufzunehmen seyn.

S. ad §. 386. accedo.

Concl. Der Zusatz §. 386. soll aufgenommen werden.

S. 252. Wegen des Zusatzes des Hrn. ꝛc. v. *T.* ad §. 530. der G. O. accedo.

Concl. ad 252. appr.

---

1) Rescr. v. 21. Aug. 1797.
Stengel, Bd. V. p. 352.
2) Rescr. v. 15. April 1799.
Stengel, Bd. VIII. p. 406.

§. 387.

ad §. 531. Eben diese Befreyung genießen auch die Königl. Banque, ingleichen die Königl. Salarien-Cassen.

Rescr. vom 17. July 1810.
Jur. Mon. Schr. Bd. X. p. 336.

§. 388.

ad §. 551. Da der vorzüglichere Werth eines Activi vor dem anderen und einer Sache vor der andern öfters vom besseren Gebrauch abhängt, den ein Gläubiger davon machen kann, so ist, wenn im Concurse darüber Zweifel entstehen:

„welche von den Activis der Depositalmasse, oder den „andern Activis und Effecten die zuerst stehenden Gläu= „biger zu ihrer Befriedigung vorziehen wollen,"

die Vernehmung der Creditoren vor Anlegung des Distributions=Plans zu verfügen und ihnen dabey die Auswahl zu überlassen.

Rescr. v. 24. July 1797.
Stengel, Bd. V. p. 357.
Rescr. v. 20. Octbr. 1801.
Neues Archiv Bd. II. p. 191.

§. 389.

ad §. 593. und 594. Von unbekannten Gläubigern kann hierbey keine Notiz genommen werden. Bekannte Gläubiger werden unter der legalen Commination vorgeladen, und wenn sie dann außen bleiben, ohne sich zu erklären, so werden sie für beitretend geachtet.

Auf solche Creditoren, so wie auf diejenigen, welche zwar renunciiren, aber sich doch ihre Ansprüche an den Gemeinschuldner vorbehalten wollen, muß eben sowohl, als auf diejenigen, welche ausdrücklich dissentiren, die Repartition mit gerichtet, und wenn sie ihre Antheile nicht annehmen wollen, dieselben auf ihre Gefahr und Kosten ad depositum eingezahlt werden.

Rescr. v. 15. Febr. 1796.
Stengel, Bd. IV. p. 297.

§. 390.

ad §. 599. 604. und 606. Der Vergleich selbst kann nicht eher als nach rechtskräftig abgefaßtem Präclusions-Urtel bestätigt werden; es wäre denn, daß alle bekannte Gläubiger in die Aufhebung des Concurses willigten.

Declaration v. 24. Septbr. 1798. No. 73.

§. 391.

ad §. 665. bis 669. Bey einem in hiesigen Landen eröffneten Special-Concurse sollen auswärtige Gläubiger mit zugelassen werden, insofern nicht von den Mitgläubigern behauptet und nachgewiesen wird, daß nach den Gesetzen des Wohnorts des Gläubigers, welchen sie zurückweisen wollen, im gleichen Falle ausländische Gläubiger nicht zugelassen werden. Doch ist, da alsdann die Frage zur Sprache kommt, ob die Retorsion ausgeübt werden soll, jederzeit an das Cabinets-Ministerium und Justiz-Departement Bericht zu erstatten.

T. ad §. 665. bis 671. würde ich in den Zusatz aus der alleg. Verordnung auch den §. XII. mit aufnehmen, verbis:

„Wenn in Gefolge der nach dem §. 668. und 669. anzustellenden Recherchen die Eröffnung des Special-Concurses über einländisches Vermögen erfolgen soll, so müssen die Landes-Collegien jederzeit bey dem Justiz-Ministerio, zur jedesmaligen Communication desselben mit dem Cabinets-Ministerio, anfragen. Eine gleiche Anfrage ist in dem Fall eines nach dem Auslande zu einem ausländischen General-Concurs zu verabfolgenden Vermögens, wegen der Verabfolgung selbst erforderlich. Ebenmässig müssen die Gerichte, wenn im Fall des §. 671. ein ausländisches Gericht über einen hiesigen Landes-Einwohner den Concurs verhängen sollte, dem Justitz-Ministerio zur Communikation mit dem Cabinets-Ministerio Bericht erstatten."

K. Ich würde bei diesem Zusatz den letzten Satz, welcher mir auch nicht deutlich gefasst zu seyn scheint, weglassen, weil der §. 671. schon dieselbe Bestimmung enthält. *)

B. Bey dem Zusatze §. 391. trete ich dem Hrn. *v. T.* bey, jedoch würde auch ich die letzte Periode, in welcher etwas ausgelassen, übergehen, weil die Verbindlichkeit zur Berichterstattung schon in dem §. 671. der Pr. O. enthalten ist. **)

G. Der erste Abschnitt des neuen Zusatzes des Hrn. v. T. ist in dem §. 391. schon enthalten; der zweyte scheint mir eigentlich zum Civil-Gesetzbuche (Th. II. Tit. 17. des A. L. R.) zu gehören.

P. Hr. *v. G.* bemerkt, der erste Theil des Zusatzes des Hrn. *v. T.* sey im §. 391. schon enthalten. Diés finde ich nicht. Der §. 391. des Entw. enthält nur das, was im §. XIII. der Verordn. vom 24. Decbr. 1798. gesagt ist. Der von Hrn. *v. T.* vorgeschlagene neue Zusatz hingegen gründet sich auf den §. XII. derselben Verordnung, und würde ich solchen, jedoch mit Weglassung der unverständlichen letzten Periode, aufnehmen.

---

*) Anmerkung von T.: „Die Undeutlichkeit ist durch einen Schreibfehler entstanden, den ich abgeändert habe."

**) Anmerkung von P.: „Es war nichts ausgelassen, sondern was eben so schlimm ist, so wie im Mylius selbst, einige Worte zu viel stehen geblieben, die den Sinn entstellten. Mit der vorgeschlagenen Modification bin ich aber völlig einverstanden."

S. 253. Wegen des Zusatzes des Hrn. *v. T.* ad §§. 665—671. accedo.

Concl. ad 253. appr.

Rescr. v. 21. Aug. und
Cab. Ordre v. 19. July 1809.
Jur. Mon. Schr. Bd. VIII. p. 326. seq.

§. 392.

ad §. 694.*) seq. Die Erörterung, Festsetzung und Locirung der hier specificirten Forderungen gehört nicht ferner vor die Militair-, sondern ausschließlich vor die Civil-Gerichte.

S. Nachträgliches Votum. 30. Den §. 392. habe ich weggelassen, einmal, weil, wie der Hr. ꝛc. *v. G.* selbst bemerkt, der Inhalt desselben aus der wegen Aufhebung der Militair - Gerichtsbarkeit ergangenen Verordnung blos gefolgert wird und diese Folgerung dem Richter überlassen werden kann; und zweitens, weil es nicht ganz zweifelsfrei ist, ob die Erörterung und Festsetzung der im §. 694. sub No. 1. Tit. 50. Th. I. der Allg. Ger. Ordn. erwähnten Forderungen vor die Gerichte gehört. Wenigstens müsste darüber vorher die Einwilligung des Kriegs-Ministers eingeholt werden, wodurch nur ein Aufenthalt entstehen würde.

---

*) Anmerkung von G.: „ich habe mir diesen Zusatz zu machen erlaubt, da er durch die in margine allegirten Gesetzstellen, wornach die Militair-Gerichtsbarkeit in civilibus aufgehoben ist, gerechtfertigt wird."

Zu Th. I. Tit. 51.

Liquidations-Processe.

§. 393.

ad §. 17. Siehe §. 42. seqq. Tit. VII. der Gerichts-Ordn. im Anhang. (s. oben S. 241.)

Rescr. v. 30. Juny 1812.
Jahrbuch von Kamptz p. 69.

§. 394.

ad §. 51. Die sich solchergestalt meldenden Gläubiger werden mithin weder durch ein rechtskräftiges Prioritäts-Erkenntniß, noch durch ein rechtskräftiges Distributions-Urtel, sondern nur durch die wirklich erfolgte Distribution selbst mit ihren Ansprüchen von dem Objecte ausgeschlossen.

Rescr. vom 22. Febr. 1806.
Jur. Mon. Schr. Bd. III. p. 197.

§. 395.

ad §. 64. Nur auf Verlangen der Gläubiger, nicht aber von Amtswegen, ist der Richter in diesem Falle den Concurs zu eröffnen befugt.

B. Den Zusatz §. 395. würde ich nicht aufnehmen, weil das Rescript eine blosse Bestätigung der Vorschrift der Proc. Ordn. ist.

G. Gewiß würde ich diesen und manchen andern Zusatz nicht aufgenommen haben, hätte das Cammergericht durch seine dem Königlichen Justiz-Ministerio vorgetragenen vielfältigen Zweifel mich nicht darzu veranlaßt.

Man lese nur im vorliegenden Fall den weitläuftigen Bericht vom 13. Februar 1806.!

Jur. Mon. Schr. Bd. III. p. 197.

Es ist ja zum Theil der Zweck des jetzigen Anhanges, die vorgesetzte Justiz-Behörde vor dergleichen ermüdenden Anfragen zu sichern.

P. Hr. *B.* will den Zusatz §. 395. des Entw. nicht aufnehmen, weil er eine blosse Bestätigung der Vorschriften der A. G. O. enthalte. Ich würde aber doch aus den von Hrn. *v. G.* dagegen angeführten Gründen es bey dem Entwurf lassen.

S. 255. accedo.

Concl. ad 255. appr.

S. Nachträgliches Votum. 31. Der §. 395. gehört m. E. zu §. 4. Tit. 50. Th. I., weil hier von den Fällen die Rede ist, in welchen der Concurs von Amtswegen eröffnet werden muss.

Rescr. v. 5. Febr. 1798.
Stengel's Beiträge, Band VIII. pag. 235.

§. 396.

ad §. 69. Wenn die Unzulänglichkeit des Nachlasses nicht schon aus dem Inventario klar ist, so kann bis zur Eröffnung des Concurses oder bis zur Abfassung des Präclusions-Urtels im erbschaftlichen Liquidations-Prozeß, ohne Besorgniß eines Regresses der Erbschafts-Gläubiger, unvermögenden, minderjährigen Erben der nothdürftige Unterhalt aus den Revenüen einer sub beneficio angetretenen Erbschaft angewiesen werden. Die Minderjährigen sind unter diesen Umständen für redliche Besitzer zu achten und sie geriren die negotia der Gläubiger utiliter, wenn durch ihre Vormünder die Administration der Masse besorgt wird. Nur muß die Eröffnung des Liquidations-Prozesses nicht ohne Noth verzögert, und wenn dabey die Besorgniß der Unzulänglichkeit sich vergrößert, den Gläubigern die Wahl gelassen werden, ob sie die Administration fernerhin, gegen nothdürftige Verpflegung der Curanden, deren Vormündern überlassen, oder einen besondern Curator bestellen wollen.

Rescr. v. 1. Decbr. 1808.
Jur. Mon. Schr. Bd. VIII. p. 499.

§. 397.

ad §. 74. Ob in diesem Falle auch der offene Arrest zu erlassen, oder ob die Feststellung der Forderungen und die Constituirung der Masse ohne einen solchen Arrest geschehen könne, bleibt der Beurtheilung des Gerichts überlassen.

Rescr. v. 27. Decbr. 1806.
Jurist. Mon. Schr. Bd. X. p. 102.

§. 398.

ad §. 110. Der Production des Original-Schuldinstruments bedarf es in dem hier angezeigten Falle nicht.

Rescr. v. 13. Octbr. 1800.
Stengel, Bd. XII. p. 322.

§. 399.

ad §. 114. Von der Ableistung dieses Diligenz-Eydes kann jedoch das Gericht den Extrahenten — dem Befund der Umstände nach — dispensiren, falls es ihm an Spuren gefehlt hat, wo und bey wem er die vorgeschriebenen Erkundigungen hätte einziehen sollen.

B. Den Zusatz §. 399. würde ich auslassen, weil die Dispens., die der Hr. v. Kamcke wegen Ableistung des Diligenz-Eides sich ausgewirkt, blos für diesen speciellen Fall gegeben ist.

G. In der revidirten Gerichts-Ordnung de 1807. ist dieser Zusatz mit aufgenommen, und die hinzugefügten Worte:

„dem Befund der Umstände nach"

machen ihn nicht nur unschädlich, sondern füllen auch eine Lücke in der Prozeß-Ordnung aus.

P. Den §, 399. des Entw. würde ich mit Hrn. *B.* weglassen. Das R. vom 13. Oct. 1800. finde ich in keiner officiellen Sammlung und es enthält eine blosse Dispensation in einem besondern Fall.

S. 256. accedo.

Concl. ad 256. appr.

Rescr. v. 18. Januar 1796. No. 4.

§. 400.

ad §. 115. Die Aufbietung eines verloren gegangenen Instruments, Behufs der Amortisation, kann auch auf Instanz des Gläubigers veranlaßt werden, wenn er mit dem Schuldner darüber einig ist, daß die Schuld noch validire.

Rescr. v. 9. Octbr. 1797.
Stengel, Bd. V. p. 372.

§. 401.

ad §. 116. Ob der Mortifications-Schein nebst der Quittung vor oder nach ergangenen Präclusions-Urtel vollzogen wird, gehört nicht zum Wesen des Aufgebots; es ist hinlänglich, wenn nur der im Hypothekenbuche notirte Inhaber sich zu beyden, so wie zur Ableistung des Manifestations-Eydes, bereit erklärt, und es muß, wenn sonst kein Bedenken entgegensteht, mit Erlassung des Aufgebots verfahren werden.

Rescr. v. 1. August 1796.
v. 3. Octbr. 1796.
Stengel, Bd. IV. p. 298.
Rescr. v. 21. Octbr. 1799. Nr. 58.
cf. auch Rescr. v. 8. Nov. und 15. Decbr. 1804.
Neues Archiv Bd. III. p. 450.—452.

§. 402.

ad §. 117. Eben dieses Verfahren findet bey dem Aufgebot verloren gegangener Obligationen der Bank, Seehandlungs-Societät, Haupt-Nutzholz- und Haupt-Brennholz-Administration und überhaupt aller öffentlichen Anstalten Anwendung, so wie auch bey Amortisationen eines von der Bank oder Seehandlungs-Societät ertheilten Empfangs-Recipisse.

In solchen Fällen muß das Aufgebot von demjenigen Landes-Justiz-Collegio geschehen, in dessen Gerichtsbezirk der letzte bekannte Inhaber solcher verloren gegangener Instrumente seinen Wohnsitz hat.

Die Stelle der vorzulegenden Abschrift des Instruments vertritt der von der öffentlichen Anstalt, welche dasselbe ausgestellt hat, anzugebende Name dessen, auf welchen die Obligation gestellt ist, die Summe, die Münzsorte und das Datum der Ausstellung und Confirmation, ingleichen der Buchstabe und die Nummer, womit das Instrument nach den Büchern der öffentlichen Anstalt bezeichnet gewesen ist.

Bey einem solchen Aufgebote muß jederzeit die Bekanntmachung durch die Berliner Intelligenzblätter geschehen, wenn sie auch in einer andern Provinz verfügt und in die dortigen Intelligenz-Blätter eingerückt wäre.

T. ad §. 117. würde ich aus dem alleg. Rescr. vom 21. October 1799. noch folgende Bestimmung in den Zusatz 402. loco congruo mit aufnehmen:

„Ist der Inhaber eines solchen abhanden gekommenen Dokuments ein Ausländer, so muss sich derselbe mit seinem Antrage an das Kammergericht wenden."

B. Bey dem Zusatz §. 402. trete ich dem Hrn. Praes. *v. T.* bey.

G. Ich bin zur Weglassung des von Hrn. v. T. vorgeschlagenen Zusatzes dadurch bestimmt worden, daß ich ihn in der revidirten Ger. Ordn. nicht aufgenommen fand.

P. Der Zusatz §. 402. des Entw. scheint mir schicklicher zum §. 115. seq. des Textes, als zum §. 117. zu gehören. Auch würde ich den vom Hrn. *v. T.* vorgeschlagenen Zusatz nach den Worten des §. 402. des Entwurfs

„Instrumente seinen Wohnsitz hat,"

einschalten, nämlich:

„Ist der Inhaber eines solchen abhanden gekommenen Documents ein Ausländer, so muss sich derselbe mit seinem Antrage an das Kammergericht wenden."

cf. Rescr. v. 21. Octbr. 1799.
Edicten-Sammlung X. 2659.

S. 257. accedo.

Concl. ad 257. appr.

S. Nachträgliches Votum. 32. Der §. 402. muss nach §. 120. Tit. 51. Th. I. zu stehen kommen.

Verordnung v. 9. Decbr. 1809.
Jur. Mon. Schr. Bd. IX. p. 17.

§. 403.

Bey der Mortification der auf einen gewissen Inhaber, so wie wegen des öffentlichen Aufgebots der an jeden In=

haber ausgestellten Privat-Schuldverschreibungen und Urkunden, finden gleichergestalt die Vorschriften des §. 115. Anwendung.

Jedoch muß der Aussteller der Urkunde in der Regel zugezogen und das Erkenntniß mit gegen ihn gerichtet werden. Dieser ist sodann befugt, darauf anzutragen, daß entweder die Zahlungszeit des Capitals oder der nächste Zinstermin abgewartet werde; aber auch ohne seinen Antrag muß die, bis zu diesem Termin verlaufene Zeit der Frist des Aufgebots hinzugerechnet werden. In der Regel wird zwar das Aufgebot von dem Richter des Ausstellers der Urkunde erlassen; es muß aber auch die öffentliche Vorladung in den Zeitungen der Provinz, wo der Verlierer sich befindet, bekannt gemacht werden.

Bey dem Aufgebote selbst sind die Vorschriften §. 42. Tit. 7. im Anhange der Gerichts-Ordnung zu beobachten, jedoch mit der Maaßgabe, daß dabey die Einrückung der öffentlichen Vorladung in die Intelligenzblätter nicht hinreicht, sondern die Bekanntmachung in diesem speciellen Fall auch durch die Zeitungen geschehen muß. (s. oben S. 241—243.)

Wenn der Verkehr zwischen den Orten, wo der Verlierer sich befindet und wo der Aussteller der Urkunde sich aufhält, unterbrochen ist, so steht es dem Verlierer frey, bey dem Oberlandesgerichte der Provinz, in welcher er sich aufhält, auf Erlassung des Aufgebots anzutragen; das hierauf ergehende Präclusions-Erkenntniß präjudiciret aber diejenigen nicht, welche zur Zeit des Verlierens sich in Ländern befanden, deren Verkehr mit dem Orte des Aufgebots verhindert wurde.

Ist keine Abschrift von der verlornen Urkunde vorhanden,

so sind die Vorschriften der Allg. Ger. Ordn. Th. I. Tit. 10. §. 122. zu beobachten.

S. Nachträgliches Votum. 33. Im §. 403. habe ich die Worte hinzugesetzt:

„so weit solches auf Fälle dieser Art Anwendung findet.“

Denn mehrere Vorschriften des §. 115. und folg. Tit. 51. Th. I. d. G. O. setzen eingetragene Forderungen voraus und passen nicht auf uneingetragene Privaturkunden.

Gutachten der Gesetz-Commission vom 11. July 1797.
Stengel, Bd. V. p. 365.

§. 404.

Wenn ein auf jeden Inhaber zahlbarer Wechsel, von dem jedoch Jahr und Tag der Ausstellung nicht bekannt ist, Behufs seiner Amortisation, öffentlich aufgeboten werden soll; so muß zuvörderst der Wechselschuldner ad Depositum zahlen; wenn dieses geschehen ist, alsdann kann der Gläubiger nach abgelegtem Manifestations-Eyde das Aufgebot des Depositi verlangen. Hierbey müssen den etwanigen unbekannten Inhabern ihre Rechte an den Gläubiger vorbehalten, und nur das Präjudiz comminirt werden: daß die Gelder ex Deposito dem Gläubiger würden verabfolgt werden, wenn sie sich auf die Edictal-Citation nicht meldeten. Hiernächst, — nach erfolgter Präclusion, — ist der Gläubiger die Auszahlung des deponirten Geldes nachzusuchen berechtiget.

B. Im Zusatz §. 404. ist m. E. das Präjudiz nicht ganz deutlich extrahirt. Es soll nach dem R. auch mit dahin gerichtet werden, dass die, welche sich nicht melden, aller ihrer Ansprüche an den Schuldner für verlustig erklärt werden sollen.

G. In dem Entwurf der revidirten Prozeß-Ordnung de anno 1807. ist kein ausgedehnteres Präjudiz enthalten, und der Zusatz selbst nach den Worten des von der Gesetz-Commission abgegebenen Gutachtens abgefaßt.

Doch würde ich die Fassung dahin abzuändern vorschlagen, wie sie sich in der revidirten Prozeß-Ordnung de 1807. findet.

P. Den Zusatz §. 404. des Entw. würde ich weglassen. Das Gutachten der Gesetz-Commission, so wie das darauf ergangene Hof-Rescript vom 24. July 1797. findet sich in keiner officiellen Sammlung, und bezieht sich auf einen ganz speciellen Fall, der in Wechsel-Geschäften gewiss zu den sehr seltenen gehört, indem vorausgesetzt ist, dass Jahr und Tag der Ausstellung des Wechsels nicht bekannt sey.

So wie der Zusatz gefasst ist, fällt es gewiss einem jeden auf, dass der Wechsel-Schuldner auf einen verlornen Wechsel, dessen Datum nicht einmal nachgewiesen ist, ad depositum zahlen soll. — Wenn gleichwohl die Aufnahme dieses Zusatzes beliebt wird, so müsste nach dem Vorschlage des Hrn. *B.* wenigstens die Fassung des Präjudizes geändert werden,

Stengel, V. p. 371.

und dem Rescript vom 24. July 1797. gemäss, so lauten:

„dass diejenigen, welche sich nicht melden, ihrer Ansprüche an den Wechsel-Schuldner für verlustig erklärt, das deponirte Geld dem ursprünglichen Wechsel-Gläubiger verabfolgt und der Besitzer des verlornen Wechsels, wenn solcher jemals wieder zum Vorschein käme, lediglich an den gedachten Wechsel-Gläubiger verwiesen werden soll.“

S. 258. ad §. 404. würde ich den Zusatz nach der veränderten Fassung aufnehmen.

Concl. ad 258. appr. mit dem Zusatz, dass vorausgesetzt werde, der Schuldner erkenne seine Verbindlichkeit zur Zahlung an.

Jurist. Mon. Schr. Bd. IX p. 116.

§. 405.

ad §. 137. Wegen Abkürzung des Verfahrens bey Amortisationen verlorner Pfandbriefs-Zins-Coupons oder Zins-Recognitions-Scheine sind die Vorschriften der Verordnung vom 16. Januar 1810. zu beobachten.

K. ich würde, der Vollständigkeit wegen, die Verordnung v. 16. Jan. 1810. aufnehmen, da sie sich in keiner vom Staate unmittelbar ausgehenden Gesetz-Sammlung befindet.

B. Bey dem Zusatz §. 405. bin ich der Meinung des Hr. ꝛc. *K.*, dass diese Verordnung in den Anhang aufzunehmen sey.

G. Einverstanden.

P. Hier wird nach dem Mon. des Hrn. *K.* auf die Verordn. v. 16. Jan. 1810., betreffend das Verfahren bey Amortisation verlorner Pfand-Briefs-Zins-Coupons oder Zins-Recognitions-Scheine, nicht blos zu verweisen, sondern der Inhalt dieser Verordnung §. 1.—14. vollständig aufzunehmen seyn.

Matthis IX. p. 117.

S. 259. accedo.

Concl. ad 259. appr.

S. Nachträgliches Votum. 34. ad §. 405. würde ich es bei der blossen Verweisung belassen, da die Verordnung v. 16. Jan. 1810. blos das, bei der General-Landschafts-Direction und bei den Landschafts-Directionen zu beobachtende Verfahren betrifft und keine Agenda des Richters enthält. Der §. 137. Tit. 51. Th. I. der G. O. verweist deshalb schon auf das Landschafts- und Credit-Reglement.

Rescr. v. 21. Decbr. 1795.
Stengel, Bd. II. p. 205.

§. 406.

ad §. 146. Das Aufgebot erfolgt alsdann wie bey Verschollenen, ad effectum declarationis pro bono vacante.

Rescr. v. 15. Febr. 1796.
Stengel, Bd. II. p. 202.

§. 407.

ad §. 153. Wenn bey öffentlicher Aufforderung unbekannter Interessenten zur Ausübung gewisser Befugnisse darüber Zweifel entstehen.

„ob von einer, nach beigebrachtem Todtenschein be-
„reits verstorbenen Person zu vermuthen sey, daß sie
„in einer Ehe gelebt, Kinder erzeugt und nachgelas-
„sen habe,"

so ist, falls nicht in hypothesi specielle Umstände vorkommen, welche die Vermuthung dafür begründen, der Richter weder befugt noch schuldig, weitere Nachforschungen darüber von Amtswegen anzustellen, da dies Thatsachen involvirt, welche nach Vorschrift der Allg. Ger. Ordn. tit. 13. §. 28. nicht präsumirt werden können.

B. Zusatz §. 407. Will man diesen Zusatz überhaupt aufnehmen, obgleich er nur eine Bestätigung des Tit. 13. §. 28. aufgestellten allgemeinen Grundsatzes ist, so wird er zu dieser letztgedachten Stelle formirt werden müssen, nicht aber zu diesem Titel.

G. ich würde den qu. Zusatz hier stehen lassen, da er einen Zweifel löst, welchen die sonst sehr geachtete Regierung zu Marienwerder sich machte und in ihrer Anfrage vom 5. Decbr. 1796. l. a. motivirte.

P. Das angeführte R. v. 15. Febr. 1796. findet sich in der Edicten-Sammlung X. 82. Der daraus genommene Zusatz scheint mir nicht nothwendig zu seyn, da er Tit. 13. §. 28. der **A. G. O.** schon ausgedrückt ist.

S. 260. Den Zusatz 407. würde ich ad §. 28. Tit. 13. Th. I. der G. O. aufnehmen. (Vgl. oben S. 247—248.)

Concl. ad 260. appr.

Rescr. v. 30. Octbr. 1809.
Jur. Mon. Schr. Bd. X. p. 115.

§. 408.

ad §. 171 b. Wegen des Verfahrens der nach den sonstigen Vorschriften zum öffentlichen Aufgebot sich qualificirenden Deposital-Gelder siehe die Circul. Verordn. vom 11. Aprill 1800., Arch. I. 122.

B. Zusatz §. 408. ich würde die Circ. Verordnung vom 11. Aprill 1800. extrahiren und nicht blos allegiren, damit man im Anhange so viel als möglich alles zusammen habe.

Unbemerkt kann ich jedoch nicht lassen, dass diese Verordnung eine Declaration erhalten hat durch ein Rescript des itzigen Hrn. Justiz-Ministers Excellenz, welches zu einer Nachlasssache des Cammergerichts eingegangen ist. Es ist mir nicht möglich gewesen, dieses Rescr. auszumitteln, im Büreau wird es sich aber gewiss leicht auffinden lassen. Wenn ich nicht irre, disponirte es über die Qualification der Massen, die in die Wittwen-Casse abgeliefert werden können und sollen.*)

G. In der revidirten Gerichts-Ordnung hat man gar nichts davon zu erwähnen für gut befunden; ich habe jedoch gegen den Vorschlag des Herrn Monenten nichts einzuwenden.

P. Hr. *B.* trägt darauf an, einen Auszug des Circulars vom 11. April 1800, betr. das Aufgebot der in deposito befindl. Gelder,

Neues Archiv I. 122.

aufzunehmen, welchem ich beytrete. — Wegen der von Hrn. *v. T.* bezeichneten Declaration werden die Büreau-Acten, betr. die Verlassenschaft des Oberstlieut. Kühn, noch vorzulegen seyn.

P. Nachträgliches Votum. Es ist schon beschlossen, dass hier ein Auszug des Circulars vom 11. April 1800., wegen des Verfahrens in Ansehung der zum öffentlichen Aufgebot geeigneten Depositalgelder, aufgenommen werde. Hr. ꝛc. *B.* hat aber bemerkt, dass, wie er sich erinnere, eine Declaration dieses Circulars erfolgt sey, und Hr. v. Trützschler berief sich auf die Acten, betreffend den Nachlass des Oberst-Lieutenant Kühn. In den beyliegenden Büreau-Acten, betr. die Verordnung über den Verkauf verpfändeter Staats-Papiere, findet sich nur so viel, dass, nachdem der meistens in Staats-Papieren bestehende Nachlass des ꝛc. Kühn dem Fisco

---

*) Anmerkung von T.: „Dies Rescript ist in der Nachlaß-Sache des Obrist-Lieutenant Kühn ergangen. Ich habe es zwar auch nicht bey der Hand. Es setzte aber, ni fallor, fest, daß wenn ein ganzer Nachlaß in Activ-Documenten und baaren Geldern bestehe, und weder Erben noch Gläubiger darauf Anspruch machten, solcher sofort als bonum vacans dem fisco zufalle.“

zugesprochen, nachher aber von dessen Gläubigern darauf Anspruch gemacht worden, der Herr Staats-Kanzler und der Herr Justiz-Minister dahin sich vereinigt haben,

dass von den, zu dem Nachlass des ꝛc. Kühn gehörigen Staats-Papieren so viel, als zur Befriedigung der Gläubiger nöthig, verkauft werden soll.

Rescr. an das Kammergericht v. 25. August und 17. Novbr. 1812. in den angef. Acten.

Dies ist also keine Declaration des erwähnten Circulars, sondern nur eine Ausnahme von der früher angenommenen Regel, dass ein solcher Verkauf der Staats-Papiere nicht Statt finde, welches aber zur Aufnahme in den Anhang überhaupt nicht geeignet ist und am wenigsten hierher gehört.

Den Auszug würde ich so fassen: *)

„Wenn in den Depositen-Cassen der Provinzial-Landes-Justiz- und Pupillen-Collegien sich Gelder befinden, deren Eigenthümer unbekannt sind, und die also nach allgemeinen Vorschriften zum öffentlichen Aufgebot geeignet seyn würden; so soll eine förmliche Edictal-Citation nicht veranlasst, sondern es sollen nur die unbekannten Eigenthümer oder deren Erben durch ein von Amtswegen den Zeitungen und Intelligenz-Blättern einzurückendes Publicandum benachrichtigt werden, dass die zu verzeichnenden Gelder bey ferner unterbleibender Abforderung aus der Depositen-Casse zur allgemeinen Justiz-Offizianten-Wittwen-Casse abgeliefert werden sollen.

Wenn auf diese, keiner Wiederholung bedürfende Bekanntmachung Niemand die Auszah-

*) Neues Archiv I. 122. In der Edicten-Samml. findet sich das Circular vom 11. April 1800. nicht.

lung nachsucht; so sollen die Gelder nach Ablauf von 4. Wochen zur Wittwen-Casse gezahlt, und bey derselben so lang verbleiben, bis in der Folge die Eigenthumer oder deren Erben zu der Empfangnahme sich melden und gehörig legitimiren.

Sobald dies geschehen ist; soll die Zurückzahlung der zur Wittwen-Casse abgelieferten Geld-Summen nach dem Capitals-Betrag erfolgen, wogegen die von der Wittwen-Casse inzwischen erhobenen Zinsen derselben anheimfallen.

S. 261. accedo. Dem nachträglichen Voto trete ich ebenfalls bei.

Concl. ad 261. appr.

---

§. 409.

Im Fall es zu einem wirklichen öffentlichen Aufgebot unbekannter Deposital-Interessenten kommt, finden die Vorschriften des §. 171. der Ger. Ordn. Anwendung.

Rescr. v. 2. März 1810.
Jur. Mon. Schr. Bd. IX. p. 30.
Rescr. v. 23. Juny 1810. Bd. IX. p. 329.

§. 410.

Die öffentliche Vorladung der militairischen Kassen-Gläubiger, bey welcher übrigens alle §. 169. seq. gegebene Vorschriften eintreten, muß bey dem Landes-Justiz-Collegium geschehen, in dessen Departement der Stab des Regiments zur Zeit der Anbringung des Antrages auf öffentliche Vorladung stehet, ebendaselbst muß auch nach verändertem Standquartier oder nach geschehener Auflösung das angefangene Geschäft beendigt werden.

Die Gerichte haben in einem solchen Fall der Militair-Behörde einen Assistenten ex officio zuzuordnen, und solchen derselben bekannt zu machen, damit sie ihn zur Wahrnehmung ihrer Gerechtsame mit gehöriger Instruction versehen könne.

Uebrigens sind dergleichen Angelegenheiten vorzüglich zu beschleunigen und möglichst dahin zu sehen, daß die Ansetzung des peremtorischen Termins und demnächst die Abfassung des Präclusions-Erkenntnisses in den ersten Tagen des Monats September jeden Jahres, vor Eintritt der jährlichen Musterungen der Regimenter und Bataillons, erfolge.

Rescr. v. 9. März 1795.
Stengel, Bd. II. p. 206.

§. 411.

ad §. 181. Wenn der Werth der in Beschlag genommenen Sachen nach der Schätzung nicht über 20. Thlr. beträgt, so bedarf es keiner Bekanntmachung und resp. Edictal-Citation. — Der binnen Jahresfrist vom Tage des Beschlages sich unschuldig ausweisende Eigenthümer der in Beschlag genommenen Waaren erhält aber sodann alles, was er erstreitet, inclusive des Denuncianten Antheils aus der Kasse ersetzt zurück.

Rescr. v. 14. Juny 1800.
Archiv I. p. 225.

T. Neuer Zusatz ad §. 181. Th. I. Tit. 51.

„Auch die unbekannten Damnificaten eines wegen Veruntreuung cassirten Officianten können Behufs ihrer Befriedigung aus der von demselben bestellten Caution und den etwa in Deposito befindlichen übrigen Geldern, edictaliter vorgeladen werden. Die ab actis constirenden Interessenten sind aber alsdann per patenta ad domum zur Wahrnehmung ihrer Gerechtsame aufzufordern."

B. Mit dem neuen Zusatz des Hrn. Pr. *v. T.* bin ich einverstanden.

G. Accedo, würde jedoch den neuen Zusatz des Hrn. v. T. ad §phum 171 a. (sub §pho 408. des Anhangs) bringen.

P. Der von Hrn. *v. T.* vorgeschlagene neue Zusatz ist hier, wo von der Vorladung unbekannter Contravenienten die Rede ist, nicht recht passend und wird zu §. 171. zu verweisen seyn. Aber auch die Fassung scheint mir nicht deutlich zu seyn.

Ich würde eine Aenderung vorschlagen, wenn ich nicht dafür hielte, dass der ganze Zusatz, der eine blosse Anleitung enthalten könnte, wie in dem besondern Fall, wenn ein Landreuter beyzutreibende Gelder unterschlagen hat, zu verfahren sey, um so mehr wegbleiben könne, da es unmöglich ist, für alle dergl. Fälle eine allgemeine Vorschrift zu geben.

S. 262. Wegen des Zusatzes des Hrn. *v. T.* ad §. 181. Th. I. der A. G. O. accedo.

Concl. ad 262. appr.

Zu Th. I. Tit. 52.

Subhastations-Processe.

Rescr. v. 25. Septbr. 1795. Nr. 56.
Stengel, Bd. II. p. 210.

§. 412

ad §. 11. und 12. Alle gerichtliche Taxen müssen nur in Silber-Courant aufgenommen werden, und eventualiter, wenn aus Versehen oder besondern Ursachen eine Taxe in Golde aufgenommen worden, ist dieselbe mit dem gesetzmäßigen und nicht mit dem kursmäßigen Agio auf Courant zu reduciren.

Gesetz vom 30. Septbr. 1811. Gesetz-Sammlung de 1812. p. 7.

§. 413.

ad §. 14. Die Taxation gehört, insofern keine Pfandbriefe auf die Güter haften, vor die ordentlichen Gerichte.

Rescr. v. 20. Octbr. 1800.
Amelang's Archiv Bd. I. p. 376.

§. 414.

ad §. 18. Wenn aus dem Hypotheken-Buche oder aus andern unverdächtigen Angaben und Datis bekannt ist, daß das zu subhastirende adeliche Gut einen Werth von 500. Thlrn. nicht übersteigt, alsdann kann einem Commissario aufgetragen werden:

> den Schulzen und die Gerichtsleute des Orts, wo das zu veräußernde Grundstück belegen ist, oder in Ermangelung der Gerichtsleute, zwey dazu auserſehene Wirthe dieses oder eines benachbarten Ortes, über die Beschaffenheit, den Ertrag und den Werth des von ihnen zu diesem Behufe genau zu besichtigenden Grundstücks eydlich zu vernehmen, welche Vernehmung alsdann die Stelle der Taxe vertritt.

T. Das in den Zusätzen 414. und 416. allegirte Rescript hatte nur die kleinen adlichen Besitzungen in Süd- und Neuostpreussen vor Augen, und ich glaube schwerlich, dass es jetzt noch in unserm Staate so kleine adliche Güter giebt, es müsste denn etwa in Hinterpommern der Fall seyn. Ich submittire daher, ob es dieser beyden Zusätze noch bedürfe?

K. ich würde die Zusätze §. 414. und 416. stehen lassen. Schon in der Neumark giebt es sehr kleine adliche Güter; in Hinterpommern und Masuren ist dies gewiss noch mehr der Fall.

B. Zusatz §. 414. Ob dieser Zusatz noch brauchbar sey, muss ich submittiren, mir scheint er auf allen Fall nicht hierher, sondern zum 2. Thl. Tit. 6. §. 13 der G. O. zu gehören.

G. ich trete der Meinung des Herrn K. bey, und würde daher den Zusatz qu. stehen lassen, so wie er sich denn auch in der revidirten Gerichts-Ordnung findet.

P. Das allegirte R. vom 20. Octbr. 1800. N. A. I. 376. ist blos für Süd- u. Neu-Ostpreussen gegeben. Es ist also keine für alle Provinzen geltende Vorschrift und daher die Aufnahme bedenklich. Allenfalls würde der Zusatz zu Th. II. Tit. 6. §. 12. gehören.

S. 263. Den Zusatz §. 414. würde ich ad §. 12. Tit. 6. Th. 2. aufnehmen.

Concl. ad 263. appr.

Rescr. v. 25. Septbr. 1796. Nr. 56.
Stengel, Bd. I. p. 210.

§. 415.

ad §. 30. Bey Ueberschlagung der Activ-Masse zum Maasstabe bey der Anberaumung der Subhastations-Termine und Bekanntmachung der Subhastations-Patente findet die Reduction des Goldes in Courant nur nach dem legalen und nicht kursmäßigen Verhältnisse statt.

Bey dem Abzuge der Schulden von dem Werthe des Immobilis muß lediglich der Hypotheken-Schein zum Grunde gelegt, mithin sämmtliche darin noch ungelöscht stehende Posten abgezogen werden, wenn auch der Richter bey einer oder der andern von deren Tilgung aliunde informirt zu seyn glaubt, oder diese Tilgung für wahrscheinlich halten sollte.

B. Den Zusatz §. 415. halte ich theils für überflüssig, theils für irrig.

Ueberflüssig ist die erste Periode; denn die Förmlichkeiten der Subhast. Patente und Termine richten sich nach der Taxe und wie diese, wenn sie in Gold aufgenommnn, reducirt werden soll, steht schon im Zusatz §. 412.

Irrig ist die letztere Hälfte des Zusatzes. Denn bey Aufnahme einer Taxe werden von dem Werthe des Grundstücks die sub R. III. eingetragenen Schulden keinesweges in Abzug gebracht. Die Anfrage und das Rescr. sprechen auch nur von den Förmlichkeiten bey Erlassung der Patente in Concursen.

Was endlich die Richtigkeit des Extractes betrifft, so beziehe ich mich auf meine obige Bemerkung ad §. 107. und 108. Tit. 50. (s. oben S. 531.)

G. Das Monitum des Hrn. B. wird durch die ad Tit. 50. §. 107. gemachten Bemerkung erledigt und fällt demnach der ganze Zusatz hier weg.

So viel den gerügten Irrthum übrigens anbetrifft, so verweise ich auf den deutlichen Inhalt des Justiz-Ministerial-Rescripts vom 25. Septbr. 1795., welchem ich getreu bleiben mußte.

P. Der §. 415. des Entw. fällt mit Zustimmung des Hrn. *v. G.* weg.

S. 264. accedo.

Concl. ad 264. appr.

Rescr. vom 20. Octbr. 1800.
Amelang, Bd. I. p. 376.

§. 416.

Wenn die Taxe eines zu subhastirenden adelichen Grundstücks über 500. Thlr. bis 2000. Thlr. incl. beträgt, so treten die Vorschriften des §. 30.

von Subhastation der Häuser und nicht adelicher Landgüter, deren Werth sich nicht über 2000 Thlr. beläuft,

ein.

Bey Subhastationen adelicher Güter, deren Werth nicht über 500. Thlr., doch aber über 100. Thlr. beträgt, wird eben so, wie bey Veräußerung einer Cossäten-, Büdner- oder andern kleinen Rustical-Besitzung, und wenn der Werth nur 100. Thlr. oder weniger beträgt, nach der Vorschrift des §. 30 l. a.,

betreffend die kleinen Grundstücke, die nur 50. Thlr. oder weniger taxirt worden,

verfahren. (s. die Bemerkungen zum §. 414., S. 578.)

Verordn. v. 3. May 1804. Sect. 5.
Jur. Mon. Schr. Bd. I. p. 34.
Rescr. v. 10. Septbr. 1806.
Jur. Mon. Schr. Bd. X. p. 33.

§. 417.

Wenn kleine städtische Grundstücke, ingleichen Gerechtigkeiten, welche nur einen Werth unter 2000. Thlr. haben, subhastirt werden sollen, so sind die nämlichen Grundsätze, wie bey Veräußerung der Cossäten-, Büdner- und anderer kleiner Rustical-Besitzungen anzuwenden.

Rescr. v. 3. März 1800.
Neues Archiv Bd. I. p. 26.

Beläuft deren ungefährer Werth nicht über 50. Thlr.; so tritt das in fine des §. 30. vorgeschriebene Verfahren ein.

Verordn. v. 3. May 1804.

§. 418.

Wegen des Aushängens der Patente und der Einrückung in den öffentlichen Blättern dienen die Vorschriften §. 41.

seq. Tit. VII. der Allg. Ger. Ord. im Anhange zur Richtschnur. (s. oben S. 241.)

Rescr. v. 1. Dcbr. 1800.
Neues Archiv Bd. I. S. 460.
Rescr. vom 4. Juny. 1811.
Jur. Mon. Schr. Bd. XI. p. 10.

§. 419.

ad §. 31. Wenn ein affigirt gewesenes Subhastations-Patent vor Ablauf des vorgeschriebenen Zeitraums, es sey nun 14. Tage vorher oder früher abgenommen, oder abgerissen und verloren gegangen ist, so kann dies nicht für einen solchen wesentlichen Mangel der Förmlichkeiten angesehen werden, welcher die Abfassung des Adjudications-Bescheides aufhalten dürfte.

Eben dieser Grundsatz tritt auch für den Fall ein, wenn die Einrückung des Subhastations-Patents in den Intelligenzblättern statt sechsmal nur dreymal bewirkt ist.

T. ad §. 31. wird statt des Rescr. v. 1. Dcbr. 1800., welches blos von der Insertion in den Zeitungen redet, das Rescr. v. 12. Januar 1801., Archiv II. p. 54. nachzusehen seyn.*)

K. Ausser dem Rescript vom 12. Jan. 1801. würde hierbei auch das Gutachten der Gesetz-Commission, nach welchem dieser §. in dem Entwurf wörtlich gefasst worden, zu allegiren gewesen seyn (s. oben S. 27. 95. und 114.)

P. Das Monitum des Hrn. *v. T.* betrifft blos ein Allegat.

---

*) Demzufolge ist der Ueberschrift hinzugefügt: „Reskr. v. 12. Jan. 1801. N. A. Bd. 2. p. 54.“

Rescr. v. 27. Octbr. 1810.
Jur. Mon. Schr. Bd. IX. p. 553.

§. 420.

ad §. 35. Der Vorladung der unbekannten Gläubiger bedarf es nicht.

Rescr. v. 10. März 1805.
Jur. Mon. Schr. Bd. I. p. 102.

Der Vorladung an die eingetragenen Gläubiger wird die Warnung beygefügt:

daß im Fall des Ausbleibens dem Pluslicitanten nicht nur der Zuschlag ertheilt, sondern auch nach gerichtlicher Erlegung des Kaufschillings die Löschung der sämmtlichen eingetragenen, als auch der leer ausgehenden Forderungen, und zwar letzterer ohne Production der Instrumente verfügt werden soll, und daß sodann diese Löschung, der erwähnten Warnung gemäß, nicht allein in Concurs- und Liquidations-Processen, sondern auch in dem Fall zu bewirken, wenn die Subhastation im bloßen Wege der Execution erfolgt.

Rescr. v. 14. April 1812.
Jahrbuch von Kamptz, p. 50.

Wenn der Aufenthalt eines eingetragenen Gläubigers unbekannt, auch kein bereits aufgestellter Curator oder Bevollmächtigter desselben, der statt seiner vorgeladen werden kann, vorhanden ist, so muß dessen Vorladung mit der Bekanntmachung der Subhastations-Termine verbunden und ihm, falls zur Aufstellung eines Curators nach Lage der Sache keine Einleitung getroffen werden kann, zugleich ein Assistent beygeordnet werden, der die Erforschung seines Aufenthalts bis zum Termine fortsetzt, und überhaupt die Stelle des Curators vertritt,

Uebrigens muß über die geschehene Vorladung der bekannten Gläubiger ein Behändigungs-Schein zu den Acten gebracht werden.

T. In den Zusatz 420., wegen Vorladung bekannter Gläubiger, würde ich die m. E. sehr heilsame Bestimmung der alleg. Verordnung mit aufnehmen, welche dahin lautet:

„Die Inhaber solcher Documente, welche leer ausgehen, müssen jedoch zur Production derselben zu dem Behuf, dass die geschehene Löschung darauf vermerkt, angehalten werden, welchemnächst ihnen solche mit diesem Vermerk zu retradiren, wobey die Warnung hinzuzufügen, dass die Inhaber für allen aus dem mit dem gelöschten Instrument gemachten Missbrauch und dadurch entstandenen Schaden zu haften verbunden.“ *)

K. In diesem §. steht der Satz:

der Vorladung der unbekannten Gläubiger bedarf es nicht.

Dabey wird auf das Rescript v. 27. Oct. 1810.

Jur. Mon. Schr. Bd. IX. pag. 553.

Bezug genommen.

In demselben wird auf den Grund der A. G. O. Th. I. Tit. 52. §. 35. festgesetzt:

dass uneingetragene Gläubiger bei Subhastationen im Wege der Execution in keinem Falle vorgeladen werden sollen.

Zugleich wird ausgeführt:

Wer ein Gut aus gerichtlich nothwendiger Sub-

*) Anmerkung von T.: „Eigentlich ist dies zwar ein Agendum der Hypothekenbehörde. Es steht aber doch mit der früheren Vorschrift in so wesentlicher Verbindung, daß es mir rathsam scheint, diese Clausel hier in Erinnerung zu bringen.“

hastation erstanden und das Kaufgeld gehörig belegt habe, sey gegen alle Ansprüche etwaniger Real-Prätendenten gesichert. Damit stimme auch das Landrecht überein, indem nach Th. I. Tit. 15. §. 42. Sachen, die bei öffentlichen Versteigerungen gekauft werden, keiner Vindication unterworfen seyen.

Es sey mir erlaubt, auszuführen, dass der Käufer in einem solchen Fall nicht gegen alle Ansprüche von Real-Prätendenten gesichert ist, und die Vorladung der unbekannten allerdings erforderlich seyn dürfte.

Denn was zuerst den in dem Rescr. v. 27. Oct. 1810. allegirten §. 42. Tit. 15. Th. I. des A. L. R. betrifft, so findet die darin enthaltene Vorschrift,

dass Sachen, die von dem Fisco, oder bei öffentlichen Versteigerungen erkauft werden, keiner Vindication unterworfen seyen,

nur bei beweglichen Sachen statt. Dies geht ganz klar aus der Bestimmung

Th. I. Tit. 2. §. 138. des A. L. R.

hervor, wonach

nur bei beweglichen Sachen Veränderungen in der Person des Besitzers der verpflichteten Sache unter den in den Gesetzen näher bestimmten Umständen das Recht auf die Sache verändern,

und wobei zugleich auf den §. 42. Tit. 15. hingewiesen wird.

In Betreff unbeweglicher Sachen verordnet dagegen der §. 54. Tit. 15. Th. I. des A. L. R.,

dass der Eigenthümer sein Recht auf eine unbewegliche Sache nur dann verliere, wenn er nach gesetzmässig ergangener Edictal-

Citation dassetbe nicht gehörig anmelde und nachweise.

An sich lässt sich daher die Nothwendigkeit dieser Vorladung zur Sicherheit des Käufers nicht bezweifeln, und wenn im

§. 35. Tit. 52. der A. G. O.

bestimmt ist,

dass uneingetragene Gläubiger in keinem Fall vorgeladen werden,

so folgt daraus ihre Präclusion nicht, und diese Vorschrift würde auch allgemeinen Grundsätzen, worauf die Theorie des A. L. R. beruht, niemals derogiren können.

Ebensowenig kann die Bestimmung der Hypotheken-Ordnung

Tit. 2. §. 93. und 100.,

insofern sie dem später erschienenen A. L. R. entgegensteht, hier Anwendung finden.

Es kommt also nur darauf an, zu prüfen, ob die unterlassene Eintragung des Real-Rechts den Verlust desselben gegen den dritten Besitzer zur Folge habe, und aus diesem Grunde die Edictal-Citation der unbekannten Real-Prätendenten wegfalle. In der Regel ist dies nach

§. 412. in Verbind. mit §. 10. Tit. 20. Th. I. des A. L. R.

allerdings der Fall. Es sind aber von dieser Regel Ausnahmen vorhanden, d. h. es werden im A. L. R. Real-Rechte genannt, die der Eintragung nicht bedürfen, um auch gegen den dritten Besitzer erhalten zu werden. Diese sind:

1) Grundgerechtigkeiten.

Circ. Verordn. v. 30. Decbr. 1798. Abschn. 2.

2) Ein aus dem Gesetz unmittelbar entspringendes Vorkaufs-Recht.

A. L. R. Th. I. Tit. 20. §. 573. und 631.

Es scheint also m. E. rathsam, das Circ. Rescript vom 30. July 1787.

Matthis Monatsschrift III. p. 393.

wieder in die A. G. O. seinem Inhalte nach aufzunehmen.

Was die Vorladung der eingetragenen Gläubiger betrifft, so würde ich den von dem Hrn. Pr. *v. T.* vorgeschlagenen Zusatz mit aufnehmen.

B. Die Warnung, welche den Creditoren gesetzt werden soll, ist nicht ganz richtig extrahirt, sie geht nur bis zu den Worten „verfügt werden soll". Was hierauf folgt — „und dass sodann" etc. — ist ein agendum des Gerichts und passt nicht mehr zur Verwarnung.

Dagegen bin ich mit dem Zusatze, den Hr. Pr. *v. T.* hinzufügen will, einverstanden.

Was aber die Ausführung des Hrn. Geh. R. *K.* bey diesem Zusatze betrifft, so kann ich derselben nicht beitreten. Es ist in dem Zusatze nur davon die Rede:

> dass uneingetragene oder unbekannte Gläubiger, die etwa ihrer Forderung wegen ein Recht auf ein Grundstück prätendiren könnten, nicht vorgeladen werden dürften.

Da nun Hr. ꝛc. *K.* aus dem Allg. L. R. Th. I. Tit. 20. §. 10. und 412. selbst ausführt, dass jeder Hypotheken-Gläubiger erst mit der Eintragung seine Existenz erhält, so rechtfertigt dies zur Gnüge, was die Pr. Ordn. §. 35. und der Zusatz sagt. Mit dieser Disposition steht auch die vom Hrn. *K.* allegirte Vorschrift des Allg. L. R. Th. I. Tit. 15. §. 54. m. E. in keinem Widerspruch.

Denn hier ist nur von dem Verlust des Eigenthums an einem Immobile die Rede, nicht aber von dem Verluste eines sub R. III. einzutragen gewesenen Realrechts.

Aber auch in Hinsicht sonstiger Realprätendenten führt Hr. ꝛc. *K.* selbst aus, dass es deren nur zwei Gattungen giebt, welche ein Recht auf ein Immobile haben können, ohne sich eintragen zu lassen, nämlich:

a) die eine Grundgerechtigkeit prätendiren,

b) die ein Vorkaufsrecht ex lege haben;

obgleich letztere Classe nach dem Edict d. d. Memel vom 9. Oct. 1807. §. III. neuerlich sehr eingeschränkt worden ist, und grösstentheils auch nach dem Allg. L. R. Th. I. Tit. 20. §. 574. aus dem Hypothekenbuche constiren muss, wenn sie ein Realrecht haben sollen.

Will sich nun gegen diese unbekannten Prätendenten der neue Acquirent schützen, dann muss er sein Gründstück nach Tit. 51. §. 100. seq. der P. O. aufbieten lassen und kann auf andre Weise seine Absicht nicht erreichen. Wenn daher Hr. ꝛc. *K.* für die Wiederherstellung der Verordnung von 1787. stimmt, so stimmt er für eine Verbindung des Subhastations-Processes mit diesem Aufgebote, welches m. E. ganz unzulässig ist, da beyde Processe von verschiedener Art und von verschiedenen Zwecken sind, folglich sich mit einander nicht combiniren lassen.

Aus dieser De- und Rededuction dürfte indess auf allen Fall ein zweckmässiger Zusatz folgen, nämlich der:

> dass es bey Aufnahme der Taxen von Immobilien die Pflicht des Commissarii sey, nachzuforschen:
>
> > ob Vorkaufsberechtigte ex lege in dem Sinne des Edicts vom 9. Oct. 1807. vorhanden sind, die zum Licitationstermin zur Erklärung über

ihr auszuübendes Vorkaufsrecht vorgeladen werden müssen.

Ob dieser Zusatz aber dem Th. II. Tit. 6. hinzuzufügen, muss ich anheimstellen.

G. Der Zusatz (?) ist durch ein Versehen des Abschreibers eingeflossen.

Wegen der Bemerkung des Hrn. K. conformire ich mich der Gegenausführung des Herrn B., und glaube endlich, daß der von letzterem vorgeschlagene neue Zusatz nicht aufgenommen werden kann, weil er legem ferendam betrifft und in allem Fall zum II. Theil Tit. 6. der Gerichts-Ordnung gehören würde.

P. Hier ist Verschiedenes erinnert:

1) Hr. *B.* bemerkt, das das Präjudiz, unter welchem die eingetragenen Gläubiger vorzuladen, nicht richtig extrahirt sey. Diesem ist abzuhelfen.

Die Worte:

„und dass sodann etc." — bis
„Execution erfolgt",

sind zu streichen.

2) Hr. *v. T.* hat einen neuen Zusatz vorgeschlagen, der zwar nicht eigentlich hierher gehört, aber doch des Zusammenhanges wegen mit dem Vorherigen

(Rescr. v. 10. März 1805. Matthis, I. 102.)

nicht wohl weggelassen werden kann.

3) Hr. *K.* sucht auszuführen, dass die Vorladung der unbekannten Real-Prätendenten nothwendig sey, und will das Rescr. vom 30. July 1787. (Matthis III. 393.) wieder aufnehmen, wonach die unbekannten Real-Prätendenten vorgeladen werden sollen. Diesem Vorschlag steht aber nicht nur das Rescr. vom 27. Oct. 1810. (Matthis IX. 552.), sondern auch der Umstand entgegen, dass die A. G. O.

jenes Rescr. vom 30. July 1787. nicht aufgenommen, vielmehr verordnet hat, dass der letzte Licitations-Termin nur den eingetragenen Gläubigern (also nur denjenigen Real-Gläubigern, die aus dem Hypothekenbuch erhellen und in der Regel bekannt sind, nicht den unbekannten) bekannt gemacht werden soll.

Ich stimme daher gegen den Vorschlag des Hrn. *K.*, würde auch sogar die erste Periode des Entwurfs:

„der Vorladung der unbekannten Real-Gläu-
„biger“ (was ist darunter gedacht?) „bedarf
„es nicht“,

streichen, weil sie nach dem, was schon der Text sagt, unnütz und nicht bestimmt genug ist, und weil, insofern eingetragene Gläubiger gemeinet sind, deren Aufenthalt unbekannt ist, der Entw. am Ende des §. 420. davon besonders redet.

4) Hr. *B.* schlägt einen neuen Zusatz wegen der Vorkaufs-Berechtigten vor, der ein neues Gesetz und auch als solches nicht anzurathen seyn würde, weil das Vorkaufs-Recht nicht zu begünstigen und es die Sache eines jeden ist, in den öffentlich bekannt gemachten Licitations-Terminen zu erscheinen und viel oder wenig zu bieten. Ich würde also gegen diesen Zusatz seyn.

S. 265. ad §. 420. ad 1. 2. 3. 4. accedo.

Concl. ad 265. appr.

---

§. 421.

ad §. 40. **Hierbey sind zugleich die Vorschriften der Verordnung vom 14. July 1797., wegen der Mißbräuche bey den Subhastationen, zu berücksichtigen.**

B. Im Zusatze §. 421. verweiset das Allegat auf materielles Recht, und gehört daher strenge genommen nicht hierher.

G. Das qu. Allegat ad §. 421. findet sich auch in der revidirten Gerichts-Ordnung de 1807. Deshalb nahm ich es auf.

P. Der §. 421. des Entw. fällt nach der gegründeten Bemerkung des Hrn. *B.* weg.

Rescr. v. 5. Octbr. 1802.
Jur. Mon. Schr. Bd. I. p. 404.

§. 422.

ad §. 41. So lange der Adjudications-Bescheid noch nicht eröffnet ist, können die Gläubiger und der ihre Rechte vertretende Curator ein Mehrgebot annehmen und darüber weiter bieten lassen.

Rescr. v. 7. März 1812.
Jahrbuch von Kampß p. 42.

§. 423.

ad §. 42. Bey städtischen Grundstücken ist es nicht nöthig, daß der Meistbietende vor dem Zuschlage das Bürgerrecht gewinne, vielmehr genügt es, wenn er ein Attest des Magistrats darüber beybringt, daß der Ertheilung des Bürgerrechts an ihn, im Fall des Zuschlags, nichts entgegenstehe.

Rescr. v. 15. Juny 1795.
Stengel, Bd. X. p. 123.
Land-Recht §. 280. Th. II. Tit. 7.

Wenn aber bey Gelegenheit der nothwendigen Subhastation eines unterthänigen, jedoch eigenthümlichen Bauernguts, gegen die Person und die Besitzfähigkeit des Licitanten Bedenklichkeiten abseiten des Gutsherrn erhoben werden, welche nicht sofort geschlichtet werden können, so findet darüber rechtliches Gehör statt, und der Zuschlag bleibt bis zur erfolgenden rechtskräftigen Entscheidung ausgesetzt.

Ist jedoch von einer freywilligen Subhastation die Rede, so hängt es von den Interessenten ab, in wiefern sie eine neue Licitation nachsuchen und auf diesem Wege die Ausmittelung eines ihnen annehmlichen und zugleich besitzfähigen Käufers abwarten wollen.

S. Nachträgliches Votum. 35. Im §. 423. würde ich den Passum von den Worten:

„Wenn aber bei Gelegenheit" u. s. w. bis zu Ende, weglassen, da die Disposition schon im Anhange zum A. L. R. §. 106. (s. oben S. 57.) enthalten ist.

Rescript vom 19. Decbr. 1796.
Stengel Bd. VI. p. 269.

§. 424.

ad §. 44. Die Verbindlichkeit zu der Cautions-Bestellung richtet sich nach den im Tit. 21. §. 2. No. 2. und Tit. 29. §. 10. enthaltenen Grundsätzen.

Gutachten der Gesetz-Commission vom 2. May 1797. Nr. 38.
Stengel, Bd. V. p. 385.

§. 425.

ad §. 60. Wenn bey der Subhastation und Aufnahme der Taxe die Vorschriften der Allgem. Ger. Ordnung Tit. 52. §. 22 — 26. beobachtet worden, so kann der vorige Besitzer wirkliche Pertinenzien des subhastirten und adjudicirten Gutes unter dem Vorwande: daß solche in der angefertigten Taxe nicht mit taxirt worden, nicht in Anspruch nehmen.

Auch alsdann, wenn in den Proclamationen *) der Ertrag des Taxati überhaupt so hoch angegeben worden, als sich die Summe der einzelnen Taxationen der ausdrücklich angegebenen Pertinenzen beläuft, findet keine Ausnahme der in der angefertigten Taxe nicht mittaxirten Pertinenzen statt.

Rescr. v. 9. May 1796.
Stengel, Bd. II. S. 211.

§. 426.

ad §. 62. bis 64. Die verordnete anderweite Subhastation auf den Fall, wenn der Käufer eines Gutes die Zahlung der Kaufgelder in der gesetzten Zeit nicht leistet, kann nicht als eine Fortsetzung der vorigen angesehen, sondern muß als eine neue Subhastation behandelt werden, bey welcher in Ansehung der Anberaumung und Bekanntmachung der Termine überall nach Vorschrift des §. 30. h. t. der Gerichts-Ordnung zu verfahren ist.

Rescr. v. 22. Juny 1795. No. 30.
Stengel, Bd. II. p. 214.

Der Antrag auf nochmalige Subhastation muß nicht von einem Gläubiger allein, sondern entweder von der Gesammtheit der Gläubiger oder doch vermöge eines nach der Vorschrift Tit. 50. §. 78.—85. abzufassenden Conclusi der Mehrheit formirt werden.

---

*) B. hat das Wort „Proclamationen" unterstrichen und darüber gesetzt: „Subhast. Patenten", G. aber die Bemerkung dazu gemacht: „Die Gesetz-Commission hat sich des Worts „Proclamationen" bedient."

§. 427.

ad §. 65. Ueber das Verfahren bey nothwendiger Subhastation der Schiffe siehe §. 230. seqq. Tit. 50. der Ger. Ordnung im Anhange. (s. oben S. 541—544.)

Rescr. v. 6. Septbr. 1803.
Jur. Mon. Schr. Bd. I. p. 217.

*) Bey der Veräußerung der Hüttenwerke und Berg-Antheile finden folgende Vorschriften statt:

1) muß eine möglichst genaue Beschreibung des Werks angefertigt, darin die Zahl der zur Zeche gehörigen Gänge und Flötze, die Mächtigkeit oder sonstige Beschaffenheit derselben, insofern sie bekannt sind, die Feldeslänge und der darin geführte Bau genau angeben, auch wenn das Werk im Betrieb ist, und mit Ausbeute baut, das Ausbringen des letzten Jahres bemerkt und solchergestalt der Kauflustige in den Stand gesetzt werden, sich mit dem Zustande und dem Werthe des Werks bekannt zu machen.

2) Die Subhastationsfrist wird ohne Unterschied des Werths auf sechs Wochen bestimmt, und die Bekanntmachung darf auch nur zweymal in den Intelligenzblättern der Provinz eingerückt werden. Außerdem wird ein Proclama bey dem subhastirenden Bergamte ausgehangen.

3) Wenn die Mitgewerke bey dem subhastirenden Bergamte einen Bevollmächtigten bestellt haben, so muß demselben der bevorstehende Verkauf und der dazu anberaumte Ter-

---

*) Anmerkung von G.: „ich habe die Aufnahme dieses Rescripts, wodurch eine Lücke in der Ger. Ordn. ausgefüllt wird, für gut gehalten und nur in Gemäßheit der Circ. Verordn. vom 3. März 1804. die Insertion in den Zeitungen weggelassen.“

min besonders bekannt gemacht werden, dahingegen eine solche Bekanntmachung in Ansehung derjenigen Mitgewerke wegfällt, von denen kein Bevollmächtigter bestellt worden ist.

4) Muß die Bekanntmachung des Verkaufs und des anstehenden Termins in dreyen Kirchen, welche das Bergamt nach dem bekannten oder muthmaßlichen Aufenthaltsorte der Mitgewerke zu wählen hat, auf die dort gewöhnliche Art erfolgen.

B. ad §. 65. des Textes scheint mir im Entwurf das Rescript v. 15. März 1802. (S t e n g e l, Bd. 16. pag. 123.) welches über die Subhastation der Fischerei- und anderen Gerechtigkeiten Vorschriften ertheilt, zu fehlen, daher ich auf Aufnahme desselben antrage.

G. Des neuen Zusatzes des Herrn B. bedarf es nicht, da er auch in dem §. 417. des Anhanges sub verbo „G e r e c h t i g k e i t e n" bereits allgemein begriffen ist, und die daselbst allegirte Verordnung vom 3. Mai 1804. die Disposition des vom Herrn Monenten abcitirten Rescr. vom 15. März 1802. mit aufgenommen hat. (s. o. S. 581.)

P. Der neue Zusatz des Hrn. *B.* betrifft die Subhastation der Fischereyen und anderen Gerechtigkeiten.

Rescr. v. 15. März 1802.
Stengel, XVI. 123.

Dieser Zusatz kann hier wegbleiben, wird aber doch im §. 417. dieses Anhangs deutlicher aufzunehmen seyn, weil dort nur von Objecten unter 2000. Thlr. und nicht über 50. Thlr., in dem allegirten Rescript aber von Fischereyen etc. bis zu 200. Thlr. die Rede ist.

S. 266. Wegen des Zusatzes des Hrn. ꝛc. *B.* accedo.

Concl. ad 266. appr.

S. Nachträgliches Votum. 36. Des Zusatzes des Hrn. ꝛc. *B.* ad §. 65. Tit. 52. wird es nicht bedürfen, da solcher im §. 417. des Entwurfs grösstentheils schon enthalten ist. Das von dem Hrn. ꝛc. *B.* allegirte Rescript vom 15. März 1802. spricht zwar nur von Gerechtigkeiten bis zu einem Werth von 200. Thlr., allein der §. 417. gründet sich auf die neuere Verordnung vom 3. Mai 1804., welche das abgekürzte Verfahren bei kleinen städtischen (von einer solchen war auch im Rescr. v. 15. März 1802. die Rede) Gerechtigkeiten vorschreibt, wenn deren Werth nicht über 2000. Thlr. beträgt.

Neuer Zusatz ad §. 67. sq. Th. I. Tit. 52.

Rescr. v. 27. Octbr. 1804.
Neues Archiv Bd. III. p. 465.

T. „Auch eine freywillige Subhastation kann nur vor dem Richter der Sache und nicht vor Justitz-Commissarien und Notarien erfolgen. Wenn aber der uneingeschränkte Eigenthümer eines Grundstücks bey dem Verkauf desselben sich des Beystands eines Justitz-Commissarii bedienen will, so ist der Fall einer freywilligen Subhastation nicht, und also auch kein Grund vorhanden, solches zu untersagen."

K. Ich würde den von dem Hrn. Pr. *v. T.* vorgeschlagenen Zusatz weglassen, weil die Vorschrift der Gesetze hierüber m. E. nicht unvollständig oder zweifelhaft ist.

B. Den Zusatz des Hrn. Pr. *v. T.* ad §. 67. halte auch ich nicht für nothwendig.

G. Ich stimme mit den übrigen Herrn Monenten für die Weglassung des neuen Zusatzes des Hrn. v. T. um so mehr, als solcher nicht hierher, sondern ad Th. II. Tit. 7. §. 89. der Gerichts-Ordnung gehören würde.

P. Der qu. Zusatz betrifft die Frage, ob Justiz-Commissarien und Notarien eine Subhastation vornehmen können. — Ich bin mit Hrn. *B.* und *K.* für die Weglassung dieses neuen Zusatzes.

S. 267. accedo.

Concl. ad 267. appr.

Neuer Zusatz ad §. 73. Th. I. Tit. 52.

Rescr. v. 29. Septbr. 1800.
Neues Archiv Bd. I. p. 328.

T. „Soll aber die Subhastation fortgesetzt werden, so findet die Vorschrift des §. 55. Anwendung, und können sich die Interessenten nicht vereinigen, so sind die §§. 30. 31. zur Richtschnur zu nehmen.“

K. ich würde dem vom Hrn. Pr. *v. T.* vorgeschlagenen Zusatz beifügen,

dass die Vorschrift des §. 55. nur dann Anwendung finde, wenn alle Interessenten deshalb einig sind;

denn der §. 30. und 31. ist hier die Regel und §. 55. die Ausnahme.

B. Bei dem Zusatz ad §. 73. bin ich der Meinung des Hrn. Pr. *v. T.* und Hrn. *K.*

G. accedo dem Zusatz des Hrn. v. T. mit der Maaßgabe, so Herr K. hinzufügt hat.

P. Dieser Zusatz wird aufzunehmen und nach den Worten des Rescr. vom 29. Septbr. 1800.

Neues Archiv I. 328.

so zu fassen seyn:

„Soll die Subhastation fortgesetzt werden und sind alle Interessenten einig dass nur eine einfache Subhastations-Frist auf die §. 55. Tit. 52. der Process-Ordnung bestimmte Art rathsam sey; so ist dem gemäss zu verfahren. Sine die Interessenten darüber nicht einig; so sind die Vorschriften §. 30. 31. ebendaselbst zur Richtschnur anzunehmen."

S. 268. accedo.

Concl. ad 268. appr.

Zweyter Theil.

Verfahren in nicht streitigen Angelegenheiten.

Zu Th. II. Tit. 1.

Von Handlungen der freywilligen Gerichtsbarkeit.

Rescr. v. 12. Aprill 1806.
Neues Archiv Bd. IV. p. 319.

§. 1.*)

ad §. 3. No. 1. Contracte über Domainen-Pertinenzien bedürfen, wenn solche von der Finanz-Behörde approbirt worden, keiner besondern Verlautbarung und Bestätigung vor den competenten Justiz-Collegien.

T. Der Zusatz 1. wird nach dem Marginale folgender, sehr wesentlicher Modification bedürfen:

*) Anmerkung von P.: „Der Entwurf fängt mit jedem neuen Theil eine neue Paragraphen-Zahl an. Dies erschwert das Allegiren. Ich würde, wie auch im Anh. zum A. L. R. geschehen ist, die Paragraphen-Zahl durch alle Theile der A. G. O. in dem Anh. fortlaufen lassen."

Rescr. vom 15. Febr. 1814.
General-Acten des Justiz-Ministerii.

„insofern es dabey blos auf die Beobachtung der sonst vorgeschriebenen Form ankommt. Fehlt es aber an der nöthigen Bestimmtheit und Gewissheit des Willens der Contrahenten, so müssen die Gerichte auch bey diesen Contracten zur Vermeidung künftiger Missverständnisse und Streitigkeiten auf Verlautbarung und Berichtigung der mangelhaften Punkte bestehen.“

K. ich bin mit dem Hrn. Pr. *v. T.* einig.

B. ich trete der Meinung des Hrn. Pr. *v. T.* bey, halte aber für nöthig, hinzuzufügen, dass die Verlautbarung oder gerichtliche Vollziehung nur Seitens des contrahirenden Fisci wegfalle, nicht aber Seitens der mit ihm handelnden Privatparthei.

G. accedo dem Zusatz des Hrn. v. T.

P. Der neue Zusatz des Hrn. *v. T.* ist sehr bedenklich. Das Justiz- und Finanz-Ministerium haben neuerlich darüber communicirt. Die letzte Erklärung des Finanz-Ministerii wird künftigen Dienstag zum Vortrag kommen und davon die Fassung des Zusatzes abhängen.

S. 269. Zusatz des Hrn. *v. T.* ad §. 3. Tit. 1. Th. 2. A. G. O. susp.

S. Nachträgliches Votum. 37. Zu §. 1. im 2. Th. habe ich den von dem Hrn. *v. T.* in Vorschlag gebrachten Zusatz unter der Voraussetzung aufgenommen, dass in der von dem Hrn. Geh. R. *P.* erwähnten Correspondenz nicht ein anderes angenommen worden.

P. Die Fassung stimmt nicht ganz mit der letzten Erklärung des Justiz-Ministers, wobei der Finanz-Minister sich beruhigt hat, überein; auch scheinen mir die Worte in der ersten Periode:

„insofern sich solche (?)

nicht ganz deutlich zu seyn.

Ich würde folgende Fassung vorschlagen:

„Contracte über Domainenpertinenzen, welche von den Finanzbehörden aufgenommen und bestätigt sind, bedürfen der gerichtlichen Verlautbarung nur insofern, als der Richter gegründete Veranlassung findet, von Amtswegen dagegen Erinnerungen zu machen und die Contrahenten deshalb näher zu vernehmen, um künftigen Streitigkeiten und anderen nachtheiligen Folgen pflichtmässig vorzubeugen."

S. am Schlusse seines nachträglichen Votums: ad No. 37. ist die Fassung nach dem Voto des Hrn. Geh. R. Pfeiffer abgeändert.

Circul. Verordn. v. 19. Decbr. 1799. Sect. XIV.

§. 2.

Wenn Verträge wegen Veräußerung, Verpfändung, oder Belastung liegender Gründe, bey dem Gerichte aufgenommen worden, in dessen Gerichtsbezirk solche belegen sind, und alles enthalten, was bey der nach den Provinzial=Gesetzen zum völligen Abschluß nothwendigen Verlautbarung erfordert wird, so ist keine nochmalige gerichtliche Anerkennung und Verlautbarung des Vertrages nöthig, vielmehr genügt es, wenn am Schluß des Protocolls bey dem Vermerk der erfolgten Vorlesung und Genehmigung desselben hinzugefügt wird, daß dadurch zugleich die Verlautbarung bewirkt werde.

B. Bey dem Zusatz §. 2. kann ich nicht unbemerkt

lassen, dass diese Disposition mir sehr unwesentlich erscheint.

In Süd- und Neupreussen wurden besonders um die Zeit der sogenannten Contracte alle Verträge gerichtlich aufgenommen. Manche Deputirte hielten es für nöthig, ausser der gerichtlichen Verhandlung, welche den Contract enthielt, noch einen besonderen separaten Verlautbarungsrezess aufzunehmen, auch wohl dafür besonders zu liquidiren; diese nutzlose Formalität wollte das hier allegirte Rescr. aufheben, auf das Wörtchen verlautbart — welches seiner Unbedeutenheit wegen ans Ende der Verhandlung verwiesen wurde — aber wohl schwerlich ein solches Gewicht legen, dass die ganze Verhandlung für unzureichend erachtet werden sollte, wenn jener Ausdruck fehle.

Ist der Contract bey dem Hypothekenrichter aufgenommen, ist dabei sonst nichts zu erinnern, so kann es wohl unmöglich etwas interessiren, ob am Ende das Wort „verlautbaren" gebraucht ist, oder nicht, besonders da die meisten Contrahenten diesen Kunstausdruck doch nicht verstehen.

G. Das Monitum des Herrn B. beschäftiget sich mit einer Critik der gesetzlichen Disposition und liegt außer den Grenzen meines Auftrages.

P. Ich würde es gegen die Erinnerung des Hrn. *B.* bey dem mit der allegirten Verordn. v. 19. Decbr. 1799. völlig übereinstimmenden Entwurf lassen. Wäre de lege ferenda die Rede, so würde ich die Schluss-Worte;

„vielmehr genügt es" u. s. w.

weglassen, weil auch ohne Beysetzung des erwähnten Vermerks der Contract für verlautbart geachtet werden muss, wenn er selbst in foro rei sitae aufgenommen ist. — Nach neuern Verfügungen des

Justiz-Ministeriums sind auch die von Commissarien des Real Richters aufgenommenen Contracte für verlautbart zu achten.

S. 270. accedo.

Concl. ad 270. appr.

Rescr. v. 22. May 1797.
Stengel, Bd. V. p. 117.

§. 3.

ad §. 3. Die Vorlegung eines die Veräußerung, Verpfändung, oder sonst die Belastung eines Grundstücks betreffenden Contracts und das wiederholte Anerkenntniß desselben vor dem Richter der Sache braucht nicht von den Partheyen in Person zu geschehen, sondern sie kann auch durch legitimirte Bevollmächtigte bewirkt werden, und es ist hinreichend, wenn die Vollmacht eines solchen Mandatarii von einem Justiz-Commissar und Notar, oder im Auslande auch nur von einem bloßen Notar, attestirt worden.

B. Der Zusatz §. 3. enthält nichts, was nicht schon im §. 23. dieses Titels und im allg. L. R. stände. Ich würde ihn daher weglassen.

G. Accedo. — Das Allegat des Herrn Monenten ist jedoch unrichtig; es muß §. 107. und 117. Tit. 13. Th. I. des Allg. Land-Rechts heißen.

P. Der §. 3. des Entw. fällt weg.

S. 271. accedo.

Concl. ad 271. appr.

Rescript v. 9. August 1802.
Neues Archiv Bd. II. p. 453.

§. 4.

ad §. 3. Urkunden, welche von einer Behörde ausgestellt und besiegelt sind, deren Beamten unstreitig öffentliche Glaubwürdigkeit, obwohl keine gerichtliche gebührt, sind, wenn sie auch nicht gerichtlich vollzogen oder beglaubiget worden, zur Eintragung in das Hypothekenbuch qualificirt.

B. Der Zusatz §. 4. scheint mir nicht hierher zu gehören. Der Bericht der Ober-Amts-Reg. zu Brieg und das darauf ergangene Rescr. sprechen nur von einseitigen Urkunden der öffentlichen Behörden.

P. Der §. 4. des Entw. scheint mir ebenfalls nicht hierher zu gehörēn, und wird wegzulassen seyn. Auch bedarf es nicht der Verweisung auf §. 57. des Anh. zum Allg. L. R. (s. oben S. 48.) — In jedem Fall ist das Monitum des Hrn. *B.*, dass der Zusatz nur auf einseitige Erklärungen, z. B. Vollmachten, Cessionen, passt, gegründet.

S. 272. Den §. 4. würde ich stehen lassen. Der Grund des Rescripts passt auf alle Urkunden und die Unterschrift macht auch keinen Unterschied.

Concl. ad 272. appr.

Rescr. v. 20. July 1795. Nr. 38.

§. 5.

ad §. 6. No. 1. Die Bestätigung der Verträge, wodurch die Gütergemeinschaft unter Eheleuten eingeführt oder ausgeschlossen werden soll, gehört vor dem Richter des Domicils, wo die Verlobten nach geschlossener Ehe ihren Wohnsitz nehmen, und im Zweifel vor dem persönlichen Richter des Bräutigams.

Rescr. vom 6. Decbr. 1796.
Edicten-Samml. No. 35. des Nachtrags ad 1798.

Neuer Zusatz ad §. 6. Th. II. Tit. 1.*)

T. „Wo besondere Vormundschafts-Collegien existiren, stellen dieselben Deputationen des ordentlichen persönlichen Gerichts vor, und sind daher auch befugt, Geschäfte der willkührlichen Gerichtsbarkeit wegen solcher Personen und Sachen, die ihrer Aufsicht unterworfen sind, vorzunehmen.“

K. Ich würde hier, wo von dem ordentlichen persönlichen Richter die Rede ist, den Zusatz einschalten, da nach demselben die Vormundschafts-Collegien Deputationen der ordentlichen persönlichen Gerichte sind.

B. Den Zusatz des Hrn. Pr. *v. T.* ad §. 6. würde ich da belassen, wo Hr. *G.* ihn hingesetzt hat, weil er eine generelle Bestimmung der Competenz der Vormundschafts-Collegia zu act. vol. jurisd. enthält.

P. Der neue Zusatz des Hrn. *v. T.*, welcher §. 7. des Entw. am rechten Ort steht, fällt hier weg.

S. 273. wegen des Zusatzes des Herrn Präsid. *v. T.* accedo.

Concl. ad 273. appr.

Rescr. v. 13. Febr. 1797. No. 12.
Anhang zum Land-Recht §. 57.

§. 6.

ad §. 10. No. 3. Hievon sind jedoch diejenigen Pacht-Contracte ausgenommen, welche vor Credit-Directionen oder

---

*) Anmerkung von T.: „Ich finde diesen Zusatz ex post bei dem folgenden Titel zu dem Zusatz 7. aufgenommen, und submittire also nur, ob er hier oder dort stehen soll.“

andern dergleichen öffentlichen Anstalten mit Zuziehung eines Rechtserfahrnen Syndici, Justitiarii oder sonstigen Consulenten errichtet worden, indem solche überall keiner Verlautbarung weder vor Gericht, noch vor einem Justiz-Commissar bedürfen.

B. Statt des Zusatzes §. 6. würde ich blos auf den Anhang zum Allg. Land Recht §. 57. (s. oben S. 48.) verweisen.

G. Da dieser Zusatz eine Ausnahme von der Regel enthält, wird es gut seyn, ihn vollständig aufzunehmen.

P. Der §. 6. des Entw. steht schon im Anh. zum Allg. L. R. §. 57. und bleibt hier weg.

S. 274. accedo.

Concl. ad 274. appr.

Zu Th. II. Tit. 2.

Verfahren bey den Handlungen der freywilligen Gerichtsbarkeit.

Rescr. v 6. Decbr. 1796.
Stengel, Bd. III. p. 193.

§. 7.

ad §. 7. Vormundschafts-Collegia können Handlungen der freywilligen Gerichtsbarkeit, welche solche Personen und Sachen, die den Gegenstand ihres Wirkungskreises ausmachen, betreffen, z. B. Erb- und Schenkungs-Verträge, Verträge über künftige Verpflegungsgelder, Entlassung eines minderjährigen Sohnes aus der väterlichen Gewalt, rechtsgültig vornehmen.

Gesetz v. 24. April 1812. N. 19.

§. 8.

Bey den mobil gemachten Truppen können von der Zeit ihrer Mobilmachung bis zur Zeit ihrer Demobilisirung förmliche Testamente der Militair-Personen vor einem commandirten Kriegsgericht aufgenommen werden, wobey es übrigens bey den gesetzlichen Vorschriften von den privilegirten militairischen Testamenten sein Bewenden behält.

Auch sind die Brigade- und übrigen Auditeurs der mobil gemachten Truppen befugt, einseitige Handlungen der freywilligen Gerichtsbarkeit solcher Militair-Personen, welche zu den gedachten Truppen gehören, ohne Zuziehung eines zu commandirenden Officiers aufzunehmen und zu beglaubigen.

Neue Zusätze ad §. 10. und 11. Th. II. Tit. 2.

Rescr. v. 3. März 1807. auf eine Beschwerde des damaligen Cabinets-Raths Beyme.
Act. gen. des Justiz-Ministerii.

T. „Der Gerichtsherr kann jedoch Geschäfte der willkührlichen Gerichtsbarkeit vor seinem Justitiario an jedem Orte vollziehen."

Rescr. v. 5. März 1810.
Matthis IX. p. 30.

„In keinem Fall soll des Sonntags eine gerichtliche Auction gestattet werden."

K. ad §. 10. und 11. bin ich mit dem Herrn Praes. *v. T.* einig.

B. Mit den Zusätzen des Hrn. Pr. *v. T.* ad 10. u. 11. bin ich einverstanden.

G. Der neue Zusatz des Hrn. v. T. ad §. 10. scheint mir

nicht hierher, sondern zum Allgemeinen Landrecht Th. II. Tit. 17. §. 60. zu gehören.

Mit dem Zusatz ad §. 11. bin ich einverstanden.

P. ad §. 10. Dass ein Gerichtsherr Handlungen der freywilligen Gerichtsbarkeit vor seinem Justitiario vollziehen könne, leidet kein Bedenken. Dass die Vollziehung an jedem Orte geschehen könne, ist durch ein R. vom 3. März 1807. entschieden, welches sich in Mathis IV. 96. findet. Der daraus genommene Zusatz gehört m. E. allerdings hierher, wenngleich das A. L. R. II. 17. §. 60. ebenfalls die Materie berührt. Ich würde den neuen Zusatz des Hrn. *v. T.* aufnehmen.

Der Zusatz ad §. 11., betr. die Auctionen am Sonntag, wird gleichfalls aufzunehmen seyn.

S. 275. und 276. ad §. 10. und 11. accedo.

Concl. ad 275. und 276. appr.

Circul. Verordn. v. 30. Decbr. 1798. Sect. V.

§ 9.

ad §. 16. und 17. Der Zuziehung eines Protocollführers bedarf es nur dann, wenn Testamente, letztwillige Dispositionen, Erbverträge, oder solche Ehestiftungen errichtet werden, worin die künftige Erbfolge bestimmt wird. Bey allen andern gerichtlichen Verhandlungen haben die von einer Gerichtsperson allein aufgenommenen, von den Interessenten oder ihren Stellvertretern unterschriebenen Protocolle volle Glaubwürdigkeit, und können, unter dem Vorwand der unterlassenen Zuziehung eines Protocollführers nicht angefochten werden.

Was übrigens der Richter in den Fällen, wo es der

Zuziehung eines Protocollführers nicht bedarf, zu beobachten hat, darüber enthält die Ger. Ordn. Th. I. Tit. 10. §. 19. umständliche Vorschriften, welche auch hier durchgängig zu befolgen sind.

K. Ich würde blos auf den Zusatz zu Th. I. Tit. 10. §. 19. hinweisen. (s. oben S. 248—251.)

---

§. 10.

ad §. 30. Siehe insbesondere wegen Verhütung der nachtheiligen Folgen simulirter Kauf-, Tausch- und Pacht-Contracte das Publicandum vom 20. Febr. 1802.

Rescr. v. 25. Septbr. 1795. No. 55.

§. 11.

ad §. 37. seq. Siehe Th. I. Tit. 10. §. 19. seq. der Gerichts-Ordnung im Anhange. (s. oben S. 248. ff.)

Testamente und Codicille der Wenden dürfen gar nicht in Wendischer, sondern bloß in deutscher Sprache niedergeschrieben werden. Bey der Aufnahme derselben muß jedesmal, außer dem wendischen Prediger, ein dieser Sprache mächtiger Schulze oder Gerichtsmann zugezogen, und beyde auf ihren Amts-Eyd verwiesen werden. Durch diese wird sodann der Wille des Testators vernommen, dem Richter bloß mündlich übersetzt, und vom letztern deutsch niedergeschrieben; die Vorlesung oder Vorhaltung aber geschieht durch den Prediger in wendischer Sprache, und es muß, wie alles dies geschehen, im Protocolle registrirt, auch dieses Protocoll von dem Prediger und dem zweyten zugezogenen Sprachkundigen mit unterschrieben werden.

Rescr. vom 18. Novbr. 1799.
Stengel, X. p. 355.
und Rescr. vom 13. Januar 1800.
Neues Archiv I. 18.

T. „In Fällen, wo die Adhibirung eines Protocollführers nach dem Cirkular vom 30. Decbr. 1798. nicht erforderlich ist, bedarf es auch der Zuziehung eines zweyten Dollmetschers, oder eines der fremden Sprache kundigen Zeugen nicht, und selbst die Zuziehung Eines Dollmetschers bey Aufnahme der Verhandlung kann unterbleiben, wenn die Gerichtsperson der fremden Sprache völlig mächtig ist, die Verhandlung deutsch niederschreibt, solche durch einen Dollmetscher übersetzen lässt, und die Uebersetzung den Interessenten vor der Vollziehung vorliest."

K. ich bin mit Herrn Pr. *v. T.* einig.

B. ad §. 38. huj. Tit. würde ich auch auf den Anhang zum Allg. L. R. §. 31. und 32. verweisen (s. oben S. 33.)

Dem Zusatz des Hrn. Pr. *v. T.* ad §. 37. würde ich noch hinzufügen:

„Der Aufnahme des Nebenprotocolls oder der Uebersetzung in der fremden Sprache können die Interessenten selbst bey Testamenten und letztwilligen Verordnungen sich gültig begeben, und darf solches nur von dem Deputirten in die Verhandlung registrirt werden."

cf. Rescr. an die Westpreussische Regierung vom 12. April 1802.

G. Es wird des neuen Zusatzes des Hrn. v. T. nicht bedürfen, da er sich bereits Tit. 10. §. 19. findet, worauf ich hier im Allgemeinen verwiesen habe. (s. oben S. 257. ff.)

In keinem Falle wird die Circular-Verordnung vom 30. Decbr. 1798. zu erwähnen seyn, indem die Vorschriften derselben in diesen Anhang bereits übertragen sind. Herr K. ist hierunter mit mir einverstanden. (?)

P. Ich finde gegen den Zusatz des Hrn. *v. T.* nichts zu erinnern, wenn er nicht durch den Zusatz zu Tit. X. §. 19. des ersten Theils (ich habe den Entwurf des Anh. zu diesem Titel nicht zur Hand) unnöthig werden sollte.

S. Wegen des Zusatzes des Hrn. *v. T.* ad §. 37. susp.

Neuer Zusatz ad §. 44. Th. II. Tit. 2.

Rescr. v. 5. März 1798.
Stengel, Bd. VI. p. 165.

T. „Die Vorlesung des Protokolls ist kein so wesentliches Erforderniss, dass deshalb die Gültigkeit desselben angefochten werden könnte."

K. Ich bin mit dem Hrn. Pr. *v. T.* einig.

B. Den neuen Zusatz des Hrn. *v. T.* ad §. 44. würde ich so fassen:

„Die Unterlassung des Vermerks der erfolgten Vorlesung ist kein solcher Mangel, der unbedingt die Nullität der Verhandlung nach sich zieht, wenn sonst die Gewissheit des Willens zur Genüge constirt."

So wie der Zusatz vom Hrn. Pr. gefasst ist, könnte er zu Missverständnissen Veranlassung geben, um so mehr, als die Protocollführer in der Regel wegfallen, mithin das laute Dictiren des Protocolls unmöglich wird, die Partheien also ohne Vorlesung oder Durchlesung von dem Inhalte des Protocolls gar nichts erfahren würden.

Ueberdies ist das Rescr. auf die Anfrage eines Pup. Collegiums ergangen, welches zweifelhaft war: ob es den vorstehend gerügten Mangel zur Basis eines Prozesses machen sollte.

G. Das in dem §. 44. enthaltene Wort „muß" sollte wohl so gedeutet werden, daß jede Uebertretung der präceptiven gesetzlichen Disposition die Nichtigkeit der Verhandlung zur Folge habe, um so mehr, als in dem zweyten Abschnitte dieses §. den Interessenten die wichtige Befugniß gegeben ist, ihre Erinnerungen nachtragen zu lassen, wozu sie ohne die geschehene Vorlesung keine Gelegenheit haben.

Ich würde daher den vorgeschlagenen Zusatz gänzlich weglassen, um so mehr, als es ja dessen bei der bekannten Vorschrift des Allgemeinen Landrechts Th. I. Tit. 3. §. 40. und 41. nicht bedarf.

P. Ob die unterbliebene Vorlesung eines Protocolles dasselbe ungültig mache? — Ich würde nichts gegen die Verneinung haben. Nur das alleg. Rescr. vom 5. März 1798., welches ich in der Edicten-Sammlung nicht finde, scheint mir zur Aufnahme nicht geeignet zu seyn, daher ich den neuen Zusatz weglassen würde.

S. 278. Den Zusatz des Hrn. *v. T.* ad §. 44. würde ich aufnehmen.

Concl. ad 278. appr.

Zu Th. II. Tit. 8.

Verfahren bey Aufnahme der Verträge.

Rescr. v. 7. Aprill und 5. May 1795.
Anhang zum Land-Recht §. 12.

§. 12.

ad. §. 11. Wenn Jemand, welcher cantonpflichtige Söhne im Militair-Dienst hat, oder deren Einrangirung erwarten kann, alle seine Besitzungen verkauft, und eine anderweite Anlegung des Kaufpreises zur bleibenden Fortsetzung des Domicils im Lande dem Gerichte nicht bekannt ist, oder demselben nicht glaubhaft nachgewiesen werden kann, so muß das Gericht die Veräußerung der Cantonrevisions-Commission anzeigen, auch vorläufig und bis von letzterer das Nöthige verfügt worden, einen beträchtlichen Theil des Kaufpreises deponiren lassen, oder sich dessen auf andere Art versichern.

B. Statt des Zusatzes §. 12. würde ich b. m. auf den Zusatz zum Allg. L. R. verweisen. (s. oben S. 26.)

G. Nichts dagegen zu erinnern.

P. Diesen schon im §. 12. des Anh. zum A. L. R. befindlichen Zusatz würde ich um so mehr streichen, da die Ausdrücke: Kantonpflichtig, Kant. Rev Commission ꝛc. zu den jetzigen Einrichtungen nicht mehr passen.

S. 279. accedo.

Concl. ad 279. appr.

---

§. 13.

So viel die Veräußerung der den Stadtgemeinen zugehöhörigen Grundstücke anbetrift, so werden die Gerichte auf die Vorschrift der Städte-Ordnung v. 19. Novbr. 1808. §. 189. verwiesen.

Rescr. v. 4. Juni 1802.

§. 14.

Wenn Verträge über Grundstücke geschlossen werden, wobey sich Bergwerke befinden, so muß die Verhandlung jedesmal auf die Bergwerke ausdrücklich mitgerichtet und die Contrahenten wegen der erforderlichen Verlautbarung bey dem Bergamte gehörig belehrt werden.

Public. v. 16. Octbr. 1797.

§. 15.

Justiz-Commissarien oder andere Justiz-Bediente, welche bey Schließung der Kauf-Contracte oder auch nur der Punctationen um ein adeliches Gut und der darauf erfolgenden Natural-Uebergabe zugezogen werden, müssen bey 10. bis 50. Thlrn. Strafe dafür haften, daß von den Contrahenten das abgeschlossene Geschäft binnen 14. Tagen nach erfolgter Natural-Uebergabe bey der Hypotheken-Behörde angezeigt werde.

B. Zusatz §. 15. Wo das Public. vom 16. Oct. 1797. zu finden ist, hat Hr. *G.* nicht bemerkt; ich habe es in der Edictensammlung, so wie in der Kammerger. Registr. vergeblich gesucht. Mir ist es unbekannt und in der Praxis die Anwendung desselben mir noch nicht vorgekommen.

P. Hr. *v. G.* hat sich auf das Mon. des Hrn. *B.* nicht eingelassen. Vermuthlich ist der Zusatz aus Merkels Commentar, S. 544. genommen. Dort ist auch das Publ. vom 16. Octbr. 1797. nachgewiesen. Es steht in

Stengel, VIII. p. 139.,

betrifft aber blos Schlesische Ritter-Güter. Ich würde den ganzen §. 15. des Entw. streichen, weil er nicht gemeingültig ist.

S. 280. ad §. 15. Das Publicandum spricht zwar nur von Schlesien und von adlichen Gütern. Die Gründe passen aber auf alle Provinzen und auf alle Arten von Grundstücken. Ich würde daher in dieser Art den Zusatz aufnehmen.

Concl. ad 280. appr.

Rescr. v. 17. Octbr. 1803.
Jur. Mon. Schr. Bd. I. p. 488.

§. 16.

ad §. 16 b. Eine Certioration der Ehefrau durch den von ihr mitgebrachten Beistand ist nicht erforderlich.

B. Der Zusatz §. 16. erscheint mir überflüssig.

P. Hr. *B.* hält diesen Zusatz für überflüssig. Das angeführte R. vom 17. Octbr. 1803.

Matthis, I. 488.

sagt auch weiter nichts, als dass die erwähnte Certioration durch den Beystand nirgend in den Gesezzen vorgeschrieben sey. Ich würde den §. 16. weglassen.

S. 281. accedo.

Concl. ad 281. approb.

Rescr. vom 15. Juny u. 13. July 1801.
Stengel Bd. XIII. p. 359.

§. 17.

ad §. 26. Wenn in dem über die gerichtliche Recognition ausgefertigten Atteste keine Erwähnung von dem darüber besonders aufgenommenen Protocolle geschehen ist, so zieht dies gleichwohl die Nullität des Recognitions-Acts nicht nach sich.

Zu Th. II. Tit. 4.

Von Aufnahme der Testamente.

Rescr. v. 10. Febr. 1804.
Neues Archiv Bd. III. p. 456.

§. 18.

ad §. 8. Im Fall dem Testator aus besondern Gründen daran liegt, die Existenz seines Testaments möglichst geheim zu halten, so kann von den Vorschriften der Depositalverordnung, wonach der Vortrag in Betreff des Testaments durch den Siegel-Zettel, das Expeditions-Buch und Depositalprotocoll gehen muß, in einzelnen Fällen eine Ausnahme gemacht werden. Auch muß das Präsidium des Gerichts die Sache dergestalt einleiten, daß die Handlung außer den Mitgliedern des Collegii und dem Secretair, welche zur Aufnahme des Testaments deputirt worden, keinem andern bekannt werde.

B. Im Zusatz §. 18. ist die Depositalverordnung oder richtiger Deposital-Ordnung, wohl nur ex errore allegirt worden; so kann es hier nur das Canzlei- und Registratur-Regl. seyn.

G. Das Allegat beruht auf keinem Irrthum (vid. die Vorschrift Th. II. Tit. 4. §. 8. der Gerichts-Ordnung im dritten Abschnitt, woselbst es heißt:

„eben so finden wegen der Annahme, Aufbewahrung und Zurückgabe solcher Instrumente alle Vorschriften der Deposital-Ordnung — Anwendung."

P. Das Monitum des Hrn *B.* ist nicht ungegründet. In der Deposital-Ordnung findet sich vom Siegelzeddel und dem Exped.-Buch nichts. Ich schlage folgende Aenderung vor:

„Wenn dem Testator aus besondern Gründen daran liegt, die Existenz seines Testaments geheim zu halten, so kann von dem gewöhnlichen Verfahren, wonach der Vortrag wegen des Testaments durch den Siegel-Zeddel" etc.

S. 282. accedo.

Concl. ad 282. approb.

Neuer Zusatz ad §. 9. Th. II. Tit. 4.

Rescr. v. 1. März 1802.
Archiv Bd. II. p. 386.

B. „Soll die Retradition eines Testaments durch eine Kreis-Justiz-Kommission erfolgen; so kann derselben das Testament mit der Post übersandt werden.

G. ich habe den Inhalt dieses mir wohl bekannten Rescriptes nicht mit aufgenommen, weil die darin gegebene Vorschrift, wie das Rescript selbst sagt, auf die besondere Verfassung der Kreis-Justiz-Kommissionen beruht.

P. Das Rescript vom 1. März 1802. kann wohl nur da Anwendung finden, wo Kreis-Justiz-Kommissionen angeordnet sind, welches nicht in allen Provinzen stattfindet. Der vorgeschlagene Zusatz ist aber auch so gefasst, dass er nur da, wo Kreis-Justiz-Kommissionen sind, gelten soll. Deswegeu würde ich ihn passiren lassen.

S. 283. accedo.

Concl. ad 283. appr.

Rescr. v. 10. Decbr. 1801.
Neues Archiv Bd. III. p. 14.

§. 19.

ad §. 10. Wenn ein wechselseitiges Testament zweyer Ehegatten nach dem Tode des einen publicirt worden, und der überlebende Ehegatte aus besondern Gründen verlangt, daß die letztwillige Verordnung nach geschehener Publikation anderweit bis zu seinem Ableben versiegelt deponirt werde, so kann demselben nach vorhergegangener vorschriftsmäßger Bekanntmachung an sämmtliche darin benannte Erben und Legatarien gewillfahrt werden.

Rescr. vom 21. July 1800.
Neues Archiv Bd. I. p. 228.

§. 20.

ad §. 15. Wenn die paciscirenden Eheleute die Geheimhaltung ihres geschlossenen Erbvertrages nicht verlangen, sondern solchen zur richterlichen Prüfung und Bestätigung vorlegen, so kann damit wie bei einem pacto inter vivos verfahren und ihnen eine Ausfertigung davon ertheilt werden.

Anhang zum Land-Recht §. 43. (s. oben S. 37.)

Jedoch wird dadurch, daß der Erb-Vertrag unversiegelt den Gerichten übergeben worden, die Versiegelung und überhaupt die bey Asservirung der Testamente vorgeschriebene Form nicht ausgeschlossen.

Zu Th. II. Tit. 5.

Von Siegelungen und Inventuren.

Neuer Zusatz ad §. 5. Th. II. Tit. 5.

Rescr. v. 15. Febr. 1814.
General-Akten des Justiz-Ministerii.

T. „Baare Gelder, geldwerthe Papiere und Pretiosa sind in der Regel zum gerichtlichen Deposito zu nehmen."

K. ich würde den von Hrn. Pr. *v. T.* vorgeschlagenen Zusatz aufnehmen.

B. Den Zusatz des Hrn. *v. T.* würde ich allerdings aufnehmen.

G. Einverstanden.

P. Der neue Zusatz des Hrn. Pr. *v. T.* wird aufzunehmen seyn.

S. 284. accedo.

Concl: ad 284. neues Rescr.*)

Verordn. v. 26. Decbr. 1808. §. 47.
Jur. Mon. Schr. Bd. VII. pag. 364.

§. 21.

ad §. 16. Bey Versiegelungen des Vermögens oder Nachlasses eines Regierungs-Officianten muß die betreffende Regierung benachrichtigt werden und ist dieselbe befugt, an denjenigen Zimmern und Behältnissen, worin Amts-Acten zu vermuthen sind, ihre Siegel mit anlegen zu lassen.

Cab. Ordre vom 19. July 1809.
Jur. Mon. Schr. Bd. VIII. p. 325.

§. 22.

ad §. 17. Die Versiegelung des Nachlasses der Militair-Personen gebührt den Civil-Gerichten, unter welchen der Verstorbene bey seinem Tode gestanden.

Rescr. v. 7. Januar 1812.
v. Kampß Jahrbuch p. 8.

§. 23. **)

Bey der Versiegelung des Nachlasses eines Officiers müssen die sich vorfindenden Montirungs- und Equipage-Stücke jedesmal so schleunig als möglich dem Regiments- oder Bataillons-Chef überliefert werden, damit sie der neu avan-

---

*) D. h. wohl, der Zusatz solle nach Maßgabe des von C. angeführten Rescripts aufgenommen werden.

**) Der §. 23. war ursprünglich §. 24. s. S. 619.

zirte Offizier für die gerichtliche Taxe annehme und bezahle.*)

Verordnung vom 26. December 1808.
Jur. Mon. Schr. Bd. VII. p. 364.

§. 24. **)

ad §. 37. seq. Bey der Entsiegelung des Nachlasses eines Regierungs-Officianten müssen die Acten und Papiere, so sich darunter befinden, mit Zuziehung eines Abgeordneten der Regierung separirt und dem Abgeordneten ausgehändiget, auch zu dem Ende die Entsiegelung vorzüglich beschleuniget werden.

Diese Vorschrift ist gleichfalls zu beobachten, wenn der Verstorbene zwar an sich ein Justiz-Bedienter, aber in anderer Rücksicht einer Regierung zugleich untergeordnet war, und Geschäfte in Händen hatte, welche zu ihrem Ressort gehören.

B. Der Zusatz §. 24. muss wohl dem §. 23. vorangehen und zum §. 17. des Textes gefügt werden. Ueberdies finde ich den Zusatz unvollständig. Es muss wohl gesagt werden, zu welchem Ende die Montirungs- und Equipage-Stücke an die Regiments- oder Bataillonsgerichte gesandt werden sollen, nämlich damit sie der avancirende Offizier pro taxa annehme und bezahle.

G. Accedo und ist die Bemerkung hinzugefügt.

P. Es ist hier von der Sieglung des Nachlasses eines Officiers die Rede. Hr. *B.* erinnert, dass dies nicht zum §. 37. des Textes (wo von der Wiederaufsiegelung die Rede) sondern zu §. 17. gehöre.

---

*) Die gesperrt gedruckten Worte sind nachträglich beigefügt. — v. G. hat in marg. bemerkt: „Th. II. Tit. 6."

**) Der §. 24. war ursprünglich §. 23. s. S. 618.

Damit bin ich einig. Die Fassung, wogegen Hr. *B.* ferner monirt hat, ist vervollständigt.

S. 285. accedo.

Concl. ad 285. approb.

Zu Th. II. Tit. 6.

Von dem Verfahren bei Aufnehmung der gerichtlichen Taxen.

Neuer Zusatz ad §. 8. Th. 2. Tit. 6.

Rescr. v. 25. Septbr. 1795.
Stengel, Bd. II. p. 210.

T. „Alle gerichtliche Taxen sind nur in Silber-Courant aufzunehmen, und wenn etwa aus Versehen oder aus andern Ursachen eine Taxe in Golde aufgenommen ist, muss dieselbe nicht nach dem kursmässigen, sondern nach dem gesetzlichen Agio in Courant reducirt werden."

K. Der von dem Hrn. *v. T.* vorgeschlagene Zusatz findet sich schon bei Th. I. Tit. 52. §. 412. des Entwurfs (s. oben S. 577.); ich würde daher blos darauf zurückweisen.

B. Der Zusatz des Hr. Pr. *v. T.* kommt schon im Entwurf zum 1. Theil vor; indessen gehört er wohl strenge genommen hierher.

G. Dieser Zusatz findet sich bereits Th. I. Tit. 52. §. 11. und 12, ich würde bloß dahin verweisen.

P. Der neue Zusatz des Hrn. *v. T.*

„Gerichtliche Taxen sollen in Silber-Courant aufgenommen werden."

fällt weg. s. §. 112. des Entwurfs.

S. 286. accedo.

Concl. ad 286. appr.

Rescr. v. 8. Septbr. 1804.
Jur. Mon. Schr. Bd. XI. p. 5.

§. 25.

ad §. 14. Wenn bey der Taxe eines Gutes, welches dem Besitzer nur auf gewisse Jahre zur Cultur und Benutzung gegeben war, die Frage entsteht:

wie der, durch eine gewöhnliche Taxe ausgemittelte reine Ertrag nach der Dauer des Nutzungs-Rechts zu Capital zu schlagen sey?

so muß der Capitalswerth durch die Revenüen-Summe mit Abrechnung des interusurii bestimmt werden.

Dritter Theil.*)

Pflichten der Justizbedienten.

Zu Th. III. Tit. 1.

Von den Landes-Justiz-Collegien überhaupt.

Verordn. v. 14. Febr. 1810.
Jur. Mon. Schr. Bd. IX. p. 19.

§. 1.

ad §. 13—28. So viel die theils bei den Ministerien, theils bei Sr. Königl. Majestät unmittelbar einzureichende Beschwerden anbetrifft, hat sich ein jeder nach der Verordnung, vom 14. Febr. 1810. zu achten.

*) Dazu finden sich keine Bemerkungen von C. K. und B. (s. oben S. 139.—141.

P. Die hier blos beziehungsweise angef. Verordnung vom 14. Februar 1810. ist wohl zur Aufnahme eines Auszugs geeignet, insoweit sie von der A. G. O. abweicht, oder sie ergänzt. Bey der Vergleichung finden sich folgende neue Zusätze:

1) „In rechtskräftig abgeurtelten Rechts-Streitigkeiten dürfen die Parteyen Se. K. Maj. und das Ministerium gar nicht mit Beschwerden behelligen.“ (§. I. in fine der alleg. Verordn.)

Dieser Satz liegt zwar schon im §. 13. des Textes. Er ist aber doch so ausgedrückt, dass er eine weitere Ausdehnung, besonders auf solche Fälle leidet, wo die Parteyen zur Nullitäts-Klage, oder zur Restitution verstattet seyn wollen, oder die Mittheilung der Entscheidungs-Gründe eines Revisions-Urtels verlangen. — Alsdann ist aber der Satz nicht ganz richtig. Die Entscheidungs-Gründe können die Parteyen in gewissen Fällen fordern.

Stengel, VIII. 394.

Sie können an den Chef der Justiz recurriren, wenn die Gerichte sie nicht zur Nullitäts-Klage, Restitution etc. verstatten wollen. Dies sind jedoch nur besondere Fälle der Ausnahme. Als Regel wird der obige Satz immer stehen bleiben können.

2) „Bey der Unterschrift der Eingaben muss bemerkt werden, ob der Supplicant die Vorstellung selbst verfertigt etc. — bis: Namen darunter setzen.“ (§. II. der alleg. Verordn.)

Dieser Satz wird zum §. 14. des Textes aufzunehmen, und es werden auch die sub. Num. 3. hier folgenden Sätze damit zu verbinden seyn:

3) „Diejenigen, welche Vorstellungen nicht deutlich fassen und schreiben können, und der erfolgten Warnung ungeachtet nicht unterlassen, solche für andere zu fertigen und zu schrei-

ben, werden mit Gefängniss-Strafe von 14. Tagen bis 4. Wochen, oder mit verhältnissmässiger Geld-Strafe belegt, und sollen diese Strafen im Wiederholungs-Fall verdoppelt werden. Diejenigen aber, die solche Vorstellungen für Verwandte etc. — 14. Tagen erhöhet werden."

4) „Die Bittsteller sollen durch die ordentlichen Posten etc. — „lästig werden." (§. III. der alleg. Verordn.)

Ferner werden zum §. 15. des Textes aufzunehmen seyn:

5) „Wer mit Uebergehung einer Behörde, oder mit Unterlassung der bestimmten Form etc. — bis: „zurückgegeben wird." (§. V. der alleg. Verordnung.)

6) „Wer sich dadurch nicht bedeuten lässt etc. — bis: „welcher deshalb Auftrag geschieht." (§. VI. ibid.)

7) „Diejenigen, welche Se. K. Maj. oder etc. — bis: „zur Post gegeben worden." „Wenn sie dennoch sich persönlich einfinden, um zu suppliciren, so werden sie mit den vorerwähnten Gefängniss- oder Geld-Strafen belegt."

S. 287. accedo.

Concl. ad 287. appr.

Rescr. v. 12. Juny 1797.
Stengel, Bd. V. p. 396.*)

§. 2.

ad §. 52. Wenn jedoch ein durch Edictal=Citation bekannt gemachter Termin, sey es nun im Concurs=, Liquidations=Proceß, oder bey andern dergleichen Vorladungen durch irgend ein Versehen in den Gerichtsferien eintritt, so laborirt

*) In marg. ist bemerkt: „Ed. Samml. X. 1307."

das Verfahren deshalb an keiner Nichtigkeit, und es ist daher auch keine Wiederholung nothwendig.

P. Das allegirte Rescript vom 12. Juny 1797. findet sich auch in der Edicten-Sammlung X. 1307. Gegen die Aufnahme des Inhalts finde ich nichts zu erinnern, wenngleich ein anderer Ort dazu gewählt werden könnte. Die Fassung würde ich dahin ändern:

„Wenn durch öffentliche Vorladung oder Bekanntmachung ein Termin aus Versehen auf einen Tag in den Gerichtsferien anberaumt ist, so ist doch deswegen das Verfahren nicht für nichtig zu achten und bedarf es daher auch keiner Wiederholung der Vorladung oder Bekanntmachung."

S. 288. accedo.

Concl. ad 224. appr.

Zu Tit. II.

Von den Präsidenten und Directoren.

Circul. vom 31. July 1800.
Neues Archiv Bd. I. p. 229.

§. 3.

ad §. 5—12. Wegen der über das Dienst-Verhalten der Justiz-Officianten zu führenden genauen Aufsicht haben die Präsidenten die Vorschriften der Verordnung vom 31. July 1800. und des Circular-Rescripts vom 30. März 1807. ganz besonders zu beobachten.

P. Es fragt sich, ob die hier angeführten Verordnungen ihrem ganzen Inhalte nach, oder im Auszug aufzunehmen sind? — Ich würde nicht dafür seyn, weil sie für das grosse Publicum kein eigentliches Interesse haben und nur Instructionen für die Justiz-Beamten in Absicht auf Disciplin und den innern Mechanismus des Justiz-Wesens enthalten, überdem auch solche Lasten und Gebrechen berühren, die doch wohl nur selten vorkommen, und durch ihre wiederholte öffentliche Darstellung der Achtung für die Justiz-Bedienten in den Augen Anderer schaden dürften. *)

S. 289. accedo.

Concl. ad 289. appr.

Circul. Verordn. v. 1. Febr. 1799.
No. 4. der Edict. Samml.

§. 4.

ad §. 23. seq. Siehe die Circular-Verordnung vom 1. Februar 1799. wegen schnelleren Betriebes der rechtshängigen Sachen (s. oben S. 248.).

P. Auch hier würde ich für eine blosse Beziehung auf die in der Edicten-Sammlung gedruckte Circular-Verordnung vom 1. Febr. 1799. seyn. Sollte die Aufnahme beschlossen werden, so würde der Inhalt der Verordn. von den Worten:

„Mit Ablauf eines jeden Quartals" etc. — bis: „in steter Thätigkeit einen nicht ermüdenden Dienst-Eifer beweisen"

einzurücken und nur das zu ändern seyn, was im Laufe der Zeit anders geworden ist. Statt des Ausdrucks: Gross-Canzler, wird der Ausdruck: Chef der Justiz zu setzen seyn.

S. 290. Schon ad No. 72. ist beschlossen worden, das

*) Anmerkung von P.: „Das allegirte Circular vom 30. März 1801. oder 1807. habe ich bis jetzt nicht finden können"

Circular vom 1. Febr. 1799. nicht aufzunehmen; ich würde daher den §. 4. streichen.

Concl. ad 290. appr.

Anweisung vom 13. November 1799.
No. 60[b.] der Edict. Samml.

§. 5.

ad §. 43. Die Präsidenten und Direktoren werden bey dem Antritt ihres Amts mit dem durch die Verordnung vom 13. November 1799. abgekürzten Diensteyd vereydiget.

P. Hier wird die durch die Verordn. vom 13. Nov. 1799. vorgeschriebene Eidesformel aufzunehmen seyn.

S. 291. accedo.

Concl. ad 291. appr.

S. Nachträgliches Votum. 38. Es könnte die Frage entstehen, ob nicht dasjenige, was in der Verordnung vom 26. Oct. 1799. über die Art, wie die Diensteide abgeleistet werden sollen, in specie die Vorhaltung, in dem Anhange mit aufzunehmen. Ich glaube dies aber nicht. Die Allg. Ger. Ordn. selbst bestimmt an keiner Stelle über dieses Verfahren etwas, und lässt es also hierin bei den, in Absicht der Diensteide aller Officianten bestehenden Gesetzen. Es ist kein Grund vorhanden, in dem Anhange eine Materie aufzunehmen, welche die Allg. G. O. geflissentlich übergangen hat. Allenfalls könnte auf die Verordnung vom 26. Oct. 1799. in dieser Rücksicht verwiesen werden, und dieses ist ad §. 5. des Entwurfs zum 3ten Theil von mir geschehen.

Zu Tit. III.

Von dem Amte der Räthe bey Justiz-Collegien.

Rescr. v. 7. Decbr. 1799.
No. 71. der Edict. Samml.

§. 6.

ad §. 9. Um ein fremdes Bad, oder einen fremden Gesundheitsbrunnen besuchen zu dürfen, muß ein glaubwürdiges Zeugniß eines approbirten Arztes,

daß solches zur Wiederherstellung der Gesundheit des Officianten nothwendig, und ein einheimisches Bad nicht eben so heilsam dazu ist,

beigebracht werden.

P. Der Text redet von Reisen der Räthe bei den Justiz-Collegien. Die Verordn. vom 7. December 1799. spricht überhaupt von Officianten und verordnet, dass keinem derselben die Erlaubniss zur Reise in ein fremdes Bad ohne das vorgeschriebene Zeugniss ertheilt werden soll. Hier stösst man auf eine Schwierigkeit, die schwer zu heben ist.*) So wie der Zusatz gefasst ist, sollte man glauben, dass die Verordnung blos für die Räthe bey den Landes-Justiz-Collegien gemacht sey. Soll der Zusatz geändert oder allgemeiner gefasst werden, so passt er wieder nicht recht zum Texte, indem er weiter geht, als die Worte und der Sinn des Textes zulassen. Mir scheint es, dass in jedem

*) Anmerkung von P.: „Die Schwierigkeit hebt sich durch den §. 124. des Anh. zum A. L. R. (s. oben S. 62. und 120.), wo die Verordn. vom 7. Decbr. 1799. schon am rechten Orte steht. Der §. 6. des jetzigen Entwurfs ist daher zu streichen, und es bedarf nun auch der von mir vorgeschlagenen Aenderung nicht."

Falle zur Regel anzunehmen sey, die Quelle, aus welcher die Materialien des Anhangs geschöpft werden, so wenig wie möglich zu verändern. Die Quelle behält alsdann ihr Eigenthümliches und der daraus genommene Zusatz behält seine Anwendbarkeit, wenn er auch nicht systematisch richtig geordnet ist, auf mehrere Fälle, die nach einem System darunter gehören würden. Ich fühle das Kleinliche dieser Bemerkung, weiss aber nicht darüber wegzukommen und würde daher den Entwurf so ändern: *)

„Die Erlaubniss, ein fremdes (ausländisches) Bad, oder einen fremden (ausländischen) Gesundbrunnen zu besuchen, soll keinem Officianten ertheilt werden, der nicht von einem approbirten Arzt ein glaubwürdiges Zeugniss beybringt, dass“ etc.

S. 292. Den §. 6. würde ich ebenfalls streichen.

Concl. ad 292. appr.

Rescr. v. 15. Septbr. 1800.
Stengel, Bd. XII. p. 334.

§. 7.

Die als Mitglieder eines Criminal-Collegii angestellten Justiz-Commissarien, wenn sie Vormundschaften übernehmen oder Reisen außerhalb der Provinz, jedoch innerhalb der Königl. Staaten vornehmen, bedürfen darzu nur der Erlaubniß des Präsidenten des Landes-Collegii ihres Departements.

P. Das angeführte Rescript findet sich nicht allein im Stengel l. c., sondern auch im Neuen Archiv I. 322. Der daraus genommene Zusatz gehört, insofern er die Uebernehmung der Vormundschaften betrifft,

*) Anmerkung von P.: „Cessat. Siehe die überstehende Bemerkung.“ (s. Anmerk. * S. 627.)

nicht hieher, sondern zum A. L. R. II. 18. §. 162
Ich schlage folgende Aenderung vor:

„Die als Mitglieder eines Criminal-Collegiums angestellten Justiz-Commissarien, welche Reisen ausserhalb der Provinz, jedoch innerhalb der Königl. Staaten vornehmen wollen, bedürfen dazu nur der Erlaubniss des ihnen vorgesetzten Präsidenten.“

S. 293. accedo.

Concl. ad 293. appr.

---

§. 8.

ad §. 12. cf. Th. 1. Tit. 3. §. 14. der Ger. Ordn.

P. Der Entwurf verweist hier auf Th. I. Tit. 3. §. 14. Dazu finde ich keinen Grund, da es ein grosser Unterschied ist, wenn ein Rath sich in Privat-Händel einmischt und wenn er (welches jetzt ohnehin nicht mehr oft zu geschehen pflegt) einer Partey zum Assistenten zugeordnet wird. In beyden Fällen ist es für sich klar, dass er seines Votums sich enthalten muss.

S. 294. accedo.

Concl. ad 294. appr.

---

§. 9.

ad §. 14. cf. Th. I. Tit. 2. §. 143. der Ger. Ordn. (s. oben S. 220.).

P. Auch diese Verweisung auf Th. I. Tit. 2. §. 143. halte ich für unnöthig. Der vorliegende Text (§. 14.) hat den Fall vorausgesetzt, dass ein Mitglied des Gerichts als Verwandter Familien-Angelegenheiten etc. besorgt und also thätig an der Sache Theil nimmt. Die bezogene Stelle redet dagegen im Allgemeinen von dem Fall, wenn richterl. Personen wegen Verwandtschaft etc. auch ohne thätige Theilnahme ein Interesse bey der Sache haben.

S. 295. accedo.

Concl. ad 295. appr.

---

§. 10.

ad 63. Wegen des Diensteydes der Räthe siehe die Anweisung vom 13. Novbr. 1799.

P. Der §. 10. des Entw. wird, der angef. V. vom 13. Novbr. gemäss, so zu ändern seyn:

„Der von den Räthen der Justiz-Collegien abzuleistende Eid ist nach dem §. .. dieses Anhangs*) vorgeschriebenen Formular einzurichten, nur muss statt der eingerückten Worte (statt der Schluss-Worte: „Insbesondere gelobe ich“ etc.) gesetzt werden:

„Insbesondere gelobe ich, meinen Vorgesetzten in Amts-Sachen, der Subordination gemäss, schuldige Folge zu leisten.“

S. 296. accedo.

Concl. ad 296. appr.

---

*) Anmerkung von P. „Die Paragraphenzahl wird nach meinem obigen Vorschlage im ganzen Anhange ohne Unterschied der Theile fortlaufen.“ (s. oben S. 598.)

Zu Tit. IV.

Von dem Amte der Referendarien und Auscultatoren.

Circ. Verordn. v. 12. Octbr. 1804.
Neues Archiv, Bd. III. p. 457.
Rescr. v. 2. May 1812.
Jahrb. v. Kamptz H. 1. p. 18.
Rescr. v. 31. Decbr. 1813.
Jahrbuch von Kamptz H. III. p. 14.

§. 11.

ad §. 1—16. Bey Prüfung der Rechts-Candidaten muß auf den Inhalt ihrer Universitäts-Zeugnisse und der darin mit aufgenommenen Bemerkungen über den Grad ihrer Ausbildung bey dem Anfange ihrer Universitäts-Studien Rücksicht genommen und die Prüfung darnach eingerichtet, übrigens aber die Vorschriften der Circular-Verordnung vom 12. Octbr. 1804. beobachtet und insbesondere ohne Dispensation des Chefs der Justiz keiner zur Prüfung zugelassen werden, welcher sich nicht über die Vollendung des dreyjährigen academischen Curses vollständig ausweiset.

P. Das hier Gesagte wird vollständiger zu fassen seyn. Ich schlage folgende Aenderungen vor:

§. . . *)

ad §. 1. „Jeder Rechts-Candidat, welcher als Auscultator angestellt zu werden wünscht, muss ein Zeugniss der Universität nicht nur über die in der A. G. O. Th. III. Tit. 4. §. 1. enthaltenen Gegenstände, sondern auch darüber beybringen, dass er drey Jahre hindurch auf Universitäten studirt habe. Wer

*) Circ. Verordn. vom 12. Octbr. 1804.
Neues Archiv Bd. III. p. 452.
Circ. Rescr. vom 2. May 1812.
v. Kamptz, Jahrbuch Heft. I. S. 18.

sich nicht über die Vollendung des dreyjährigen akademischen Cursus vollständig ausweiset, darf, ohne ausdrückliche Erlaubniss des Chefs der Justiz, zu der, §. 3. a. a. O. verordneten Prüfung gar nicht zugelassen werden. Wenn jedoch solche Umstände eintreten, die in ganz besondern Fällen eine Ausnahme von der Regel begründen könnten, so haben die Landes-Justiz-Collegia an den Chef der Justiz zu dessen weiterer Entschliessung zu berichten."

§. . . . *)

„Dem Gesuch um Zulassung zur Prüfung muss ein, von dem Candidaten selbst in lateinischer Sprache abgefasstes und von ihm geschriebenes curriculum vitae beyliegen, worin sein Name, sein Alter, der Ort seiner Herkunft, der Name und Stand seiner Eltern und die kurze Geschichte seiner Ausbildung auf Schulen und Universitäten enthalten ist. Dieses curriculum vitae muss auch den nachherigen Berichten über die Zulassung zum Referendariat u. zur dritten Prüfung beygefügt werden."

§. . . . **)

ad §. 3. „Bey der Prüfung der Rechts-Candidaten ist auf den Inhalt ihrer Universitäts-Zeugnisse und auf die darin aufgenommenen Bemerkungen über den Grad ihrer Ausbildung bey dem Anfange der Universitäts-Studien Rücksicht zu nehmen und die Prüfung darnach einzurichten.

§. . . . ***)

ad §. 10. „Bey der Berichts-Erstattung muss

*) Rescr. v. 12. Octbr. 1804. §. 2.

**) Circul. Rescr. v. 31. Decbr. 1813.
v. Kamptz Heft. III. p. 19.
Rescr. v. 1. Jan. 1797.
Edikt. Samml. X. 905.
Rescr. v. 12. Oct. 1804. §. 3.

***) Circ. Verordn. vom 12. Octbr. 1804. §. 5.

durch ein Attest des Präsidenten nachgewiesen werden, inwiefern der Auscultator auch durch die in §. . . . (Zusatz ad §. 6. und 13.) erwähnten Eigenschaften sich qualificirt habe, als Referendarius angestellt zu werden.

§. . . . *)

ad §. 3. „Bei der Prüfung muss besonders darauf gesehen und im Examinations-Protocoll jederzeit bemerkt werden, ob der Candidat fähig sey, sich in der lateinischen Sprache richtig auszudrükken. Findet sich, dass er diese, auch dem Geschäfts-Manne unentbehrliche Sprache vernachlässigt habe; so soll ihm das Zeugniss der Brauchbarkeit nicht ertheilt werden. Auch ist die Prüfung nicht auf das blosse bürgerliche Privat-Recht zu beschränken, sondern auf die Theorie der Rechts-Wissenschaft überhaupt zu erstrecken und besonders zu erforschen, ob der Candidat von dem Staats- und Völker-Recht wenigstens so viel Kenntnisse erlangt habe, dass er sich durch fortgesetztes Studium so ausbilden könne, wie es seine künftige Amts-Lage und Verhältnisse erfordern."

NB. Ich bin hier von den Worten des R. vom 1. Jan. 1797. etwas abgewichen, glaube jedoch den Sinn getroffen zu haben. Salvo meliori.

§. . . . **)

ad §. 6. und 13. „Die Präsidenten müssen mit Nachdruck darauf halten, dass die Auscultatoren u. Referendarien den Sessionen des Collegiums pünktlich beywohnen, ihre Geschäfte prompt und gründlich verrichten, sich einer deutlichen Handschrift befleissigen, das Subordinations-Verhältniss streng

---

*) Rescr. v. 1. Jan. 1797.

**) Edict. Samml. X. p. 905.

beobachten und eine sittlich gute Aufführung an den Tag legen."

S. 297. accedo.

Concl. ad 297. appr., jedoch soll das Lateinsprechen nicht erfordert werden, auch nicht das Präsidial-Attest für einen Referendarius.

Rescr. v. 24. May 1799.
Stengel, Bd. II. p. 407.*)
Rescr. v. 26. Novbr. 1801.
Stengel, Bd. XIV. p. 242.

§. 12.

ad §. 14. Damit der Chef der Justiz die Referendarien zeitig kennen lerne, so haben die Präsidenten die Einrichtung zu treffen, daß in jedem Falle, wo merkwürdige, seltene Gegenstände im Civil- und Criminalsache zur Entscheidung kommen, welche besonders auf die künftige Legislatur Bezug haben könnten, oder sich sonst durch ihr Interesse auszeichnen, den geschicktesten Referendarien aufgetragen werde, davon nach vorgängiger Revision des Präsidii einen eigenhändigen Bericht unter ihrer Namens-Unterschrift an den Chef der Justiz einzusenden.

P. Das angeführte Rescript vom 24. May 1799. habe ich im Stengel und sonst vergebens gesucht. Das ferner allegirte Rescript vom 26. Nov. 1801. aber gehört nicht hieher, sondern zum §. 21. seqq. des Textes, wo von der Vorbereitung zur dritten Prüfung die Rede ist. — Ich würde daher den §. 12. des Entwurfs um so mehr weglassen, da die Verordn. vom 26. Novbr. 1801. und 12. Octobr. 1804., welche aufzunehmen sind, ihn entbehrlich machen werden. Demnach schlage ich Folgendes vor:

---

*) Hierbei hat P. bemerkt: „Diese Allegate treffen nicht zu."

§. . . . *)

ad §. 14. „Die Referendarien, welchen Acten zum Referiren zugestellt werden, sind aufzufordern, sich nach guten Mustern zu bilden, dadurch mit der richtigen Grenzlinie zwischen Weitschweifigkeit und Unvollständigkeit sich bekannt zu machen und überhaupt den Vorschriften der A. G. O. Th. I. Tit. 13. §. 7. vollständig zu genügen."

§. . . . **)

ad §. 21. „Die Zulassung zu den Vorbereitungs-Arbeiten zum dritten Examen sollen die Präsidenten nur alsdann verfügen, wenn sie sorgfältig geprüft haben, ob der zu Probe-Instructionen sich meldende Referendarius auch die §. 19. 20. der Allgem. G. O. Th. III. Tit. 4. angezeigten Eigenschaften besitze, ingleichen, ob er hinlängliche Proben seiner Fertigkeit in mündlichen Vorträgen abgelegt habe."

(Rescr. v. 26. Novbr. 1801.)

§. . . . ***)

„Unter den zur Probe-Instruction zu bestimmenden Sachen können Criminal - Sachen †) verhandelt werden."

§. . . . ††)

ad §. 22. „Die zur Aufsicht bey den Probe-Instructionen bestellten Räthe haben darauf zu sehen, dass die Instruction nicht aus den Manual-Acten zusammen geschrieben, oder die Einlassung von den Justiz-Commissarien zum Protocoll dictirt

---

*) Rescr. v. 26. Novbr. 1801.

**) R. v. 12. Octbr. 1804. §. 6.

***) Ebendaselbst §. 7.

†) Statt der Worte: „können Criminal = Sachen" stand hier erst der späterhin von Kircheisen durchstrichene Passus: „muß wenigstens Eine ohne Justiz=Commissarien mit den Parteyen selbst."

††) Rescr. v. 12. Octbr. 1804. §. 7.

werde. Das über die Probe-Instructionen auszustellende Attest muss auch hierüber die pflichtmässige Bescheinigung enthalten."

S. 298. accedo.

Concl. ad 298. appr. Es soll aber der Zusatz des Hrn. *P.* ad. §. 14. G. O. wegbleiben.

Rescr. v. 31. May 1796.
Stengel, Bd. IV. p. 303.

§. 13.

ad §. 32. Bloße Auscultatoren dürfen ohne nochmalige Prüfung ihrer practischen Kenntnisse bey den Domainen-Justiz-Aemtern nicht zu Actuarien angestellt werden.

P. Das angeführte Rescript vom 31. May 1796. findet sich auch in der Edicten-Samml. v. 1769. No. 66. Es scheint mir aber mit der jetzigen Verfassung nicht zu stimmen, da von Domainen-Justiz-Aemtern und der Besetzung solcher Stellen durch die Kammern nicht mehr die Rede seyn kann. Ich würde diesen §. streichen.

S. 299. accedo.

Concl. ad 299. appr.

Rescr. v. 16. Febr. 1801.
Neues Archiv II. p. 63.

§. 14.

Nur in so fern Referendarien nicht abgehalten werden, ihren übrigen Obliegenheiten im Amte zu genügen, wird ihnen Justitiariate zugleich zu übernehmen gestattet.

P. Die Worte:

„übrigen Obliegenheiten im Amte"

stehen nicht in dem allegirten Rescript v. 16. Febr. 1801. und könnten vielleicht missverstanden werden. Ich würde sagen:

„Den Referendarien kann gestattet werden, Justitiariate zu übernehmen, insofern sie dadurch nicht abgehalten werden, ihren Obliegenheiten als Referendarien zu genügen."

S. 300. accedo.

Concl. ad 300. appr.

---

§. 15.

ad §. 37. Die Verpflichtung der Auscultatoren, Referendarien, Secretarien und Registratoren geschieht nach der Anweisung vom 13. Novbr. 1799., und es bedarf keiner andern Vereydigung, wenn ein Auscultator hiernächst zu einer jener Stellen gelangt.

Rescr. v. 4. Aug. 1810.
Jur. Mon. Schr. Bd. IX. p. 248.

Wenn ein Referendarius oder anderer Justiz-Bedienter zu einem öffentlichen Amte befördert wird, so muß von ihm unmittelbar nach seiner Vereydigung die Anzeige darüber:

ob und wie viel er seinen Lehrern auf Preußischen Universitäten für gehörte Collegia schuldig sey,

auf seinen Amtseyd erfordert, und diese Anzeige, wenn er Schuldner ist, der Universität mitgetheilt werden.

P. Der erste Theil des §. 15. des Entw. wird nach der wörtlichen Vorschrift der Anweisung v. 13. Novbr. 1799. (No. 60 b. der Edicten-Sammlung von 1799.) zu fassen seyn.

S. 301. accedo.

Concl. ad 301. Der letzte Passus wegen des Honorarii soll wegbleiben.

Zu Tit. V.

Von den Subalternen bey den Justiz-Collegiis.

§. 16.

ad §. 22. Siehe §. 37. Tit. IV. (s. S. 637.)

---

§. 17.

ad §. 55. Siehe §. 37. Tit. IV. (s. S. 637.)

P. ad §. 16. 17. des Entw.
Diese Zurückweisungen betreffen die Eide der Secretarien und Registratoren, weshalb aber nicht auf den §. 37. Tit. 4. des Textes, sondern auf den dahin gehörigen §. des Anhangs (es ist der vorstehende §. 15.) zu verweisen seyn wird, weil die Anweisung vom 13. Nov. 1799. für die Auscultatoren, Referendarien, Secretarien und Registratoren eine ganz gleichlautende Eidesformel vorschreibt.

S. 302. ad §§. 16. 17. accedo.

Concl. ad 302. appr.

---

§. 18.

ad §. 71., 92. und 105. Siehe Verordnung vom 13. Novbr. 1799.

P. Der §. 18. des Entw. betrifft die Eide der Kanzlisten, Kanzleydiener, Boten-Meister, Boten und Executoren. Hier wird die in der Anweisung vom 13. Novbr. 1799. No. IV. vorgeschriebene Formel einzurücken seyn.

S. 303. accedo.

Concl. ad 303. appr.

Zu Tit. VI.

Von dem Amte der fiskalischen Bedienten.

Rescr. v. 11. Juny 1798.
No. 38. der Edikten-Sammlung.

§. 19.

ad §. 16. Von einem im Wege der Gnade vor der Einziehung erlassenen Confiscato ist der fiskalische Bediente nicht berechtiget, quotam fiscalem zu fordern.

P. Nichts zu erinnern.

S. 304. accedo.

Concl. ad 304. appr.

---

§. 20.

ad §. 17. Der Eyd der fiskalischen Bedienten richtet sich nach der Anweisung vom 13. Novbr. 1799.

P. Die Eidesformel wird nach No. V. der Anweisung vom 13. Nov. 1799. aufzunehmen seyn.

S. 305. accedo.

Concl. ad 305. appr.

Zu Tit. VII.

Von dem Amte der Justiz-Commissarien und Notarien.

Rescript vom 30. Jan. 1813.
v. Kamptz, Jahrbücher H. 3. p. 1.

§. 21.

ad §. 3. Die Justiz-Commissarien und Notarien werden den wirklichen Staatsdienern gleich gerechnet.

Rescr. vom 20. Octbr. 1810.
Jur. Mon. Schr. Bd. IX. p. 428.

§. 22.

ad §. 9. Die neu anzustellenden Justiz = Commissarien sollen zwar von den Notariats = Geschäften nicht ferner ausgeschlossen seyn. Die Notariats=Praxis darf jedoch nur bewährt zuverlässigen, geschickten und erfahrnen Männern gestattet werden, welche zugleich beim Publikum im besten Rufe stehen.

S. Nachträgliches Votum. 39. Den §. 22. zum 3ten Theil würde ich weglassen, da er nichts mehreres, als was der Text enthält.

Rescr. v. 1. Octbr. 1801.
Neues Archiv Bd. II. p. 168.

§. 23.

Keinem Justiz=Bedienten, welcher einmal eine ansehnliche richterliche Bedienung bekleidet, soll es erlaubt seyn, um seiner Convenienz willen seine Stelle niederzulegen und als Justiz-Commissarius Prozeß=Praxis zu treiben.

S. 306. Den §. 23. würde ich weglassen.

Concl. ad 306. appr.

Circulare v. 20. Septbr. 1802.
Neues Archiv Bd. III. p. 166.

§. 24.

ad §. 13. Die Prüfung geschieht, wie es in Absicht der Mitglieder der Landes = Justiz = Collegien §. 21—25. Tit. IV. vorgeschrieben ist, vor der Immediat=Commission zu Berlin, jedoch kann der Chef der Justiz in einzelnen Fällen davon dispensiren.

Bey solchen Gerichten, deren Directoren oder Mitglieder

von der Immediat-Commission nicht geprüft zu werden brauchen, bedarf es dieser Prüfung auch rücksichtlich der anzustellenden Justiz-Commissarien nicht.

---

§. 25.

ad §. 23. Damit geschickte, fleißige und rechtschaffene Justiz-Commissarien der verdienten Auszeichnung genießen, so sollen die Landes-Collegien sie denjenigen Partheien, welche um Auswahl eines Rechtsfreundes nachsuchen, nicht nur ausschließlich empfehlen, sondern auch in den Ediktal-Citationen, in welchen die Vorgeladenen an Justiz-Commissarien verwiesen werden, nur die Namen solcher Männer einrücken, welche jene Eigenschaften besitzen.

Rescr. v. 19. März 1799.
Stengel, Bd. VI. p. 294.

§. 26.

ad §. 35. General-Bevollmächtigte sind gerichtliche Handlungen für ihre Machtgeber zu vollziehen befugt, ohne sich darzu der Hülfe eines bei dem Gericht, wo die Handlung vollzogen wird, angestellten Justiz-Commissarii zu bedienen.

P. Meines Erinnerns sind hierüber in neuerer Zeit Beschwerden geführt. Es werden die General-Acten vorzulegen seyn.

S. 307. ad §. 26. susp.

Concl. ad 307. soll aufgenommen werden.

Neuer Zusatz ad §. 39. Th. III. Tit. 7.

P. Ich würde auf den Grund der Verordn. v. 1. Febr. 1799. den neuen Zusatz vorschlagen:

„Wenn ein Justiz-Commissarius mehr Geschäfte übernimmt, als er nach seinen Kräften zu bestreiten im Stande ist, und wenn besonders die Instructions-Listen ergeben, dass er mit den Deductionen etc. im Rückstand bleibt; so soll demselben auf eine von dem Chef der Justiz zu bestimmende Zeit die Annahme neuer Aufträge gänzlich untersagt“ u. s. w. bis: „fernere Praxis gänzlich untersagt werden.“

S. 308. accedo.

Concl. ad 308. appr.

---

§. 27.

ad §. 49. Siehe §. 45. Tit. 2. Th. II. und §. 129. Tit. 10. Th. I. der Gerichts-Ordnung.

P. Wozu diese Zurückweisungen dienen sollen, ist mir nicht klar. Wenn die Absicht ist, anzudeuten, dass auch ein von einem Justiz-Commissar aufgenommenes Protocoll das Datum und den Ort der Aufnahme enthalten, dass es genehmigt und unterschrieben seyn müsse u. s. w., so versteht sich dies wohl von selbst. Ich finde keinen Grund, diesen §. des Entwurfs nicht zu streichen.

S. 309. accedo.

Concl. ad 309. approb.

Rescr. vom 24. März 1804.
Jur. Mon. Schr. Bd. I. p. 129.

§. 28.

ad §. 63. Der bey der Vollziehung zu adhibirende zweite Notarius darf mit demjenigen, welcher den Act aufnimmt, nicht in solchen Verhältnissen stehen, die die Ablegung eines rechtsgültigen Zeugnisses des einen für den andern ausschließen.

Rescr. v. 14. Juny 1796.
Stengel, Bd. II. p. 218.
Circ. Verordnung vom 30. Decbr. 1798.

§. 29.

ad §. 68. Die Beobachtung der hier gegebenen Vorschrift ist nur alsdann erforderlich, wenn der Extrahent ausdrücklich darauf anträgt.

---

§. 30.

ad §. 89. Zur Uebernahme von Subhastationen im gesetzlichen Sinne sind sie nicht befugt.

Insofern jedoch ein oder der andere uneingeschränkte Eigenthümer eines Grundstücks öffentlich bekannt macht, daß er dasselbe zu verkaufen gesonnen sey und sich dabei des Beistandes eines Justiz-Commissarii bedienen will, so bleibt ihm solches unbenommen.

P. Die Frage: ob ein Justiz-Commissarius eine Subhastation vornehmen könne? ist oben zu Th. I. Tit. 52. §. 67. (s. oben S. 596.) schon vorgekommen und also die Beantwortung derselben und das Stehen oder Fallen dieses Zusatzes von dem damaligen Beschluss abhängig. — Ich halte den Zusatz noch immer für unnöthig.

S. 310. §. 30. die Weglassung ist ad No. 267. (s. ob. S. 597.) beschlossen.

Concl. ad 310. appr.

Rescr. v. 26. Octbr und 11. Decbr. 1809.
Jur. Mon. Schr. Bd. IX. p. 150.

§. 31.

Justitiariate anzunehmen, ist den Justiz-Commissarien nicht erlaubt.

P. Die Verfügung, dass Justiz-Commissarien keine Justitiarate annehmen dürfen, ist meines Erinnerns in den letzten Jahren zurückgenommen und wird dieser Zusatz wegfallen.

S. 311. accedo.

Concl. ad 311. soll aufgenommen werden.

Rescr. v. 16. Octbr. 1800.
Stengel, Bd. XIII. p. 365.

§. 32.

ad §. 104. Die Besetzung der Director-Stelle ist nicht schlechterdings erforderlich. In den wenigen Fällen, wo auf ausdrückliches Verlangen der Partheien eine Mitunterschrift des Directors nothwendig wird, kann der Senior der Justiz-Commissarien dessen Stelle vertreten.

---

§. 33.

ad §. 118. Siehe die Verordn. v. 26. Octbr. 1799.

P. Die Eidesformel wird nach No. VI. der Anweisung vom 13. Novbr. 1799. aufzunehmen seyn.

S. 312. accedo.

Concl. ad 312. appr.

Zu Tit. VIII.

Von den Justiz-Bedienten bey Untergerichten und deren Pflichten.

§. 34.

ad §. 10. Können sie jedoch ein vortheilhaftes Zeugniß ihrer Qualification produciren und wird dieses Zeugniß durch eine demnächst mit ihnen anzustellende Prüfung bestätiget, so sind sie zu dergleichen wichtigen Aemtern eben so zuzulassen, als wenn sie wirklich bey einem Landes-Justiz-Collegio gestanden hätten.

P. Die Quelle, woraus dieser §. genommen worden, ist nicht angegeben. Ich halte ihn aber für unnöthig. Wer sich zu einer höhern Bedienung qualificirt, wird wohl befördert werden.

S. 313. accedo.

Concl. ad 313. soll aufgenommen werden.

Neues Archiv Bd. III. p. 170.

§. 35.

ad §. 16. Siehe die ad Tit. 2. §. 5 12. allegirten Verordnungen. (s. S. 624. – 625.)

P. Es kommt darauf an, ob die oben Tit. 2. §. 5—12. allegirte Verordn. v. 31. Juli 1800. dort aufgenommen werden soll? Geschieht es; so kann allenfalls hier darauf verwiesen werden. Geschieht es nicht; so fällt auch hier die Verweisung weg.

S. 314. accedo.

Concl. ad 314. appr.

Zweite Abtheilung.

Vergleichung

des

Anhanges

zur

Allgemeinen Gerichtsordnung

mit

dem Entwurfe desselben.

Anhang
zur allgemeinen Gerichtsordnung
für die Preußischen Staaten.
(S. 151—152. K.)

Zur Einleitung.

§. 1.

Zu §. 12. „„Auf das Erscheinen der Parteyen in Person „„ist nur alsdann zu dringen, wenn““ es zur Ausmittelung der Wahrheit „„durchaus““ erforderlich ist. Sobald „„dieser Haupt„„zweck nicht vereitelt wird, haben die Parteyen die Befug„„niß, sich durch zulässige Bevollmächtigte vertreten zu lassen.““

(Entw. §. 1. S. 153—155. K. und B.)

§. 2.

Zu. §. 40. Der Zuziehung einer zweiten vereideten Gerichtsperson zur Führung „„des““ Protokolls bedarf es „„zur „„Gültigkeit der Verhandlung““ nicht.

(Entw. §. 2. S. 155. S.)

Zu Th. I. Tit. 1.

Von den Personen, welche vor Gericht klagen und belangt werden können.

§. 3.

Zu §. 18.*) „„Diese Vorschrift beziehet sich bloß auf „„prozessualische Verhandlungen und auf die bei dieser Gele„„genheit zwischen dem Manne und der Frau geschlossenen

*) Der neue Zusatz von K. zum §. 2. h. t. ist nicht aufgenommen worden. (S. 155.—159.)

„„Vergleiche. In Absicht der bei den übrigen Verträgen zwi-„„schen Eheleuten erforderlichen Zuziehung eines Beistandes „„der Frau hat es bei der Verordnung des Allg. Land-Rechts „„Theil II. Tit. 1. §. 200. sein Bewenden.““

(Neuer Zusatz S. 160—163. K. und S.)

§. 4.

Zu §. 34. Zu Prozessen, welche Stadtgemeinen führen, bedarf es der „„Genehmigung““ der „„Regierung““ nicht.

„„Bei““ Prozessen, woran Dorfgemeinen Theil nehmen, und welche die Substanz ihres Vermögens betreffen, muß die Genehmigung der Gutsherrschaft zur Anstellung der Klage und deren Beantwortung beigebracht werden, insofern nicht die Gutsherrschaft selbst als Gegner der Gemeine dabei ein eigenes Interesse hat. Verweigert oder verzögert die Gutsherrschaft „„die““ nachgesuchte „„Genehmigung““ und verlangt die Gemeine dagegen rechtliche Hülfe; so ist es hinreichend, daß die erstere zur Wahrnehmung ihrer Gerechtsame bei der von der letztern „„angestellten““ Klage adcitirt werde.

(Entw. §. 57. S. 227—228. Neuer Zusatz S. 163—164. B. und P.)

Zu Th. I. Tit. 2.

Vom Gerichtsstande.

§. 5.

Zu §. 12. Ist „„in dem Pachtkontracte verabredet, daß „„der für seine Person““ nicht schon aus andern Gründen unter dem Obergericht „„stehende Pächter von der Gerichts-„„barkeit des Verpächters ausgenommen seyn soll““; so gilt „„diese““ Verabredung in Absicht aller Civilprozesse zwischen dem Verpächter und Pächter als ein Compromiß und das Obergericht muß solche zu seiner Cognition ziehen.

Bei andern Klagen gegen den Pächter hängt es — einer

Verabredung „„ungeachtet““ — von dem Gutfinden des Oberge=richts ab, ob es sich der Cognition unterziehen, oder solche „„an dasjenige Gericht, vor welches die Sache sonst gehören „„würde““, zurückweisen will.

(Entw. §. 3. S. 165.—166. K. und P.)

§. 6.

„„In der Regel muß der Pächter auch nach seinem Abzuge „„bei Prozessen““ über die Rückgewähr „„bei denselben Gerich=„„ten Recht nehmen, welchen er während der Dauer der Pacht „„in den darüber entstandenen Prozessen unterworfen war.““

(Entw. §. 39. S. 215.—216. T. B. und P.)

§. 7.

Zu §. 18. *) „„Auscultatoren und Referendarien ste=„„hen, wenn sie auch noch minderjährig oder der väterlichen „„Gewalt unterworfen sind, unter der Gerichtsbarkeit desje=„„nigen Gerichts, vor dem die Mitglieder der Behörde, bei „„welcher sie arbeiten, Recht zu nehmen haben. Die Väter „„und Vormünder müssen sich daher bei diesem Gericht auf „„die aus Handlungen ihrer Söhne und Pflegebefohlenen wi=„„der sie angestellten Klagen einlassen. In der Leitung der „„Vormundschaft wird hiedurch nichts geändert.““

„„Gehören solche Auscultatoren und Referendarien we=„„gen ihrer Geburt oder aus andern Gründen zu den Exi=„„mirten, so haben sie in allen Fällen ihren Gerichtsstand „„bei demjenigen Obergericht, in dessen Bezirk sie ange=„„stellt sind.““

(Neuer Zusatz S. 168.—172. T. und S.)

§. 8.

Zu §. 28. „„Auch Injurien, die ein durchreisender

*) Der §. 4. des Entw. zum §. 14 h. t. ist weggefallen (S. 167.) und der neue Zusatz von B. zum §. 16. h. t. nicht aufgenommen worden. (S. 167.—168.)

„„Fremder begehet, begründen gegen ihn einen Gerichtsstand „„in hiesigen Landen.““

(Neuer Zusatz S. 172.—173. T. K. B. und S.)

§. 9.

Zu §. 30. Der den Mitgliedern der Französischen- und Pfälzer-Colonie bisher bewilligte besondere Gerichtsstand findet nicht ferner statt, vielmehr werden selbige hierunter den übrigen Staatsbürgern gleich geachtet.

(Entw. §. 5. S. 173.—174.)

§. 10.

Zu §. 42. und 43. *) Regierende deutsche „„Fürsten,““ desgleichen abgetheilte Fürsten aus den Häusern der regierenden deutschen „„Fürsten““, wenn sie ihren beständigen Aufenthalt in hiesigen Landen nehmen, müssen sowohl in Rücksicht ihrer persönlichen, als solcher dinglichen Rechtsverhältnisse, welche die in den preußischen Staaten belegenen Grundstücke und Sachen betreffen, die „„Gerichtsbarkeit““ der hiesigen Gerichtshöfe anerkennen.

(Entw. §. 8. S. 178. S. Vgl. unten §. 201.)

§. 11.

Zu §. 45. „„Zu den Eximirten““ gehören auch alle Schullehrer, welche studirt haben und nach vorhergegangener Prüfung der oberen Behörden zum wissenschaftlichen Unterricht der Jugend bestellt worden sind. Jedoch bleibt es den „„Ober-„„gerichten““ überlassen, die Gerichtsbarkeit über solche Schulbediente nach Bewandniß der Umstände in einzelnen Fällen den Untergerichten zu „„übertragen.““

(Entw. §. 9. S. 178—179. S.)

§. 12.

Zu §. 48. und folg. „„Der Militairgerichtsstand““ in

*) Die §§. 6. und 7. des Entw. zu den §§. 40. und 41. h. t. sind weggefallen. (S. 174—177.)

allen Angelegenheiten der bürgerlichen Gerichtsbarkeit „„ist auf-„„gehoben. Die““ Officiere vom höchsten bis zum untersten Grade, ingleichen die Unterstabs-Bedienten und andere im Range ihnen gleich zu achtende Militairpersonen, ihre Frauen und Familien, haben ihren persönlichen Gerichtsstand bei dem „„Obergericht““ der Provinz.

(Entw. §. 10. S. 179.—180. S.) *)

§. 13.

Feldwebel, Wachtmeister, Feuerwerker, Portd'epee-Fähnriche, Unterofficiere und Gemeine, Compagnie-Chirurgen, Stallmeister, Küster, Fahnschmiede u. s. w. sind, insofern sie nicht wegen ihres Standes einen andern Gerichtsstand haben, der Gerichtsbarkeit der Untergerichte der Garnisonstadt untergeordnet.

Eine gleiche Bewandniß hat es mit „„den in der Gar-„„nisonstadt sich aufhaltenden““ Frauen und Familien „„sol-„„cher Militairpersonen. Wohnen die Frauen und Familien „„aber an einem andern Orte;““ so bleiben sie nach Vorschrift des Allgemeinen Land-Rechts Th. II. Tit. 10. §. 43. unter der Gerichtsbarkeit ihres Wohnorts.

(Entw. §. 14. S. 181.—183. T. und S.)

§. 14.

Die auf Urlaub befindlichen Soldaten behalten ihren Gerichtsstand vor dem Untergericht ihrer Garnisonstadt, insofern sie nicht an dem Orte, wo sie sich zur Zeit des Urlaubs aufhalten, Gewerbe treiben, oder andere Gründe vorhanden sind, diesen Ort als ihren Wohnort zu betrachten, in welchem Falle „„sie dem Gerichte dieses ihres Wohnorts unterworfen sind.““

(Entw. §. 15. S. 183.—184. S.)

§. 15.

„„In allen Angelegenheiten, wobei es auf Untersuchung

---

*) Die §§. 11. und 13. des Entw. sind ganz, der §. 12. hier weggefallen. (S. 180—181.)

und Bestrafung ankömmt, mit Einschluß der““ Injurien-Sachen, wird rücksichtlich „„der““ im Dienst befindlichen Officiere, Unterofficiere und Soldaten, desgleichen wirklicher Militairpersonen, die nicht Officiere, Unterofficiere und Soldaten sind, der Militairgerichtsstand beibehalten. Pensionirte Officiere werden den im Dienst befindlichen gleich „„geachtet.““

(Entw. §. 12 und 17. S. 181. 186.—187. S.)

§. 16.

„„In Ansehung der im Dienst befindlichen Officiere macht „„es keinen Unterschied, ob sie wirklich in Dienstthätigkeit an- „„gestellt, mit Wartegeld oder halbem Solde versehen sind, „„oder nicht, indem nur die wirkliche ohne Pensionirung er- „„folgte Dienstentlassung den Militairgerichtsstand in Unter- „„suchungs- und Injurien-Sachen aufheben kann. Alle an- „„dere Militairpersonen, die nicht Officiere sind, haben den „„Militairgerichtsstand in Untersuchungs- und Injurien-Sachen „„nur dann, wenn sie im Dienst wirklich angestellt sind.““

(Entw. §. 17. S. 186.—187. T. und S.)

§. 17.

„„Beurlaubte““ Unterofficiere und Soldaten des effectiven Standes bleiben ohne Ausnahme in „„Untersuchungs-““ und Injurien-Sachen „„den““ Militairgerichten „„unterworfen““ und der Civilrichter ist nur zu solchen Verfügungen befugt und verbunden, welche keinen Aufschub leiden.

Auch muß der „„Civilrichter““ sich der Untersuchung unterziehen, wenn solche nach individueller Beschaffenheit des Vergehens nur an Ort und Stelle zu führen ist, oder wenn mehrere Personen des Civilstandes als Theilnehmer dabei concurriren. Jedoch gebührt auch in diesem Falle das Erkenntniß über die beurlaubte Militairperson nach beendigter Untersuchung dem competenten Militairgericht.

(Entw. §. 18. S. 187.—189.)

§. 18.

Die inactiven, den Regiments-Cantons zugetheilten Soldaten, oder die sogenannten mit Laufpässen versehenen Krümper, „„ingleichen die auf unbestimmte Zeit beurlaubten Un-„„terofficiere und Soldaten von der Landwehr““ sind in „„Betreff der Untersuchung aller““ gemeinen, den Dienst nicht betreffenden Vergehungen, so wie in Injurien-Sachen, den Civilgerichten ihres Aufenthaltsorts unterworfen, „„inso-„„fern die Gesetze nur eine Gefängnißstrafe bis zu 14. Tage, „„oder eine Geldstrafe bis zu 10. Thlr. bestimmen. Die Ci-„„vilgerichte erkennen in solchen Fällen gegen diese Soldaten „„und vollstrecken das Erkenntniß, sind aber hiernächst gehal-„„ten, dem Commandeur des Regiments oder Bataillons da-„„von Nachricht zu geben. Die Vollstreckung der erkann-„„ten Gefänißstrafe darf in keinem bloß zur Aufbewah-„„rung eigentlicher Verbrecher bestimmten, oder der Ge-„„sundheit schädlichen Gefängnisse erfolgen.““

„„Auf körperliche Züchtigung oder sogenannte Eh-„„renstrafen können die Civilgerichte niemals erkennen.““

Die Verfügung auf „„das gegen ein bei den Civilgerich-„„ten ergangenes Erkenntniß angebrachte Milderungsgesuch““ verbleibt dem Landes-„„Justiz-““ Collegio der Provinz.

(Entw. §. 19. S. 189.—190. S. Das mit gothischer Schrift Gedruckte hat der Kriegs-Minister (s. S. 143.) beigefügt.)

§. 19.

Die Ehefrauen, Familien, das Gesinde und die Angehörigen der Officiere, Unterofficiere, Soldaten und Militairpersonen „„stehen““ auch in „„Untersuchungs-““ und Injurien-Sachen „„unter den Civilgerichten.““

(Entw. §. 20. S. 190. B.)

§. 20.

Die in Absicht des „„Gerichtsstandes““ der Militairpersonen ertheilten Vorschriften finden auch auf die Gensdarmerie Anwendung.

(Entw. §. 20a. S. 190.)

§. 21.

Zu §. 53. Ein nach den Vorschriften des Allgemeinen Landrechts Th. II. Tit. XVII. §. 76. „„und folg.““ bestellter und in seinem Gerichtsbezirk auf dem „„platten““ Lande lebender Justitiarius ist den unmittelbar in Diensten des Staats sich befindenden Beamten gleich zu achten.

(Entw. §. 21. S. 190—191. B. und P.)

§. 22.

Zu §. 60. Fremde, durchreisende oder Zeitaufenthalt nehmende Militairpersonen, sie seyen wirklich im Dienst, oder haben nur einen Titel, stehen „„auch in Untersuchungs- und „„Injurien-Sachen unter den Civilgerichten, und wenn sie Offi- „„ciere sind, unter dem Obergerichte““ der Provinz.

(Entw. §. 22. S. 191.—192. B. und S.)

§. 23.

Zu §. 73.*) „„Zu den Eximirten gehören auch die In- „„spectoren, Commmissarien und Controlleurs in den Land- „„armen- und Invaliden-Häusern.““

(Zusatz zu §. 25. d. E. S. 194. T. P. und S.)

§. 24.

Zu §. 76.**) „„Den Gerichtsstand der zu den Universi- „„täten gehörigen Personen bestimmt das Reglement wegen „„Einrichtung der academischen Gerichtsbarkeit vom 28. De- „„cember 1810.““

(Neuer Zusatz S. 194.—197. T. K. B. und P.)

---

*) Die §§. 23. 24. und 25. des Entw. sind weggefallen. (S. 193.—194.)

**) Die §§. 26. und 28. des Entw. sind ganz, der §. 27. hier weggefallen. (S. 198.—202.)

§. 25.

Zu §. 91.*) Die Wittwen der Canzellisten behalten den Gerichtsstand ihrer Männer.

(Entw. §. 29. S. 202.)

§. 26.

„„Die Regulirung des Nachlasses derjenigen Civilbedien-„„ten, über welche schon bei deren Leben die Gerichtsbarkeit „„den Untergerichten übertragen gewesen, gebührt diesen Unter-„„gerichten. Auch die Verlassenschaften der eximirten Forstbe-„„dienten, deren Wittwen und Kinder nach dem Circular vom „„12. Januar 1776. den Untergerichten zufallen, sind von die-„„sen Untergerichten zu reguliren.““

(Entw. §. 31. S. 204—207. B. und P.)

§. 27.

Zu §. 95.**) „„Die Ober-Vormundschaft über die Kin-„„der der im §. 91. dieses Titels bezeichneten niedern Offician-„„ten, mit Ausschluß der Canzellisten bei den Landes-Collegien, „„ingleichen über die Kinder der Schullehrer mit Ausschluß „„der Rectoren gebührt den Untergerichten des Wohnorts des „„Vaters. Dasselbe findet in Absicht der Ober-Vormundschaft „„über die Kinder derjenigen Personen statt, welche bei ihrem „„Leben vermöge einer besondern Uebertragung der Jurisdiction „„den Untergerichten unterworfen gewesen sind.““

(Entw. §. 32. S. 207—208. P. und S.)

§. 28.

Zu §. 100. „„Die auf dem Lande oder überhaupt in „„dem Patrimonial-Jurisdictionsbezirk einer Gutsherrschaft sich „„befindenden Haus-Officianten oder Wirthschaftsbediente der-„„selben, ingleichen deren Gesinde, sind, wo nicht Provinzial-

*) Der §. 30. des Entw. ist weggefallen. (S. 202—204.)
**) Desgl. der §. 33. des Entw. (S. 208.)

„„gesetze oder besondere Verträge entgegenstehen, der Patrimo-„„nialgerichtsbarkeit unterworfen.““

(Neuer Zusatz S. 208—210. B. P. und S.)

§. 29.

Zu §. 101. „„Die den Landes-Justizcollegien ertheilte „„Befugniß, die Gerichtsbarkeit den Untergerichten zu über-„„tragen,““ erstreckt sich nicht auf die Königliche Hofdienerschaft mit Einschluß der Kammerdiener, Castellane, Hofgärtner, Stallmeister u. s. w.

(Entw. §. 34. S. 210. S.)

§. 30.

Zu §. 103. *) „„Diejenigen moralischen Personen, welche „„unter mittel- oder unmittelbarer Verwaltung der Regierun-„„gen stehen, können deshalb auf einen eximirten Gerichtsstand „„keinen Anspruch machen. Dagegen verbleibt es in Absicht „„der Magisträte und Stadtgemeinen in den unmittelbaren „„Städten bei der Vorschrift der Allgemeinen Gerichtsord-„„nung.““

(Entw. §. 35. S. 210—213. B. P. und S.)

§. 31.

Zu §. 105. Die hier gegebenen Vorschriften finden auch auf die Judengemeinden in den Mediatstädten Anwendung.

(Entw. §. 37. S. 214.)

§. 32.

Zu §. 108. Die dingliche Gerichtsbarkeit, welche einigen Militairgerichten sonst zustand, ist auf die ordentliche bürgerliche Gerichtsbarkeit, vor welche andere Grundstücke gleicher Art der Provinz oder des Orts gehören, übergegangen. **)

(Entw. §. 38. S. 214—215.)

---

*) Der §. 36. des Entw. ist weggefallen. (S. 213—214.)

**) Der Schlußsatz des §. 32. des Entw. ist weggefallen.

§. 33.

Zu §. 109. *) Ein Ehemann, welcher auf dem seiner Ehefrau zugehörigen Grundstücke wohnt, kann, „„wenn““ er sonst für seine Person „„nicht eximirt““ ist, auf den unmittelbaren Gerichtsstand unter dem Obergericht keinen Anspruch machen.

Die Besitzer der veräußerten Domainen-Erbpacht- und Erbzins-Vorwerke, welche in das bei den Landescollegien geführte Hypothekenbuch übernommen sind, haben ihren Gerichtsstand bei dem Obergerichte; die übrigen auf solchen Vorwerken „„wohnenden““ Personen hingegen, welchen keine Exemtion zusteht, bleiben den Gerichten ihres Wohnorts unterworfen.

(Entw. §. 38a. S. 215.)

§. 34.

Zu §. 114. Jeder Ausländer, welcher in den Preußischen Staaten bewegliches oder unbewegliches Vermögen besitzt, kann von einem Preußischen Unterthan bei demjenigen Gericht, unter welchem sich dieses Vermögen befindet, „„auch wegen persön„„licher Forderungen zum Zweck der Befriedigung aus dem im „„Lande befindlichen Objekt, in Anspruch genommen werden.““

(Entw. §. 40. S. 216—217.)

§. 35.

Zu §. 126. Der privilegirte Gerichtsstand des Fiskus findet nicht ferner statt; vielmehr ist derselbe jederzeit bei demjenigen Gericht zu klagen und sich einzulassen verbunden, vor welches die Sache gehören würde, „„wenn von einem Streite““ zwischen Privatpersonen „„die Rede wäre.““

„„Nur““ wenn der Gegenstand des Streits unter unmittelbarer Verwaltung der Regierung steht, „„muß die Klage „„gegen den Fiskus bei dem Obergericht angestellt werden““.

(Entw. §. 41., erster und zweiter Absatz. S. 217.)

*) Wegen des §. 39. vgl. oben §. 6.

§. 36.

So lange die neue Einrichtung der Untergerichte und Polizeibehörden noch nicht vollendet ist, „„können"" besondere Fälle vorkommen, in welchen die Regierungen es für nöthig achten, der Beihülfe der Justizbeamten zur Einziehung der Information und der Assistenz derselben „„bei Führung des Pro„„zesses selbst"" sich zu bedienen. „„In diesen Fällen sind"" die Obergerichte authorisirt, auf den jedesmaligen Antrag der Regierung die Instruction fiscalischer Civilprocesse in erster Instanz vor sich zu ziehen.

(Entw. §. 41., dritter Absatz. S. 217.)

§. 37.

Zu §. 128. Die Sponsalien und Ehesachen gehören jederzeit vor „„diejenigen"" Gerichte, welchen der Beklagte, oder der Ehemann persönlich unterworfen ist.

(Entw. §. 42. S. 218.)

§. 38.

Zu §. 129. Außer dem hier bezeichneten Falle ist die Ehescheidungsklage einer hiesigen Unterthanin gegen ihren ins Ausland zurückgegangenen Ehemann bei den diesseitigen Gerichten nicht zulässig. „„Diese Klage"" muß — selbst wenn auch die Klägerin aus andern Gründen nicht unbedingt schuldig seyn sollte, „„ihrem Ehemanne ins Ausland zu folgen"" — in dem persönlichen Gerichtsstande des letztern angebracht werden.

(Entw. §. 43. S. 218.)

§. 39.

Zu §. 130.*) „„Die den Landespolizei- und Finanzbehör„„den sonst übertragen gewesene Rechtspflege ist an die ge„„wöhnlichen Gerichte übergegangen.""

(Entw. §. 46. S. 220.)

*) Die §§. 44. und 45. des Entw. sind weggefallen. (S. 218—219.)

§. 40.

Zu §. 143.*) Schwebt die Sache bei einem Untergerichte und ist der Richter im „„fünften oder sechsten““ Grade der Seitenlinie mit „„einer““ Partey verwandt oder verschwägert; so wird er zwar „„dadurch““ zur Ausübung seines Amts nicht unfähig; „„es muß aber doch,““ wenn der „„Gegner““ ausdrücklich darauf anträgt, die Cognition „„der““ Sache einem andern Untergerichte übertragen werden. In weitern Graden „„der Verwandtschaft wird auf die Recusa„„tion keine Rücksicht genommen.““

(Entw. §. 47. S. 220—221. T.)

§. 41.

Zu §. 169. „„Personen, die im Auslande wohnen, „„können nicht zu Schiedsrichtern gewählt werden.““

(Entw. §. 50. S. 222. S.)

§. 42.

Zu §. 177. „„Die Criminalordnung vom 11. Dezem„„ber 1805. tritt an die Stelle des Edicts vom 21. Juli 1787.““

(Entw. §. 51. S. 223.)

Zu Th. I. Tit. 3.

Von der Pflicht der Parteyen, die Instruction ihrer Prozesse persönlich abzuwarten; und inwiefern sie sich dabei rechtlicher Beistände oder Bevollmächtigter bedienen können.

§. 43.

Zu §. 1. und folg. „„Wegen der Nothwendigkeit des „„persönlichen Erscheinens der Parteien vor Gericht, wird auf „„den §. 1. des Anhangs Bezug genommen.““

(Entw. §. 52., erster und zweiter Absatz. S. 223—224. P. und S. s. oben §. 1.)

*) Die §§. 48. und 49. des Entw. sind weggefallen. (S. 221—222.)

§. 44.

Zu §. 6. „„Wenn eine Partey, ohne dazu verbunden „„zu seyn, zum Behuf ihres persönlichen Erscheinens im Ter- „„min““ kostspielige Reisen unternimmt, welche durch Bestellung eines Bevollmächtigten hätten vermieden werden können; „„so ist der Gegner zum Ersatz der Reise- und Ver- „„säumnißkosten nicht schuldig.““

(Entw. §. 52., dritter Absatz. S. 223—224. P. und S.)

§. 45.

Zu §. 22.*) „„Eine Gerichtsperson, die an Abfassung „„eines Urtels Theil genommen hat, kann in den folgenden „„Instanzen nicht der Assistent einer Partey seyn, wenn auch „„die letztere die Bestätigung des Urtels verlangt.““

(Neuer Zusatz. S. 224. T. Entw. §. 137. S. 295—296.)

§. 46.

Zu §. 36.**) In allen Fällen, wo die Bevollmächtigten der Stadtverordneten nach den Gesetzen einer Special-Vollmacht von der Versammlung „„der Stadtverordneten““ bedürfen, soll ein „„von dem““ Vorsteher und sechs Mitgliedern vollzogenes und vom Magistrate des Orts bestätigtes Zeugniß:

daß durch einen gesetzlich abgefaßten Beschluß der Stadtverordneten-Versammlung die Bevollmächtigten bevollmächtigt seyen,

die Stelle der Vollmacht vertreten.

(Entw. §. 54. S. 225—226. B.)

§. 47.

Zu §. 40. und folg. Die Stadtgemeinen werden durch die Magisträte vertreten und von diesen die Vollmacht unter Beobachtung der im §pho 44. dieses Titels ertheilten Vorschrift ausgestellt.

---

*) Der §. 53. des Entw. ist hier weggefallen. (S. 225. und 318.)

**) Der §. 55. des Entwurfs ist weggefallen. (S. 227.)

Der Beschluß einer Dorfgemeine zur Ausstellung der Vollmacht muß in Ansehung „„derjenigen Mitglieder, welche““ in dem zur Aufnahme „„der Vollmacht““ angestandenen Termine erschienen „„sind,““ nach den Grundsätzen des Allgemeinen Landrechts Th. II. Tit. 4. §. 51. und folg. gefaßt und beurtheilt werden.

(Entw. §. 56. S. 227. — In Betreff des §. 57. d. E. s. oben §. 4.)

Zu Th. I. Tit. 5.

Von Aufnehmung der Klage.

§. 48.

Zu §. 9.*) „„Ist die ertheilte Information vollständig; „„so bedarf es eines besondern darüber aufzunehmenden Pro„„tocolls nicht.““

(Entw. §. 58. S. 229. S.)

Zu Th. I. Tit. 6.

Von der Verordnung auf die Klage.

§. 49.

Zu §. 8. Wenn gegen einen der Regierung untergeordneten Officianten Regreß- und Injurien-Klagen aus Veranlassung seines Amts angebracht oder gegen Kassenbediente des Regierungs-Ressorts Geldforderungen eingeklagt werden; so muß das Gericht „„davon““ der betreffenden Regierung „sogleich Nachricht geben.““

Klagen, welche gegen Personen der Königlichen Schauspiele und Kapelle einkommen, müssen jederzeit der „„General„„Direction““ der Königlichen Schauspiele mitgetheilt werden.

(Entw. §. 60. S. 232. S.)

*) Der §. 59. des Entw. ist weggefallen. (S. 229—232. vgl. S. 155—159.)

§. 50.

Zu §. 14. Nr. 2. 5. Die Vorladung zum persönlichen Erscheinen unter Beifügung „„der““ hier „„vorgeschriebenen „„Warnung““ findet nur dann statt, wenn der Richter die Gegenwart der Partey zur Ausmittelung der Wahrheit für unumgänglich nothwendig achtet. „„(§. 1. des Anhanges.)““ (Entw. §. 61. S. 233 — 234. P. und S. s. oben die §§. 1. und 43).

Zu Th. I. Tit. 7.

Von Abfassung und Insinuation gerichtlicher Vorladungen.

§. 51.

Zu §. 1.*) Alle Vorladungen und Verfügungen der Gerichte, auch wenn sie an Partheien erlassen werden, sind in deutscher Sprache abzufassen.

(Entw. §. 62. S. 234. S.)

§. 52.

Wenn ein Regierungsbedienter oder ein „„der Regie„„rung““ untergeordneter Officiant außerhalb seinem Wohnorte vor Gericht geladen wird, so muß davon bei der Vorladung die betreffende Regierung oder unmittelbar vorgesetzte Behörde „„des Vorgeladenen““ benachrichtigt werden.

(Entw. §. 63. S. 235. S.)

§. 53.

Zu §. 12. Bei Injurien-Klagen oder Denunciationen wegen Injurien „„wider““ Fremde, welchen die Vorladung nicht insinuirt werden kann, findet, insofern „„der Beklagte „„nicht als ein Durchreisender, sondern nach Tit. 2. §. 23. als „„Vagabonde anzusehen ist,““ ebenfalls die Edictalcitation statt.

(Entw. §. 65. S. 236. S.)

*) Der §. 64. des Entw. ist weggefallen. (S. 235 — 236.)

§. 54.

Zu §. 19. und folg. Die „„von den Civilgerichten er„„lassenen““ Vorladungen der Unterofficiere und gemeinen Soldaten, werden nicht dem Vorzuladenden selbst, sondern dem Chef der Compagnie oder Escadron „„und wenn solcher „„abwesend ist,““ dem Commandeur derselben zur weiteren Bestellung an den Vorzuladenden „„eingehändigt.““ Von dem vorgesetzten Officier „„wird““ auf der bei der Vorladung jedesmal befindlichen Abschrift der richtige Empfang mit dem Versprechen vermerkt, daß die Vorladung dem Vorgeladenen zu gehöriger Zeit bekannt gemacht „„werden soll.““

(Entw. §. 66. S. 236.—237. S.)

§. 55.

„„Bei Insinuation der Vorladungen der aktiven bei Re„„gimentern oder Bataillons angestellten Officiere wird, so„„bald der Vorzuladende selbst erscheinen muß, der Comman„„deur oder sonstige unmittelbare Vorgesetzte zugleich ersucht, „„denselben zur Abwartung des Termins von etwanigen „„Dienstgeschäften, insofern solche es gestatten, zu entbinden. „„Ist die Anwesenheit des Officiers nicht durchaus nöthig, so „„fällt diese Benachrichtigung weg, und der Vorzuladende muß, „„wenn er persönlich erscheinen will und durch Dienstgeschäfte „„verhindert wird, entweder die Verlegung des Termins bei „„dem Gericht, oder die Befreiung von den Dienstgeschäften „„für die Zeit des Termins bei seinem Vorgesetzten nach„„suchen.““

„„Kann auch die Vernehmung des Officiers als Partey „„oder Zeuge bei dem Militairgericht leichter, als bei dem com„„petenten Civilgericht bewirkt werden; so wird ersteres des„„halb von dem letzteren requirirt.““

(Entw. §. 67. S. 237.—239. K.)

§. 56.

Zu §. 26. Die Postämter sind angewiesen, über die zur Post gegebenen Vorladungen, Resolutionen und Contumacialbescheide eine Bescheinigung des Empfanges und des Abgangs auf den Grund der Postkarte gegen eine Belohnung von 3. Gr. zu ertheilen und diese Bescheinigung auf die ihnen offen vorzulegende „„Abschrift““ der zu insinuirenden Vorladung u. s. w. zu setzen.

(Entw. §. 68. S. 239—240.)

§. 57.

Zu §. 28. Bei Klagen, welche ohne nähere Bestimmung der fiscalischen Station „„gegen den Fiscus““ oder gegen „„solchen““ mit andern Verklagten gemeinschaftlich gerichtet sind, wird der Fiscus der Regierung überhaupt als Beklagter angesehen, und die Klage dem Präsidium der Regierung insinuirt.

(Entw. §. 69. S. 240—241.)

§. 58.

Zu §. 29. Wenn ein einzelnes Comtoir der Seehandlungs-Societät aus seinen Handlungen und Verträgen, besonders in kaufmännischen Angelegenheiten, belangt wird; so ist die Citation an das Comtoir zu richten und demselben zu insinuiren, zugleich aber der Seehandlungs-Direction von der eingekommenen Klage Nachricht zu geben. Wenn aber ein Anspruch oder eine Klage nicht ein einzelnes Comtoir, sondern die Seehandlungs-Societät überhaupt betrifft; so wird die Vorladung an das officium fisci in Vertretung der Seehandlungs-Societät gerichtet und die Insinuation geschieht an den von der General-Direction ernannten fiscalischen Bedienten, welcher ein für allemal zu deren Vertretung authorisirt ist.

(Entw. §. 70. S. 241.)

§. 59.

Zu §. 42. 43. Der Aushängung der Edictal-Citationen „„und anderer Bekanntmachungen und Aufforderungen,““ außerhalb der Gerichtsstelle, woselbst solche extrahirt und verfügt sind, bedarf es nicht.

Die Einrückung der Edictalcitationen in die „„einländi-„„schen Zeitungen ist zur Gültigkeit derselben nicht erforder-„„lich, vielmehr ist es hinreichend, wenn die öffentliche Be-„„kanntmachung der Edictalcitation durch die Intelligenzblätter „„geschiehet. Dem Richter bleibt jedoch unbenommen, in vor-„„kommenden Fällen, wenn er es für zweckmäßig hält, die „„Citation auch in die Zeitungen einrücken zu lassen.““

Uebrigens müssen die Gerichte bei Abfassung der „„durch „„die öffentlichen Blätter bekannt zu machenden Citationen „„und Anzeigen zur Ersparung der Kosten““ dahin sehen, daß solche, soviel als unbeschadet der Vollständigkeit geschehen kann, kurz eingerichtet und alle unnöthige Weitläuftigkeiten dabei möglichst vermieden werden.

(Entw. §. 71. S. 241—243. K. und P.)

§. 60.

„„Unter einem Monat wird bei Edictalcitationen der ge-„„wöhnliche Kalendermonat verstanden.““

(Entw. §. 72. S. 244. S.)

§. 61.

Zu §. 47b. Einer Wiederholung der Edictalcitation bedarf es nur dann, wenn bei deren Bekanntmachung durch die öffentlichen Blätter um mehr als vierzehn Tage an der vorgeschriebenen Zeit gefehlt worden.

(Entw. §. 73. S. 244. S.)

Zu Th. I. Tit. 8.

Von Anberaumung und Verlegung der Termine und den rechtlichen Folgen des ungehorsamen Außenbleibens.

§. 62.

Zu §. 5.*) „„Von dieser Vorschrift findet auch in „„Wechsel-, Alimenten- und Arrestsachen keine Ausnahme statt. „„Nur, wenn von einem schleunigen und dringenden Arreste „„die Rede ist, dessen Anlegung und Rechtfertigung ohne die „„höchste Gefahr nicht ausgesetzt werden kann, ist es erlaubt, „„das Geschäft auch an einem Sonn- und Festtage vorzu- „„nehmen. Jedoch muß alsdann““ aller öffentliche Anstoß und jede Störung des Gottesdienstes mit möglichster Vorsicht vermieden werden.

(Entw. §. 74. S. 244—245. S.)

§. 63.

Zu §. 16. Wenn die „„schriftliche Privaterklärung““ von einer öffentlichen Behörde abgegeben worden; so bedarf es keiner gerichtlichen Wiederholung des „„darin enthaltenen““ Anerkenntnisses, vielmehr kann, insofern letzteres ganz vollständig und unbedingt ist, die Agnitionsresolution abgefaßt werden.

(Entw. §. 76. S. 245—246.)

Zu Th. I. Tit. 9.

Von Aufnehmung der Antwort auf die Klage und was darauf zu verfügen.

§. 64.

Zu §. 38.**) In „„Absicht““ der Vorladung „„der

*) Der §. 75. des Entw. ist weggefallen. (S. 245.)

**) Der §. 78. des Entw. desgl. (S. 247.)

„„bei der Instruction zuzuziehenden oder sonst zu vernehmen-
„„den Sachverständigen findet folgendes Verfahren statt.““

Zuvörderst hat es „„dabei sein Bewenden, daß die““ ein für allemal als Sachverständige bei den „„Gerichten““ angestellten und vereidigten Personen „„zugezogen werden.““

In deren Ermangelung und insofern sich die Parteyen über die Sachverständigen nicht vereinigen können, ist deshalb mit demjenigen Collegium, welchem Personen dieser Art in Amtssachen untergeordnet sind, Rücksprache zu nehmen. „„Die-
„„jenigen, welche die““ Amtsbehörde „„benennt,““ können sich nicht entziehen, das Geschäft des Sachverständigen „„bei dem Gericht““ zu übernehmen.

Tritt dagegen der Fall ein, daß sich die Parteyen über solche Sachverständige einigen, welche nicht in dieser „„Eigen-
„„schaft““ bei dem „„Gericht““ angestellt und ein für allemal vereidet, auch nicht von den ihnen vorgesetzten Behörden, sondern von den Parteyen selbst vorgeschlagen sind; so muß der Vorgeschlagene, „„falls seine Kunst oder Wissenschaft ihn
„„ernähret,““ z. B. „„wenn er““ Lehrer, Professor, Arzt, Künstler „„oder““ Handwerker „„ist,““ sich als Sachverständiger, der unmittelbaren Aufforderung seiner Obrigkeit gemäß, gestellen und eidlich vernehmen lassen.

Ist er dagegen in einem öffentlichen Amtsverhältniß, so muß das Gericht vorläufig mit der ihm vorgesetzten Amtsbehörde Rücksprache halten, und nur nach deren Bewilligung mit seiner Vorladung verfahren.

(Entw. §. 77. S. 246—247. S.)

§. 65.

„„Die Auswahl der Sachverständigen unter mehreren
„„entweder dem Gericht bekannten, oder von der Amtsbehörde
„„genannten gehört, in Ermangelung einer Vereinigung der

„„Parteyen, zur Competenz des den Prozeß dirigirenden „„Gerichts.““

(Neuer Zusatz S. 282—284. T. und S.)

Zu Th. I. Tit. 10.

Von der Instruction der Sache zum Definitiv-Erkenntnisse.

§. 66.

Zu §. 19.*) „„Da die Zuziehung eines Protokollfüh-„„rers in der Regel nicht nöthig ist (§. 2. des Anhangs) „„so dürfen, wenn dennoch ein solcher ohne gesetzliche Noth-„„wendigkeit zugezogen wird, den Parteyen dafür keine beson-„„dere Diäten oder Gebühren angesetzt werden.““

(Entw. §. 81. S. 248—251. P.)

§. 67.

Die Juden dürfen sich bei ihren Namensunterschriften keiner andern als deutscher oder lateinischer Schriftzüge bedienen.

(Entw. §. 83. S. 252.)

§. 68.

Personen, die nicht schreiben und Geschriebenes lesen können, müssen einen glaubhaften Mann wählen, welcher in ihrem Namen die Unterschrift verrichtet. Diese Vorschrift hat der Richter solchen Personen, deren Stand oder Ansehen es zweifelhaft macht, ob sie lesen oder schreiben können, gleich vor dem Anfang der Verhandlung bekannt zu machen, und auf deren Befolgung zu dringen.

Ist diese Vorschrift nicht befolgt; so „„ist““ die Ver-

*) Der §. 79. ist hier (s. unten §. 106) und der §. 80. des Entw. ganz ausgefallen. (S. 247—248.) Desgleichen der §. 82. (S. 251—252.)

handlung für die Partey, welche nicht schreiben oder Geschrie- benes lesen kann, „„unverbindlich.““

(Entw. §. 84. S. 252—254. S.)

§. 69.

Der zur Verhandlung zugezogene glaubhafte Mann muß „„in der Regel““ der ganzen Verhandlung beiwohnen. — „„Kann dieses aber nicht bewirkt werden, so ist die Gegen- „„wart desselben bei der Vorlesung und Genehmigung des „„Protocolls hinreichend. Auch muß die des Schreibens un- „„erfahrene Partey, wenn gleich in ihrem Namen die Unter- „„schrift von einem andern verrichtet worden, doch das Pro- „„tokoll mit drei Kreuzen unterzeichnen.““

(Entw. §. 85. S. 254—255. B. und P.)

§. 70.

Falls die Partey unterläßt, einen glaubhaften Mann „„zum Zweck der zu verrichtenden Unterschrift““ mitzubringen, oder ihn auszuwählen, sich weigert; so muß ihr der Richter einen solchen „„von Amtswegen““ zuordnen.

Justizcommissarien, vereidete Protokollführer oder Aktua- rien, auch der Ehemann, wenn er mit seiner Ehefrau vor Gericht erscheint und sein Interesse dem ihrigen nicht „„wi- „„derspricht, können das Geschäft vollziehen.““

(Entw. §. 86. S. 255—256.)

§. 71.

Wenn unter mehrern gemeinschaftliche Sache machenden Personen auch nur „„eine““ schreiben und Geschriebenes lesen kann; so ist es hinreichend, wenn „„solche““ *) in Ansehung der Litiskonsorten, welchen diese Fähigkeit mangelt, die Rich-

*) In dem Abdrucke heißt es: „wenn solche mittelst ihrer Namensun- terschrift in Ansehung der Litisconsorten, welchen diese Fähigkeit mangelt, die Richtigkeit der von ihnen durch Kreuze bewirkten Unterzeichnung bezeugt.“

tigkeit der von ihnen durch Kreuze bewirkten Unterzeichnung mittelst ihrer Namensunterschrift bezeugt.

Haben die Parteyen ein „„entgegengesetztes““ Interesse; so „„sind““ auch verschiedene Beistände „„erforderlich; im umgekehrten Fall bedarf es““ nur der Zuziehung „„eines““ Beistandes.

(Entw. §. 87. S. 256.)

§. 72.

Parteyen, welche blos ihren Namen schreiben, sonst aber weder schreiben noch lesen können, werden den „„§. 68.““ des Anhangs gedachten Personen gleich geachtet.

(Entw. §. 88. S. 256.)

§. 73.

Wegen der Tauben, Stummen, Taubstummen und Blinden verbleibt es zwar bei der Anweisung Theil II. Titel 3. §. 4—8., es bedarf jedoch auch bei diesen „„Personen““ keiner Zuziehung eines Protocollführers.

(Entw. §. 89. S. 256.)

§. 74.

Wenn eine Partey das aufgenommene Protocoll nicht unterschreiben will; so muß der Richter eine zweite Gerichtsperson oder einen Justizcommissarius, oder in deren Ermangelung einen sonst glaubhaften Mann als Zeugen zuziehen und in dessen Gegenwart die weigernde Partey befragen:

ob sie noch „„die Niederschreibung von““ Zusätzen, oder „„sonstigen Erklärungen““ verlange, „„und wenn solche erfolgt sey,““ die Unterschrift leisten wolle?

„„Nach dem Verlangen der Partey ist das Nöthige im““ Protokolle nachzutragen, und sodann mit der Unterschrift zu verfahren. „„Erklärt aber die Partey, daß sie keine Zusätze verlange, das Protokoll aber gleichwohl nicht unterschreiben „„wolle; so muß unter demselben““ vermerkt werden:

daß die Partey, nachdem sie vorher deshalb befragt worden, keine Gründe der Weigerung, „„das Protokoll zu unterschreiben,““ habe angeben können, — daß ihr zwar die Bedeutung geschehen, „„die Verhandlung““ werde, der verweigerten Unterschrift ungeachtet, wider sie beweisen, daß aber diese Bedeutung fruchtlos geblieben sey.

Wenn diese Vorschrift beobachtet worden und die Verhandlung von dem obgedachtermaaßen zugezogenen Zeugen mit unterzeichnet ist, so behält sie die volle Glaubwürdigkeit eines gerichtlichen Protokolls.

(Entw. §. 90. S. 257.)

§. 75.

„„In den Fällen, wo es keines besondern Protokollfüh-„„rers bedarf, ist auch bei Verhandlungen mit Parteyen, die „„der deutschen Sprache nicht kundig sind, ein Dollmetscher „„hinreichend.““

„„Ist in solchen Fällen der Richter der fremden Sprache „„völlig mächtig, und läßt er die deutsch niedergeschriebene „„Verhandlung durch einen Dollmetscher übersetzen, und als-„„dann von den Parteyen vollziehen, so bedarf es bei der Ver-„„handlung selbst gar keines Dollmetschers. Auch diese Ueber-„„setzung und deren Vorlegung an die Partey ist nicht erfor-„„derlich, wenn letztere ausdrücklich erklärt, daß sie auf das „„Recht, die Uebersetzung zu verlangen, Verzicht leiste. Ist „„der Richter der fremden Sprache nicht mächtig, und also „„ein Dollmetscher zuzuziehen, so kann sich die Partey des von „„demselben zu führenden Nebenprotokolls begeben.““

(Zusatz von B. zu dem §. 90. des Entw. S. 258—259. vgl. S. 609.)

§. 76.

Zu §. 27. c. und f. In bloßen Bagatell- und den damit auf gleiche Art zu instruirenden Injurien-Sachen, in Wechsel- und Exekutiv-Prozessen, „„in Prozessen über Störungen

„„im Besitzstande““ und bei andern bloß summarischen Prozeßarten ist die Niederschreibung eines förmlichen status causae et controversiae nur dann erforderlich, wenn ungewöhnlich weitläuftige oder verwickelte Thatsachen dabei zum Grunde liegen.

Auch bei andern an sich „„im gewöhnlichen Prozeß““ zu instruirenden Rechtsangelegenheiten bedarf es, insofern „„es „„nur auf eine einfache Thatsache ankommt,““ der Abfassung einer species facti nicht. Es ist „„vielmehr hinreichend,““ wenn der Instruent bloß die factischen und rechtlichen Streitpunkte aufnimmt und niederschreibt.

(Entw. §. 91. S. 260.)

§. 77.

Zu §. 52. „„Die Anfragen““ bei der Gesetzkommission „„fallen““ im Laufe des Prozesses „„weg. (Erster Anhang „„zum Allgemeinen Landrecht §. 2.)““

(Entw. §. 92. S. 260—261. B.)

§. 78.

Zu §. 175. „„Das gerichtliche Anerkenntniß kann auch „„von einem Gerechts-Deputirten aufgenommen werden.““

(Neuer Zusatz. S. 261—262. B.)

§. 79.

Zu §. 127. Dergleichen Atteste verlieren dadurch, daß darin der dabei zum Grunde liegenden Verhandlung nicht ausdrücklich gedacht worden, ihre Glaubwürdigkeit „„nicht.““

(Entw. §. 93. S. 262—263. B.)

§. 80.

Zu §. 151.*) Wenn die Parteyen nicht selbst Sachverständige in Vorschlag bringen, so können „„auch““ geübte Kanzleiverwandte „„zur Vergleichung der Handschriften gebraucht „„werden.““

(Entw. §. 94. S. 263. B.)

---

*) Der §. 95. des Entw. ist weggefallen. (S. 263—264.)

§. 81.

Zu §. 188. Vor der Abhörung muß jedem Zeugen die diesem Anhange beigefügte Vorhaltung zum Durchlesen eingehändiget, oder wenn derselbe nicht lesen kann, von einer Gerichtsperson vorgelesen und nöthigenfalls bei entstehendem Verdacht des Leichtsinns, der Zurückhaltung der Wahrheit oder „„der““ Parteylichkeit, deren Inhalt während der Vernehmung ernstlich in Erinnerung gebracht werden.

(Entw. §. 96. S. 264.)

§. 82.

„„Dem Richter bleibt jedoch vorbehalten, mit Rücksicht „„auf den Grad der Bildung des zu Vereidigenden, sein mo„„ralisches oder religiöses Gefühl, statt oder neben der gedruck„„ten Vorhaltung, diejenigen Ermahnungen an den Zeugen zu „„richten, welche ihm zur Erreichung des Endzwecks““, die Worttreue zu erhalten und zu befördern, „„geschickt zu seyn „„scheinen.““

(Entw. §. 117. S. 281—282. S.)

§. 83.

Zu §. 203. Nr. 3. „„Ein zur Führung eines Prozesses „„bestellter Bevollmächtigter kann den in““ diesem Prozesse abgehörten Zeugen die Leistung des Zeugeneides „„nur alsdann““ erlassen, „„wenn er dazu““ mit einer Special-Vollmacht versehen „„ist.““

(Entw. §. 98. S. 266. P.)

§. 84.

Zu §. 203. Nr. 4. „„Auch öffentliche Beamte, welche „„in Prozessen als Sachverständige vernommen werden, müssen, „„wenn sie nicht ein für allemal als Sachverständige vereidet „„sind, die von ihnen abgegebenen Gutachten beschwören.““

(Entw. §. 97. S. 264—266. P.)

§. 85.

Zu §. 204. Wohnen die Parteyen der Ableistung des Zeugeneides nicht persönlich oder durch Bevollmächtigte bei, so muß ihnen von Amtswegen ein Bevollmächtigter bestellt werden. „„Jedoch““ zieht die Unterlassung dieser Vorschrift die Nichtigkeit des Zeugenverhörs nicht nach sich.

(Entw. §. 99. S. 266.)

§. 86.

Zu §. 205. Die Attestirung der von den Zeugen geschehenen Unterzeichnung mittelst drei Kreuzen kann in den Fällen, wo es keiner besondern Zuziehung eines Protokollführers bedarf, durch einen vom Instruenten auszuwählenden glaubhaften Mann für sämmtliche schreibensunerfahrne Zeugen geschehen.

(Entw. §. 100. S. 266—267.)

§. 87.

Zu §. 213. 214. *) „„Es bedarf der Haltung des Ne-
„„benprotokolls überhaupt nicht, wenn die Gerichtsperson, welche
„„das Zeugenverhör aufnimmt, oder der etwa zugezogene Pro-
„„tokollführer, oder beide bei dem Zeugenverhör gegenwärtige
„„Justizcommissarien die Sprache des Zeugen verstehen, sollten
„„sie solche auch nicht so fertig sprechen, daß dadurch die Zu-
„„ziehung eines Dollmetschers ganz unentbehrlich würde. Außer
„„diesen Fällen bleibt es zwar bei der Vorschrift des §. 213.
„„und 214.; jedoch können die Parteyen und deren zum Pro-
„„zeß gehörig gehörig legitimirte Bevollmächtigte dem zu füh-
„„renden Nebenprotokolle entsagen.““

(Neuer Zusatz. S. 267. B.)

§. 88.

Zu §. 230. Nr. 12. **). Juden, welche „„die Rechte „„der Preußischen Staatsbürger erlangt haben, können in

*) Der §. 101. des Entw. ist weggefallen. (S. 268)

**) Der §. 103. des Entw. desgl. (S. 271.)

„„Civilprocessen, auch wenn sie von einem ihrer Glaubensge-
„„nossen gegen einen Christen zu Zeugen vorgeschlagen wor-
„„den, eben so wie andere Staatsbürger, als Beweiszeugen
„„abgehört werden.““

(Entw. §. 102. S. 268—271. P.)

§. 89.

Zu §. 304.*) Die Gerichte müssen zugleich dahin sehen, daß sowohl überhaupt, als insbesondere in Injurien-Sachen, Sponsalien und Ehescheidungs-Sachen jeder unanständige, die Ehrbarkeit beleidigende oder zum Gespött Anlaß gebende Ausdruck sorgfältig vermieden werde. In Fällen, wo es auf dergleichen Aeußerungen ankömmt, sind daher die Eidesformeln bezugsweise auf die vor der Ableistung dem Schwörenden bekannt gemachten Gegenstände zu richten.

(Entw. §. 104. S. 272.)

§. 90.

Zu §. 20.**) Dahin ist noch zu rechnen:

der Tag vor dem jüdischen Neujahr,
der siebente „„Lauberhüttentag,““
der Tag des Andenkens an die Stadt Jerusalem.

(Entw. §. 105. S. 273.)

§. 91.

Zu §. 329.***) Bei den Eidesleistungen der Jüdinnen bedarf es der Anlegung des Gebetmantels und der Gebetschnur nicht.

(Entw. §. 107. S. 574.)

§. 92.

Zu §. 368. 372. Die Eidesabnahmen müssen nur sol-

*) Der neue Zusatz von B. zum §. 316. h. t. ist nicht aufgenommen worden. (S. 272—273.)

**) Der §. 106. des Entw. ist weggefallen. (S. 273.—274.)

***) Die §. 108. 109. 110. sind weggefallen. (S. 275.—276.) Desgleichen der §. 111. (S. 277.)

chen Personen anvertraut werden, welche „„nicht bloß““ durch bewährte Rechtschaffenheit, „„sondern auch““ durch Ernst und Würde im Aeußeren auf besondere Achtung von Seiten des Schwörenden gegründeten Anspruch machen können, so daß Auscultatoren und Referendarien, welche noch nicht hinlänglich im Dienste „„geübt sind,““ Geschäfte dieser Art nicht aufgetragen werden dürfen.

(Entw. §. 112. S. 277—278.)

§. 93.

Bei den Eidesleistungen „„können nur die Gerichtsper„„sonen, der Gegner und die Assistenten beider Theile anwe„„send seyn.““ Alle Zuschauer müssen entfernt werden, damit derjenige, von welchem der Eid geleistet werden soll, nicht etwa, durch Furcht übler Nachrede, abgehalten werde, der Stimme seines Gewissens zu folgen und eine Eidesleistung abzulehnen, wozu er sich vielleicht anfänglich auf eine leichtsinnige Art bereit erklärt hatte.

(Entw. §. 113. S. 278.)

§. 94.

Die nach Verschiedenheit des Glaubensbekenntnisses des Schwörenden gesetzlich eingeführten Betheuerungs-Formuln und sonst zu beobachtenden Ceremonien dürfen nicht abgekürzt oder verändert werden.

(Entw. §. 114. S. 278.)

§. 95.

Erkenntnisse, „„durch welche““ eine Eidesleistung veranlaßt wird, „„sind dahin zu fassen:

»daß die Partey schuldig sey, ernstlich zu prüfen, ob sie »ohne Verletzung ihres Gewissens und ohne sich der Ge»fahr auszusetzen, als meineidig bestraft zu werden, einen »Eid dahin«

„„daß ꝛc.““
leisten könne.

(Entw. §. 115. S. 278—279. K. und P.)

§. 96.

Vor jeder Eidesleistung muß demjenigen, welcher einen Eid schwören will, die Eidesformel nebst der diesem Anhange beigefügten, dem beabsichtigten Zweck gewidmeten Vorhaltung zum eigenen Durchlesen eingehändiget oder wenn derselbe nicht lesen kann, von einer Gerichtsperson vorgelesen werden. „„In „„Absicht der dem Schwörenden von dem Richter sonst zu ma„„chenden Vorhaltungen tritt die Vorschrift des §. 82. des An„„hangs zum §. 188. dieses Titels ein. Wenn die Vorhaltung““ geschehen ist, muß dem Gegner oder dem Bevollmächtigten des Gegners freigestellt werden, der zum Eide sich erbietenden Partey dasjenige in Erinnerung zu bringen, was etwa nach den erfolgten Verhandlungen die Eidesleistung bedenklich machen könnte. Hierbei muß der Richter selbst mitwirken, jede Uebereilung verhüten, zur Angabe der Erklärung, ob der Eid geleistet, oder wenn es zulässig, dem Gegner zurückgeschoben werden soll, die erforderliche Bedenkzeit gestatten und nicht eher zur wirklichen Eidesabnahme schreiten, als bis eine bestimmte Erklärung erfolgt ist, daß die Partey, welche schwören will, nach reiflicher Erwägung der Wichtigkeit des Eides und der obwaltenden Bedenken überzeugt sey, daß der Eid mit gutem Gewissen abgeleistet werden könne.

(Entw. §. 116. S. 280. und S. 281. S.)

§. 97.

Zu §. 384.*) „„Siehe §. 64. und 65. des Anhanges „„zum §. 38. Titel IX. Theil I.““

(Neuer Zusatz. S. 282—284. T. und S.)

*) Der §. 118. des Entw. ist weggefallen. (S. 282.)

Zu Th. I. Tit. 12.

Vom Beschluß der Sache und der Vorlegung der Akten.

§. 98.

Zu §. 11. Die Zufertigung der Deduktionen geschieht in allen Instanzen nur mittelst Abschrift des Dekrets.

(Entw. §. 119. S. 284.)

§. 99.

Zu §. 15. „„Wenn eine Partey mit der Einreichung „„ihrer Deduktion einmal präkludirt worden; so ist solche nach„„her ohne Einwilligung des Gegners nicht zu den Akten zu „„verstatten, sondern der säumigen Partey zurückzugeben.““

(Entw. §. 120. S. 284—285. S.)

§. 100.

Zu §. 20. In Sachen, wo es auf Auslegung des undeutlichen oder zweideutigen Inhalts einer Urkunde oder auf bloße Rechtsfragen ankommt, und wo mithin die Verhandlungen der zweiten und dritten Instanz nur Wiederholungen desjenigen enthalten, was schon in erster Instanz „„vorgekommen““ ist, nicht minder in Fällen, wo die Bewandniß der Sache in erster Instanz vollständig aufgeklärt worden und beiden Theilen an der baldigen rechtskräftigen Entscheidung gelegen ist, soll „„den Parteyen““ frei stehen, „„nach vorgängiger „„Vereinigung unter sich,““ darauf anzutragen, daß mit Uebergehung des Richters erster Instanz die spruchreifen Akten dem Appellationsrichter oder, mit Uebergehung beider, dem Revisionsrichter zur Entscheidung vorgelegt werden.

(Entw. §. 121. S. 285.)

§. 101.

Wenn ein Regiment oder ein sonstiges Militairinstitut in den Fall kommt, als Kläger oder Beklagter einen Prozeß führen zu müssen, in welchem es auf militairische Verfassung ankommt; so stehet es demselben frei, über letztere ein schriftliches Gutachten zu den Akten zu geben, bevor solche zum Spruch vorgelegt werden.

(Entw. §. 122. S. 285—286.)

Zu Th. I. Tit. 13.

Von Abfassung und Publikation der Erkenntnisse.

§. 102.

Zu §. 8. Wenn in Prozessen zwischen Privatpersonen Gegenstände und Rechtsfragen zur Sprache kommen, welche auf Principien der Landesverfassung, Staatsverwaltung, Staatswirthschaft, Policei und Gewerbkunde Einfluß haben, und durch klare Gesetze nicht bestimmt sind; so müssen die Gerichte über dergleichen Gegenstände oder Rechtsfragen vor Abfassung des Erkenntnisses ein Gutachten von der Regierung einholen, und sich darnach als nach einem consultativen Votum achten.

(Entw. §. 123. S. 287.)

§. 103.

Wenn bei Einleitung und Entscheidung von Prozessen gegen Militairinstitute und Militairpersonen „„es““ einer Auskunft über Militairökonomie oder sonstige militairische Dienstverhältnisse„„ bedarf; so““ sind die Gerichte verbunden, „„deshalb an den Chef der Justiz zum Zweck der Rücksprache mit „„dem Kriegsminister Bericht zu erstatten.““

(Entw. §. 124. S. 287.)

§. 104.*)

In Bergwerksprozessen, worin es auf Umstände ankommt, zu deren vollständigen Erläuterung und Beurtheilung, theoretische und praktische Kenntnisse der Bergwerkswissenschaft erforderlich sind, „„muß““ bei Abfassung der Erkenntnisse ein

*) Der §. 126. des Entwurfs ist weggefallen. (S. 288—289.)

von dem Bergamte der Provinz auf Requisition des Gerichts zu ernennender Sachverständiger zugezogen werden.

(Entw. §. 125. S. 288.)*)

§. 105.

Zu §. 24. Der in diesem §. gemachte Unterschied zwischen Juden und Christen findet nicht ferner statt „„(§. 88. „„des Anhanges zum““ §. 230. Tit. 10. „„Thl. I.)““

(Entw. §. 127. S. 289.)

§. 106.

Zu §. 28. „„Es kann daher auch nicht vermuthet wer„„den, daß jemand verheirathet gewesen sey und Kinder er„„zeugt habe und der Richter ist, wofern keine besondere Um„„stände eintreten, die eine solche Vermuthung begründen, we„„der befugt noch schuldig, weitere Nachforschungen darüber „„von Amtswegen anzustellen.““

(Entw. §. 79. und §. 407. S. 247—248. und S. 571—572. S.)

§. 107.

Zu §. 58.**) „„Wenn wider einen Officier in einer „„Schuldsache rechtskräftig erkannt worden; so soll von dem „„Ausfalle des Erkenntnisses, jedoch ohne Mittheilung einer „„Abschrift desselben, dem Commandeur des Regiments, bei „„welchem der in Anspruch genommene Officier angestellt ist, „„jedesmal Nachricht gegeben werden.““

(Entw. §. 129. S. 289. vgl. S. 199.)

Zu Th. I. Tit. 14.

Von Appellationen.

§. 108.

Zu §. 3. Das Rechtsmittel der Appellation findet nicht statt:

*) Der §. 126. des Entw. ist weggefallen. (S. 288—289.)

**) Desgl. der §. 128. (S. 289.)

1. wenn die erste Instanz bei einem Obergericht gewesen ist und „„der Gegenstand““ der Appellation nur Funfzig Thaler oder weniger beträgt.
2. wenn die erste Instanz bei einem Untergericht geschwebt hat und der Gegenstand der Appellation nicht mehr als Zwanzig Thaler ausmacht.

(Entw. §. 130. S. 290.)

§. 189.

Bei Berechnung der zur Appellation erforderlichen Summe hat es zwar bei den §pho 3. Nr. 1. „„dieses Titels““ vorgeschriebenen Grundsätzen sein Bewenden; wenn jedoch in einem Prozesse mehrere Forderungen streitig gewesen sind, so muß ein Unterschied gemacht werden, ob dieselben aus einem Hauptgeschäft oder aus mehrern verschiedenen Geschäften entstanden sind. Im ersteren Falle findet das Rechtsmittel statt, sobald nur sämmtliche in die Appellations-Instanz zu bringende Punkte zusammen genommen die vorgeschriebene Summe erreichen, im letztern Fall hingegen ist auf den Gegenstand eines jeden einzelnen Punktes zu sehen und die Zulässigkeit „„des „„Rechtsmittels““ nach dem Werthe „„desselben““ zu bestimmen.

(Entw. §. 131. S. 290—291. K.)

§. 110.

Zu §. 3. Nr. 2. „„Unter der vorgesetzten Behörde „„wird hier diejenige Behörde verstanden, welche, wenn die „„Appellation zulässig gewesen wäre, zu erkennen gehabt ha- „„ben würde.““

(Neuer Zusatz. S. 291—292. T.)

§. 111.

Zu §. 4. „„Dem Richter stehet die Befugniß zu, in „„Fällen, in welchen die Appellation dem Gegenstande nach „„sonst zulässig seyn würde, solche dennoch zu verwerfen, wenn

„„die Entscheidung ganz unzweifelhaft und die Appellation of-
„„fenbar nur zum Verschleif der Sache eingewendet wor-
„„den ist.““

(Entw. §. 132. S. 292.)

§. 112.

Zu §. 6. Nr. 1. Selbst, wenn durch das Appellations-Erkenntniß das erste „„auf Zahlung der Alimente gerichtete““ Urtel „„abgeändert worden,““ müssen dennoch die in erster Instanz festgesetzten Alimente so lange fortgezahlt werden, bis der Beklagte rechtskräftig davon entbunden worden.

(Entw. §. 133. S. 292.)

§. 113.

Zu §. 6. Nr. 2. „„Dahin““ gehört der Fall, wenn bei Prozessen zwischen Herrschaften und Gesinde, die „„ersteren““ zur Abschaffung des letztern für befugt erkannt „„worden „„sind.““ In einem solchen Falle muß die Instruction in „„der Appellationsinstanz““ zugleich auf „„die““ Aus-mittelung des Interesse gerichtet werden, „„welches das Ge-„„sinde alsdann fordern kann, wenn die Herrschaft mit der „„behaupteten Entlassungsbefugniß rechtskräftig abgewiesen „„werden sollte.““ Dagegen hat die Appellation volle Wirkung, wenn das Gesinde zur Fortsetzung des Dienstes verurtheilt „„worden.““

(Entw. §. 134. S. 293.)

§. 400.

Zu §. 34.*) „„Wenn der Assistent oder Bevollmäch-„„tigte der Partey durch Krankheit, Abwesenheit und andere „„persönliche Ehehaften verhindert werden, die Appellation in-„„nerhalb der zehntägigen Frist anzumelden; so soll er eben „„so, wie die Partey selbst, noch innerhalb vier Wochen von

*) Der §. 135. des Entw. ist weggefallen. (S. 293.) Desgl. hier der §. 137. (S. 295.)

„„dem Ablauf der zehntägigen Frist angerechnet zur Appella-„„tion erstattet werden. Er muß aber alsdann sowohl die „„Ehehaften selbst geziemend anzeigen und bescheinigen, als „„auch zugleich die Beschwerden deutlich und bestimmt ange-„„ben und bemerken, ob er neue Thatsachen und Beweismit-„„tel beibringen wolle, demnächst aber den vollständigen Ap-„„pellationsbericht ohne Aufenthalt einreichen.""

(Entw. §. 136. S 293—295. B. und P.)

§. 115.

Wenn eine Partey ausdrücklich erklärt, daß sie weder den ihr „„in der Apellationsinstanz von Amtswegen"" bestellten Assistenten mit Vollmacht und Instruction versehen, noch einen andern „„Bevollmächtigten"" bestellen, sondern ihre Rechte selbst wahrnehmen „„wolle;"" so kann sich auch das Gericht nicht an den bestellten Assistenten halten, sondern es muß der Partey „„selbst"" eine Frist zur Einreichung des Appellationsberichts mit der Verwarnung bestimmt „„wer-„„den,"" daß sie sonst mit der weiteren Ausführung präkludirt und nach Lage der Akten erkannt werden würde.

(Entw. §. 138. S. 296.)

§. 116.

Zu §. 43. Zeigt eine Partey bei Anmeldung der Appellation ausdrücklich an, daß sie in dieser Instanz keine „„neue Thatsachen oder Beweismittel"" anzubringen habe, oder, daß sie bloß aus den Verhandlungen der ersten Instanz deduciren wolle; so wird ihr eine präklusivische Frist zur Einreichung der Deduktion gesetzt, nach deren Ablauf mit Vorlegung der Akten zum Spruch „„zu"" verfahren „„ist.""

(Entw. §. 139. S. 296.)

§. 117.

Zu §. 58. und 59. „„Wegen der Nothwendigkeit der „„Aufnahme des status causae et controversae wird auf den

„„§. 76. des Anhanges zum §. 27. c. Tit. 10. Th. I. Be-
„„zug genommen.““

(Entw. §. 140. S. 297.)

§. 118.

Zu §. 62. „„Wegen““ der in zweiter Instanz nach geschlossener Instruktion einzureichenden Deduktionen und Gegendeduktionen findet „„dasjenige Verfahren statt, welches““ in Ansehung der Schriften erster Instanz vorgeschrieben worden, so daß, wenn die bestimmten Fristen verstrichen sind, mit Vorlegung der Akten zum Spruch verfahren werden muß.

(Entw. §. 141. S. 297.)

§. 119.

Nur „„alsdann,““ wenn der Gegner ausdrücklich einwilliget, oder wenn in wichtigen und verwickelten Sachen der Richter sich überzeugt, daß die Beibringung der Schrift zur Aufklärung der Sache nöthig sei, soll eine verhältnißmäßige Verlängerung der anfänglich bestimmten Frist nachgegeben werden.

(Entw. §. 142. S. 297.)

§. 120.

Wird nach bereits verfügter Vorlegung der Akten eine Schrift nachgebracht, so muß solche angenommen, und, wenn es eine Schlußschrift ist, unverzüglich dem ernannten Referenten zugestellt, oder wenn die Akten versendet sind, nachgeschickt, und davon, im Fall der noch nicht erfolgten Entscheidung, Gebrauch gemacht werden.

Ist es keine Schlußschrift, so muß solche zuvörderst dem Gegner mit der Anweisung, binnen der zu bestimmenden Frist die Gegendeduktion einzureichen, zugefertigt werden.

(Entw. §. 143. S. 297.)

§. 121.

In beiden Fällen darf die Aburtelung der Sache nicht

ausgesetzt werden, und auf den Inhalt der nachgesandten Schriften wird nur alsdann Rücksicht genommen, wenn die Entscheidung noch nicht erfolgt ist.

Die Partey, welche die Deduktion zu spät eingereicht hat, muß dem Gegner alle durch das nachgeholte Verfahren entstandene Kosten erstatten, wenn sie auch sonst nicht in die alleinige Tragung der Kosten verurtheilt wird.

Sollte ein Justiz-Commissarius ein solches Nachbringen der Schriften sich zur Gewohnheit werden lassen; so ist „„derselbe““ zu verwarnen, daß sein Benehmen dem Chef der Justiz angezeigt werden „„solle, und diese Warnung ist, wenn sie fruchtlos bleibt, zur Ausführung zu bringen.““

(Entw. §. 144. S. 298.)

§. 122.

Wenn gegen ein Erkenntniß von beiden Theilen appellirt „„worden ist;““ so muß in der Regel über jede Appellation ein besonderes Verfahren eingeleitet, und „„solche““ nach den „„in diesem““ Titel enthaltenen allgemeinen Vorschriften „„besonders““ instruirt werden.

„„Sind““ daher:

1. von beiden Seiten keine neue Thatsachen angeführt worden, „und soll““ aus den Verhandlungen der ersten Instanz deducirt werden; so haben beide Theile mit ihren Deduktionen zu gleicher Zeit anzufangen und ein jeder muß demnächst die Deduktion des Gegentheils besonders beantworten.
2. Sind von beiden Theilen „„neue Thatsachen oder Beweismittel““ angebracht, so müssen dieselben der Regel nach in besondern Terminen oder doch in „„besondern““ Protocollen instruirt und auch bei der Beweisführung von einander getrennt werden, es wäre denn, daß die beiderseitigen Appellationen einerlei Gegenstand hätten,

und in so genauer Verbindung mit einander ständen, daß der Sache nach eine Absonderung derselben nicht statt finden könnte. „„Es““ müssen jedoch auch in diesem Falle die Deduktionen von jedem der beiden Appellanten besonders überreicht werden.

3. Wenn der eine Appellant zur Unterstützung seiner Beschwerden neue Thatsachen oder Beweismittel anbringt, der andere aber bloß aus den bisherigen Verhandlungen deduciren will; so ist zuvörderst die neue Instruktion zu verfügen, und bis zu deren Beendigung das Deduktionsverfahren zu sistiren, demnächst aber wie „„zu““ 2. zu verfahren.

(Entw. §. 145. S. 298—299)

§. 123.

Zu §. 63.*) Ueber einen in erster Instanz wirklich vorgekommenen und von dem ersten Richter übergangenen, folglich „„stillschweigend““ verworfenen Einwand darf der Appellationsrichter unter dem Vorwande, daß alsdann die Parteyen eine Instanz verlieren würden, zu erkennen sich nicht weigern, noch die Abfassung des Urtels „„deswegen““ aufhalten.

(Entw. §. 146. S. 299—300. B.)

§. 124.

Zu §. 73. Bei Objekten, wegen welcher eine Appellation nicht zulässig ist, behält der Contumacialbescheid seine unumstößliche Kraft, wenn in dem Restitutionsgesuch nicht zugleich erhebliche Hinderungsursachen angegeben und bescheinigt worden sind.

(Entw. §. 149. S. 301.)

*) Die §§. 147. 148. des Entw. sind weggefallen. (S. 300.) Desgl. der neue Zusatz von T. zu §. 71. Nr. 3. h. t. (S. 301.)

§. 125.

Zu §. 75. 77. Hat der Beklagte bei Anbringung seines Restitutionsgesuchs zwar die Klage, wenigstens in der Hauptsache, gehörig beantwortet, jedoch keine erhebliche Ursachen, wodurch er verhindert worden, den vorigen Citationen Folge zu leisten, angegeben; so hängt es von der Erklärung des Gegentheils ab, ob er die Anberaumung eines Instruktions-Termins und die weitere Verhandlung noch in der ersten Instanz zulassen wolle oder nicht. Im letztern Falle kann der Beklagte bloß zur Appellation gegen den Contumacialbescheid gestattet werden, und das weitere Verfahren ist darnach einzuleiten. „„Es muß jedoch alsdann auch in solchen Sachen““ die Instruktion statt finden, „„in denen““, wie in Injuriensachen, „„eine weitere Erörterung der Thatsachen in zweiter““ Instanz nicht zulässig seyn „„würde.““

(Entw. §. 150. S. 301—302.)

§. 126.

Diese Instruktion geschieht sodann bei dem Gerichte, welchem nach Verschiedenheit des Gegenstandes des Streits die Instruktion des sonstigen Appellationsverfahrens gebühret.

(Entw. §. 151. S. 302.)

§. 127.

„„Ist auf das gegen einen Contumacialbescheid von dem „„Beklagten eingewendete Rechtsmittel die Sache nicht in er„„ster, sondern in zweiter Instanz verhandelt worden; so ste„„het dem Kläger frei, darauf anzutragen, daß in erster In„„stanz erkannt werde. Wenn in diesem Falle die Instruktion „„einer in erster Instanz vor das Untergericht gehörenden „„Sache beim Obergericht erfolgt ist; so müssen auch*)““ die Akten zur Abfassung des Erkenntnisses erster Instanz

*) Das Wort „auch“ fehlt im Abdrucke.

„„bei dem Obergericht vorgelegt werden. Bei der Prüfung „„der gegen ein solches Erkenntniß eingewandten Appellation „„finden die in Absicht der Appellationen gegen Untergerichts-„„Erkenntnisse ertheilten Vorschriften statt.““

(Entw. §. 152. S. 302. vgl. S. 303—304. S. und T.)

§. 128.

„„Hat““ der Beklagte bei „„der““ Instruktion „„in „„der Appellationsinstanz““ Gegenforderungen angemeldet; so muß er, insofern nicht „„nach dem Verlangen des Klägers „„in erster Instanz erkannt wird,““ damit „„zur besondern „„Verhandlung““ verwiesen werden. „„Diese Verhandlung „„erfolgt jedoch bei demjenigen Gericht, bei welchem die Haupt-„„sache schwebt, wenn““ nicht eine der im §. 7. Tit. 19. „„Th. I.““ bestimmten Ausnahmen „„eintritt.““

(Entw. §. 153. S. 303—304. S.)

Zu Th. I Tit. 15.

Von Revisionen.

§. 129.

Zu §. 2. Die Revision findet nur statt:

1. wenn in erster Instanz bei einem Untergerichte erkannt worden und der Gegenstand der Beschwerde Zweihundert Thaler oder mehr beträgt,
2. wenn in erster Instanz bei einem Obergericht erkannt ist und „„der Gegenstand““ der Beschwerde Vierhundert Thaler oder mehr ausmacht,
3. wenn in Rechtssachen, welche in erster Instanz bei einem Obergericht anhängig gewesen sind, der Gegenstand der Revision zwar nur Zweihundert Thaler und weniger als Vierhundert Thaler ausmacht, jedoch die beiden ersten Erkenntnisse bei demselben verschiedenen Inhalts sind.

Insofern in der Allgemeinen Gerichtsordnung für gewisse Prozeßarten, z. B. bei Injurien, Sponsalien und Arrestsachen, wegen Zulässigkeit der Revision ohne Rücksicht auf den Betrag des Objekts besondere Vorschriften ertheilt worden, hat es dabei lediglich sein Bewenden.

(Entw., §. 154. S. 304—305.)

§. 130.

Wegen Berechnung der zur Revision erforderlichen Summen finden die Grundsätze Anwendung, welche Titel 14. §. 3. und Titel 26. §. 2. vorgeschrieben sind.

(Entw. §. 155. S. 305.)

§. 131.

Zu §. 5. Die „„in der Appellationsinstanz nach““ §. 34. Titel 14. nachgelassene Frist gegen die versäumte Appellation findet auch „„in Absicht der Revision““ statt.

(Entw. §. 156. S. 305.)

§. 132.

Zu §. 6.*) Die Akteninrotulation ist in dritter Instanz jederzeit erforderlich.

Es „„ist““ daher in „„einem anzusetzenden Termin““ mit Zuziehung der „„Bevollmächtigten““

1. „„zu specificiren““, welche Akten zu versenden, „„wobei auch““ die Manualakten „„übergeben werden müssen,““
2. „„zu prüfen““, welche Dokumente beizufügen „„und zu „„übersetzen, dem gemäß das Mangelnde vor Absendung „„der Akten zu erledigen.““

Wird „„hierbei““ etwas „„versäumet““, so werden in Sachen, wo Justiz-Commissarien „„zugezogen““ worden, diese deshalb in eine Strafe von Fünf Thaler genommen; auch ha-

*) Der §. 157. des Entw. ist weggefallen. (S. 306—307.)

ben sie die durch den Verstoß verursachten mehreren Kosten zu tragen.

Sind die Parteyen selbst erschienen; so trifft die Strafe und der Kostenersatz wegen des etwanigen Verstoßes den Decernenten.

(Entw. §. 158. S. 307—308. T. und P.)

§. 133.

Zu §. 22. 23. Wenn zwei gleichlautende „„Erkenntnisse abgeändert““ werden; so muß:

1. von einem der Referenten, welcher für die Abänderung gestimmt hat, das Urtel mit Gründen abgesetzt,
2. solches sodann in der nächstfolgenden Session vollständig vorgelesen und alsdann erst vollzogen,
3. ohne Beifügung der Entscheidungsgründe zur Publication versendet,
4. eine genaue und vollständige, die Entscheidungsgründe enthaltende ungestempelte Abschrift davon angefertigt und, ohne daß es einer besondern Berichtserstattung bedarf, in einem Umschlag unter der Addresse des Justiz-Ministers „„postfrei““ eingesendet werden.

„„Im Falle““ einer Beschwerde „„über die Entscheidung wird nach geschehener Eröffnung und Einsicht der““ bis dahin versiegelten Abschrift des „„Erkenntnisses““ geprüft, ob es rathsam oder zur Ausführung einer etwanigen Nullität nothwendig sey, der Beschwerde führenden Partey die Entscheidungsgründe mitzutheilen.*)

(Entw. §. 159. S. 309.)

*) Die §§. 160. und 161. des Entw. (S. 310—313.) sind weggefallen. Desgl. der §. 162. (S. 313—314.) und der §. 163. (S. 315.)

Zu Th. I. Tit. 23.

Von Kosten, Strafen, Schäden, Zinsen, Früchten und Abnutzungen.

§. 134.

Zu §. 1. Sowohl das erste als das zweite Urtel kann, auch vor beschrittener Rechtskraft, in Ansehung des Kostenpunkts als ein Interimisticum angesehen werden, und die Einziehung der Kosten nach der darin enthaltenen Bestimmung gleich nach Publikation des Urtels geschehen. Hat jedoch die eine Partey das Armenrecht, oder genießt sie sonst die Gebührenfreiheit; so darf, vor rechtskräftiger Entscheidung des Kostenpunkts, von der die Gebühren entrichtenden Partey nur der sie treffende Antheil und dasjenige, was sie als Extrahent entrichten muß, eingezogen werden.

(Entw. §. 164. S. 316.)

§. 135.

Zu §. 4.*) Wenn beide Theile appellirt oder revidirt haben, so muß bei erkannter Compensation der Kosten in Rücksicht der Trans- und Remissionsgebühren für Versendung der Akten an die höhere Instanz der Vorschuß jedem Theile zur Hälfte in Rechnung „„gesetzt““ werden. Hat nur eine Partey appellirt oder revidirt, so ist diese als Extrahent zum Vorschuß verpflichtet; genießt dieselbe aber die Sportelfreiheit, so muß die Sache stempel- und portofrei abgesendet werden.

(Entw. §. 166. S. 316—317.)

§. 136.

Zu §. 21. Wenn eine Partei zum Armenrecht zugelassen, die Tragung der Kosten aber von dem der vermögenden

*) Der §. 165. des Entw. ist weggefallen. (S. 316.)

Partey auferlegten nothwendigen Eide abhängig geworden ist, und letztere den Eid nicht ableistet, sondern sich mit der armen Partey vor der Ableistung vergleicht; so werden der vermögenden Partey die Gebühren für „„die““ von Amtswegen erlassenen Verfügungen, folglich auch die Instruktions= und Urtelsgebühren „„zur““ Hälfte, und „„diejenigen““, wobei der Vermögende Extrahent war, ganz auferlegt.

(Entw. §. 167. S. 317.)

§. 137.

Zu §. 25. Nr. 9. 10. Ein Justiz=Commissarius kann in seiner eigenen Sache so wenig, als eine andere Partey Informations= und Instruktionsgebühren, sondern allenfalls nur Versäumnißkosten und außerdem die baaren Auslagen nebst dem Honorario für schriftliche Aufsätze und Ausarbeitungen fordern.

„„Dieses findet auch für den Fall Anwendung, wenn „„ein Justiz=Commissarius als Vormund einen Prozeß ge„„führt hat.““

(Entw. §. 168. S. 317—318. S.)

§. 138.

Wenn eine Partey sich anderer Rechtsverständigen, welche nicht Justiz=Commissarien sind, bedient; so „„können““ diese nur diejenigen Kosten liquidiren, welche die den Prozeß persönlich betreibende Partey zu verlangen berechtigt ist.

(Entw. §. 169. S. 318.)

§. 139.

Wenn Parteyen von geringem Stande in ihren Injuriensachen zu ihrer Bequemlichkeit „„Bevollmächtigte bestellen““; so ist der Gegner die Gebühren dafür zu erstatten nicht schuldig.

(Entw. §. 170. S. 319—320.)

§. 140.

Zu §. 35.*) Jedoch darf „„eine Partey““ auch in dem „„am Schlusse““ dieses §phen erwähnten Falle nach dem fruchtlosen Versuche anderer Exekutionsmittel nicht zum persönlichen Arrest gebracht, sondern es müssen, falls sich bei der Exekution „„das Unvermögen derselben““ ergiebt, die rückständigen Gebühren niedergeschlagen werden.

(Entw. §. 173. S. 323.)

§. 141.

Zu §. 36. Nr. 6. Gleichergestalt wird es mit den baaren Auslagen der Justiz-Commissarien in Armensachen gehalten.

(Entw. §. 173 a. S. 323.)

§. 142.

Wegen Sicherstellung und Kontrollirung des reservirten Porto in Armensachen werden die Gerichte auf das Reglement vom 9. April 1804. verwiesen.

(Entw. §. 174. S. 323.)

§. 143.

Zu §. 42. Den reitenden Feldjägern, den Beurlaubten, ingleichen den auf einen sogenannten Laufpaß entlassenen Soldaten stehet ebenfalls die Sportulfreiheit zu, Compagnie-Chirurgen „„haben aber darauf keinen Anspruch.““

(Entw. §. 175. S. 324.)

§. 144.

Zu §. 43. „„Den““ Ehefrauen der „„im §. 42. ge„„nannten Militairpersonen kömmt““ die Kostenfreiheit auch „„dann zu statten““, wenn sie nicht in der Garnison, sondern in ihrer Heimath oder an einem dritten Ort sich aufhalten.

(Entw. §. 176. S. 324.)

§. 145.

Zu §. 46. „„Auf die Kostenfreiheit haben Anspruch:““

*) Die §§. 171. und 172. des Entw. sind weggefallen. (S. 320—323.)

1. die allgemeine „„Wittwenverpflegungsanstalt,""
2. die Officierwittwencasse,
3. „„die Predigerwittwencasse in Berlin,""
4. „„die Wittwencasse des Königlichen Orchesters,""
5. „„die Akademie der Wissenschaften,""
6. „„die Universitäten zu Berlin, Königsberg und Bres„„lau,""
7. das Rettungsinstitut in Berlin,
8. sämmtliche Armenanstalten.

Die von „„diesen Instituten"" angestellten Klagen müssen jedoch sorgfältig geprüft „„und"" ungegründete Klagen „„sogleich durch ein Dekret"" zurückgewiesen werden. „„Tritt der"" Fall eines muthwilligen Prozessirens ein; „„so „„ist davon"" dem Chef der Justiz Anzeige „„zu machen.""

(Entw. §. 177. S. 325—326. T.)

§. 146.

Den Prinzen des Königlichen Hauses gebührt die Sportelfreiheit in allen Rechtsangelegenheiten, die „„vor die Ge„„richte"" gehören „„und"" nicht durch Hausaustråge zu reguliren sind. Auch erstreckt sich diese „„Sportelfreiheit"" auf alle diejenige Handlungen willkührlicher und streitiger Gerichtsbarkeit, welche die persönlichen Verhältnisse der gedachten Prinzen, Appanagen derselben und Kronfideicommißgüter betreffen. „„Selbige kann"" aber auf diejenigen Verhältnisse nicht ausgedehnt werden, welche sich auf Präbenden beziehen, so wie auf „„die"" sonstigen persönlichen und „„dinglichen „„Rechte und Verbindlichkeiten der Prinzen,"" die mit „„den „„von Privatpersonen erworbenen"" Landgütern und städtischen Besitzungen in Beziehung stehen.

(Entw. §. 178. S. 326— 327. T.)

§. 147.

Zu §. 47. „„Wenn eine auswärtige Partey bei hiesi-

„„gen Gerichten einen Rechtsstreit führt; so sind letztere““ befugt, durch Einforderung eines verhältnißmäßigen Vorschusses sich wegen der Kosten zu sichern und, „„wenn die Beschleunigung der Sache nicht dringend nothwendig ist,““ die Vorladung „„des einländischen Beklagten so lange auszusetzen, bis der Vorschuß geleistet worden. In keinem Falle““ aber sind die Justiz-Commissarien „„für auswärtige Parteyen „„wegen der Kosten zu haften verbunden, insofern sie sich „„nicht zur Uebernahme derselben verpflichtet haben.““

(Entw. §. 179. S. 327—330. T. B. und P.)

Zu Th. I. Tit. 24.

Von der Vollstreckung der rechtskräftigen Urtel.

§. 148.

Zu §. 3. „„Ist““ die zeitig nachgesuchte Exekution wegen Mangels eines Objekts, oder, weil der Schuldner latitirt, vergeblich gewesen, „„oder kann der Gläubiger nachweisen, „„daß, wenn auch““ die Exekution „„nachgesucht oder verfügt worden wäre, solche dennoch ohne Erfolg gewesen seyn „„würde;““ so stehet demselben „„nach gehobenem Hinderniß““ frei, „„die Exekution nachzusuchen, wenn auch ein „„Jahr nach beschrittener Rechtskraft des Urtels schon abgelaufen seyn sollte. In einem solchen Falle fängt daher die „„einjährige Frist, binnen welcher noch Execution nachgesucht „„werden kann, erst von der Zeit zu laufen an, zu der das „„Hinderniß, welches der Exekution entgegen gestanden hat, „„wieder gehoben worden.““

(Entw. §. 180. S. 330—335. S.)

§. 149.

Zu §. 26. „„Des aufgehobenen Militairgerichtsstandes in „„Civilsachen ungeachtet““ können Exekutionen gegen Militairpersonen mit Ausnahme der Fälle, wenn Grundstücke des Schuldners oder ausstehende Forderungen desselben in Beschlag genommen werden, von den Civilgerichten nicht unmittelbar, sondern nur durch Requisition der Militairgerichte und beziehungsweise des Generalauditoriats, insofern „„die Schuldner““ seiner Gerichtsbarkeit bisher unmittelbar untergeordnet gewesen sind, vollstreckt werden. Die Civilgerichte müssen daher den Zahlungsbefehl zwar erlassen, gleichzeitig aber das Militairgericht um die Vollstreckung der Exekution nach Ablauf der im Zahlungsbefehl bestimmten Frist ersuchen. Dieses Requisitoriale wird dem Extrahenten der Exekution gewöhnlichermaßen zugestellt, um davon nach Ablauf der Frist, „„wenn „„keine Zahlung erfolgt,““ Gebrauch zu machen.

Die Requisitionen wegen Vollziehung der Exekutionen wider die bei der Gensd'armerie angestellten Militairpersonen werden an den Ober-Brigadier der Provinz erlassen.

(Entw. §. 27. S. 198—200. und §. 181. S. 335. S.)

§. 150.

„„In Absicht der Exekutionen““ gegen „„die““ Ehefrauen, Kinder und „„das““ Gesinde „„der Militairpersonen,““ welche sich bei „„ihnen am““ Garnisonorte „„befinden, ist dasselbe Verfahren zu beobachten.““

(Entw. §. 27. S. 198.—200.)

§. 151.

Zu §. 27. „„Die Exekution des in der Rekonvention „„gegebenen Erkenntnisses kann der Richter der Konvention „„nicht unmittelbar, sondern nur mittelst Requisition des or- „„dentlichen Richters des Wiederbeklagten vollstrecken.““

(Neuer Zusatz zu §. 17. Tit. 19. S. 314. T.)

§. 152.

Zu §. 36. „„Es macht hierbei keinen Unterschied, ob

„„der Grund dieser Einwendungen vor oder nach der Rechts„„kraft des zu vollstreckenden Urtels eingetreten ist.

(Neuer Zusatz. S. 335—338. B.)

§. 153.

Zu §. 45.*) „„Soll““ gegen Stadt- oder Dorfgemeinen oder „„gegen““ eine ganze Klasse von Mitgliedern „„derselben,““ oder sonst gegen eine moralische Person „„eine „„Exekution vollstreckt werden, so““ müssen die Gerichte über die Art, wie solche „„ohne gänzlichen Ruin der Schuldner „„zu““ realisiren „„ist,““ jederzeit mit „„der““ Regierung Rücksprache halten und wenn sie sich „„mit dieser““ über die zu „„nehmenden““ Maaßregeln nicht „„vereinigen““ können, die Exekution aussetzen und die Vorbescheidung des „„Justiz„„Ministers““ einholen.

„„Eben dieses muß geschehen,““ wenn die Exekution gegen ein nicht unter der Regierung stehendes Institut zu verordnen ist, „„und also der Justizminister““ Anlaß „„finden „„möchte,““ mit den übrigen Ministerien Rücksprache zu nehmen.

(Entw. §. 183. S. 339—341. T. und P.)

§. 154.

Zu §. 49. Ueber den Betrag der dazu erforderlichen Kosten „„bedarf es keines besondern Rechtsstreits; diese Kosten „„werden““ vielmehr nach dem Gutachten vereideter Sachverständigen mittelst Dekrets festgesetzt und „„sodann““ exekutivisch beigetrieben.

(Entw. §. 184. S. 341. S.)

§. 155.

Zu §. 70. Das Mobiliare dienstthuender Officiere, welches sich „„an dem Orte befindet, woselbst der Schuldner““

*) Der §. 182. des Entw. ist hier weggefallen. (S. 338—339. 501—506. und 509.)

in Garnison „„stehet,““ kann keiner Exekution oder Auspfändung unterworfen werden. „„Dieses gilt auch von dem““ Mobiliare der auf halben Sold stehenden Officiere, wenn sie sich an Orten aufhalten, welche ihnen zum Genuß von Servis und Brodt angewiesen und die also gewissermaßen als ihre Garnison zu betrachten sind.

„„Ausstehende Forderungen, öffentliche Papiere, inglei-
„„chen baares Geld, goldene, silberne und andere Medaillen,
„„Juwelen und Kleinodien, welche ein Officier besitzt, sind in
„„keinem Falle von der Exekution und Auspfändung befreiet.
„„Jedoch muß der Schuldner darüber, ob er dergleichen be-
„„sitze, vorher vernommen und bei vorhandenem Zweifel zum
„„Manifestationseide verstattet werden.““

(Entw. §. 185. S. 341—343. K. P. und S.)

§. 156.

Wenn wider einen noch im Dienste oder auf Pension stehenden Civilbeamten zur Auspfändung geschritten wird, so sollen „„ihm““ die zur Verwaltung seines Dienstes erforderlichen Bücher, das unentbehrlichste Hausgeräth, Betten, anständige Kleider und Wäsche nicht genommen, „„auch““ dessen Frau und unerzogenen Kindern nothdürftige Wäsche, Kleider und Betten gelassen werden.

(Entw. §. 186. S. 343.)

§. 157.

Sämmtliche in „„den §. 155. und 156.““ gemachte Ausnahmen hinsichtlich des Exekutivverfahrens haben auf solche Schulden, welche aus unerlaubten Handlungen entspringen, keine Anwendung; vielmehr muß in diesem Falle die Exekution ohne Rücksicht auf die Person und ohne Ausnahme irgend eines „„Vermögensstücks““ vollstreckt werden.

(Entw. §. 187. S. 343—344. und 359.)

§. 158.

Zu §. 71.*) Wenn, außer dem Falle eines Concurses, im Wege der Exekution das Waarenlager eines Kaufmanns, oder einer Fabrik, oder die Materialien und Waarenvorräthe eines im ausgebreiteten Verkehr stehenden Handwerkers in Beschlag genommen werden sollen, so müssen die auf die Exekution andringenden Gläubiger jederzeit ihre bestimmte Erklärung über die bei der Beschlagnehmung zu treffenden nähern Maaßregeln abgeben, damit dem gemäß, und, dem Befinden der Umstände nach, allenfalls mit Zuziehung des Schuldners und eines Werkverständigen, die weitere Einleitung getroffen werden könne.

(Entw. §. 189. S. 345.)

§. 159.

Zu §. 95. 96.**) Wenn ein Gläubiger, welcher schuldig erachtet worden, seinem zur Klasse der Künstler oder Handwerker gehörenden Schuldner Zahlungs-Termine zu bewilligen, hiernächst behauptet, daß der Schuldner der ihm zugestandenen Rechtswohlthat sich unwerth bezeigt „„habe““, oder daß die bei der Verfügung zum Grunde liegenden Thatsachen unrichtig befunden worden, so findet eben das Verfahren statt, welches wegen des „„Indults Theil I.““ Titel 47. §. 41. und 42. vorgeschrieben ist.

Hat der Gläubiger durch Abzüge von dem Verdienst des Schuldners befriedigt werden sollen, und ist dieser Abzug so gering, daß nicht einmal die Zinsen getilgt, oder auch nur nach aller Wahrscheinlichkeit das Kapital während der Lebenszeit des Schuldners abgeführt werden kann; so muß auf den Antrag des Gläubigers mit den übrigen Graden der Exekution,

---

*) Der §. 188. des Entw. ist weggefallen. (S. 344.)

**) Der neue Zusatz von B. zum §. 78. h. t. ist nicht aufgenommen worden. (S. 345—346.)

und wenn dazu kein anderes Objekt vorhanden ist, mit dem Personalarrest verfahren werden.

(Entw. §. 189a. S. 346—348.)

§. 160.

Zu §. 106. bis 108.*) Auf die „„Besoldungen““ und Emolumente der „„Civilbeamten““ findet ein „„Beschlag““ nur „„in der Art““ statt, daß ein jeder jährlich 400. Rthlr. frei behält. Gegen diejenigen, welche nur 400. Rthlr. oder weniger Diensteinkünfte haben, soll daher kein Arrestschlag, desgleichen bei den übrigen der Beschlag nur auf die Hälfte des nach Abrechnung der 400. Rthlr. bleibenden Ueberschusses der Besoldung und Emolumente gestattet werden.

(Entw. §. 191. S. 350.)

§. 161.

„„Allen““ im Allgemeinen Landrecht Thl. II. Tit. 10. §. 68. und 69. „„gedachten Beamten,““ mithin auch „„den““ städtischen, geistlichen und landschaftlichen, „„kömmt die „„Vorschrift des §. 160. des Anhangs zu statten. Ein Glei„„ches gilt in Absicht der Justiz-Commissarien, nicht aber in „„Absicht der als praktische Aerzte approbirten Doctoren der „„Medicin.““

(Entw. §§. 192. 195. und 196. S. 351—352. S.)

§. 162.

Auch auf diejenigen, welche aus einem unter öffentlicher Verwaltung stehenden Fonds eine ihnen vom Staate oder der vorgesetzten Behörde angewiesene Pension beziehen, „„findet die „„gedachte““ Vorschrift, jedoch mit der Einschränkung Anwendung, daß ihnen nur 200. Rthlr. ganz und von dem Ueberschuß die Hälfte freibleiben soll.

(Entw. §. 193. S. 351.)

---

*) Der §. 190. des Entw. ist weggefallen. (S. 348—350.)

§. 163.

Eine „„Verzichtleistung auf die““ vorstehend festgesetzte Befreiung vom Arrestschlag ist, „„so wie““ jede Verpfändung und Anweisung fixirter Besoldungen, Emolumente und Pensionen ohne alle rechtliche Wirkung.

(Entw. §. 194. S. 351.)

§. 164.

„„Die Königlichen Kassen können nicht mit der unmittelbaren Zahlung der Gehaltsabzüge für einzelne Gläubiger belästigt werden. Die jedesmal für die Gläubiger bestimmte Summe muß vielmehr an dasjenige Gericht, welches die Exekution dirigirt, gezahlt und demnächst die Einrichtung getroffen werden, daß entweder die Vorladung der Gläubiger zum Empfange sofort erfolgt, oder daß von dem Gericht ein Curator oder Rendant zum Empfang und zur Distribution ernannt, von diesem das Geld zur Stelle gebracht, und, wenn die Distribution oder Zahlung nicht sogleich geschehen kann, die erhobene Summe einstweilen zur Asservation gegeben wird.““

(Zusatz zum §. 191. des Entw. S. 350. und 357. S.)

§. 165.

„„Wegen der““ Abzüge von den Gehältern der Officiere finden folgende Vorschriften statt:

1. Sämmtlichen Generälen, Commandeurs, Commandanten, Staabs-Officieren und den Compagnie- und Escadronschefs müssen, bei Gehaltsabzügen zur Befriedigung der Gläubiger, von ihrem jährlichen Gehalte 400. Rthlr. freibleiben, und nur von dem, den Betrag von 400. Rthlr. übersteigenden Gehalte kann die Hälfte von den Gläubigern in Beschlag genommen werden. Einer „„Anfrage““ bei Sr. Königlichen Majestät über „„diese Abzüge““ bedarf es „„in keinem Falle.““

2. Eben dieses findet auch bei allen Officieren, welche Pension oder Wartegeld genießen, oder auf halbes Gehalt gesetzt sind, statt.

3. „„Was““ die den Subalternofficieren zu machenden Gehaltsabzüge betrifft; so können bei der Infanterie einem Fähnrich und Sekondelieutenant nicht mehr als 2. Rthlr., einem Premierlieutenant aber 3. Rthlr., und bei der Kavallerie einem Kornet und Sekondelieutenant 3. Rthlr. und einem Premierlieutenant höchstens 4. Rthlr. monatlich, abgezogen werden.

(Entw. §. 197. S. 352—353.)

§. 166.

Die Abzüge, welche einem Officiere zur Deckung und Wiedererstattung der ihm aus den Regiments- und Bataillonskassen gesetzmäßig vorgeschossenen Equipagegelder gemacht werden, haben vor allen übrigen selbst früher contrahirten Schulden den Vorzug und müssen ungetheilt den Darleihern verabfolgt werden.

(Entw. §. 198. S. 354. B.)

§. 167.

Bei den Generälen und andern Officieren höheren Ranges müssen die ihnen für ihre Dienstverhältnisse bewilligten sogenannten Tafelgelder und sonstigen Zulagen, welche nicht mit zum eigentlichen Gehalte gehören, von den Abzügen Behufs der Bezahlung von Schulden „„ausgeschlossen““ werden.

(Entw. §. 199. S. 354.) *)

§. 168.

„„Sowohl Militairpersonen als Civilbeamte und Pensio-

---

*) Beim Abdrucke ist eingeschaltet:

„Eben so bleibt in Absicht sämmtlicher Officiere der Servis, weil solcher statt der Naturaleinquartirung gezahlt wird, von den Abzügen ausgeschlossen.“ (S. 354. Anmerk. **)

„„nisten müssen sich Abzüge bis zur Hälfte ihres ganzen Ge=„„halts, Wartegelds oder Pension ohne Unterschied des Be=„„trages gefallen lassen, wenn es auf Entrichtung laufender „„Alimente ankömmt.““

(Entw. §. 200. S. 353. 355—360. T. B. und P.)

§. 169.

„„Die in Absicht der Beschlagnahme von Besoldungen „„und Pensionen vorgeschriebenen Einschränkungen finden bei „„solchen““ Schulden „„keine Anwendung, welche““ aus unerlaubten Handlungen entstanden sind; „„vielmehr soll bei „„Schulden dieser Art, der Schuldner sey eine Militairperson „„oder ein Civilbeamter,““ die Execution ohne Rücksicht auf einen dem Schuldner sonst zu seiner Subsistenz zu belassenden Theil seines Einkommens vollstreckt werden.

(Entw. §. 200. S. 355—360. P. und S.)

§. 170.

„„Currente öffentliche Abgaben sind ohne Unterschied der hö=„„hern oder niedrigern Besoldung oder Pension durch deren „„Beschlagnahme von Militairpersonen und Civilbeamten oder „„Pensionisten einzuziehen. Wenn aber andere Gläubiger auf „„solche Besoldungen und Pensionen schon Beschlag gelegt „„haben; so wird nur die eine Hälfte der zu entrichtenden „„Abgaben von dem freien Antheil des Besoldeten oder Pen=„„sionisten, die andere Hälfte aber von dem den Gläubigern „„angewiesenen Antheil dergestalt erhoben, daß letztere bis zur „„Tilgung der öffentlichen Abgaben zurückstehen müssen.““

(Entw. §. 200. S. 355—360. B. und P.)

§. 171.

Zu §. 110. und 112.*) Bei jeder im Wege der Exe=kution „„von einem““ Personal= oder Realgläubiger nachge=

*) Die neuen Zusätze von B. zu §. 112. und §. 116. h. t. sind nicht aufgenommen worden. (S. 360—362.)

suchten Subhastation eines Grundstücks „„muß der Richter „„die im §. 112. vorgeschriebene Prüfung anstellen, ob die „„exekutivisch““ beizutreibende Forderung binnen Jahresfrist aus den Gutseinkünften berichtigt werden kann. „„Nur wenn „„dieses möglich ist, muß die Subhastation verweigert und „„die *)““ Sequestration auf Ein Jahr verfügt, „„im entgegengesetzten Fall aber die““ ungesäumte Subhastation „„gestattet werden.““

(Entw. §. 201. S. 360. S.)

§. 172.

Zu §. 128. „„Haften auf dem Gute““ keine Pfandbriefe; „„so““ gehört die Sequestration und Taxation „„desselben““ vor die ordentlichen Gerichte.

(Entw. §. 201a. S. 362.)

§. 173.

Zu §. 141. Sollten die Grundstücke des Schuldners so verschuldet seyn, daß der Gläubiger keine Hofnung hat, daraus seine Befriedigung zu erhalten und derselbe daher, ohne den Erfolg der Subhastation abzuwarten, zu seiner Sicherheit auf die persönliche Verhaftung des Schuldners antragen; so „„ist „„dieser Antrag als ein““ Arrestschlag „„anzusehen,““ welcher nach Vorschrift Th. I. Tit. 29., mit besonderer Rücksicht auf die §. 10. aufgestellten Grundsätze, geprüft und erörtert werden muß, jedoch mit der aus der Natur der Sache sich ergebenden Maaßgabe, daß es, da die Schuld bereits rechtskräftig feststeht, dieserhalb keiner Bescheinigung und keines Verfahrens weiter bedarf.

Wenn hiernach der Arrestschlag zulässig befunden wird; so ist die persönliche Verhaftung des Schuldners zu verfügen, zugleich aber jedesmal wegen der Subhastation des Grundstücks,

---

*) Das Wort „die“ ist im Abdrucke weggeblieben.

insofern diese nicht bereits anhängig ist, das Nöthige entweder von dem „„den““ Arrest verhängenden Gericht selbst, oder durch Auftrag oder Requisition des ordentlichen Richters der Sache zu veranlassen.

(Entw. §. 202. S. 362—363.)

§. 174.

Zu §. 142. Gegen „„keinen““ im Dienst oder auf Pension oder Wartegeld stehenden Civilbeamten findet wegen Schulden, sie mögen aus einem Darlehn herrühren, oder sonst durch eine einseitige Handlung oder eingegangenen Vertrag begründet werden, oder für Alimente, Gesindelohn, oder wofür es sonst wolle, kontrahirt seyn, „„ein““ Personalarrest statt, „„und““ jede „„Verzichtleistung““ auf diese gesetzliche Befreiung ist ohne „„rechtliche Wirkung.““ Nur in Hinsicht derjenigen Civilbeamten oder Pensionisten, welche entweder in anderer Beziehung wechselfähig sind oder dafür „„erklärt““ worden, behält es, insofern sie wegen Wechselschulden belangt werden, bei den „„gesetzlichen““ Vorschriften sein Bewenden.

(Entw. §. 202a. S. 363.)

§. 175.

Zu §. 143. **Es ist nicht Sache der Gefangenanstalt,** sondern des Gläubigers, seinem Schuldner „„im Gefängnisse““ die Gelegenheit und die Mittel zur Arbeit, zu welcher er sich eignet, zu verschaffen, „„damit dieser““ dadurch seine Alimente „„sich““ selbst verdienen könne.

„„Haben““ dergleichen Schuldgefangene nach „„ihrer äußern Lage““ im Zustande der Freiheit sich durch mechanische Handarbeiten ihren Unterhalt „„erworben, so““ können sie unter billiger Rücksicht auf ihre sonstigen individuellen Verhältnisse zu den Arbeiten der übrigen Gefangenen mit angehalten werden.

(Entw. §. 203. Absatz 1. und 2. S. 363—364.)

§. 176.

Die Verpflichtung des Gläubigers zur Alimentation des Schuldners kann nicht auf die Familie „„des““ letztern ausgedehnt werden.

(Entw. §. 203. Absatz 3. S. 363—364.)

§. 177.

„„Zu den von dem Gläubiger zu tragenden Kosten für „„die Verhaftung seines Schuldners gehören auch““ die Heizungs- und Reinigungskosten „„für das““ Gefängniß, „„nicht „„aber““ die „„Aufwartungsgebühren““ des Gefangenwärters, die Ein- und Ausschreibe-, ingleichen die Sitzgebühren.

(Entw. §. 203. letzter Absatz. S. 363—364.)

§. 178.

Zu §. 146.*) „„Der Umstand allein, daß der Schuld- „„ner sich wahrscheinlich entfernen werde, rechtfertigt die Fort- „„setzung des Arrestes nicht.““

(Entw. §. 205. S. 365.)

§. 179.

Zu §. 150. Ist Gefahr im Verzuge, so kann zwar das Gericht nach vorheriger Androhung sofort die militairische Exekution verfügen, „„es muß jedoch““ der vorgesetzten Behörde gleichzeitig davon Anzeige „„gemacht werden.““

„„Wenn zur Vollstreckung der Exekution gegen eine große „„Anzahl von Menschen, oder wegen zu besorgender hartnäcki- „„ger Widersetzlichkeit, ein beträchtliches Militair-Commando „„erforderlich ist, oder wenn überhaupt irgend**) ein bedenk- „„licher Umstand eintritt, muß jedesmal bei der Regierung „„Erkundigung eingezogen werden, ob Ursachen vorhanden sind, „„welche die Anwendung militairischer Hülfe widerrathen und

---

*) Der §. 204. des Entw. ist weggefallen. (S. 364.)

**) Das Wort „irgend“ ist im Abdrucke weggeblieben.

„„wie etwa ohne dieselbe der Zweck am besten zu erreichen sey.““

(Entw. §. 206. S. 365—366. T.)

Zu Th. I. Tit. 25.

Von dem Verfahren bei Untergerichten.

§. 180.

Zu §. 5. Nr. 2. Siehe §. 1. des „„Anhangs zu §. 12. der Einleitung.““

(Entw. §. 207. S. 366.)

§. 181.

Zu §. 26. *) Der Appellationsbericht muß auch in diesem Falle bei dem Untergerichte eingereicht werden.

(Entw. §. 209. S. 366.)

§. 182.

Zu §. 30. Das Revisionsurtel „„muß, sobald es bei „„dem““ Landes-Justizcollegio „„eingehet,““ dem Untergerichte verschlossen mit der Anweisung zugefertigt „„werden,““ nach geschehener Publikation desselben eine Abschrift davon „„zu den „„Akten des Obergerichts““ einzureichen.

(Entw. §. 210. S. 366—367.)

§. 183.

Zu §. 31. Wegen der revisiblen Summe „„tritt die „„Vorschrift des §. 129. des Anhangs zum §. 2. Titel 15. „„Th. I. ein.““

(Entw. §. 211. S. 367.)

§. 184.

Zu §. 50. **) „„Siehe §. 66. des Anhanges zum §. 19. „„Tit. 10. Th. I.““

(Entw. §. 214. S. 368.)

---

*) Der §. 208. des Entw. ist weggefallen. (S. 366.)

**) Die §§. 212. 213. 215. und 216. des Entw. sind weggefallen. (S. 368—369.)

Zu Th. I. Tit. 27.

Vom Wechselprozesse.

§ 185.

Zu §. 30. Der Deputirte muß am Schlusse der Instruktion die Parteyen auf den nächsten Gerichtstag zu Publikation des Urtels ausdrücklich bestellen und, daß dies geschehen, im Protokoll bemerken.

(Entw. §. 217. S. 370.)

§. 186.

Zu §. 44. Ist der Beklagte in erster Instanz verurtheilt, in zweiter aber losgesprochen und von dem Kläger dagegen revidirt worden; so hat die Vollziehung des ersten Erkenntnisses nichts desto weniger so lange ihren Fortgang, bis das zweite „„Urtel"" rechtskräftig geworden ist.

(Entw. §. 218. S. 270.)

§. 187.

Zu §. 45. Eine bloß landreuterliche Observation findet bei der Wechselexekution nicht statt, vielmehr muß der „„Schuldner auf Verlangen des Klägers"" in das bürgerliche Gefängniß abgeliefert werden.

(Entw. §. 219. S. 370—371.)

§. 188.

„„Hat der Wechselgläubiger auch ein Pfand in Händen, „„so kann in Ermangelung einer entgegenstehenden ausdrück„„lichen Verabredung der Personalarrest nicht anders verhängt „„werden, als wenn das Pfand herausgegeben worden."",

(Neuer Zusatz. S. 371. B.)

Zu Th. I. Tit. 28.

Von exekutivischen Prozessen und von der Klage aus einem Judikat.

§. 189.

Zu §. 1. „„Unter““ dem Ausdruck: »Verschreibung« werden nur einseitig ausgestellte Instrumente verstanden; aus zweiseitigen Verträgen findet der Exekutivprozeß nicht statt.

(Entw. §. 220. S. 372.)

§. 190.

„„Aus Schuldinstrumenten, welche an sich den Exekutiv-„„prozeß begründen, kann auch alsdann, wenn sie auf Kün-„„digung lauten, exekutivisch geklagt werden. Es muß aber „„bei der Einreichung der Klage zugleich bescheinigt werden, „„daß die Kündigung zur gehörigen Zeit, wenn auch““ nur außergerichtlich, „„wirklich geschehen sey.““

(Entw. §. 220. S. 372.—374. B. und P.)

§. 191.

Zu §. 2. No. 1. „„Auch““ aus Notariats-„„Urkunden, „„welche in den mit der Preußischen Monarchie wieder ver-„„einigten Provinzen nach dem dort gültig gewesenen Fran-„„zösischen oder Westphälischen Recht““ aufgenommen worden, kann „„der exekutivische Prozeß eingeleitet werden.““

(Entw. §. 221. und 222. S. 374—378. P. und S.)

§. 192.

Zu §. 2. Nr. 7.*) Aus Schuldinstrumenten, welche von „„nicht wechselfähigen““ Personen in „„Form eigner „„Wechsel““ ausgestellt „„worden,““ kann nur so lange exekutivisch geklagt werden, als deren Wechselkraft — insofern

*) Der §. 223. des Entw. ist weggefallen. (S. 378—379.)

sie von wechselfähigen Personen ausgestellt wären — nicht erloschen seyn würde.

(Entw. §. 224. S. 379—380. B. und P.)

§. 193.

Zu §. 4. „„Wenn der Beklagte auch nur unter der „„im ordentlichen Prozeß üblichen Verwarnung vorgeladen „„worden; so kann dennoch die Instruktion und das Erkennt„„niß im Wege des Exekutivprozesses erfolgen.““

(Neuer Zusatz. S. 380—381. T.)

§. 194.

Zu §. 4. Nr. 1. „„Leistet der Schuldner““ die Zahlung zur „„Verfallzeit““ nicht; so muß er „„dem Gläubiger „„alle durch das vorausgegangene Verfahren““ verursachte Kosten erstatten.

(Entw. §. 225. S. 380.)

§. 195.

Zu §. 14. „„Die““ fünfjährige Frist „„läuft vom „„Tage des Judikats, wenn auch inzwischen Exekution nach„„gesucht worden.““

(Entw. §. 226. S. 382. B.)

§. 196.

Zu §. 15.*) „„Es hängt nicht von dem Gläubiger ab, „„ob er eine Klage anstellen, oder bloß einen Zahlungsbefehl „„nachsuchen wolle. Nur letzterer kann erlassen werden, es sey denn, daß der Gläubiger anzeigt,““ der Schuldner habe seine Zahlungsverbindlichkeit schon außergerichtlich bestritten.

„„Aus dem erlassenen Zahlungsbefehl kann auch die Sub„„hastation nachgesucht werden.““

(Entw. §§. 227. und 228. S. 382—383.)

---

*) Der §. 229. des Entw. ist weggefallen. (S. 384—385.)

Zu Th. I. Tit. 29.

Von Arresten.

§. 197.

Zu §. 22. bis 25.*) Siehe §. 160. bis 170. „„des Anhanges zu §. 106. bis 108. Titel 24. Theil I.““

(Entw. §. 232. S. 387.)

§. 198.

Zu §. 43.**) „„Hat““ ein hiesiger Unterthan gegen einen „„auswärtigen““, welcher von ihm in dem auswärtigen foro belangt worden, auf dessen in hiesigen Landen „„befindliches““ Vermögen „„einen““ Arrest nachgesucht „„und ist von einem““ Arrest in dringenden Fällen „„ die Rede; so tritt das im „„§. 43. vorgeschriebene Verfahren ein,““ es „„sey““ denn, daß der Kläger der in dem auswärtigen foro angestellten Klage „„entsagt““ und auf die Fortsetzung der Sache bei den hiesigen Gerichten „„anträgt.““

„„Ein““ gewöhnlicher Arrest kann in dem vorausgesetzten Falle nicht anders verfügt werden, als wenn das einländische Gericht von dem ausländischen, bei welchem die Hauptsache anhängig ist, darum gebührend requirirt wird.

(Entw. 235. S. 390—391. T. und K.)

§. 199.

Zu §. 52. „„Wird in dem Haupturtel der Arrest für „„zulässig erklärt, so muß derselbe sofort angelegt werden.““

(Neuer Zusatz. S. 391. T.)

§. 200.

Zu §. 68. Eine Verlängerung der zur Anzeige der Appellationsbeschwerde festgesetzten dreitägigen Frist findet ohne Unterschied der Fälle nicht statt, „„der Appellant mag an dem

*) Die §§. 230. und 231. des Entw. sind weggefallen. (S. 386—387.)

**) Die §§. 233. und 234. des Entw. desgl. (S. 388—389.)

„„Orte, wo das Gericht seinen Sitz hat, sich in Person aufhal„„ten, oder nur daselbst einen Bevollmächtigten bestellt haben.““

(Entw. §. 236. S. 393 — 394. P.)

§. 201.

Zu §. 76. 88. bis 90. Wider regierende deutsche Fürsten, wider abgetheilte Fürsten aus den Häusern der regierenden deutschen „„Fürsten, desgleichen wider““ fremde am „„hiesigen““ Hofe accreditirte Gesandte und gegen „„alle““ andere Geschäftsträger eines andern Staates am „„hiesigen““ Hofe, die nicht bei ihrer Bestallung der „„einländischen““ Gerichtsbarkeit unterworfen geblieben „„sind,““ findet kein Arrest „„statt.““

(Entw. §. 237. S. 394—398. T. und P. s. oben S. 652.)

§. 202.

„„Dagegen sind““ andere Fürsten als die „„vorge„„nannten, fremde, durchreisende, nach einem dritten Hofe „„oder Staate bestimmte Gesandte und fremde, durchreisende „„Hof-, Kriegs- und Staatsbediente, die in Angelegenheiten „„ihres Hofes oder Staats an einen dritten Hof oder Staat „„geschickt werden, dem Arrest unterworfen. Jedoch muß vor „„der Verfügung desselben an den Justizminister berichtet wer„„den, welcher über die gemeinschaftlich zu ertheilende Vor„„bescheidung mit dem Ministerio der auswärtigen Angelegen„„heiten Rücksprache zu nehmen hat.““

(Entw. §. 236. S. 394—398. T. und S.)

§. 203.

„„Ist es““ notorisch „„oder bekannt““, oder von dem Extrahenten angezeigt, „„daß derjenige, wider welchen der „„Arrest nachgesucht worden, zu den in dem vorhergehenden „„§phen erwähnten Personen gehört;““ so soll an „„ihn““ vor eingegangener „„Bescheidung““ auf die Anfrage keine Insinuation geschehen. „„Verlangt aber der““ Extrahent ausdrücklich „„die Kommunikation des Arrestgesuchs, so soll

„„ihm solches nachgegeben, der Bekanntmachung an den Ar-
„„restaten aber beigefügt werden,““ daß die Anfrage geschehen und die Bescheidung auf solche abzuwarten sey.

(Entw. §. 237. S. 394—398. S.)

§. 204.

„„Insofern es nicht notorisch oder sonst bekannt ist, daß
„„der Arrestat zu den im §. 202. des Anhangs benann-
„„ten Personen gehöret, muß der Extrahent des Arrestes bei
„„dessen Aufnehmung darüber, ob dieses seines Wissens der
„„Fall sey, vernommen werden. Kömmt erst durch die An-
„„zeige des Arrestandi*) die vorhin gedachte Qualität dessel-
„„ben zur Sprache, so muß der Richter darüber Bescheini-
„„gung erfordern, sich aber auch mit einer solchen begnügen,
„„welche ihm die Richtigkeit der Angabe wahrscheinlich macht.““

(Entw. §. 237. S. 394—398.)

§. 205.

„„Gegen andere Fremde kann der Arrest, den gesetzlichen
„„Vorschriften gemäß, ohne Anfrage verfügt werden; jedoch
„„soll, wenn es Personen von einigem Ansehen oder Range
„„sind, nach der Verhängung des Arrestes davon unverzüg-
„„lich dem Justizminister zur Benachrichtigung des Ministerii
„„der auswärtigen Angelegenheiten Anzeige gemacht werden.““

(Entw. §. 237. S. 394—398. S.)

§. 206.

„„Bei solchen gegen Fremde zu verfügenden Arresten ist
„„nicht sogleich und ohne Hinsicht auf die Personen mit Ein-
„„setzung des Arrestaten in das Gefängniß zu verfahren, son-
„„dern es müssen, vornehmlich gegen Fremde höheren Ranges,
„„die gelinderen Wege der Ankündigung des Stadt- oder
„„Hausarrestes, Observation, Beschlagnehmung der Reisepässe,

*) Beim Abdrucke ist dem Worte „Arrestandi“ substituirt worden: „Arrestaten.“

„„Inhibition an den Gastwirth wegen Verabfolgung von „„Pferden, Wagen, Reisegeräthschaften und anderer Effekten, „„gewählt werden.““

(Entw. §. 237. S. 394 — 398.)

§. 207.

So oft ein Personal- oder Realarrest gegen einen sich in hiesigen Landen aufhaltenden Fremden verhängt wird, „„muß demselben allemal in der deshalb an ihn ergehenden““ Verfügung bekannt „„gemacht werden,““ daß ihm nach „„Theil I.““ Titel 29. §. 63. und 70. freistehe, den Arrest durch eine „„auf den Betrag der gegen ihn eingeklagten, von „„dem Kläger jederzeit bestimmt anzuzeigenden Forderung, und „„der wahrscheinlich entstehenden Kosten““ zu bestellende Kaution sofort abzuwenden.

(Entw. §. 237. S. 394 — 398.)

§. 208.

Gehört der Arrestat zu den höhern Ständen „„oder ste- „„het derselbe in ansehnlichen Militair- oder Civildiensten eines „„fremden Staates,““ oder sind sonst nach dem Ermessen des Präsidii oder Dirigenten Gründe vorhanden, ihn mit ausgezeichneter Schonung zu behandeln, so muß, indem der Arrestschlag verfügt wird, ein „„Sekretarius““ abgeordnet werden, um ihm die „„oberwähnte““ Befugniß (§. 207.) noch besonders mündlich zu erklären und ihn zu vernehmen, „„inwiefern „„er von derselben Gebrauch zu machen gedenke.““

(Entw. §. 237. S. 394 — 398.)

§. 209.

„„Erklärt““ der Fremde „„hierauf, daß er““ bereit „„sey, Kaution zu bestellen, und bietet er baares Geld oder „„solche Staatspapiere an, womit nach den Gesetzen Kaution bestellt werden kann;““ so muß, „„sobald der““ hinlängliche Betrag deponirt „„worden, der Arrest sofort, ohne daß es einer““ Vernehmung des Klägers „„bedarf, aufgehoben““ werden, „„und der Sekretarius ist jedesmal““ zu autorisiren, „„auf diesen Fall die zur Aufhebung des Arrestes erforderliche „„Verfügung““ ohne weitere Rückfrage „„zu treffen.““

(Entw. §. 237. S. 394—398.)

§. 210.

Erbietet sich der Arrestat, auf andere Art Kaution zu bestellen, so muß der „„deputirte Sekretarius unverzüglich““ den Kläger oder „„dessen Bevollmächtigten““ zur Erklärung auffordern, und „„wenn solche beifällig ausfällt, auf das deshalb „„aufzunehmende Protokoll““ die Verfügung wegen Aufhebung des Arrestes treffen. „„Entsteht hingegen über die Hinlänglichkeit der Kaution ein Streit, welcher in Güte nicht beigelegt werden kann, so muß der Sekretarius das deshalb „„aufzunehmende““ Protokoll ungesäumt zum Vortrag befördern, da denn, wenn sich ergiebt, daß die Kaution unbedenklich „„für hinlänglich geachtet werden kann,““ nach deren Bestellung der Arrest durch ein bloßes Dekret, gegen welches kein Rechtsmittel statt findet, aufgehoben werden „„muß.““ Hiervon findet nur alsdann eine Ausnahme statt, wenn wegen einer Wechselschuld Personalarrest verhängt ist, indem ein solcher Arrest wider den Willen des Klägers nicht anders als durch baare Deposition der streitigen Summe „„abgewandt „„werden kann.““

(Entw. §. 237. S. 394—398. T.)

§. 211.

Ist die Kaution „„so angethan,““ daß deren Annahme nicht für unbedenklich zu achten, so muß über deren Zulässigkeit rechtliches Gehör und Erkenntniß erfolgen und „„dabei „„überall nach den Vorschriften §. 63. und folg.““ verfahren werden.

(Entw. §. 237. S. 394—398.)

§. 212.

„„Sobald““ der Arrest einen Fremden betrifft, soll die Frage, ob es bei dem Arreste zu belassen, oder derselbe wieder aufzuheben, auf Verlangen des Arrestaten jedesmal „„ohne „„Unterschied der Fälle““ von der Hauptsache getrennt werden, „„wenn nicht““ diese an sich schon den Wechsel- oder Exekutivprozeß begründet, „„und muß die Instruktion in jedem „„Falle ganz vorzüglich beschleunigt werden.““

(Entw. §. 237. S. 394—398.)

Zu Th. I. Tit. 30.

Vom Verfahren in Merkantil- oder Meß- und Handlungs-, desgleichen in Assekuranzsachen.

§. 213.

Zu §. 56. Die Revision ist „„auch““ in dem Falle „„unzulässig,““ wenn die Sache in erster Instanz nicht von Schiedsrichtern, sondern von den gewöhnlichen Gerichten entschieden worden.

(Entw. §. 238. S. 399.)

Zu Th. I. Tit. 31.

Vom Verfahren in Possessorio summariissimo und Spoliensachen.

§. 214.

Zu §. 18.*) „„Haben Naturbegebenheiten oder andere „„unabwendbare Zufälle es dem Beklagten unmöglich gemacht, „„den Termin in Person oder durch einen Bevollmächtigten

---

*) Der neue Zusatz von B. zum §. 1. h. t. ist nicht aufgenommen worden. (S. 399—400.)

Der §. 239. des Entw. ist weggefallen (S. 401.)

„„abzuwarten und hat derselbe zugleich nachgewiesen, daß es „„ihm ohne das geringste Verschulden von seiner Seite unmög„„lich gewesen sey, das eingetretene unabwendbare Hinderniß „„vor dem Termin anzuzeigen; so findet die Wiedereinsetzung „„in den vorigen Stand statt.

(Neuer Zusatz. S. 401—402. T.)

§. 215.

„„Wegen des Kostenpunkts ist die Appellation nach den „„Bestimmungen des §. 3. Titel 14. Theil I. zulässig.““

(Entw. §. 240. S. 401.)

Zu Th. I. Tit. 34.*)

Vom Verfahren in Injuriensachen.

§. 216.

Zu §. 1. bis 11. In Injuriensachen wird das Verfahren erster Instanz nicht nach den „„hier ertheilten““ Vorschriften eingeleitet; „„es soll vielmehr““ jederzeit nach den §. 4. bis 7. Titel 26. „„Th. I.““ verfahren „„werden““, und davon nur „„alsdann eine““ Ausnahme statt finden, wenn eine Verwundung erfolgt ist, oder Personen, welche durch Geburt oder Rang eine vorzügliche Achtung zu fordern berechtigt sind, gröblich beleidigt worden, in welchen Fällen der zweite Abschnitt Titel 35. „„Theil I.““ zur Richtschnur „„dient.““

(Entw. §. 241. S. 404—405.)

§. 217.

Wider die in Injuriensachen ergehenden Urtel, worin entweder auf eine, die Summe von 5. Thlrn. nicht übersteigende Geldstrafe erkannt, oder jemand aus dem Bauer- oder gemei-

---

*) Die neuen Zusätze von T. zu den §§. 31. und 33. Th. I. Tit. 32. sind nicht aufgenommen worden. (S. 403—404.)

nen Bürgerstande zur Gefängnißstrafe von nicht mehr als 24. Stunden verurtheilt worden, soll kein Rechtsmittel statt finden, sondern das Erkenntniß nach dessen Publikation unverzüglich vollstreckt werden.

(Entw. §. 242. S. 405—406.)

§. 218.

Ist auf eine härtere, jedoch nicht mehr als 50. Thlr. betragende Geldbuße erkannt, so ist dem Bestraften zu gestatten, ein Milderungsgesuch einzureichen, und wird sodann das im §. 15. vorgeschriebene Verfahren beobachtet.

(Entw. §. 243. S. 406—407.)

§. 219.

Ein Gleiches findet statt, wenn jemand aus dem Bauer- oder gemeinen Bürgerstande zu mehr als 24stündigem Arrest, oder jemand aus den mittlern oder höheren Ständen überhaupt zu einer Gefängnißstrafe verurtheilt worden, „„insofern „„in beiden Fällen die Dauer der Strafe““ den Zeitraum von 4. Wochen nicht übersteigt.

(Entw. §. 244. S. 407.)

§. 220.

Ist auf eine „„härtere Strafe““ als 50. Thlr. „„Geld- „„buße““ oder „„vierwöchentliches Gefängniß““ erkannt „„worden““, so findet das Rechtsmittel der weitern Vertheidigung statt,„„ und das Verfahren wird durch die““ Vorschriften des §. 88. „„und folg.““ Titel 35. „„Theil I. bestimmt.““

(Entw. §. 246. S. 408.)

§. 221.

In „„allen Fällen, in welchen““ der Bestrafte ein Milderungsgesuch „„anbringt““, oder „„das Rechtsmittel der „„weitern““ Vertheidigung „„einwendet,““ muß die Eingabe oder das aufgenommene Protokoll dem Gegner mitgetheilt und ihm freigestellt werden, binnen einer kurzen präklusivischen Frist eine Gegenausführung einzureichen, auf deren Inhalt bei Entscheidung der Sache Rücksicht zu nehmen ist.

(Entw. §. 247. S. 409.)

§. 222.

Wenn darüber Zweifel entstehet, „„zu welcher Klasse des „„Bürgerstandes der Kläger oder Beklagte gehört,““ so muß der Richter erster Instanz nach der ihm beiwohnenden Kenntniß seiner Gerichtseingesessenen uud nach der allgemeinen Meinung, worin dieses oder jenes Individuum bei seines Gleichen stehet, pflichtmäßig bestimmen, „„zu welcher Klasse des Bür„„gerstandes, ob zu dem höhern, mittlern oder niedern, die Partey, von der die Rede ist, gehört.““ Hierüber muß sodann mit Anführung der Gründe das Erforderliche zu den Akten verzeichnet werden, um dadurch das Ermessen der höhern „„Richter““ gehörig vorzubereiten.

(Entw. §. 245. S. 407—408. S.)

§. 223.

Zu §. 13. bis 16. „„Ist““ wegen harter Beschimpfungen oder Realinjurien geklagt worden, oder „„gehört““ der Kläger zu den mittlern oder höhern Ständen, „„so““ soll diesem freistehen, darüber, daß der Beklagte freigesprochen, oder vermeintlich zu gelinde bestraft worden, ein Rechtsmittel einzuwenden. Die Zuziehung und Vernehmung eines fiskalischen Bedienten „„fällt dabei weg.““

(Entw. §. 248. S. 409.)

§. 224.

Das vom Kläger einzuwendende Rechtsmittel muß jedoch bei Verlust desselben bei der Publikation angemeldet werden, vorausgesetzt, daß „„der Kläger““ sich persönlich gegenwärtig befunden hat. „„Ist letzteres nicht der Fall gewesen, so tritt „„die gewöhnliche Appellationsfrist ein. Auf die Anmeldung „„wird dem Kläger““ eine kurze präklusivische Frist zur Ein=

reichung einer Deduktion und nach Eingang derselben dem „„Beklagten““ eine gleichmäßige Frist zur Gegendeduktion bestimmt.

(Entw. §. 248a. S. 410. und S. 409. T.)

§. 225.

„„In allen Fällen, in welchen in zweiter Instanz ein „„in erster Instanz Freigesprochener zur Strafe verurtheilt „„oder““ die erkannte Strafe geschärft „„worden, stehet „„dem Verurtheilten frei, auf eine nochmalige Entscheidung „„der höhern Instanz anzutragen.““

(Entw. §. 249. S. 410—414. P. und S.)

§. 226.

Hat der Kläger mit der Injurienklage zugleich den Anspruch auf Ersatz des ihm an seiner Gesundheit oder an seinem Vermögen zugefügten Schadens verbunden, so bestimmt der Betrag der geforderten Entschädigung die Zulässigkeit der Appellations- oder Revisionsinstanz nach den allgemeinen deshalb geltenden Vorschriften.

(Entw. §. 250. S. 414.)

§. 227.

Wenn in Injuriensachen der Kläger vor Publikation des ersten Urtels „„seiner Klage oder Denunciation““ ausdrücklich entsagt, oder wenn beide Theile sich vor diesem Zeitpunkte vergleichen; so nimmt das Gericht von dem Vorfall keine weitere Kenntniß, und es wird mit Reposition der Akten verfahren, „„wobei es keinen Unterschied macht, ob ein bloßer In- „„jurienprozeß eingeleitet oder eine fiskalische Untersuchung er- „„öffnet worden.““

(Entw. §. 251. S. 414—416. T.)

§. 228.

Wegen der Einwendung des Beklagten, daß der dem Kläger gemachte schimpfliche Vorwurf in der Wahrheit gegründet sey, soll das Verfahren in der Injuriensache „„nicht““ ausgesetzt, sondern nur dem Beklagten freigestellt werden, darüber Beweismittel beizubringen, daß er hinlängliche Veranlassung gehabt habe, den Vorwurf für wahr zu halten. Wird dieses vom Beklagten bewiesen, so muß ihm solches als Milderungsgrund zu statten kommen, und dem Ermessen des erkennenden Gerichts bleibt es überlassen, ob gegründete Veranlassung zu einer „„Untersuchung wider den Beleidigten““ vorhanden sey.

(Entw. §. 252. S. 416—417.)

§. 229.

Der Antrag auf Privatgenugthuung durch Verweis, Abbitte oder Ehrenerklärung findet nicht ferner statt; vielmehr muß in dem Erkenntnisse bloß „„über die Strafe erkannt““ werden, wobei es dem Kläger frei stehet, eine Ausfertigung der Urtelsformel auf Kosten des Beleidigers zu verlangen, und bei Beleidigungen, die durch Pasquille zugefügt worden, die erkannte Strafe öffentlich bekannt zu machen.

(Entw. §. 253. S. 417.)

§. 230.

„„Ist gegen““ ein Contumacialerkenntniß ein Milderungsgesuch „„angebracht worden,“ so muß die Instruktion wegen der zur Entschuldigung angeführten Thatsachen vom Richter jederzeit veranlaßt werden.

(Entw. §. 254. S. 417—418.)

§. 231. *).

Das „„im §. 216. des Anhangs““ vorgeschriebene abgekürzte Verfahren hat übrigens auf „„die Beschaffenheit““ des Beweises keinen Einfluß; es begründet mithin die Aussage eines einzigen Zeugen keinen vollen Beweis.

(Entw. §. 256. S. 418.)

*) Der §. 255. des Entw. ist weggefallen. (S. 418.)

§. 232.

„„Der Eid ist in Injuriensachen als ein zulässiges Be=
„„weismittel nicht anzusehen.““

(Zusatz. S. 417. B.)

§. 233.

Zu §. 26. und folg. „„Die im §. 26. u. folg. ent=
„„haltenen Ausnahmen von den Regeln des Gerichtsstandes
„„in Absicht der gegen Militairpersonen ausgeübten Beleidi=
„„gungen finden nicht mehr statt. *)

(Entw. §. 257. S. 418—419. T.)

§. 234.

„„Officieren, welche wegen Injurien klagen, soll die Vor=
„„schrift des Allgemeinen Landrechts Thl. II. Tit. 20. §. 654.
„„nach welcher ihnen freisteht, wenn sie keine Injurienklage
„„anstellen wollen,““ die ihnen widerfahrne „„Beleidigung““
nebst den Beweismitteln „„über die Thatsachen, dem Rich=
„„ter““ bloß zur Untersuchung „„anzuzeigen,““
„„nebst““ deren Wirkung „„vor Einleitung des Verfahrens““
jederzeit bekannt gemacht werden.

(Entw. §. 258. S. 420.)

§. 235.

Wenn von den zum Königlichen Hofstaate gehörigen Officianten, Livreebedienten oder Stallleuten Klagen gegen ihres Gleichen, ihre Vorgesetzte „„oder““ Untergebene über im Dienst erlittene Injurien angebracht werden, so haben die Gerichte solche nicht anzunehmen, sondern die Kläger damit

---

*) Im Abdrucke ist hinzugefügt:

„In wechselseitigen Injuriensachen ist jedoch die gegen die Militairperson vom Militairgericht erkannte Strafe nicht eher zu vollstrecken, als bis auch über die Verschuldung der Civilperson vom Civilgericht erkannt worden ist.“ (S. 419.)

an den Hofmarschall oder an den Oberstallmeister zu verweisen. *).

(Entw. §. 259. S. 420—421.)

§. 236.

„„Ist von einem Regierungsofficianten aus Veranlassung „„seines Amtes Jemand beleidigt worden, und will dieser die „„Beleidigung nicht im Wege des Prozesses oder der Unter„„suchung, sondern nur als eine Verletzung der Amtspflichten „„rügen, so gehört die Sache als eine Disciplinarangelegen„„heit vor die Dienstbehörde.““

(Zusatz zu dem Entw. §. 260. S. 422—423. T.)

§. 237.

Zu §. 32. Alles, was von den Kosten in Prozessen überhaupt und vom Armenrechte gilt, findet auch in Injurienprozessen Anwendung.

(Entw. §. 261. S. 423.)

Zu Th. I. Tit. 35.

Von fiskalischen Prozessen und Untersuchungen.

§. 238.

Zu §. 1. bis 3. Die Regierungen „„sind befugt, in „„Sachen ihres Ressorts““ Prozesse ohne Anfrage nach ihrer pflichtmäßigen Ueberzeugung anhängig „„zu““ machen, oder sich darauf „„einzulassen““ und durch die gesetzlichen Instanzen „„fortzusetzen.““ Es bedarf daher auch der Gehehmigung der höhern Behörde in Ansehung der Forstprozesse nicht.

(Entw. §. 262. S. 423—424. T.)

---

*) Der neue Zusatz von T. ist weggeblieben. (S. 421.) Desgl. der §. 260. des Entw. (S. 422.)

§. 239.

Zu §. 11. In allen fiskalischen Civilprozessen steht es den Regierungen frei:

1. nach der Analogie der Allgemeinen Gerichtsordnung Th. I. Tit. 3. §. 21., ohne daß dadurch der Gang der Instruktion aufgehalten „„wird,““ oder der Gegenpartey Kosten verursacht werden, außer dem gewöhnlichen Stellvertreter des Fiskus, noch einen andern Deputirten abzuschicken, welcher der Instruktion beiwohnt und darauf „„sieht,““ daß überall „„eine richtige, deutliche und vollständige Auseinandersetzung der Thatsachen erfolge,““ nichts von Erheblichkeit übergangen, und bei Aufnehmung der Beweise mit genauer und gründlicher Sorgfalt verfahren werde. Dieser Deputirte darf sich übrigens in die Leitung des Verfahrens nicht mischen, oder eine Direktion desselben anmaaßen; er hat „„vielmehr““ bloß den eigentlichen Instruenten zu kontrolliren, und sich überhaupt in den §. 198. Titel 10. „„Theil I.““ vorgeschriebenen Grenzen zu halten;
2. „„sind die Regierungen befugt,““ vor Abfassung des Erkenntnisses ein schriftliches Gutachten zu den Akten zu geben, worauf, insofern es nicht auf bloße Rechtsfragen, „„sondern““ auf besondere landespolizeiliche oder finanzielle Verhältnisse und Verfassungen ankommt, von den Gerichten gebührende Rücksicht genommen, auch nach Befinden von ihnen die betreffende Regierung ersucht werden soll, einen Deputirten zu ernennen, der dem Vortrage der Sache bei dem Spruch beiwohne.

(Entw. §. 263. S. 424—425.)

§. 240.

Zu §. 12. „„Von den gegen den Post-Fiskus einge„„henden Klagen muß nicht der Regierung der Provinz, son-

„„dern dem Generalpostamt unmittelbar Nachricht gegeben werden.““

(Zusatz zu dem Entw. §. 264. S. 425—426. B.)

§. 241.

Zu §. 26.*) „„An außergerichtlichen““ Kosten „„können „„von““ der Regierung „„nur““ für die dem Fiskal zur Anstellung oder Beantwortung der Klage ertheilte Autorisation die gewöhnlichen Gebühren, außerdem aber nur die durch den Prozeß und die Herbeischaffung der nöthigen Nachrichten und Urkunden verursachten baaren Auslagen, wozu jedoch auch die Kopialien zu rechnen „„sind,““ zur Erstattung liquidirt werden.

(Entw. §. 266. S. 428—429.)

§. 242.

Zu §. 33. Liegt die Schuld der verzögerten Autorisation zu der zu leistenden Zahlung an „„der““ dazu „„ver„„urtheilten untergeordneten““ fiskalischen Station selbst, so tritt der Fall einer Exekution ad faciendum ein, welche gegen den Beamten, Rendanten rc. verhängt werden muß.

(Entw. §. 267. S. 429.)

§. 243.

Zu §. 34. „„Bei Contraventionen gegen Finanz- und „„Polizei- und andre zum Ressort der Regierungen gehörigen „„Gesetze, ingleichen bei Defraudationen landesherrlicher, den „„Regierungen zur Verwaltung übergebenen Gefälle und nutz„„baren Regalien sind die Regierungen berechtigt, nach einer „„summarischen Untersuchung die Sache durch eine Resolution „„zu entscheiden, auch die festgesetzte Strafe vollstrecken zu „„lassen, wenn der Beschuldigte nicht binnen zehn Tagen nach „„Empfang der Resolution auf förmliches rechtliches Gehör

*) Die §§. 264. u. 265. des Entw. sind weggefallen. (S. 425—428.)

„„und Erkenntniß bei dem kompetenten Obergericht anträgt. „„Zu dem Ende muß es in der Resolution ihm auch jedes„„mal bekannt gemacht werden, daß er diese Befugniß habe, „„ihrer aber verlustig gehe, wenn er binnen zehn Tagen vom „„Empfange keinen Gebrauch davon mache.““

„„Geschieht aber dieses, oder will die Finanzbehörde ihre „„Befugniß, die Sache durch eine Resolution zu entscheiden, „„nicht ausüben, so werden die Akten sogleich an das Lan„„des-Justizcollegium zur weitern rechtlichen Einleitung abge„„geben. Die Regierungen können jedoch im ersteren Falle „„die nöthigen Verfügungen wegen Sicherstellung der vor„„läufig festgesetzten Geldstrafe treffen, wenn sie solches für „„nöthig erachten. Zu diesen Verfügungen sind selbige auch „„dann noch berechtigt, wenn die Akten schon an das Gericht „„abgegeben worden, und die Justizbehörden sind schuldig, ih„„nen bei der Beitreibung der Geldstrafen den erforderlichen „„Beistand zu leisten.

(Entw. §. 271. S. 432—435. T. und P.)

§. 244.

„„Auch bei den von Militairpersonen begangenen Con„„traventionen und Defraudationen stehet den Civilbehörden „„nach §. 239. des Anhangs die Kognition zu, unter folgen„„den Einschränkungen:““

1. Wenn von der Bestrafung eines Officiers die Rede ist, und „„diese nicht““ bloß in Geldbuße und Konfiskation der defraudirten Sachen bestehet, „„die begangene straf„„bare Handlung vielmehr Gefängniß- oder Festungs„„strafe oder gar die Kassation nach sich ziehet; so müs„„sen sich die Civilbehörden alles Verfahrens enthalten „„und die Sache den Militairgerichten überlassen.““
2. „„In allen Fällen, in welchen sich die Angeschuldigten „„bei den von den Regierungen festgesetzten Strafen be-

„„ruhigt haben, oder in welchen von den Justizcollegien „„auf Strafe erkannt worden, geschiehet die Vollstreckung „„nicht von Seiten der Civilbehörden. Es muß viel„„mehr deshalb in Absicht der Officiere das kompetente „„Militairgericht und in Absicht der Unterofficiere und „„gemeinen Soldaten der Kommandeur einer solchen Mi„„litairperson requirirt werden. Letzterer hat alsdann „„ein Stand- oder Kriegsgericht nach Befinden anzu„„ordnen, von welchem die gegen einen Unterofficier oder „„gemeinen Soldaten festgesetzte Strafe in eine verhält„„nißmäßige Militairstrafe verwandelt werden muß, wo„„von der Regierung oder dem Justizcollegio Nachricht „„zu geben ist. Bei dieser Verwandlung darf sich jedoch „„das Stand- oder Kriegsgericht auf keine weitere Beur„„theilung der schon entschiedenen Straffälligkeit der „„Handlung einlassen.““

3. Hat sich ein Unterofficier oder gemeiner Soldat außer der Contravention oder Defraudation noch eines andern Vergehens schuldig gemacht, so gebührt die Untersuchung und Bestrafung desselben der Militairbehörde.
4. Bei „„der“‟Untersuchung wider einen Unterofficier oder gemeinen Soldaten „„soll,“‟ zur Erhaltung der Ordnung, „„ein“‟ von dem Kommandeur einer solchen Militairperson kommandirter Vorgesetzter des Denunciaten „„zugegen seyn.“‟
5. „„In Ansehung“‟ der Unterstaabsbedienten „„tritt das“‟ bei den Officieren „„vorgeschriebene Verfahren ein.“‟

(Entw. § 16. S. 184—186. B. und S.)

§. 245.

„„Haben beurlaubte Unterofficiere und Soldaten in Trei„„bung eines bürgerlichen Nahrungsgewerbes oder sonst eine „„Polizeicontravention begangen, worauf die Polizeigesetze eine

„„Geldstrafe verordnen, so ist von den Civilgerichten oder Poli„„zeibehörden auf diese gesetzliche Stafe zu erkennen, und solche „„zu vollstrecken.

(Entw. §. 18. S. 188. T.)

§. 246.

„„Sollte das Obergericht Kenntniß davon erhalten, daß „„eine von der Finanzbehörde eröffnete summarische Unter„„suchung gegen einen zur Sicherheit der künftigen Strafe „„bereits verhafteten Defraudanten zur Ungebühr verzögert „„wird, so muß auf die Abgabe der Akten gedrungen und, „„wenn solche nicht erfolgt, der Fall dem Justizminister an„„gezeigt werden.""

(Entw. 271. S. 433. und 435. T. und P.)

§. 247.

In Fällen, in welchen wegen Polizeicontraventionen die von den Polizeibehörden festgesetzte Strafe eine mäßige körperliche Züchtigung, vierzehntägiges Gefängniß oder Strafarbeit von dieser Dauer, oder Fünf Thaler Geldbuße nicht übersteigt, findet die Provokation auf rechtliches Gehör nicht statt, sondern es kann nur über die geschehene Festsetzung bei der „„der „„Polizeibehörde vorgesetzten Behörde geklagt"" werden.

(Entw. §. 270. S. 432. und 435. P.)

§. 248.

Vergehungen gegen Hoheitsrechte und Landes-Polizeiverordnungen, ingleichen Dienstvergehungen, gehören vor das kompetente Obergericht. Wegen der lokalpolizeilichen Contraventionen hat es einstweilen bei der bisherigen Verfassung sein Bewenden.

(Entw. §. 268. Absatz 1. S. 429.)

§. 249.

Untersuchungen wegen verbotenen Spiels gehören nicht mehr vor das Generalfiskalat, sondern vor die ordentlichen Gerichte des Denunciaten.

(Entw. §. 268. Absatz 2. S. 429.)

§. 250.

Ueber Defraudationen landes- und grundherrlicher Nutzungen, überhaupt wegen Vergehungen gegen Finanzgesetze, sind die Untergerichte „„die Untersuchungen zu führen und““ zu erkennen berechtiget, „„wenn,““

1. die darauf gesetzte Strafe incl. des Werths des „„Con- „„fiscati““ nicht Funfzig Thaler Geld- oder eine dieser gleichgestellte Gefängnißstrafe überschreitet,
2. der Contravenient nicht für seine Person unter dem Obergericht steht, und
3. die Finanzbehörde von der ihr nachgelassenen Befugniß: die Sache durch eine Resolution zu entscheiden, „„keinen““ Gebrauch gemacht hat.

(Entw. §. 269. S. 430—432. T.)

§. 251.

„„Die Untergerichte können, wenn diese Sachen (§. 250. „„des Anhangs) einmal an sie verwiesen sind, im Falle einer „„Saumseligkeit oder sonst nur von dem Obergericht mit An- „„weisung versehen werden.““

(Entw. §. 269. S. 430—432. T. und P.)

§. 252.

Untersuchungen gegen Regierungs „„Officianten““ über bloße Dienstvergehungen können die Gerichte nicht anders als auf einen vorher ergangenen Antrag der betreffenden Regierung einleiten, es „„sey““ denn, „„daß““ mit dem Vergehen ein solcher Exceß verbunden „„wäre,““ der den Thäter, auch wenn er*) nicht Officiant wäre, schon der Beahndung der Gesetze schuldig machte.

Wenn „„außerdem““ gegen einen Regierungsbedienten eine fiskalische Untersuchung eingeleitet werden soll, so muß

*) Im Abdrucke ist statt: „auch wenn er“ gesetzt worden: „wenn er auch.“

das Gericht solches sogleich von Amtswegen der betreffenden Regierung bekannt machen, und ihr demnächst das Erkenntniß mittheilen.

(Entw. §. 272. S. 436. S.)

§. 253.

„„Bei““ geringeren Vergehungen, „„deren Strafe nach „„den Umständen““ in einem Verweise, einer mäßigen körperlichen Züchtigung, „„einer““ Geldstrafe von nicht mehr als Funfzig Thaler; oder einem vierwöchentlichen Gefängniß bestehen würde, soll „„bei den Obergerichten folgendes abge„„kürzte Verfahren statt finden:““

1. Sobald dem Collegio ein dergleichen Vergehen angezeigt wird und aus der Denunciation und den derselben beigelegten Bescheinigungen der Zusammenhang der Sache nicht schon hinlänglich zu ersehen ist, „„wird““ deshalb der nähere Bericht der davon etwa Wissenschaft habenden königlichen in Eid und Pflicht stehenden Officianten erfordert, „„oder es ist die Vernehmung des Denuncian„„ten““ und „„der““ von ihm mitzubringenden Zeugen, weshalb ihm bei der Vorladung das Nöthige „„er„„öffnet werden muß, zu verfügen.““ Die solchergestalt näher substantiirte Denunciation „„wird dem Angeschul„„digten““ zur Verantwortung binnen einer auf 14. Tage bis 4. Wochen zu bestimmenden Frist mitgetheilt.
2. Der diesfälligen Verfügung ist die Warnung hinzuzusetzen, daß, wenn die Verantwortung binnen der geordneten Frist nicht eingehen würde, dafür angenommen werden solle, „„der Angeschuldigte““ wolle es auf die gerichtliche, förmliche Untersuchung ankommen lassen. Zugleich ist demselben zu eröffnen, daß er die Erlaubniß habe, die Verantwortung bei der ihm zunächst „„wohnenden““ Justizperson oder dem Collegio selbst zu Protokoll zu ge-

ben, und sich dazu durch Produktion „„der an ihn er„„lassenen Verfügung““ zu legitimiren, damit das Protokoll sodann von dieser Justizperson an das vorgesetzte Collegium befördert werde, wenn „„der Angeschuldigte““ Bedenken trage, die Verantwortung selbst schriftlich abzufassen und an die Behörde zu senden.

3. „„Dem Collegio bleibt““ unbenommen, „„den Ange„„schuldigten““ unter der erwähnten Verwarnung sofort „„zu einem Termin““ zur Abgabe seiner Verantwortung „„vorladen““ zu lassen, wenn vorauszusehen „„ist,““ daß „„derselbe““ sich schriftlich zu vertheidigen, nicht „„im Stande““ seyn möchte.

4. Nach Eingang einer solchen schriftlichen oder protokollarischen Verantwortung hat das Collegium, ohne ein weiteres Verfahren einzuleiten, sogleich nach Maasgabe der Verhandlung zu bestimmen, ob und welche Strafe durch das angeschuldigte Vergehen verwirkt sey, wobei auf die gesetzlichen Vorschriften in Verbindung mit den concurrirenden Umständen, vorzüglich auf die mehrere oder mindere Geisteskultur des „„Angeschuldigten““ und ob er aus Vorsatz oder aus Unachtsamkeit gefehlt, billig Rücksicht zu nehmen ist.

5. Die solchergestalt auf den Vortrag des Decernenten „„bei““ dem Collegio beschlossene Verfügung wird dem „„Angeschuldigten““ mit Eröffnung der Entscheidungsgründe mittelst Resolution bekannt gemacht, nebst der „„Bedeutung““, daß er die etwa arbitrirte Geldstrafe sammt Kosten binnen vier Wochen an die ihm namhaft zu machende Behörde, wenn er sich nicht am Orte des Collegii befindet, berichtigen, oder wenn auf Züchtigung oder Gefängniß concludirt worden, sich binnen gleicher Frist zur Erleidung der Strafe ebenmäßig bei der ihm

zu bezeichnenden Behörde melden müsse. „„Dabei ist „„ihm zu eröffnen, daß es““ ihm freistehe, gegen dergleichen Resolution auf förmliche Untersuchung und Entscheidung zu provociren, wenn ihm seiner Meinung nach zu nahe geschehen sey, weshalb jedoch die Anzeige gleichfalls binnen der bestimmten vierwöchentlichen Frist bei der in der Resolution bemerkten Behörde geschehen müsse, widrigenfalls die festgesetzte Strafe zur Exekution zu bringen.

6. Zu diesem Behuf ist von der erlassenen Verfügung demjenigen Justizbedienten oder Untergericht, welches dem „„Angeschuldigten““ in der Resolution benannt wird, mit der Anweisung Nachricht zu geben, die Vollstreckung der Strafe nach achttägiger Ankündigung zu bewirken, wenn binnen der geordneten vierwöchentlichen Frist keine Anzeige des „„Angeschuldigten““ eingehet, oder derselbe noch vor Vollstreckung der Strafe auf förmliche Untersuchung provocirt, auch von dem Erfolge des Auftrags zu seiner Zeit an das „„kommittirende““ Collegium zu berichten.

7. Befindet sich der „„Angeschuldigte““ am Orte des Gerichts, welches die Strafe „„festsetzt““, so muß dieses unter Beobachtung der oben beschriebenen Modalitäten für die Realisirung der Verfügung selbst sorgen und den „„Angeschuldigten““ zugleich bedeuten, bei wem er sich zu melden habe.

8) Eines besondern documenti insinuationis über dergleichen an den „„Angeschuldigten““ zu richtende Strafverfügungen bedarf es nicht, sondern es ist hinlänglich, wenn solche zur Post gegeben und die Insinuation „„zu „„den Akten““ bescheinigt worden.

9. Was die Gebühren für Verhandlungen dieser Art betrifft; so können nur die Sätze der ersten Kolonne der

Sporteltaxe vom 11ten August 1787. zur Anwendung kommen. Der Betrag „„derselben““ ist unter Beilegung „„einer Specifikation““ dem „„Angeschuldigten““ zugleich in der Hauptverfügung „„mitzutheilen““, die Zahlung auch mit Bestimmung einer vierwöchentlichen Frist zu fordern. Gehet dagegen bei dem Collegio die Anzeige ein, daß „„der Angeschuldigte““ der Strafverfügung „„sich nicht““ unterwerfen wolle, oder ist das Vergehen, seiner aus der ersten Denunciation zu entnehmenden Erheblichkeit wegen, zu dem eben beschriebenen Verfahren nicht „„geeignet““, so muß dem Befinden nach die Kriminal= oder fiskalische Untersuchung gewöhnlichermaaßen eröffnet „„und der Salariencasse sofort Nach„„richt gegeben werden, daß die etwa schon liquidirten „„Gebühren bis zur Beendigung der Untersuchung zu „„suspendiren, wogegen die Casse die Zahlung zu urgi„„ren hat, wenn dergleichen Benachrichtigung nicht „„erfolgt.““

10. „„Die Verhandlungen über diese summarischen Untersu„„chungen sind gleich den Beschwerdeakten nach Jahr„„gängen in einem Bande zu sammeln, welchem ein Re„„gister vorzuheften ist, worin der Inhalt nach alphabe„„tischer Ordnung der Namen der Angeschuldigten mit „„Bemerkung der Seite angegeben werden muß.““

(Entw. §. 273. und Beil. S. 437—441. K. und P.)

§. 254.

„„Wenn die Regierung von ihrer Befugniß, das Ver„„gehen vorläufig zu untersuchen und die Strafe desselben fest„„zusetzen, Gebrauch gemacht hat, und die Sache gelangt „„durch Provokation des Angeschuldigten auf rechtliches Ge„„hör an das Obergericht, so findet das im vorhergehenden „„§phen bestimmte Verfahren keine Anwendung. Vielmehr

„„muß alsdann zur Eröffnung einer förmlichen Untersuchung „„geschritten werden.““

(Entw. §. 273. S. 437—441.)

§. 255.

Zu §. 40. Zur Begründung der fiskalischen Untersuchung „„ist, insofern sich der Fall nicht zu dem im §. 253. „„des Anhangs vorgeschriebenen abgekürzten Verfahren eig„„net““, die vorläufige Vernehmung der vorgeschlagenen Zeugen nicht „„erforderlich.““

Ausnahmen von dieser Regel treten nur alsdann ein:

1. wenn von Verhängung eines Personalarrestes gegen den „„Angeschuldigten““ die Rede ist,
2. wenn die besonderen Verhältnisse des Denuncianten oder „„Angeschuldigten““ eine nicht unwahrscheinliche Vermuthung „„begründen““, daß die Denunciation bloß, um zu verläumden, angebracht sey, oder wenn sich in den Angaben des Denuncianten Lücken oder innere Unwahrscheinlichkeiten finden, die nicht anders als durch eine von den Zeugen zu ertheilende Auskunft erlediget werden können,
3. wenn sonst der Richter nach seinem durch die obwaltenden speciellen Umstände geleiteten pflichtmäßigen Ermessen es nöthig findet, einen oder den andern der vorgeschlagenen Zeugen vorläufig, „„um Auskunft von der Sache „„zu erhalten, zu vernehmen. Die Vereidigung bleibt „„jedoch in einem solchen Falle ausgesetzt.““

(Entw. §. 274. S. 441—445. Anm. von G. — P.)

§. 256.

Zu §. 41. und 47. In allen „„geringfügigen““ Contraventions- und Defraudationssachen, in welchen aus der Denunciation mit Gewißheit hervorgeht, daß die verwirkte Strafe nicht mehr als Zehn Thaler an Gelde oder vierzehntägiges Gefängniß betragen wird, kann der „„Angeschuldigte““ gleich in der ersten Vorladung unter der Verwarnung vorgeladen werden, daß bei seinem Ausbleiben die Untersuchung in contumaciam fortgesetzt und geschlossen werden wird.

(Entw. §. 275. S. 445.)

§. 257.

Zu §. 44. Wenn ein „„Officiant der““ Regierung zum persönlichen Arrest gebracht werden soll, so muß solches der betreffenden Regierung sogleich von Amtswegen bekannt gemacht werden, der Exekutor muß das „„Benachrichtigungs-„„Schreiben““ dem Amtsvorgesetzten einhändigen, zugleich aber den, welcher in Arrest gesetzt werden soll, so lange unter Observation nehmen, bis wegen Verwaltung seines Amtes die nöthigen Vorkehrungen getroffen „„worden““ sind.

(Entw. §. 276. S. 445—446.)

§. 258.

Zu §. 58. „„Hält der Inquirent zur Ausmittelung „„der““ Wahrheit die Edition der in den Händen des „„An-„„geschuldigten““ befindlichen Bücher, Rechnungen, Dokumente und Skripturen „„für nothwendig; so ist der Ange-„„schuldigte dazu auf Erfordern verbunden.““ Behauptet „„derselbe““, dergleichen nicht zu besitzen, so muß er sich zum Editionseide erbieten und kann „„zu dem einen““ oder „„dem „„andern““, durch Strafbefehle und „„allenfalls““ durch Personalarrest angehalten werden.

(Entw. §. 277. S. 446.)

§. 259.

Zu §. 82.*) Wenn die Untersuchung mehrere Denunciationspunkte zum Gegenstand gehabt hat und nur einige da-

*) Der §. 278. des Entw. ist weggefallen. (S. 446—447.)

von erwiesen, die andern aber dergestalt unerwiesen geblieben sind, daß deshalb die völlige Freisprechung des „„Angeschul„„digten““ erfolgt; so müssen die, durch die Untersuchung dieser letztern unerwiesen gebliebenen Vergehen verursachten Kosten niedergeschlagen, oder nach Lage der Sache dem Denuncianten zur Last gelegt werden; es wäre denn, daß Denunciat zur Ausmittelung jener Denunciationspunkte schuldbarerweise Veranlassung gegeben hätte.

(Entw. §. 279. S. 447.)

§. 260.

„„In Untersuchungen gegen Unterofficiere und Soldaten „„(§. 17. und 18. des Anhangs) können keine Kosten genom„„men werden.““

(Vgl. S. 186. ff. und 324.)

§. 261.

„„In““ Accisecontraventionssachen „„werden die baa„„ren Auslagen, so wie sie der Fiskus in Criminalsachen trägt, „„incl. der durch besondere Verordnungen näher bestimmten „„Urtelsgebüren, von der Finanzbehörde vergütigt, insofern „„der Angeschuldigte zu deren Bezahlung nicht vermögend oder „„nicht verbunden ist, und im letztern Falle auch nicht etwa „„die Zahlungsverbindlichkeit des Denuncianten eintritt.““

(Entw. §. 280. S. 447—449. S.)

§. 262.

Magisträte und Gutsherrschaften sind in fiskalischen Untersuchungssachen für die Kosten „„zu haften, niemals ver„„bunden.““

(Entw. §. 281. S. 449.)

§. 263.

Die Kosten der Untersuchung gegen einen Officianten, welcher vorläufig „„vom Amte““ suspendirt ist, können aus dessen zurückbehaltenem Gehalte nur insofern gefordert und entnommen werden, als dieses letztere nicht für die interimistische Dienstverwaltung hat verwendet werden müssen.

Die Gerichte „„können jedoch““, gleich beim Anfang einer „„solchen““ Untersuchung, die vorgesetzte Behörde des „„suspendirten““ Officianten ersuchen, von dem „„eingezogenen““ Gehalte desselben eine verhältnißmäßige Summe zur Deckung der Kosten „„zurückzubehalten.““

(Entw. §. 282. S. 449.)

§. 264.

Zu §. 86. „„Zur Publikation des Erkenntnisses wird „„der Denunciat nach dem Ermessen des Inquirenten unter „„Androhung einer Geldstrafe, der Realcitation oder der Zu„„fertigung des Urtels in Kraft der Eröffnung vorgeladen.““

(Entw. §. 283. S. 450—451. T. und P.)

§. 265.

„„Die““ in Postcontraventionssachen „„verwirkten Geld„„strafen sind der Poststrafkasse zuzuerkennen. Auch““ müssen die Erkenntnisse „„in solchen Sachen,““ worin auf Geldstrafe erkannt worden, dem Generalpostamte jedesmal mitgetheilt werden.

(Entw. §. 283. S. 450—451.)

Zu Th. I. Tit. 36.

Von dem Verfahren gegen ausgetrene Vasallen und Unterthanen.

§. 266.

Zu §. 4. „Diese Vorschrift findet auch jetzt noch An„„wendung, nachdem der privilegirte Gerichtsstand des Fiskus „„aufgehoben worden.““

(Neuer Zusatz. S. 451—454. T.)

§. 267.

Zu §. 5. Die Ansprüche auf das Vermögen des Ausgetretenen werden nicht mehr im Namen der Invaliden-, sondern im Namen der Regierungs-Hauptkasse jeder Provinz geltend gemacht.

(Entw. §. 284. Absatz 1. S. 454—455. B.)

§. 268.

Zu §. 6. Der Confiskationsprozeß gegen einen „„Ausgetretenen““ kann auch während seiner Minderjährigkeit eröffnet werden; jedoch ist alsdann außer „„den““ nächsten Anverwandten „„des Ausgetretenen““ zugleich „„dessen““ Vormund zuzuziehen.

(Entw. §. 285. S. 456.)

§. 269.

Zu §. 19. *). Den im Lande gebornen und vor dem 12. Februar 1792. ausgetretenen Söhnen der eingewanderten und sich auf alten Stellen etablirten Ausländer kann der Confiskationsprozeß nicht gemacht werden, da ihnen die auf den Austritt haftende Strafe der Confiskation ihres Vermögens nicht „„angedroht““ ist.

(Entw. §. 287. S. 457.)

§. 270.

Zu §. 23. Die Verwandten eines abwesenden Cantonpflichtigen können durch Nachsuchung der öffentlichen Vorladung desselben Behufs der Todeserklärung die Folgen eines auf Instanz der Regierungs-Hauptkasse ergehenden Confiskations-Erkenntnisses in Ansehung künftiger Erbschaftsanfälle nicht entkräften. Es tritt vielmehr die Regierungs-Hauptkasse in des ausgetretenen Cantonpflichtigen Stelle, insofern nicht von den Miterben nachgewiesen werden kann, daß der Cantonist zur Zeit

*) Der §. 286. des Entw. ist weggefallen. (456—457.)

des Erbanfalls wirklich verstorben gewesen, „„oder““ das 70ste Jahr seines Alters vollendet gehabt. Im letztern Fall bleiben jedoch auch dann die Rechte der Regierungs-Hauptkasse ungekränkt, wenn dieselbe beweisen kann, daß der mehr als 70jährige Cantonist zur Zeit des Erbanfalls wirklich noch am Leben gewesen „„sey.““

(Entw. 288. S. 457—458.)

§. 271.

Zu §. 29. Sobald den Gerichten bei Gelegenheit einer Erbtheilung, durch die Publikation eines Testaments oder bei andern gerichtlichen Verhandlungen glaubhaft bekannt wird, daß einem „„des Kriegsdienstes wegen““ ausgetretenen „„Unterthan““ einiges Vermögen zugefallen sey, so müssen sie wegen dessen Sicherstellung sofort von Amtswegen das Nöthige verfügen, auch der vorgesetzten Regierung oder dem Fiskal davon ungesäumt „„Nachricht geben““, damit der Confiskationsprozeß veranlaßt und wegen der Einziehung des Vermögens die weitere Vorkehrung getroffen werden könne.

(Entw. §. 289. S. 458.)

§. 272.

Zu §. 30. Unter dem Ausdruck: gesammtes Vermögen wird sowohl das einländische, als das ausländische Vermögen verstanden.

(Entw. §. 290. S. 458.)

§. 273.

Zu §. 32. Wenn der ausgetretene Cantonist sich in Rußland befindet und der Aufenthalt desselben bekannt ist, so geschieht die Insinnation der Vorladung an seine Verwandte.

(Entw. §. 291. S. 459—460.)

§. 274.

Zu §. 33. Die specielle Vorladung solcher ausgetretenen Cantonisten, deren Aufenthalt in Nordamerika bekannt ist, kann, wenn auch kein Postenlauf dahin stattfindet, nicht unterbleiben, und die Gerichte haben sich wegen der Uebermachung „„und „„Bescheinigung““ solcher Vorladungen an den „„Gesandten““ in Hamburg zu wenden.

Wegen der sich in England aufhaltenden ausgetretenen Cantonisten ist die Vorladung durch Requisition des Postamts zu Hamburg weiter zu befördern.

(Entw. §. 292. S. 459—460.)

§. 275.

Zu §. 35. Werden mehrere Ausgetretene zusammen vorgeladen, oder kann deren Vorladung auf einen Tag geschehen, so ist die Citation zur Ersparung der Kosten in „„eine““ Bekanntmachung zusammen zu fassen.

Wegen der Aushänge und Insertionen in den Zeitungen sind die Vorschriften „„des Anhanges §. 59.““ zu §. 42. Tit. 7. „„Th. I““ zu beobachten.

(Entw. §. 293. S. 460—461.)

§. 276.

Zu §. 39.*) Zu den Kosten, „„welche durch den““ Verkauf der Grundstücke und Mobilien ausgetretener Cantonisten „„veranlaßt worden, ist der““ Fiskus etwas beizutragen, nicht verbunden, vielmehr sind solche, „„so weit sie ihn „„treffen,““ jederzeit niederzuschlagen.

(Entw. §. 295. S. 462.)

§. 277.

Die Kostenfreiheit des Fisci in Ansehung des Vermögens eines ausgetretenen Cantonisten erstreckt sich bis auf den Zeitpunkt seiner Entfernung zurück.

(Entw. §. 296. S. 462.)

§. 278.

Die Einsendung der Gelder geschieht an die Regierungs-

*) Der §. 294. des Entw. ist weggefallen. (S. 461—462.)

Hauptkasse jeder Provinz, und es ist der Regierung von der geschehenen Einsendung zu gleicher Zeit Anzeige zu machen.

(Entw. §. 297. S. 462—463.)

§. 279.

Zu §. 46. Auch gegen „„Deserteurs““ von „„solchen““ Regimentern oder Bataillons, „„welche nachher aufglöst worden, ingleichen““ gegen kriegsgefangene Ausländer, welche sich selbst „„in Freiheit gesetzt““ haben und ins Ausland zurückgegangen sind, „„wird der Confiskationsprozeß von den Kriegs„„gerichten instruirt.““

(Entw. §. 296. S. 463—464. B. und P.)

§. 280.

„„Gegen die von der Armee entwichenen Packknechte ist, „„wenn sie noch nicht im Lande sind, von den Gerichten ihres „„Geburts- oder Wohnorts der Confiskationsprozeß einzu„„leiten.““

(Entw. §. 298. S. 463—464. T. und P.)

§. 281.

Zu §. 52.*). „„Wenn die an den Abwesenden erlas„„sene besondere Vorladung gehörig bescheinigt worden, so kann „„der Umstand, daß keine Ediktalcitation erfolgt ist, das wei„„tere Verfahren nicht aufhalten.““

(Entw. §. 299. S. 464—465. S.)

Zu Th. I. Tit. 37.

Vom Verfahren gegen Verschollene.

§. 282.

Zu §. 3.**) „„Die Wirksamkeit der vormundschaftlichen

*) Der neue Zusatz von T. zu §. 53. h. t. (S. 465—468. und 454.) ist nicht aufgenommen.

**) Die §§. 300. 301. und 302. des Entw. sind weggefallen. (S. 468—472.)

„„Behörde (Allgemeines Landrecht Thl. II. Tit. 18. §. 825. „„826.) tritt erst alsdann ein, wenn keine Verwandten des „„Abwesenden bekannt sind, oder wenn die bekannten nächsten „„Verwandten von der ihnen zustehenden Befugniß, auf Todes- „„erklärung anzutragen, keinen Gebrauch machen.““

(Neuer Zusatz. S. 468—471. T. und P.)

Zu Th. I. Tit. 38.

Von dem Verfahren bei der Erklärung eines Menschen für einen Blödsinnigen oder Verschwender.

§. 283.

Zu §. 5. „„Der““ Curator „„wird von dem““ instruirenden Richter und nicht „„von der““ vormundschaftlichen „„Behörde““ bestellt.

(Entw. §. 303. S. 472—473. B und. P.)

§. 284.

„„Die Sorge““ für die Sicherstellung des Vermögens „„während““ der Instruktion des Prozesses „„liegt jederzeit „„dem Richter ob.““

(Entw. §. 305. Absatz 2. S. 474—475. B.)

§. 285.

Zu §. 6. Ein Arzt, der weder als Physikus, noch sonst gegen den Staat oder die Commune in besonderen Pflichten steht, hat keine Verbindlichkeit, sich dergleichen Geschäften zu unterziehen. Wenn der Curator und die Verwandten, aller Mühe ungeachtet, keinen Sachverständigen finden können, „„der „„sich““ zur „„Uebernehmung““ des Geschäfts „„verstehet““ und die Instruktion dadurch aufgehalten „„wird, so““ muß das Gericht die Medicinalbehörde „„wegen““ Ernennung eines Sachverständigen requiriren.

(Entw. §. 304. S. 473—474. B.)

§. 286.

Zu §. 8. „„Einer öffentlichen Bekanntmachung dieses „„Erkenntnisses bedarf es nicht.““

(Entw. §. 305. Absatz. 1. S. 474—475. T und P.)

Zu Th I. Tit. 40.

Vom Verfahren in Sponsalien und Ehesachen.

§. 287.

Zu §. 20. In allen Fällen, wo sich katholische Eheleute mit ihren Ehescheidungsklagen bei den Gerichten melden, muß ihnen gleich bei Einleitung des Prozesses bekannt gemacht werden: daß zwar ihre Klagen bloß nach den Vorschriften der allgemeinen Landesgesetze geprüft werden würden, und wenn sie hiernach gegründet befunden werden sollten, alsdann die Trennung der Ehe mit allen bürgerlichen Wirkungen erfolgen werde, auch es lediglich ihrem Gewissen überlassen bleibe, in wiefern sie davon zur Vollziehung einer zweiten Ehe Gebrauch machen wollten, daß aber, wenn bei erfolgter Wiederverheirathung die katholischen Geistlichen aus den Grundsätzen ihrer Religion Veranlassung nehmen sollten, ihnen die Sakramente zu versagen, solche zu deren Verabreichung nicht angehalten werden „„könnten;““ so wie denselben auch nicht zugemuthet werden könne, eine von ihnen einzugehende zweite Ehe durch die Trauung zu vollziehen.

(Entw. §. 306. S. 476)

§. 288.

Zu §. 22.*) Alle Sponsalien und Ehesachen gehören vor diejenigen Gerichte, welchen der Beklagte oder der Ehemann persönlich unterworfen ist. „„Hiernach werden alle auf

---

*) Der §. 308. des Entw. ist weggefallen. (S. 476—478.)

„„den Gerichtsstand in diesen Sachen"" Bezug habende Vorschriften dieses Titels von selbst „„abgeändert.""

(Entw. 309. S. 478—479.)

§. 289.

Zu §. 26. Den Gerichten bleibt es auch unbenommen, falls sie es den Umständen angemessen finden, den klagenden Ehegatten anzuweisen, sich wegen des Sühneversuchs an „„den „„Geistlichen seiner Confession"" zu wenden. „„Alsdann „„kann die"" Einleitung des Prozesses erst „„verfügt wer„„den,"" wenn der Kläger ein Attest des „„Geistlichen"" über den fruchtlos angestellten Sühneversuch eingereicht hat.

(Entw. §. 310. S. 479—480.)

§. 290.

Zu §. 32. In Ehescheidungssachen soll es der Bevormundung der Kinder nur dann bedürfen, wenn aus den Verhandlungen „„hervorgehet,"" oder dem Gericht bekannt ist, daß beide Ehegatten, „„oder auch nur einer"" sich der Verschwendung des Vermögens oder der Vernachlässignng der Erziehung „„ihrer"" Kinder verdächtig machen.

(Entw. §. 311. S. 480.)

§. 291.

Zu §. 43. „„Die Eheleute müssen befragt werden,"" ob sie bei der allgemeinen Wittwenkasse associirt sind, oder nicht. Im erstern Falle ist das Interesse „„derselben"" über diesen Punkt nach Anleitung des §. 26. litt. a. des Reglements für die allgemeine Wittwenverpflegungsanstalt vom 28. December 1775. bei erfolgender Trennung der Ehe zu reguliren, und sobald das Ehescheidungserkenntniß die Rechtskraft beschritten hat, die Generaldirektion gedachter allgemeinen Wittwenverpflegungsanstalt „„von Amtswegen davon"" zu benachrichtigen.

(Entw. §. 312. S. 480—481.)

§. 292.

Bei „„Ehescheidungsprozessen““ unter Katholiken müssen die Gerichte zur Vermeidung alles Anstoßes für andere katholische Glaubensgenossen die Termine entweder in ganz „„abge-„„sonderten““ Zimmern am Orte des Gerichts oder „„in „„Privatwohnungen““ abhalten.

(Entw. §. 313. S. 481—482.)

§. 293.

Zu §. 51. „„Die allgemeine Bestimmung in dem Er-„„kenntnisse:

„„daß einer oder der andere Theil die Ehescheidungsstrafe „„zu entrichten schuldig,

„„ist nicht hinreichend, vielmehr muß zur Vermeidung neuer „„Streitigkeiten näher ausgedrückt werden, was als Eheschei-„„dungsstrafe zu entrichten ist.““

(Neuer Zusatz. S. 482—483. T.)

§. 294.

Zu §. 56. Dieses Interimisticum „„behält,““ wenn die Ehescheidung auch durch das folgende Erkenntniß für unstatthaft erklärt wird, bis zur rechtskräftigen Entscheidung des Prozesses „„seine Kraft.““

(Entw. §. 314. S. 483.)

§. 295.

Zu §. 63. 64.*) „„Hat““ ein Ehegatte eines begangenen Verbrechens wegen, das nach den Gesetzen mit Zuchthaus- oder Festungsstrafe geahndet werden muß, die Flucht ergriffen, so kann der zurückgebliebene Ehegatte, der an diesem Verbrechen keinen Theil genommen, wegen der Veranlassung, welche diese Flucht zur Folge hat, sofort ohne Abwartung irgend einer Frist auf Trennung der Ehe und auf die deshalb

*) Die §§. 316. und 317. des Entw. sind weggefallen. (S. 484—486.)

zu erlassende öffentliche Vorladung des entwichenen Ehegatten, unter der Verwarnung, des angeschuldigten Verbrechens in Beziehung „„auf die Ehescheidungsklage für““ geständig „„er„„achtet zu werden,““ antragen.

(Entw. §. 315. S. 484.)

Zu Th. I. Tit. 41.

Von Unterthanenprozessen.

§. 296.

Zu §. 68.*) Wenn Klagen „„auf einen zeitwährenden Erlaß der Dienste““ eingehen, so muß die Richtigkeit des angegebenen „„Grundes, aus welchem die Unmöglichkeit der „„Dienstleistung und die Nothwendigkeit eines Erlasses be„„hauptet wird,““ sofort geprüft und nöthigenfalls durch eine Lokalcommission auf das schleunigste untersucht, dieser die Regulirung eines Interimisticums anheim gegeben, und sodann das Erforderliche bei dem Mangel einer gütlichen Vereinigung durch ein Erkenntniß festgesetzt werden, bei welchem es dann so lange verbleibt, bis in der Folge ein anderes rechtskräftig festgestellt wird.

(Entw. §. 319. S. 487.)

Zu Th. I. Tit. 43.

Von dem Verfahren bei Auseinandersetzung der Gemeinheiten.

§. 297.

Zu §. 31. 36. „„In““ Gemeinheitssachen kann sich der Commissarius und Instruent eines Protokollführers bedienen.

(Entw. §. 321. S. 489.)

*) Der §. 318. des Entw. (S. 486—487) der neue Zusatz von T. zu §. 86[a] h. t. (S. 487.) und der §. 320. des Entw. (S. 488—489.) sind weggefallen.

§. 298.

Wenn Mitglieder einer Dorfgemeine auf Auseinandersezzung mit den übrigen Mitgliedern antragen und aus dem Gutachten sachkundiger Landwirthe hervorgehet, daß die Theilung nicht nur an sich möglich, sondern auch dem Ganzen vortheilhaft sey, so müssen die der Separation widersprechenden Mitglieder nicht nur ihren Antheil an den Vermessungs- und Bonitirungskosten vorschießen, sondern auch zum Besten der allgemeinen Landeskultur ihre Besitzungen unter sich zu theilen angehalten werden.

(Entw. §. 321[a]. S. 489—490.)

Zu Th. I. Tit. 44.

Vom Verfahren in Pacht- und Miethsachen.

§. 299.

Zu §. 41. Die Appellation gegen ein Erkenntniß, wodurch die Pachtzeit „„wegen schlechter Wirthschaft des Päch„„ters““ für abgelaufen „geachtet““ wird, hat, ohne Rücksicht, ob auf Räumung erkannt worden oder nicht, in allen Fällen effectum suspensivum. Es muß „„aber““ die Instruktion und Entscheidung der folgenden Instanzen vorzüglich beschleunigt werden.

(Entw. §. 322. S. 490—497. T und P.)

§. 300.

Zu §. 55. „„Wenn der Verpächter wegen Ablaufs der „„Pachtzeit auf Räumung des Guts geklagt, der Pächter „„aber solche aus andern Ursachen, als wegen eines von ihm „„auszuübenden Zurückbehaltungsrecht verweigert hat und der„„selbe hierauf in erster Instanz zur Räumung verurtheilt ist: „„so kann dieses Urtel, der von dem Pächter dagegen er-

„„griffenen Appellation ungeachtet, zur Abwendung der dem „„Verpächter bevorstehenden Gefahr im Verzuge vollstreckt „„werden.““

(Entw. §. 323. S. 490—497. T. und P.)

§. 301.

„„Verweigert der Pächter die Räumung nach Ablauf „„der Pachtzeit aus dem Grunde, weil ihm seiner Behaup„„tung nach ein Zurückbehaltungsrecht zustehe; so muß bei der „„alsdann eintretenden Behandlung des Streits als Arrest„„sache““ über die Zulässigkeit des Retentionsrechts jedesmal „„ein besonderes Verfahren eröffnet und darüber nach den Vor„„schriften Theil I. Titel 29. §. 63. besonders erkannt wer„„den. Bis zur rechtskräftigen Entscheidung dieses Punkts in „„den zulässigen beiden Instanzen kann die Exmission des „„Pächters nicht erfolgen.““

(Entw. §. 323a. S. 490—497. P.)

§. 302.

Zu §. 60. „„Ist der Miether ein Künstler oder Hand„„werker, so dürfen ihm, insofern er andere Mobilien besitzt, „„keine zur Ausübung seiner Kunst oder seines Handwerks „„erforderlichen Werkzeuge und Sachen vorenthalten werden. „„Ueberhaupt ist keinem Miether von den eingebrachten Ef„„fekten ein mehreres zurückzubehalten, als zur Bezahlung der „„schuldigen Miethe nöthig ist, und wenn über den Werth „„der Mobilien Streit entstehet; so ist ohne prozessualisches „„Verfahren eine Taxe aufzunehmen und darnach festzusetzen, „„welche Effekten dem Vermiether zur Sicherheit zu belassen. „„Bei dieser Festsetzung muß es sein unabänderliches Bewen„„den behalten. Uebrigens müssen sich die Gerichte stets be„„mühen, den Vermiether in Güte dahin zu bringen, daß er „„dem Miether, wenn derselbe ein Professionist ist, soviel an

„„Handwerkszeug lasse, als ihm, um sich den nöthigen Le„„bensunterhalt zu verdienen, unentbehrlich ist.““

(Neuer Zusatz. S. 497—498. T.)

§. 303.

Zu §. 63. „„Die Vollstreckung eines Contumacialer„„kenntnisses in schleunigen Miethssachen kann durch Restitu„„tionsgesuche nicht aufgehalten werden, sondern der Restitu„„tionssucher muß sein etwaniges Interesse entweder im Wege „„der Appellation, oder, wenn er dies nicht will, in einem „„besondern Prozesse ausführen.““

(Neuer Zusatz. S. 499. T.)

§. 304.

Die Revision findet, wenn das zu berechnende Objekt „„die revisible Summe““ ausmacht, auch in Miethssachen statt. Ist jedoch in einem solchen Fall das erste Erkenntniß bereits vollstreckt, so muß es dabei, wenn gleich ein abänderndes Erkenntniß in zweiter Instanz erfolgt, bis zur rechtskräftigen Entscheidung verbleiben, und nur, wie im §. 63. „„d. T.““ festgesetzt worden, über das zu leistende Interesse zugleich mit erkannt werden.

(Entw. §. 324. S. 499.)

Zu Th. I. Tit. 46.

Von Erbsonderungen und Auseinandersetzungen.

§. 305.

Zu §. 8. 12. und 25.*) „„Die““ zur immerwährenden Fortsetzung einer „„Fabrikanstalt gegebenen““ Fonds „„können niemals““ zur „„Erbtheilung kommen““, sondern

*) Der §. 326. des Entw. ist weggefallen. (S. 500.)

fallen demjenigen Erben zu, welcher die Fortsetzung der Fabrik übernimmt.

(Entw. §. 325. S. 500.)

Zu Th. I. Tit. 47.

Vom Verfahren in Moratoriensachen.

§. 306.

Zu §. 11. „„Bei einem nach rechtskräftig entschiede-„„ner Sache in den zulässigen Fällen angebrachten, gehörig „„unterstützten Moratoriengesuch muß die Exekution ausgesetzt „„bleiben. Sind aber Gründe zu der Besorgniß vorhanden, „„daß für den Gläubiger das Objekt seiner künftigen Befrie-„„digung verloren gehen werde, so muß zu seiner Sicherstel-„„lung das Erforderliche verfügt werden.““

(Neuer Zusatz. S. 501—506. T. P. und S.)

§. 307.

Zu §. 56. Bei einer dergleichen Ediktalcitation „„sind““ die Grundsätze des §. 42. „„u. folg.““ Theil I. Tit. 7. „„zu beobachten,““ und „„ist““ ein dreimonatlicher Termin „„für zureichend zu halten.““

(Entw. §. 327. S. 506.)

§. 308.

Zu §. 63. „„Die wegen rechtskräftig feststehender““ Forderungen „„schon verfügte““ Exekution muß sistiret werden, und es findet „„daher auch““ während der Instruktion der Zuschlag „„des““ subhastirten Grundstücks „„nicht““ statt.

(Entw. §. 329. S. 509.)

§. 309.

„„Die““ currenten Zinsen „„der Kapitalien““ und „„zweijährigen Rückstände muß““ der Schuldner „„auch““

während der Instruktion des „„Indults““ bezahlen, „„und „„kann dazu durch die Exekution angehalten werden.““

(Entw. §. 328. S. 506—509.) *)

§. 310.

Zu §. 35. bis 57. 62. 65. 68. 72. bis 74. 81. Nr. 5. 83. 95. 97. Nr. 2. 113. „„Die Verordnung vom 20. Juni „„1811., betreffend die Aufhebung des allgemeinen Indults „„(Gesetzsammlung 1811. Seite 200.), behält, soweit sie „„nicht durch spätere Vorschriften abgeändert worden, auch „„noch ferner ihre gesetzliche Kraft.““

(Concl. S. 512.)

Zu Th. I. Tit. 50.

Von Concursen.

§. 311.

Zu §. 4. **) „„Bei solchen Kaufleuten, bei denen nicht „„zu vermuthen ist, daß sie mit auswärtigen Gläubigern in „„Verbindung gestanden haben, findet die Concurseröffnung „„von Amtswegen nicht statt.““

(Zusatz von S. S. 521.)

§. 312.

„„Wenn sich bei einem Nachlasse eine offenbare Insuffi- „„cienz ergiebt, die Erbschaft ist aber von dem Erben unter „„der Rechtswohlthat des Inventarii angetreten worden, so

---

*) Der neue Zusatz von T. zum §. 63. h. t. ist nicht aufgenommen (S. 506—509.) und die Bemerkung von B. zum §. 114. h. t. nicht berücksichtigt worden. (S. 509—512.)

**) Der §. 330. des Entw. zum §. 2. Th. I. Tit. 48. ist weggefallen (S. 512—513.), desgl. der neue Zusatz von T. zum §. 7. Th. I. Tit. 48. (S. 514.), und der §. 331. des Entw. zum §. 4. Nr. 2. Th. I. Tit. 50. (S. 514—515.)

„„findet die Concurseröffnung von Amtswegen auch in den „„Fällen nicht statt, in welchen sie nach §. 4. erfolgen muß. „„(Vergl. §. 64. Tit. 51. Th. I.)““

(Entw. §. 395. S. 561—562. S.)

§. 313.

„In jeder Concurssache muß der Decernent prüfen und „„dem Collegio darüber Vortrag halten, ob Gründe zur Er„„öffnung der Untersuchung wegen Bankeruts vorhanden sind. „„Wie solches geschehen, ist zu den Akten zu verzeichnen.““

(Neuer Zusatz. S. 516—518. Nr. 4. B.) *)

§. 314.

Zu §. 4. Nr. 1. „Die scheinbare Sufficienz in dem „„Inventario eines den Gläubigern cedirten Vermögens schließt „„die Concurseröffnung, wenn die sonstigen Erfordernisse vor„„handen sind, nicht aus. Vielmehr kömmt es auf den wah„„ren Werth der darin aufgeführten Gegenstände und darauf „„an, ob der Eigenthümer im Stande ist, seine sämmtlichen „„Gläubiger zu befriedigen.

(Neuer Zusatz. S. 516—518. Nr. 5. B.)

§. 315.

Zu §. 5. litt. a. „Auch in dem Falle, wenn Gläubiger „„der vier letzten Klassen zum Theil befriedigt werden können, „„die Masse aber so unbedeutend ist, daß selbige, wenn der „„Concurs eröffnet würde, den Gläubigern durch die Kosten „„entzogen werden würde, kann die““ förmliche „„Concurs„„eröffnung unterbleiben.““

(Entw. §. 332. S. 518—521. S.)

§. 316.

Zu §. 6. In den §. 5. von a—c. „„bezeichneten““ Fällen müssen, wenn nicht Ediktalien ergangen sind, den un-

---

*) Nr. 3. ist nicht aufgenommen worden. (S. 516—518.)

bekannten Gläubigern ihre Rechte vorbehalten, die bekannten aber sub poena praeclusi vorgeladen und die ungehorsam Ausbleibenden namentlich präkludirt werden.

(Entw. §. 333. S. 521.)

§. 317.

Zu §. 8.*) „„Hat außer den Erben des Verstorbenen „„auch der hinterbliebene Ehegatte der Erbschaft entsagt und „„ist der Ehegatte dessen ungeachtet““ im Besitz des Nachlasses geblieben, so „„findet zwar eine Concurseröffnung von „„Amtswegen nicht statt, der Richter muß aber““ eine Specification des Nachlasses „„und die““ Angabe der noch unbefriedigten Gläubiger erfordern, letztere vorladen und mit ihnen „„die Vertheilung des Nachlasses und besonders““ die Einziehung der „„etwa dazu““ gehörigen Activorum reguliren.

(Entw. §. 335. S. 523—524. B. P. und S.)

§. 318.

Zu §. 27. „„Diejenigen““ Specialprozesse, „„welche „„zur Zeit der Concurseröffnung gegen den Gemeinschuldner““ in den höhern Instanzen schweben, „„werden weder sistirt, „„noch in Absicht der Richtigkeit des streitigen Anspruchs zum „„Concurs verwiesen, sondern müssen““ in der Lage, „„in „„welcher sie sich befinden, in den höhern Instanzen fortgesetzt werden.““

(Entw. §. 336. S. 524—527. P.)

§. 319.

„„Auch Wechselprozesse können nach der Concurseröffnung „„gegen den Gemeinschuldner**) fortgesetzt und neue eingeleitet werden, insofern er***) nicht zu der Rechtswohlthat

---

*) Der §. 334. des Entw. ist weggefallen. (S. 521—522.)

**) Die Worte: „gegen den Gemeinschuldner“ fehlen im Abdrucke.

***) Statt des Wortes „er“ steht im Abdrucke: „der Gemeinschuldner.“

„„der Vermögensabtretung verstattet ist. (Th. I. Tit. 48.
„„§. 32.)““

(Zusatz zu §. 336. des Entw. S. 524—527. B. und P.)

§. 320.

Zu §. 33. „„Die Concurseröffnung kann wieder zurück-
„„genommen werden, wenn die Masse hinterher sufficient wird,
„„und diejenigen Gläubiger, welche auf den Concurs angetra-
„„gen haben, diesen Antrag zurücknehmen.““

(Neuer Zusatz. S. 517—518. Nr. 6. B.)

§. 321.

Zu §. 46. Rechtskräftige Erkenntnisse, welche vor Eröffnung des Concurses zwischen dem Gemeinschuldner und einem Gläubiger ergangen sind, können unter dem Vorwande neuer Einwendungen „„von den übrigen Gläubigern oder dem Con-
„„tradiktor““ nur in dem Falle als nichtig angefochten werden, wenn der Gemeinschuldner entweder selbst nach den Gesetzen dazu berechtigt gewesen seyn würde, oder wenn er sich
„„erweislich““ betrüglicher Collusionen mit dem Gläubiger, zu dessen Gunsten das Urtel ergangen ist, schuldig gemacht hat.

(Entw. §. 337. S. 527.)

§: 322.

Zu §. 100. *) „„Zur Beschleunigung der Liquidationen
„„in allen Concurs- und Liquidationssachen können die am
„„Orte des Gerichts oder in der Nachbarschaft sich aufhal-
„„tenden bekannten Gläubiger noch vor dem durch die Ediktal-
„„citation anstehenden Connotationstermin zu einem kurzen,
„„etwa vier Wochen hinauszurückenden Termine vorgeladen
„„werden.““

(Neuer Zusatz. S. 516—518. Nr. 1. B.)

---

*) Der §. 337a. des Entw. ist weggefallen. (S. 527—529.)

§. 323.

Zu §. 106. Die an dergleichen Gläubiger zu erlassenden Verordnungen müssen nicht durch Requisition der Gerichte insinuirt, sondern bloß auf die Post gegeben „„werden"". Auch „„sind"" die im Laufe des Concurses an die „„am"" Orte „„des Gerichts"" wohnenden Parteyen geringeren Standes, ingleichen an den Curator „„des Concurses"" und die Mandatarien der Gläubiger zu richtenden Verfügungen bloß „„durch Abschrift des Dekrets zu"" erlassen, und dafür zur Ersparung der Kosten nur Schreibgebühren „anzusetzen.""

(Entw. §. 338. S. 530.)

§. 324.

„„In Ansehung geringfügiger"" Forderungen auswärtiger Gläubiger, oder solcher, die dem Vermuthen nach der deutschen Sprache, „„in welcher die Verordnung zu erlassen ist, nicht „„mächtig sind, ist eine von dem"" Curator „„zu bewirkende „„und"" durch seine Manualakten „„nachzuweisende Bekannt„„machung des anstehenden Liquidationstermins zureichend.""

(Entw. §. 339. S. 530.)

§. 325.

Zu §. 107. „„Wenn die Aktivmasse ganz oder zum „„Theil in Goldmünze besteht, so wird dieselbe mit fünf Pro„„zent Aufgeld zu Courant gerechnet.""

(Neuer Zusatz. S. 530—532. T. — Concl.)

§. 326.

Zu §. 108. „„Bei dem Abzuge der Schulden von dem „„Werthe der unbeweglichen Güter ist der Hypothekenschein „„zum Grunde zu legen, und es sind daher die sämmtlichen „„darin noch ungelöscht stehenden Forderungen abzuziehen, wenn „„auch der Richter die Tilgung einer oder der andern dieser „„Forderungen für wahrscheinlich halten sollte.""

(Neuer Zusatz. S. 530—532. T. B und P.)

§. 327.

Zu §. 109. Der Aushängung des Ediktalcitationen außerhalb der Gerichtsstelle bedarf es nicht. („„§. 59. des An„„hangs zu““ §. 42. Titel 7. „„Theil I.““ der Gerichtsordnung.)

(Entw. §. 340. S. 332.)

§. 328.

Zu §. 143. *) „„Einer Aushängrng des Präklusions„„Erkenntnisses am Orte des Gerichts bedarf es nicht.““

(Neuer Zusatz. S. 516—518. Nr. 2. B.)

§. 329.

Zu §. 151. „„Sind die eingetragenen““ Gläubiger bloß durch „„die seit dem Jahre 1807. ergangenen Indult„„Gesetze,““ z. B. in Gefolge der Protestation eines unbefriedigten Gläubigers gegen „„den Zuschlag““ des subhastirten Grundstücks, an der rechtzeitigen Beitreibung ihrer Forderungen gehindert worden, „„und ist dadurch ein Rückstand von „„mehr als zwei Jahren entstanden, so kann der Gläubiger „„die Ansetzung des ganzen Rückstands an dem Orte fordern, „„an welchem das Kapital eingetragen ist.““

(Entw. §. 342. S. 533—536. P. und S. s. unten §. 357.)

§. 330.

Zu §. 153. **). „„Zu den Kosten der Liquidation beim „„Concurse, welche der Gläubiger tragen muß, gehören sämmt„„liche durch die Instruktion““ in erster Instanz „„erwach„„senen““ Kosten, „„es mag der Liquidant oder der Contra„„diktor als Extrahent anzusehen seyn.““

(Entw. §. 344. S. 536—537.)

---

*) Der §. 341. des Entw. ist weggefallen. (S. 532—533).

**) Der §. 343. des Entw. desgl. (S. 536.)

§. 331.

Zu §. 161. Auch in Absicht solcher Forderungen, denen nach ihrer Qualität gewisse Vorrechte beiwohnen, findet das jus subintrandi statt. Die Vorschrift des Allgemeinen Landrechts Theil I. Titel 16. §. 47. „„leidet demnach hier keine „„Anwendung.““

(Entw. §. 345. S. 537.)

§. 332.

Zu §. 166. Den ihrem Aufenthalt nach bekannten, nicht erschienenen Gläubigern wird das „„Präklusionsurtel““ eben so publicirt, wie solches wegen der Contumacialerkenntnisse vorgeschrieben ist.

(Entw. §. 346. S. 537)

§. 333.

Zu §. 169.*) Der „„Gemeinschuldner““ hat kein Recht, gegen Erkenntnisse, welche die Concursmasse betreffen, seinerseits ein Rechtsmittel einzuwenden.

(Entw. §. 348. S. 537.)

§. 334.

Zu §. 197. Wenn der Gemeinschuldner ein Kaufmann, Fabrikant, oder ein in ausgebreitetem Verkehr stehender Handwerker ist, so muß die Fortsetzung seines Gewerbes durch die Siegelung nicht sofort gänzlich gehemmt werden, mithin müssen zwar das Mobiliarvermögen des Gemeinschuldners, dessen Haupthandlungsbücher und Correspondenz in Beschlag genommen, dagegen aber das Waarenlager, die zur Fabrik gehörigen Utensilien und die vorhandenen rohen Materialien außer Sperre gelassen, und einem sogleich zu bestellenden Administrator zur einstweiligen Fortsetzung des Betriebes der laufenden Geschäfte

---

*) Der §. 347. des Entw. ist weggefallen. (S. 537.)

nach einem davon aufzunehmenden Verzeichniß übergeben werden.

(Entw. §. 349. S. 538.)

§. 335.

Zu einem solchen Administrator muß das Gericht ein zuverlässiges und sachkundiges Subjekt auswählen und verpflichten, dabei aber vorzüglich auf den bei der Handlung oder Fabrike etwa schon angestellten Disponenten oder Handlungsbedienten, so wie bei einem Handwerker auf den tüchtigsten Gesellen, Rücksicht nehmen.

(Entw. §. 350. S. 538.)

§. 336.

Der Zweck dieser Administration geht lediglich dahin, zu verhüten, daß durch den plötzlichen Stillstand der Geschäfte kein Nachtheil für die Masse entstehe, sondern solche, so lange bis nach Anleitung des §. 238. „„Titel 50. Theil I.““ die Gläubiger in einem möglichst kurz anzusetzenden Termine zusammenberufen, und von demselben die weiteren Beschlüsse genommen werden können, so viel wie möglich in dem gewöhnlichen Gange erhalten werde. Hierauf muß sich also auch der bestellte Administrator lediglich einschränken, mithin keine neuen Geschäfte anfangen, keine Wechsel ausstellen und acceptiren, noch weniger aber, außer dem Arbeitslohn für die von den Arbeitern inzwischen etwa fertig abgelieferten Waaren, an die Gläubiger einige Zahlung leisten, sondern sich damit begnügen, die schon angefangenen Geschäfte gehörig zu Ende zu bringen, die in der Arbeit befindlichen Waaren fertig machen zu lassen, und den Verkauf der fertigen Waaren auf Messen, Jahrmärkten, oder sonst für bares Geld, keinesweges aber auf Credit, fortzusetzen.

(Entw. §. 351. S. 538—539.)

§. 337.

Der Administrator soll befugt seyn, die ausstehenden Schulden einzuziehen, und darüber Quittung zu leisten. Jedoch müssen die eingehenden Gelder, insofern sie nicht zur Fortsetzung der Geschäfte erforderlich sind, zum gerichtlichen Depositorio unverzüglich abgeliefert werden.

(Entw. §. 352. S. 539.)

§. 338.

Zum Betriebe dieser Geschäfte muß dem Administrator aus den vorräthigen oder etwa eingehenden Geldern der nöthige Vorschuß gegeben werden, und wenn etwa nicht so viel baares Geld, als erfordert wird, vorhanden seyn sollte, so muß das Gericht denselben authorisiren, mit Zuziehung des Curators, die benöthigte Summe zinsbar aufzunehmen, welchemnächst ein solches Darlehn, nach Vorschrift des §. 269. „„dieses „„Titels““ aus der „„bereitesten““ Masse vor allen übrigen Gläubigern wieder abzutragen ist.

Auch stehet dem Administrator frei, so oft es die Geschäfte erfordern, die in Beschlag genommenen Hauptbücher und Correspondenz, in Beiseyn des Curators, oder des ihm nach „„den““ unten vorkommenden Bestimmungen zu bestellenden Aufsehers, oder auch eines Mitgliedes des Gerichts, einzusehen.

(Entw. §. 353. S. 539—540.)

§. 339.

Für diese Administration gebührt dem Administrator eine verhältnißmäßige Belohnung, deren Bestimmung der Vereinigung der Gläubiger in dem nach §. 238. „„dieses Titels““ anzusetzenden Termine und „„wenn keine Vereinigung darüber „„zu Stande kömmt““, dem Ermessen des Gerichts überlassen bleibt. Einer besondern Kautionsleistung von Seiten des Administrators bedarf es in der Regel nicht; dagegen aber muß demselben von dem Gericht außer dem Curator allemal ein besonderer Aufseher, und zwar vorzüglich aus der Zahl der am Orte wohnenden Gläubiger, oder, wenn sich unter diesen kein fähiges Subjekt findet, ein anderer Sachverständiger beigeordnet werden. Diesem liegt es ob, die Verwaltung des Administrators ununterbrochen zu controlliren, besonders aber mit Zuziehung des Curators von Zeit zu Zeit, und wenigstens wöchentlich einmal, dessen Kasse zu revidiren, für die Ablieferung der eingegangenen Gelder, welche nicht zum Betriebe der Geschäfte gebraucht werden, an das „„Depositorium““ zu sorgen; überhaupt aber in allen vorkommenden zweifelhaften Fällen dem Administrator mit seinem Rath und Gutachten an die Hand zu gehen.

Hiernach liegt dem Gerichte ob, dem Administrator, gleich bei seiner Anstellung die nöthige Anweisung zu ertheilen.

(Entw. §. 354. S. 540.)

§. 340.

Zu §. 207. Der Einrückung in die Zeitungen bedarf es nicht.

(Entw. §. 355. S. 541.)

§. 341.

Zu §. 230. und 231. Die Frist zur nothwendigen Subhastation der Schiffe als beweglicher Sachen wird auf vier bis sechs Wochen bestimmt.

Die Bestimmung, welche dieser Fristen statt finden soll, wird „„dem durch die““ Umstände „„zu leitenden Ermessen „„des Richters überlassen, wobei““ besonders „„darauf Rück„„sicht zu nehmen ist““, ob die Subhastation in eine Jahreszeit, wo die Fahrt offen ist, oder in eine solche trifft, wo das Schiff im Hafen überwintert.

(Entw. §. 356. S. 541—542.)

§. 342.

Während des Laufes der Subhastationsfrist muß das

Schiff der Regel nach im Hafen liegen bleiben. Wenn es jedoch die Handlungsconjunktur und das Beste der Interessenten erfordert, daß das Schiff in dieser Zwischenzeit eine neue Fahrt antrete, so kann solches von dem Richter zwar nachgegeben, es muß aber auch alsdann für eine gehörige Versicherung des Frachtgeldes und des Casco gesorgt werden.

(Entw. §. 357. S. 542—543.)

§. 343.

Es müssen drei Patente ausgefertigt, und eins davon an dem gewöhnlichen Versammlungsorte der Kaufleute und Schiffsrehder, die andern beiden aber in benachbarten Häfen und Seeplätzen affigirt werden.

(Entw. §. 358. S. 543.)

§. 344.

Es muß eine dreimalige Bekanntmachung in den Intelligenznachrichten der Provinz erfolgen; so daß von der letzten Einrückung an bis zum Termine volle Acht Tage freibleiben.

(Entw. §. 359. S. 543.)

§. 345.

Die Subhastationsfrist selbst wird von dem Tage angerechnet, wo die Bekanntmachung zum erstenmale in den Intelligenzblättern erscheint.

(Entw. §. 360. S. 543.)

§. 346.

In den Patenten und Avertissements ist zugleich die Ediktalcitation aller unbekannten Schiffsgläubiger sub poena praeclusi zu inseriren, und der Liquidationstermin auf eben den Tag, wo auf das Schiff licitirt werden soll, zu bestimmen.

(Entw. §. 361. S. 543.)

§. 347.

Diese Vorschrift ist nicht bloß auf Seeschiffe, sondern auch auf Leichter, Bordinge und andere Fahrzeuge, auch solche, die zur Frachtschiffahrt auf dem Strome gebraucht werden, anzuwenden.

(Entw. §. 362. S. 544.)

§. 348.

Zu §. 238. Siehe „„§. 335. des Anhangs zu §. 197. „„dieses Titels.““

(Entw. §. 363. S. 544.)

§. 349.

Zu §. 249. Findet jedoch die Mehrheit der Gläubiger die Verpachtung vortheilhafter, so hat es bei dem Beschluß derselben sein Bewenden.

(Entw. §. 364. S. 544.)

§. 350.

Zu §. 250. Auch die antichretischen Pfandbesitzer „„sind „„verpflichtet, die innehabenden Grundstücke zur Concursmasse „„des Gemeinschuldners zurückzugeben,““ ohne Rücksicht auf die Dauer des darüber geschlossenen Contrakts. „„Es kommt „„jedoch denselben alles dasjenige zu statten, was in Absicht „„der Pächter vorgeschrieben ist. (§. 256. u. folg. dieses „„Titels.)““

(Entw. §. 365. S. 544. S.)

§. 351.

Zu §. 266. Ein förmlicher „„Prozeß““ über die „„von „„den Gläubigern verlangte““ Exmission des Schuldners findet nicht statt.

(Entw. §. 366. S. 544—545.)

§. 352.

Zu §. 267. Auf Forderungen, die vor Publikation der Allgemeinen Gerichtsordnung entsprungen sind, kann die Klassifikationsordnung nur insoweit angewendet werden, als überhaupt ein neues Gesetz „„auf vergangene Fälle““ zu ziehen ist.

(Entw. §. 367. S. 545.)

§. 353.

Zu §. 268. Darlehne, welche einem Officier unter Beobachtung der gesetzlichen Vorschriften aus den Regiments- und Bataillonskassen zur Anschaffung der Equipage gegeben „„worden, haben““ vor allen sonstigen Forderungen, wie solche Namen haben mögen, ein Vorzugsrecht und müssen aus der bereitesten Masse bezahlt werden.

(Entw. §. 368. S. 545. B.)

§. 354.

Zu §. 337. Dieses Vorzugsrecht gebühret „„auch““ dem Rettungsinstitut „„zu““ Berlin, insofern sich die Materialien noch in den Händen derjenigen befinden, denen von dem Institute Unterstützung gegeben ist.

(Entw. §. 369. S. 546.)

§. 355.

Zu §. 338. Sind keine gehörigen Abrechnungsbücher, d. i. solche Bücher, worin der Verkäufer die von ihm geschehenen Waarenlieferungen und dafür empfangenen Zahlungen einschreibt und dieselben demnächst dem Gewahrsam des Käufers oder Abnehmers übergiebt, geführt worden; so kann der Mangel derselben in Ansehung des bestimmten Vorrechts der ersten Klasse durch keine Handlungsbücher oder andere Beweismittel ersetzt werden.

(Entw. §. 370., erster Absatz. S. 546.)

§. 356.

Bei solchen Fabrikanten, welche kaufmännisch eingerichtete Bücher führen, vertreten diese die Stelle der Abrechnungsbücher, „„und können eben sowohl, als die letzteren, das Vorzugsrecht „„der Fabrikanten wegen der den Kaufleuten auf Kredit ge„„gebenen Waaren begründen““.

(Entw. §. 370., Schlußsatz. S. 546.)

§. 357.

Zu §. 356.*) u. f. „„Wenn die Gläubiger der zwei-
„„ten Klasse, alles gewandten Fleißes ungeachtet, bloß durch
„„die seit dem Jahre 1807. ergangenen Indultgesetze, z. B.
„„in Gefolge der Protestation eines unbefriedigten Gläubigers
„„gegen den Zuschlag des subhastirten Grundstücks, an der
„„rechtzeitigen Beitreibung ihrer Forderungen gehindert worden
„„sind; so sollen ihnen auch wegen des zwei Jahre überstei-
„„genden Rückstandes die Rechte der zweiten Klasse vorbehal-
„„ten bleiben““.

(Entw. §. 342. S. 533—536. P. und S. s. oben §. 329.)

§. 358.

Zu §. 367. „„Ist die Forderung unbeträchtlich, oder
„„von dem Contradiktor geradehin eingeräumt, so bedarf es
„„keines Festsetzungsdekrets.““

(Neuer Zusatz. S. 548—549. T. und S.)

§. 359.

Zu §. 382a. „„Den Gastwirthen stehet wegen Bezah-
„„lung für Quartier und Bewirthung ein gleiches Vorzugs-
„„recht zu. (Allgemeines Landrecht Th. II. Tit. 8. §. 455.)““

(Neuer Zusatz. S. 549—550. B. und P.)

§. 360.

Zu §. 387. Die wegen einer Accisedefraudation ver-
wirkte, auf die Grundstücke des Contravenienten eingetragene
Strafe wird bei einem über sein Vermögen entstandenen Con-
curse auf die Kaufgelder dieser Grundstücke nach der Zeit der
Eintragung in die dritte Klasse locirt.

(Entw. §. 372. S. 550.)

---

*) Der neue Zusatz von T. zum §. 357. Th. I. Tit. 50. (S. 546.
—547.) ist nicht aufgenommen worden, auch ist der §. 371. des Entw. weg-
gefallen. (S. 547—548.)

§. 361.

Zu §. 393. Nr. 4. Der dem Fiskus bewilligte Vorzug vor den hypothekarischen Gläubigern findet nicht ferner statt; vielmehr „„stehet““ den fiskalischen Kassen wegen der von dem Beamten gemachten Defekte das Vorrecht der zweiten Klasse nur in dem übrigen Vermögen des Schuldners zu und „„in „„Absicht des““ unbeweglichen Vermögens nur „„insofern,““ als das Recht des Fiskus in dem Hypothekenbuche ausdrücklich eingetragen worden. Auch in diesem Fall werden sie nur nach der Zeit- und Folgeordnung der geschehenen Eintragung locirt.

(Entw. §. 373. S. 550.)

§. 362.

Zu §. 402. Andere Salarienkassen genießen dieses Vorzugsrecht nur „„alsdann, wenn““ deren Ausfälle aus unmittelbaren Staatskassen gedeckt werden müssen.

Die Salarienkassen der Oberbergämter werden den wirklichen königlichen Salarienkassen gleich „„geachtet.““

Uebrigens erstreckt sich „„das““ Vorzugsrecht „„der „„Salarienkassen““ nicht auf solche Kosten, „„die““ aus einer „„wider““ den Gemeinschuldner „„statt gefundenen““ Untersuchung „„entstanden sind.““ „„Solche Kosten*) gehören““ in die siebente Klasse.

(Entw. §. 374. S. 551.)

§. 363.

Zu §. 410. Wo Provinzialgesetze und Statuten, wie z. B. im Lübischen Rechte, von den allgemeinen Grundsätzen der ehelichen Gütergemeinschaft abweichen, hat es in Hinsicht der Classifikation und des Vorzugsrechts der Ehefrau bis zur Vollendung der Provinzialrechte dabei sein Bewenden.

(Entw. §. 375. S. 551.)

---

*) Statt des Wortes „Solche" steht im Abdrucke: „Diese."

§. 364.

Zu §. 448.*) Die mit gleichem Vorzugsrecht versehenen Forderungen der immitirten Gläubiger müssen tributarisch „„be„„richtigt““ werden.

(Entw. §. 377. S. 552.)

§. 365.

Zu §. 471.**) Wechsel, welche nach hiesigen Landesgesetzen verjährt sind, gehören, wenn sie gleich auswärts ausgestellt worden, und der Schuldner sich dem auswärtigen Wechselrechte unterworfen hat, zur siebenten Klasse.

(Entw. §. 379. S. 552.)

§. 366.

Die in Wechselform ausgestellten Schulddokumente nicht wechselfähiger Personen „„sind in Absicht des Vorzugsrechts „„der daraus in Concursen liquidirten Forderungen den Wech„„seln gleich zu achten und in die““ sechste Klasse „„zu lo„„ciren.““ (Allgemeines Landrecht Th. I. Tit. 11. §. 751.)

(Entw. §. 380. S. 552—553.)

§. 367.

Zu §. 476. „„Dahin““ gehören auch die Accise- und Zollstrafen, und gebührt ihnen das im Accise-Reglement von 1772. verstattete stillschweigende Pfandrecht nicht ferner.

(Entw. §. 381. S. 553.)

§. 368.

Untersuchungskosten haben, sie mögen „„im Concurse „„oder außerhalb desselben““ mit den Geldstrafen in Collision kennen, jederzeit vor den letztern den Vorzug.

(Entw. §. 382. S. 553.)

---

*) Der §. 376. des Entw. ist weggefallen. (S. 551.)
**) Der §. 378. des Entw. desgl. (S. 55.)

§. 369.

Zu §. 500.*) Die „„innerhalb der““ letzten zwei Jahre vor Eröffnung des Concurses ausgeschriebenen Feuersocietäts-Beiträge werden aus den laufenden Einkünften bezahlt.

(Entw. §. 384. S. 554.)

§. 370.

Zu §. 511. 527. 528. Bei Berechnung der nach §. 511. „„dieses Titels““ aus der Immobiliarmasse zu berichtigenden Kosten ist der Betrag dieser Masse, und bei den nach §. 527. und 528. den Gläubigern der ersten Klasse und den Pfandgläubigern abzuziehenden Kosten der Werth der ihnen besonders angewiesenen Objekte zum Grunde zu legen.

(Entw. §. 385. S. 554.)

§. 371.

Zu §. 530. „„Wenn es darauf ankömmt, zu bestimmen, nach welchen Sportelsätzen die aus der Gemeinmasse „„zu entrichtenden Kosten angesetzt werden sollen; so dienen „„die im §. 108. dieses Titels vorgeschriebenen Grundsätze zur Richtschnur.

(Zusatz zum §. 386. des Entw. S. 554—556. T.)

§. 372.

„„Bestehet““ die Aktivmasse nur in einem bestimmten Theil einer jährlichen Besoldung und erreicht das Objekt der Passivmasse die Summe, welche den vollen Satz der Sporteln erheben läßt; so kann gleich im ersten Jahre „„dieser““ volle „„Sportelsatz““ erhoben werden. „„Stirbt““ der Gemeinschuldner, bevor die von seiner Besoldung zur Concursmasse geflossenen Gelder jene Summe ausmachen, welche die Erhebung der Sporteln nach dem vollen Satze rechtfertigt, so müssen die von der Concursmasse zu viel bezahlten Sporteln denjenigen

*) Der §. 383. des Entw. ist weggefallen. (S. 553—554.)

Gläubigern, welche nach dem Distributionsplan die Summe der zu viel bezahlten Sporteln würden erhalten haben, nachgezahlt werden.

„„Ist““ das Objekt der Passivmasse „„geringer als die““ Summe, welche den vollen Satz der Sporteln liquidiren läßt; so sind die Sporteln nur nach dem mindern Betrage dieser Summe unter den obigen Modifikationen zu erheben.

(Entw. §. 386. S. 554—556.)

§. 373.

Kosten, welche durch Einklagung eines Aktivi vor Ausbruch des Concurses aufgelaufen und von den Salarienkassen gestundet sind, gehören nicht „„zu den““ Communkosten, sondern müssen nach §. 402. „„dieses Titels““ in die vierte Klasse locirt werden.

(Entw. §. 386. Schlußsatz. S. 555—556.)

§. 374.

Zu §. 531. Auch die Bank „„und““ die königlichen Salarienkassen „„sind von den Beiträgen zu den Commun-„„Kosten befreit.““

(Entw. §. 387. S. 556.)

§. 375.

§. 551. Da der vorzüglichere Werth eines Aktivi vor dem andern und einer Sache vor der andern öfters von dem bessern Gebrauch abhängt, den ein Gläubiger davon machen kann; so ist, wenn im Concurse darüber Zweifel entstehen:

welche von den Aktivis der Depositalmasse, oder den andern Aktivis und Effekten die zuerst stehenden Gläubiger zu ihrer Befriedigung vorziehen wollen,

die Vernehmung der Kreditoren vor Anlegung des Distributionsplans zu verfügen und ihnen dabei die Auswahl zu überlassen.

(Entw. §. 388. S. 557.)

§. 376.

Zu §. 593. und 594. Von unbekannten Gläubigern kann keine Notiz genommen werden. Bekannte Gläubiger werden unter der „„gesetzlichen Verwarnung““ vorgeladen, und wenn sie dann ausbleiben, ohne sich zu erklären, so werden sie für beitretend geachtet. Auf Kreditoren „„dieser Art,““ so wie auf diejenigen, welche zwar „„auf eine Theilnahme an „„der Masse Verzicht leisten, sich aber““ doch ihre Ansprüche an den Gemeinschuldner vorbehalten wollen, muß eben sowohl, als auf diejenigen, welche „„die Annahme des Vergleichs““ ausdrücklich „„verweigern,““ die Repartition mit gerichtet, und wenn sie ihre Antheile nicht annehmen wollen, dieselben auf ihre Gefahr und Kosten „„zum Depositorio““ eingezahlt werden.

(Entw. §. 389. S. 557.)

§. 377.

Zu §. 599. 604. 606. Der Vergleich selbst kann nicht eher als nach rechtskräftig abgefaßtem Präklusionsurtel bestätigt werden; es „„sey““ denn, daß alle bekannte Gläubiger in die Aufhebung des Concurses willigten.

(Entw. §. 390. S. 558.)

§. 378.

Zu §. 665. 671. „„Wenn in Gefolge der nach §. 668. „„und 669. dieses Titels anzustellenden Nachforschungen die „„Eröffnung des Specialconcurses über einländisches Vermö= „„gen für zulässig gehalten wird; so müssen die Obergerichte „„bei dem Justizminister zur jedesmaligen Communikation des= „„selben mit dem Ministerio der auswärtigen Angelegenheiten „„anfragen. Eine gleiche Anfrage ist in dem Falle erforder= „„lich, wenn hiesiges Vermögen nach dem Auslande zu einem „„ausländischen General=Concurs verabfolgt werden soll. Eben „„so müssen die Gerichte dem Justizminister zum Zweck der

„„Communikation mit dem Ministerio der auswärtigen Ange=
„„legenheiten davon Anzeige machen, wenn im Fall des §. 671.
„„ein ausländisches Gericht über einen hiesigen Landeseinwoh=
„„ner den Concurs verhängen sollte.““

(Zusatz zum §. 391. des Entw. S. 558—560. T.)

§. 379.*)

Bei einem in hiesigen Landen eröffneten Specialconcurse sollen auswärtige Gläubiger zugelassen werden, insofern nicht von den Mitgläubigern behauptet und nachgewiesen wird, daß nach den Gesetzen des Wohnorts des Gläubigers, welchen sie zurückweisen wollen, im gleichen Falle ausländische Gläubiger nicht zugelassen werden. „„Darüber, ob aus dem Grunde „„der““ Retorsion „„auswärtige Gläubiger von der Theil=
„„nahme an einem in hiesigen Landen eröffneten Concurse aus=
„„geschlossen werden können, ist jederzeit bei dem Justizminister
„„anzufragen, welcher die Bescheidung mit dem Ministerio der
„„auswärtigen Angelegenheiten gemeinschaftlich zu erlassen hat.““

(Entw. §. 391. S. 558—560.)

Zu Th. I. Tit. 51.

Von Liquidationsprozessen und Aufbietungen.

§. 380.

Zu §. 51.**) Die sich solchergestalt meldenden Gläubiger werden weder durch ein rechtskräftiges Prioritätserkenntniß, noch durch ein rechtskräftiges Distributionsurtel, sondern nur durch die wirklich erfolgte Distribution selbst mit ihren Ansprüchen von dem Objekte ausgeschlossen.

(Entw. §. 394. S. 561.)

---

*) Der §. 392. des Entw. ist weggefallen. (S. 560.)

**) Der §. 393. des Entw. desgl. (S. 561.) und der §. 395. hat oben unter §. 312. seine Stelle gefunden.

§ 381.

Zu §. 69. Wenn die Unzulänglichkeit des Nachlasses nicht schon aus dem Inventario klar ist, kann, bis zur Eröffnung des Concurses oder bis zur Abfassung des Präklusions-„„Erkenntnisses““ im erbschaftlichen Liquidationsprozeß, unvermögenden, minderjährigen Erben der nothdürftige Unterhalt aus den „„Einkünften““ einer „„unter der Rechtswohlthat „„des Inventarii““ angetretenen Erbschaft angewiesen werden. Die Minderjährigen sind unter diesen Umständen für redliche Besitzer zu achten und „„es geschieht zum Besten““ der Gläubiger, wenn durch „„die““ Vormünder die Administration der Masse besorgt wird. Nur muß die Eröffnung des Liquidationsprozesses nicht ohne Noth verzögert und wenn dabei die Besorgniß der Unzulänglichkeit sich vergrößert, den Gläubigern die Wahl gelassen werden, ob sie die Administration fernerhin, gegen nothdürftige Verpflegung der Curanden, deren Vormündern überlassen, oder einen besondern Curator bestellen wollen.

(Entw. §. 396. S. 562—563.)

§. 382.

Zu §. 74. Ob in diesem Falle „„zur““ Feststellung der Forderungen und Konstituirung der Masse „„die Erlassung des „„offenen Arrestes nothwendig sey,““ bleibt der Beurtheilung des Gerichts überlassen.

(Entw. §. 397. S. 563. vgl. S. 522.)

§. 383.

Zu §. 110. Der Produktion des Originalschuldinstruments bedarf es nicht.

(Entw. §. 398. S. 563.)

§. 384.

Zu §. 115. 118.*) Die Aufbietung eines verloren ge-

---

*) Der §. 399. des Entw. ist weggefallen. (S. 563—564.)

gangenen Instruments, Behufs der Amortisation, kann auch auf Instanz des Gläubigers veranlaßt werden, wenn „„derselbe““ mit dem Schuldner darüber einig ist, daß die Schuld noch „„vorhanden sey.““

(Entw. §. 400. S. 564.)

§. 385.

„„Sollen Privaturkunden, die““ auf einen gewissen Inhaber, „„oder solche, die auf““ jeden Inhaber „„lauten, aufgeboten werden; so muß das in §. 115. u. f. vorgeschriebene Verfahren, so weit solches auf Fälle dieser Art Anwendung findet, beobachtet werden.““

Jedoch muß der Aussteller der Urkunde in der Regel zugezogen und das Erkenntniß mit gegen ihn gerichtet werden. Dieser ist sodann befugt, darauf anzutragen, daß entweder die Zahlungszeit des Kapitals, oder der nächste Zinstermin abgewartet werde; aber auch ohne seinen Antrag muß die, bis zu diesem Termin verlaufene Zeit der Frist des Aufgebots hinzugerechnet werden.

In der Regel wird zwar das Aufgebot von dem Richter des Ausstellers der Urkunde erlassen; es muß aber auch die öffentliche Vorladung in den Zeitungen der Provinz, wo der Verlierer sich befindet, bekannt gemacht werden.

Bei dem Aufgebote selbst sind die Vorschriften des „„§. 59. des Anhanges zum““ §. 42. Titel 7. „„Theil I.““ zu beobachten. „„Es soll aber““ die Einrückung der öffentlichen Vorladung in die Intelligenzblätter nicht hinreichen, sondern die Bekanntmachung durch die Zeitungen geschehen.

„„Ist““ der Verkehr zwischen „„dem““ Orte, wo der Verlierer sich befindet und „„demjenigen,““ wo der Aussteller der Urkunde sich aufhält, unterbrochen; so „„kann der““ Verlierer bei dem Obergericht der Provinz, in welcher er sich aufhält, auf Erlassung des Aufgebots antragen; das hierauf ergehende Präklusionserkenntniß „„stehet aber denen nicht entge-„„gen,““ welche zur Zeit des Verlierens sich in „„denjenigen““ Ländern befanden, deren Verkehr mit dem Orte des Aufgebots „„gehindert““ wurde.

Ist keine Abschrift der verlornen Urkunde vorhanden, so „„ist““ die Vorschrift Theil I. Titel 10. §. 122. zu beobachten.

(Entw. §. 403. S. 566—568. S.)

§. 386.

Wenn ein auf jeden Inhaber zahlbarer Wechsel, von dem jedoch Jahr und Tag der Ausstellung nicht bekannt ist, Behufs seiner Amortisation öffentlich aufgeboten werden soll; so ist der Wechselschuldner, „„insofern er die Schuld einräumt, „„zur Deposition zu verstatten, worauf““ der Gläubiger nach abgelegtem Manifestationseide das Aufgebot des Depositi verlangen „„kann.““ Hierbei müssen die etwanigen unbekannten Inhaber „„unter Vorbehalt ihrer““ Rechte an den Gläubiger „„verwarnt werden:““ daß die Gelder dem Gläubiger würden verabfolgt werden, wenn sie sich auf die Edictalcitation nicht meldeten. Nach erfolgter Präklusion ist der Gläubiger die Auszahlung des deponirten Geldes nachzusuchen berechtigt.

(Entw. §. 404. S. 568.—570. P.)

§. 387.

Zu §. 116. „„Es kömmt nicht darauf an,““ ob der Mortifikationsschein nebst der Quittung vor oder nach ergan-„„genem Präklusionsurtel vollzogen wird, „„sobald““ nur der im Hypothekenbuche notirte Inhaber sich zu beiden, so wie zur Ableistung des Manifestationseides bereit erklärt. „„Geschieht „„dieses, so““ muß, wenn sonst kein Bedenken entgegen steht, mit Erlassung des Aufgebots verfahren werden.

(Entw. §. 401. S. 564—565.)

§. 388.

Zu §. 120. Bei dem Aufgebot verloren gegangener

Obligationen der Bank, Seehandlungs-Societät, Hauptnutzholz- und Hauptbrennholz-Administration und überhaupt aller öffentlichen Anstalten „„ist das im §. 115. u. f. dieses Titels „„vorgeschriebene Verfahren zu beobachten. Ein Gleiches fin„„det statt““ bei Amortisation eines von der Bank, oder „„der““ Seehandlungs-Societät ertheilten Empfangsrecipisse.

In solchen Fällen muß das Aufgebot von demjenigen „„Obergericht““ geschehen, in dessen Gerichtsbezirk der letzte bekannte Inhaber „„des““ verloren gegangenen „„Instru„„ments““ seinen Wohnsitz hat. „„Ist der Inhaber ein „„Ausländer, so muß sich derselbe mit seinem Antrage an „„das Kammergericht wenden.““

Die Stelle der vorzulegenden Abschrift des Instruments vertritt der von der öffentlichen Anstalt, welche dasselbe ausgestellt hat, anzugebende Name dessen, auf welchen die Obligation gestellt ist, die Summe, die Münzsorte und das Datum der Ausstellung und Confirmation, ingleichen der Buchstabe und die Nummer, womit das Instrument nach den Büchern der „„betreffenden““ Anstalt bezeichnet gewesen ist.

Die Bekanntmachung „„muß jederzeit““ durch die Berliner Intelligenzblätter „„erfolgen““, wenn „„das Aufge„„bot““ auch in einer andern Provinz verfügt und in „„den““ dortigen Intelligenzblättern „„bekannt gemacht „„worden.““

(Entw. §. 402. S. 565—566. T. und P.)

§. 389.

Zu §. 137. „„Siehe die““ Verordnung vom 16ten Januar 1810.

(Entw. §. 405. S. 570—571. S.)

§. 390.

Zu §. 146. „„Die Vorladung““ erfolgt „„nach den

„„bei der Vorladung der““ Verschollenen „„zum Zweck der „„Todeserklärung ertheilten Vorschriften.““

(Entw. §. 406. S. 571.)

§. 391.

Zu §. 171 b.*) „„Wegen der in den Depositenkassen „„der Landesjustiz- und Pupillencollegien befindlichen, zum öf- „„fentlichen Aufgebot sich qualificirenden Gelder, findet folgendes Verfahren statt:““

1. „„Es werden keine Ediktalcitationen veranlaßt, sondern „„nur die Eigenthümer oder deren Erben durch ein in „„die Zeitungen und Intelligenzblätter der Provinz ein- „„zurückendes Publikandum von Amtswegen benachrich- „„tigt, daß die zu bezeichnenden Gelder bei ferner un- „„terbleibender Abforderung aus der Depositenkasse zur „„allgemeinen Justizofficianten-Wittwenkasse abgeliefert „„werden sollen.““

2. „„Wenn auf diese, keiner Wiederholung bedürfende öf- „„fentliche Bekanntmachung niemand die Auszahlung „„nachsucht, so sollen die Gelder nach Ablauf von vier „„Wochen zur Wittwenkasse gezahlt und bei derselben „„so lange aufbewahrt werden, bis in der Folge deren „„Eigenthümer oder die Erben derselben sich bei dem „„Landescollegio, bei welchem die Gelder deponirt gewe- „„sen, zu deren Empfangnehmung melden und gehörig „„legitimiren.““

3. „„Sobald dieses geschehen ist, soll die Zurückzahlung der „„zur Wittwenkasse abgelieferten Gelder unweigerlich und „„ohne Verzug erfolgen.

4. „„Auf die von diesen Geldern inzwischen von der Witt- „„wenkasse erhobenen Zinsen haben die Eigenthümer oder

*) Der §. 407. des Entw. ist oben unter §. 106. aufgenommen worden.

„„deren Erben keinen Anspruch; vielmehr fallen solche „„der Wittwenkasse anheim.““

(Entw. §. 408. S. 572—575. B. und P.)

§. 392.

Im Fall es zu einem wirklichen öffentlichen Aufgebot unbekannter Depositalinteressenten kommt, finden die Vorschriften des §. 171. „„a—c.““ Anwendung.

(Entw. §. 409. S. 575.)

§. 393.

Die öffentliche Vorladung der militairischen Kassengläubiger, bei welcher übrigens alle §. 169. u. f. gegebene Vorschriften eintreten, muß bei dem Landes-Justizcollegium geschehen, in dessen Departement der Stab des Regiments zur Zeit der Anbringung des Antrags auf öffentliche Vorladung stehet; ebendaselbst muß auch nach verändertem Standquartier oder nach geschehener Auflösung das angefangene Geschäft beendiget werden.

Die Gerichte haben in einem solchen Fall der Militairbehörde einen Assistenten „„von Amtswegen““ zuzuordnen, und solchen „„der ersteren““ bekannt zu machen, damit sie ihn zur Wahrnehmung ihrer Gerechtsame mit gehöriger Instruktion versehen könne. Uebrigens „„muß für die Beschleu„„nigung solcher““ Angelegenheiten vorzüglich „„gesorgt““ und möglichst dahin „„gesehen werden““, daß die Ansetzung des peremtorischen Termins und demnächst die Abfassung des Präklusionserkenntnisses in den ersten Tagen des Monats September jeden Jahres vor Eintritt der jährlichen Musterungen der Regimenter und Bataillons erfolge.

(Entw. §. 410. S. 575—576.)

§. 394.

Zu §. 181.*) Wenn der Werth der in Beschlag ge-

*) Der neue Zusatz von T. zum §. 181. h. t. ist nicht aufgenommen worden. (S. 576—577.)

nommenen Sachen nach der Schätzung nicht über Zwanzig Thaler beträgt, so bedarf es keiner Bekanntmachung und Ediktalcitation. „„Meldet sich aber der Inhaber oder““ Eigenthümer „„innerhalb““ Jahresfrist vom Tage des Beschlags „„angerechnet und führt seine Unschuld aus, so soll ihm““ alles, was er erstreitet, ;„„mit Inbegriff““ des Denunciantenantheils aus der Kasse ersetzt „„werden.““

(Entw. §. 411. S. 576.)

Zu Th. I. Tit. 52.

Vom Subhastationsprozesse.

§. 395.

Zu §. 11. und 12. Alle gerichtliche Taxen „„sollen““ in Silbercourant aufgenommen werden. „„Ist“ aus Versehen oder „„wegen““ besonderer Ursachen eine Taxe in Gold aufgenommen worden, „„so““ ist dieselbe mit dem gesetzmäßigen und nicht mit dem coursmäßigen Agio auf Courant zu reduciren.

(Entw. §. 412. S. 577.)

§. 396.

Zu §. 14.*) Die Taxation gehört, insofern keine Pfandbriefe auf „„den Gütern““ haften, vor die ordentlichen Gerichte.

(Entw. §. 413. S. 578.)

§. 397.

Zu §. 30. Wenn die Taxe eines zu subhastirenden adelichen Grundstücks über 500. Thlr. bis 2000. Thlr. incl. beträgt, so treten die Vorschriften des §. 30. „„dieses Ti„„tels““ von Subhastation der Häuser und nicht adlichen

---

*) Der §. 414. ist hier und der §. 515. ganz weggefallen. (S. 578—580.)

Landgüter, deren Werth sich nicht über 2000. Thaler beläuft,*) ein.

Bei Subhastationen adelicher Güter, deren Werth nicht über 500. Thlr. beträgt, wird eben so, wie bei Veräußerung einer Kossäthen-, Büdner- oder anderer kleinen Rustikalbesitzung, und wenn der Werth nur 100. Thlr. oder weniger beträgt, nach der Vorschrift des §. 30. a. a. O. verfahren.

(Entw. §. 416. S. 580—581.).

§. 398.

Wenn kleine städtische Grundstücke, ingleichen Gerechtigkeiten, „„wovon der Werth in beiden Fällen““ unter 2000. Thlr. „„beträgt““, subhastirt werden sollen, so sind die Grundsätze anzuwenden, welche bei Veräußerung der Kossäthen-, Büdner- und anderer kleinen Rustikalbesitzungen „„stattfinden.““

Beläuft „„sich der ungefähre““ Werth nicht über 50. Thlr., so tritt das „„am Schluß““ des §. 30. vorgeschriebene Verfahren ein.

(Entw. §. 417. S. 581. vergl. S. 595—596.)

§. 399.

Wegen des Aushängens der Patente und der Einrückung in „„die““ öffentlichen Blätter dienen die Vorschriften des „„§. 59. des Anhangs zu §. 42. u. f.““ Titel 7. Theil I. zur Richtschnur.

(Entw. §. 418. S. 581—582.)

§. 400.

Zu §. 31. Wenn ein affigirt gewesenes Subhastations-Patent vor Ablauf des vorgeschriebenen Zeitraums, es sey nun 14. Tage vorher oder früher abgenommen, oder abgerissen und verloren gegangen ist; so kann dies nicht für einen solchen we-

*) Die Worte: „von Subhastation der Häuser“ ꝛc. bis: „beläuft“ sind im Abdrucke weggeblieben.

sentlichen Mangel der Förmlichkeiten angesehen werden, welcher die Abfassung der Adjudikationsbescheides „„verhindert.""

Eben dieser Grundsatz tritt auch für den Fall ein, wenn die Einrückung des Subhastationspatents in die Intelligenz-Blätter statt sechsmal, nur dreimal bewirkt ist.

(Entw. §. 419. S. 582.)

§. 401.

Zu §. 35. Der Vorladung an die eingetragenen Gläubiger wird die Warnung beigefügt,

daß im Fall des Ausbleibens dem Pluslicitanten *) nicht nur der Zuschlag ertheilt, sondern auch nach gerichtlicher Erlegung des Kaufschillings, die Löschung der sämmtlichen eingetragenen, als **) auch der leer ausgehenden Forderungen, und zwar „„der letzteren"", ohne „„daß es zu diesem „„Zweck der"" Produktion der Instrumente „„bedarf"", verfügt werden soll.

„„Ueber die geschehene Vorladung muß ein Behändigungs-„„schein zu den Akten gebracht werden.""

(Entw. §. 420., Absatz 2. S. 583—590. B. und P.)

§. 402.

„„Die Inhaber solcher Dokumente, welche leer ausgehen, „„müssen zur Produktion derselben zu dem Behuf: daß die „„geschehene Löschung darauf vermerkt werde, angehalten wer-„„den, worauf ihnen solche mit diesem Vermerke zurückzu-„„geben sind und dabei die Warnung hinzuzufügen ist, daß „„die Innhaber für allen aus dem mit dem gelöschten Do-„„kument gemachten Mißbrauch und den daraus entstehenden „„Schaden zu haften verbunden seyen.""

(Zusatz zum §. 420. des Entw. von T. S. 584—590.)

---

*) Statt des Wortes: „Pluslicitanten" steht im Abdrucke: „Meistbietenden."

**) Statt: „als" steht im Abdrucke: „wie."

§. 403.

„„Ist““ der Aufenthalt eines eingetragenen Gläubigers unbekannt, auch kein bereits aufgestellter Curator oder Bevollmächtigter desselben, der statt seiner vorgeladen werden kann, vorhanden; so muß dessen „„öffentliche““ Vorladung mit der Bekanntmachung der Subhastations-Termine verbunden und ihm, falls „„die““ Aufstellung eines Curators nach Lage der Sache „„nicht stattfindet““, ein Assistent beigeordnet werden, der die Erforschung seines Aufenthalts bis zum Termine fortsetzt und überhaupt die Stelle des Curators vertritt. Uebrigens muß über die geschehene Vorladung der bekannten Gläubiger ein Behändigungsschein zu den Akten gebracht werden.

(Entw. §. 420., Absatz 3. und 4. S. 583—590.)

§. 404.

Zu §. 41.*) So lange der Adjudikationsbescheid noch nicht eröffnet ist, können die Gläubiger und der ihre Rechte vertretende Curator ein Mehrgebot annehmen und darüber weiter bieten lassen.

(Entw. 422. S. 594.)

§. 405.

Zu §. 42. Bei städtischen Grundstücken ist es nicht nöthig, daß der Meistbietende vor dem Zuschlage das Bürgerrecht gewinne, vielmehr genügt es, wenn er ein Attest des Magistrats darüber beibringt, daß der Ertheilung des Bürgerrechts an ihn, im Falle des Zuschlags, nichts entgegen stehe.

(Entw. §. 423. S. 591—592. S.)

§. 406.

Zu §. 44. Die Verhindlichkeit zu der Kautionsbestellung richtet sich nach den im Tit. 21. §. 2. Nr. 2. und Tit. 29. §. 10. enthaltenen Grundsätzen.

(Entw. §. 424. S. 592.)

*) Der §. 421. des Entw. ist weggefallen. (S. 590—591.)

§. 407.

Zu §. 60. Wenn bei der Subhastation und Aufnahme der Taxe die Vorschriften Titel 52. §. 22—26. beobachtet worden, so kann der vorige Besitzer wirkliche Pertinenzen des subhastirten und adjudicirten Gutes unter dem Vorwande, daß solche in der angefertigten Taxe nicht mit taxirt worden, nicht in Anspruch nehmen.

„„Davon findet““ auch alsdann keine Ausnahme statt, wenn in „„dem Subhastationspatente““ der Ertrag des Taxati überhaupt so hoch angegeben worden, als sich die Summe der einzelnen Taxationen der ausdrücklich angegebenen Pertinenzen beläuft.

(Entw. §. 425. S. 592—593.)

§. 408.

Zu §. 62. bis 64. Die verordnete anderweite Subhastation auf den Fall, wenn der Käufer eines Gutes die Zahlung der Kaufgelder in der gesetzten Zeit nicht leistet, kann nicht als eine Fortsetzung der vorigen angesehen, sondern muß als eine neue Subhastation behandelt werden, bei welcher in Ansehung der Anberaumung und Bekanntmachung der Termine überall nach Vorschrift des §. 30. „„dieses Titels““ zu verfahren ist.

Auf nochmalige Subhastation „„kann““ nicht von einem Gläubiger allein, sondern „„nur““ entweder von der Gesammtheit der Gläubiger, oder doch vermöge eines nach der Vorschrift „„Theil I.““ Titel 50. §. 78—85. abzufassenden Conclusi der Mehrheit „„angetragen““ werden.

(Entw. §. 426. S. 593.)

§. 409.

Zu §. 65. Ueber das Verfahren bei nothwendiger Subhastation der Schiffe siehe „„§. 341. des Anhangs zu““ §. 230. „„u. folg.““ Tit. 50. „„Th. I.““

(Entw. §. 427. Absatz 1. S. 594.)

§. 410.

Bei der Veräußerung der Hüttenwerke und Bergantheile finden folgende Vorschriften statt:

1. muß eine möglichst genaue Beschreibung des Werks angefertigt, darin die Zahl der zur Zeche gehörigen Gänge und Flötze, die Mächtigkeit oder sonstige Beschaffenheit derselben, insofern sie bekannt sind, die Feldeslänge und der darin geführte Bau genau angegeben, auch wenn das Werk im Betrieb ist, und mit Ausbeute baut, das Ausbringen des letzten Jahres bemerkt und solchergestalt der Kauflustige in den Stand gesetzt werden, sich mit dem Zustande und dem Werthe des Werks bekannt zu machen.
2. Die Subhastationsfrist wird ohne Unterschied des Werths auf sechs Wochen bestimmt und die Bekanntmachung darf auch nur zweimal in die Intelligenzblätter der Provinz eingerückt werden. Außerdem wird ein Proklama bei dem subhastirenden Bergamte ausgehangen.
3. Wenn die Mitgewerke bei dem subhastirenden Bergamte einen Bevollmächtigten bestellt haben, so muß demselben der bevorstehende Verkauf und der dazu anberaumte Termin besonders bekannt gemacht werden; dahingegen eine solche Bekanntmachung in Ansehung derjenigen Mitgewerke wegfällt, von denen kein Bevollmächtigter bestellt worden ist.
4. Muß die Bekanntmachung des Verkaufs und des anstehenden Termins in dreien Kirchen, welche das Bergamt nach dem bekannten oder muthmaßlichen Aufenthaltsorte der Mitgewerke zu wählen hat, auf die gewöhnliche Art erfolgen.

(Entw. §. 427. Absatz 2. und folg. S. 594—596. S.)

§. 411.

Zu §. 73. *) „„Soll die Subhastation fortgesetzt wer- „„den, und sind alle Interessenten einig, daß nur eine einfache „„Subhastationsfrist auf die §. 55. dieses Titels bestimmte „„Art rathsam sey, so ist dem gemäß zu verfahren. Sind „„die Interessenten darüber nicht einig; so sind die Vorschrif- „„ten §. 30. 31. zur Richtschnur anzunehmen.““

(Neuer Zusatz. S. 597—598. T. und P.)

Zu Th. II. Tit. 1.

Von Handlungen der freiwilligen Gerichtsbarkeit überhaupt.

§. 412.

Zu §. 3. I. No. 1. Contracte über Domainenpertinenzen, „„welche““ von den Finanzbehörden „„aufgenommen „„und bestätigt sind,““ bedürfen „„der gerichtlichen““ Verlautbarung „„nur insofern, als der Richter gegründete Ver- „„anlassung findet, von Amtswegen dagegen Erinnerungen zu „„machen, und die Contrahenten deshalb näher zu vernehmen, „„um künftigen Streitigkeiten und anderen nachtheiligen Fol- „„gen pflichtmäßig vorzubeugen.““

(Entw. §. 1. Th. II. S. 598—600. T. und P.)

§. 413.

Wenn Verträge wegen Veräußerung, Verpfändung, oder Belastung liegender Gründe bei dem Gericht aufgenommen worden, in dessen Gerichtsbezirk solche belegen sind, und alles enthalten, was bei der nach den Provinzialgesetzen zum völligen Abschluß nothwendigen Verlautbarung erfordert wird, so ist „„eine““ nochmalige gerichtliche Anerkennung und Ver-

*) Der neue Zusatz von T. zu §. 67. ff. h. t. ist nicht aufgenommen worden. (S. 596—597.)

lautbarung des Vertrages „„nicht erforderlich,““ vielmehr genügt es, wenn am Schluß des Protokolls bei dem Vermerk der erfolgten Vorlesung und Genehmigung desselben hinzugefügt wird, daß dadurch zugleich die Verlautbarung bewirkt werde.

(Entw. §. 2. Th. II. S. 600—602.)

§. 414.

„„Auch die von Commissarien des Realrichters mit der „„obigen Maaßgabe aufgenommenen Contracte sind für ver„„lautbart zu achten.““

(Schlußbemerkung von P. zum §. 2. Th. II. S. 601—602.)

§. 415.

Zu §. 3.*) „„Sind““ Urkunden von „„Behörden,““ deren Beamten „„zwar““ keine gerichtliche, „„aber doch““ öffentliche Glaubwürdigkeit gebührt, ausgestellt und besiegelt „„worden, so bedarf es der gerichtlichen Beglaubigung der „„Unterschrift einer solchen öffentlichen Bohörde zum Behuf „„der““ Eintragung „„ihrer Erklärungen““ in das Hypothekenbuch „„nicht.““

(Entw. §. 4. Th. II. S. 603.)

§. 416.

Zu §. 6.**) No. 1. Die Bestätigung der Verträge, wodurch die Gütergemeinschaft unter Eheleuten eingeführt oder ausgeschlossen werden soll, gehört vor „„den““ Richter des „„Orts,““ wo die Verlobten nach geschlossener Ehe ihren Wohnsitz nehmen, und im Zweifel vor „„den““ persönlichen Richter des Bräutigams.

(Entw. §. 5. Th. II. S. 603.)

---

*) Der §. 3. Th. II. des Entw. ist weggefallen. (S. 602.)

**) Der Zusatz von T. zum §. 6. Th. II. Tit. 1. ist zu dieser Stelle nicht aufgenommen worden und der §. 7. Th. II. des Entw. weggefallen. (S. 604—605.)

Zu Th. II. Tit. 2.

Verfahren bei den Handlungen freiwilliger Gerichtsbarkeit.

§. 417.

Zu §. 7. Vormundschaftscollegia können Handlungen der freiwilligen Gerichtsbarkeit, welche solche Personen und Sachen, die den Gegenstand ihres Wirkungskreises ausmachen, betreffen, z. B. Erb- und Schenkungsverträge, Verträge über künftige Verpflegungsgelder, Entlassung eines minderjährigen Sohnes aus der väterlichen Gewalt, rechtsgültig vornehmen.

(Entw. §. 7. Th. II. S. 605.)

§. 418.

Bei den mobil gemachten Truppen können von der Zeit ihrer Mobilmachung bis zur Zeit ihrer Demobilisirung förmliche Testamente der Militairpersonen von einem commandirten Kriegsgericht aufgenommen werden; wobei es übrigens bei den gesetzlichen Vorschriften von den privilegirten militairischen Testamenten sein Bewenden behält.

Auch sind die Brigade- und übrigen Auditeurs der mobil gemachten Truppen befugt, einseitige Handlungen der freiwilligen Gerichtsbarkeit solcher Militairpersonen, welche zu den gedachten Truppen gehören, ohne Zuziehung eines zu commandirenden Officiers aufzunehmen und zu beglaubigen.

(Entw. §. 8. Th. II. S. 606.)

§. 419.

Zu §. 10. „„Ein Gerichtsherr kann Geschäfte der willkührlichen Gerichtsbarkeit vor seinem Justitiario an jedem Orte vollziehen.““

(Neuer Zusatz. S. 606—607. T.)

§. 420.

Zu §. 11. „„In keinem Fall soll an einem Sonn- „„oder Festtage eine gerichtliche Auction gestattet werden.““

(Neuer Zusatz. S. 606—607. T.)

§. 421.

Zu §. 16. 17. Der Zuziehung eines Protocollführers bedarf es nur dann, wenn Testamente, letztwillige Dispositionen, Erbverträge oder solche Ehestiftungen errichtet werden, worin die künftige Erbfolge bestimmt wird. Bei allen andern gerichtlichen Verhandlungen haben die von einer Gerichtsperson allein aufgenommenen, von den Interessenten oder ihren Stellvertretern unterschriebenen Protokolle volle Glaubwürdigkeit und können unter dem Vorwand der unterlassenen Zuziehung eines Protocollführers nicht angefochten werden.

Was der Richter in den Fällen, wo es der Zuziehung eines Protokollführers nicht bedarf, zu beobachten hat, „„ist „„§. 68. u. folg. des Anhangs zu §. 19. Tit. 10. Th. I.““ umständlich „„vorgeschrieben.““

(Entw. §. 9. Th. II. S. 607—608.)

§. 422.

Zu §. 37.*). und folg. Siehe „„§. 75. des Anhangs „„zu““ §. 19. „„und folg.““ Titel 10. „„Theil I.““

Testamente und Codicille der Wenden dürfen gar**) nicht in wendischer, sondern „„nur““ in deutscher Sprache niedergeschrieben werden. Bei der Aufnahme derselben muß jedesmal, außer dem wendischen Prediger, ein dieser Sprache mächtiger Schulze oder Gerichtsmann zugezogen „„werden, welche““ beide auf ihren Amtseid „„zu verweisen sind.““ Durch diese wird der Wille des Testators vernommen, dem Richter bloß

---

*) Der §. 10. Th. II. des Entw. ist ganz (S. 608.) und der Zusatz von T. (S. 609—610.) hier weggefallen.

**) Das Wort: „gar“ fehlt im Abdrucke.

mündlich übersetzt und von letzterm deutsch niedergeschrieben; die Vorlesung oder Vorhaltung aber „„erfolgt““ durch den Prediger in wendischer Sprache, und es muß, wie alles dies geschehen, im Protokolle registirt, auch dieses Protokoll von dem Prediger und dem zweiten zugezogenen Sprachkundigen mit unterschrieben werden.

(Entw. §. 11. Th. II. S. 608.)

§. 423.

Zu §. 44. „„Wenn die Vorlesung des Protokolls un„„terlassen oder, daß solche geschehen, nicht bemerkt worden, „„so folgt daraus die Ungültigkeit der Verhandlung nicht.““

(Neuer Zusatz. S. 610—611. T. B. und S.)

Zu Th. II. Tit. 3.

Von dem Verfahren bei Aufnehmung und Bestätigung der Verträge uud anderer Verhandlnngen unter Lebendigen.

§. 424. *)

„„Bei der““ Veräußerung der den Stadtgemeinen zugehörigen Grundstücke „„ist““ die Vorschrift der Städteordnung vom 19. November 1808. §. 189. „„zu befolgen.““

(Entw. §. 13. Th. II. S. 612.)

§. 425.

Wenn Verträge über Grundstücke geschlossen werden, wobei sich Bergwerke befinden, so muß die Verhandlung jedesmal auf die Bergwerke ausdrücklich mitgerichtet und die Contrahenten „„müssen““ wegen der erforderlichen Verlautbarung bei dem Bergamte gehörig belehrt werden.

(Entw. §. 14. Th. II. S. 612.)

---

*) Der §. 12. Th. II. des Entw. ist weggefallen. (S. 611—612.)

§. 426.

Justizcommissarien oder andere Justizbediente, welche be- Schließung „„von Kaufcontracten““ oder auch nur „„Puncta- „„tionen über Grundstücke““ und „„bei““ der darauf erfolgenden Naturalübergabe zugezogen werden, müssen bei 10. bis 50. Rthlr. Strafe *) dafür haften, daß von den Contrahenten das abgeschlossene Geschäft binnen 14. Tagen nach erfolgter Naturalübergabe bei der Hypothekenbehörde angezeigt werde.

(Entw. §. 15. Th. II. S. 613. S.)

§. 427.

Zu §. 26. **) Wenn in dem über die gerichtliche Rekognition ausgefertigten Atteste keine Erwähnung von dem darüber besonders aufgenommenen Protokolle geschehen ist, so zieht dies gleichwohl die „„Nichtigkeit““ des Rekognitionsakts nicht nach sich.

(Entw. §. 17. Th. II. S. 614.)

Zu Th. II. Tit. 4.

Von dem Verfahren bei Aufnehmung der Testamente und anderer letztwilligen Verordnungen.

§. 428.

Zu §. 8. „„Wenn““ dem Testator aus besondern Gründen daran liegt, die Existenz seines Testaments geheim zu halten, so kann von dem gewöhnlichen Verfahren, wonach der Vortrag „„wegen““ des Testaments durch den Siegelzettel, das Expeditionsbuch und Depositalprotokoll gehen muß, in einzelnen Fällen eine Ausnahme gemacht werden. Auch muß „„der Vorgesetzte““ des Gerichts die Sache dergestalt einleiten, daß die Handlung „„nur““ den Mitgliedern des Kol-

*) Das Wort: „Strafe“ fehlt im Abdrucke.

**) Der §. 16. Th. II. des Entw. ist weggefallen. (S. 614.)

legii und dem Secretair, welche zur Aufnahme des Testaments deputirt worden, „„und sonst““ keinem andern bekannt werde.

(Entw. §. 18. Th. II. S. 614—615. P.)

§. 429.

Zu §. 9. „„Soll die Zurückgabe eines Testaments durch „„eine Kreis-Justizcommission erfolgen, so kann derselben das „„Testament mit der Post übersendet werden.““

(Neuer Zusatz. S. 616. T. und P.)

§. 430.

Zu §. 10. „„Verlangt ein überlebender““ Ehegatte aus besondern Gründen, daß „„ein von ihm und dem Ver-„„storbenen errichtetes““ wechselseitiges Testament nach geschehener Publikation anderweit wieder bis zu seinem Ableben versiegelt deponirt werde, so kann demselben nach vorhergegangener vorschriftsmäßiger Bekanntmachung an sämmtliche darin benannte Erben und Legatarien gewillfahrt werden.

(Entw. §. 19. Th. II. S. 616.)

§. 431.

Zu §. 15. Wenn die „„den Vertrag schließenden““ Eheleute die Geheimhaltung „„desselben““ nicht verlangen, sondern solchen zur richterlichen Prüfung und Bestätigung vorlegen, so kann damit, wie bei einem „„andern Vertrage““ verfahren und „„den Paciscenten auf ihr Verlangen““ eine Ausfertigung ertheilt werden.

Jedoch wird dadurch, daß der Erbvertrag unversiegelt den Gerichten übergeben worden, die Versiegelung und überhaupt die bei „„den Testamenten““ vorgeschriebene Form nicht ausgeschlossen.

(Entw. §. 20. Th. II. S. 617.)

Zu Th. II. Tit. 5.

Von dem Verfahren bei Siegelungen und Inventuren in Sterbefällen.

§. 432.

Zu §. 5. „„Baare Gelder, geldwerthe Papiere und „„Prätiosen sind in der Regel zum gerichtlichen Deposito zu „„nehmen.““

(Neuer Zusatz. S. 617—618. T.)

§. 433.

Zu §. 16. Bei Versiegelungen des Vermögens oder Nachlasses eines Regierungs-Officianten muß die betreffende Regierung „„davon““ benachrichtiget werden, „„welcher freistehet,““ an diejenigen Zimmer und Behältnisse, worin Amtsakten zu vermuthen sind, ihre Siegel „„ebenfalls““ anlegen zu lassen.

(Entw. §. 21. Th. II. S. 618.)

§. 434.

Zu §. 17. Die Versiegelung des Nachlasses der Militairpersonen gebührt den Civilgerichten, unter welchen der Verstorbene bei seinem Tode gestanden „„hat.““

(Entw. §. 22. Th. II. S. 618.)

§. 435.

„„Die in dem Nachlasse““ eines Officiers sich vorfindenden Montirungs- und Equipagestücke „„sind““ jedesmal so schleunig als möglich dem Regiments- oder Bataillonschef „„zu überliefern,““ damit sie „„der in die Stelle des Ver„„storbenen eintretende““ Officier für die gerichtliche Taxe annehmen „„könne.““

(Entw. §. 23. Th. II. S. 618—619. B.)

§. 436.

Zu §. 37. „„und folg.““ Bei der Entsiegelung des Nachlasses eines Regierungs-Officianten müssen die Akten und

Papiere, so sich darunter befinden, „„„dem zuzuziehenden“““ Abgeordneten der Regierung ausgehändigt „„„werden. Auch „„„ist in einem solchen Falle“““ die Entsiegelung vorzüglich „„„zu „„„beschleunigen.“““

Diese Vorschrift ist gleichfalls zu beobachten, wenn der Verstorbene zwar an sich ein Justizbedienter, aber in anderer Rücksicht einer Regierung zugleich untergeordnet war, und Geschäfte in Händen hatte, welche zu ihrem Ressort gehören.

(Entw. §. 24. Th. II. S. 619—620. B.)

Zu Th. II. Tit. 6.

Von dem Verfahren bei Aufnehmung gerichtlicher Taxen.

§. 437.

Zu §. 12. *). Wenn aus dem Hypothekenbuch, oder aus andern unverdächtigen Angaben „„„hervorgehet,“““ daß das zu subhastirende adeliche Gut einen Werth von 500. Rthlr. nicht übersteigt, „„„so können der“““ Schulze und die Gerichtsleute des Orts, wo das zu veräußernde Grundstück belegen ist, oder in Ermangelung der Gerichtsleute, zwei dazu ausersehene Wirthe dieses oder eines benachbarten Orts über die Beschaffenheit, den Ertrag und den Werth des von ihnen zu diesem Behuf genau zu besichtigenden Grundstücks eidlich „„„vernommen werden,“““ welche Vernehmung alsdann die Stelle der Taxe vertritt.

(Entw. §. 414. Th. I. S. 578—579. B. P. und S.)

§. 438.

Zu §. 14. Wenn bei der Taxe eines Guts, welches dem Besitzer nur auf gewisse Jahre zur Kultur und Benutzung gegeben war, die Frage entsteht: wie der, durch eine gewöhn-

*) Der neue Zusatz von T. zum §. 8. Th. II. Tit. 6. ist hier nicht aufgenommen worden. (S. 620.)

liche Taxe ausgemittelte reine Ertrag nach der Dauer des Nutzungsrechts zu Kapital zu schlagen sey, so muß der Kapitalswerth durch die Revenüensumme mit Abrechnung des Interusurii bestimmt werden.

(Entw. §. 25. Th. II. S. 621.)

Zu Th. III. Tit. 1.

Von den Landes-Justiz-Collegien überhaupt, deren Verrichtungen und Pflichten.

§. 439.

Zu §. 13. „„In rechtskräftig abgeurtelten Rechtsstrei„„tigkeiten dürfen die Parteyen Se. Königliche Majestät und „„das Ministerium gar nicht mit Beschwerden behelligen.““

(Entw. §. 1. Th. III. S. 621—623. Nr. 1. P.)

§. 440.

Zu §. 14. „„Bei der Unterschrift der Eingaben muß „„bemerkt werden, ob der Supplikant die Vorstellung selbst „„verfertigt und unterschrieben hat, oder von wem dieses ge„„schehen, und bei Vorstellungen, die im Namen ganzer Ge„„meinden eingereicht werden, müssen insbesondere diejenigen „„Wirthe oder Gemeindeglieder, welche die Vorstellung veran„„laßt haben, ihre eigenen Namen darunter setzen.““

„„Diejenigen, welche Vorstellungen nicht deutlich fassen „„und schreiben können und der erfolgten Warnung ungeachtet „„nicht unterlassen, solche für andere zu fertigen und zu schrei„„ben, werden mit Gefängnißstrafe von 14. Tagen bis 4. Wo„„chen oder mit verhältnißmäßiger Geldstrafe belegt, und sollen „„diese Strafen im Wiederholungsfalle verdoppelt werden.““

„„Diejenigen aber, die solche Vorstellungen für Verwandte, „„Freunde und Bekannte fertigen dürfen, dieses aber nicht in

„„der gehörigen Form thun, oder eine schon zurückgewiesene „„Vorstellung wiederholen, sollen zuerst mit 8- bis 14tägiger „„Strafe in einem Gefängniß, Arbeits- oder Besserungshause „„bestraft und im Wiederholungsfalle mit der doppelten Strafe „„belegt werden. Bei ferneren Wiederholungen soll die vorher „„ausgestandene Strafe jedesmal mit 8. bis 14. Tagen erhöhet „„werden.““

(Entw. §. 1. Th. III. S. 621—623. Nr. 2. und 3. P.)

§. 441.

„„Die Bittsteller sollen durch die ordentlichen Posten ihre „„Gesuche abschicken, nicht aber solche selbst überbringen und „„durch persönliches Suppliciren lästig werden.““

(Entw. §. 1. Th. III. S. 621—623. Nr. 4. P.)

§. 442.

Zu §. 15. „„„Wer mit Uebergehung einer Behörde oder „„„mit Unterlassung der bestimmten Form Beschwerden und „„„Gesuche anbringt, hat zu gewärtigen, daß ihm seine Vor- „„„stellung ohne Verfügung zurückgegeben wird.“““

„„„Wer sich dadurch nicht bedeuten läßt und sein unförm- „„„liches Gesuch wiederholt, desgleichen, wer einmal beschieden „„„worden, und sein Gesuch ohne besondern Grund wiederholt, „„„soll zur Strafe auf 14. Tage bis 4. Wochen in ein Ge- „„„fängniß, Arbeits- oder Besserungshaus gebracht werden.“““

„„„Im Wiederholungsfalle wird die ausgestandene Strafe „„„verdoppelt, und bei jeder fernern Wiederholung wird die „„„vorher ausgestandene Strafe wieder mit 14. Tagen bis 4. „„„Wochen erhöhet.“““

„„„Bei Vermögenden wird eine verhältnißmäßige Geldstrafe „„„festgesetzt.“““

„„„Diese Strafen werden von dem betreffenden Ministe- „„„rium unmittelbar oder von der Behörde durch ein bloßes „„„Dekret festgesetzt, sobald die verbotene Wiederholung des

„„Gesuchs durch Vernehmung des Beschwerdeführers oder auf „„andere Weise festgestellt worden, und es werden solche durch „„die Behörde zum Vollzug gebracht, welcher deshalb Auftrag „„geschieht.““

(Entw. §. 1. Th. III. S. 621—623. Nr. 5. und 6. P.)

§. 443.

„„Diejenigen, welche Seine Königliche Majestät oder das „„Ministerium mit persönlichem Suppliciren belästigen und „„sich nicht bedeuten lassen, in ihre Heimath zurückzukehren „„und daselbst die Resolution abzuwarten, werden dahin durch „„die Polizeibehörde zurückgebracht. Wenn sie dennoch sich „„wieder einfinden, und das Suppliciren fortsetzen, so wer„„den sie nach den in §. 442. des Anhangs enthaltenen Be„„stimmungen bestraft und behandelt.““

„„Gemeinden und Gemeinde-Deputirte, die ihren Wohn„„ort verlassen, um bei Seiner Königlichen Majestät oder dem „„Ministerio Vorstellungen selbst zu überreichen und persönlich „„zu suppliciren, sollen von den Gerichts- und Polizeibehör„„den, deren Bezirk sie passiren, angehalten und in ihre Hei„„math zurückgeschafft werden, nachdem zuvörderst die Vorstel„„lung, die sie eingeben wollen, ihnen abgenommen, sie nach „„Befinden über den Inhalt derselben näher zu Protokoll ver„„nommen und solche zur Post gegeben worden. Wenn sie „„dennoch sich persönlich einfinden, um zu suppliciren; so wer„„den sie mit den vorerwähnten Gefängniß- oder Geldstrafen „„belegt.““

(Entw. §. 1. Th. III. S. 621—623. Nr. 7. P.)

§. 444.

Zu §. 52. „„Wenn durch öffentliche Vorladung oder „„Bekanntmachung ein““ Termin „„aus““ Versehen „„auf „„einen Tag““ in den Gerichtsferien „„anberaumt ist, so ist

„„doch*) deswegen““ das Verfahren „„nicht für nichtig zu achten und bedarf es daher auch keiner““ Wiederholung „„der „„Vorladung oder Bekanntmachung.““

(Entw. §. 2. Th. III. S. 623—624. P.)

Zu Th. III. Tit. 2.

Von dem Amte der Präsidenten und Direktoren.**)

§. 445.

Zu §. 43. „„Der von den““ Präsidenten und Direktoren bei dem Antritt ihres Amts „„abzuleistende““ Diensteid „„ist folgender:““

„„Ich — — — schwöre zu Gott dem Allmächtigen und „„Allwissenden einen leiblichen Eid, daß, nachdem ich zum „„Präsidenten (Direktor) des — — — bestellt worden, „„Seiner Königlichen Majestät von Preußen, meinem allergnädigsten Herrn, ich treu und gehorsam seyn, alle mir „„vermöge meines Amtes obliegenden Pflichten gewissenhaft „„und genau erfüllen, auch mich davon durch kein Ansehen der Person, keinen Vortheil, keine Leidenschaften, „„oder andere Nebenabsichten abhalten lassen will.““

„„Ferner schwöre ich, allen Fleiß anzuwenden, daß die „„Gerechtigkeit nach Vorschrift der Gesetze gehandhabt und „„jedermann schnelle und unpartheiische Justiz administrirt werde.““

„„Insbesondere gelobe ich, sämmtliche mir subordinirte „„Justizbedienten in beständiger Aufsicht zu halten, und unermüdet dahin zu sehen, daß ein jeder derselben den ihm „„obliegenden Amtspflichten schuldiges Genüge leiste.““

*) Das Wort: „doch“ fehlt im Abdrucke.

**) Die §§. 3 und 4. Th. III. des Entw. sind weggefallen. (S. 624—626.)

„„Endlich schwöre ich, in allen Fällen, wo es die „„Dienstverfassung erfordert, strenge Verschwiegenheit zu „„beobachten und mich in allen Stücken so zu verhalten, „„wie es einem rechtschaffenen Königlichen — — — wohl „„anstehet und gebühret.““

„„So wahr mir Gott helfe durch Jesum Christum.““

„„„Wegen des bei Abnahme dieses Eides, so wie aller „„„von Justizofficianten zu leistenden Diensteide zu beobachten= „„„den Verfahrens sind die Vorschriften der Verordnung vom „„„26sten Oktober 1799. zu befolgen.“““

(Entw. §. 5. Th. III. S. 626. P. und S.)

Zu Th. III. Tit. 3.

Von dem Amte der Räthe bei den Justizcollegiis.

§. 446.

Zu §. 9.*) Die als Mitglieder eines Criminal=„„Col= „„legiums““ angestellten Justiz=Commissarien, „„welche““ Reisen außerhalb der Provinz, jedoch innerhalb der Königli= chen Staaten vornehmen „„wollen““, bedürfen dazu nur der Erlaubniß des „„ihnen vorgesetzten““ Präsidenten.

(Entw. §. 7. Th. III. S. 628—629. P.)

§. 447.

Zu §. 63.**) „„„Der von den Räthen der Justizcollegien „„„abzuleistende Eid ist nach dem §. 445. des Anhangs zu „„„§. 43. Titel 2. Theil III. vorgeschriebenen Formular einzurich= „„„ten, nur muß statt der Worte:

„„Insbesondere gelobe ich — — — Genüge leiste““ „„gesetzt werden:““

---

*) Der §. 6. Th. III. des Entw. ist weggefallen. (S. 627—628.)

**) Desgl. die §§. 8. und 9. Th. III. (S. 628—630.)

„„Insbesondere gelobe ich, meinen Vorgesetzten in Amtssa„„chen, der Subordination gemäß, schuldige Folge zu „„leisten.““

(Entw. §. 10. Th. III. S. 630. P.)

Zu Th. III. Tit. 4.

Von dem Amte der Referendarien und Auskultatoren.

§. 448.

Zu §. 1. „„Jeder Rechtskandidat, welcher als Auskul„„tator angestellt zu werden wünscht, muß ein Zeugniß der „„Universität nicht nur über die §. 1. dieses Titels enthalte„„nen Gegenstände, sondern auch darüber beibringen, daß „„er drei Jahre hindurch auf Universitäten studirt habe. „„Wer sich nicht über die Vollendung des dreijährigen akade„„mischen Curses vollständig ausweiset, darf ohne ausdrück„„liche Erlaubniß des Chefs der Justiz zu der §. 3. dieses „„Titels verordneten Prüfung gar nicht zugelassen werden. „„Wenn jedoch solche Umstände eintreten, die in ganz beson„„deren Fällen eine Ausnahme von der Regel begründen „„könnten, so haben die Landes-Justizcollegia an den Chef „„der Justiz zu dessen weiteren Entschließung zu berichten.““

(Entw. §. 11. Th. III. S. 631—634. P.)

§. 449.

„„Dem Gesuch um Zulassung zur Prüfung muß ein von „„dem Candidaten selbst in lateinischer Sprache abgefaßtes „„und von ihm geschriebenes curriculum vttae beiliegen, wo„„rin sein Name, sein Alter, der Ort seiner Herkunft, der „„Name und Stand seiner Eltern und die kurze Geschichte „„seiner Ausbildung auf Schulen und Universitäten enthal„„ten ist. Dieses curriculum vitae muß auch den nachheri-

„„gen Berichten über die Zulassung zum Referendariat und „„zur dritten Prüfung beigefügt werden.““

(Entw. §. 11. Th. III. S. 631—634. P.)

§. 450.

Zu §. 3. „„Bei der Prüfung muß besonders darauf „„gesehen werden, ob der Candidat die lateinische Sprache „„verstehet. Findet sich, daß er diese auch dem Geschäfts„„manne unentbehrliche Sprache vernachlässigt habe, so soll „„ihm das Zeugniß der Brauchbarkeit nicht ertheilt werden. „„Auch ist die Prüfung nicht auf das bloße bürgerliche Pri„„vatrecht zu beschränken, sondern auf die Theorie der Rechts„„wissenschaft überhaupt zu erstrecken und besonders zu erfor„„schen, ob der Candidat von dem Staats- und Völkerrecht „„wenigstens so viele Kenntnisse erlangt habe, daß er sich „„durch fortgesetztes Studium darin so ausbilden könne, wie „„es seine künftige Amtslage und Verhältnisse erfordern.““

(Entw. §. 11. Th. III. S. 631—634. P.)

§. 451.

Zu §. 6. und 13. „„Die Präsidenten müssen mit Nach„„druck darauf halten, daß die Auskultatoren und Referen„„darien den Sessionen des Collegiums pünktlich beiwohnen, „„ihre Geschäfte prompt und gründlich verrichten, sich einer „„deutlichen Handschrift befleißigen, das Subordinationsver„„hältniß strenge beobachten und einen sittlich guten Lebens„„wandel führen.““

(Entw. §. 11. Th. III. S. 631—634. P.)

§. 452.

Zu §. 21. „„Die Zulassung zu den Vorbereitungsarbei„„ten zum dritten Examen sollen die Präsidenten nur als„„dann verfügen, wenn sie sorgfältig geprüft haben, ob der „„zur Probeinstruktion sich meldende Referendarius auch die „„§. 19. 20. dieses Titels angezeigten Eigenschaften besitze,

„„ingleichen, ob er hinlängliche Proben seiner Fertigkeit in
„„mündlichen Vorträgen abgelegt haben.““

(Entw. §. 12. Th. III. S. 634—636. P.)

§. 453.

„„Als solche Sachen, welche sich zur Probeinstruktion „„eignen, können auch erhebliche Untersuchungen angesehen „„werden.““

(Entw. §. 12. Th. III. S. 634—636. P.)

§. 454.

Zu §. 22. „„Die zur Aufsicht bei den Probeinstruktio„„nen bestellten Räthe haben darauf zu sehen, daß die In„„struktion nicht aus den Manualakten zusammengeschrieben „„oder die Einlassung von den Justizcommissarien zum Pro„„tokoll diktirt werde. Das über die Probeinstruktion auszu„„stellende *) Attest muß auch hierüber die pflichtmäßige Be„„scheinigung enthalten.““

(Entw. §. 12. Th. III. S. 634—636. P.)

§. 455.

Zu §. 32.**) „„Den Referendarien kann gestattet wer„„den,““ Justitiariate zu übernehmen, insofern „„sie da„„durch““ nicht abgehalten werden, ihren Obliegenheiten „„als Referendarien““ zu genügen.

(Entw. §. 14. Th. III. S. 636—637. P.)

§. 456.

Zu §. 37. „„Der von den““ Referendarien „„und““ Auskultatoren „„bei ihrer Annahme zu leistende Eid ist nach „„dem im §. 445. des Anhangs zu §. 43. Titel 2. Th. III. „„vorgeschriebenen Formular einzurichten. Statt der Worte:
„„Insbesondere gelobe ich — — — Genüge leiste““
„„muß gesetzt werden:

*) Statt des Wortes „auszustellende“ steht im Abdrucke: „zu ertheilende.“
**) Der §. 13. Th. III. des Entw. ist weggefallen. (S. 636.)

„„Insbesondere gelobe ich, die Protokolle getreu und rich„„tig zu führen, die mir von meinen Vorgesetzten aufge„„tragenen Geschäfte willig zu übernehmen und nach mei„„nen Kräften mit genauer Beobachtung der gesetzlichen „„Vorschriften gewissenhaft zu besorgen, auch diesen meinen „„Vorgesetzten in Amtssachen, der Subordination gemäß, „„schuldige Folge zu leisten.““

(Entw. §. 15. Th. III. S. 637. P.)

Zu Th. III. Tit. 5.

Von den Subalternen bei den Justizcollegiis.

§. 457.

Zu §. 22. „„Die Sekretarien werden bei Antritt ihres „„Amts mit dem im §. 456. des Anhangs zum §. 37. „„Titel 4. Theil III. vorgeschriebenen Eide belegt.““

(Entw. §. 16. Th. III. S. 638. P.)

§. 458.

Zu §. 55. „„Die Registratoren werden bei dem Antritt „„ihres Amts mit dem im §. 456. des Anhanges zum §. 37. „„Titel 4. Theil III. vorgeschriebenen Eide belegt.““

(Entw. §. 16. Th. III. S. 638. P.)

§. 459.

Zu §. 71. 92. und 105. „„Die Canzellisten, Canzlei„„diener, Botenmeister und Boten, ingleichen die Landreuter „„und Exekutoren, haben folgenden Diensteid zu leisten:

„„Ich — — — schwöre zu Gott dem Allmächtigen und „„Allwissenden einen leiblichen Eid — — — daß, nachdem „„ich zum — — — angenommen worden, Seiner König„„lichen Majestät von Preußen, meinem allergnädigsten Herrn, „„ich treu und gehorsam seyn, die in Dienstsachen von mei„„nen Vorgesetzten erhaltenen Befehle willig und unweiger„„lich befolgen, mich den erhaltenen Anweisungen gemäß

„„betragen, über alle zu meiner Kenntniß gelangende ge=
„„heim zu haltende Dienstangelegenheiten ein unverbrüchli=
„„ches Stillschweigen beobachten, an Gebühren nicht mehr
„„als die vorschriftsmäßigen Sätze fordern oder annehmen,
„„auch von gewissenhafter Verwaltung meines Amtes
„„mich durch Geschenke, Freundschaft, Feindschaft, Verspre=
„„chungen oder Drohungen nicht abhalten lassen, sondern
„„vielmehr überall in Ausrichtung meines Dienstes mich
„„treu, ordentlich, nüchtern und unverdrossen betragen will.
„„So wahr mir Gott helfe zur ewigen Seeligkeit.

(Entw. §. 18. Th. III. S. 638. P.)

Zu Th. III. Tit. 6.

Von dem Amte der fiskalischen Bedienten.

§. 460.

Zu §. 16. Von einem im Wege der Gnade vor der Einziehung erlassenen Confiscate ist der fiskalische Bediente „„die fiskalische Quote““ zu fordern, nicht berechtigt.

(Entw. §. 19. Th. III. S. 639.)

§. 461.

Zu §. 17. „„Der von den fiskalischen Bedienten bei „„dem Antritt ihres Amts zu leistende Eid ist nach dem „„§. 445. des Anhangs zu §. 43. Titel 2. Theil III. vor= „„geschriebenen Formular einzurichten. Statt der Worte:

„„Insbesondere gelobe ich — — — Genüge leiste““
„„muß gesetzt werden:

„„Insbesondere gelobe ich, den Vortheil des Königlichen
„„Fisci überall nach meinem Vermögen wahrzunehmen und
„„möglichst zu verhüten, daß in keinem Falle zum Nach=
„„theil desselben gehandelt werde, über die genaue Befol=
„„gung der landesherrlichen Verordnungen unermüdet zu
„„wachen, allen etwanigen Contraventionen eifrig und un=

„„verdrossen nachzuforschen, und solche ohne Ansehen der „„Person zur gebührenden Bestrafung anzuzeigen, die „„mir aufgetragenen fiskalischen Prozesse und Untersuchun„„gen vorschriftsmäßig zu führen und baldmöglichst zur End„„schaft zu befördern, die aufzunehmenden Protokolle genau „„und richtig niederzuschreiben und meinen Vorgesetzten, in „„Amtssachen, der Subordination gemäß, schuldige Folge „„zu leisten.““

(Entw. §. 20. Th. III. S. 639. P.)

Zu Th. III. Tit. 7.

Von dem Amte der Justizcommissarien und Notarien.

§. 462.

Zu §. 3. Die Justizcommissarien und Notarien „„sind „„als““ wirkliche Staatsdiener „„anzusehen.““

(Entw. §. 21. Th. III. S. 639.)

§. 463.

Zu §. 13.*) Die Prüfung geschieht, wie es in Absicht der Mitglieder der Landes-Justizcollegien §. 21—25. Tit. 4. Theil III. vorgeschrieben ist, von der Immediatcommission zu Berlin. Der Chef der Justiz kann jedoch in einzelnen Fällen davon dispensiren.

„„Der““ Prüfung der Justizcommissarien von „„Seiten““ der Immediatcommission bedarf es nicht, „„wenn „„sie““ bei Gerichten „„angestellt werden sollen,““ deren Direktoren oder Mitglieder „„sich der Prüfung bei der Immediatcommission zu unterwerfen nicht schuldig sind.““

(Entw. §. 24. Th. III. S. 641.)

§. 464.

Zu §. 23. Damit geschickte, fleißige und rechtschaffene

*) Die §§. 22. und 23. Th. III. des Entw. sind weggefallen. (S. 640.)

Justizcommissarien der verdienten Auszeichnung genießen, so sollen die „„Ober- und größeren Untergerichte““ sie denjenigen Parteyen, welche „„die““ Auswahl eines Rechtsfreundes nachsuchen, nicht nur ausschließlich empfehlen, sondern auch in den Ediktalcitationen, in welchen die Vorgeladenen an Justizcommissarien verwiesen werden, nur die Namen solcher Männer einrücken, welche jene Eigenschaften besitzen.

(Entw. §. 25. Th. III. S. 641.)

§. 465.

Generalbevollmächtigte sind gerichtliche Handlungen für ihre Machtgeber zu vollziehen befugt, ohne sich dazu der Hülfe eines bei dem Gericht, wo die Handlung vollzogen wird, angestellten „„Justizcommissarius““ zu bedienen.

(Entw. §. 26. Th. III. S. 641.)

§. 466.

Zu §. 39. „„Wenn ein Justizcommissarius mehr Ge-
„„schäfte übernimmt, als er nach seinen Kräften zu bestreiten
„„im Stande ist, und wenn besonders die Instruktionslisten
„„ergeben, daß er mit den Deduktionen, Defensionen oder
„„anderen Arbeiten im Rückstande bleibt; so soll demselben
„„auf eine von dem Chef der Justiz zu bestimmende Zeit die
„„Annahme neuer Aufträge gänzlich untersagt, und dieses
„„durch einen Aushang zur Kenntniß der litigirenden Par-
„„teyen gebracht werden. Wenn die solchergestalt bestimmte
„„Frist von dem säumigen Justizcommissarius nicht dazu ge-
„„nutzt wird, die vorhandenen Rückstände aufzuarbeiten, oder
„„wenn dem Verbote zuwider, dennoch neue Sachen ange-
„„nommen, oder die in dieser Zeit sich meldenden Parteyen
„„nicht, wie es sich gebührt, unverzüglich an andere Justiz-
„„commissarien verwiesen worden; so soll auf deshalb einge-
„„hende Anzeige des Präsidii, die Inhibition verlängert, und
„„wenn auch dieses fruchtlos seyn sollte, dem Befinden nach,

„„einem unverbesserlichen Justizcommissarius die fernere Praxis „„gänzlich entzogen werden.““

(Neuer Zusatz. S. 641—642. P.)

§. 467.

Zu §. 63.*) Der bei der Vollziehung „„zuzuziehende““ zweite Notarius darf mit demjenigen, welcher den Akt aufnimmt, nicht in solchen Verhältnissen stehen, die die Ablegung eines rechtsgültigen Zeugnisses des einen für den andern ausschließen.

(Entw. §. 28. Th. III. S. 642—643.)

§. 468.

Zu §. 68. Die Beobachtung „„dieser““ Vorschrift ist nur alsdann erforderlich, wenn der Extrahent ausdrücklich darauf anträgt.

(Entw. §. 29. Th. III. S. 643.)

§. 469.

Zu §. 89.**) Justitiariate anzunehmen, ist den Justizcommissarien nicht erlaubt.

(Entw. §. 31. Th. III. S. 644.)

§. 470.

Zu §. 104. Die Besetzung der Direktorstelle ist nicht schlechterdings erforderlich. In „„denjenigen““ ***) Fällen, „„in welchen““ auf ausdrückliches Verlangen der Parteyen eine Mitunterschrift des Direktors nothwendig wird, kann der Senior der Justizcommissarien dessen Stelle vertreten.

(Entw. §. 32. Th. III. S. 644.)

§. 471.

Zu §. 118. „„Der von den Justizcommissarien und „„Notarien abzuleistende Diensteid ist nach dem im §. 445.

---

*) Der §. 27. Th. III. des Entw. ist weggefallen. (S. 642)

**) Der §. 30. Th. III. des Entw. desgl. (S. 643.)

***) Statt „denjenigen“ steht im Abdrucke: „den wenigen“.

„„des Anhangs zu §. 43. Th. III. Tit. 2. vorgeschriebenen
„„Formulare einzurichten. Statt der Worte:

„„Insbesondere gelobe ich — — — Genüge leiste““
„„ist zu setzen:““

„„Insbesondere gelobe ich, den Parteyen, welche sich meines
„„Raths bedienen, nach meiner besten Wissenschaft und
„„Einsicht zu assistiren, sie vor Anstellung ungerechter Kla-
„„gen, oder Ableugnung gegründeter Ansprüche zu warnen,
„„ihnen die gesetzlichen Vorschriften bekannt zu machen,
„„diese auch selbst bei Ausrichtung der erhaltenen Aufträge
„„genau zu befolgen, die Protocolle getreu und richtig zu
„„führen, die Notariatsinstrumente mit der größesten Sorg-
„„falt nach den gesetzlichen Anweisungen auszufertigen und
„„in allen auf mein Amt Beziehung habenden Angelegen-
„„heiten meinen Vorgesetzten, der Subordination gemäß,
„„schuldige Folge zu leisten.““

(Entw. §. 33. Th. III. S. 644. P.)

Zu Th. III. Tit. 8.

Von den Justizbedienten bei Untergerichten und deren Pflichten.

§. 472.

Zu §. 10.*) Können sie jedoch ein vortheilhaftes Zeugniß ihrer „„Brauchbarkeit beibringen““ und wird dieses Zeugniß durch eine demnächst mit ihnen anzustellende Prüfung bestätiget; so sind sie zu wichtigern Aemtern eben so zuzulassen, als wenn sie wirklich bei einem Landes-Justizcollegio gestanden hätten.

(Entw. §. 34. Th. III. S. 645.)

*) Der §. 35. Th. III. des Entw. ist weggefallen. (S. 645.)

Vorhaltung bei Zeugeneiden.

(§. 81. des Anhangs zu §. 188. Tit. 10. Th. I. s. oben S. 264. Anm. *)

Zum Zeugniß vor Gericht aufgefordert zu werden, ist ehrenvoll, weil man nur diejenigen dazu verstattet, welche sich bis dahin einen unbescholtenen Ruf erhalten haben. Eingedenk dieses Vorzugs muß ein jeder bei Ablegung seines Zeugnisses sich des in ihn gesetzten Vertrauens würdig betragen. Wer bei der Sache, worüber er befragt werden soll, ein eigenes, dem Gericht unbekannt gebliebenes Interesse hat, wer von deren Entscheiduug Nutzen hoffen oder Schaden befürchten kann, wer mit einer der Parteyen in solchem Verwandtschafts- oder andern Verhältnisse stehet, daß ihn der Gegner, wenn er davon unterrichtet gewesen wäre, nicht zum Zeugniß verstattet haben würde, darf dieses alles dem Richter nicht verschweigen.

Der Wahrheit muß jeder Zeuge auch in den ihm unbedeutend scheinenden Umständen überall treu bleiben und sich davon durch Menschenfurcht, Freundschaft, Feindschaft oder irgend einen zeitlichen Vortheil nicht abhalten lassen.

Fälschlich Unwissenheit zu behaupten, und dasjenige zu verschweigen, was man von Bewandniß der Sache mit Ueberzeugung anführen könnte, ist eben so strafbar, als wenn man wissentlich etwas Unrichtiges aussaget.

Kann man sich der Thatsachen, worüber man befragt wird, nicht mit Zuverlässigkeit erinnern, so ist es Pflicht, dem Richter genau anzuzeigen, was man als gewiß, oder was man nur als wahrscheinlich behaupten kann. Das, was man von andern erfahrrn, darf man nie mit demjenigen verwechseln, was man selbst gesehen, gehört, gelesen hat. Man ist daher schuldig, dem Gericht darüber vollständige Auskunft zu geben, auf welche Art man von jedem bekundeten Umstand Wissenschaft erhalten hat. Der Richter handelt auf Befehl und im Namen des Landesherrn, und so wie jeder getreue Unterthan es nicht wagen würde, den Landesherrn mit Unwahrheit zu hintergehen, so kann auch der Richter eine freimüthige und getreue Aussage fordern. Diese muß mit einem Eide bekräftigt werden, wodurch sich der Zeuge der Strafe Gottes unterwirft, wenn er bei Ablegung seines Zeugnisses pflichtwidrig handelt. Gott ist allwissend, allgegenwärtig und gerecht, ihm ist nicht verborgen, ob der Zeuge der Wahrheit treu bleibt, und der Allerhöchste wird in dieser oder jener Welt denjenigen strafen, der ein falsches Zeugniß ablegt.

Das Bewußtseyn, ein solches Verbrechen begangen zu haben, störet alles zeitliche Glück; die Vorwürfe des Gewissens sind schrecklich und verfolgen den Frevler lebenslang, wenn er auch der Ahndung der Obrigkeit entgehet. Wird aber der Meineid entdeckt, so ist nicht allein allgemeine Verachtung, Verlust der Ehre, Aemter und Würden, sondern auch verhältnißmäßige strenge Bestrafung der wohlverdiente Lohn eines falschen Zeugen.

Vorhaltung bei gerichtlichen Eiden.

(§. 96. des Anhangs zu §. 368. Tit. 10. Th. I. s. oben S. 280. Anm. c)

Jeder Eid, durch welchen eine rechtshängige Sache entschieden wird, erfordert von Seiten des Schwörenden die reiflichste Prüfung, ob er ohne Verletzung seines Gewissens sich zur Ableistung entschließen könne. Nur die innere Ueberzeugung von der Wahrheit desjenigen, was beschworen werden soll, kann ein rechtschaffenes Gemüth zu dem Entschluß bewegen, einen gerichtlichen Eid zu leisten. Vorsätzliche Lügen sind schändlich, und Lügen vor Gericht sind unverzeihlich. Wer wissentlich etwas Unrichtiges eidlich erhärtet, ist ein ruchloser Bösewicht, der wegen eines solchen Frevels schon in dieser Welt durch die Marter seines ihn strafenden Gewissens unaufhörlich gezüchtigt wird. Ihn erwartet auf den Fall der Entdeckung die allgemeine Verachtung, der Verlust seiner Ehre, Aemter und Würden und harte Strafe der Obrigkeit. Aber auch, wenn in dieser Welt keine Entdeckung erfolgt, wird er den göttlichen Zorn empfinden und früh oder spät den verdienten Lohn empfangen, daß er es gewagt, Gott zum Zeugen einer Unrichtigkeit aufzurufen.

Wer das von ihm zu Beschwörende für unrichtig hält, handelt rühmlich, wenn er die Eidesleistung ablehnt und zeitliche Vortheile fahren läßt, um ein unbeflecktes Gewissen zu bewahren.

Dahingegen ist es ein unrichtiges Vorurtheil, wenn manche auch dann einen Eid zu leisten Bedenken tragen, wenn sie von der Wahrheit desjenigen überzeugt sind, was durch den Eid bekräftigt werden soll. Kömmt es auf Thatsachen an, von deren Bewandniß der Schwörende nicht aus eigener Kenntniß vollständig unterrichtet ist, so muß er sich bemühen, die Wahrheit so viel möglich zu erforschen, und ohne sich durch Gewinnsucht oder andere Rücksichten leiten zu lassen, bloß der Ueberzeugung folgen, welche durch dasjenige begründet wird, was er glaubhaft in Erfahrung gebracht hat. Die lebhafte Erinnerung an den ungewissen und vielleicht sehr nahen Augenblick des Todes, und der Gedanke an die Allwissenheit, Allmacht und Gerechtigkeit Gottes muß bei dem Entschluß, ob man einen Eid leisten könne, jede Unterdrückung der Stimme des Gewissens verhüten. Wer nach einer solchen Prüfung seiner Ueberzeugung treu bleibt, hat auf die allgemeine Achtung gegründeten Ansprnch, kann sich also an die Stunde der Eidesleistung jederzeit mit ruhigem Gemüthe erinnern, und Gott wird ihn in dieser und jener Welt segnen.

Register.

Die §§. bezeichnen die des gedruckten Anhanges.

I. Anhang zum Allgemeinen Landrecht.

	Seite		Seite
§. 65.	45.	und	118.
= 66.	45.	=	118.
= 67.	45.	=	118.
= 68.	46.	=	118.
= 69.	46.	=	118.
= 70.	46.	=	118.
= 71.	46.	=	118.
= 72.	46.	=	118.
= 73.	47.	=	118.
= 74.	47.	=	118. 119.
= 75.	47.	=	119.
= 76.	47.	=	119.
= 77.	48.	=	119.
= 78.	48.	=	119.
= 79.	48.	=	119.
= 80.	48.	=	119.
= 81.	48. 49.	=	119.
= 82.	49.	=	119.
= 83.	49.	=	119.
= 84.	49.	=	119.
= 85.	50.	=	119.
= 86.	50.	=	119.
= 87.	50.	=	119.
= 88.	50. 51.	=	119.
= 89.	51.	=	119.
= 90.	51.	=	119.
= 91.	51.	=	119.
= 92.	52.	=	119.
= 93.	52.	=	119.
= 94.	53.	=	119.
= 95.	53.	=	120.
= 96.	53.	=	120.
= 97.	54.	=	120.
= 98.	54.	=	120.
= 99.	54. 55.	=	120.
= 100.	55.	=	120.
= 101.	55.	=	120.
= 102.	55. 56.	=	120.
= 103.	56.	=	120.
= 104.	56.	=	120.
= 105.	56. 57.	=	120.
= 106.	57. 58.	=	120.
= 107.	58.	=	120.
= 108.	58.	=	120.
= 109.	59.	=	120.
= 110.	59.	=	120.
= 111.	59.	=	120.
= 112.	59.	=	120.
= 113.	59.	=	120.
= 114.	60.	=	120.
= 115.	60.	=	120.

	Seite		Seite
§. 116.	60.	und	120.
= 117.	60. 61.	=	120.
= 118.	61.	=	120.
= 119.	61.	=	120.
= 120.	61. 62.	=	120.
= 121.	62.	=	120.
= 122.	62.	=	120.
= 123.	62.	=	120
= 124.	62.	=	120.
= 125.	63.	=	121.
= 126.	63.	=	121. 122.
= 127.	63.	=	122.
= 128.	64.	=	122.
= 129.	64.	=	122.
= 130.	64.	=	122.
= 131.	64.	=	122.
= 132.	64. 65.	=	122.
= 133.	65. 66.	=	122.
= 134	66.	=	122.
= 135.	66.	=	122.
= 136.	66. 67.	=	122.
= 137.	67.—73.	=	122.
= 138.	73.	=	122.
= 139.	74.	=	122.
= 140.	74.	=	122.
= 141.	74.—77.	=	122.
= 142.	77.	=	122.
= 143.	77.	=	122.
= 144.	78.	=	122.
= 145.	78. 79.	=	122.
= 146.	79.	=	122.
= 147.	79.	=	122.
= 148.	79.	=	122.
= 149	80.	=	122.
= 150.	80.	=	122.
= 151.	80.	=	122.
= 152.	80. 81.	=	122.
= 153.	81.	=	122.
= 154.	81.	=	122.
= 155.	82.	=	122.
= 156.	82.	=	122.
= 157.	82. 83.	=	122.
= 158.	83.	=	122.
= 159.	83.	=	122.
= 160.	84.	=	122.
= 161.	84.	=	122.
= 162.	84.	=	122.
= 163.	84.	=	122.
= 164.	85.	=	122.
= 165.	85.	=	122. 123.
= 166.	86.	=	123.

II. Anhang zur Allgemeinen Gerichtsordnung.

	Seite		Seite
§. 82.	281. 282.	und	675.
= 83.	266.	=	675.
= 84.	264.—266.	=	675.
= 85.	266.	=	676.
= 86.	266. 267.	=	676.
= 87.	267.	=	676.
= 88.	268.—271.	=	677.
= 89.	272.	=	677.
= 90.	273.	=	677.
= 91.	274.	=	677.
= 92.	277. 278.	=	677. 678.
= 93.	278.	=	678.
= 94.	278.	=	678.
= 95.	278. 279.	=	679.
= 96.	280. 281.	=	679.
= 97.	282.—284.	=	679.
= 98.	284.	=	680.
= 99.	284. 285.	=	680.
100.	285.	=	680.
= 101.	285. 286.	=	681.
= 102.	287.	=	681.
= 103.	287.	=	681.
= 104.	288.	=	682.
= 105.	289.	=	682.
= 106.	247. 248 571. 572.	=	682.
= 107.	289.	=	682.
= 108.	290.	=	682. 683.
= 109.	290. 291.	=	683.
= 110.	291. 292.	=	683.
= 111.	292.	=	684.
= 112.	292.	=	684.
= 113.	293.	=	684.
= 114.	293. 294.	=	685.
= 115.	296.	=	685.
= 116.	296.	=	685.
= 117.	297.	=	685. 686.
= 118.	297.	=	686.
= 119.	297.	=	686.
= 120.	297.	=	686.
= 121.	298.	=	687.
= 122.	298. 299.	=	687. 688.
= 123.	299. 300.	=	688.
= 124.	301.	=	688.
= 125.	301.	=	689.
= 126.	302.	=	689.
= 127.	302.	=	689. 690.
= 128.	303. 304.	=	690.
= 129.	304. 305.	=	691.
= 130.	305.	=	691.
= 131.	305.	=	691.

	Seite		Seite
§. 132.	307. 308.	und	692.
= 133.	309.	=	692.
= 134.	316.	=	693.
= 135.	316. 317.	=	693.
= 136.	317.	=	694.
= 137.	317. 318.	=	694.
= 138.	318.	=	694.
= 139.	319. 320.	=	694.
= 140.	323.	=	695.
= 141.	323.	=	695.
= 142.	323.	=	695.
= 143.	324.	=	695.
= 144.	324.	=	695.
= 145.	325. 326.	=	695. 696.
= 146.	326. 327.	=	696.
= 147.	327.—330.	=	697.
= 148.	330.—335.	=	697.
= 149.	198.—200. 335.	=	697. 698.
= 150.	198.—200.	=	698.
= 151.	314.	=	698.
= 152.	335.—338.	=	699.
= 153.	339.—341.	=	699.
= 154.	341.	=	699.
= 155.	341. 342.	=	699. 700.
= 156.	343.	=	700.
= 157.	343. 344. 359.		700.
= 158.	345.	=	701.
= 159.	346.—348.	=	701. 702.
= 160.	350.	=	702.
= 161.	351. 351.	=	702.
= 162.	351.	=	702.
= 163.	351.	=	703.
= 164.	350. 357.	=	703.
= 165.	352. 353.	=	704.
= 166.	354.	=	704.
= 167.	354.	=	704.
= 168.	353. 355.—360.	=	704. 705.
= 169.	355.—360.	=	705.
= 170.	355.—360.	=	705.
= 171.	360.	=	706.
= 172.	362.	=	706.
= 173.	362. 363.	=	707.
= 174.	363.	=	707.
= 175.	363. 364.	=	707.
= 176.	363. 364.	=	708.
= 177.	363. 364.	=	708.
= 178.	365.	=	708.
= 179.	365. 366.	=	709.
= 180.	366.	=	709.

	Seite	Seite
§. 283.	472. 473.	und 744.
= 284.	474. 475.	= 744.
= 285.	473. 474.	= 744.
= 286.	474. 475.	= 745.
= 287.	476	= 745.
= 288.	478 479.	= 745. 746.
= 289.	479. 480.	= 746.
= 290.	480.	= 746.
= 291.	480. 481.	= 746.
= 292.	481. 482.	= 747.
= 293.	482. 483.	= 747.
= 294.	483.	= 747.
= 295.	484.	= 747. 748.
= 296.	487.	= 748
= 297.	489.	= 748.
= 298	489 490.	= 749.
= 299	490.—497.	= 749.
= 300.	490.—497.	= 749. 750.
= 301	490.—497.	= 750.
= 302.	497. 498.	= 750. 751.
= 303	499.	= 751.
= 304.	499.	= 751.
= 305.	500.	= 751. 752.
= 306.	501.—506.	= 752.
= 307.	506.	= 752.
= 308.	509.	= 752.
= 309.	506.—509.	= 753.
= 310.	512.	= 753.
= 311.	521.	= 753.
= 312.	561. 562.	= 753. 754.
= 313.	516.—518.	= 754.
= 314.	516.—518.	= 754.
= 315.	518.—521.	= 754.
= 316.	521.	= 754.—755.
= 317.	523. 524.	= 755.
= 318.	524.—527.	= 755.
= 319.	524.—527.	= 755. 756.
= 320.	517. 518.	= 756.
= 321.	527.	= 756.
= 322.	516.—518.	= 756.
= 323.	530.	= 757.
= 324.	530.	= 757.
= 325.	530.—532.	= 757.
= 326.	530.—532.	= 757.
= 327.	532.	= 758.
= 328.	516.—518.	= 758.
= 329.	533.—536.	= 758.
= 330.	536.—537.	= 758.
= 331.	537.	= 759.
= 332.	537.	= 759.
= 333.	537.	= 759.
§. 334.	538.	und 759.—760.
= 335.	538.	= 760.
= 336.	538.—539.	= 760.
= 337.	539.	= 761.
= 338.	539.—540.	= 761.
= 339.	540.	= 761.—762.
= 340.	541.	= 762.
= 341.	541.—542.	= 762.
= 342.	542.—543.	= 763.
= 343.	543.	= 763.
= 344.	543.	= 763.
= 345.	543.	= 763.
= 346.	543.	= 763.
= 347.	544.	= 763.—764.
= 348.	544.	= 764.
= 349.	544.	= 764.
= 350.	544.	= 764.
= 351.	544.—545.	= 764.
= 352.	545.	= 764.
= 353.	545.	= 765.
= 354.	546.	= 765.
= 355.	546.	= 765.
= 356.	546.	= 765.
= 357.	533.—536. 229.	= 766.
= 358.	548.—549.	= 766.
= 359.	549.—550.	= 766.
= 360.	550.	= 766.
= 361.	550.	= 767.
= 362.	551.	767.
= 363	551.	= 767.
= 364.	552.	= 768.
= 365.	552.	= 768.
= 366.	552.—553.	= 768.
= 367.	553.	= 768.
= 368.	553.	= 768.
= 369.	554.	= 769.
= 370.	554.	= 769.
= 371.	554.—556.	= 769.
= 372	554.—556.	= 770.
= 373.	555.—556.	= 770.
= 374.	556.	= 770.
= 375.	575.	= 770.
= 376.	557.	= 771.
= 377.	558.	= 771.
= 378.	558.—560.	= 771.—772.
= 379.	558.—560.	= 772.
= 380.	561.	= 772.
= 381.	562—563	= 773.
= 382.	563. 522	= 773.
= 383.	563	= 773.

§	Seite		Seite
§. 384.	564.	und	773.—774.
= 385.	565.—569.	=	774.—775.
= 386.	568.—570.	=	775.
= 387.	564.—565.	=	775.
= 388.	565.—566.	=	775.—776.
= 389.	570.—571.	=	776.
= 390.	563.	=	776.—777.
= 391.	572.—575.	=	778.
= 392.	575.	=	778.
= 393.	575.—576.	=	778.
= 394.	576.	=	778.—779.
= 395.	577.	=	779.
= 396.	578.	=	779.
= 397.	580.—581.	=	779.—780.
= 398.	581.	=	780.
= 399.	581.—582.	=	780.
= 400.	582.	=	781.
= 401.	583.—590.	=	781.
= 402.	584.—590.	=	781.
= 403.	583.—590.	=	782.
= 404.	591.	=	782.
= 405.	591.—592.	=	782.
= 406.	592.	=	782.
= 407.	592.—598.	=	783.
= 408.	593.	=	783.
= 409.	594.	=	783.
= 410.	594.—596.	=	784.
= 411.	597.—598.	=	785.
= 412.	598—600.	=	785.
= 413.	600.—602.	=	785.—786.
= 414.	601.—602.	=	786.
= 415.	603.	=	786.
= 416.	603.	=	786.
= 417.	605.	=	787.
= 418.	606.	=	787.
= 419.	606.	=	787.
= 420.	606.—607.	=	788.
= 421.	606.—607.	=	788.
= 422.	608.	=	788.—789.
= 423.	610.—611.	=	789.
= 424.	612.	=	789.
= 425.	612.	=	789.
= 426.	613.	=	790.
= 427.	614.	=	790.
= 428.	614.—615.	=	790.—791.
§. 429.	616.	und	791.
= 430.	616.	=	791.
= 431.	617.	=	791.
= 432.	617.—618.	=	792.
= 433.	618.	=	792.
= 434.	618.	=	792.
= 435.	618.—619.	=	792.
= 436.	619.—620.	=	793.
= 437.	578.—579.	=	793.
= 438.	621.	=	793.—794.
= 439.	621.—623.	=	794.
= 440.	621.—623.	=	795.
= 441.	621.—623.	=	795.
= 442.	621.—623.	=	796.
= 443.	621.—623.	=	796.
= 444.	623.—624.	=	797.
= 445.	626.	=	798.
= 446.	628.—629.	=	798.
= 447.	630.	=	798.—499.
= 448.	631.—634.	=	799.
= 449.	631.—634.	=	799.—800.
= 450.	631.—634.	=	800.
= 451.	631—634.	=	800.
= 452.	634.—636.	=	800.—801.
= 453.	634.—636.	=	801.
= 454.	634.—636.	=	801.
= 455.	636.—637.	=	801.
= 456.	637.	=	801.—802.
= 457.	638.	=	802.
= 458.	638.	=	802.
= 459.	638.	=	802.—803.
= 460.	639.	=	803.
= 461.	639.	=	803.—804.
= 462.	639.	=	804.
= 463.	641.	=	804.—805.
= 464.	641.	=	805.
= 465.	641.	=	805.
= 466.	641.—642.	=	806.
= 467.	642.—643.	=	806.
= 468.	643.	=	806.
= 469.	644.	=	806.
= 470.	644.	=	806.—807.
= 471.	644.	=	807.
= 472.	645.	=	807.—808.

Gedruckt bei Julius Sittenfeld.

Druckfehler.

Seite	32.	Zeile	4.	von unten	lies 10. statt 0.
"	82.	"	18.	" "	l. 160. st. 1660.
"	136.	"	3.	" "	l. öffentlich st. ntlich
"	164.	"	1.	" "	l. ad st. an
"	169.	"	12.	" "	l. 10. st. 11.
"	200.	"	3.	" "	l. inactive st. active
"	202.	"	4.	von oben	l. utatur st. uttatur
"	205.	"	10.	" "	l. A. L. R. st. R. L. R.
"	250.	"	6.	" "	l. jurisd. st. juris
"	341.	"	13.	" "	l. richtig st. ribtig
"	342.	"	1.	v. u.	l. noch st. doch
"	402.	"	13.	" "	l. vernünftigen st. uünftigen
"	405.	"	8.	" "	l. auf den st. den auf
"	445.	"	12.	v. o.	l. 441. st. 444.
"	450.	"	16.	" "	l. bemerke st. bemerkte
"	527.	"	16.	" "	l. 337. st. 237.
"	620.	"	3.	v. u.	l. 412. st. 112.
"	658.	"	1.	v. u.	l. §. 38. st. §. 32.
"	664.	"	13.	v. o.	fehlt hinter „Partheien": im Auslande
"	674.	"	14.	" "	l. Gerichts= st. Gerechts=
"	674.	"	15.	v. u.	l. §. 125. st. §. 175.
"	683.	"	8.	v. o.	l. §. 109. st. §. 189.
"	684.	"	5.	v. u.	l. worden ist st. werden
"	684.	"	8.	" "	l. §. 114. st. §. 400.
"	685.	"	3.	v. o.	l. selbst st. selbst
"	768.	"	1.	v. u.	l. 552. st. 55.